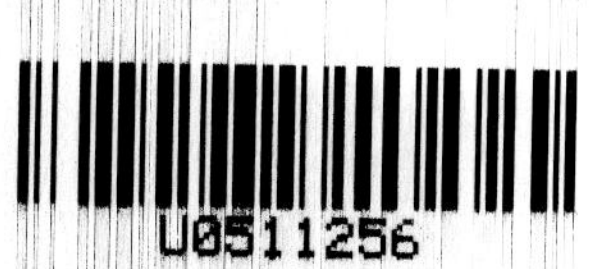

中外哲學典籍大全

總主編　李鐵映　王偉光

中國哲學典籍卷

經部春秋類

春秋闕疑（上）

〔元〕鄭玉　著

張立恩　點校

中國社會科學出版社

圖書在版編目（CIP）數據

春秋闕疑：全二册／（元）鄭玉著；張立恩點校．—北京：中國社會科學出版社，2021.11

（中外哲學典籍大全．中國哲學典籍卷）

ISBN 978－7－5203－9218－1

Ⅰ.①春…　Ⅱ.①鄭…②張…　Ⅲ.①《春秋》—研究　Ⅳ.①K225.04

中國版本圖書館CIP數據核字（2021）第193113號

出 版 人　趙劍英
項目統籌　王　茵
責任編輯　郝玉明
責任校對　趙　威
責任印製　王　超

出　　版　中国社会科学出版社
社　　址　北京鼓樓西大街甲158號
郵　　編　100720
網　　址　http://www.csspw.cn
發 行 部　010－84083685
門 市 部　010－84029450
經　　銷　新華書店及其他書店

印　　刷　北京君昇印刷有限公司
裝　　訂　廊坊市廣陽區廣增裝訂廠
版　　次　2021年11月第1版
印　　次　2021年11月第1次印刷

開　　本　710×1000　1/16
印　　張　67.25
字　　數　793千字
定　　價　249.00元（全二册）

中外哲學典籍大全

中外哲學典籍大全

總　序

中外哲學典籍大全的編纂，是一項既有時代價值又有歷史意義的重大工程。

中華民族經過了近一百八十年的艱苦奮鬥，迎來了中國近代以來最好的發展時期，迎來了奮力實現中華民族偉大復興的時期。中華民族祇有總結古今中外的一切思想成就，才能並肩世界歷史發展的大勢。爲此，我們須編纂一部匯集中外古今哲學典籍的經典集成，爲中華民族的偉大復興、爲人類命運共同體的建設、爲人類社會的進步，提供哲學思想的精粹。

哲學是思想的花朵，文明的靈魂，精神的王冠。一個國家、民族，要興旺發達，擁有光明的未來，就必須擁有精深的理論思維，擁有自己的哲學。哲學是推動社會變革和發展的理論力量，是激發人的精神砥石。哲學解放思維，净化心靈，照亮前行的道路。偉大的時代需要精邃的哲學。

一　哲學是智慧之學

哲學是什麼？這既是一個古老的問題，又是哲學永恒的話題。追問哲學是什麼，本身就是「哲學」問題。從哲學成爲思維的那一天起，哲學家們就在不停追問中發展、豐富哲學的篇章，給出一個又一個答案。每個時代的哲學家對這個問題都有自己的詮釋。哲學是什麼，是懸疑在人類智慧面前的永恒之問，這正是哲學之爲哲學的基本特點。

哲學是全部世界的觀念形態，精神本質。人類面臨的共同問題，是哲學研究的根本對象。本體論、認識論、世界觀、人生觀、價值觀、實踐論、方法論等，仍是哲學的基本問題和生命力所在！哲學研究的是世界萬物的根本性、本質性問題。人們可以給哲學做出許多具體定義，但我們可以嘗試用「遮詮」的方式描述哲學的一些特點，從而使人們加深對何爲哲學的認識。

哲學不是玄虛之觀。哲學來自人類實踐，關乎人生。哲學對現實存在的一切追根究底、「打破砂鍋問到底」。它不僅是問「是什麽」(being)，而且主要是追問「爲什麽」(why)，特别是追問「爲什麽的爲什麽」。它關注整個宇宙，關注整個人類的命運，關注人生。它關心柴米油鹽醬醋茶和人的生命的關係，關心人工智能對人類社會的挑戰。哲學是對一切實踐經驗的理論升華，它關心具體現象背後的根據，關心人類如何會更好。

哲學是在根本層面上追問自然、社會和人本身，以徹底的態度反思已有的觀念和認識，從價值理想出發把握生活的目標和歷史的趨勢，展示了人類理性思維的高度，凝結了民族進步的智慧，寄託了人們熱愛光明、追求真善美的情懷。道不遠人，人能弘道。哲學是把握世界、洞悉未來的學問，是思想解放、自由的大門！

古希臘的哲學家們被稱爲「望天者」，亞里士多德在形而上學一书中説，「最初人們通過好奇—驚讚來做哲學」。如果説知識源於好奇的話，那麽産生哲學的好奇心，必須是大好奇心。這種「大好奇心」祇爲一件「大事因緣」而來，所謂大事，就是天地之間一切事物的「爲什麽」。哲學精神，是「家事、國事、天下事，事事要問」，是一種永遠追問的精神。

哲學不祇是思維。哲學將思維本身作爲自己的研究對象，對思想本身進行反思。哲學不是一般的知識體系，而是把知識概念作爲研究的對象，追問「什麼才是知識的真正來源和根據」。哲學的「非對象性」的思想方式，不是「純形式」的推論原則，而有其「非對象性」之對象。哲學之對象乃是不斷追求真理，是一個理論與實踐兼而有之的過程，是認識的精粹。哲學追求真理的過程本身就顯現了哲學的本質。天地之浩瀚，變化之奥妙，正是哲思的玄妙之處。

哲學不是宣示絶對性的教義教條，哲學反對一切形式的絶對。哲學解放束縛，意味著從一切思想教條中解放人類自身。哲學給了我們徹底反思過去的思想自由，給了我們深刻洞察未來的思想能力。哲學就是解放之學，是聖火和利劍。

哲學不是一般的知識。哲學追求「大智慧」。佛教講「轉識成智」，識與智相當於知識與哲學的關係。一般知識是依據於具體認識對象而來的、有所依有所待的「識」，而哲學則是超越於具體對象之上的「智」。

公元前六世紀，中國的老子説，「大方無隅，大器晚成，大音希聲，大象無形，道隱無名。夫唯道，善貸且成」。又説，「反者道之動，弱者道之用。天下萬物生於有，有生於無」。對道的追求就是對有之爲有、無形無名的探究，就是對天地何以如此的探究。這種追求，使得哲學具有了天地之大用，具有了超越有形有名之有限經驗的大智慧。這種大智慧、大用途，超越一切限制的籬笆，達到趨向無限的解放能力。

哲學不是經驗科學，但又與經驗有聯繫。哲學從其作爲學問誕生起，就包含於科學形態之中，是以科學形態出現的。哲學是以理性的方式、概念的方式、論证的方式來思考宇宙人生的根本問題。在亞里士多德那裏，凡是研究實體（ousia）的學問，都叫作「哲學」。而「第一實體」則是存在者中的「第一個」。研究第一實體的學問稱爲「神學」，也就是「形而上學」，這正是後世所謂「哲學」。一般意義上的科學正是從「哲學」最初的意義上贏得自己最原初的規定性的。哲學雖然不是經驗科學，却爲科學劃定了意義的範圍、指明了方向。哲學最後必定指向宇宙人生的根本問題，大科學家的工作在深層意義上總是具有哲學的意味，牛頓和愛因斯坦就是這樣的典範。

哲學不是自然科學，也不是文學藝術，但在自然科學的前頭，哲學的道路展現了；在文學藝術的山頂，哲學的天梯出現了。哲學不斷地激發人的探索和創造精神，使人在認識世界的過程中，不斷達到新境界，在改造世界中從必然王國到達自由王國。

哲學不斷從最根本的問題再次出發。哲學史在一定意義上就是不斷重構新的世界觀、認識人類自身的歷史。哲學的歷史呈現，正是對哲學的創造本性的最好説明。哲學史上每一位哲學家對根本問題的思考，都在爲哲學添加新思維、新向度，猶如爲天籟山上不斷增添一隻隻黄鸝翠鳥。

如果説哲學是哲學史的連續展現中所具有的統一性特徵，那麽這種「一」是在「多」個哲學的創造中實現的。如果説每一種哲學體系都追求一種體系性的「一」的話，那麽每種「一」的體系之間都存在着千絲相聯、多方組合的關係。這正是哲學史昭示於我們的哲學多樣性的意義。多樣性與統一性的依存關係，正是哲學尋求現象與本質、具體與普遍相統一的辯證之意義。

哲學的追求是人類精神的自然趨向，是精神自由的花朵。哲學是思想的自由，是自由的思想。

中國哲學，是中華民族五千年文明傳統中，最爲内在的、最爲深刻的、最爲持久的精神追求和價值觀表達。中國哲學已經化爲中國人的思維方式、生活態度、道德準則、人生追求、精神境界。中國人的科學技術、倫理道德，小家大國、中醫藥學、詩歌文學、繪畫書法、武術拳法、鄉規民俗，乃至日常生活也都浸潤着中國哲學的精神。華夏文化雖歷經磨難而能够透魄醒神，堅韌屹立，正是來自於中國哲學深邃的思維和創造力。

先秦時代，老子、孔子、莊子、孫子、韓非子等諸子之間的百家争鳴，就是哲學精神在中國的展現，是中國人思想解放的第一次大爆發。兩漢四百多年的思想和制度，是諸子百家思想在争鳴過程中大整合的結果。魏晋之際，玄學的發生，則是儒道冲破各自藩籬，彼此互動互補的結果，形成了儒家獨尊的態勢。隋唐三百年，佛教深入中國文化，又一次帶來了思想的大融合和大解放，禪宗的形成就是這一融合和解放的結果。兩宋三百多年，中國哲學迎來了第三次大解放。儒釋道三教之間的互潤互持日趨深入，朱熹的理學和陸象山的心學，就是這一思想潮流的哲學結晶。

與古希臘哲學强調沉思和理論建構不同，中國哲學的旨趣在於實踐人文關懷，它更關注實踐的義理性意義。中國哲學當中，知與行從未分離，中國哲學有着深厚的實踐觀點和生活觀點，倫理道德觀是中國人的貢獻。馬克思説，「全部社會生活在本質上是實踐的」，實踐的觀點、生活的觀點也正是馬克思主義認識論的基本觀點。這種哲學上的契合性，正是馬克思主義能够在中國扎根並不斷中國化的哲學原因。

「實事求是」是中國的一句古話。今天已成爲深邃的哲理，成爲中國人的思維方式和行爲基準。實事求是就是解放思想，解放思想就是實事求是。實事求是毛澤東思想的精髓，是改革開放的基石。只有解放思想才能實事求是。實事求是就是中國人始終堅持的哲學思想。實事求是就是依靠自己，走自己的道路，反對一切絶對觀念。所謂中國化就是一切從中國實際出發，一切理論必須符合中國實際。

二　哲學的多樣性

實踐是人的存在形式，是哲學之母。實踐是思維的動力、源泉、價值、標準。人們認識世界、探索規律的根本目的是改造世界，完善自己。哲學問題的提出和回答，都離不開實踐。馬克思有句名言：「哲學家們只是用不同的方式解釋世界，而問題在於改變世界！」理論只有成爲人的精神智慧，才能成爲改變世界的力量。

哲學關心人類命運。時代的哲學，必定關心時代的命運。對時代命運的關心就是對人類實踐和命運的關心。人在實踐中產生的一切都具有現實性。哲學的實踐性必定帶來哲學的現實性。哲學的現實性就是强調人在不斷回答實踐中各種問題時應該具有的態度。

哲學作爲一門科學是現實的。哲學是一門回答並解釋現實的學問，哲學是人們聯繫實際、面對現實的思想。可以説哲學是現實的最本質的理論，也是本質的最現實的理論。哲學始終追問現實的發展和變化。哲學存在於實踐中，也必定在現實中發展。哲學的現實性要求我們直面實踐本身。

哲學不是簡單跟在實踐後面，成爲當下實踐的「奴僕」，而是以特有的深邃方式，關注着實踐的發展，提升人的實踐水平，爲社會實踐提供理論支撑。從直接的、急功近利的要求出發來理解和從事哲學，無異於向哲學提出它本身不可能完成的任務。哲學是深沉的反思，厚重的智慧，事物的抽象，理論的把握。哲學是人類把握世界最深邃的理論思維。

哲學是立足人的學問，是人用於理解世界、把握世界、改造世界的智慧之學。「民之所好，好之，民之所惠，惠之。」哲學的目的是爲了人。用哲學理解外在的世界，理解人本身，也是爲了用哲學改造世界、改造人。哲學研究無禁區，無終無界，與宇宙同在，與人類同在。

存在是多樣的，發展是多樣的，這是客觀世界的必然。宇宙萬物本身是多樣的存在，多樣的變化。歷史表明，每一民族的文化都有其獨特的價值。文化的多樣性是自然律，是動力，是生命力。各民族文化之間的相互借鑒，補充浸染，共同推動著人類社會的發展和繁榮，這是規律。對象的多樣性、複雜性，決定了哲學的多樣性；即使對同一事物，人們也會産生不同的哲學認識，形成不同的哲學派别。哲學觀點、思潮、流派及其表現形式上的區别，來自於哲學的時代性、地域性和民族性的差异。世界哲學是不同民族的哲學的薈萃，如中國哲學、西方哲學、阿拉伯哲學等。多樣性構成了世界，百花齊放形成了花園。不同的民族會有不同風格的哲學。恰恰是哲學的民族性，使不同的哲學都可以在世界舞臺上演繹出各種「戲劇」。即使有類似的哲學觀點，在實踐中的表達和運用也會各有特色。

人類的實踐是多方面的，具有多樣性、發展性，大體可以分爲：改造自然界的實踐，改造人類社會的實踐，完善人本身的實踐，提升人的精神世界的精神活動。人是實踐中的人，實踐是人的生命的第一屬性。實踐的社會性決定了哲學的社會性，哲學不是脱離社會現實生活的某種遐想，而是社會現實生活的觀念形態，是文明進步的重要標誌，是人的發展水平的重要維度。哲學的發展狀況，反映着一個社會人的理性成熟程度，反映著這個社會的文明程度。

哲學史實質上是自然史、社會史、人的發展史和人類思維史的總結和概括。自然界是多樣的，社會是多樣的，人類思維是多樣的。所謂哲學的多樣性，就是哲學基本觀念、理論學說、方法的異同，是哲學思維方式上的多姿多彩。哲學的多樣性是哲學的常態，是哲學進步、發展和繁榮的標誌。哲學是人的哲學，哲學是人對事物的自覺，是人對外界和自我認識的學問，也是人把握世界和自我的學問。哲學的多樣性，是哲學的常態和必然，是哲學發展和繁榮的內在動力。一般是普遍性，特色也是普遍性。從單一性到多樣性，從簡單性到複雜性，是哲學思維的一大變革。用一種哲學話語和方法否定另一種哲學話語和方法，這本身就不是哲學的態度。

多樣性並不否定共同性、統一性、普遍性。物質和精神，存在和意識，一切事物都是在運動、變化中的，是哲學的基本問題，也是我們的基本哲學觀點！

當今的世界如此紛繁複雜，哲學多樣性就是世界多樣性的反映。哲學是以觀念形態表現出的現實世界。哲學的多樣性，就是文明多樣性和人類歷史發展多樣性的表達。多樣性是宇宙之道。

哲學的實踐性、多樣性，還體現在哲學的時代性上。哲學總是特定時代精神的精華，是一定歷史條件下人的反思活動的理論形態。在不同的時代，哲學具有不同的內容和形式，哲學的多樣性，也是歷史時代多樣性的表達。哲學的多樣性也會讓我們能够更科學地理解不同歷史時代，更爲内在地理解歷史發展的道理。多樣性是歷史之道。

哲學之所以能發揮解放思想的作用，在於它始終關注實踐，關注現實的發展；在於它始終關注著科學技術的進步。哲學本身没有絶對空間，没有自在的世界，只能是客觀世界的映象，觀念形態。没有了現實性，哲學就遠離人，就離開了存在。哲學的實踐性，説到底是在説明哲學本質上是人的哲學，是人的思維，是爲了人的科學！哲學的實踐性、多樣性告訴我們，哲學必須百花齊放、百家争鳴。哲學的發展首先要解放自己，解放哲學，就是實現思維、觀念及範式的變革。人類發展也必須多塗並進，交流互鑒，共同繁榮。采百花之粉，才能釀天下之蜜。

三　哲學與當代中國

中國自古以來就有思辨的傳統，中國思想史上的百家争鳴就是哲學繁榮的史象。哲學是歷史發展的號角。中國思想文化的每一次大躍升，都是哲學解放的結果。中國古代賢哲的思想傳承至今，他們的智慧已浸入中國人的精神境界和生命情懷。

中國共産黨人歷來重視哲學，毛澤東在一九三八年，在抗日戰争最困難的條件下，在延安研究哲學，創作了實踐論和矛盾論，推動了中國革命的思想解放，成爲中國人民的精神力量。

中華民族的偉大復興必將迎來中國哲學的新發展。當代中國必須有自己的哲學，當代中國的哲學必須要從根本上講清楚中國道路的哲學道理。中華民族的偉大復興必須要有哲學的思維，必須要有不斷深入的反思。發展的道路，就是哲思的道路，文化的自信，就是哲學思維的自信。哲學是引領者，可謂永恒的「北斗」，哲學是時代的「火焰」，是時代最精緻最深刻的「光芒」。從社會變革的意義上説，任何一次巨大的社會變革，總是以理論思維爲先導。理論的變革，總是以思想觀念的空前解放爲前提，而「吹響」人類思想解放第一聲「號角」的，往往就是代表時代精神精華的哲學。社會實踐對於哲學的需求可謂「迫不及待」，因爲哲學總是「吹響」這個新時代的「號角」。「吹響」中國改革開放之

「號角」的，正是「解放思想」「實踐是檢驗真理的唯一標準」「不改革死路一條」等哲學觀念。「吹響」新時代「號角」的是「中國夢」，「人民對美好生活的向往，就是我們奮鬥的目標」。發展是人類社會永恒的動力，變革是社會解放的永遠的課題，思想解放，解放思想是無盡的哲思。中國正走在理論和實踐的雙重探索之路上，搞探索沒有哲學不成！

中國哲學的新發展，必須反映中國與世界最新的實踐成果，必須反映科學的最新成果，必須具有走向未來的思想力量。今天的中國人所面臨的歷史時代，是史無前例的。十三億人齊步邁向現代化，這是怎樣的一幅歷史畫卷！是何等壯麗、令人震撼！不僅中國歷史上亘古未有，在世界歷史上也從未有過。當今中國需要的哲學，是結合天道、地理、人德的哲學，是整合古今中西的哲學，只有這樣的哲學才是中華民族偉大復興的哲學。

當今中國需要的哲學，必須是適合中國的哲學。無論古今中外，再好的東西，也需要再吸收，再消化，必須要經過現代化和中國化，才能成爲今天中國自己的哲學。哲學是解放人的，哲學自身的發展也是一次思想解放，也是人的一个思維升華、羽化的過程。中國人的思想解放，總是隨著歷史不斷進行的。歷史有多長，思想解放的道路就有多長；發展進步是永恒的，思想解放也是永無止境的，思想解放就是哲學的解放。

習近平説，思想工作就是「引導人們更加全面客觀地認識當代中國、看待外部世界」。這就需要我們確立一種「知己知彼」的知識態度和理論立場，而哲學則是對文明價值核心最精練和最集中的深邃性表達，有助於我們認識中國、認識世界。立足中國、認識中國，需要我們審視我們走過的道路，立足中國、認識世界，需要我們觀察和借鑒世界歷史上的不同文化。中國「獨特的文化傳統」、中國「獨特的歷史命運」、中國「獨特的基本國情」，「決定了我們必然要走適合自己特點的發展道路」。一切現實的、存在的社會制度，其形態都是具體的，都是特色的，都必須是符合本國實際的。抽象的制度，普世的制度是不存在的。同時，我們要全面客觀地「看待外部世界」。研究古今中外的哲學，是中國認識世界、認識人類史，認識自己未來發展的必修課。今天中國的發展不僅要讀中國書，還要讀世界書。不僅要學習自然科學、社會科學的經典，更要學習哲學的經典。當前，中國正走在實現「中國夢」的「長征」路上，這也正是一條思想不斷解放的道路！要回答中國的問題，解釋中國的發展，首先需要哲學思維本身的解放。哲學的發展，就是哲學的解放，這是由哲學的實踐性、時代性所決定的。哲學無禁區、無疆界。哲學是關乎宇宙之精神，是關乎人類之思想。哲學將與宇宙、人類同在。

四　哲學典籍

中外哲學典籍大全的編纂，是要讓中國人能研究中外哲學經典，吸收人類精神思想的精華；是要提升我們的思維，讓中國人的思想更加理性、更加科學、更加智慧。

中國有盛世修典的傳統。中國古代有多部典籍類書（如「永樂大典」「四庫全書」等），在新時代編纂中外哲學典籍大全，是我們的歷史使命，是民族復興的重大思想工程。

只有學習和借鑒人類精神思想的成就，才能實現我們自己的發展，走向未來。中外哲學典籍大全的編纂，就是在思維層面上，在智慧境界中，繼承自己的精神文明，學習世界優秀文化。這是我們的必修課。

不同文化之間的交流、合作和友誼，必須達到哲學層面上的相互認同和借鑒。哲學之間的對話和傾聽，才是從心到心的交流。中外哲學典籍大全的編纂，就是在搭建心心相通的橋樑。

我們編纂這套哲學典籍大全，一是中國哲學，整理中國歷史上的思想典籍，濃縮中國思想史上的精華；二是外國哲學，主要是西方哲學，吸收外來，借鑒人類發展的優秀哲學成果；三是馬克思主義哲學，展示馬克思主義哲學中國化的成就；四是中國近現代以來的哲學成果，特別是馬克思主義在中國的發展。

編纂這部典籍大全，是哲學界早有的心願，也是哲學界的一份奉獻。中外哲學典籍大全總結的是書本上的思想，是先哲們的思維，是前人的足迹。我們希望把它們奉獻給後來人，使他們能够站在前人肩膀上，站在歷史岸邊看待自己。

中外哲學典籍大全的編纂，是以「知以藏往」的方式實現「神以知來」；中外哲學典籍大全的編纂，是通過對中外哲學歷史的「原始反終」，從人類共同面臨的根本大問題出發，在哲學生生不息的道路上，綵繪出人類文明進步的盛德大業！

發展的中國，既是一個政治、經濟大國，也是一個文化大國，也必將是一個哲學大國、思想王國。人類的精神文明成果是不分國界的，哲學的邊界是實踐，實踐的永恒性是哲學的永續綫性，打開胸懷擁抱人類文明成就，是一個民族和國家自强自立，始終佇立於人類文明潮頭的根本條件。

擁抱世界，擁抱未來，走向復興，構建中國人的世界觀、人生觀、價值觀、方法論，這是中國人的視野、情懷，也是中國哲學家的願望！

李鐵映

二〇一八年八月

「中國哲學典籍卷」

序

中國古無「哲學」之名，但如近代的王國維所說，「哲學爲中國固有之學」。「哲學」的譯名出自日本啓蒙學者西周，他在一八七四年出版的百一新論中説：「將論明天道人道，兼立教法的philosophy譯名爲哲學。」自「哲學」譯名的成立，「philosophy」或「哲學」就已有了東西方文化交融互鑒的性質。

「philosophy」在古希臘文化中的本義是「愛智」，而「哲學」的「哲」在中國古經書中的字義就是「智」或「大智」。孔子在臨終時慨嘆而歌：「泰山壞乎！梁柱摧乎！哲人萎乎！」（史記孔子世家）「哲人」在中國古經書中釋爲「賢智之人」，而在「哲學」譯名輸入中國後即可稱爲「哲學家」。

哲學是智慧之學，是關於宇宙和人生之根本問題的學問。對此，中西或中外哲學是共同的，因而哲學具有世界人類文化的普遍性。但是，正如世界各民族文化既有世界的普遍性，也有民族的特殊性，所以世界各民族哲學也具有不同的風格和特色。如果説「哲學」是個「共名」或「類稱」，那麽世界各民族哲學就是此類中不同的「特例」。這是哲學的普遍性與多樣性的統一。

在中國哲學中，關於宇宙的根本道理稱爲「天道」，關於人生的根本道理稱爲「人道」，中國哲學的一個貫穿始終的核心問題就是「究天人之際」。一般説來，天人關係問題是中外哲學普遍探索的問題，而中國哲學的「究天人之際」具有自身的特點。

亞里士多德曾説：「古今來人們開始哲學探索，都應起於對自然萬物的驚異……這類學術研究的開始，都在人生的必需品以及使人快樂安適的種種事物幾乎全都獲得了以後。」「這些知識最先出現於人們開始有閒暇的地方。」這是説的古希臘哲學的一個特點，是與當時古希臘的社會歷史發展階段及其貴族階層的生活方式相聯繫的。與此不同，中國哲學是産生於士人在社會大變動中的憂患意識，爲了求得社會的治理和人生的安頓，他們大多「席不暇暖」地周遊列國，宣傳自己的社會主張。這就決定了中國哲學在「究天人之際」

中首重「知人」，在先秦「百家争鳴」中的各主要流派都是「務爲治者也，直所從言之異路，有省不省耳」（史記太史公自序）。

中國哲學與其他民族哲學所不同者，還在於中國數千年文化一直生生不息而未嘗中斷，中國文化在世界歷史的「軸心時期」所實現的哲學突破也是采取了極温和的方式。這主要表現在孔子的「祖述堯舜，憲章文武」，删述六經，對中國上古的文化既有連續性的繼承，又經編纂和詮釋而有哲學思想的突破。因此，由孔子及其後學所編纂和詮釋的上古經書就以「先王之政典」的形式不僅保存下來，而且在此後中國文化的發展中居於統率的地位。

據近期出土的文獻資料，先秦儒家在戰國時期已有對「六經」的排列，「六經」作爲一個著作群受到儒家的高度重視。至漢武帝「罷黜百家，表章六經」，遂使「六經」以及儒家的經學確立了由國家意識形態認可的統率地位。漢書藝文志著録圖書，爲首的是「六藝略」，其次是「諸子略」「詩賦略」「兵書略」「數術略」和「方技略」，這就體現了以「六經」統率諸子學和其他學術。這種圖書分類經幾次調整，到了隋書經籍志乃正式形成「經、史、子、集」的四部分類，此後保持穩定而延續至清。

中國傳統文化有「四部」的圖書分類，也有對「義理之學」「考據之學」「辭章之學」和「經世之學」等的劃分，其中「義理之學」雖然近於「哲學」但並不等同。中國傳統文化沒有形成「哲學」以及近現代教育學科體制的分科，但是中國傳統文化確實固有其深邃的哲學思想，它表達了中華民族的世界觀、人生觀，體現了中華民族的思維方式、行爲準則，凝聚了中華民族最深沉、最持久的價值追求。

清代學者戴震說：「天人之道，經之大訓萃焉。」（原善卷上）經書和經學中講「天人之道」的「大訓」，就是中國傳統的哲學；不僅如此，在圖書分類的「子、史、集」中也有講「天人之道」的「大訓」，這些也是中國傳統的哲學。「究天人之際」的哲學主題是在中國文化上下幾千年的發展中，伴隨著歷史的進程而不斷深化、轉陳出新、持續探索的。

中國哲學首重「知人」，在天人關係中是以「知人」爲中心，以「安民」或「爲治」爲宗旨的。在記載中國上古文化的尚書皋陶謨中，就有了「知人則哲，能官人；安民則惠，黎民懷之」的表述。在論語中，「樊遲問仁，子曰：『愛人。』問知（智），子曰：『知人。』」（論語顔淵）「仁者愛人」是孔子思想中的最高道德範疇，其源頭可上溯到中國文化自上古以來就形成的崇尚道德的優秀傳統。孔子説：「未能事人，焉能事鬼？」「未知生，焉知死？」（論語先進）「務民之義，敬鬼神而遠之，可謂知矣。」（論語雍也）「智者知人」，在孔子的思想中雖然保留了對「天」和鬼神的敬畏，但他的主要關注點是現世的人生，是「仁者愛人」「天下有道」的價值取向，由此確立了中國哲學以「知人」爲中心的思想範式。西方現代哲學家雅斯貝爾斯在大哲學家一書中把蘇格拉底、佛陀、孔子和耶穌作爲「思想範式的創造者」，而孔子思想的特點就是「要在世間建立一種人道的秩序」，「在現世的可能性之中」，孔子「希望建立一個新世界」。

中國上古時期把「天」或「上帝」作爲最高的信仰對象，這種信仰也有其宗教的特殊性。如梁啓超所説：「各國之尊天者，常崇之於萬有之外，而中國則常納之於人事之中，此吾中華所特長也。……其尊天也，目的不在天國而在世界，受用不在未來（來世）而在現在（現世）。是故人倫亦稱天倫，人道亦稱天道。記曰：『善言天者必有驗於人。』此所以雖近於宗教，而與他國之宗教自殊科也。」由於中國上古文化所信仰的「天」不是存在於與人世生活相隔絶的「彼岸世界」，而是與地相聯繫（中庸所謂「郊社之禮，所以事上帝也」，朱熹中庸章句注：「郊，祀天；社，祭地。不言后土者，省文也。」），具有道德的、以民爲本的特點（尚書所謂「皇天無親，惟德是輔」，「天視自我民視，天聽自我民聽」，「民之所欲，天必從之」），所以這種特殊的宗教性也長期地影響著中國哲學對天人關係的認識。相傳「人更三聖，世經三古」的易經，其本爲卜筮之書，但經孔子「觀其德義而已」之後，則成爲講天人關係的哲理之書。四庫全书總目易類序說：「聖人覺世牖民，大抵因事以寓教……易則寓於卜筮。故易之爲書，推天道以明人事者也。」不僅易經是如此，而且以後中國哲學的普遍架構就是「推天道以明人事」。

春秋末期，與孔子同時而比他年長的老子，原創性地提出了「有物混成，先天地生」（老子二十五章），天地並非固有的，在天地產生之前有「道」存在，「道」是產生天地萬物的總根源和總根據。「道」內在於天地萬物之中就是「德」，「孔德之容，惟道是從」（老子二十一章），「道」與「德」是統一的。老子說：「道生之，德畜之，物形之，勢成之。是以萬物莫不尊道而貴德。道之尊，德之貴，夫莫之命而常自然。」（老子五十一章）老子的價值主張是「自然無爲」，而「自然無爲」的天道根據就是「道生之，德畜之……是以萬物莫不尊道而貴德」。老子所講的「德」實即相當於「性」，孔子所罕言的「性與天道」，在老子哲學中就是講「道」與「德」的形而上學。實際上，老子哲學確立了中國哲學「性與天道合一」的思想，而他從「道」與「德」推出「自然無爲」的價值主張，這就成爲以後中國哲學「推天道以明人事」普遍架構的一個典範。雅斯貝爾斯在大哲學家一書中把老子列入「原創性形而上學家」，他說：「從世界歷史來看，老子的偉大是同中國的精神結合在一起的。」他評價孔、老關係時說：「雖然兩位大師放眼於相反的方向，但他們實際上立足於同一基礎之上。兩者間的統一在中國的偉大人物身上則一再得到體現……」這裏所謂「中國的精神」「立足於同一基礎之上」，就是說孔子和老子的哲學都是爲了解決現實生活中的問題，都是「務爲治者也」。

在老子哲學之後，中庸說：「天命之謂性」，「思知人，不可以不知天」。孟子說：「盡其心者知其性也，知其性則知天矣。」（孟子盡心上）此後的中國哲學家雖然對天道和人性有不同的認識，但大抵都是講人性源於天道，知天是爲了知人。一直到宋明理學家講「天者理也」，「性即理也」，「性與天道合一存乎誠」。作爲宋明理學之開山著作的周敦頤太極圖說，是從「無極而太極」講起，至「形既生矣，神發知矣，五性感動而善惡分，萬事出矣」，這就是從天道講到人事，而其歸結爲「聖人定之以中正仁義而主靜，立人極焉」，這就是從天道、人性推出人事應該如何，「立人極」就是要確立人事的價值準則。可以說，中國哲學的「推天道以明人事」最終指向的是人生的價值觀，這也就是要「爲天地立心，爲生民立命，爲往聖繼絶學，爲萬世開太平」。在作爲中國哲學主流的儒家哲學中，價值觀又是與道德修養的工夫論和道德境界相聯繫。因此，天人合一、真善合一、知行合一成爲中國哲學的主要特點。

中國哲學經歷了不同的歷史發展階段，從先秦時期的諸子百家争鳴，到漢代以後的儒家經學獨尊，而實際上是儒道互補，至魏晋玄學乃是儒道互補的一個結晶；在南北朝時期逐漸形成儒、釋、道三教鼎立，從印度傳來的佛教逐漸適應中國文化的生態環境，至隋唐時期完成中國化的過程而成爲中國文化的一個有機組成部分；宋明理學則是吸收了佛、道二教的思想因素，返而歸於「六經」，又創建了論語孟子大學中庸的「四書」體系，建構了以「理、氣、心、性」爲核心範疇的新儒學。因此，中國哲學不僅具有自身的特點，而且具有不同發展階段和不同學派思想内容的豐富性。

一八四〇年之後，中國面臨着「數千年未有之變局」，中國文化進入了近現代轉型的時期。在甲午戰敗之後的一八九五年，「哲學」的譯名出現在黄遵憲的日本國志和鄭觀應的盛世危言（十四卷本）中。此後，「哲學」以一個學科的形式，以哲學的「獨立之精神，自由之思想」推動了中華民族的思想解放和改革開放，中、外哲學會聚於中國，中、外哲學的交流互鑒使中國哲學的發展呈現出新的形態，馬克思主義哲學在與中國的歷史文化傳統、中國具體的革命和建設實踐相結合的過程中不斷中國化而產生新的理論成果。中華民族的偉大復興必將迎來中國哲學的新發展，在此之際，編纂中外哲學典籍大全，中國哲學典籍第一次與外國哲學典籍會聚於此大全中，這是中國盛世修典史上的一個首創，對於今後中國哲學的發展、對於中華民族的偉大復興具有重要的意義。

李存山

二〇一八年八月

「中國哲學典籍卷」

出版前言

社會的發展需要哲學智慧的指引。在中國浩如煙海的文獻中，哲學典籍占據著重要地位，指引著中華民族在歷史的浪潮中前行。這些凝練著古聖先賢智慧的哲學典籍，在新時代仍然熠熠生輝。

收入我社「中國哲學典籍卷」的書目，是最新整理成果的首次發布，按照内容和年代分爲以下幾類：先秦子書類、两漢魏晋隋唐哲學類、佛道教哲學類、宋元明清哲學類、近現代哲學類、經部（易類、書類、禮類、春秋類、孝經類）等，其中以經學類占多數。本次整理皆選取各書存世的善本爲底本，制訂校勘記撰寫的基本原則以確保校勘品質。全套書采用繁體竪排加專名綫的古籍版式，嚴守古籍整理出版規範，並請相關領域專家多次審稿，整理者反復修訂完善，旨在匯集保存中國哲學典籍文獻，同時也爲古籍研究者和愛好者提供研習的文本。

文化自信是一個國家、一個民族發展中更基本、更深沉、更持久的力量。對中國哲學典籍進行整理出版，是文化創新的題中應有之義。中國社會科學出版社秉持「傳文明薪火，發時代先聲」的發展理念，歷來重視中華優秀傳統文化的研究和出版。「中國哲學典籍卷」樣稿已在二〇一八年世界哲學大會、二〇一九年北京國際書展等重要圖書會展亮相，贏得了與會學者的高度讚賞和期待。

點校者、審稿專家、編校人員等爲叢書的出版付出了大量的時間與精力，在此一並致謝。由於水準有限，書中難免有一些不當之處，敬請讀者批評指正。

趙劍英

二〇二〇年八月

點校説明

春秋闕疑四十五卷，元鄭玉（一二九八—一三五八，字子美，號師山，徽州歙縣人）撰。今存春秋闕疑主要有文淵閣四庫全書本（簡稱四庫本）、摛藻堂四庫全書薈要本（簡稱薈要本）、北京圖書館藏明師山書院抄本、北京圖書館藏清康熙五十年鄭氏天遊堂刻本等。此次點校以薈要本爲底本，校以四庫本，點校體例如下：

（一）文中出現的「經」「傳」「注」等，除特殊情形，一律不加書名綫。凡公羊傳、穀梁傳之簡稱「公」「穀」皆加書名綫爲公穀。「左氏」若指左傳則加書名綫爲左氏，若指左傳作者則不加書名綫。「春秋」若指時代則不加書名綫，若指書名則加書名綫、經文下之某某曰不加专名綫，與某某同一層次之左氏、公羊氏、穀梁氏等皆不加专名綫。

（二）古人引書往往爲行文之便改動原文或對原文有所節略，本書中凡經文下所引前人注疏無論是否完整引用皆加引號。

（三）凡人名、地名、朝代用专名綫標注。凡經文下與公羊氏曰、穀梁氏曰同一層次之孟子曰、啖氏曰、朱子曰等皆不加专名綫。對於「晉侯夷」「蔡侯廬」之類，如祇於其名加专名綫，而單獨出現「晉侯」「蔡侯」亦須加专名綫，則體例就不統一，故「晉侯夷」「蔡侯廬」之類統一標爲「晉侯夷」「蔡侯廬」。

（四）凡「已」「巳」「己」或「日」「曰」混用者，皆據文意直接改正，不出校記。

（五）爲閲讀之便，添加目録，并於每卷卷名後注明本卷爲某公某年至某年。

（六）凡經文以「【經】」標明。

（七）根據文意對經文下所引左傳及注解分段。

张立恩

二〇一八年三月

目録

四庫全書薈要　春秋闕疑提要

臣等謹案：春秋闕疑四十五卷，元鄭玉撰。其書采左氏傳列于前，公、穀二家以下，合于理者則取之。其或經有脱誤，無從質證，則闕之，間附己論。如開卷夏正、周正，其事易明，存而不論，慎之至也。其序謂「春秋有魯史之舊文、聖人之特筆，不可字求其義，亦不可謂全無其義」，持論至爲平允。至于朱子綱目體例，本仿春秋經傳而作。序乃謂以經爲綱，以傳爲目，仿朱子之體例，則所言不免倒置耳。玉字子美，歙縣人，元末除翰林待制，以疾辭。明兵入徽州，守將要致之，玉不屈死，學者稱師山先生。所著有師山集，今亦别著于録云。乾隆四十年五月恭校上。

總纂官　臣　紀昀　臣　陸錫熊　臣　孫士毅

總校官　臣　陸費墀

春秋闕疑原序

夫子集群聖之大成〔一〕，春秋見夫子之大用，蓋體天地之道而無遺，具帝王之法而有徵。其于事也，可以因則因，可以革則革；其于人也，可以褒則褒，可以貶則貶；其爲綱也，則尊王而賤霸，内夏而外夷；其爲目也，則因講信修睦、救災恤患之事而爲朝、覲、聘、問、會、盟、侵、伐之文；其主意也，則在于誅亂臣、討賊子；其成功也，則遏人欲于横流，存天理于既滅，撥亂世反之正，損益四代之制，著爲不刊之典也，故曰：「知我者，其惟春秋乎！罪我者，其惟春秋乎！」知之者，知其與天爲一；罪之者，罪其以匹夫而行天子之事。又曰：「我欲托之空言，不如見之行事之深切著明也。」故易、詩、書言其理，春秋載其事。有易、詩、書而無春秋，則皆空言而已矣。是以明之者，堯、舜、湯、武

〔一〕四庫本「夫子」前有「嗚呼」二字。

之治可復；昧之者，桀、紂、幽、厲之禍立至。有天下國家，而不知春秋之道，其亦何以爲天下國家也哉！然在當時，游、夏已不能贊一辭。至于三家之傳，左氏雖若詳于事，其失也誇。公、穀雖或明于理，其失也鄙。及觀其著作之意，則若故爲異同之辭，而非有一定不可易之説。兩漢專門名家之學，則又泥于災祥、徵應，而不知經之大用。唐、宋諸儒，人自爲説，家自爲書，紛如聚訟，互有得失。程子雖得經之本旨，惜無全書。朱子間論事之是非，又無著述。爲今之計，宜博採諸儒之論，發明聖人之旨。經有殘闕，則考諸傳以補其遺。傳有譌舛，則稽諸經以證其謬。使經之大旨，粲然復明于世，昭百王之大法，開萬世之太平，然後足以盡斯經之用。而玉也，非其人也，間不自揆，嘗因朱子通鑑綱目之例，以經爲綱，大字揭之于上，復以傳爲目，而小字疏之于下。叙事則專于左氏，而附以公、穀，合于經者則取之。立論則先于公、穀，而叅以歷代諸儒之説，合于理者則取之。其或經有脱誤，無從質證，則寧闕之以俟知者，而不敢强爲訓解。傳有不同，無所考據，則寧兩存之，而不敢妄爲去取。至于誅討之事，尤不敢輕信傳文，曲相附會，必欲獄得其情，事盡其實，則以經之所作，由于斯也。其他常事則直書而義自見，大事須變文而義始明。蓋春秋有魯史之舊文，有聖人之特筆，固不可字求其義，如酷吏之刑書，亦不可謂全無其義，如史官之實録也。聖人之經，辭簡義奥，固非淺見臆説所能窺測，重以歲月滋久，殘闕維多，又豈懸空想像所能補綴？與其强通其所不可通以取譏于當世，孰若闕其所當闕以俟知于後人？程子謂：「春秋大義數十，炳如日星。」豈無可明之義？朱子謂：「起頭一句『春王正月』便不可解。」固有當闕之疑。玉之爲是書也，折衷二説，而爲之義例，所以辭語重複，不避繁蕪者，蓋以常人之心窺測聖人之意，雖費辭説，猶不能達其意也，况敢略于言乎？然將以備遺忘、便檢閲而已，非敢謂明經旨、傳後世也，觀者幸恕其僭。至正十五年秋，九月，朔，新安鄭玉序。

春秋闕疑卷一（隱公元年—六年）

春秋

孟子曰：「晉之乘，楚之檮杌，魯之春秋，一也。其事則齊桓晉文，其文則史。孔子謂其義則丘竊取之矣。」

杜氏曰：「春秋者，魯史記之名也。記事者，以事繫日，以日繫月，以月繫時，以時繫年。所以記遠近，別同異也。故史之所記，必表年以首事。年有四時，故錯舉以爲所記之名也。」

愚謂：孔子之修春秋，假一國之史書，寓百王之大法，至于其名，則因其舊而不易，所謂述而不作者也。然不觀諸天地，不足以知春秋之原，不觀諸春秋，不足以見聖人之用。蓋一生一殺而歲功成者，天地之至神。一賞一罰而治功成者，聖人之能事。錯舉四時以爲名者，聖人未修之春秋，魯史之舊文也。法諸天地以立義者，聖人已修之春秋，帝王之大法也。但聖人之經，詞簡義深，本非後世儒者所能測識，然聖人之意，本欲使與魯史並行，學者求事之本末于史，而觀理之曲直于經也。史則如今世吏人之文案，經則如前代主者之朱書。惜乎魯史不存，猶賴左傳可以考其大概，然意左氏當時所見魯史已無全文，故于其殘闕，則妄爲之説以補之，是以間有本末顛倒、是非錯繆之失，而經之微旨，不可復見〔一〕，此春秋之大恨也。

隱公

公名息姑，惠公之子，姬姓侯爵，自周公之子伯禽始受封于魯，至公十三世，平王四十九年即位。謚法：不尸其位曰隱。

孟子曰：「王者之迹熄而詩亡，詩亡然後春秋作。」

楊龜山曰：「春秋之時，詩未盡亡也。黍離降爲國風，則雅亡矣，雅亡則無政，春秋所爲作也。」

愚按：詩自黍離降爲國風而雅亡，平王東遷正在雅亡之後，播蕩陵遲，至于老死不能中興，所謂王者之迹熄矣，聖人于是託始于隱公而作春秋焉。

【經】元年

公羊氏曰：「元年者何？君之始年也。」

〔一〕「不可復見」，四庫本作「不復可見」。

高氏曰：「歲在己未，是隱公之始年，周平王之四十九年也。人君嗣位，必逾年。稱元者，自古天子、諸侯皆然，非仲尼作春秋始爲此法也。然諸侯嗣君，得有其年，不得有其正，正朔必稟于天子。故仲尼因魯史修春秋，以正月繫之王，而元年繫之魯也。董仲舒曰：『謂一爲元者，示大始，欲正本也。』一元既建，累而數之，爲國之久新，曆年之多少，顯然可見矣。前古人君皆然，自漢文帝改『後元年』，孝武又因事别建年號，後世帝王遂因襲之，數年一改，以爲美事，乃以改元之多寡爲享國之久長。或于一歲之内有改元再三者，又一國之中有前後重複者，甚至于不待逾年而自改元，又復有改年爲載者，斯皆率意妄作，又豈知春秋書元之義乃萬世不易之法乎？」

愚按：孔子之作春秋，所以記天下諸侯之事，而非一國之史，雖用周以紀元可也，蓋周有一代之定制，所謂時王之法，孔子安敢置可否于其間？惟託之于魯，然後可以損益三代之禮，因四王之事而爲萬世之法也。然則春秋實夫子所以爲治于天下後世者，特託魯史以成文爾。

【經】春，王正月。

公羊氏曰：「曷爲先言王而後言正月？王正月也。何言乎王正月？大一統也。」

穀梁氏曰：「雖無事，必舉正月，謹始也。」

程子曰：「春，天時。正月，王正。書『春，王正月』，示人君當上奉天時，下承王正，明此義，則知王與天同大，而人道立矣。」

高氏曰：「夫春者，天時也。正月者，王正也。知王正月之爲春，則知王道即天道矣。春秋因王命以正王道，稱天王以奉天命。故先書『春，王正月』，而二百四十二年之事皆天理王道也。」

謝氏曰：「人君以政率天下，正天下始于是月，故年之一月，謂之正月，有德然後有政，有年然後有月，故聖人以元起年，以正起月。」

張氏曰：「示一統于此，而禮樂征伐之專者以次而正焉，此元年、春、王正月所以爲謹始之書也。」

胡氏曰：「正次王，王次春，乃立法創制，裁自聖心，無所述于人者，非史册之舊文矣。」

愚按：「春，王正月」，或曰夏正，或曰周正，或曰以夏時冠周正。考之于經，終無定説，姑闕之以竢知者。

【經】三月，公及邾儀父盟于蔑。

公攝位而欲求好于邾，故爲蔑之盟。

張氏曰：「魯，侯爵，而稱公者，臣子之辭。夫子，魯人也，書他國諸侯侵伐盟會則從其本爵，而魯獨書公，蓋父母之邦，從臣子所稱，所以崇敬也。」

穀梁氏曰：「及者何？內爲志焉爾。」

公羊氏曰：「及猶汲汲也。」

程子曰：「盟誓以結信，出于人情，先王所不禁也。盟而不信，則罪也。諸侯交相盟誓，亂世之事也。凡盟，内爲主稱及，外爲主稱會。在魯地，雖外爲主，亦稱及，彼來而此及之也。兩國以上皆稱會，彼盟而往會之也。郳，附庸國。郳子克，字儀父。附庸之君，例稱字，同王臣也。夷狄〔一〕則稱名降中國〔二〕也。」

謝氏曰：「諸侯教命皆受之王而達之民也。禮樂不敢擅出，禁令不敢擅行，制度不敢擅革，臣子之道也。春秋之亂，列國講好修令，不復請命天子，而擅相爲盟，上命由此不行，而王綱由此壞矣。凡書盟，以罪諸侯之專也。修德禮，明信義，正法令，大國得小國之道也。德禮修而小國懷，信義明而小國服，法令適宜而小國畏，又奚待盟約相要而後協哉！春秋之亂，諸侯好修令，不正其本，而刼之以盟，誠意由此不明，而邦國由此不親矣。凡書盟，以示諸侯之失道也。」

高郵孫氏曰：「盟會，則以主會爲首；侵伐，則以主兵爲首，所以輕重之也。」

臨江劉氏曰：「公侯百里，伯七十里，子、男國五十里，不及五十里，附于諸侯曰附庸。」

愚按：元年爲蔑之盟，七年爲伐郳之舉，比事而觀，善悪著矣。

【經】夏，五月，鄭伯克段于鄢。

初，鄭武公娶于申曰武姜，生莊公及共叔段。莊公寤生驚姜氏，故名曰寤生。遂悪之。愛共叔段，欲立之。

〔一〕「夷狄」，四庫本作「在外」。
〔二〕「中國」，四庫本作「于内」。

亟請于武公，公弗許。及莊公即位，爲之請制。公曰：「制，巖邑也，虢叔死焉，他邑唯命。」請京，使居之。謂之京城大叔。祭仲曰：「都城過百雉，國之害也。先王之制，大都不過參國之一。中，五之一。小，九之一。今京不度，非制也，君將不堪。」公曰：「姜氏欲之，焉避害。」對曰：「姜氏何厭之有？不如早爲之所，無使滋蔓。蔓，難圖也。蔓草猶不可除，况君之寵弟乎？」公曰：「多行不義必自斃，子姑待之。」既而大叔命西鄙北鄙貳于己。公子呂曰：「國不堪貳，君將若之何？欲與大叔，臣請事之。若弗與，則請除之，無生民心。」公曰：「無庸，將自及。」大叔又收貳以爲己邑，至于廩延。子封曰：「可矣，厚將得衆。」公曰：「不義不暱，厚將崩。」大叔完聚，繕甲兵，具卒乘，將襲鄭。夫人將啓之。公聞其期，曰：「可矣。」命子封帥車二百乘以伐京。京叛大叔段。段入于鄢。公伐諸鄢。五月辛丑，太叔出奔共。遂寘姜氏于城潁，而誓之曰：「不及黄泉，無相見也。」既而悔之。

穀梁氏曰：「段，弟也，而弗謂弟；公子也，而弗謂公子，貶之也。段失子弟之道矣。賤段而甚鄭伯也。」

程子曰：「鄭伯失爲君之道，無兄弟之義，故稱鄭伯而不言弟。克，勝也。言勝，見段之强。使之强，所以致其恶也。不書奔，義不繫于奔也。」

楊龜山曰：「其始畏父母諸兄之言，所謂小不忍也，而卒害之，其爲言曰『多行不義必自斃』，又曰『不義不暱，厚將崩』，其弗制也，姑稔其恶也。書曰『鄭伯克段于鄢』，則克段者，鄭伯而已，非國人所欲也。」

胡安定先生曰：「鄭伯，兄也，不能教弟，以養成其恶，是兄不兄，弟不弟，故聖人書以交譏之。」

家氏曰：「鄭莊始也從母之命，封段于京，以是爲孝，卒之以段之故，誓母于潁，曰『不及黃泉，無相見也』，孝安在焉？使鄭莊于請制、請京之時，裁之以義，諭之以禮，感之以誠，與其所當與，勿與其所不可與，則段不至于逆，公不煩于討，而鄭無事矣。吁！惟知孝弟之道者，而後可以語此，吾于鄭莊何責！」

愚謂：「姜氏欲之，焉避害」之言，莊公固不能勝其母也。然不能勝母者，情也；制之以禮者，義也，聖賢于此安肯舍禮法、縱情欲，而陷其親于不義乎？亦必有道也。孟子曰：「仁人之于弟也，不藏怒焉，不宿怨焉，親愛之而已矣。」使鄭伯之于段，如舜之于象，封之有庳，使吏治之，而段不得有爲，則段長有京城，而鄭無患矣，豈有置姜氏于城潁之禍哉？此所謂從父之令爲非孝也。

【經】秋，七月，天王使宰咺來歸惠公、仲子之賵。

公羊氏曰：「賵者，蓋以馬以乘馬束帛。」

穀梁氏曰：「乘馬曰賵，衣衾曰隧[一]，貝玉曰含，錢財曰賻。」

高郵孫氏曰：「仲子者，惠公再娶之夫人。不曰夫人而繫之惠公者，不正其爲夫人，故從夫以別之，見失禮者，夫也。仲子卒于春秋之前，天王至是而來賵之耳。」

程子曰：「王者奉若天道，故稱天王。其命曰天命，其討曰天討。盡此道者，王道也。後世以智力把持天

[一]「隧」，四庫本作「襚」。

下者，霸道也。春秋因王命以正王法，稱天王以奉天命。夫婦，人倫之本，最當先正。春秋之時，嫡妾僭亂，聖人尤謹其名分。男女之配，終身不變者也。大夫而下，内無主，則家道不立，故不得已有再娶之禮。天子、諸侯，内職具備，后夫人亡，可以攝治，無再娶之禮。以夫人禮賵人之妾，不天亂倫之甚也！然春秋之始，天王之義未見，故不可去天而名咺，以見其不王。」

胡氏曰：「王朝公卿書官，大夫書字，上士中士書名，下士書人。仲子，惠公之妾爾。以天王之尊，下賵諸侯之妾，是加冠于屨，人道之大經拂矣。夫天王，紀法之宗也。六卿，紀法之守也。議紀法而修諸朝廷之上，則與聞其謀頒紀法，而行諸邦國之間，則專掌其事而承命以賵諸侯之妾，是壞法亂紀自王朝始也。春秋重嫡妾之分，故特貶而書名，以見宰之非宰矣。」

程氏學曰：「成風之喪，亦妾母也，王使榮叔歸含且賵，王使召伯來會葬，俱不稱天者，以明無天道也。前之所以書天者，不如是無以見王者當奉若天道；後之所以去天者，不如是無以見弗克若天也，春秋謹嚴大法可見。」

愚按：春秋之前，王未有稱天者。王稱天王，春秋立法創制，聖人之特筆也。天子而知此，則必以天自處，而不敢自輕；諸侯而知此，則必以天事王，而不敢自肆，此則春秋以天書王之意也。

【經】九月，及宋人盟于宿。

惠公之季年，敗宋師于黄，公立而求成焉。九月，及宋人盟于宿，始通也。

胡氏曰：「内稱及，外稱人，皆微者。其地以國，宿亦與焉。微者盟會不志于春秋，此其志者，有宿國之君也。凡書盟者，惡之。或曰：周官有司盟掌盟載之法，詛祝作其詞，玉府共其器，戎右役其事，太史藏其約。蘇公亦曰：『出此三物以詛爾斯。』夫盟以結信，出于人情，先王猶不禁也，而謂『凡書盟者，惡之』，可乎？曰：盟以結信，非先王所欲而不禁。逮德下衰，欲禁之而不克也。春秋之時，會而歃血，其載果掌于司盟，猶不以爲善也，又况私相要誓，慢鬼神，犯刑政，以成傾危之習哉？」

謝氏曰：「元年及宋人盟，十年伐宋，敗宋師，盟不足以結鄰可知也，故人君務修刑政以服四隣。」

【經】冬，十有二月，祭伯來。

左氏曰：「非王命也。」

穀梁氏曰：「來者，來朝也。其弗謂朝，何也？寰内諸侯，非有天子之命，不得出會諸侯，不正其外交，故弗與朝也。聘弓鍭矢不出境埸，束修之肉不行境中，有至尊者不貳之也。」

胡氏曰：「人臣義無私交，大夫非君命不越境，所以然者，杜朋黨之原，爲後世事君而有貳心者之明戒也。」

【經】公子益師卒。

謝氏曰：「春秋首奪祭伯之『朝』，而王臣擅命私交之罪著矣。」

程子曰：「諸侯之卿必受命于天子。當時不復請命，故諸侯之卿皆不書官，不與其爲卿也。惟宋王者後，得自命官，故獨宋卿書官。卿者，佐君以治其國。其卒，國之大事，故書于此，見君臣之義矣。或日或不日，因舊史也。」

【經】二年，春，公會戎于潛。

修惠公之好也。戎請盟，公辭。

程子曰：「周室既衰，蠻夷猾夏[一]，有散居中國者，方伯大國明大義以攘斥之，義也。其餘列國，慎固封守可也，若與之和好以免侵暴，非所謂戎狄是膺，所以容其亂華也，故春秋華夷之辨尤謹[二]。」

張氏曰：「惠公與之有好，既失之矣，隱公明内外之辨，修戎政而絶其好會可也，不能絶之而與盟于後，故于此書曰會戎，所以譏隱公降國君之尊，失中國之重，不修攘斥，以啟其猾夏[三]之階也。」

高氏曰：「隱公居喪，未會諸侯于王朝，而先與戎會，是誠何心哉！及天王使凡伯來聘，戎伐凡伯于楚丘以歸，則魯會戎盟，適所以貽王室之患耳，此春秋之所誅也。」

〔一〕「蠻夷猾夏」，四庫本作「絶域之民」。

〔二〕「非所謂戎狄是膺，所以容其亂華也，故春秋華夷之辨尤謹」，四庫本作「非所謂以固吾圉，所以啟其亂源也，故春秋中外之辨尤謹」。

〔三〕「猾夏」，四庫本作「寇亂」。

謝氏曰：「禮，時見曰會，則無非時者。會以訓上下，以正班爵，以叙長幼，則會無非事者。春秋之世，强凌弱，小役大，講好無節，出師無義。構事者旁午交興，畏命者奔走不息。故列國欲相親則爲會，欲求盟則爲會，欲合衆則爲會。以致勞民蠹財，棄國弛政，紛然會于郊境之間。凡書會，以罪諸侯之非法也。結之以恩，懷之以德，綏戎之道也，人君曷嘗屈辱于戎哉？隱公欲修好而與戎會于郊，弱邦國之勢，啟夷狄〔二〕之心，適以招患而已。春秋書會戎于潛，以示諸侯御戎之失道也。治政，中國爲善人材，中國爲强甲兵，中國爲利，修此以待彼，而四夷〔三〕莫敢不服，況于一戎之小乎？故有國家者，患内不修，不患外不順，患内不强，不患外不畏。」

【經】夏，五月，莒人入向。

【經】莒子取于向。向姜不安莒而歸。夏，莒人入向，以姜氏還。

胡氏曰：「莒子娶于向，向姜不安莒而歸。『莒人入向，以姜氏還』，此所謂按也。春秋書曰『莒人入向』，此所謂斷也。以事言之，入者，造其國都。以義言之，入者，逆而不順。莒稱人，小國也。」

張氏曰：「莒以一婦人之故，擅興兵入人之國都，王法所當誅也。」

〔二〕「夷狄」，四庫本作「外寇」。

〔三〕「四夷」，四庫本作「四方」。

家氏曰：「夫婦，人倫之始，國君所與共承祭祀，刑家以治其國者也。向姜不安莒，是必有故，莒子當知所以自反。今也遽以兵入人之國都，而奪其去妻以還，此非還妻之道也。」

【經】無駭帥師入極。

司空無駭入極。費庈父勝之。

程子曰：「古者卿皆受命于天子。春秋之時，諸侯自命。已賜族者則書族，不書者，未賜也。」

謝氏曰：「師，大衆。極，小國。以大衆入小國，殘虐之大者也。方是時，天王無討罪之威，方伯連帥無致伐之義。故莒人、無駭肆虐而弗能正，向、極小國被害而弗能救也。觀『莒人入向』、『無駭入極』，而上下不知治罪可見矣。」

樸鄉吕氏曰：「自僖以前，書大夫帥師者九。自文而後，書大夫帥師者百有八焉。世之相去略同，而帥師之多寡不侔若是。蓋其始也，大夫之專權猶寡。其終也，則視以爲常矣。然則無駭其始歟，據事直書義自見矣。」

【經】秋，六月[一]，庚辰，公及戎盟于唐。

【經】戎請盟。秋，盟于唐，復修戎好也。

[一]「六月」，四庫本作「八月」。

程子曰：「戎猾夏〔一〕而與之盟，非義也。」

程氏學曰：「諸侯與中國〔二〕盟誓已曰不可，况與戎狄〔三〕歃血要言哉！」

胡氏曰：「前此盟不日，盟于唐書日，謹之也。」

高氏曰：「唐，我地，彼來而我及之也。」

謝氏曰：「戎狄〔四〕嗜好無厭，其有求也，不正以義，不結以威，彼將肆其所欲，則吾將有所不堪。隱公既與戎會于潛，又與戎出盟于唐，其不能制戎可知也。會與之相見而已，盟則以事相要，非特相見也。與戎歃血要言，非特不能制戎也，又將受制于戎矣。故戎不難治也，中國自輕，然後戎見陵，中國自强，然後戎不爲寇。」

愚按：春書會戎于潛，秋書盟戎于唐，所以責魯者至矣。比事而觀，使魯能辭潛之會，則無盟戎之辱。既無盟戎之辱，又安有戎伐凡伯于楚丘之禍哉？然則隱公能守周公、魯公之舊法，戎狄是膺〔五〕，豈惟魯無夷狄

〔一〕「猾夏」，四庫本作「荐居」。
〔二〕「中國」，四庫本作「諸侯」。
〔三〕「戎狄」，四庫本作「戎人」。
〔四〕「戎狄」，四庫本作「戎人」。
〔五〕「戎狄是膺」，四庫本作「以禮自立」。

〔一〕之患，王室亦且尊安矣，此春秋于盟戎之事，所以深罪中國〔二〕而不責夷狄〔三〕也。

【經】九月，紀履緰來逆女。冬十月，伯姬歸于紀。

杜氏曰：「裂繻，紀大夫。」

公羊氏曰：「女在其國稱女，在塗稱婦，入國稱夫人。婦人謂嫁曰歸。何以不稱使？婚禮不稱主人。何以書？譏不親迎也。」

穀梁氏曰：「逆女，親者也。使大夫，非正也。」

胡氏曰：「魯哀公問：『冕而親迎，不已重乎？』孔子對曰：『合二姓之好，以爲宗廟社稷主，君何謂已重乎？』『文定厥祥，親迎于渭。造舟爲梁，不顯其光。』則世子而親迎也。『韓侯娶妻，蹶父之子。韓侯迎止，于蹶之里。』則諸侯而親迎也。有夫婦然後有父子，有父子然後有君臣。夫婦，人倫之本也。逆女必親，使大夫非正也。入春秋之始，名宰咺歸賵以譏亂法，書履緰逆女以志變常，衆妾之分定矣，大婚之禮嚴矣。」

【經】紀子伯、莒子盟于密。

〔一〕「夷狄」，四庫本作「侵辱」。
〔二〕「中國」，四庫本作「魯侯」。
〔三〕「夷狄」，四庫本作「戎人」。

程子曰：「闕文也。」

胡氏曰：「甲戌、己丑、夏五，紀子伯、莒子盟于密之類。或曰本據舊史，因之而不能益者也，或曰先儒傳受承誤而不敢增者也。闕疑而慎言其餘可矣，必曲爲之説則鑿矣。」

【經】十有二月，乙卯，夫人子氏薨。

程子曰：「薨者，上墜之聲。」

穀梁氏曰：「夫人者，隱之妻也。卒而不書葬，夫人之義，從君者也。」

胡氏曰：「邦君之妻，國人稱之曰小君。卒則書薨，以明齊也。先卒則不書葬，以明順也。有夫婦然後有父子，有父子然後有君臣。入春秋之始，于子氏書薨不書葬，明示大倫。苟知其義，則夫夫婦婦，而家道正矣。」

【經】鄭人伐衛。

元年，鄭共叔之亂，公孫滑出奔衛。衛人爲之伐鄭，取廩延。鄭人以王師、虢師伐衛南鄙。至是，鄭人伐衛，討公孫滑之亂也。

程氏曰：「天下有道，禮樂征伐自天子出。春秋之時，諸侯擅相侵伐，舉兵以侵伐人，其罪著矣。春秋直書其事，而責常在被侵伐者。蓋彼加兵于己，則當引咎自辨，喻之以禮義，不得免焉，則固其封疆，告于天子、方伯。若忿而與戰，則以與戰者爲主處已絶，亂之道也。衛服，故不戰。衛服，可免矣。鄭之擅興戎，王法所不容也。」

謝氏曰：「伐，討罪之詞也。侵，則以彼犯此、此犯彼也。故春秋之兵，執言討罪爲伐，無名攻掠爲侵。雖然，以義伐不義者，治國之伐也；以不義伐不義者，亂國之伐也。春秋以義行伐者寡矣。若夫彼善于此，恶有重輕，則觀乎其事而得失見矣。」

胡氏曰：「聲罪致討曰伐，潛師掠境曰侵。」

愚按：春秋所書侵伐，皆因當事出師之名而録之耳，非有所予奪于其間也。若曰因侵伐以寓褒貶之意，則征伐自天子出，非諸侯之所得專也，然則春秋凡書侵伐皆罪也。至于齊晋伯業之盛衰，則或間有微意焉。夫衛人黨恶伐鄭以取廪延，固不爲無罪。元年，鄭人以王師、虢師伐衛南鄙，亦足以聲其罪矣，故春秋不書以責衛也。至是，不由王命，而又興師以伐衛，則已甚矣，故春秋書之以罪鄭也。

【經】三年，春，王二月，己巳，日有食之。

程子曰：「月，王月也。事在二月，則書『王二月』，在三月，則書『王三月』。無事則書時、書首月。蓋有事則道在事，無事則存天時。王朔天時備，則歲功成；王道存，則人理立，春秋之大義也。日有食之，有食之者也，更不推求何者也。太陽，君也，而被侵食，君道所忌。然有常度，灾而非異也。」

臨江劉氏曰：「或日或不日，或言朔或不言朔，史之記失也。」

謝氏曰：「日食，天變之大者也。天人一氣，故人事與天變相應，猶影響相隨，日變見于上，則人事沴于下，人君不知恐懼修省，則禍敗至矣。周之盛時，日非無食也，所以上下順治而無患者，盛德之君能使人事不隨日食更變而已。故日食一也，德足以弭變，則灾害消，德不足以弭變，則灾害起，故春秋日食必書，以爲人君警懼之戒。」

胡氏曰：「日者，衆陽之宗，人君之表，而有食之，灾咎象也。克謹天戒，則雖有其象而無其應。弗克畏天，灾咎之來必矣。」

愚謂：不曰「日食」而曰「日有食之」者，有者自外至之辭[一]，蓋陽弱而陰來食之也。然則陽氣弱則陰得以食之，君德衰則臣得以干之矣，此「有食之」之謂也。

【經】三月，庚戌，天王崩。

穀梁氏曰：「高曰崩，厚曰崩，尊曰崩。天子之崩，以尊也，以其在民上，故崩之。」

程子曰：「崩，上墜之形，四海之内皆當奔赴。魯君不往，恶極罪大，不可勝誅，不書而自見也。」

胡氏曰：「諸侯爲天王服斬縗禮，當以所聞先後而奔喪。今平王崩，周人來訃，而隱不往，是無君也。」

謝氏曰：「天王升遐，王室變故之大者也。諸侯以臣事君，猶以子事父，其聞赴也，近者當奔喪，遠者當

[一]「辭」，四庫本作「詞」。

會葬，臣子哀痛之情也。周衰，列國朝聘不修，征伐自擅，告戒不以王命而專盟，出入不以王事而專會，臣子之禮掃地盡矣。故天王之崩也，丧不奔，葬不會，或以卿往而身不行，或以微臣往而卿不出。春秋或書卿會葬，或書葬不書卿，或書崩不書葬，或崩〔一〕葬皆不書，著諸侯不臣之罪也。襄王之葬，叔孫得臣如京師，景王之葬，叔鞅如京師，魯以卿會葬也。桓王、匡王、簡王之葬，不書卿者，魯以微臣會葬也。平王、惠王、定王、靈王不書葬者，魯不會葬也。莊王、釐王、頃王崩葬皆不書者，王室微弱，不能赴諸侯，驕亢不往會也。」

【經】夏，四月，辛卯，尹氏卒。

左氏曰：「君氏卒，聲子也。不赴于諸侯，不反哭于寢，不祔于姑，故不曰薨。不稱夫人，故不言葬，不書姓。爲公故，曰『君氏』」。

穀梁氏曰：「夏四月辛卯，尹氏卒。尹氏者何也？天子之大夫也。外大夫不卒，此何以卒之也？于天子之崩爲魯主，故隱而卒之。」

公羊氏曰：「其稱尹氏何？譏。世卿，非禮也。」

愚按：三説不同，未知孰是，姑闕之以竢知者。

【經】秋，武氏子來求賻。

〔一〕「崩」，四庫本作「奔」。

王未葬也。

公羊氏曰：「武氏子何？天子之大夫也。其稱「武氏子」者何？譏父卒子未命也。何以不稱使？當喪未君也。」

穀梁氏曰：「歸死者曰賵，歸生者曰賻，歸之者正也。求之者，非正也。周雖不求，魯不可以不歸。魯雖不歸，周不可以求之。求之爲言，得不得未可知之辭也。交譏之。」

程子曰：「武氏，王之卿士。稱武氏，見世官。天王崩，諸侯不供其喪，故武氏子徵求于四國，書之以見天子失道、諸侯不臣也。」

胡氏曰：「古者君薨諒陰，百官總己以聽于冢宰三年。夫百官總己以聽，則是攝行軍國之事也。以非王命而不稱使，所以謹天下之通喪，而嚴君臣之名分也。」

張氏曰：「仲子之喪，宰咺歸賵，而平王之喪，隱公不奔喪，不勝誅。爲政于王室者，不能輔王以舉政刑，而遣使下求于列國，春秋書之以見其廢體失政，取輕天下，文武之澤斬然矣。」

【經】八月，庚辰，宋公和卒。

宋穆公疾，召大司馬孔父而屬殤公焉，曰：「先君舍與夷而立寡人，寡人弗敢忘，若以大夫之靈得保首領以沒，先君若問與夷，其將何辭以對？請子奉之，以主社稷。寡人雖死，亦無悔焉。」對曰：「群臣願奉馮也。」公曰：「不可。先君以寡人爲賢，使主社稷。若棄德不讓，是廢先君之舉也，豈曰能賢？光昭先君之令德可不務乎？吾子其無廢先君之功。」使公子馮出居于鄭。八月庚辰，宋穆公卒，殤公即位。

高氏曰：「凡外諸侯卒，書名，降于天子也。不曰薨，異内外也。先儒謂天子曰崩，諸侯曰薨，大夫曰卒，士曰不禄，是不然。天子至尊，天下共稱曰崩可也。諸侯曰薨，則本國臣子之詞。至于赴告，雖大夫以至士，皆曰不禄。史官書之，亦皆曰卒爾，豈得定配以爲品例耶？後世遷、固、曄、壽之作史，凡有爵位之臣，皆書曰薨，失春秋之法矣。」

程子曰：「吉凶慶吊，講好修睦，隣國之常禮，人情所當然。諸侯之卒與國之大故，來告則書。」

胡氏曰：「外諸侯卒，國史承告而後書，聖人皆存而弗削，而交隣國、待諸侯之義見矣。」

高郵孫氏曰：「春秋記外諸侯之卒百三十有三，無名者十，或即位之初不以名赴，或史失之，未可知也。必若以盟會求之，則未嘗與者五十有二，而不名者九耳，此未可通也。」

【經】冬，十有二月，齊侯、鄭伯盟于石門。

尋盧之盟也。

程子曰：「天下無王，諸侯不守信義，數相盟誓，所以長亂也，故外諸侯盟，來告者則書之。」

胡氏曰：「外盟會，常事也，何以書？在春秋之亂世，常事也，于聖人之王法，則非常也。有虞氏未施信于民而民信，夏后氏未施敬于民而民敬，殷人作誓而民始畔，周人作會而民始疑，子曰『大道之行，與三代之英，丘未之逮也，而有志焉』。諸侯會盟來告，則書而弗削者，其諸以是爲非常之典而有志于天下爲公之世乎！」

陳氏曰：「此特相盟也，書石門以志諸侯之合，書鹹以志諸侯之散。」

吴氏曰：「諸侯之黨合，而伯者之事興。」

【經】癸未，葬宋穆公。

程子曰：「諸侯告喪，魯往會則書。」

高氏曰：「不稱宋葬穆公，而稱葬宋穆公者，據我而言葬彼也。」

謝氏曰：「書葬書卿者六，魯以卿往會葬也。書葬不書卿者七十有四，魯會而非卿也。書卒不書葬者三十四，彼告而魯不會也。諸侯壤地相接，邦事相交，其相見有朝聘之歡，其相親有婚姻之好，其情可謂睦矣。其卒而告終也，以賵賻相恤，以國卿會葬，隣國之禮也。春秋之時，弱附强，大輕小，其吊問哀恤，非以誠意也，一視國勢强弱爲之而已矣。其勢盛者，其情親而禮隆。其勢微者，其情疏而禮略。方是時，小國之葬非特不以卿會也，棄而不視者有之矣。故卒而葬，葬而遣卿者，皆大國也，卒而不葬，葬而非卿者，皆小國也。春秋或書卿，或不書卿，或書葬或不書葬，而諸侯恃大忽小，虧闕隣好，其恶見矣。葬稱謚，志善恶也。稱公，臣子辭也。葬者，藏也，既葬則亡者不可得見也。所不可没者，善恶而已矣，故諸侯葬則稱謚。禮：諸侯請謚于天子，公一國之善恶而爲之懲勸也。周衰，列國謚號皆本國臣子以私意爲之，其爵皆以公尊之，故諸侯謚皆稱公。春秋之法，其卒也，書公、書侯、書伯、書子、書男以正王爵，書名、書卒以正臣職。其葬也，書謚、書公以明侯國僭禮。君臣上下，其分不可不辨也。正其體于始死之時，誅其僭于已葬之後，而君臣上下之分明于卒葬之間矣。」

愚謂：卒以外赴書，葬以魯會書，不卒則是外不赴，不葬則是魯不會也。初無其義，弑君不葬，多因國亂不往會耳。傳者見禮有「讎不報，則服不除，不葬」之文，遂云賊不討，故不書葬，殊不知，讎不報不葬者，臣子之私情，誓必報也。會則必書葬者，隣國之常禮，史之實文也。謂吳楚之君避其號而不書葬，理或然也。

【經】四年，春，王二月，莒人伐杞取牟婁。

穀梁氏曰：「言伐、言取，所惡也。」

啖氏曰：「凡先書伐國，下書取邑者，明取本國之邑也。」

趙氏曰：「凡力得之曰取，不當取也。」

高氏曰：「杞，二王之後，武王克商求夏之後，得東婁公，封之于杞，待以賓禮。雖天子，猶不敢臣之，而莒人敢以兵伐其國，奪其先公所守、天子所封之分地，王法所當誅也。」

程子曰：「諸侯土地有所受之，伐其罪而奪取其土，惡又甚焉。」

謝氏曰：「春秋，取邑取田，皆謹而書之，所以著其亂也。春秋無仁義之師，其侵伐以爭田土，以復讎怨，以逞威虐而已。牟婁，杞邑也。伐杞而取牟婁，則莒人非以討罪爲心也，利其土田而已，惡之大者也。」

胡氏曰：「上二年莒人擅興兵入向，而天討不加焉。至是，伐國取邑，其暴益肆矣。」

【經】戊申，衛州吁弑其君完。

衛莊公娶于齊東宮得臣之妹曰莊姜，美而無子，衛人所爲賦碩人也。又娶于陳曰厲嬀，生孝伯，早死。其娣戴嬀，生桓公，莊姜以爲己子。公子州吁，嬖人之子也，有寵而好兵。公弗禁。莊姜恶之。石碏諫曰：「臣聞愛子教之以義方，弗納于邪。驕、奢、淫、泆，所自邪也，四者之來寵禄過也，將立州吁乃定之矣。若猶未也，階之爲禍。夫寵而不驕，驕而能降，降而不憾，憾而能眕者鮮矣。且夫賤妨貴，少陵長，遠間親，新間舊，小加大，淫破義，所謂六逆也。君義臣行，父慈子孝，兄愛弟敬，所謂六順也。去順效逆，所以速禍也。君人者，將禍是務去，而速之，無乃不可乎！」弗聽。其子厚與州吁游。禁之，不可。桓公立，乃老。至是，衛州吁弑桓公而立。

程子曰：「自古篡弑多公族，蓋自謂先君子孫，可以爲國君，人亦以爲然而奉之。春秋于此明大義以示萬世。故春秋之初，弑君者多不稱公子、公孫，蓋身爲大恶，自絶于先君矣，豈復得爲先公子孫也？古者公族刑死則無服，况弑君乎？大義既明于初矣，其後弑立者則皆以屬稱，或見其以親而寵之大過，任之太重，以至于亂，或見其天屬之親而反爲寇讎，立義各不同也。春秋大率所書事同則辭同，後人因謂之例。然亦有事同而辭異者，蓋各有義，非可例拘也。」

謝氏曰：「公子州吁，嬖人之子也。緣君之寵，干紀亂法，而桓公不得正東宮以繫國人之心，州吁弑逆之萌兆于此矣。夫嫡庶貴賤，天下之定分也。庶陵嫡，賤易貴，上不可以承宗廟，下不可以聯族屬，亂之大者也。

州吁，以體則非嫡，以位則非貴。其出而争國，緣公子之寵而爲之也，恃子孫有繼承之道而爲之也，故其肆逆也。春秋奪其公子，所以黜其不正也，所以絶其親而誅之也，所以杜後世争奪之心也。觀州吁削奪公子，而聖人討亂誅逆之意明矣。世子，國之根本，位不正，禮不隆，則亂生。莊公寵嬖孽以陵嫡貴，致世子之位不定，而州吁起争國之心。觀州吁稱衛，而莊公産逆召禍，其恶亦見矣。」

高氏曰：「弑者，殺之有漸也。在易·坤之初六曰：『履霜，堅冰至。』象曰：『履霜，陰始凝也；馴致其道，至堅冰也。』斯聖人防微杜漸之深戒。然其言微，其旨遠，孔子懼後世之弗辨也，復贊之曰：『臣弑其君，子弑其父，非一朝一夕之故，其所由來者漸矣！由辨之不早辨也。』蓋坤者，臣道也，子道也。臣子之弑君父，其包藏禍心如坤之初一，陰始生萌芽有漸，其理至微，積久不已，浸成弑逆，如履霜而至于堅冰也。此由君父不能防微杜漸，辨之于早，積至于此耳。故爲人君者，崇學校以養人材，興廉耻以勵人行。其義修，其節立，雖未試以事而治民之端已見，雖未授以位而愛民之義已彰，如是而積之，凡在位者皆忠臣也。爲人父者，義方以訓其幼少，師友以範其成人，不示之以詐，以起其姦僞之端，不臨之以慢，以開其干犯之漸。未孝而已慈，未恭而已慤，如是而積之，凡在家者皆孝子也。不辨之于早者反此，忠賢則不親而小人之與徒，忠義則不教而邪僻之使習，積久不已，殃及其身。于是乎君而見弑于臣，父而見弑于子。聖人傷君父辨之不早，而臣子之恶不容誅也，故詳著其事于春秋，使元凶大恶，雖假息于一時，而常見誅于千載。故曰春秋成而亂臣賊子懼。」

【經】夏，公及宋公遇于清。

公與宋公爲會，將尋宿之盟。未及期，衛人來告亂。夏，公及宋公遇于清。

程子曰：「諸侯相見而不行朝會之禮，如道路之相遇，故書曰遇。非周禮『冬見曰遇』之『遇』也。」

程氏學曰：「古者諸侯因朝覲，或從王命，則必有會聚之事，無非禮者也。王室微弱，典制廢壞，諸侯各逞其欲，盟會紛然，舍此又簡易其事，若道路相逢遇，無國君之禮，春秋所以致譏也。」

胡氏曰：「春秋書『遇』，私爲之約，自比于不期而遇者，直欲簡其禮耳〔一〕。簡略慢易，無國君之禮，則莫適主矣。故志内之遇者三，而皆書『及』，若曰以此及彼然也。志外之遇者四，而皆以爵，若曰以尊及卑然也。其意以爲莫適主者，異于古之不期而會矣。故凡書『遇』者，皆惡其無人君相見之禮也。」

【經】宋公、陳侯、蔡人、衛人伐鄭。

宋殤公之即位也，公子馮出奔鄭，鄭人欲納之。及衛州吁立，將修先君之怨于鄭，而求寵于諸侯以和其民。使告于宋曰：「君若伐鄭以除君害，君爲主，敝邑以賦與陳、蔡從，則衛國之願也。」宋人許之。于是陳、蔡方睦于衛，故宋公、陳侯、蔡人、衛人伐鄭，圍其東門，五日而還。公問于衆仲曰：「衛州吁其成乎？」對

〔一〕「耳」，四庫本作「爾」。

曰：「臣聞以德和民，不聞以亂。以亂，猶治絲而棼〔一〕之也。夫州吁，阻兵而安忍。阻兵無衆，安忍無親，衆叛親離，難以濟矣。夫兵，猶火也，弗戢，將自焚也。夫州吁，弑其君，而虐用其民。于是乎不務令德，而欲以亂成，必不免矣。」

高郵孫氏曰：「書宋公、陳侯之伐，而不言帥師者，君行師從，舉君之重，則帥師可知也。曰蔡人、衛人者，將卑師少也。」

程子曰：「宋以公子馮在鄭，故與諸侯伐之也。摟諸侯以伐鄭，固爲罪矣。而衛弑其君，天下所當誅也。乃與修好而同伐人，其惡甚矣。」

胡氏曰：「春秋之法，誅首惡。興是役者，首謀在衛〔二〕，而以宋主兵，何也？前書州吁弑其君，其罪已極，至是阻兵修怨，勿論可也。而隣境諸侯聞衛之有大變也，可但已乎？陳恒弑簡公，孔子沐浴而朝，告于哀公曰：『請討之。』公曰：『告夫三子者。』子曰：『以吾從大夫之後，不敢不告也。』之三子告，不可。子曰：『以吾從大夫之後，不敢不告也。』然則隣有弑逆，聲罪赴討，雖先發而後聞可也。宋殤不恤衛有弑君之難，欲定州吁而從其邪說，是肆人欲，滅天理，非人之所爲也。故以宋公爲首，諸國爲從，示誅亂臣、討賊子，

〔一〕「棼」原作「焚」，四庫本及左傳皆作「棼」，据改。
〔二〕「衛」，四庫本作「位」。

必先治其黨與之法也。此義行，爲恶者孤矣。」

張氏曰：「殤公苟知名州吁爲賊，拒其邪説，告于王而討之，則一舉而父子君臣之倫定，中國之禍未至如後日之慘也。今乃怵其邪説，合陳、蔡以助逆賊之黨，而首修怨于隣國，于是馮得以自固于鄭，而宋國之人不復知君臣逆順之正理。自是日從事于兵，而弑逆之事卒及其身，皆殤公不能早辨于此役，徒自及也。」

【經】秋，翬帥師會宋公、陳侯、蔡侯〔二〕、衛人伐鄭。

諸侯復伐鄭。宋公使來乞師，公辭之。羽父請以師會之，公弗許，固請而行。諸侯之師敗鄭徒兵，取其禾而還。

程子曰：「宋，虐用其民；衛，當誅之賊，而與之同伐人，其罪大矣。二國構怨，而他國與之同伐，其罪均也。再序四國，重言其罪。左氏以爲再伐，妄也。」

高氏曰：「鄭本與宋結怨，而他國與之同伐鄭，方困于四國之役，而翬復帥師往會之，故再序四國，以爲重罪也。然春秋之辭，至簡至嚴，若曰『翬帥師會伐鄭』，豈不白乎？再序四國，何其辭費而不憚煩也？言之重，詞之複，其中必有大美恶焉。四國合黨，翬復會師加兵無罪之邦，欲定弑君之賊，此恶之極也。言之不足而再言之，聖人之情見矣，誅討亂臣之法嚴矣。翬不稱公子者，隱未命。大夫至桓而受命，乃得稱爲公子也。」

〔二〕「侯」，四庫本作「人」。

胡氏曰：「公辭而弗許，義也。而翬以不義强其君，固請而行，無君之心兆矣。夫公子、公孫升爲貴戚之卿者，其植根膠固，難御于異姓之卿，況翬已使主兵而方命乎！隱公不能辨之于早，罷其兵權，猶使之帥師也，是以及鐘巫之禍。」

【經】九月，衛人殺州吁于濮。

州吁未能和其民。厚問定君于石子。石子曰：「王覲爲可。」曰：「何以得覲？」曰：「陳桓公方有寵于王。陳、衛方睦，若朝陳使請，必可得也。」厚從州吁如陳。石碏使告于陳，曰：「衛國褊小，老夫耄矣，無能爲也，此二人者，實弑寡君，敢即圖之。」陳人執之，而請莅于衛。九月，衛人使右宰醜莅殺州吁于濮。石碏使其宰獳羊肩莅殺石厚于陳。

公羊氏曰：「其稱人何？討賊之辭也。」

程子曰：「稱衛人，衆辭也，舉國殺之也。」

謝氏曰：「弑逆，天下之大惡，天地所不容，人〔一〕民所共棄，是不待告命而誅者也，故春秋殺弑君之賊稱人，以明人皆得而殺之也。春秋弑逆之主稱君，以其名位定矣。州吁則衛人討其逆而殺之，故不書爵。」

愚謂：濮，陳地。書「衛人」，善衛也。書「于濮」，善陳也。衛人能以州吁爲賊而請討于陳，陳人能爲

〔一〕「人」，四庫本作「臣」。

衛執州吁而請莅于衛，使臣子之心皆如石碏，隣國之義皆如陳人，則亂臣賊子將無所容于天地之間，而簒弑之禍亦庶幾乎息矣，宜聖人之善之也。

【經】冬，十有二月，衛人立晉。

衛人逆公子晉于邢。十二月，宣公即位。

穀梁氏曰：「衛人者，衆辭也。立者，不宜立者也。」

程子曰：「衛人立晉，衛人立之也。諸侯之立，必受命于天子。當時雖不受命于天子，猶受命于先君。衛人以晉公子也，可以立，故立之。春秋所不與也，雖先君子孫，不由天子、先君之命，不可立也，故去其公子。」

胡氏曰：「春秋于衛人特書曰立，所以著擅置其君之罪。于晉去其公子，所以明專有其國之非。以此垂法，而父子君臣之義明矣。」

陳氏曰：「繼故未有書立者，賊不討，君不葬，譏不在立也。必若衛人，賊討君葬，而後可以書立矣。」

家氏曰：「春秋書法，有褒而寓貶，責備賢者之道也。有貶而未絶，開小人以自新之途也。春秋于四國伐鄭之後，繼書『衛人殺州吁于濮』，又繼書『衛人立晉』。再書衛人者，褒衛人能不以簒賊爲君，相與仗大義而誅之，所以不書入，不書歸，而變文書立，以表異之，亦以見其討之難，其立之尤難，惜其不能禀于王命而立之，是所謂褒之中而見責備之意者也。當是時，四國連兵，爲簒賊植黨，州吁之勢成矣。而石碏以告老大夫非有權位之可倚，毅然以討賊自任，不動聲氣，元恶即誅，乃迎晋于邢而立之，可謂居人臣之甚難，是故春秋變文特書，以示別異，而中見責備之意。非石碏之賢，聖人不以是望之，謂之責備則可，謂之直貶，則斷乎非春秋意也。曰：『若子所言，春秋何以不書石碏之名氏而惟曰衛人立晋乎？』曰：立君，從衆望也。若書石碏立晋，是一人之私也，其可哉？故尹氏立子朝，言王位已定，而尹氏以一人之私而立朝，所以誅也。觀尹氏立子朝之爲誅，則衛人立晋之意可識矣。」

愚謂：人欲之感人也雖深，天理之感人也實易。甚矣！人恒蔽于人欲之私，而不能啓其天理之公，遂至失其本心，而亦不能明乎人之本心也。方陳人與州吁連兵伐鄭，但知植黨之爲得計，豈知黨賊之爲可恥，及聞石碏之請，幡然而悟，遂變黨賊之心而爲討賊之舉。實以石碏之言有以袪其恶念而動其良心也。今觀其言曰：「老夫耄矣，無能爲也。此二人者，實弑寡君，敢即圖之。」忠義之氣，貫于日月，懇惻之意，形于言表。宜陳人爲之動心，而州吁之見執也。惜其習于當時聞見之陋，不知國君非人臣所可置，公子晋之立，不能請命天王，故聖人既美其討賊于前，復著其擅立于後，使天下後世知臣子爲君父討賊之爲所當爲，而擅置其君爲所不當爲也。然則使晋之立能請命天王，則石碏此舉，視夫子之沐浴請討，亦可無愧矣。

【經】五年，春，公矢魚于棠。

公將如棠觀魚者。臧僖伯諫曰：「凡物不足以講大事，其材不足以備器用，則君不舉焉。君，將納民于軌物者也。故春蒐、夏苗、秋獮、冬狩，皆于農隙，以講事也。三年而治兵，入而振旅，歸而飲至，以數軍實。

昭文章，明貴賤，辨等列，順少長，習威儀也。鳥獸之肉不登于俎，皮革齒牙、骨角毛羽不登于器，則公不射，古之制也。若夫山林川澤之實，器用之資，皁隸之事，官司之守，非君所及也。」公曰：「吾將略地焉。」遂往，陳魚而觀之。僖伯稱疾，不從。

「矢」，公、穀作「觀」。左氏曰：「『矢魚于棠』，非禮也，且言遠地也。」

薛氏曰：「矢魚何？射魚也。」

朱子曰：「矢魚當是將弓矢射之，如漢武帝親射江中蛟之類。」

程子曰：「諸侯非王事不遠出。出觀魚，非道也。」

謝氏曰：「古者蒐苗獮狩，非獨以禽獸爲事也，軍旅之法寓焉，征伐之事行焉。故先王舉動，無非事者。田獵以閱車徒，巡狩以察邦國。春、秋游豫，以省耕斂。若夫觀魚，特游觀而已，在事爲非事，在禮爲非禮，在法爲非法。春秋直書『觀魚』，而諸侯出不以事，舉動不以禮法，其失見矣。」

胡氏曰：「隱公慢棄國政，遠事逸游，僖伯之忠言不見納，則亦已矣。又從而爲之辭，是縱欲而不能自克之以禮也，能無鍾巫之及乎？」

家氏曰：「臧僖伯之諫，其憂深思遠，有周公告成王，無淫于觀、于逸、于游、于田之意，賢人之言哉。」

【經】夏，四月，葬衛桓公。

衛亂是以緩。

胡氏曰：「名之曰幽、厲，雖孝子慈孫，百世不能改，失位而見弑，何以爲桓？」

程子曰：「稱桓，見國人私〔一〕謚。送終，大事也，必就正寢，不歿于婦人之手，曾子易簀而歿，豈苟然哉？死而加之不正之謚，知忠孝者肯爲乎？」

【經】秋，衛師入郕。

衛之亂也，郕人侵衛，故衛師入郕。

穀梁氏曰：「將卑師衆曰師。」

程子曰：「晋乘亂得立，不思安國保民之道，以尊王爲先，居喪爲重，乃興戎修怨，入人之國，書其失道也。」

胡氏曰：「稱師者，紀其用衆而立義不同。書『衛師入郕』，著其暴也。」

【經】九月，考仲子之宫。初獻六羽。

考仲子之宫，將萬焉。公問羽數于衆仲。對曰：「天子用八，諸侯用六，大夫四，士二。夫舞，所以節八音而行八風，故自八以下。」公從之。于是初獻六羽，始用六佾也。

程子曰：「諸侯無再娶，仲子不得爲夫人。春秋之初尚以爲疑，故别宫以祀之。考，始成而祀也，書以見

〔一〕「私」，四庫本作「死」。

無禮。成王賜魯以天子禮樂祀周公，後世遂群廟皆用，仲子別宮，故不敢同群廟，而用六羽也。書『初獻』，見前此用八之僭也。仲尼以魯之郊禘爲周公之道衰，用天子之禮祀周公，成王之過也。」

胡氏曰：「惠公欲以愛妾爲夫人，隱公欲以庶弟爲嫡子，孟子入惠公之廟，仲子無祭享之所，爲別立宮以祀之，非禮也。故因其來賵而正名之曰『仲子之賵』，因其考宮而正名之曰『仲子之宮』，而夫人、衆妾之分定矣，隱公攝讓之實辨矣，桓公篡弑之罪昭矣。生則以氏繫姓，以姓繫號，歿則以謚繫號。以姓繫氏者，夫人也。存不稱號，歿不稱謚，單舉姓字[一]者，妾也。凡宮廟，非志災、失禮，則不書。」

愚謂：使隱公聞衆仲之言，知八佾之僭，群公之廟皆降，從侯國之常制，則上下各守其分，他日豈有季氏用八佾，三家以雍徹之事乎？自諸侯僭天子而後大夫僭諸侯，以至陪臣執國命，天下之禍無時而息矣，聖人于此安得不謹而書之？

【經】邾人、鄭人伐宋。

宋人取邾田，邾人告于鄭曰：「請君釋憾于宋，敝邑爲道。」鄭人以王師會之伐宋，入其郛，以報東門之役。宋人使來告命，公聞其入郛也，將救之。問于使者曰：「師何及？」對曰：「未及國。」公怒，乃止。辭使者曰：「君命寡人同恤社稷之難，今問諸使者，曰『師未及國』，非寡人之所敢知也。」

[一]「字」，四庫本作「氏」。

胡氏曰：「主兵者邾也。故雖附庸小國而序乎鄭之上。凡班序上下，以國之小大，從禮之常也，而盟會征伐，以主者先，因事之變也。然則衛州吁告于宋以伐鄭，事與此同，而聖人以宋爲主者何？此春秋撥亂之大法也。凡誅亂臣，討賊子，必深絶其黨。」

【經】螟。

公羊氏曰：「記灾也。」

張氏曰：「蟲食苗心曰螟。國以民爲本，民以食爲天。螟爲灾，國之大事也，故書。」

【經】冬，十有二月辛巳，公子彄卒。

臧僖伯卒。公曰：「叔父有憾于寡人，寡人弗敢忘，葬之加一等。」

穀梁氏曰：「隱不爵命大夫，其曰公子彄何也？先君之大夫也。」

【經】宋人伐鄭，圍長葛。

以報入郛之役也。

程子曰：「伐國而圍邑，肆其暴也。」

胡氏曰：「圍者，環其城邑，絶其往來之使，禁其樵采之途，城守不下，至于經年而不解，誅亂臣，討賊子，可也。長葛，鄭邑，何罪乎？書圍于此，而書取于後，宋人之恶彰矣。」

【經】六年，春，鄭人來渝平。

渝，公、穀作「輸」。

高氏曰：「先儒以『輸』爲『渝』，或訓墮，或訓更，或訓變，皆未得春秋之意。按，隱公自即位至此年，若已與鄭平，則六年之間未嘗有會同朝聘之事也。自此年輸平之後，宛來歸祊，翬會伐宋，時來之會，伐許之役，皆與隱公同行，豈有當和平之時不相往來，渝變之後反同侵伐哉？」

胡氏曰：「輸者，納也。平者，成也。鄭人曷爲納成于魯？以利相結，解怨釋讐，離宋魯之黨也。公之未立，與鄭人戰于狐壤，止焉。元年，及宋人盟于宿。四年，遇于清。其秋，會伐鄭，即魯宋爲黨，與鄭有舊怨明矣。五年，鄭人伐宋，入其郛，魯欲救之，使者失辭，公怒而止。其冬，宋人伐鄭，圍長葛，鄭伯知其適有用間可乘之隙也，是以來納成耳。然則善之乎？曰：平者，解怨釋讐，固所善也。輸平者，以利相結，則貶矣。曷爲知其相結之以利也？後此鄭伯使宛來歸祊，而魯入其地會鄭人伐宋，得郜及防，而魯又取其二邑，是以知輸平者，以利相結，乃貶之也。諸侯修睦，以蕃王室，所主者，義爾。苟爲以利，使爲人臣者懷利以事其君。諸侯必曰『何以利吾國？』大夫必曰『何以利吾家？』士庶人必曰『何以利吾身？』上下交征利，不至于篡弑奪攘，則不厭矣。故特稱輸平，以明有國者必正其義，不謀其利，杜亡國敗家之本也。」

陳氏曰：「書鄭輸平，志諸侯之合；書及鄭平，志諸侯之散；是春秋之始終也。」

【經】夏，五月，辛酉，公會齊侯盟于艾。

左氏曰：「始平于齊也。」

薛氏曰：「公之會齊者何？與鄭平也。」與鄭平，則曷爲與齊盟？齊，鄭之與國也。

高氏曰：「鄭人來輸平，而不言及鄭平、暨鄭平，是猶未許之平也。齊以是來求盟于公，公于是乎會于艾而與之盟。」

【經】秋，七月。

胡氏曰：「四德備而後爲乾，故易曰『乾，元亨利貞。』一德不備，則乾道熄矣。四時具，然後成歲。故春秋雖無事，首時過則書。一時不具，則歲功虧矣。既書時，又書月者。時，天時。月，王月也。書時又書月，見天人之理合也。」

【經】冬，宋人取長葛。

杜氏曰：「上有伐鄭、圍長葛。長葛，鄭邑可知，故不言鄭也。」

程子曰：「宋人之圍長葛，歲且周矣。其虐民無道之甚，而天子弗治，方伯弗征，鄭視其民之危困，而不能保有、赴訴，卒喪其邑，亦可罪也。宋之强取，不可勝誅矣。」

春秋闕疑卷二（隱公七年—十一年）

【經】七年，春，王三月，叔姬歸于紀。

程子曰：「伯姬爲紀夫人，叔姬其娣也。待年于家，今始歸。娣歸不書。書，憫其無終也。」

高郵孫氏曰：「法不當書而書者，春秋變例以見其賢，叔姬爲伯姬之娣。紀侯大去其國，紀季以酅入齊，復存紀之宗社。叔姬又歸于酅，以承紀之宗祀。叔姬不以國之盛衰繫其懷，不以夫人存亡易其慮，而惟宗社之是依，聖人安得不賢之乎？」

【經】滕侯卒。

程子曰：「卒不名，史闕也。」

【經】夏，城中丘。

穀梁氏曰：「凡城之志，皆譏也。」

泰山孫氏曰：「城邑宮室，高下大小，皆有王制，不可妄作。是故城一邑，新一廄，作一門，築一囿，時與不時，皆詳而録之，然得其時者，其恶小，非其時者，其恶大，此聖人愛民重興作懲僭忒之深旨也。」

謝氏曰：「國以政治爲本，仁義不足以結民心，法制不足以齊民力，則城雖固，適足爲寇盗之資而已。故明君以城保國，闇君以城危國，然則政之不修，而城之是務，非保國之道也。書『城中丘』，而隱公棄内務外，其失見矣。」

程子曰：「爲民立君，所以養民也。養民之道，在愛其力。民力足，則生養遂；教化行，而風俗美，故爲政以民力爲重也。春秋凡用民力必書，其所興作，不時害義，固爲罪也。雖時且義，必書，見勞民爲重事也。後之人君知此義，則謹重于用民力矣。然有用民力之大而不書者，爲教之意深矣。僖公修泮宫，復閟宫，非不用民力也，然而不書。二者興廢復古之大事，爲國之先務，如是而用民力，乃所當用也。人君知此義，則知爲政之先後輕重矣。」

【經】齊侯使其弟年來聘。

結艾之盟也。

常山劉氏曰：「周禮大行人，凡諸侯之邦交，歲相問也，殷相聘也，世相朝也。先王制禮，所以盡人之情，諸侯之于隣國，壤地相接，苟無禮以相與，則何以講信修睦哉？王室不綱，典制大壞，無禮義之交，而唯强弱之視，故小國則朝之聘之，大國則聘而不朝。」

程子曰：「凡不稱公子而稱弟者，或責其失兄弟之義，或罪其以弟之愛而寵任之過。左氏、公羊皆曰『年，齊僖公母弟』。先儒母弟之説，蓋緣禮文有立嫡子同母弟之説。其曰同母弟，蓋謂嫡爾，非以同母弟爲加親也。若以同母爲加親，是不知人理，近于禽道也。天下不明斯義也久矣。僖公愛年，至其子，尚禮秩如嫡，卒致篡弑之禍。書弟，見其以弟之愛而寵任之過也。」

胡氏曰：「兄弟，先公之子，不稱公子，貶也。書盟，書帥師，而稱兄弟者，罪其有寵愛之私。書出奔，書歸，而稱兄弟者，責其薄友恭之義。仁人之于兄弟，絶偏係之私，篤友恭之義，人倫正而天理存，其春秋以訓天下與來世之意也。」

愚按：無知自以篡弑得誅，聖人安得預貶其父？蓋無知之能弑，實起于年之寵愛過制。所謂其所由來者漸矣。聖人察見至微，故書「弟」以絶人君寵愛之私，杜天下篡弑之漸，所謂拔本塞源，罪在僖公，而非預貶年也。

【經】秋，公伐邾。

宋及鄭平。七月庚申，盟于宿。公伐邾，爲宋討也。

高氏曰：「書公者，專罪公也。不言帥師者，君行師從，不待言也。」

程子曰：「擅興甲兵，爲人而伐之，非義之甚也。」

謝氏曰：「元年，公及邾盟，不足取信隣國可知也。」

胡氏曰：「經之書伐，非主兵者皆有言可執，見伐者皆有罪可討也。傳曰『欲加之罪，何患無辭？』魯爲宋討，非義甚矣，而稱伐邾，所謂欲加之罪者也。」

【經】冬，天王使凡伯來聘。戎伐凡伯于楚丘以歸。

初，戎朝于周，發幣于公卿，凡伯弗賓。冬，王使凡伯來聘，還。戎伐之于楚丘以歸。

程子曰：「周禮，時聘以結諸侯之好。諸侯不修臣職而聘之，非王體也。」

謝氏曰：「凡伯，天子卿士之有爵者，故書爵。夫凡伯爲天子之使，而戎舉大衆伐之，王室之辱也。王臣將命于外，諸侯所當敬也。敬王臣，所以尊王室也。戎伐凡伯于楚丘，楚丘蓋衛地，衛坐視王室危辱不救，使王臣陷没于戎。春秋以楚丘謹其地，而衛國之罪著矣。以歸，非執也，凡伯臣服于戎也。稱以歸，罪凡伯無死位之忠也。諸侯失國則名，凡伯失位不名者，不與夷狄〔一〕之屈王臣也。戎往來中國〔二〕，若踐無人之境，豈戎之不可制哉？皆中國〔三〕召之而已，故潛之會、唐之盟，春秋罪之于前矣。」

程氏學曰：「春秋有一句而合數義者類如此。」

高郵孫氏曰：「天王之聘魯者八，皆書于經，此聖人之意也。春秋書公如京師者一，而如諸侯者三十七，臣如京師者七，而如諸侯之國者七十二，朝事天子之禮，則數百年間其行者一，而天王來聘者八，所以見天下無王，而王室衰替也。天子則不事，而强大之國則事之；京師則不如，而强大之國則如之，聖人一志之，以明

〔一〕「夷狄」，四庫本作「戎人」。
〔二〕「中國」，四庫本作「魯、衛」。
〔三〕「中國」，四庫本作「魯隱」。

天子不君而大國是畏也。」

【經】八年，春，宋公、衛侯遇于垂。

齊侯將平宋衛，有會期，宋公以幣請于衛，請先相見。衛侯許之。故遇于犬丘。

高氏曰：「齊侯將平宋衛于鄭，故宋公請衛先相見，因遇于垂以謀鄭。十年，宋人、衛人入鄭，垂之謀也。」

程氏學曰：「宋忌鄭之深，故與衛卒成此好。無諸侯相見之禮，故書曰『遇』。」

【經】三月，鄭伯使宛來歸祊。庚寅，我入祊。

鄭伯請釋泰山之祀而祀周公，以泰山之祊易許田。三月，鄭伯使宛來歸祊，不祀泰山也。

高氏曰：「六年，公怒宋使之失辭。鄭人由是來輸平。然魯之憾猶未解。今以宋公、衛侯遇于垂，鄭度其勢不可禦，于是歸祊以求援于魯。然鄭與魯境素不相接，何乃越他國而歸之邑乎？蓋鄭以厲宣之親，世爲周之卿士，常從天子巡狩，賜以朝宿之邑，在泰山之側，其地近于魯。是時鄭伯以天子不復巡狩，而祊爲無用，且欲急得魯之援，故使宛來歸焉。先儒以爲易許田，非也。按，桓元年有鄭伯以璧假許田之文，則是隱公之世未嘗易矣。且我入祊而不以許田入鄭，鄭豈但已乎？自入祊之後，繼好尋盟，史不絕書，入郜入防，悉歸于我。終隱之世，無釁可觀，則先儒之妄，不辨自明，而聖人特書來歸之意，斷可識也。」

程子曰：「來，言易也。入者，義不可而强入之也。」

謝氏曰：「鄭不得王命，私以封邑與魯。魯不得王命，私受封邑于鄭。二國皆在所治也，故鄭以邑畀魯稱歸，罪其與之專，魯得邑于鄭稱入，罪其取之逆。」

胡氏曰：「用是見鄭有無君之心，而謂天王不復巡狩矣。用是見鄭有無親之心，而敢與人以先祖所受之邑矣。陸氏微旨曰參譏之也：鄭不當歸，魯不當受，宛當諫。」

【經】夏，六月，己亥，蔡侯考父卒。

胡氏曰：「禮曰：諸侯不生名。夫生則不名，死而名之，别于太上，示君臣尊卑之等。蓋禮之中也。諸侯薨赴不以名，而仲尼革之必以名書，變周制矣。春秋，魯史，聖人修之，而孟子謂之作，以此類也。」

【經】辛亥，宿男卒。

【經】秋，七月，庚午，宋公、齊侯、衛侯盟于瓦屋。

齊人卒平宋衛于鄭。秋，會于温，盟于瓦屋，以釋東門之役。冬，齊侯使來告成三國。公使衆仲對曰：「君釋三國之圖以鳩其民，君之惠也，寡君聞命矣，敢不承受君之明德。」

穀梁氏曰：「諸侯參盟于是始。」

許氏曰：「春秋之初，宋公先齊序爵也，其後乃以國之小大爲次，唯主會者爲之矣。」

程子曰：「宋爲主盟，與鄭絶也。」

胡氏曰：「春秋謹參盟，善胥命，美蕭魚之會，以信待人而不疑，蓋有志于天下爲公之世，凡此類亦變周制矣。」

愚按：是春垂之會，傳已云齊侯將平宋衛。至是復云齊人卒平宋衛于鄭。以經考之，瓦屋之盟，鄭未嘗與。則傳之云云，未可信也。程子云與鄭絶，斯爲得之。

【經】八月，葬蔡宣公。

程子曰：「速也，諸侯五月而葬，不及期，簡也。」

謝氏曰：「過時而葬，爲不敬；先時而葬，爲不懷，非孝也。」

【經】九月，辛卯，公及莒人盟于浮來。

公及莒人盟于浮來，以成紀好也。

程子曰：「隣國之交，講信修睦，可也，安用盟？爲公屈己與臣盟，義弗安也。」

胡氏曰：「莒小國人微者，而公與之盟，故特言及，以譏失禮，且明非大夫之罪也。以千乘之君下與小國之大夫盟，豈稱物平施之謂？太卑而可踰，非謙德矣。」

【經】螟。

【經】冬，十有二月，無駭卒。

無駭卒，羽父請謚與族。公問族于衆仲，衆仲對曰：「天子建德，因生以賜姓，胙之土而命之氏，諸侯以字爲謚，因以爲族，官有世功，則有官族，邑亦如之。」公命以字爲展氏。

胡氏曰：「無駭書名，未賜族也。諸侯之子爲大夫，則稱公子，其孫也而爲大夫，則稱公孫。公孫之子與異姓之臣，未賜族而身爲大夫，則稱名，無駭、挾之類是也。已賜族而使之世爲大夫則稱氏，如仲孫、叔孫、季孫之類是也。古者置卿必求賢德，不以世官。春秋之初，猶爲近古，故無駭與挾皆書名爾。其後官人以世無不賜之族，或以字，或以謚，或以官，或以邑，而先王之禮亡矣。至于三家專魯，六卿分晋，諸侯失國出奔者相繼，職此由也。觀春秋所書而是非之迹著矣，治亂之效明矣。」

【經】九年，春，天王使南季來聘。

穀梁氏曰：「南，姓也，季，字也。」

謝氏曰：「南季，天子大夫，故稱字。」

胡氏曰：「古者諸侯于天子，比年一小聘，三年一大聘，五年一朝。天子于諸侯，不可以若是恝，故亦有聘問之禮焉。隱公即位九年于此，而史策不書遣使如周，則是未嘗聘也，亦不書公如京師，則是未嘗朝也。一不朝則貶其爵，再不朝則削其地，如隱公者，貶爵削地可也。刑則不舉，遣使聘焉，其斯以爲不正乎！經書公如京師者一，朝于王所者二，卿大夫如京師者五。舉魯一國，則天下諸侯怠慢不臣可知矣。書天王來聘者七，錫命者三，賵葬者四，則問于他邦及齊、晋、秦、楚之大國又可知矣。王之不王如此，征伐安得不自諸侯出乎？諸侯之不臣如此，政事安得不自大夫出乎？君臣上下之分易矣，陪臣執國命，戎蠻制諸夏，[二]其原皆自天王失威福之柄也，春秋于此蓋有不得已焉爾矣。」

【經】三月，癸酉，大雨，震電。庚辰，大雨雪。

公羊氏曰：「記異也。」

穀梁氏曰：「八日之間，再有大變，陰陽錯行，故謹而日之也。」

胡安定先生曰：「若不書日，則何以知八日之中大雨震電又大雨雪也？」

高氏曰：「凡稱大者，皆非常之辭。」

胡氏曰：「震電者，陽精之發；雨雪者，陰氣之凝。周三月，夏之正月，雷未可以出，電未可以見，而大震電，此陽失節也。雷已出，電已見，則雪不當復降而大雨雪，此陰氣縱也。夫陰陽運動有常而無忒，凡失其度，人爲感之也。今陽失節而陰氣縱，公子翬之讒兆矣；鍾巫之禍萌矣。春秋災異必書，雖不言事應而事應具存，惟明于天人相感之際，相應之理則見，聖人所書之意矣。」

[二]「陪臣執國命，戎蠻制諸夏」，四庫本作「故田和篡齊，籍、斯、虔分晋」。

【經】挾卒。

【經】夏，城郎。

襄陵許氏曰：「七年，書城中丘，而後伐邾。九年，書城郎，而後伐宋。皆譏公不務崇德修政以戒蕭牆，而念外人之有非干時勤衆恃城守國，亦已末矣。」

【經】秋，七月。

【經】冬，公會齊侯于防。

宋公不王，鄭伯爲王左卿士，以王命討之。伐宋。宋以入郛之役怨公，不告命，公怒，絶宋使。秋，鄭人以王命來告伐宋。冬，公會齊侯于防，謀伐宋也。

胡氏曰：「周官行人曰『時會以發四方之禁。』此謂非時而合諸侯，以禁止天下之不義也。列國何爲有此名，凡書會皆譏也，謂非王事相會聚爾。宋公不王，鄭伯以王命討之，亦謂之非王事，可乎？夫以王命討宋，而聽征伐〔一〕之禁于王都，雖召陵之舉，不是及矣。始則私相會爲謀于防，中則私相盟爲師期于鄧，終則乘敗人而滨爲利以取二邑歸諸已。奉王命討不庭者，果如是乎？經之書會伐而不異其文以此。」

〔一〕「伐」，四庫本作「討」。

【經】十年春，王二月，公會齊侯、鄭伯于中丘。

公會齊侯、鄭伯于中丘。癸丑，盟于鄧，爲師期。

【經】夏，翬帥師會齊人、鄭人伐宋。

五月，羽父先會齊侯、鄭伯伐宋。

高氏曰：「此見公于宋，始相和好，終爲仇讐，惟知貪利，不復顧義也。自公元年及宋人盟于宿，四年又遇于清，是其和好非一日矣，今一旦變爲仇讐，反以兵加之者，豈徒然哉？始爲宋謀鄭，既得鄭利，今又爲鄭謀宋，又欲得宋利也。于是使翬先以師會二國伐之，齊侯、鄭伯皆貶稱人者，齊渝瓦屋之盟，鄭乃造兵之首，是以春秋恶之。」

胡氏曰：「翬始而會宋以伐鄭，固請而行，今而會鄭以伐宋，先期而往，不待鍾巫之變，知其有無君之心矣。」

【經】六月，壬戌，公敗宋師于菅。辛未，取郜。辛巳，取防。

六月，戊申，公會齊侯、鄭伯于老桃。壬戌，公敗宋師于菅。庚午，鄭師入郜。辛未，歸于我。庚辰，鄭師入防。辛巳，歸于我。

高氏曰：「翬已帥師會二國伐宋矣，此又書公者，所以著公棄好黨恶，吞奪其利，盡渝宋盟也。」

程子曰：「不言戰而言敗，敗者爲主，彼與戰而此敗之也。」

胡氏曰：「內大惡，其辭婉。小惡，直書而不隱。夫諸侯分邑，非其有而取之者，盜也。曷不隱乎？于取之中猶有重焉者。若成公取鄟，襄公取邿，昭公取鄫，皆覆人之邦而絕其祀，亦書曰取，所謂猶有重焉者此。故取郜，取防，直書而不隱也。」

陳氏曰：「春秋嚴義利之辨，苟以利書吾取而已，是故郜、防書取，譏不在鄭也。」

【經】秋，宋人、衛人入鄭。宋人、蔡人、衛人伐戴。鄭伯伐取之。

七月，庚寅，鄭師入郊，猶在郊，宋人、衛人入鄭。蔡人從之，伐戴。八月，壬戌，鄭伯圍戴。癸亥，克之，取三師焉。宋衛既入鄭，而以伐戴召蔡人，蔡人怒，故不和而敗。九月，鄭伯入宋。十一年，冬十月，鄭伯以虢師伐宋，大敗宋師，以報其入鄭也。

高氏曰：「此宋又連衛以報鄭，鄭幸菅之敗而不備，故師還未及郊而宋衛已乘其虛而入之矣。」

程子曰：「宋人、衛人入鄭。蔡人從之伐戴。鄭伯圍戴，克之，取三師焉。戴，鄭所與也，故三國伐之，鄭戴合攻，盡取三國之衆，其殘民也甚矣。又曰：鄭勞民以務外，而不知守其國，故二國人之。」

謝氏曰：「春秋書鄭伯、鄭人會伐于前，書宋人、衛人入鄭于後，而莊公不知安固國本，其失久矣。」

【經】冬，十月，壬午，齊人、鄭人入郕。

蔡人、衛人、郕人不會王命。

冬，齊人、鄭人入郕，討違王命也。

程子曰：「春秋不見其爲王討也。王臣不行，王師不出，矯假以逞私忿耳。」

【經】十有一年，春，滕侯、薛侯來朝。

滕侯、薛侯來朝，争長。薛侯曰：「我先封。」滕侯曰：「我周之卜正也。薛，庶姓也。我不可以後之。」公使羽父請于薛侯曰：「君與滕君辱在寡人，周諺有之曰：『山有木，工則度之；賓有禮，主則擇之』。周之宗盟，異姓爲後。寡人若朝于薛，不敢與諸任齒，君若辱貺寡人，則願以滕君爲請。」薛侯許之，乃長滕侯。

胡氏曰：「諸侯朝于天子，禮乎。孔子曰『邦君爲兩君之好，有反坫』。周禮行人：凡諸侯之邦交，殷相聘而世相朝也。夫謂之殷，則得中而不過；謂之世，則終諸侯之世而一相朝，其爲禮亦節矣。周衰，典制大壞，諸侯放恣，無禮義之交，惟强弱之視。以魯事觀焉，或來朝而不報其禮，或屢往而不納以歸，無合于中聘世朝之制矣。且列國如天子述所職者，蓋闕如也，而自相朝聘，可乎？凡大國來聘，小國來朝，一切書之而不削，皆以示譏。滕薛二君不特言者，又譏旅見也。非天子不旅見，諸侯偃然受之而不辭，亦以見隱公之志荒矣。」

泰山孫氏曰：「凡書朝者，皆恶之也。」

高郵孫氏曰：「外之朝天子者，不見于經，内之朝天子者二而已，又在于王所而不在于京師，其如京師者一而已，又因會伐秦而遂行，由此觀之，當時朝事之禮，一施乎强國，天子名存而已。聖人因其實而書之，以罪之也。」

家氏曰：「周家盛時，諸侯有歲相問、殷相聘、世相朝之禮。曰相云者，亦往復之義，非若諸侯而朝天子，相率而旅朝也。至于衰世，諸侯大國未嘗朝王，而小國以相率而朝大國。大國倨受其朝而不以爲僭，如滕薛之朝魯，則僭用天子之朝禮，而非相朝之謂也。」

【經】夏，公會鄭伯于時來。

謀伐許也。

【經】秋，七月，壬午，公及齊侯、鄭伯入許。

公會齊侯、鄭伯伐許，遂入許。許莊公奔衛。齊侯以許讓公。公曰：「君謂許不共，故從君討之，許既伏其罪矣，雖君有命，寡人弗敢與聞。」乃與鄭人。鄭伯使許大夫百里奉許叔以居許東偏，曰：「天禍許國，鬼神實不逞于許君而假手于我寡人，寡人惟是一二父兄不能共億，其敢以許自爲功乎？寡人有弟不能和協，而使餬其口于四方，其况能久有許乎？吾子其奉許叔以撫柔此民也。吾將使獲也佐吾子，若寡人得没于地，天其以禮悔禍于許，無寧兹許公復奉其社稷。惟我鄭國之有請謁焉，如舊婚媾，其能降以相從也，無滋他族，實偪處此，以與我鄭國争此土也。吾子孫其覆亡之不暇，而况能禋祀許乎？寡人之使吾子處此，不唯許國之爲，亦聊以固吾圉也。」乃使公孫獲處許西偏，曰：「凡而器用財賄，無置于許，我死乃亟去之。吾先君新邑于此。王室而既卑矣，周之子孫日失其序。夫許，大岳之胤也，天而既厭周德矣，吾其能與許争乎？」

程子曰：「書及，内爲主也。非内爲主，則先書會伐，後書入也。」

家氏曰：「是役也，鄭爲謀主，則許復爲鄭所有。春秋書公會、公及，責公深矣。使時來之會，公力拒其請，鄭必不敢獨行，齊亦必不爲鄭出師，惟公勇往而後齊鄭連兵以前，許不能國矣。」

胡氏曰：「隱公即位十有一年，天王遣使來聘者再，而未嘗朝于京師，罪一也。平王崩，不奔丧會葬，至使武氏子來求賻，罪二也。禮樂征伐自天子出，而擅興兵甲爲宋而伐郕，爲鄭而伐宋，罪三也。山川土田各有封守，上受之天王，下傳之先祖，而取郜及防，入祊，罪四也。今又入人之國而逐其君，罪五也。凡此五不韙者，人臣之大恶。隱公兼有之。然則不善之殃，豈特始于惠，成于桓，而隱之積，亦不可得而揜矣。使隱公者，爲國以禮，而自强于爲善，豈有鍾巫之難乎？是故春秋所載，以人事言，則是非善恶之迹設施于前，而成敗吉凶之效見于後；以天道言，則感應之理明矣，不可不察也。」

臨江劉氏曰：「公之不得其終，以德薄而多功，慮淺而數得意也。備其四境，禍反在内，可不哀與。」

【經】冬，十有一月，壬辰，公薨。

羽父請殺桓公，將以求太宰。公曰：「爲其少故也，吾將授之矣。使營菟裘，吾將老焉。」羽父懼。反譖公于桓公，而請殺之。公之爲公子也，與鄭人戰于狐壤，止焉。鄭人囚諸尹氏，賂尹氏而禱于其主鍾巫，遂與尹氏歸，而立其主。十一月，公祭鍾巫，齊于社圃，館于寪氏。壬辰，羽父使賊弒公于寪氏，立桓公，而討寪氏，有死者。

穀梁氏曰：「公薨不地，故也。隱之，不忍地也。」

公羊氏曰：「君弒，賊不討，不書葬，以爲無臣子也。」

程子曰：「人君終于路寢，見卿大夫而終，乃正終也。薨于燕寢，不正終也。薨不書地，弒也。」

高郵孫氏曰：「弒君不地，不忍言也。春秋之法，外弒言弒，内弒不地，所以辨内外，遠凶變，養忠孝也。」

胡氏曰：「致隱讓國，立不以正，惠公之罪也。致桓弒君，幾不早斷，隱公之失也。既有讒人交亂其間，憂虞之象著矣，而曰『使營菟裘，吾將老焉』，是猶豫留時辨之弗早辨也，其及也宜。隱公見弒，魯史舊文必以實書其曰公薨。仲尼親筆也。古者史官以直爲職，而不諱國惡。仲尼筆削舊史，斷自聖心，于魯君見弒，削而不書者，蓋國史一官之守，春秋萬世之法，其用固不同矣。不書弒，示臣子于君父有隱避其惡之禮。不書地，示臣子于君父有不没其實之忠。不書葬，示臣子于君父有討賊復讐之義。非聖人莫能修之，謂此類也。夫賊不討，讐不復，而不書葬，則服不除，寢苫枕戈無時而終事也，以此法討罪，至嚴矣。故曰春秋成而亂臣賊子懼。」

春秋闕疑卷三（桓公元年—六年）

桓公

公名軌，惠公之子，隱公之弟，史記世家名允，桓王九年即位。謚法：辟土服遠曰桓。

【經】元年，春，王正月。

穀梁氏曰：「桓無王，其曰王，何也？謹始也。桓弟弑兄，臣弑君，天子不能定，諸侯不能救，百姓不能去，以爲無王之道，遂可以至焉爾。元年有王，所以治桓也。」

程子曰：「桓弑君而立，不天無王之極也，而書春王正月，以天道王法正其罪也。」

高郵孫氏曰：「元年書王者，以爲弑君之賊，將而必誅。已弑君矣，其能免于誅乎？元年書王，所以誅桓也。二年書王，必以謂〔一〕王室微弱，弑君之賊力不能即時誅之。二年而後誅之，亦已晚矣，然亦足以爲王誅也。

〔一〕「謂」，四庫本作「爲」。

十年書王者，教政之出不可以一日無之，十年無王則王道將絶于天下也。十八年有王者，桓公之終也，弑君之賊無可赦之理，不見誅于一時，當見誅于歲月，不見誅于其生，當見誅于將死，不見誅于終身，當見誅于萬世。」

愚按：桓公不書王，而宣公書王者，桓公弑君而自立，宣公爲弑君者所立，事固不同也。胡氏曰：「古者諸侯不再娶，于禮無二嫡。惠公元妃既卒，繼室以聲子，則是攝行内主之事矣[一]，仲子安得爲夫人？母非夫人，則桓乃隱之庶弟，安得爲嫡子謂當立乎？桓不當立，國乃隱公之國，其欲授桓，乃實讓之，非攝也。」「然則公羊所謂『桓幼而貴，隱長而卑，子以母貴』之説非與此徇。惠公失禮而爲之辭，非春秋法也。仲子有寵，惠公欲以爲夫人。母愛者子抱，惠公欲以桓爲嫡嗣，禮之所不得爲也。惠公縱其邪心而爲之，隱公探其邪志而成之，公羊又肆爲邪説而傳之，漢朝又引爲邪議而用之，夫婦之大倫亂矣。春秋明著桓罪以示王法，正人倫，存天理，訓後世，不可以邪汨之也。」

【經】公即位。

胡氏曰：「即位者，告廟臨群臣也。國君嗣位定于初喪，必踰年而後改元書即位者：緣始終之義，一年不二君；緣民臣之心，不可曠年無君。按，書載舜、禹受終傳位之事，在舜則曰『月正元日，格于文祖』，在禹

[一]「矣」，四庫本作「矢」。

則曰『正月朔旦，受命于神宗，率百官若帝之初』。夫于文祖神宗，則告廟也。率百官若帝之初，則臨群臣也。自古通喪三年，其以凶服則不可入宗廟，其以吉服則斬焉。在衰絰之中，不可既成而又易之也。君薨，百官總己以聽于冢宰三年，則告廟臨群臣，固有攝行之事矣。按，商〔一〕書稱：太甲元年〔二〕，『伊尹祠于先王』，則攝而告廟之證也。百官總己以聽冢宰，則攝而臨群臣之證也。至三祀十有二月，伊尹以冕服奉嗣王〔三〕，則免喪從吉之證也。」

朱子曰：「胡文定説春秋公即位終是不通，且踰年即位凶服如何入廟？文定却説是冢宰攝行，他事可攝，即位豈可攝？想古時此等大事，必有權宜，如借吉之例。」

愚按：所謂即位者，天子則就天子之位，諸侯則就諸侯之位，豈可使人攝也？且古者，人子于父，人臣于君，皆服斬衰三年。若謂其君斬焉，在衰绖之中，不可以去服、從吉、告廟、臨群臣，其臣獨可以去服從吉行之乎？蓋此事本是凶禮，嗣子定位于柩前，未正君臣之分，故因踰年改元年，以凶服臨群臣，臣以凶服朝其君，以正君臣之分，豈有去服從吉之理？至于告廟亦只是凶服。此是告而非祭也。蓋祭是吉禮，此告自是凶禮。且如儀禮「奉柩朝于祖」，非以凶服入朝乎？施之于朝祖，既可施之于告廟，獨不可乎？所謂凶服不可入

〔一〕「商」，四庫本作「商」。
〔二〕「年」，四庫本作「祀」。
〔三〕「王」，四庫本作「主」。

廟者，國家祭祀，臣有私喪則不可與祭爾。非謂此等也。按書伊訓「惟元祀十有二月乙丑，伊尹祠于先王。奉嗣王祇見厥祖，侯、甸群后咸在」，則太甲親告廟臨群臣矣，非伊尹攝行之也。「百官總己以聽冢宰」，謂庶政之聽于冢宰者爾。傳者曲謂伊尹奉太甲以即位改元之事，祇見厥祖，則攝而告廟也；侯甸群后咸在，百官總己之職以聽冢宰，則攝而臨群臣也，遂失經意。然今禮文殘闕，無從考證，不敢妄以臆説著爲定論，姑記所見以俟知者。又按，凡人君嗣世改元，行即位之禮則書即位，不行即位之禮則不書即位，皆因其實而已。然或行或不行，又各有義。隱公稱攝讓國，故不行即位之禮，以明其心。桓公弑君自立，故特行即位之禮，以掩其恶。莊公、閔公、僖公則立于君弑國亂之時，不暇行即位之禮也。

【經】三月，公會鄭伯于垂，鄭伯以璧假許田。

公即位，修好于鄭，鄭人請復祀周公，卒易祊田。公許之。三月，鄭伯以璧假許田，爲周公、祊故也。

高氏曰：「會者，外爲主。甚矣，鄭伯之無道也，知公之篡逆不自安，特爲好會，將以求賂焉。度魯亟于會，諸侯必從所欲故也。夫弑君之賊，人得而討之，况鄭伯與隱公同盟和好，固非一日，今見其罪不能討，反有所邀求欲以定其位，是誠何心哉？先言會于垂，繼言假許田，見鄭伯貪利忘〔一〕義之甚也。夫璧者，饑不可食，寒不可衣。非若土地、人民之重，而魯亦何用璧爲哉？特以桓既弑立，懼諸侯之討也。鄭伯得其情，姑以

〔一〕「忘」，四庫本作「妄」。

璧藉口，而實欲得許田耳。聖人若書魯以許田賂鄭，則無以顯鄭伯之罪，故書鄭伯以璧假許田，而魯之罪自見矣，此春秋微闡顯幽之道也。先儒謂鄭伯以祊易許田，若果爾，則祊初入魯，許田即當入鄭，又安得數年不報，必待鄭伯更以璧假之然後與邪？先儒但見鄭先歸魯祊，今來假許田，遂以爲相易，殊不知鄭始結魯以拒敵，故歸祊以市魯，魯今簒君以求援，故賂田以償鄭。其地雖若相易，而其事不相涉也。」

謝氏曰：「君薨，百官總己以聽于冢宰三年。孝子疾痛在心，思慮未能接事也。隱即位三月而盟于蔑，桓即位三月而會于垂，春秋諸侯無三年之喪可知也。春秋于即位三月書盟、書會而恶自見矣。」

楊龜山曰：「宋督弑其君，而公成亂取郜大鼎以歸。公弑隱而鄭伯會于垂，以璧假許田，則魯之亂，鄭伯成之也。不書，爲内諱也。夫鄭伯之假田與公之取鼎，其求賂一也。而書之異辭，内外之分然也。」

【經】夏，四月，丁未，公及鄭伯盟于越。

結祊成也，盟曰渝盟無享國。冬，鄭伯拜盟。

胡氏曰：「垂之會，鄭爲主也，故稱會。越之盟，魯志也，故稱及。鄭人欲得許田以自廣，是以爲垂之會。桓公欲結鄭好以自安，是以爲越之盟。」

程子曰：「桓公欲納鄭好以自安，故既與許田，又爲盟也。弑君之人，凡民罔不憝而鄭與之盟以定之，其罪大矣。」

家氏曰：「三月會于垂，可以盟矣，而未之盟，歸未一月乃爲此盟，春秋繼假田而書及盟，譏賂之以田，求爲此盟也。魯桓割地與人以逭簒逆之討，鄭莊受地與盟而庇其簒弑之罪，春秋比書其事，不加貶斥，而義自見矣。」

【經】秋，大水。

公羊氏曰：「灾也。」

家氏曰：「書大者，變常之辭，傷民害物而後書。」

程子曰：「君德修，則和氣應，而雨暘若。桓行逆德，而致陰沴，乃其宜也。」

胡安定先生曰：「聖王在上，五事修而彝倫序，則休徵應之。聖王不作，五事廢而彝倫斁，則咎徵應之。大水者，常雨也。傷禾稼，壞廬舍，故曰大水。」

胡氏曰：「天非爲堯有洪水之灾，至禹而後，水由地中行爾。後世有人爲不善，感動天變，召水溢之灾者，必引堯爲解，誤矣。」

【經】冬，十月。

【經】二年，春，王正月，戊申，宋督弑其君與夷及其大夫孔父。

元年，宋華父督見孔父之妻于路，目逆而送之，曰：「美而豔。」至是，宋督攻孔氏，殺孔父而取其妻。公怒，督懼，遂弑殤公。

家氏曰：「傳謂督慕孔妻之美而殺其夫，公怒，督懼，因是弒君。杜氏從而爲之説，曰：『孔父内不能正其家，外取怨于百姓，禍及其君，是以春秋名之。』此以書名、書字爲拘，而强求其説，雖排陷死節而不顧，失之遠矣。」

公羊氏曰：「及者何？累也。弒君多矣，舍此無累者乎？曰有，仇牧、荀息皆累也。有則何以書？賢也。何賢乎孔父？孔父可謂義形于色矣。其義形于色奈何？督將弒殤公，孔父生而存，則殤公不可得而弒也。孔父可謂義形于色矣。」

程子曰：「人臣死君難，書及以著其節。父，名也。稱大夫，不失其官也。」

臨江劉氏曰：「春秋賢者不名，孔父者，所賢也。則其名之何？父前子名，君前臣名。」

薛氏曰：「相國而不能弭亂，至于君弒身死，雖賢乎孔父，猶非輔相之道也。」

高郵孫氏曰：「易大過上六曰『過涉滅頂，凶。無咎』。象曰：『過涉之凶，不可咎也。』蓋死者，人之所難，一奮其身，死而不避，而好事者以其事之不成而咎之，多矣。聖人于易，特設其象而解之曰『不可咎也』，所以勉進忠義之士，有爲于不可爲之時，必救于無可救之際，以冀幸于萬一也。」

胡氏曰：「華督欲弒君而憚孔父，劉安欲叛漢而憚汲直〔二〕，曹操欲禪位而憚孔融，此數君子者，義形于色，

〔二〕「直」，四庫本作「黯」。

皆足以衛宗社而忤邪心，姦臣之所以憚也。不有君子，其能國乎？春秋賢孔父，示後世人主，崇獎節義之臣，乃天下之大閑，有國之急務也。」

【經】滕子來朝。

愚按：滕本侯爵，在隱公時，書卒、書朝，皆稱侯矣，今乃降而書子，終春秋之世不復稱侯。杜氏、范氏謂爲時王所黜。是時王室微弱，安能黜諸侯也？趙氏謂居喪稱子，滕之嗣君豈終春秋之世皆居喪乎？胡氏謂以其首朝魯桓，當時諸侯黨惡者多矣，何獨于滕而貶其爵乎？程子謂以其服于楚，當時諸侯服屬楚者多矣，未聲〔二〕貶其爵也。胡安定先生謂或以侯禮來朝。沙隨程氏謂以侯禮見，則所供者多，故自降以子禮見。夫五等之爵，天子所封諸侯所受，各有定分，縱使當時紊亂，春秋于名分至嚴，夫子安得不正乎？大東萊呂氏曰：「春秋以後，杞或稱侯，或稱伯，或稱子，滕或稱侯，或稱子，薛或稱侯，或稱伯，皆不可得而詳考，殆後之錄春秋者文誤也。大國顯也，故不誤。小國微也，故誤。」然亦不應誤者如是之多也，今姑闕之。

【經】三月，公會齊侯、陳侯、鄭伯于稷，以成宋亂。

會于稷，以成宋亂，爲賂故，立華氏也。宋殤公立十年，十一戰，民不堪命。孔父嘉爲司馬。督爲太宰，故因民之不堪命，先宣言曰：「司馬則然。」已殺孔父而弑殤公，召莊公于鄭而立之，以親鄭。以郜大鼎賂公，

〔二〕「聲」，四庫本作「聞」。

齊、陳、鄭皆有賂，故遂相宋公。

穀梁氏曰：「以者，内爲志焉爾，公爲志乎成是亂也。」

高氏曰：「桓弑君而立，方懼諸侯之討也。乃因宋督弑君，特會諸侯以成其亂。春秋深嫉之，故以宋亂之成，歸罪于公。公若會諸侯以討宋，宋亂不成矣。惟公以亂助亂，是以成也。」

家氏曰：「宋亂已成，而春秋書會于稷以成宋亂者何哉？蓋督雖弑君，而馮之位未定也。今三國爲此會，將以謀宋而徼利，而馮之位于是始定，督之罪始得無討。故成宋亂者，三國也。所以使三國之成此亂者，魯也。」

陳氏曰：「會未有言其所爲者，其曰成宋亂，弑君之禍接迹于天下，于是焉始也。向也合五國之君大夫以定州吁，而州吁訖于討。今也合四國之君以立華督，督遂相宋莊，弑君之禍接迹于天下，四君爲之也。春秋之褒貶，至于變文，嚴矣。向也五國之君大夫，書之復書之，終春秋，僅再見焉，以變文爲猶未也，而直書其所爲，舍此無復見者矣。」

胡氏曰：「邾定公時，蓋有弑其父者，而定公懼。然失席曰，是寡人之罪也。嘗學斷斯獄矣。臣弑君，凡在官者，殺無赦。子弑父，凡在官〔二〕者，殺無赦。殺其人，壞其室，洿其宫，而瀦焉。蓋君踰月而後舉爵，華

〔二〕「官」，四庫本作「宫」。

督弑君之賊，凡民罔不憝也，而桓與諸侯會而受賂，以立華氏，使相宋公，甚矣。故特書其所爲。夫臣爲君隱，子爲父隱，禮也。其目言之何？桓恶極矣，臣子欲盡隱之，而不可以欺後世。其曰成宋亂，而不書立華氏，爲有隱乎爾。此與澶淵各書其事者，桓弑隱，華督弑殤，般弑景，皆天下大恶，聖人所爲懼，春秋所以作也，一則受宋賂而立華氏，一則謀宋灾而不能討，故特書其事，所以示貶也，然澶淵之會，欲謀宋灾而不討弑君之賊，雖書曰宋灾，故而未能表其誅責之意也。必深諱魯卿，而重貶諸國之大夫，然後足以啟問者見是非也。稷之會，前有宋督弑君，後有取宋鼎之事，書曰「成宋亂」，其責已明，不必諱公與貶諸侯爵次，然後見其罪也。華督有不赦之罪，魯、鄭、齊、陳同會于稷，以成其亂，受賂而歸，咸自以爲利也。不知百官象之，齊大不利焉。未幾陳有五父之亂，齊有無知之亂，鄭有祭仲、子突、亹儀之亂，魯有叔牙、慶父、般閔之亂，數十年間，四國舛逆，幾至丧亡，則以昧于履霜堅冰之戒，不能辨之于早也。」

【經】夏，四月，取郜大鼎于宋，戊申，納于太廟。

取郜大鼎于宋，納于太廟。臧哀伯諫曰：「君人者，將昭德塞違，以臨照百官，猶懼或失之。故昭令德以示子孫，是以清廟茅屋，大路越席，太羹不致，粢食不鑿，昭其儉也。衮、冕、黻、珽，带、裳、幅、舄，衡、紞、紘、綖，昭其度也。藻、率、鞞鞛，鞶厲游纓，昭其數也。火龍黼黻，昭其文也。五色比象，昭其物也。鍚鸞和鈴，昭其聲也。三辰旂旗，昭其明也。夫德，儉而有度，登降有數，文、物以紀之，聲、明以發之，以臨照百官，百官于是乎戒懼，而不敢易紀律。今滅德立違，而置其賂器于太廟，以明示百官，百官象之，其又何誅焉？國家之敗，由官邪也。官之失德，寵賂章也。郜鼎在廟，章孰甚焉？武王克商，遷九鼎于雒邑，義士猶或非之，而况將昭違亂之賂器于太廟，其若之何？」公不聽。

穀梁氏曰：「桓内弑其君，外成人之亂，受賂而退，以事其祖，非禮也。郜鼎者，郜之所爲也。曰宋，取之宋也。」

家氏曰：「廟者，祖宗神靈之所宅。周公、魯公之典章法制，于是乎在。郜之鼎，宋之賂，胡爲乎至哉？」

高氏曰：「公不知納鼎之爲恶，又欲誇于神明，置其器于周公之廟。夫宋督賂四國以免誅，而以郜鼎歸公，不曰宋使來歸，而曰取于宋，以見公乃自以爲功而取之，專罪公也。」

胡氏曰：「取者，得非其有之稱。納者，不受而强致之謂。弑逆之賊，不能致討，而受其賂器，置于太廟，以明示百官，是直以弑逆之事爲可以行也。〔一〕公子牙、慶父、仲遂、意如之恶又何誅焉？聖人爲此懼而作春秋，故直載其事，垂訓後世，使知寵賂之行，保邪廢正，能敗人之國家也，亦或知戒矣。」

【經】秋，七月，杞侯來朝。

杞侯來朝不敬。杞侯歸，乃謀伐之。

胡氏曰：「公、穀、程氏皆以杞爲紀。桓，弟弑兄，臣弑君，天下之大恶，紀侯來朝，何獨無貶乎？當是

〔一〕「是直以弑逆之事爲可以行也。」四庫本作「是教之習爲滅德亂紀之行也」。

時，齊欲滅紀，紀侯求魯爲之援，非爲桓立而朝之也。

張氏曰：「左氏謂，『杞侯來朝不敬，杞侯歸，乃謀伐之。』未知孰是。」

【經】蔡侯、鄭伯會于鄧。

始懼楚也。

胡氏曰：「其地以國，鄧亦與焉。楚自西周已爲中國患，宣王蓋嘗命將南征矣。及周東遷，僭號稱王，憑陵江漢。此三國者，與之爲隣，是以懼也，後卒滅鄧，虜蔡侯，而鄭以王室懿親爲之服役，終春秋之世，聖人蓋傷之也。夫天下莫大于禮，莫强于信義，循天理，惇信義，以自守其國，荆楚雖大，何畏焉？不知本此，地醜德齊，莫能相尚，則以地之大小，力之强弱分勝負矣。觀諸侯會盟離合之迹，而治亂[一]盛衰之由可考也。觀春秋進退予奪抑揚之旨，則知安中國，待四夷之道也[二]。」

【經】九月，入杞。

討不敬也。

程氏曰：「將卑師少則稱人，内則止曰入某、伐某。」

[一] 「治亂」，四庫本作「天下」。

[二] 「待四夷之道也」，四庫本作「禦外患之道也」。

大東萊吕氏曰：「入杞微者，何以書？天子在上，諸侯擅相攻伐，入人之國，罪之大者，聖人以爲無王，春秋所由作也。」

【經】公及戎盟于唐。

修舊好也。

【經】冬，公至自唐。

胡氏曰：「凡爲人子者，出必告，反必面，事亡如事存。故君行必告廟，反必奠而後入，禮也。」

謝氏曰：「春秋，諸侯出入無時，會盟征伐繼踵不息，至而不復告廟者衆矣。春秋因其告廟則書，其不告則不書，以示不敬也。諸侯，宗廟社稷之主也。政治不以時修，祭祀不以時舉，臣民不以時省，則國事隳矣。故魯侯之出，春秋謹其至而書之，所以爲之戒也。凡書至八十二，觀其所至時月而諸侯委社稷人民槃樂自縱久廢于外，其失見矣。」

左氏曰：「特相會，往來稱地。自參以上，則往稱地，來稱會。」

愚按：或以前事至，或以後事至，或不以本事至，則各因其告辭。若夫文公以前書至者少，文公以後書至者多，其殆因世有遠近，故史有詳略也歟。

【經】三年，春，正月。

胡氏曰：「桓公弑君而立，至于今三年，而諸侯之喪事畢矣，是入見受命天子之時也，而王朝之司馬不施殘執之刑，隣國之大夫不聞有沐浴之請，魯之臣子，義不戴天，反面事讐，魯〔一〕莫之耻。使亂臣賊子，肆其凶逆，無所忌憚，人之大倫滅矣。故自是而後，不書王者，見桓公之無王與天王之失政而不王也。」

【經】公會齊侯于嬴。

成婚于齊也。

高郵孫氏曰：「婚禮有六，惟逆女自行，餘皆父兄之命以遣使者，所以養廉、遠耻，示萬世之嗣，不可輕也。今桓公與齊謀婚，而不由介紹之命，媒妁之言，身至齊境，以與齊謀己之婚，醜恶見矣。」

【經】齊侯、衛侯胥命于蒲。

不盟也。

穀梁氏曰：「胥之爲言，猶相也，相命而信諭，謹言而退，以是爲近古也。」

程子曰：「二國爲會，約言相命，而不爲盟，詛近于理也，故善之。」

高郵孫氏曰：「當是之時，齊、衛二國期命于蒲，約言而信諭，不盟而好成，終二君之身未嘗渝言而侵伐，是由胥命之言而二國和好，十數年之間也。夫子安得不少進之？以見屢盟、數會而侵伐隨之者之罪乎？」

〔一〕「魯」，四庫本作「曾」。

胡氏曰：「古者不盟，結言而退，人愛其情，私相疑貳，以成傾危之俗，其所由來漸矣。有能相命而信諭，豈不獨爲近正乎？故特起胥命之文，于此有取焉。」

謝氏曰：「命王之事也。二國胥命，非正也。雖然，聖王不作，諸侯小大猜疑，盟約並起，公正之道衰，而信義不復見矣。方是時，二國以書相命，而不以歃血爲盟，有貴信之心焉，可謂近正矣。春秋書其胥命，然命必有主之者，謂之胥命，不與諸侯得專也。」

【經】六月，公會杞侯于郕。

杞求成也。

高郵孫氏曰：「去年之秋，魯嘗入杞，杞于此恐懼，而求成于公，故爲郕之會也。」

程子曰：「桓公篡立，無歲不與諸侯盟。會結外援，以自固也。」

許氏曰：「姻大國，服小國，著得意也。天下無王，而後人得意如此。」

【經】秋，七月，壬辰，朔，日有食之，既。

穀梁氏曰：「既者，盡也。有繼之辭也。」

程子曰：「食盡，爲異大也。」

楊龜山曰：「日月之變，有常數焉，此巧曆所能窮也，而春秋書以爲異者，蓋先王克謹天戒，因以正嚴厥事，則日月有變，豈徒然哉？必有以也。故書曰『有食之』，而其辭若有食之者。蓋所以歸咎于人事，而不以常數爲不足畏也。」

高郵孫氏曰：「言盡，則無復生之理。言既，則見既而復生也。方曰之食，但見其食之盡，安知其既而復生？然聖人以復生之意書之者，此其深意也。聖人之爲道，惟陽之勝，則君父常尊而臣子常卑，君子常强而小人常弱，至于陰盛而勝陽，聖人所不與也。陰雖盛，必爲之戒。陽雖衰，必爲之助。奈何天下之爲陽常至于衰，而爲陰所勝。天下之爲陰，常至于盛以凌陽。凡爲陰之類者，亦何足道焉。所爲陽者有罪爾。」

高氏曰：「經書日食三十六，而食之既者二。此年與宣八年是也。天變之甚，獨于二公見，孰謂無天道乎？」

家氏曰：「常聞長老言日食既，京師不之見，以爲君德時政之所感，至乙亥、丁丑二歲，親見食之既。先是太史定爲食五六分，已而食之晝，晦星見，及有自四方遠外來者，乃云食及五六分，不既不晦，然後知天文示異，巧曆有不能知者。」

【經】公子翬如齊逆女。

穀梁氏曰：「逆女，親者也。使大夫，非正也。」

高郵孫氏曰：「公子翬在隱公時，嘗再見經而無氏。蓋隱自稱攝，不命大夫。桓公弑君自立，而翬爲謀主，即位未幾，遂加爵命，故曰公子翬也。」

謝氏曰：「翬卒不書，絶之也。姦臣以大惡行乎亂世，而刑戮不及其身者，春秋以法誅之，所以著其罪于天下也。」

【經】九月，齊侯送姜氏于讙。

穀梁氏曰：「禮，送女，父不下堂，母不出祭門，諸母兄弟不出闕門。送女踰境，非禮也。」

高郵孫氏曰：「女以嫁爲歸，義當適外者也，以義割恩而已。故男子生則主其祭祀，以傳于世，女子則一適于外，終身不反。男子而去父母，則爲不孝。女子而大歸其家，則爲至惡。故閨門之内，以義割恩。男女之事正，夫婦之道成。齊侯以諸侯之尊，不能割愛以從義，而眷眷于男女之情，越禮犯義，送女出境至于魯地，失禮甚矣。」

高氏曰：「禮，諸侯之娶女入境，則稱夫人。讙，我地也，而姜氏不稱夫人者，以齊侯身送之，有父之親，未可繫而稱夫人也。」

【經】公會齊侯于讙。

程子曰：「齊侯出疆送女，公往會之，皆非義也。」

胡氏曰：「古者，婚禮必親迎，則授受明。後世親迎之禮廢，于是有父母、兄弟越境而送其女者。以公子翬往逆，則既輕矣，爲齊侯來，乃逆而會之于讙，是公之行，其重在齊侯而不在姜氏，豈禮也哉？」

高氏曰：「讙之會，實受姜氏于齊以歸，而但以會讙爲文者，以爲萬世之嗣，已則輕之，而公子逆之。齊侯之强，已則畏之，而親之會，是公之行其所重在齊侯而不在姜氏也。若齊侯不送，則公亦不至于讙，故書『公會齊侯于讙』以罪之也。」

【經】夫人姜氏至自齊。

程子曰：「告于廟也。」

穀梁氏曰：「不言翬之以來，公親受之于齊也。」

泰山孫氏曰：「此齊侯送姜氏，公受之于讙也。公受姜氏于讙，不與公受姜氏于讙也。故曰『夫人姜氏至自齊』以正其義。」

薛氏曰：「書至，不與公俱至也。桓公夫婦之道，終始乎不正矣。」

胡氏曰：「不能防閑，于是乎在敝笱之刺，兆矣。禮者，所以别嫌明微，制治于未亂，不可不謹也。」

高氏曰：「春秋之時，婚姻失道，鮮有賢女輔佐君子，故文姜亂魯，驪姬惑晋，南子傾衛，夏姬丧陳，上下化之，滔滔皆是，故自隱而下，内女夫人之迹，聖人謹而書之，以懲、以戒，爲萬世法。」

【經】冬，齊侯使其弟年來聘。

致夫人也。

【經】有年。

穀梁氏曰：「五穀皆熟爲有年。」

程子曰：「書有年，記異也。人事順于下，則天氣和于上。桓弒君而立，逆天理，亂人倫，天地之氣爲之繆戾，水旱凶灾乃其宜也。今乃有年，故書其異。宣公爲弒君者所立，其恶有間，故大有年，則書之。」

謝氏曰：「桓之世書有年，宣之世書大有年，志異也，志幸也。行之恶，莫大于桓、宣，桓而有年，宣而大有年，異之大者也。國以民爲本，民以食爲命。桓而有年，宣而大有年，幸之大者也。」

高郵孫氏曰：「春秋二百四十二年之久，而書有年、大有年者二處而已，其一桓公，其一宣公。桓、宣大恶，行何道而有年乎？書者，不宜也。」

胡氏曰：「舊史灾異與慶祥並記，故有年、大有年得見于經，然十二公多歷年所亦有務農、重穀、閔雨而書雨者，豈無豐年而獨不見于經？是仲尼于他公皆削之矣，獨桓、宣存而不削者，緣此二公獲罪于天，宜得水旱、凶灾之譴，今乃有年，則是反常也。故以爲異，特存爾。然則天道亦僭乎？桓、宣享國十有八年，獨此年書有年，他年之歉可知也，而天理不差，信矣。此一事也，在不修春秋，則爲慶祥，君子修之，則爲變異，是聖人因魯史舊文，立興王之新法也。故史文如畫筆，經文如化工，嘗以是觀，非聖人莫能修之，審矣。」

【經】四年，春，正月，公狩于郎。

公羊氏曰：「常事不書，此何以書？譏遠也。諸侯曷爲必田狩？一曰乾豆，二曰賓客，三曰充君之庖。」

程子曰：「公出動衆，皆當書。于郎，遠也。」

何氏曰：「禽獸多，則傷五穀。因習兵事，又不空設，故因以捕禽獸，所以共承宗廟，示不忘武備，又因以爲田除害。」

啖氏曰：「蒐狩合禮者，常事不書。非時及越禮而爲之，則書以示譏也。」

趙氏曰：「四時之田，其事各殊，其名亦異，春以閲武擇材，故以蒐爲稱。夏以爲苗除害，故以苗爲名。秋則順天時以殺物，故以獮爲義。冬則守禽獸以習戰，故以狩爲目。以謂微事不謹，則大事不立，故每慎于微，而後王德全矣。」

胡氏曰：「戎、祀國之大事，狩所以講大事。用民以訓軍旅，所以示之武而威天下。取物以祭宗廟，所以示之孝而順天下。故中春教振旅，遂以蒐，中夏教茇舍，遂以苗。中秋教治兵，遂以獮。中冬教大閲，遂以狩。然不時則傷農，不地則害物，可不謹乎？」

【經】夏，天王使宰渠伯糾來聘。

胡氏曰：「宰，冢宰也。渠，氏。伯，爵。糾，其名也。糾位六卿之長，降從中士之例而書名，貶也。于糾何貶乎？在周制，大司馬九伐之法，諸侯而有賊殺其親則正之，放弑其君則殘之。桓公之行，當此二者，舍曰不討，而又聘焉，失天職矣。操刑賞之柄，以馭下者，王也。論刑賞之法，以詔王者，宰也。乃爲亂首，承命以聘弑君之賊乎？故特貶而書名，以見宰之非宰也。」

程子曰：「桓公弑其君而立，天子不能治，天下莫能討，而使其宰以聘之，示加尊寵，天理滅矣，人道亡矣。書天王，言當奉天矣，而其所爲如此。名糾，言尊卑貴賤之義亡矣。人理既滅，天運乖矣。陰陽失序，歲功不能成矣，故不具四時。」

尹氏曰：「天道不成，不記于元年，而記于此。因天王使宰渠伯糾來聘，記之尤有深意。」

【經】五年，春，正月，甲戌，己丑，陳侯鮑卒。

陳侯鮑卒，于是陳亂，文公子佗殺太子免而代之。

程子曰：「五年春，正月，甲戌，下文缺。」

高郵孫氏曰：「傳于此經之下記陳亂，文公子佗殺太子免而代之。明年之秋，經書蔡人殺陳佗，趙氏以爲甲戌之下當記其事，而簡編脱之。按春秋之經，自相照驗，未有始卒不相會者。若明年但書殺陳佗，而今年不載陳亂之迹，則陳佗者，何人殺之？又以何罪？本此而推，故甲戌之下載陳佗之事，趙説是也。」

【經】夏，齊侯、鄭伯如紀。

齊侯、鄭伯朝于紀，欲以襲之，紀人知之。

程子曰：「齊爲諸侯而欲爲賊于隣國，不道之甚。鄭伯助之，其罪均矣。」

高郵孫氏曰：「春秋之時，齊、鄭强大而紀最小，宜紀侯朝事之不暇，而齊、鄭反往朝焉，則朝者非實朝也，有以窺之也。故桓十三年至于戰，而莊元年遷其郱、鄑、郚。二年以酅入齊，而紀亡矣。是朝之者安得心服而朝乎？將圖其地，名朝而實襲之也。事既不果，遂行朝禮而還。孔子疾其懷詐以圖人之國，故特書曰『如紀』也。」

胡氏曰：「如者，朝辭。此外相如爾。何以書？紀人主魯，故來告其事，魯史承告，故備書于策。夫子修經，存而不削者，以小國恃大國之安靖己，乃包藏禍心以圖之，亦異于興滅國、繼絶世之義矣。」

【經】天王使仍叔之子來聘。

公羊氏曰：「譏父老子代從政也。」

穀梁氏曰：「録父以使子也。」

胡氏曰：「仍叔之子云者，譏世官非公選也。帝王不以私愛害公選，故仕者世禄而不世官，任之不以其賢，使之不以其能也。卿大夫子弟以父兄故而見使，則非公選，而政由是敗矣。上世有自耕野釣渭，擢居輔相，人莫不以爲宜。伊陟象賢，復相太戊；丁公世美，入掌兵權，不以世故疑之也。崇伯殛死，禹作司空。蔡叔既囚，仲爲卿士，亦不以父故廢之也。惟其公而已矣。及周之衰，小人得政，視朝廷官爵爲己私，援引親黨，分據要塗，施及童稚。賢人退處于蓽門，老身而不用，公道不行，然後敵寇〔二〕侵凌，國家傾覆，雖有智者，不能

〔二〕「敵寇」，四庫本作「寇盗」。

善其後矣。春秋書武氏、仍叔之子云者，戒後世人主，徇大臣私意而用子弟之弱者，居夫公選之地，以敗亂其國家也。」

高郵孫氏曰：「父在而使子，非君道也。己在而使子代，非臣道也。己之父在，而代父受命，非臣子也。天王、仍叔與仍叔之子，皆有罪矣。」

【經】葬陳桓公。

【經】城祝丘。

【經】秋，蔡人、衛人、陳人從王伐鄭。

隱三年，鄭武公、莊公爲平王卿士。王貳于虢。鄭伯怨王。故周、鄭交質。王崩。周人將畀虢公政。四月，鄭祭足帥師取温之麥。秋，取成周之禾。周、鄭交惡。六年，鄭伯如周，始朝桓王，王不禮焉。八年夏，虢公忌父始作卿士于周。八月，鄭伯以齊人朝王。九年，鄭伯爲王左卿士，以王命伐宋。十一年，王取鄔、劉、蔿、邘之田于鄭，而與鄭人蘇忿生之田：温、原、絺、樊、隰郕、欑茅、向、盟、州、陘、隤、懷。至是王奪鄭伯政，鄭伯不朝。秋，王以諸侯伐鄭。鄭伯禦之，王爲中軍，虢公林父將右軍。蔡人、衛人屬焉。周公黑肩將左軍，陳人屬焉。鄭子元請爲左拒，以當蔡人，衛人〔二〕爲右拒，以當陳人。曰：「陳亂，民莫有鬥心。若先犯

〔二〕「衛人」，四庫本闕。

之，必奔。王卒顧之必亂。蔡、衛不支，固將先奔。既而萃于王卒，可以集事。」從之。曼伯爲右拒，祭仲足爲左拒，原繁、高渠彌以中軍奉公，爲魚麗之陳。先偏後伍，伍承彌縫。戰于繻葛。命二拒曰，旝動而鼓。蔡、衛、陳皆奔，王卒大敗，祝聃射王中肩，王亦能軍。祝聃請從之。公曰：「君子不欲多上人，况敢陵天子乎？苟自救也，社稷無殞，多矣。」夜，鄭伯使祭足勞王，且問左右。

公羊氏曰：「從王，正也。」

謝氏曰：君行而臣從，君臣之大義也。周衰，諸侯不遵王命，久矣。桓王伐鄭，三國乃能爲王出師，以討不庭，勤王之道至矣。春秋書曰「從王」，所以明君臣之大義也。以君臣大義，書三國從王，而大國之不能從王，其罪見矣。三國出兵，蓋卿行也。鄭莊公以手足之親出爲王室仇敵，諸侯所以致討也。三國雖以卿出，而侯伯無躬親夾輔之勳，三國從王書人，而諸侯事王不盡忠力，其失見矣。

程子曰：「王師于諸侯不言敗，諸侯不可敵王也。于夷狄，不書戰。夷狄不能抗王也。此理也。其敵，其抗，王道之失也。」

【經】大雩。

公羊氏曰：「大雩者何？旱祭也。何以不言旱？言雩，則旱見。言旱，則雩不見。」

劉氏意林曰：「雩，常事爾。遇旱則雩非常也。」

謝氏曰：「諸侯不得祭天、祈穀行于社稷。雩禮行于境内之山川而已。雩，祈雨之祭也。大雩，祭天，而雩天子之禮也。夏，百穀需雨之時，故雩以孟夏。秋，大雩，失天時也。然則大雩，書僭也。秋，大雩，書怠也。」

家氏曰：「郊禘亦僭，何以不書？大郊禘，一而已矣，故不書。大若雩，則諸侯之雩與天子之雩爲禮各異，是故書大以譏其僭。」

【經】螽。

公羊氏曰：「記灾也。」

程子曰：「蝗也，既旱又蝗，饑不待書也。」

【經】冬，州公如曹。

淳于公如曹，度其國危，遂不復。

程子曰：「州公嘗爲王三公，故稱公。」

謝氏曰：「諸侯以王命主社稷、撫人民，其有難矣。明忠信，嚴守備，與民以死守之，保國之義也。州公以小國間于大國，度其國危而不能守，乃至于不畏王命，不恤社稷人民，私以一身避難適曹。然則州公非朝曹也，亦非奔曹也。其行欲以免禍而已。春秋書曰『如曹』，而州公不能保守其國，其恶見矣。」

穀梁氏曰：「外相如不書，此何以書？過我也。」

【經】六年，春，正月，寔來。

自曹來朝。

愚按：舊説或謂：「寔，是也，猶曰是人來，蓋謂州公也。此承上文去年冬州公如曹書之也。」若上書州公如曹之下即書寔來，則是州公也。今州公如曹，在五年之冬，寔來在六年之春，經隔一年，安可謂承上文書寔來也？春秋之文如化工生物，春秋之義如日星在天，决不如是之晦昧也。或又謂：「寔，州公名。去年如曹，未失國，故不名。今來魯，不復其國，則是匹夫也，故名之。」使果州公也，于去年如曹，宜以失國之例，書曰「州公寔如曹」，則今年寔來乃州公也。去年不書其名，今年不書其國，安知寔之爲州公乎？蓋闕文也。

【經】夏，四月，公會紀侯于郕。

紀來諮謀齊難也

【經】秋，八月，壬午，大閲。

簡車馬也。

公羊氏曰：「大閲者，簡車徒也。」

程子曰：「爲國之道，武備不可廢，必于農隙，講肄保民守國之道也。盛夏大閲，妨農害人，失政之甚。

無事而爲之，妄動也。有警而爲之，教之不素，何以保其國乎？」

胡安定先生曰：「書『八月』，非時也。書『大閱』，非禮也。按大閱天子之禮。魯，諸侯，而行之。其僭可知。」

【經】蔡侯殺陳佗。

莊二十二年，「陳厲公，蔡出也」，故蔡人殺五父而立之。

高郵孫氏曰：「陳佗，弑君之賊，然其迹不見于經。惟趙氏推而謂，在五年甲戌之下，己丑陳侯鮑卒之前，而左氏傳文亦載其事，趙氏之説是也。」

朱子曰：「陳佗，文公之子，桓公之弟，公疾病，殺其太子免而代之。公卒而佗立，明年爲蔡人所殺，此墓門之詩，刺佗而追咎先君不能爲佗置良師傅，以至此也。」

胡氏曰：「佗殺太子而代其位，至是踰年不成之爲君者，以賊討也，書蔡人以善蔡，書『陳佗』以善陳也。善蔡者，以蔡人知佗之爲賊。善陳者，以陳國不以佗爲君。知其爲賊，故稱人。稱人者，討賊之辭也。不以爲君，故稱名。稱名者，當討之賊也。魯桓弑君，而鄭伯與之盟。宋督弑君，而四國納其賂，則不知其爲賊矣。齊商人弑君者，及其見殺則稱位。蔡般弑父者，及其見殺則稱爵。是齊、蔡國人皆以爲君矣。聖人于此抑揚予奪，遏人欲于横流，存天理于既滅，見諸行事，可謂深切著明矣。篡弑之賊，外則異國皆欲致討而不赦，内則國人不以爲君而莫之與，誰敢動于爲惡？故曰『孔子成春秋而亂臣賊子懼』。使隣國明討賊之義，與國絶輔篡之姦，則亂賊何自而作？雖作無以成其亂，此春秋所以書也。」

【經】九月，丁卯，子同生。

子同生，以太子生之禮舉之，接以大牢，卜士負之，士妻食之。公與文姜、宗婦命之。公問名于申繻。對曰：「名有五，有信，有義，有象，有假，有類。以名生爲信，以德命爲義，以類命爲象，取于物爲假，取于父爲類。不以國，不以官，不以山川，不以隱疾，不以畜牲，不以器幣。周人以諱事神。名，終將諱之。故以國則廢名，以官則廢職，以山川則廢主，以畜牲則廢祀，以器幣則廢禮。晋以僖侯廢司徒，宋以武公廢司空，先君獻武廢二山，是以大物不可以命。」公曰：「是其生也，與吾同物，命之曰同。」

程子曰：「冢嗣之生，國之大事，故書。」

高郵孫氏曰：「王者之法，立子以嫡，所以杜争奪之患，而正嫡庶之分也。嫡長之〔一〕生必舉以禮，而史書之册，嫡庶有定分，少長有定日，一著于史，則少不得陵長，庶不得加嫡，争奪之患消，而愛憎之心息也。春秋十二公，二百四十二年，未有書子生者，而子同之生特書之，所以明史書之常法，而示嫡庶之有分也。餘公之生，或非嫡，或舉不備禮，或舊史不書。春秋載一可以見二，著是可以明非者，此之謂也。」

胡氏曰：「適冢始生，即書于策，與子之法也。唐虞禪，夏后殷周繼，春秋兼帝王之道，賢可禪，則以天

〔一〕「之」，四庫本作「乏」。

下爲公而不拘于世及之禮。子可繼，則以天下爲家而不必于讓國之義，萬世之通道也。與賢者，貴于得人。與子者，定于立嫡。傳子以嫡，天下之達禮也。故有君薨而世子未生之禮，植遺腹，朝委裘，而天下不亂者，以名分素明而民志定也。經書『子同生』，所以明與子之法，正國家之本，防後世配嫡奪正之事，垂訓之義大矣。此世子也，其不曰『世子』，何也？天下無生而貴者，誓于天子然後爲世子。」

愚按：生即書之，所以見名分之已定，而明父子之親。誓于天子，然後稱世子，所以見爵秩之貴，而明君臣之義。與賢、與子，雖帝王之達道，然與子易，與賢難，與子而專于立嫡，决不至乎亂。與賢而或非其人，則必至乎亂。且以春秋言之，曹之子臧，吴之季札，非不賢也。父兄知其賢也，舉國以讓之。二子之識不足以及此，辭而不受，卒亂二國，賢可輕與乎？然則與賢之事不可行于後世歟？賢也，必舜、禹而後可，舜、禹不世出也。苟非舜、禹也，徒讓以生亂耳。故春秋主于立嫡，憂天下之生亂也。然以當時之事觀之，非禁與賢之法而不書也。蓋亦無與賢之事可書也。故但書與子之法，以爲萬世之常經，使世復生舜、禹也，在上者又有堯與舜也，則必舉天下以授受矣，何待春秋之書乎？書與子之法以教當時，存與賢之法以待來世，是則夫子之微意，而亦春秋之大權也。

【經】冬，紀侯來朝。

請王命以求成于齊，公告不能。

程子曰：「紀侯不能上訴天子，下〔一〕赴諸侯，和輯其民人，效死以守，而欲求援于魯，桓不能保其國，宜矣。」

愚按：魯桓，弑君之賊，一夫倡義，即得誅之。身且不保，安能敵大國，庇小國，而救人之急乎？紀侯主之以求援，其何能國？春秋備書之，雖曰小事大，弱事强，亦必有道也。

〔一〕「下」，四庫本作「近」。

春秋闕疑卷四（桓公七年——十二年）

【經】七年，春，二月，己亥，焚咸丘。

胡氏曰：「書焚咸丘，所謂焚林而田也。」

程子曰：「古者昆蟲蟄，而後火田去，莽翳以逐禽獸，非竭山林而焚之也。咸丘，地名。焚咸丘，見其廣之甚也。」

謝氏曰：「古者，天子不合圍，諸侯不掩群，示愛也。舉咸丘焚之，失先王田獵之道矣。」

【經】夏，穀伯綏來朝。鄧侯吾離來朝。

程子曰：「臣之弑君，天理滅矣。宜天下所不容也。而天子反聘之，諸侯相繼而朝之，逆亂乎天道，歲功不能成矣，故不書秋冬，與四年同。曰：『然則十五年，邾人、牟人、葛人來朝，何以書秋冬？』四年與此，明其義矣。」

胡氏曰：「立天之道曰『陰陽』，陽居春夏，以養育爲事，所以生物也。陰居秋冬，以肅殺爲事，所以成物也。王者繼天而爲之子，則有刑賞，賞以勸善，非私與也。故五服、五章，謂之天命。刑以懲惡，非私怒也。故五刑、五用，謂之天討。古者賞以春夏，刑以秋冬，象天道也。桓，弟弒兄，臣弒君，而天討不加焉，是陽而無陰，歲功不能成矣。故特去秋冬二時，以志當世之失刑也。獨于四年、七年缺焉者，按周制大司馬，諸侯而有賊殺其親者則正之，放弒其君者則殘之。桓弒隱公而立，大司馬九伐之法雖未之舉，猶有望也，及冢宰下聘，恩禮加焉，則天下之望絶矣。故四年，宰糾書名，而去秋冬二時，以見天王之不復能用刑也。陳恒弒其君，孔子請討之，以從大夫之後不敢不告也。桓弒隱公而立，雖方伯、連帥環視而未之恤，猶有望也，及穀、鄧二國自遠來朝，則天下諸侯莫有可望者矣。故七年，穀伯、鄧侯各書其名，而去秋冬二時，以見諸侯之不復能修其職也。然則見之行事，不亦深切著明已乎？」

【經】八年，春，正月，己卯，烝。

公羊氏曰：「烝，冬祭也。春曰祠，夏曰礿，秋曰嘗，冬曰烝。常事不書，此何以書？譏亟也。亟則黷，黷則不敬。君子之祭也，敬而不黷。」

高郵孫氏曰：「烝，進也。于冬時，物皆成熟，凡可薦者，皆進而祭之也。」

程子曰：「冬烝，非過也，書之以見五月又烝爲非禮之甚也。」

程氏學曰：「春秋祭祀常事不書。周正月，夏十一月也。烝，冬祭。合禮而書者，爲五月復烝見黷也。禮曰祭不欲數，數則煩，煩則不敬。宗廟重事，祭祀有時，乃慢棄彝典，黷于先君，其罪著矣。」

【經】天王使家父來聘。

杜氏曰：「家父，天子大夫。家，氏。父，字。」

程子曰：「魯桓弑立，未嘗朝聘，而屢聘之，失道之甚也。」

胡氏曰：「下聘弑逆之人而不加貶者，既名冢宰于前，其餘無責焉，乃同則書重之義，以此見春秋任宰相之專，而責之備也。」

高郵孫氏曰：「桓公大恶之人，而五年之間來聘者三。春秋一切書之，所以見不能討恶而王道之衰，遂使篡人得志也。」

【經】夏，五月，丁丑，烝。

程子曰：「正月既烝矣，而非時復烝者，必以前烝爲不備也，其黷亂甚矣。」

胡氏曰：「春秋之文，有一句而包數義者，有再書而一貶者。戎伐凡伯于楚丘以歸之類，一句而包數義。春正月己卯烝，夏五月丁丑烝，再書而一貶。」

【經】秋，伐邾。

泰山孫氏曰：「不出主名，微者。」

【經】冬，十月，雨雪。

春秋十月，夏時八月也。陰未當盛，陽未當衰，八月雨雪，所以見陰盛而陽衰也。

程子曰：「建酉之月，未霜而雪，書異也。」

【經】祭公來，遂逆王后于紀。

公羊氏曰：「祭公，天子之三公，何以不稱使？婚禮不稱主人。遂者何？生事也。大夫無遂事，此其言遂何？成使乎我也。使我爲媒，可則因用是往逆也。女在其國稱女，其稱王后何？王者無外，其辭成矣。」

高郵孫氏曰：「祭公逆王后而來至于魯者，魯主天王之婚也。祭公來魯，謀婚謀合，而遂往逆之，不反白于天王也。」

張氏曰：「祭公謀于魯，則當復命于王，然後遣于宗廟，以明逆后之重。今使魯爲媒而用是往逆，輕褻王配如此，何以示正始之道哉？故書若祭公之私行，而以逆后爲遂事，以深譏之。」

陳氏曰：「書遂始于此。凡遂，譏也。莫甚于逆后。罪祭公，且罪魯也。」

【經】九年，春，紀季姜歸于京師。

程子曰：「書王國之事，不可用無王之月，故書時而已。」

杜氏曰：「季姜，桓王后。季，字。姜，姓。」

公羊氏曰：「其辭成矣。則其稱紀季姜何？自我言紀。父母之于子，雖爲天王后，猶曰吾季姜。京師者，天子之居。京，大也。師，衆也。天子之居，必以衆、大之辭言之。」

高郵孫氏曰：「祭公之逆，則曰王后，天子命爲之后，雖在于紀，亦天子之天下也。自紀而歸，則曰季姜。有父母之尊，不敢以尊名稱也。天王之居，必以衆大之辭言之者，猶曰：至大矣，小者不能敵也；至衆矣，寡者不能當也。欲天王自處于至衆、至大之地，以臨天下之寡小也。季姜之歸不曰周，天下無往而非周也。」

胡氏曰：「自逆者而言，則當尊崇其匹，内主六宮之政，使妃妾不得以上僭，故從天王所命而稱王后，示天下之母儀也。自歸者而言，則當樛屈待下，使夫人、嬪婦皆得進御于君，而無嫉妒之心，故從父母所子而稱季姜，化天下以婦道也。其辭之抑揚、上下、進退、先後，各有所當而不相悖，皆正始之道、王化之基，春秋之所謹也。」

濮鄉吕氏曰：「季姜書歸于京師，而劉夏之逆后不書歸者。祭公之逆，以魯爲之主，故書之詳。劉夏之逆，以其過魯而已，故書之略也。」

【經】夏，四月。

【經】秋，七月。

【經】冬，曹伯使其世子射姑來朝。

曹太子來朝，賓之以上卿。享曹太子。初獻，樂奏而歎。施父曰：「曹太子其有憂乎？非歎所也。」

穀梁氏曰：「朝不言使，言使非正也。使世子抗諸侯之禮而來朝，曹伯失政矣。諸侯相見曰『朝』，以待人父之道待人子，以内爲失正矣。内失正，曹伯失正，世子可以已矣。則是放〔一〕命也。尹子曰：『夫已多乎道』」

胡氏曰：「周官典命：『凡諸侯之適子，誓于天子而攝其君，則下其君之禮一等。未誓，則以皮帛繼子男。』世子固有出會朝聘之儀矣。然攝其君，繼子男者，謂諸侯朝于天子，急述職也。諸侯間于王事則相朝，其禮本無時。曹伯既有疾，何急于朝桓，而使世子攝哉？大位，姦之窺也。危病，邪之伺也。世子，君之貳也。君疾而儲副出，啟窺伺之心，當享而射姑歎，踰月而終生卒，其有疾明矣，而使世子來，終生之過也。世子將欲已乎？則方命矣。曰孝子盡道以事其親者也。不盡道，而苟焉以從命，爲孝又焉得爲孝。」

【經】十年，春，王正月，庚申，曹伯終生卒。

胡氏曰：「十者，盈數也。天道十年，則亦周矣；人事十年，則亦變矣。桓公至是其數已盈，宜見誅于天人矣。十年書王，紀常理也。」

【經】夏，五月，葬曹桓公。

【經】秋，公會衛侯于桃丘，弗遇。

公羊氏曰：「會者何？期辭也。」

穀梁氏曰：「弗遇者，誌不相得也。弗，内辭也。」

〔一〕「放」，四庫本作「方」。

高氏曰：「衛侯先與公爲會期，既而復與齊鄭合謀，將以伐我。故公往會而弗遇。此固衛侯之失信，然亦見公以弑逆爲諸侯所棄。聖人書之，所以深爲萬世之戒也。」

范氏曰：「魯至桃丘而衛不來，故書弗遇以殺耻。」

家氏曰：「此魯桓有求于衛侯，欲爲此會，衛人拒而弗許，春秋與之。諸説皆以爲譏衛侯失信，非也。自入春秋，弑君者衛州吁、魯桓、宋督三人爾。州吁迄正天討，而宋督以賂免，魯桓請婚以結齊，割許田以賂鄭，故得逭討至今，而諸侯實不盡與也。衛于魯親而非黨，自弑君未嘗受其要結之賂，今魯人請以爲會，衛侯獨不從，春秋與其斥絶恶人，不與爲會，非貶其失信也。」

【經】冬，十有二月，丙午，齊侯、衛侯、鄭伯來戰于郎。

初，北戎病齊，諸侯救之。鄭公子忽有功焉，齊人餼諸侯，使魯次之。魯以周班後鄭，鄭人怒，請師于齊，齊人以衛師助之。

胡氏曰：「春秋加兵于魯衆矣，未有書來戰者，此獨不稱侵伐，而以來戰爲文，何也？兵，凶器；戰，危事，聖人之所重也。誅暴禁亂，敵加兵于己，有不得已而應之者矣。未有悖道縱欲，得已不已，而先之者也。魯桓弑立，天下大恶，人人之所得討也。鄭伯則首盟于越以定其位，齊侯則繼會于稷以濟其姦。會〔一〕不能修方

〔一〕「會」，四庫本作「曾」。

伯之職，駐師境上，聲罪致討，伸天下之大義也。今特以私忿小怨，親帥其師，戰于魯境，尚爲知類也哉？春秋之所必誅，而不以聽也，故以三國爲主而書來戰于郎，鄭人主兵而首齊，猶衛州吁主兵而先宋。」

【經】十有一年，春，正月，齊人、衛人、鄭人盟于惡曹。

胡氏曰：「盟會皆君臣之禮，故微者之盟會不志于春秋。凡春秋所志，必有君與貴大夫居其間者也。惡曹之盟，即三國之君矣。既不以道興師爲郎之戰，又結怨固黨，爲惡曹之盟，故前書其爵而以來戰著罪，後書此盟而以奪爵示貶。」

【經】夏，五月，癸未，鄭伯寤生卒。

【經】秋，七月，葬鄭莊公。

【經】九月，宋人執鄭祭仲。突歸于鄭。鄭忽出奔衛。

公之未婚于齊也，齊侯欲以文姜妻鄭太子忽，太子忽辭。人問其故，太子曰：「人各有耦，齊大，非吾耦也。詩云：『自求多福。』在我而已，大國何爲？」及其敗戎師也，齊侯又請妻之，固辭。人問其故，太子曰：「無事于齊，吾猶不敢，今以君命奔齊之急而受室以歸，是以師婚也，民其謂我何？」遂辭諸鄭伯。祭仲曰：「必取之，君多內寵，子無大援，將不立。三公子，皆君也。」弗從。

初，祭仲有寵于莊公。莊公使爲卿，爲公娶鄧曼，生昭公。故祭仲立之。宋雍氏女于鄭莊公，曰雍姞，生厲公。雍氏宗有寵于宋莊公，故誘祭仲而執之，曰：「不立突，將死。」亦執厲公而求賂焉。祭仲與宋人盟，以厲公歸而立之。秋九月，丁亥，昭公奔衛。己亥，厲公立。

胡安定先生曰：「宋公執人權臣，廢嫡立庶，以亂鄭國，故奪其爵。」

胡氏曰：「祭仲，鄭相也。見執于宋，使出其君而立不正，罪較然矣，何以不名？命大夫也。命大夫而稱字，非賢之也，乃尊王命，貴正卿，大祭仲之罪以深責之也。或曰，『孔父賢而書名，則曰禮之大節也。今此則名其君于下，而字其臣于上，何以異乎？』曰：春秋者，輕重之權衡也。變而不失其正之謂權，常而不過于中之謂正。宋殤、孔父道其常，祭仲、昭公語其變，惟可與權者，其知之矣。」

愚謂：孔父死于其君之難，故得盡君前臣名之禮。祭仲擅廢其君，故不得從孔父之道。

陳氏曰：「春秋之褒貶，名號不足以盡意，則見于辭，書曰『宋人執鄭祭仲，突歸于鄭，鄭忽出奔衛』，斯其爲辭也詳矣。」

謝氏曰：「國有權臣，則上下易分，生殺廢置，惟其所命，故宋之改立鄭君也，執一鄭祭仲而鄭國之君位遷矣。春秋首書宋執祭仲，而繼以突歸忽出，以明鄭國進退之權，皆出祭仲也。突，公子也，不以國氏者，責其非正也。忽，君也，稱名不稱子，以其絶于國人也。鄭莊公之卒也，忽以世子嗣位，已五月矣。政不足以結人心，德不足以保君位；美狂狡以爲忠良，矜小廉以失大援；賢人棄外而國命擅于私門，君道微弱而倡和行于叔伯，由此命令皆出于權臣，而其勢與匹夫不異，故宋人誘祭仲而執之也。突有臣民歸從，而忽無左右之助矣，由此突歸國，而忽出奔于衛也。然則突非正也，非正而于入稱歸，以咎忽之失人心也。忽，正也，正而于出稱名，以咎忽之失君位也。其于突也，去國以明非正，稱歸以明得國。其于忽也，稱國以明正，去爵以示絶，而突之進不由正，忽之喪失君道，其恶顯矣。歸，内辭。入，外辭。于歸而稱入，于入而稱歸，皆春秋變文以示義也。」

臨江劉氏曰：「歸者，順辭，有易辭焉，非所順而書易也。突之易，見祭仲之専也。」

【經】柔會宋公、陳侯、蔡叔盟于折。

公羊氏曰：「柔者何？吾大夫之未命者也。」

胡安定先生曰：「蔡叔者，字也。蔡侯之弟也。」

高氏曰：「諸侯之弟，國而字之，言與君同體也。」

趙氏曰：「凡大夫特盟公侯，非禮也。」

陳氏曰：「以大夫會諸侯盟，于是始也。」

家氏曰：「大夫盟諸侯，强國行之則爲伉，弱國行之則爲僭。末流之獘，諸侯大夫因是而外交强國以脅制其君，如魯季、衛孫、宋華之所爲，此其權輿，春秋不與也。」

【經】公會宋公于夫鍾。

【經】冬，十有二月，公會宋公于闞。

胡氏曰：「臣與宋公盟于折，君與宋公會于夫鍾。于闞、于虚、于龜皆存而不削，何其辭費也？曰：盟者，春秋所惡，而屢盟以長亂。會者，諸侯所不得，而數會以厚疑。聖人皆存而不削，于以見屢盟而卒叛，數會而卒離，其事可謂著明矣。是故春秋之志在于天下爲公、講信修睦，不以會盟爲可恃也。」

【經】十有二年，春，正月。

【經】夏六月，壬寅，公會杞侯、莒子盟于曲池。

平杞莒也。

【經】秋，七月，丁亥，公會宋公、燕人盟于穀丘。

張氏曰：「宋之納突于鄭，求賂而後使之入，及突入國之後，不能償，其責言，遂成釁隙，故桓公欲平之。」

高氏曰：「宋公連燕人將以討鄭，故公復往會，請平而與之盟。」

杜氏曰：「燕人，南燕大夫。」

家氏曰：「南燕，姞姓。在鄭、衛之間，姞女爲后稷元妃，周王業所基也。北燕，姬姓。在晋之北，召公奭之後也。昭三年，北燕伯欵奔齊。稱北，所以别于南燕。皆周建國，而俱以燕爲號，豈受封之始，便有南北之異乎？史記謂，『北燕爲山戎所隔，至齊桓伐戎開道而後與中國通，故其見于春秋獨後，此二燕之辨。』」

【經】八月，壬辰，陳侯躍卒。

【經】公會宋公于虛。

【經】冬，十有一月，公會宋公于龜。

高氏曰：「公委宗社人民而六出與宋會，蓋公憾鄭忽而欲定突，是以不憚屈辱，力爲鄭請。然諸侯臨莅一國之民，民不可一日不治，則國不可一日去之。故先王之法，諸侯朝事天子則出境，天子巡狩則出境，方伯率諸侯以征伐則出境，親迎則出境。若無事出境，則誅。春秋之時，侵伐盟會無時無之，諸侯未嘗安居國中，以治其民也。聖人悉書之，以著其罪。于罪之中，又爲之輕重焉。蓋當時王政不行，天下無王，諸侯不從事于盟會，則又無以安其國，有相會以謀侵伐者，各從其會，以見其事，以王法論之，凡諸侯去其國家而擅相會者，皆罪爾。聖人又通以一時之權而較以輕重也。今公區區爲鄭而數出會宋，宋公亦爲求賂而數與公會，皆非爲國爲民，其罪均耳。」

【經】丙戌，公會鄭伯，盟于武父。

高氏曰：「宋公辭平，故公自龜還，遽會鄭伯而謀伐之。」

許氏曰：「王迹既熄，伯統未興，諸侯自擅，無所禀命。觀隱十年，見兵革之亂也；桓十一年以來，見盟會之亂也。是以君子不得已于斯民，而以禮樂征伐，實與桓、文。故伯統興起，則無復此亂，諸侯有所一矣。」

樸鄉吕氏曰：「突，篡君也。武父之盟，書曰『鄭伯』，何也？諸侯雖以篡得國，苟其大臣君之，其國人君之，諸侯亦與之會盟，以爲彼國之君也。聖人亦從而君之，其實也。」

【經】丙戌，衛侯晋卒。

高氏曰：「卒而日之，蒙上文也。重書丙戌，必有一誤。」

【經】十有二月，及鄭師伐宋。丁未，戰于宋。

公欲平宋、鄭。秋，公及宋公盟于句瀆之丘。宋成未可知也，故又會于虚。冬，又會于龜。宋公辭平，故與鄭伯盟于武父，遂帥師而伐宋，戰焉。

胡氏曰：「既書伐宋，又書戰于宋者，責賂于鄭而無厭，屢盟于魯而無信者，宋也。二國聲其罪以致討，故書曰伐。夫宋人之罪，固可伐矣。取其賂以立督者，魯桓也。資其力以篡國者，鄭突也。無諸己，然後可以非諸人。春秋之義，用賢治不肖，不以亂易亂也，故又書曰，『戰于宋』。來戰者，罪在彼，戰于郎是也。往戰者，罪在内，戰于宋是也。」

謝氏曰：「凡内戰，公敗，則書戰不書敗，以敗爲耻也。戰不書公，諱之也。敵敗，則書敗不書戰，以敗之爲耻也。敗則書公，不諱也。伐宋者，公也，戰則知爲敗矣，故諱不書公。」

春秋闕疑卷五（桓公十三年—十八年）

【經】十有三年，春，二月，公會紀侯、鄭伯。己巳，及齊侯、宋公、衛侯、燕人戰齊師。宋師、衛師、燕師敗績。

宋多責賂于鄭，鄭不堪命，故以紀、魯及齊與宋、衛、燕戰。

高郵孫氏曰：「齊、宋、衛三國稱爵，君行舉重也。燕稱人，微之也。戰則舉重，敗則稱師，重衆也。春秋之法，居喪稱子，緣人子之心，創巨痛深之時，不忍即先君之爵而稱之。衛侯晋卒于去年之冬，于此纔三月耳，猶未葬也，而衛之嗣君出會諸侯，而伐人之國，又自稱其爵，不以喪禮自持。聖人據實而書之以見其罪，且深疾之也。」

胡氏曰：「左氏以爲鄭與宋戰，公羊以爲宋與公戰，穀梁以爲紀與齊戰。趙氏考據經文，内兵則以紀爲主而先于鄭，外兵則以齊爲主而先于宋，獨取穀梁之説。蓋齊、紀者，世仇也。齊人合三國以攻紀、魯，鄭援紀而與戰，戰而不地，于紀也，不然紀懼滅亡不暇，何敢將兵越國助魯、鄭以增怨乎？齊爲無道，恃强凌弱，此以紀爲主，何也？彼爲無道，加兵于己，必有引咎責躬之事，禮義辨喻之文猶不得免焉，則亦固其封疆，效死以守，上訴諸天子，下告諸方伯、連率與隣國之諸侯，其必有伸之者矣。不如是，而憤然與戰，豈已亂之道乎？力同度德，動則相時，小國仇大國而幸勝焉，禍之始也。息伐鄭而亡，鄭勝蔡而懼，蔡敗楚而滅。今紀人不度德，不量力，不徵辭，輕與齊戰，而爲之援者，弑君之賊，簒國之人也。不能保其國，自此戰始。春秋以紀爲主，省德相時，自治之意也。」

【經】三月，葬衛宣公。

胡氏曰：「葬自内録，既與衛人戰，曷爲葬衛宣公？怨不棄義，怒不廢禮，是知古人以葬爲重也。」

【經】夏，大水。

【經】秋，七月。

【經】冬，十月。

【經】十有四年，春，正月，公會鄭伯于曹。

十有三年，來請修好。至是，會于曹，曹人致餼。

高氏曰：「鄭伯欲結曹好，故公往會之也。公與鄭伯皆簒逆之大恶，天下所不容，今會于曹，曹之容恶可知也。」

【經】無冰。

公羊氏曰：「記異也。」

胡氏曰：「按豳風七月，周公陳王業之詩也。其詞曰『二之日鑿冰沖沖，三之日納于凌陰，四之日其蚤，獻羔祭韭』。周官凌人之職頒冰，于夏其藏之也，涸陰沍寒，于是乎取其出之也，賓食喪祭，于是乎用。藏之周，用之遍，亦理陰陽天地之一事也。」

高郵孫氏曰：「春秋之春夏，時之冬也。冬而冰者，陰陽之常，物理之自然也。冬而無冰，則是陽氣不閉，而陰氣不凝也，洪範五行是謂常燠。聖人以爲，政教之差，上干陰陽，則陰陽乖戾，故謹而書之曰『無冰』。無，不宜無也。春秋書災異之法，有曰無者，無冰是也。有曰不者，不雨是也。然而冰不曰不冰而謂之無，雨不曰無雨而謂之不，皆曲盡其微而書之也。孔子于春秋，委曲詳盡，無一字苟然者，所以傳信萬世以示人也。」

【經】夏，五。

穀梁氏曰：「夏，五。傳疑也。」

杜氏曰：「不書月，闕文。」

泰山孫氏曰：「孔子作春秋，專其筆削，損之益之，以成大中之法，豈其日月舊史之有闕者，不隨而刊正之哉？此云夏五，無月者，後人傳之脱漏耳。」

【經】鄭伯使其弟語來盟。

鄭子人來尋盟，且修曹之好[一]。

高郵孫氏曰：「春秋，諸侯使弟來者，皆罪其不當使也。弟而可使，則命而使之可也。不命而使之，徒曰弟焉，罪之也。」

胡氏曰：「諸侯之弟兄，例以字通，而書名者，罪其有寵愛之私，非友于之義也。」

【經】秋，八月，壬申，御廩災。

【經】乙亥，嘗。

高郵孫氏曰：「御廩者，粢盛所藏也。雖尊爲天子，必有宗廟，貴爲諸侯，必供粢盛。故天子籍田，諸侯躬耕，皆所以教民務農，而親事祖禰也。然而災焉，公之所事者，得無不敬，而粢盛之用，無乃闕乎。四時之祭，秋曰嘗。春秋之八月，夏時之六月也，而嘗，不時也。御廩災，終四日而嘗焉。不時，且不敬焉。御廩之災，公之不德，而事祖禰之道不至也。不知遇災而懼，責身修德，以答災異之戒。遽然以災之所餘未及時而祭之，蓋公無恐懼之心，而黷益甚也。」

[一]「好」，四庫本作「會」。

胡氏曰：「御廩，粢盛之所藏，其新必矣。何以不書？營宮室以宗廟爲先，重本也。御廩灾而新則不書，常事也。以爲常事而不書，垂教之意深矣。知其説者，然後知有國之急務，爲政之後先。雖勤于工築，而民不勞怨，與妄興土木、困民力以自奉者，異矣。」

【經】冬，十有二月，丁卯，齊侯禄父卒。

【經】宋人以齊人、蔡人、衛人、陳人伐鄭。

宋人以諸侯伐鄭，報宋之戰也。焚渠門，入。及大逵，伐東郊。取牛首，以大宫之椽歸，爲盧門之椽。

穀梁氏曰：「以者，不以者也。」

謝氏曰：「以，用也。」

高氏曰：「宋公不道，執人之卿，易人之君，既又求賂無厭，深怨突之背己，而自量其力不足以加之，于是復以齊、蔡、衛、陳之兵以伐之。夫諸侯之國，甲兵有制，皆統乎天子，乃敢私用之與私爲之，用以伐人之國，大亂之道也。宋公之罪，斯爲尤甚，故加以焉。」

【經】十有五年，春，二月，天王使家父來求車。

左氏曰：「諸侯不貢車服，天子不私求財。」

公羊氏曰：「王者無求，求車，非禮也。」

穀梁氏曰：「求車，非禮也。求金，甚矣。」

常山劉氏曰：「世之治也，天子命貢賦于天下，而無敢不從，無有求也。諸侯奉貢賦于天子，而無敢不恭，不至于來求也。世亂反此。書者，交譏之。所以見王室之微，而著諸侯之罪也。」

胡氏曰：「遣使需索之謂求。以喪事而求貨財，已爲不可，况車、服乎？經于求賻、求車、求金皆書曰『求』，垂後戒也。夫上有好者，下必有甚焉者矣。王曰有求，下觀而化，諸侯必將有求以利其國，大夫必將有求以利其家，士庶人必將有求以利其身，皇皇焉惟恐不足，未至于篡弑奪攘，則不厭也。古之君子，必昭儉德，以臨照百官。尊卑登降，各有定數，示等威，明貴賤，民志既定之後，皆安其分而無求。兵形寢矣。及侈心一動，莫爲防制，必至于亢不衷官失德，廉耻道喪，寵賂日章，淪于危亡而後止也。觀春秋所書，則見王室衰亂之由，而知興廢撥亂之説矣。」

【經】三月，乙未，天王崩。

【經】夏，四月，己巳，葬齊僖公。

【經】五月，鄭伯突出奔蔡，鄭世子忽，復歸于鄭。

祭仲專，鄭伯患之，使其婿雍糾殺之。將享諸郊。雍姬知之，謂其母曰：「父與夫孰親？」其母曰：「人盡夫也，父一而已，胡可比也。」遂告祭仲曰：「雍氏舍其室而將享子于郊，吾惑之，以告。」祭仲殺雍糾，尸諸周氏之汪。公載以出，曰：「謀及婦人，宜其死也。」夏，厲公出奔蔡。六月，乙亥，昭公入。故程子曰『忽稱世子，本當立者，不能保其位，故不爵』。」

謝氏曰：「突進不以正，王法所不容也，故出奔稱爵而復名。」

張氏曰：「忽之所以得歸者，以其嘗爲世子也。所以不稱鄭伯者，以其不能君也。

樸鄉吕氏曰：「書復歸者，復其位也。」

高氏曰：「突假宋之援，以弟篡兄，居位數年，患祭仲之專，將殺之，爲仲所覺，故避仲而出。聖人因其出奔，故書名以絶之。然突之出奔，非國人絶之，止避祭仲耳。不書祭仲逐君，何也？逐君之臣，其罪易知。君而見逐，其罪甚矣。聖人之教，在乎端本清源，故凡諸侯之奔，皆不書所逐之臣，而以自奔爲文，所以警乎人君也。君存稱世子，君没稱子。鄭伯既没，而忽猶稱世子者，何也？忽之出奔，不能自固其位耳。人皆疑其不正，故因其歸而正名曰『世子』，以明冢適當嗣也。不曰復歸，則無以知其嘗有國矣。」

【經】許叔入于許。

高郵孫氏曰：「隱十一年，許嘗爲鄭所有。許之宗祀不絶，而許叔居許東偏，故無滅許之文。至此，鄭有子忽、子突之亂，許叔能乘其勢入許而復其國，聖人美之，故特書『許叔入于許』。叔當許之危亡，國君出奔，則苟全宗祀，居其東偏，及鄭伯之亂，兄弟争立，强臣制命，則以我之全力復其國而居之。聖人善其屈伸得宜，進退無失也，特書其字曰『許叔』，不書其爵者，未嘗有爵也。不曰歸者，有鄭之難，不可以安而歸也。」

謝氏曰：「稱入，外之也。莊公非以罪恶失國，特以大國爲之難而已。蓋未絶于國人也。許叔上伸正義于王，下求直于大國，復莊公于位而相之以治國人，許叔之義也。今乃乘鄭之亂，幸君之危，而竊有其國，與盜而得之者，亦奚以異哉？故春秋書入而外之也。」

愚按：入有二義，一曰逆辭，一曰難辭。使莊公而尚存，則許叔當迎莊公，反國而相之。今擅其國而有之，恶也，則入爲逆辭，所以貶之也。莊公而已卒，則許叔復有其國，使先祀不絶，善也，則入爲難辭，所以褒之，而又見其克復之不易也。今亦無所考矣。然以經文觀之，夫子所書既繫之國，復著其字，則入非有所貶，乃所以見其難而褒之耳。

【經】公會齊侯于艾。

謀定許也。

愚按：隱十一年，入許之役，齊、魯、鄭也。今許叔乘鄭之亂以復其國，齊、魯不興師以問之，則亦已矣，安得反爲之會，以定其位乎？高氏謂魯嘗與齊絶矣。至是，僖公卒，襄公立，公復通好焉，而齊襄居喪出會，越禮畔道，與文姜爲鳥獸之行，桓公、彭生之禍，兆于此矣。故春秋志之，以齊侯爲主，理或然也。

【經】郲人、牟人、葛人來朝。

公羊氏曰：「何以稱人？夷狄之也。其狄之何？天王崩，不奔喪，而相率朝弒君之賊也。」[一]

陳氏曰：「旅見非邦交之舊，自參以上，甚矣。凡朝不勝譏，莫甚于自參以上。」

【經】秋，九月，鄭伯突入于櫟。

鄭伯因櫟人殺檀伯，而遂居櫟。

程子曰：「突非正也，忽既微弱，故國人君之，諸侯助之。書爵所以戒居正者，己不能保，則人取之矣。書入以見義不容也。」

謝氏曰：「忽雖復歸，衆所不保，故突入于櫟。人心所在，則命令隨之，命令所在，則君道隨之，故忽雖正，雖在內，爾世子。突雖不正，雖在外，爾鄭伯。人心在突不在忽故也。突雖爵，以其非正，故爾名。以世子在內，故書入。春秋之于突也，出奔名之，入櫟又名之，惡其不正，而始終罪之，固已至矣。然以忽無君道，人心歸突，故出奔爾鄭伯，入櫟爾鄭伯。乃忽失君道，而國人從突也。[二]觀春秋，前書忽歸，後書突入，而聖人所以罪忽而誅突，責君道而存世嫡，其旨盡于此矣。」

胡氏曰：「經于厲公復國，削而不書，獨書入于櫟，何也？夫制邑之死虢君，共城之叛太叔，皆莊公所親

[一] 「公羊氏曰：『何以稱人，夷狄之也。其狄之何？天王崩，不奔喪，而相率朝弒君之賊也。』」四庫本作「正義曰：『曹使世子射姑來朝，諸侯世子稱名，則附庸。世子稱人，稱謂之等節也。』」

[二] 「乃忽失君道，而國人從突也」，四庫本作「然則突爾鄭伯，乃以忽失君道，而國人從突也」。

戒也。今又城櫟而寘子元焉，使昭公不立，何謀國之誤也。衛有蒲戚而出獻公，楚有陳、蔡、不羮而叛棄疾，末大必折，有國之害也。厲公復國，削而不書者，若曰既入于櫟，則其國已復矣。于以明居重馭輕，强幹弱枝，以身使臂之義，爲天下與來世之鑒也。」

【經】冬，十有一月，公會宋公、衛侯、陳侯于袲，伐鄭。

會于袲，謀伐鄭，將納厲公也，弗克而還。

初，鄭伯將以高渠彌爲卿，昭公恶之。固諫不聽。昭公立，懼其殺己也。十七年十月辛卯，弒昭公而立公子亹。

十八年秋，齊侯師于首止，子亹會之，高渠彌相。七月，戊戌，齊人殺子亹，而轘高渠彌，祭仲迎鄭子于陳而立之。

莊十四年，鄭厲公自櫟侵鄭，及大陵，獲傅瑕。傅瑕曰：「苟舍我，吾請納君。」與之盟而赦之。六月甲子，傅瑕殺鄭子及其二子而納厲公。厲公入，遂殺傅瑕。使謂原繁曰：「傅瑕貳。周有常刑，既伏其罪矣。納我而無貳心者，吾皆許之上大夫之事，吾願與伯父圖之。且寡人出，伯父無裏言，入又不念寡人，寡人憾焉。」對曰：「先君桓公，命我先君典司宗祏，社稷有主而外其心，其何貳如之？苟主社稷，國内之民，其誰不爲臣？臣無貳心，天之制也。子儀在位十四年矣，而謀召君者，庸非貳乎？莊公之子，猶有八人，若皆以官爵行賂勸貳，而可以濟事，君其若之何？臣聞命矣。」乃縊而死。

高氏曰：「伐鄭者，伐忽而納突也。突無道簒國，諸侯當伐突而恤忽，今反欲出忽納突，廢嫡立庶，其罪大矣。宋公始納突，反爲突所伐。今又連諸侯爲突伐忽，無道之甚，不可勝誅。」

胡氏曰：「穀梁氏曰：『地而後伐，疑詞，非其疑也。』夫昭公雖正，其才不足以君一國之人，復歸于鄭，日以微弱。厲公雖簒，其智足以結四隣之援。既入于櫟，日以盛强，諸侯不顧是非而計其强弱，始疑于輔正，終變而與邪，相與連兵動衆，納簒國之公子，故詳書其會地，而後言伐，以譏之也。」

【經】十有六年，春，正月，公會宋公、蔡侯、衛侯于曹。

謀伐鄭也。

泰山孫氏曰：「未能納突，故復會于此。」

【經】夏，四月，公會宋公、衛侯、陳侯、蔡侯伐鄭。

程子曰：「突善結諸侯，故皆爲之致力，屢伐鄭也。」

高氏曰：「春與曹謀，而曹人不肯。今又與陳侯同伐。宋初伐突，期于服突而已，不期忽之歸也，突奔而忽歸，則不利于宋，故宋公連年伐忽以納突。以此言之，鄭國之亂，宋公實爲之，故以宋爲首恶。」

家氏曰：「自去冬迄今夏，三書公會，再書〔一〕伐鄭，不間以他事，誅宋魯之輔簒而干正也。人孰無禮義之

〔一〕「書」，四庫本作「出」。

心，忽之正，突之不正，皦如黑白之易辨。忽在外五年，莫有仗義而復之者，突甫入櫟，五國之君翕然來會，如蟻慕羶蚋集醯其故，何哉？盖宋馮魯允以其所以篡者而輔人之篡，不惟同恶相恤，抑亦惟利是趨。鄭之土田，鄭之重器，有以蕩摇其方寸，故雖黨恶隳義，彼亦有所不恤矣。」

樸鄉吕氏曰：「或疑宋既以齊、蔡、衞、陳責賂于突而伐鄭，不宜今年又謀納突，遂謂袲之會，曹之會，皆是伐突以救忽。然以魯桓方與突伐宋，亦不宜會宋以伐突。春秋諸侯離合不常，可勝辨哉，今但據伐鄭二字言之，則是時突在櫟，忽在鄭，則爲伐忽明矣。」

愚按：春正月，會于曹，蔡先于衞。夏四月，伐鄭，衞先于蔡。夫諸侯班序，自有定制，猶天建地設不可亂也。何俄頃之間而變易若此哉？或以爲以至之先後爲上下，夫以至之先後爲上下，是以利害率人而不要諸禮也。當時諸侯固有爲之者，夫子之修春秋，其肯從乎？又或以爲以兵之多寡爲先後，夫以兵之多寡爲先後，是以强弱率人而不要諸義也。當時諸侯固有行之者，夫子之修春秋，安得不正之乎？惟或者以爲，蔡自此服屬于楚，故春秋貶之而列于衞下爲近是。然蔡之從楚，亦無歲月之可考，豈在是歲正月至四月之間乎？姑闕之，以俟知者。

【經】秋，七月，公至自伐鄭。

【經】冬，城向。

程子曰：「春秋之文，莫不一一，意在示人如土工之事，無大小，莫不書之，其意止欲人君重民之力也。」

【經】十有一月，衛侯朔出奔齊。

初，衛宣公烝于夷姜，生急子，屬諸右公子。爲之娶于齊而美，公取之，生壽及朔，屬壽于左公子。夷姜縊。宣姜與公子朔構急子。公使諸齊，使盗待諸莘，將殺之。壽子告之，使行。不可，曰：「棄父命，恶用子矣。有無父之國則可也。」及行，飲以酒。壽子載其旌以先，盗殺之。急子至，曰：「我之求也，此何罪？請殺我乎。」又殺之。二公子故怨惠公。十一月，左公子洩、右公子職立公子黔牟，惠公奔齊。

高氏曰：「衛宣納伋之妻，生壽及朔，朔譖其兄伋，因併壽殺之，既立之後，驕而無禮。二公子之黨怨之，朔懼而出奔，遂立公子黔牟爲衛侯。聖人于朔之出奔，特名以絶之。盖春秋之法，凡諸侯不能嗣守先業，上下乖離，播越失地，自取奔亡之禍者，皆生名之。朔，齊甥也，故奔齊。」

濮鄉吕氏曰：「奔而名國，非其國矣；奔而不名國，猶其國也。鄭伯突出，而世子忽入，國固忽之國也。衛侯朔出，而公子黔牟立，國非朔之國也。」

陳氏曰：「此衛人立公子黔牟而後奔，則其但書奔，何以爲自失國也？春秋之法，苟其道足以失國，雖有篡公子，亦以自致之文出之。」

【經】十有七年，春，正月，丙辰，公會齊侯、紀侯盟于黄。

平齊、紀，且謀衛故也。

高氏曰：「紀懼齊之見圖，每爲之備，而齊人多詐，故爲此盟，示之以不疑。俾之弛怠，而不我慮，是以尋盟。既退，魯遂與齊戰于奚。二年之後，齊遂遷紀之三邑，足以知盟之無益，而侵伐隨之矣。」

【經】二月，丙午，公及邾儀父盟于趡。

尋蔑之盟也。

高氏曰：「下有五月丙午，則二月無丙午，必有一誤。此盟，豈非諸侯有謀邾者，欲求魯之援故邪？觀下文可見。」

愚按：盟之未幾，魯即及宋、衛伐邾，盟又足恃乎？

【經】夏，五月，丙午，及齊師戰于奚。

疆事也。于是齊人侵魯疆。疆吏來告，公曰：「疆埸之事，慎守其一，而備其不虞。姑盡所備焉。事至而戰，又何謁焉？」

程子曰：「天下有道，禮樂征伐自天子出。春秋之時，擅相侵伐，舉兵以侵伐人，其罪著矣。春秋直出〔二〕其事，而責常在被侵伐者，蓋彼加兵于己，則當引咎或自辨。喻之以禮樂，不得免焉，則固其封疆，告于天子、

〔二〕「出」，四庫本作「書」。

方伯，若忿而與戰，則以與戰者爲主處已絶亂之道也。」

高氏曰：「二國春方盟會，而夏遽交戰，彼以疆事興師而來，則魯宜有以諭之。凡戰，由主人。主人服罪，則不戰矣。」

孫氏曰：「戰稱及，戰由我起也。主戰者，公也。不書公，諱之也。」

【經】六月，丁丑，蔡侯封人卒。

【經】秋，八月，蔡季自陳歸于蔡。

蔡桓侯卒，蔡人召蔡季于陳。秋，蔡季自陳歸于蔡。

高郵孫氏曰：「蔡季事迹，公、穀皆無文，惟左氏以蔡侯封人卒，蔡人召蔡季于陳。秋，蔡季自陳歸于蔡。蔡人嘉之也。何休曰：『蔡封人無子，蔡季當立。封人欲立獻舞而疾季，季避而之陳。封人死，歸反奔喪。思慕三年，卒無怨心，故賢而字之。』左氏、何休之意，皆謂季賢，故經特字之也。而何休所載，不出于傳記，不知何從知之。然其事極美，可賢，則與經所字之義合。杜預以爲，桓侯無子，故召季而立之。季内得國人之望，外有諸侯之助，故書字以善其得衆。稱歸以明外納。杜預之意，盖謂蔡季當立爲蔡君，而啖、趙、陸氏皆以爲蔡季義而後取，非如當時之歸者，或謀殺，或奪正，或本非當立，國人不順。惟蔡季入繼之善美而字之，與杜預之説相表裏矣。今按蔡世家及諸侯年表，無蔡季嘗立爲蔡君之文。又莊十年，荆敗蔡師于莘，以蔡侯獻舞歸，中間亦無蔡季爲君之文。由此觀之，則蔡季之歸，但爲蔡臣爾，未嘗爲君也。季之所以得字，著于春秋，當如左氏、何休之說。蔡季去其國以避其位，入其國以終其喪。一國之尊，社稷之重，則輕去以遜于人。吾君之喪，吾兄之喪，則必歸焉，以服其服。然則爲蔡季之行，亦足以見取于孔子，而書字于春秋也。若杜預、陸氏之説，考之傳記，則無文，求之春秋，又無事。雖得立爲君，亦未足多賢，不若生被其逐，死服其喪之爲美也。況獻舞之事，相去纔十年間，不容蔡季卒葬與獻舞得立之迹，不見于經也。況世家、年表皆無其事，杜預、陸氏失之矣。春秋入之例，有加自文者，此盖其國奉之以歸，故書其所自，以其有助焉爾。其事之善惡，亦皆隨而見之，不繫于輕重也。」

胡氏曰：「蔡季之去，以道而去者也。其歸，以禮而歸者也。公子不去國，季何以去權也。既歸，何以不有國？獻舞立矣。若季者，劉敞所謂，智足以與權而不亂，力足以得國而不居，遠而不攜，邇而不迫者也，是以見貴于春秋。」

【經】癸巳，葬蔡桓侯。

愚按：五等諸侯，春秋于其葬皆稱公。惟蔡桓侯書本爵。啖氏曰：「蔡季之賢，爲之請于王，故仍其爵。先儒遂以爲，書其一是，則諸非自見。書蔡桓侯，則以見春秋之臣子不請于王，私謚其君而稱公者，皆爲有罪矣。」啖氏之説，不知何所本。春秋二百四十二年，列國之君書者多矣，豈無賢如蔡季者一二人，爲其君請謚于王，而獨一蔡季也？朱子曰：「書蔡桓侯，只是文誤。」此説爲近。

【經】及宋人、衞人伐邾。

高郵孫氏曰：「宋、衞稱人，微者也。」

高氏曰：「春與儀父盟于趡，今乃自背其盟，同宋、衞伐之，是誠何心哉？夫宋人者，豈非弒君之黨乎？自宋督弒君，而賊猶未討也。夫衞人，豈非逐君之賊乎？自衞侯見逐，而賊猶在國也。今公與他國弒君逐君之黨，合心同黨，以伐同盟之隣國，則公之恶不容于世矣。聖人不書公，而止書及者，以桓之罪顯然如此，千載之下，皆知其與宋、衞伐邾者，魯桓也，不必斥言之。」

【經】冬，十月，朔，日有食之。

高郵孫氏曰：「書朔，不書日。孔子因舊史，不能加之也。」

【經】十有八年，春，王正月。

胡氏曰：「春秋于十八年復書王，明弒君之賊，雖身已没，而王法不得赦也。又據桓十五年，天王崩，至是新君嗣，三年之喪畢矣。明弒君之賊，雖在前朝，而古今之恶，一也。然則簒弒者，不容于天地之間，身無存歿，時無古今，皆得討而不赦，聖人之法嚴矣。」

【經】公會齊侯于濼。公與夫人姜氏遂如齊。

春，公將有行，遂與姜氏如齊。申繻曰：「女有家，男有室，無相瀆也，謂之有禮。易此，必敗。」公會齊侯于濼，遂及文姜如齊。齊侯通焉。公謫之，以告。

張氏曰：「濼之會，不言夫人者，夫人不與行會禮也。」

謝氏曰：「與者，彼欲行，而我從之也。遂者，彼欲行，而我弗能制也。春秋書與、書遂，罪其微弱也。女子以幽静爲德，正位于内而已。故女子與外事，則專修外，禮則放，馴致其欲，必爲大患。文姜之弗率婦行也，既與之出會于濼，又與之出適于齊，人君正家之道，掃地盡矣。女子一失防閑，其亂有如此者，然則閨門衽席之間，可不慎哉？」

胡氏曰：「與者，許可之辭，罪在公也。按齊詩，惡魯桓微弱不能防閑文姜，使至淫亂，爲二國患。而其辭曰：『敝笱在梁，其魚唯唯。齊子歸止，其從如水。』言公于齊姜，委曲順從，若水從地，無所不可。故爲亂者文姜，而春秋罪桓公，治其本也。易曰：『夫夫婦婦，而家道正。夫不夫，則婦不婦矣。乾者，夫道也，以乘御爲才。坤者，婦道也，以順從爲事。』易著于乾坤，述其理；春秋施于桓公，見其用。」

【經】夏，四月，丙子，公薨于齊。

四月，丙子，享公。使公子彭生乘公，公薨于車。魯人告于齊曰：「寡君畏君之威，不敢寧居，來修舊好，禮成而不反，無所歸咎，惡于諸侯，請以彭生除之。」齊人殺彭生。

胡氏曰：「魯君弑而薨者，則以不地見弑。今書桓公薨于齊，豈不没其實乎？前書公與夫人姜氏如齊，後書夫人孫于齊，去其姓氏則其實亦明矣。」

高氏曰：「書薨于齊，而不書所薨之故，不忍言也。所以養臣子志，而厲忠孝之心，夫桓公弑君而簒其位，其終亦不免見殺于人，而不以討賊之辭加之者，齊侯但殺魯君耳，不討其弑隱之罪也。聖人亦據實而書之，所以絶簒弑無已之亂也。」

【經】丁酉，公之喪至自齊。

高郵孫氏曰：「桓公見弑于齊，喪于此始自齊，至告于廟，故經書之也。」

高氏曰：「喪在外，必至于内，然後能葬。故書『公之喪至自齊』。而夫人之罪，不言可知也。」

【經】秋，七月。

【經】冬，十有二月，己丑，葬我君桓公。

高氏曰：「稱我君，别外喪也。」

愚按：春秋之法，君弑賊不討，則不書葬，所以責臣子以討賊之事，而盡其不共戴天之義也。故隱公弑，則不書葬。今桓公亦弑而書葬者，有諸己而後求諸人，無諸已而後非諸人。桓公弑隱公而自立，不特不爲君父討賊而已，蓋弑君之賊也，及其弑也，又安可責其臣子以復讐討賊之義哉？故于齊人殺公而書薨，明齊人無討賊之義，于桓公既弑而書葬，明桓公爲當討之賊，此皆聖人之特筆，而春秋之權衡也。

春秋闕疑卷六（莊公元年—六年）

莊公

公名同，桓公之子，莊王四年即位。謚法：勝敵克亂曰莊。

【經】元年，春，王正月。

【經】三月，夫人孫于齊。

公羊氏曰：「孫，猶遜也。内諱奔，謂之孫。夫人何以不稱氏？與弑公也。」

左氏曰：「不稱姜氏，絶不爲親。」

胡氏曰：「夫人，文姜也。桓公之弑，姜氏與焉。爲魯臣子者，義不共戴天矣。嗣君，夫人所出也，恩如之何。徇私情，則害天下之大義；舉王法，則傷母子之至恩，此國論之難斷者也。經書夫人孫于齊，而恩、義之輕重審矣。梁人有繼母殺其父者，而其子殺之，有司欲當以大逆。孔季彦曰：『文姜與弑魯桓，春秋去其姜氏。傳謂絶不爲親。夫絶不爲親者，即凡人爾，宜以非司寇而擅殺當之，不得以逆論也。』人以爲允。故通于春秋，然後能權天下之大事矣。孫者，順讓之辭。使若不爲人子所逐，以全恩也。」

高郵孫氏曰：「文姜之孫，則去其氏。哀姜之孫，則不去氏。文姜殺其夫桓公，哀姜殺其子閔公，姦恶之迹同，而殺君之罪等。然其氏或去或不去者，聖人之意也。文姜之恶，可見矣。其孫于齊，是宜見絶于齊也。不稱姜氏，所以許齊絶之也。齊侯則是與夫人爲恶者矣。然許齊絶之者，非爲齊襄設也，以明骨肉之親，罪恶之大，至其害義，雖其親，得絶之也，哀姜之恶可知矣。其孫于邾，邾非哀姜之國，非所宜往也。特曰『姜氏』，所以明邾得絶之也。文姜，齊女。齊絶之，則有疏骨肉之嫌。聖人辨其嫌，使之得絶也。故不稱姜氏，而書曰『夫人孫于齊』。哀姜孫于邾，邾非其族，以明邾不當受異姓之女，他國之夫人來，則絶之爾。故書曰『夫人姜氏孫于邾』。」

愚按：胡氏謂絶不爲親，蓋謂魯，非謂齊也。若云謂魯，當去夫人之號，而存姜氏之姓，不當去姓而存號也。蓋文姜弑桓，魯人當絶，不待春秋之文。惟齊人當絶，則非聖人察見至微，斷以大義，不能識也。故其書法若此，以哀姜不去氏而互觀之，則可見矣。

【經】夏，單伯逆王姬。

左作「送」，公、穀作「逆」。

穀梁氏曰：「單伯者何？吾大夫之命乎天子者也。命大夫，故不名也。其不言如，何也？其義不可受于京師也。其義不可受于京師，何也？曰吾君弒于齊，使之主婚姻，與齊爲禮，其義固不可受也。」

公羊氏曰：「何以不稱使？天子召而使之也。逆之者，使我主之也。曷爲使我主之？天子嫁女于諸侯，必使諸侯同姓者主之。諸侯嫁女于大夫，必使大夫同姓者主之。」

高郵孫氏曰：「單伯于此見經之後，莊十四年書齊人、陳人、曹人伐宋，單伯會伐宋。冬又會諸侯于鄄。春秋，王臣而會諸侯，俱序諸侯之上，亦不若内臣而書會也，惟内臣會諸侯則曰會。某由此觀之，則單伯内臣，非王臣也。王姬未至于魯，不當稱『送』，此當從二傳作『逆』。」

張氏曰：「單伯果以天子大夫送王姬，必俟館成之後方至魯。豈得預書之？」

愚按：文十五年，經書「單伯至自齊」，單伯爲魯請叔姬，故書其至，使爲王臣，則安得告至于魯？其爲内臣，明矣。

【經】秋，築王姬之館于外。

胡氏曰：「魯于王室爲懿親，其主王姬亦舊矣。館于國中，必有常處，今特築之于外者，穀梁子以爲，仇讎之人，非所以接婚姻也。衰麻，非所以接弁冕也。知其不可，故特築之于外也。築之于外，得變之正乎？曰不正。有三年之喪，天王于義不當使之主，有不戴天之讎，莊公于義不可爲之主。築之于外之爲宜，不若辭而不主之爲正也，是以君子貴端本焉。春秋于此事一書再書者，其義以復讎爲重，示天下不可忘君親之意，故雖築館于外，不以爲得禮而書之也。」

高氏曰：「使不知而爲之，猶可恕也。知其非是，而猶且爲之。又築館于外，以自誣，此聖人所以深誅而詳著之也。」

【經】冬，十月，乙亥，陳侯林卒。

【經】王使榮叔來錫桓公命。

家氏曰：「錫命之禮，在春秋屢見，而其事不同。或即位而見錫，或歷年乃加錫，或以死而追錫。魯桓、衛襄死而錫者也。襄之歿也，王使成簡公追命之曰『叔父陟恪，在我先王之左右，以佐事上帝。予敢忘高圉、亚圉？』策書之辭也。魯桓錫命，亦當仿此。」

謝氏曰：「悖逆之人，王法在所誅絶，乃反生而來聘，死而錫命，逆天之大也。來聘稱天王，以明王者當若天道也。錫命稱王，以明周王弗克若天也。憲天理物，王之德也。臣不能相之于始，王不能若之于終，由是所爲背天，而天理不復見矣。故王之聘錫桓公也，始則名其宰，以宰不能相王于始也。終則去其天，以王不能若天于終也。」

愚按：桓公既死，王來錫命，聖人猶去其天以示貶者，所以見古今之恶一也。罪人雖死，猶當追廢以示誅絶，使後之爲恶者知懼而不敢爲，況可錫命而褒寵之乎？其誅討之法嚴矣。

【經】王姬歸于齊。

胡氏曰：「魯主王姬，舊矣。在他公時，常事不書，此獨書者，以歸于齊故也。逆于京師，築館于外，而不書歸于齊，則無以見其罪之在也。書歸于齊而後忘親釋怨之罪著矣，春秋復讐之義明矣。」

家氏曰：「堯之女舜也，書曰『釐降二女于嬀汭』。詩序言王姬適諸侯曰『下嫁』，于諸侯曰『降』。曰『下』猶有自上而下之意。至春秋垂法，則曰『王姬歸于齊』，與列國女嫁諸侯者無異詞。此出于聖人之特筆，所以見陰從陽，夫倡婦，乃天地之大義。不以天子女至貴而紊居室之大倫，其慮後世遠矣。由秦漢以來，務在尊君抑臣，列侯尚主夫屈于婦，甚至降其父母，下從弟昆，不使以尊行而臨帝女，失春秋之教矣。」

【經】齊師遷紀郱、鄑、郚。

謝氏曰：「齊將滅紀，故遷其三邑而有之。」

胡氏曰：「邑不言遷，遷不言師，其以師遷之也[一]者，見紀民猶足與守，而齊人强暴，用大衆以迫之，爲已屬也。凡書遷者，自是而滅矣。春秋，興滅國，繼絶世，則凡遷國邑者，不再貶而罪已見矣。」

【經】二年，春，王二月，葬陳莊公。

【經】夏，公子慶父帥師伐于餘丘。

[一]「也」，四庫本闕。

穀梁氏曰：「于餘丘，邾之邑也。」

胡氏曰：「國而曰伐，此邑爾，其曰伐，何也？誌慶父之得兵權也。莊公幼年即位，首以慶父主兵，卒致子般之禍。于餘丘，法不當書。聖人特書之，以誌亂之所由，爲後戒也。魯在春秋中見弑者三君，其賊未有不得魯之兵權者，公子翬再爲主將，專會諸侯，不出隱公之命。仲遂擅兵兩世入杞、伐邾、會師、救鄭，三軍服其威令之日久矣。故翬弑隱公而寫氏不能明其罪，慶父弑子般而成季不能遏其惡，公子遂殺惡及視而叔仲惠伯不能免其死，夫豈一朝一夕之故哉？春秋所書，爲戒遠矣。」

【經】秋，七月，齊王姬卒。

謝氏曰：「齊告王姬之喪，魯莊公爲之服大功，故書卒。或曰：由魯嫁，故爲之服。禮者，稱情而爲之文也。親非姊妹而爲之服，其服非禮也。齊，吾之世讐也。其始爲之主其婚，其終爲之服其喪，非孝也。」

胡氏曰：「莊公于齊王姬，厚矣。如不共戴天之念何？此所謂不能三年之喪，而緦小功之察，特卒王姬，以著其罪。」

【經】冬，十有二月，夫人姜氏會齊侯于禚。

左氏曰：「書姦也。」

穀梁氏曰：「婦人既嫁不踰境，踰境非正也。婦人不言會，言會非正也。饗，甚矣。」

胡氏曰：「婦人無外事，送迎不出門，見兄弟不踰域，在家從父，出嫁從夫，夫死從子，今會齊侯于禚，是莊公不能防閑其母，失子道也。故趙氏曰，姜氏、齊侯之惡著矣，亦所以病公也。曰：子可以制母乎？夫死從子，通乎其下，況于國君。君者，人神之主，風教之本也，不能正家，如正國何？若公者，哀痛以思父，誠敬以事母，威刑以督下，車馬僕從，莫不俟命。夫人徒往乎。夫人之往也，則公威命之不行，哀戚之不至矣。」

愚按：夫人之孫，既去其氏矣，此復其氏者，所以著其爲齊侯之妹，示之以別，而討其亂倫之罪也。

【經】乙酉，宋公馮卒。

【經】三年，春，王正月，溺會齊師伐衛。

穀梁氏曰：「此公子溺也，其不稱公子，何也？恶其會仇讐，伐同姓，故貶而名之也。」

公羊氏曰：「溺者何？吾大夫之未命者也。」

胡氏曰：「有父之讐而釋怨，罪大矣。況與合黨興師，伐人國乎？」

【經】夏，四月，葬宋莊公。

【經】五月，葬桓王。

左氏曰：「緩也。」

胡氏曰：「天子七月而葬，同軌畢至。諸侯五月，同盟至。大夫三月，同位至。士踰月，外姻至。王崩至是蓋七月矣。先儒或言，天子不志葬，又以爲不言葬者，常也。夫事孰有大于葬天子者，而可以不志乎？死生終始之際，人道之大變，豈以是爲常事而不書也？」

陳氏曰：「文公使公子遂葬晋侯，叔孫得臣葬襄王，是均周、晋也。昭公使叔弓葬宋公、滕侯，叔鞅葬景王，是均周、宋、滕也。均猶可也，晋景公卒，成公吊丧，而定王不書葬。楚康王卒，襄公送丧，而靈王不書葬。不臣于周，而詘于晋、楚，春秋詳之，是故春秋不徒志葬也。」

【經】秋，紀季以酅入于齊。

紀于是乎始判。

樸鄉吕氏曰：「春秋之法，凡人臣竊地以逃者，必書奔。今酅不書奔，則非奔也。凡人臣竊地以自恣者，必書叛。今酅不書叛，則非叛也。不書奔，不書叛，而直書以酅入于齊，則是以酅入于齊，求存其宗祀而已。」

胡氏曰：「不書名者，天下無道，强衆相陵，天子不能正，方伯不能伐，屈己事齊，請後五廟，其亦不得已而爲之者，非其罪也。」

高氏曰：「析地而去國，降志而事讐，此非紀季之心也，以宗國爲寄矣。」

愚按：紀季當紀之危能與其君效死勿去以守社稷者，正也。至于力不能守，奉兄之命，以酅入齊，求存宗祀，蓋亦其情之甚不得已者。然視賣國忘君，棄親事讐者有間矣。故聖人不曰「以酅叛」，亦不曰「以酅奔」，而曰「紀季以酅入于齊」，所以恕季而罪齊，然非褒季也。

【經】冬，公次于滑。

將會鄭伯，謀紀故也。鄭伯辭以難。

穀梁氏曰：「次，止也。有畏也。欲救紀而不能也。」

胡氏曰：「春秋紀兵，伐而書次，以次爲善。救而書次，以次爲譏。次于滑，譏之也。魯、紀有婚姻之好，當恤其患，于齊有父之讐，不共戴天，苟能救紀抑齊，一舉而兩善並矣。見義不爲，而有畏也，春秋之所惡，故書公次于滑，以譏之也。」

【經】四年，春，王二月。夫人姜氏享齊侯于祝丘。

謝氏曰：「享，兩君相見之禮也。享禮在廟，尚敬也。夫人出享齊侯，黷禮之大也。人無耻畏，則無所不爲。故文姜初會齊侯于禚，次享齊侯于祝丘。」

張氏曰：「夾谷之會，齊侯欲享魯君。夫子猶以犧象不出門，嘉樂不野合，拒之。豈齊侯、文姜可以行之于祝丘乎？假先王之禮而爲禽獸之行，大亂之道也。」

【經】三月，紀伯姬卒。

泰山孫氏曰：「内女不卒，此卒者，爲夏紀侯大去其國，齊侯葬紀伯姬起也。」

程子〔一〕曰：「伯姬卒，而紀國亡，魯爲父母兄弟之國，反使齊侯葬之，書此所以罪魯。是謂文見于此，義起在彼者也。或曰齊侯迫逐紀侯，取其國，而葬其妻，義豈在此乎？曰齊侯之惡，不待貶絶而可知，若魯之罪，則聖人之所以明微也。」

家氏曰：「内女嫁于諸侯而書卒者凡七人，其間復有出而歸者焉，至于卒、葬皆書，則紀伯姬及叔姬與宋共姬三人爾。伯姬以國亡，爲齊所葬，愍而書之。叔姬，伯姬之娣，國亡夫死，守節于酅，特録其葬，非例也。共姬則遇灾而終，節行顯著，是以卒、葬皆書之。」

【經】夏，齊侯、陳侯、鄭伯遇于垂。

襄陵許氏曰：「齊與陳、鄭遇垂，盖謀取紀，是以紀侯見難而去也。」

【經】紀侯大去其國。

紀侯不能下齊，以與紀季。夏，紀侯大去其國，違齊難也。

程子曰：「紀侯大去其國。大，名，責在紀也。」

常山劉氏曰：「大者，紀侯之名，生名之著，失地也。」

高氏曰：「按齊之圖紀，固非一日，先以兵遷其三邑，志固在于滅矣。紀量力之不支，無以爲計，遂使季

〔一〕「子」，四庫本作「氏」。

以鄻事之。夫紀，地不過百里，而去四邑，則地幾盡矣。今齊方與陳、鄭遇垂，兵未加于其國，紀侯不暇葬其妻，遽委之而去，此何理哉？夫爲國君，死社稷，不以難去。今紀無内難，但爲齊所逼，而敵猶未至境也。借使齊以兵臨，我猶當勵其臣民，固其禦備，而爲之守，上訴于天子，近赴于隣國，求爲之援，不幸而力不足，則亦死之可也，恶有先自委其國而去之者哉？先儒以太王之事擬之，過矣。」

胡安定先生曰：「紀侯自去，國爲齊有。不言滅者，非滅也，齊未嘗加兵于紀之都城。不言奔者，非奔也。奔者，身雖奔，而國家在焉。」

陳氏曰：「紀侯大去其國，未知紀之自亡歟？人之亡之歟？曰齊侯葬紀伯姬，則齊亡之也。」

【經】六月，乙丑，齊侯葬紀伯姬。

胡氏曰：「葬紀伯姬，不稱齊人而目其君者，見齊襄迫逐紀侯，使之去國。雖其夫人在殯而不及葬，然後襄公之罪著矣。」

愚按：凡葬者，皆彼來告而此往會之也。紀既亡矣，必不來告也。齊侯葬之，魯必不會也。聖人所以録伯姬之葬，罪魯且罪齊也。罪魯者，以其不能救婚姻之國，至于滅亡，雖其姊妹之喪，亦不能葬，而使讐人得以葬之也。罪齊者，以其既滅人之國，乃葬人之妻，大暴而小慈，以欺世盗名也。

【經】秋，七月。

【經】冬，公及齊人狩于禚。

公羊氏曰：「公及齊侯狩，其稱人何？諱與讎狩也。前此有事矣，曷爲獨于此焉？譏莫重乎與讎狩也。」

胡氏曰：「夫狩者，馳騁田獵。其樂下主乎己，一爲乾豆，其事上主乎宗廟，以爲有人心者，宜于此焉變矣，故齊侯稱『人』，而魯公書『及』，以著其罪。」

【經】五年，春，王正月。

【經】夏，夫人姜氏如齊師。

薛氏曰：「齊師〔一〕者，軍旅之間也。」

高郵孫氏曰：「不曰其地，師之次止無常也。」

謝氏曰：「孫于齊，猶有畏心焉。會于禚，享于祝丘，則無所畏矣。曰會曰享，猶有恥心焉。如齊師，則無恥矣。會非夫人事，享又甚焉。享非夫人事，如齊師又甚焉。」

胡氏曰：「曰會曰享，猶爲之名也。至是如齊師，羞恶之心亡矣。夫人之行，不可復制矣。春秋書此以戒後世，謹禮于微、慮患于早之意也。」

〔一〕「師」，四庫本作「帥」。

【經】秋，郳黎來來朝。

胡氏曰：「郳，國。黎來，名，夷狄之附庸也。夷狄附庸，例書名。〔二〕」

程氏曰：「郳黎來來，修朝禮，故書曰朝，且其後數從中國諸侯之會，王命以爲小邾子，蓋于此已能自進于禮矣。」

【經】冬，公會齊人、宋人、陳人、蔡人伐衛。

納惠公也。

穀梁氏曰：「是齊侯、宋公也，其曰『人』何？人諸侯，所以人公也。其人公何？逆天王之命也。」

高氏曰：「衛朔譖其兄，使至于死而盗其位，其罪至大，天王治其舊恶而廢之，斯得宜矣。諸侯舉兵强納之，悖抗王命，不臣之甚也。」

謝氏曰：「内無貶公之道，故上書公以見諸侯，下書人以示貶。」

【經】六年，春，王正月，王人子突救衛。

胡氏曰：「王人，微者。子突，其字也。以下士之微，超從大夫之例而書字，褒救衛也。」

高氏曰：「善子突，則以尊王命，故尊王命，所以重諸侯之罪也。」

〔二〕「夷狄之附庸也。夷狄附庸，例書名」，四庫本作「諸侯之附庸，未受爵命書名例也」。

家氏曰：「救固善也，而王師不言救。諸侯相攻而諸侯救之，夷狄内侵而方伯、連帥救之，可以言救。今諸侯擅兵伐國，王不能令以兵救之，救非所以施于王也。盖伐之爲言，天子事也，而諸侯以之。救之爲言，諸侯事也，而天子以之。用見當時諸侯之無王，而名分幾于掃地矣。聖人作經垂訓，于諸侯之伐，則削其爵而人之；于子突之救，則正其名而字之，所以明君臣之分，而正五國無王之戮，其義精矣。」

【經】夏，六月，衛侯朔入于衛。

衛侯入，放公子黔牟于周，放甯跪于秦，殺左公子洩、右公子職，乃即位。

公羊氏曰：「衛侯朔何以名？犯命也。其言入，篡辭也。」

穀梁氏曰：「入者，内弗受也。出入名，以王命絶之也。」

程子曰：「朔搆其兄而使至于死，其罪大矣，然父立之，諸侯莫得而治也。王治其舊恶而廢之，宜也。」

胡氏曰：「朔藉諸侯之力，連五國之師，拒王官之微者，以復歸于衛，其勢宜無難矣。而書入者，逆王命也。」

樸鄉吕氏曰：「春秋之初，惟桓之五年，書衛人、陳人、蔡人從王伐鄭，是天王猶能舉征伐之權也。惟莊之五年，書魯、齊、宋、陳、蔡伐衛。六年春，王人子突救衛，是天王猶能執廢置諸侯之權也。夫三國從王伐鄭而鄭服，則諸侯無有不臣者矣。惟其伐鄭而鄭不服，然後王命不行于天下。夫使王人子突救衛而黔牟立，則諸侯無敢不禀命而自立者矣。惟其救衛而朔得以自立，然後王命益不行于天下。春秋之初，天王之能舉政刑者，惟此二事，而僅止于此，然則鄭寤生之抗王，五國之納朔，擢髮不足數其罪矣。」

高郵孫氏曰：「人君一出，或行數事，不可並告，擇一事之重者而告之，春秋因舊史書之爾。」

【經】秋，公至自伐衛。

【經】螟。

【經】冬，齊人來歸衛俘。

胡氏曰：「俘者，二傳以爲寶。按商書稱：『遂伐三朡，俘厥寶玉』，則俘者，正文也，寶者，釋辭也。言齊歸衛寶，則知四國皆受朔之賂矣。春秋特書此事，結正諸侯之罪也。夫以弟弑兄，臣弑君，簒居其位，上逆天王之命，人理所不容矣。彼諸侯者，豈其弗察而援之甚力，則未有以驗其喪心失志，迷惑之端也。及至齊人歸寶，然後知其有欲貨之心而動于恶也。世衰道微，暴行交作，徇于貨寶，賄賂公行，使君臣、父子、兄弟終去仁義，懷利以相與，不至于簒攘，則不厭也。春秋結正諸侯之罪，垂戒明矣。」

高郵孫氏曰：「齊爲主兵，又分賂焉，不著齊人之歸，則無以見齊主其賂。」

家氏曰：「聖人爲魯諱，故于郜鼎則曰『取之宋』，言宋人以歸于魯，非魯取之。于衛寶則曰『齊人來歸』，言齊人以歸于魯，非魯取之。皆諱賂之辭，所以存其羞恶之心，而垂戒于後世也。」

春秋闕疑卷七（莊公七年—十二年）

【經】七年，春，夫人姜氏會齊侯于防。

高氏曰：「防，魯地。齊侯來，而夫人出會之也。」

【經】夏，四月，辛卯，夜，恒星不見。夜中，星隕如雨。

胡氏曰：「恒星者，列星也。如雨者，言衆也。人事感于下，則天變動于上。前此者，五國連衡，旅拒王命，後此者齊桓、晋文更伯中國，政歸盟主，王室遂虚，其爲法度廢絶、威信陵遲之象著矣。」

【經】秋，大水，無麥苗。

張氏曰：「周之秋，今五月也。麥熟苗秀，因水漂盡，民食乏絶，有國之大事，故書。」

高氏曰：「秋，大水，而無麥苗，與隕霜殺菽同義，因水灾而無也。」

胡氏曰：「書大水，畏天灾也。無麥苗，重民命也。畏天灾，重民命，見王者之心矣。忽天灾而不懼，輕民命而不圖，國之亡無日矣，春秋所以謹之也。」

【經】冬，夫人姜氏會齊侯于穀。

胡氏曰：「防，魯地。穀，齊地。初會于禚，次享于祝丘，又次如齊師，又一歲而再會焉，其爲惡益遠矣。明年，無知弑諸兒，其禍淫之明驗也。」

【經】八年，春，王正月，師次于郎，以俟陳人、蔡人。

穀梁氏曰：「次，止也。俟，待也。」

杜氏曰：「期共伐郕，陳、蔡不至，故駐師于郎以待之。」

胡氏曰：「伐而次者，有整兵慎戰之意。其次，善之也，遂伐楚，次于陘是也。救而次者，有緩師畏敵之意。其次，譏之也，次于匡、于聶北、于雍榆是也。俟而次者，有無名妄動之意，次于郎以俟陳人、蔡人是也。」

【經】甲午，治兵。

謝氏曰：「以陳、蔡不至，故擇日治兵，志于攻郕故也。國君治兵有時，事起而後治兵，兵不素習故也。」

胡氏曰：「此治兵于郎也，俟而不至，暴師露衆，役久不用，則有失伍離次、逃亡潰散之虞，故復申明軍法以整齊之，其志非善之，譏黷武也。」

【經】夏，師及齊師圍郕，郕降于齊師。

仲慶父請伐齊師，公曰：「不可，我實不德，齊師何罪？罪我之由。」

胡氏曰：「書『及齊師』，親仇讐也。圍郕者，伐同姓也。郕降于齊師者，見伐國無義而不能服也，于是莊公之恶著矣。」

【經】秋，師還。

胡氏曰：「書『師還』，譏久役也。按左氏，仲慶父請伐齊師，莊公不可，是國君、上將親與圍郕之役也。然其次、其及、其還，皆不稱公者，重衆也。春秋正例，君將不稱師，則以君爲重。今此不稱公，又以爲重衆，何也？輕舉大衆，妄動久役，侯陳蔡而陳蔡不至，圍郕而郕不服，歷三時而後還，則無名黷武，非義。害人未有如此之甚也。至是，師爲重矣，義繫于師，故不書公，以著勞民毒衆之罪，爲後戒也。春秋，王道輕重之權衡，此類是矣。」

常山劉氏曰：「春秋書魯用師，未有如此之詳者。盖莊公此年之師，尤爲非義。上不禀命于天王，無故次郎，可謂無名。甲午治兵，可謂黷武。圍郕而郕降齊，可謂無功。歷三時而師還，可謂害民。夫逆天道，親仇讐，圍同姓，勦民力，與國不信，伐國不服，故聖人備書之，以見其罪。」

【經】冬，十有一月，癸未，齊無知弑其君諸兒。

齊侯使連稱、管至父戍葵丘。瓜時而往，曰：「及瓜而代。」期戍，公問不至。請代，弗許。故謀作亂。僖公之母弟曰夷仲年，生公孫無知，有寵于僖公，衣服禮秩如適。襄公絀之。二人因之以作亂。連稱有從妹在公宫，無寵，使間公，曰：「捷，吾以女爲夫人。」冬，十二月，齊侯游于姑棼，遂田于貝丘。見大豕，從者曰：「公子彭生也」。公怒曰：「彭生敢見」。射之。豕人立而啼，公懼，隊于車，傷足喪屨。反，誅屨于徒人費。弗得，鞭之，見血。走出，遇賊于門，劫而束之。費曰：「我奚禦哉」。袒而示之背，信之。費請先入，伏公而出，鬭死于門中。石之紛如死于階下。遂入，殺孟陽于床，曰：「非君也，不類。」見公之足于户下，遂弑之，而立無知。初，襄公立，無常。鮑叔牙曰：「君使民慢，亂將作矣。」奉公子小白出奔莒。亂作，管夷吾、召忽奉公子糾來奔。

謝氏曰：「無知，僖公母弟年之子也。衣服禮秩如適，因以作亂，然則公孫無知緣公孫之寵，而敢爲大逆者也。春秋奪其公孫，所以絶其親而誅之也。公子、公孫恃子孫有承繼之道而肆爲逆恶者衆矣，故衛州吁黜其公子，齊無知黜其公孫，所以正大法也，所以杜後世子孫争國之心也，無知書齊與州吁書衛同意。」

胡氏曰：「僖公私其同母，異于他弟，施及其子，衣服禮秩如適，此亂本也。故于年之來聘，特以弟書，于無知之弑，不稱公孫，著其有寵而當國，垂戒之義明矣。古道親親與尊尊並行而不相悖，故堯親九族，必克明俊德，而後九族睦。周封同姓，必庸康叔、蔡叔，而後王室强。徒知寵愛親屬，而不急于尊賢，使爲表儀，以爲親親之道，必有簒弑之禍矣。徒人費遇賊于門，先入伏公，出而鬭死，石之棼如死于階下，是能死節者也。春秋重死節之臣，而法有特書，其不見于經，何也？如費等，則所謂便辟私暱之臣，逢君之恶，田獵畢弋而不修民事，使百姓苦之者也。與大臣孔父、仇牧義行〔一〕于色，不畏强禦，以身死職則異矣。當是時，管仲、隰朋、鮑叔皆沈于下僚，不見庸也，而徒人費、石之棼如乃得居左右，襄公之所疏遠親信如此。故以齊國之强大一也，桓公用之，則九合諸侯，不以兵車，由親賢人、遠小人，所以興也。襄公用之，不能保其身死于户下，由親小人、遠賢人，所以亡也。此二人雖死于難，與自經于溝瀆而莫之知者，猶不逮焉，乃致亂之臣，死不償責，又何取乎？」

陳氏曰：「弑君者，連稱、管至父，則其專罪無知何？君弑而無知受之，則賊不在二子，春秋誅利心，是故連稱、管至父實弑齊襄，無知與聞故者也，而無知受之，則無知爲逆首。」

張氏曰：「襄公即位以至于今，春秋所書齊事，無一非亡國戕身之謀，所謂積不善之餘殃者也。」

【經】九年，春，齊人殺無知。

初，公孫無知虐于雍廩。至是，雍廩殺無知。

胡氏曰：「殺無知者，雍廩也，而曰齊人者，討賊之詞也。弑君之賊，人人之所惡，夫人之所得討，故稱人。人者，衆辭也。無知不稱君，已不能君，齊人亦莫之君也。」

【經】公及齊大夫盟于蔇。

〔一〕「行」，四庫本作「形」。

高氏曰：「按國語韋昭注云，『齊人殺無知，逆子糾于魯，莊公不即遣，而盟以要之。齊大夫歸，遂陰召小白于莒』。則知此盟，盖公意也，故書公及。凡國亂而嗣君未定，則方伯請天子之命以正之可也。今公既不能請天子之命，乃捐禮以求盟，且齊人義欲納糾而自迎之，又何以盟爲？然齊來求君，而公固欲盟。苟辭不盟，恐生他變，故以一時之權抗公而盟于蔇。所以稱齊大夫而不見名氏者，聖人深察人情所難，而曲盡一時之變，有異乎處父、高傒也。公之所爲如此，宜乎齊人之背盟也。」

【經】夏，公伐齊，納子糾。齊小白入于齊。

夏，公伐齊，納子糾。桓公自莒先入。

子糾，公、穀皆無「子」字。

程子曰：「春秋書公伐齊納糾，而不稱子，不當立者也。書齊小白入于齊，以國繫者，明當立也。桓公，兄也，當立。子糾，弟也，不當争。考之春秋，可見桓公之入也，書曰『齊小白入于齊』。魯之納子糾也，書曰『公伐齊納糾』。左氏誤多『子』字，公、穀之言是也。」

楊龜山曰：「嘗考子糾與小白，未嘗爲世子而俱出奔，故春秋不書子，而書公伐齊納糾。齊小白入于齊，以齊繫小白，宜有齊者也。糾不稱子，又不繫之齊者，外之，不宜有齊者。不宜有齊而入之，是爲亂而已。」

胡氏曰：「納者，不受而强致之。稱入者，難詞。襄公見殺，糾與小白皆以庶子出奔。而糾，弟也。按史，周公誅管、蔡以安周，齊桓殺其弟以反國，是糾幼而小白長，其有齊宜矣。宜則何以不稱公子？內無所承，上不稟命，故以王法絶之也。桓公于王法雖當絶，視子糾則當立。故管仲相桓公爲徙義，召忽死子糾爲傷勇。」

愚按：子糾，小白之少長，傳記所載不同，今亦無從考證。但以論語所記，子路曰：「桓公殺公子糾，召忽死之，管仲不死。」曰：「未仁乎？」子曰：「桓公九合諸侯，不以兵車，管仲之力也。如其仁。」子貢曰：「管仲非仁者與？桓公殺公子糾，不能死，又相之。」子曰：「管仲相桓公，一匡天下，民到于今受其賜，微管仲，吾其被髮左衽矣。豈若匹夫匹婦之爲諒，自經于溝瀆而莫之知也。」觀之，則桓公、管仲之事决非簒弑矣。故程子釋之曰：「桓公，兄也。子糾，弟也。」仲私于所事，輔之以争國，非義也。桓公殺之雖過，而糾之死實當。仲始與之同謀，遂與之同死，可也。知輔之争爲不義，不死以圖後功，亦可也，故聖人不責其死而稱其功。若使桓弟而糾兄，管仲所輔正，桓奪其國而殺之，則管仲之與桓不可同世之讐也。若計其後功而與其事，桓無乃害義之甚，起萬世反覆不忠之亂乎？程子之爲是説，蓋以夫子之言可信也。若使桓公之立非義，雖有及人之功，夫子之言，不以過掩其功，而功過並論可也。許其功，掩其過，以成敗論人，吾知夫子之言，必不如是也，况肯以召忽死子糾之難爲匹夫匹婦自經于溝瀆而莫之知者乎？程子之説，千古不易之論，有天下國家者之所當取法，豈特施于桓公、管仲而已哉？

【經】秋，七月，丁酉，葬齊襄公。

高郵孫氏曰：「齊亂，不以時葬。于是小白始入葬之。」

【經】八月，庚申，及齊師戰于乾時，我師敗績。

公喪戎路，乘傳而歸。

胡氏曰：「何以不書公？莊公忘親釋怨，欲納讎人之子，謀定其國家，不爲復讎與之戰，是故没公以見貶。若爲復讎舉事，則此戰爲義戰，當書公，冠于敗績之上，與沙隨之不得見，平丘之不與盟爲比，以示榮矣。惟其不以復讎戰也，是故諱公，以重貶其忘親釋怨之罪。其義深切著明矣。」

高郵孫氏曰：「春秋之義，内不言戰，言戰則敗。二百四十二年之間，未有内言敗績者。乾時之戰，書戰、書敗，此春秋之變例也。莊公父見弒于齊，齊爲仇讎之國，無時而可通。莊公受公子糾之奔，志欲納之，已盟其大夫，伐齊而納糾矣，而公子小白先之。既忘其讎也，又不量力而與齊戰焉，戰而不勝，而至于敗師徒崩喪，而子糾不免于死，爲莊公者，其罪如何也。莊公有諸侯之位，國君之尊，民人之所瞻望，一國之所矜式也，父之仇讎，則忽而忘之。仇讎之弟，則决而納之，既不果納，又戰而敗其師焉，不共戴天之讎，已不報而與之交矣。無辜之民，又驅之戰，而至敗焉。十二公之間，師之恶未有甚于此者。内不言戰，戰不言敗，魯史所以待魯公之法也，若莊公之行，蓋非魯公之所宜爲，書戰、書敗，若曰吾君之所以至于是者，由其不君也。」

愚按：不書「公」，所以諱魯之辱，而存臣子之禮。特書「敗」，所以見公之恶，以明君父之讎。其詞微而彰，其義微而著，非聖人孰能修之？

【經】九月，齊人取子糾，殺之。

鮑叔帥師來言曰：「子糾，親也。請君討之。管、召，讐也，請受而甘心焉。」乃殺子糾于生竇，召忽死之。管仲請囚，鮑叔受之，及堂阜而稅之。歸而以告曰：「管夷吾治于高傒，使相可也。」公從之。

張氏曰：「殺兄弟，當著君之罪，而罪齊人者，廢立之際，殺生予奪，寄于當國之手，毫釐之差，天壤之繆。今齊大夫，始以糾爲先君之子而盟，欲立之，謀不審于初，已爲罪矣。及桓公得國，又不體其君天倫之恩，從議親之辟，以赦其罪，而必殺之。廢興、生殺，輕率甚矣，故加『子』于糾，又書『齊人』。書『取』、書『殺』，則舉國君臣，同責其忘恩失義之罪也。」

高氏曰：「書齊人殺，則小白在其中，書齊侯殺則國人之罪免矣。」

穀梁氏曰：「外不言取，言取，病内也。取，易辭也，猶曰取其子糾而殺之云爾。十室之邑，可以逃難，百室之邑，可以隱死，以千乘之魯，而不能存子糾，以公爲病矣。」

常山劉氏曰：「公伐齊，納不正，故書納糾，而不曰子。齊人殺糾而書『子』者，齊大夫既自與魯盟而立之矣，又自殺之，故書曰，『齊人取子糾殺之』，以罪齊也。」

胡氏曰：「取者，不義之辭。前書納糾，不稱『子』者，明不當立也。此書殺糾，復稱『子』者，明不當殺也。或奪、或予，于義各安，春秋精意也。仁人之于兄弟，不藏怒焉，不宿怨焉，親愛之而已。糾雖争立，越在他國，置而勿問可也。必請于魯，殺之，然後快于其心，不仁亦甚矣。後世以傳讓爲名而取國者，必殺其主以爲一人，心防後患，意與此同，流毒豈不遠哉？故孟子曰：『五霸，三王之罪人也。仲尼之徒，無道桓文之事者。』」

愚謂：納糾不書「子」，以明糾不可以爲齊君，所以罪魯納之不正。殺糾復書「子」，以明齊人殺其所立之君，以罪齊殺之不當。子糾之死，或曰魯殺，或曰齊殺，以經考之，齊人取之于魯而殺之。齊人殺之，固有罪矣。魯人非特不能納之，又舉以與齊，使齊得殺之，則猶魯殺之也，故書法如此，而齊魯之罪見矣。

【經】冬，浚洙。

公羊氏曰：「浚者，深之也。曷爲深之？畏齊也。」

胡氏曰：「固國以保民爲本。輕用民力，妄興大作，邦本一摇，雖有長江、巨川，限帶、封域，洞庭、彭蠡，河漢之險，猶不足憑，而况洙乎？書『浚洙』，見勞民于守國之末務而不知本，爲後戒也。」

【經】十年春，王正月，公敗齊師于長勺。

齊師伐我，公將戰。曹劌請見，其鄉人曰：「肉食者謀之，又何間焉？」劌曰：「肉食者鄙，未能遠謀。」乃入見，問何以戰。公曰：「衣食所安，弗敢專也，必以分人。」對曰：「小惠未徧，民弗從也。」公曰：「犧牲玉帛，弗敢加也，必以信。」對曰：「小信未孚，神弗福也。」公曰：「小大之獄，雖不能察，必以情。」對曰：「忠之屬也，可以一戰，戰則請從。」公與之乘，戰于長勺。公將鼓之，劌曰：「未可。」齊人三鼓，劌曰：「可矣。」齊師敗績，公將馳之。劌曰：「未可。」下視其轍，登軾而望之，曰：「可矣。」遂逐齊師。既克，公問其故。對曰：「夫戰，勇氣也。一鼓作氣，再而衰，三而竭，彼竭我盈，故克之。夫大國，難測也，懼有伏焉。吾視其轍亂，望其旗靡，故逐之。」

高氏曰：「公曷爲敗齊師？能强也。我因敗績而修備，齊師恃勝而益驕，是以能敗之。所以齊師之來，不書侵伐，蓋因其兵入吾境而遂敗之，不待交戰也。」

家氏曰：「乾時敗歸，齊人得志，取子糾而殺之，魯復不敢校，而桓公挾其殺糾之餘怒以兵加魯。魯之師直，桓之師曲，春秋書法，坦然易見也。幸魯莊能與讎國爲敵而又勝，故書曰『公敗齊師于長勺』，喜之也。」

愚謂：春秋之法，詐戰曰敗。然魯之敗齊，齊曲魯直，故春秋喜魯之勝，非喜其勝也，喜其勝于齊也。

【經】二月，公侵宋。

胡氏曰：「聲罪致討曰伐，潛師掠境曰侵。聲罪者，鳴鐘擊鼓，整衆而行，兵法所謂正也。潛師者，銜枚卧鼓，出人不意，兵法所謂奇也。」

薛氏曰：「侵者，掠其邊鄙也。怙于長勺之勝，無故侵人之國，書始怨也。」

【經】三月，宋公遷宿。

胡氏曰：「其曰『遷宿』者，宿非欲遷，爲宋人之所遷也。懷土，常物之情。遷國，重事也。雖違害就利，去危即安，猶或恐沈于衆不肯率從，而況迫于横逆，非其所欲。棄久宅之田里，刈新徙之蓬藋，道路之勤，營築之勞，起怨諮，傷和氣，豈不惻然有隱乎？肆行莫之顧也，其不仁甚矣。凡書『遷』，不待貶而惡已見矣。」

高郵孫氏曰：「諸侯受地于天子，傳國于先君，不能以道守位，以德懷民，而見迫于强大，受制于同列，去南面之位而爲之臣，屈諸侯之尊而爲附庸之國。爲之遷者，未免有罪，遷人之國，蓋不可勝誅矣。」

許氏曰：「遷之使未失其國家以往，其義猶有所難，則是王未盡亡也。至僖、文以後，則皆滅國，無遷國矣。」

【經】夏，六月，齊師、宋師次于郎。公敗宋師于乘丘。

齊師、宋師次于郎。公子偃曰：「宋師不整，可敗也。宋敗，齊必還，請擊之。」公弗許。自雩門竊出，蒙皐比而先犯之。公從之，大敗宋師于乘丘，齊師乃還。

高郵孫氏曰：「公正月敗齊師于長勺，而二月侵宋。齊納糾之恨不釋，而宋見侵之怨方興，故齊、宋之師會，次于郎，將伐我。公乘二國之未至，先敗宋師，而齊師亦還也。」

胡氏曰：「齊人輕舉大衆，深入他境，肆其報復之心，誠有罪也。魯人若不用詐謀，奉其辭令，二國去矣。偷得一時之捷，而積四隣之忿，此小人之道。故次者不以其事，勝者不以其理，交譏之。」

愚按：禮記檀弓：「魯莊公及宋人戰于乘丘。馬驚，公墜，敗績。」與經不同。當以經爲正，彼蓋記禮者誤爾。

【經】秋，九月，荆敗蔡師于莘，以蔡侯獻舞歸。

蔡哀侯娶于陳，息侯亦娶焉。息嬀將歸，過蔡。蔡侯曰：「吾姨也。」止而見之，弗賓。息侯聞之怒，使謂楚文王曰：「伐我，吾求救于蔡而伐之。」楚子從之。秋九月，楚敗蔡師于莘，以蔡侯獻舞歸。

程子雜説曰：「莊十年，荆敗蔡師于莘，荆始見于經。十四年入蔡，十六年伐鄭，皆止書荆。荆本子爵，僻在蠻夷，〔一〕不能從中國政令，居中國爵號，不共王祭。故夷狄之也。〔二〕莊二十三年，書『荆人來聘』，于此始能修聘，而未能備中國之禮，故祇書『人』。二十八年，荆伐鄭，猶前志也。僖二年，楚人伐鄭，至是始改號楚，蓋自此寖强矣。故皆稱人。然終齊桓之世，惟祇人而不得與中國之會盟者，爲齊桓能制其强也。至十有七年，齊桓卒，楚于是始横。十九年，則已盟于齊矣。二十一年，又盟于鹿上。用見周室衰微，夷狄方張。〔三〕至秋之會，則書宋公會于盂，執宋公以伐宋。楚于是大張，列位于陳、蔡之上而書爵矣。所以著其强大難制，中國不能抗也。至冬告捷，以威諸侯。聖人復書『楚人使宜申來獻捷』，貶其爵，又書『獻』以抑其强爾。從是以後，有事于中國，皆用其爵，惟貶而人之者，各隨事以見焉。」

〔一〕「蠻夷」，四庫本作「南蠻」。
〔二〕「故夷狄之也」，四庫本作「故春秋外之」。
〔三〕「夷狄方張」，四庫本作「楚氛方恶」。

劉氏意林曰：「吴、楚、徐、越，其上世皆有元德顯功通乎周室。徐始稱王，楚後稱王，吴、越因遂稱王。王非諸侯所名也，故夷狄之。〔一〕然猶不欲絶其類，是以上不使與中國等，下不使與夷狄〔二〕均，推之可遠，引之可來，此聖人慎絶人也。」

謝氏曰：「荆之敗蔡師也，哀侯無死社稷之義，而臣服于荆，則君位已絶于國，故書名。凡書敗、書滅、書入以其君歸者，春秋皆名，以其前無死義之忠，後無復國之志，故以匹夫名之。」

陳氏曰：「春秋爲夷夏〔三〕作也，荆敗蔡師于莘，是猾夏之始也，而言『以歸』，則蔡侯服楚也，是夷夏〔四〕之大變也。吴敗頓、胡、沈、蔡、陳、許之師于雞父，則諸夏之不亡者寡矣。是故書『荆』自此始，而春秋以吴終焉，聖人之所甚懼也。」

【經】冬，十月，齊師滅譚，譚子奔莒。

齊侯之出也，過譚，譚子不禮焉。及其入也，諸侯皆賀，譚又不至。齊師滅譚。譚子奔莒。

趙氏曰：「覆邦絶祀曰滅。」

〔一〕「故夷狄之」，四庫本作「是以外之」。

〔二〕「夷狄」，四庫本作「外域」。

〔三〕「夷夏」，四庫本作「尊攘」。

〔四〕「夷夏」，四庫本作「天下」。

公羊氏曰：「何以不書出？國已滅矣，無所出也。」

啖氏曰：「隨敵人歸者，書名以重其罪。故奔者不名，以示等差也。凡書滅，又書以歸及名者，罪重于奔者也。既責其不死位，又責其無興復之志也。國滅君奔者四，其三不書名，惟徐子章羽書名。傳以服吴後乃奔楚，故書名以罪之。」

胡氏曰：「國滅身奔，而不能守其富貴，何以書爵乎？已無取滅之罪，爲横逆所加，而力不能勝，至于出奔，則亦不幸焉爾矣，其義蓋未絶也。」

謝氏曰：「小國爲大國所滅，其君力屈而奔者，非其不道失國也。非以屈節，在所棄也，以直詞訴王，以王命求助邦國，則社稷可以復安矣，豈可遽以匹夫絶之哉？故君以國滅而奔者，春秋皆不名。」

陳氏曰：「書滅始于此，春秋滅國三十六，五伯爲之也。」

愚謂：此齊桓圖霸之始謀也，桓公入國，既定其位，方欲有以合天下之諸侯，而懼人心之不一，首以譚之不禮于己而滅之，使天下諸侯懼而畏服，此所謂以力服人者也。夫三王之興也，行一不義，殺一不辜，而得天下，皆不爲也。齊桓殺糾以得國，殺一不辜矣。滅譚以立威，行一不義矣。雖能九合諸侯，一匡天下，而仲尼之徒無道之者。五伯，三王之罪，人豈不信哉？

【經】十有一年，春，王正月。

【經】夏，五月，戊寅，公敗宋師于鄑。

宋爲乘丘之役侵我，公禦之。宋師未陳而薄之，敗諸鄑。

張氏曰：「宋師再至，再敗，禍旋及其君。魯雖再勝其國，亦困于兵矣。」

【經】秋，宋大水。

宋大水，公使吊焉，曰：「天作淫雨，害于粢盛，若之何不吊？」對曰：「孤實不敬，天降之灾，又以爲君憂，拜命之辱。」臧文仲曰：「宋其興乎。禹、湯罪己，其興也勃焉。桀、紂罪人，其亡也忽焉。且列國有凶，稱孤，禮也。言懼而名禮，其庶乎。」既而聞之曰公子御説之詞也。臧孫達曰：「是宜爲君，有恤民之意〔一〕。」

張氏曰：「外灾不書，此特書者，宋來告，魯吊之也。此見怨不廢禮，諸侯往吊，主人罪己，蓋古意之猶存而未泯者，然文豈足以應天哉？閔公不能踐敬之一言，而以靳宋萬自禍，董氏所謂出灾告以譴之〔二〕而不知變者。春秋之存灾異，可不察哉？」

胡安定先生曰：「春秋惟内灾悉書，外灾或舉一二，以見天下之大異。」

〔一〕「意」，四庫本作「心」。

〔二〕「董氏所謂出灾告以譴之」，四庫本作「董氏所謂出灾害以譴告之」。

東萊呂氏曰：「諸國灾則書。其顯然爲衆所知者，亦不待告也。」

【經】冬，王姬歸于齊。

愚按：此王姬歸齊，公、穀皆以爲過我，故書。而先儒又多以爲再主齊婚，以事考之，襄公既弑，則讎人已死。王姬歸齊，前已責其甚者，至此不應再貶，當因適齊道過于魯書之。〔一〕公、穀之説爲得之也。

【經】十有二年，春，王三月，紀叔姬歸于酅。

啖氏曰：「稱『紀』，言紀之婦也。書『歸』，善叔姬之全婦道也。」

陳氏曰：「紀亡矣，曷爲謂之紀叔姬？存紀也。國滅而復見者，善詞也。未始復也而再見，春秋所以録滅國也。」

胡氏曰：「莊公四年，紀侯去國，至此方卒，故叔姬歸酅。歸者，順辭。以宗廟在酅，歸奉其祀也。魯爲宗國，婦人有來歸之義。紀既亡矣，不歸于魯。所謂全節守義，不以亡故而虧婦道者也。魯人高其節義，恩禮有加，是故其歸于酅，其卒、其葬，史册悉書之。夫子修經，存而不削，爲後世勸。」

家氏曰：「是時紀既亡矣，而春秋猶書紀叔姬者，録叔姬也。録叔姬是存紀于既亡之後，叔姬不與紀俱亡也。」

〔一〕「道過于魯書之」，四庫本作「道過于魯，故魯書之」。

高郵孫氏曰：「叔姬爲伯姬媵，法不當書，春秋賢之，故備書之。」

高氏曰：「此見紀季以酅入齊，非叛也，政以存國爾。衆人疑其迹，而春秋明其心，因叔姬之歸以見之。」

【經】夏，四月。

【經】秋，八月，甲午，宋萬弒其君捷及其大夫仇牧。

十一年，乘丘之役，公以金僕姑射南宫長萬，公右歂孫生搏之。宋人請之，宋公靳之，曰：「始，吾敬子。今，子魯囚也，吾弗敬子矣。」病之。至是，宋萬弒閔公于蒙澤，遇仇牧于門，批而殺之。遇大宰督于東宫之西，又殺之，立子游。群公子奔蕭。公子御説奔亳。南宫牛、猛獲帥師圍亳。

謝氏曰：「人君所與居處游燕，不可一非其人，陰邪得居其間，則雖千乘之君，匹夫或得爲之難。宋萬，凶勇之士也。凶則畜禍心，勇則無忌憚。閔公旦夕與之相親，而不知爲之戒，故一言拂意，而不測之變發于蕭牆。然則左右近習，可以使非其人耶？」

胡氏曰：「夫仇牧，可謂不畏强禦矣。然徒殺其身，不能執賊，無益于事，亦足取乎？食焉不避其難，義也。徒殺其身，而不能執賊，亦足以爲求利焉而逃其難者之訓矣。何名爲無益哉？若仇牧、荀息，立乎人之本朝，執君之政而君見弒，不以其私也，雖欲勿死，焉得而勿死？聖人書而弗削，以爲求利焉而逃其難者之勸也。惟此義不行，然後有棄其君如土梗弁髦，曾莫之省，而三綱絶矣。」

家氏曰：「大宰督亦死于此難，奚以不書？督者，即前日弑殤公，殺孔父之人。身負弑君未討之罪，今復爲盜所殞，此亂臣逸天討，不可以死節言者，舊史固與仇牧同書，聖人削之爾。」

【經】冬，十月，宋萬出奔陳。

蕭叔大心及戴、武、宣、穆、莊之族以曹師伐之。殺南宫牛于師，殺子游于宋，立桓公。猛獲奔衛。南宫萬奔陳，以乘車輦其母，一日而至。宋人請猛獲于衛，衛人欲勿與，石祁子曰：「不可，天下之恶一也。恶于宋而保于我，保之何補？得一夫而失一國，與恶而棄好，非謀也。」衛人歸之。亦請南宫萬于陳，以賂陳人，使婦人飲之酒，而以犀革裹之。比及宋，手足皆見。宋人皆醢之。

謝氏曰：「閔公遇難，已三月矣，賊三月未討，而又出奔。宋無臣子，可知也。逆賊所不待告而誅也。逆賊避難隣國，而陳容之，陳無臣子可知也。」

胡氏曰：「宋人醢萬，則賊已討矣，曷爲不書陳人殺萬乎？夫天下之恶，一也。陳人不以萬爲賊而納之，又受宋人之賂，而使婦人飲之酒，是與賊爲黨，非政刑也，特書萬出奔陳，以著陳人與賊爲黨之罪而不正天討，其法嚴矣。故春秋成而亂臣賊子懼。」

張氏曰：「宋人殺萬，而書『宋萬出奔陳』者，歸恶于陳也。天下之恶，當奉天討。容受其奔，罪已大矣。受賂而後歸之，所謂肆人欲而滅天理，當服黨恶之罪也。」

春秋闕疑卷八（莊公十三年—十七年）

【經】十有三年，春，齊侯、宋人、陳人、蔡人、邾人會于北杏。

會于北杏，以平宋亂。遂人不至。

「齊侯」，穀梁作「齊人」。

陳氏曰：「春秋，非主兵，皆序爵，于是序齊于宋之上，予齊以伯也，自是無特相會者矣。」

樸鄉吕氏曰：「方霸圖之未興也，列國諸侯更相吞噬，間有若鄭莊、齊僖之流，雖能雄長于一時而終〔二〕未能執霸主之柄，天下紛紛，莫之統一，亦可嘆矣。雖然，人心猶知有周也，及霸圖之既興也，列國諸侯向之紛紛而無統者，今則翕然惟霸主之爲聽。下以號令諸侯，上以致天王之狩，一時氣勢聲焰赫奕，中國賴以少事，然自是王命浸微矣。聖人之于春秋也，固未嘗不予霸主之功，亦未嘗喜霸主之盛，據事直書而善恶自見矣。」

胡安定先生曰：「桓公徒有尊周之名，無尊周之實，觀其貪土地之廣，恃甲兵之衆，驅逐迫脅，强制諸侯，

〔二〕「終」，四庫本作「卒」。

納之以會，要之以盟，臨之以兵，制之以力。其有不徇者，小則侵之、伐之，甚則執之、滅之，其實假尊周之名以自封殖爾。」

胡氏曰：「春秋之世，諸侯而主天下之會盟，自北杏始。其後宋襄、晋文、楚莊、秦穆交主會盟，迹此而爲之者也。桓非受命之伯，諸侯自相推戴，以爲盟主，是無君矣。故四國稱人，以誅首亂，正王法也。齊侯稱爵，其與之乎？上無天子，下無方伯，有能會諸侯，安中國，而免民于左衽，則雖與之可也。誅諸侯者，正也。與桓公者，權也。」

家氏曰：「若如胡氏之説，是權與正判然爲二。其首者予爵，其從者有誅。春秋略其首而治其從，必不然也。」

愚謂：此當從穀梁作「齊人」，盖皆貶也。王降而霸，此古今之大變，治亂之幾微也。自是功利之習興，而詐力之謀勝，二帝三王之澤，不復及于天下，仁義道德之説，不復聞于後世矣。况桓公五霸之首，北杏又圖伯之始，聖人于此安得不致謹乎？盖霸者在春秋衰世固爲有功，在商周盛時，則爲有罪。何則？九合諸侯不以兵車，誠足以暫息當時之亂，然擅盟會侵伐之權，天下但知有霸主，而不知有王室，實啟後世之亂。聖人于霸圖之興，方喜天下之有霸，猶憂後世之無王也。然則聖人之予霸，蓋亦甚不得已也，故其予之也必以漸。其始也貶之，其中也進之，其末褒之矣。北杏之會，聖人安得遽與之乎？至于葵丘之盟，首止之會，聖人雖欲不予，有不可得也。春秋進霸以漸，進楚以漸，進吴以漸，皆古今之大變也。然其始也進霸，其中也進楚，其末也進矣，亦可以見聖人之不得已也。嗚呼！讀春秋而至此，可以見世道之降矣。故曰：五霸，三王之罪人也，仲尼之門，五尺之童。羞稱五伯，豈不信然哉？然使桓公因宋萬弒君之始，即舉天王之師，修方伯之職，討宋萬以正其罪，立宋公以定其國，其功烈蓋不止此。今宋萬以醢，宋公以立，乃托平宋之亂以合諸侯而爲霸圖之舉，宜其功烈如是其卑也。嗚呼！惜哉。

【經】夏，六月，齊人滅遂。

滅而戍之。

高氏曰：「北杏之會，諸侯猶有未服者，桓公于是滅遂以示威。夫藉小國以示威，以脅大國，此齊侯之術也。然齊侯未見其救中國之功，而先恃强以滅人之國，使其宗社無所歆享，人民無所依歸，故聖人深責之。」

胡氏曰：「滅國之與見滅，罪孰爲重？取國而書滅，奪人土地，使不得有其民人，毁其宗廟，使不得奉其祭祀，非至不仁者，莫之忍爲。見滅而書滅，亡國之善辭，上下之同力也，其亦不幸焉爾。」

家氏曰：「霸者，假公義以濟私欲。滅譚矣，又滅遂，此不過拓土開疆之計，先王之有天下，以興滅繼絶爲事，而霸者滅國不忌，是之謂無王。春秋于三年之間，連書二滅，以著齊桓之功過不相掩也。」

愚謂：天子之于諸侯，一不朝，則貶其爵，再不朝，則削其地，三不朝，則六師移之。其爵之固有輕重，而施之又有先後也。今齊與遂均爲天子之諸侯，會而不至，告之以辭命，懷之以德禮可也。而遽然恃强大以滅之，使有拒違王命，悖慢王室者，則將何罪以加之乎？桓公此舉，豈惟不能盡尊王之義？蓋將有無王之心矣。

【經】秋，七月。

【經】冬，公會齊侯，盟于柯。

始及齊平也。

高氏曰：「北杏之會，遂人不至而齊滅之。魯雖不至而齊無以加之者，齊自知有負于魯也，齊既滅遂，乃爲柯之會，獨會魯而不會他國者，度魯之必從故也。此亦齊善圖霸之術也。」

胡氏曰：「始及齊平也，世讐而平，可乎？于傳有之，敵惠、敵怨不在後嗣。魯于襄公有不共戴天之讐，當其身則釋怨不復而主王姬，狩于禚，會伐衛，同圍郕，納子糾，聖人備書以著其忘親之罪。今易世矣，而桓公始合諸侯，安中國，攘夷狄，尊天子，乃欲修怨怒隣而危其宗社，可謂孝乎？」

家氏曰：「敵怨不在後嗣者，謂疆埸小事，以釋怨于易世之後。若不共戴天之讐，無時而可釋。」

愚按：所謂不共戴天之讐者，誓不與之共生于天地之間，必欲報而殺之也。讐人已死，則非不共戴天矣。以讐人子孫豈復可謂之不共戴天乎？自魯侯而論之，忘其父之殺吾父，而與其子通婚姻盟會之好，固爲不可。以其父之殺吾父而欲報其子，則過矣。聖人于此必有等降，固不以爲不共戴天之讐而必欲殺之，亦不必與之通會婚姻之好〔一〕，如他隣國也。但柯之盟，齊桓霸業方興，魯雖欲不與之盟，又懼有滅亡之患，聖人以其情爲可恕

〔一〕「亦不必與之通會婚姻之好」，四庫本作「亦不與之通盟會婚姻之好」。

也，故以尋常盟會之辭書之，而無所褒貶焉。至于忘父之讐，結親其國，則罪不容誅矣。

【經】十有四年，春，齊人、陳人、曹人伐宋。

【經】夏，單伯會伐宋。

十三年，宋人背北杏之會，諸侯伐宋。其稱人，將卑師少也。隱公四年，諸侯伐鄭，翬帥師會伐，則再舉宋、陳、蔡、衛四國之名。今諸侯伐宋，而單伯會伐，不復再舉三國之名，何也？宋人背北杏之會，合諸侯而伐之者，齊桓公也。會伐者，無貶焉，故其辭平。主謀伐鄭，而欲求寵于諸侯，以定其位者，州吁也。會之者，黨逆賊矣，故其辭繁而不殺。左氏曰：「諸侯伐宋，齊請師于周。夏，單伯會之，取成于宋而還。」按左氏于單伯逆王姬誤爲送，至是欲附成其説，故以爲齊請師而單伯王臣會之也。

程子曰：「齊自管仲爲政，莊十一年而後，未嘗興大衆也，其賦于諸侯亦寡矣。終管仲之身，息養天下厚矣。至于秦、晋，使之不競而已，不强致也，是以其功卑而易成。」

【經】秋，七月，荆入蔡。

楚子以蔡侯滅息，遂伐蔡。秋七月，楚入蔡。

高郵孫氏曰：「荆自敗蔡師始通中國，今又入蔡，其勢將盛，欲令中國備之。于始盛之時制之猶易，至其漸盛，將不可制矣。」

樸鄉呂氏曰：「觀荆楚方始，而蔡首受其禍，未嘗不嘆中國之不振，使蠻夷猾夏，而莫之能制也。〔一〕入春秋以來，蔡嘗從王伐鄭，則猶修勤王之職也，會鄧盟折，則猶交諸侯之玉帛也，伐鄭、伐衛、伐戴，則猶同諸侯兵車之會也。自敗莘以來，五年兩被荆師，哀侯蒙塵不反，而蔡之臣子甘爲楚屬。齊桓稱霸，蔡僅一從。北杏之會，自是折而從楚。召陵加師，僅足以得楚人之屈服，而不能革蔡人從楚之心，齊桓終不得置蔡于盟會。齊桓既没，晋文未興，楚或抗行北方，則蔡必與。至于城濮之戰，楚既大創，蔡亦改圖，晋之三會，黽勉周旋。文公既没，而中國之盟會，蔡復不與。厥貉之次，遂執干戈挾楚穆爲窺宋之謀。晋悼之興，列國悚然以聽命，而蔡且安于楚之宇下。終悼公之世，不能得蔡于盟會也。晋悼卒，而楚之役，蔡嘗從之，是中國之諸侯折而從楚者，莫如蔡之先。其堅于事楚者，莫如蔡之甚也。昭十一年，楚子虔誘蔡侯般，殺之于申矣。楚子棄疾帥師圍蔡矣。其冬，楚師滅蔡，執世子有以歸，用之矣。楚虔既没，而蔡廬復封，則蔡之存亡興廢，皆寄于楚，而中國安得有之乎？蔡朱、東國之廢置以楚費無忌之一言而廢君立君，楚之小臣得制之矣。蔡昭抱累世之憾，以一裘一佩之微，遭三年拘止之辱，沈玉璧以絶楚，質愛子以請晋，氣憤而情激，亦既轉而從夏矣。而召陵之役，晋人求貨而辭蔡，諸侯侵楚之師不出，而楚人圍蔡之師反至。栢舉之戰，遂使蔡人假手于吴以釋憾。楚禍雖深，蔡憂未已。迄于春秋以後，而蔡終爲楚所並，是則中國諸侯之蒙禍于楚，亦未如蔡之甚也。向

〔一〕「使蠻夷猾夏，而莫之能制也」，四庫本作「使楚人暴横，而莫之能制也」。

使當荆敗蔡師、荆入蔡之時，而齊桓即能救中國以攘夷狄〔二〕，則蔡不折而入于楚矣。向使踐土之後，晉霸常如文公之盛，則蔡必不舍中國而從荆楚矣〔三〕，向使當蔡昭絶楚從晉之際，晉之君能守其先緒，而不奪于求貨之臣，則蔡必不至于假吴以釋憾，而卒致州來之遷矣。故其始背中國也，在于荆入蔡，而齊桓不能救。其再背中國也，在于晉文没，而晉霸不能競。其終背中國而歸吴也，在于晉霸既衰，而不能有蔡也。讀春秋者，寧不爲是三嘆哉？」

【經】冬，單伯會齊侯、宋公、衛侯、鄭伯于鄄。

宋服故也。

高郵孫氏曰：「諸侯伐宋，宋已服罪，故齊侯會諸侯于鄄，以與宋平，而魯之單伯嘗往會之，故同鄄之會也。」

【經】十有五年，春，齊侯、宋公、陳侯、衛侯、鄭伯會于鄄。

復會焉，齊始霸也。

張氏曰：「齊始霸者，蓋指諸侯始定而言，然魯未信服。自是之後，宋人猶或主兵，衛、鄭未免復叛。蓋

〔二〕「救中國以攘夷狄」，四庫本作「從簡書以救蔡人」。
〔三〕「荆楚」，四庫本作「楚人」。

齊之霸業駸駸向定，而諸侯之心猶未一也。」

高氏曰：「至是，諸侯始會，而霸體定矣。齊侯未主諸侯也。明年同盟于幽，自幽之會，齊侯常在諸侯之上矣。」

許氏曰：「齊侯三合而不以盟，以示重慎，是以盟而衆信，莫敢渝也。」

愚按：桓公、管仲果有尊王之心，及此諸侯未合，請于天王，用周、召分陜故事，擇諸侯之賢者與己分東西而治之，是亦二伯而已矣，何至爲三王之罪人哉？不知出此，而重會以結諸侯，斯末矣。

【經】夏，夫人姜氏如齊。

高郵孫氏曰：「聖人制禮，惟父母存者得歸寧。其父母没，雖兄弟，不往也。所以預爲之嫌而防逆亂之將萌也。齊桓雖無齊襄之惡，然春秋書之，與齊襄等，蓋非禮之迹同也。」

張氏曰：「文姜不如齊者八年矣。至是，復如齊者，蓋鄄之會，魯莊不與，此行殆出于文姜之意，齊侯欲求魯好以定霸而莫之拒也。」

許氏曰：「鄄之會，魯侯尚未從桓，以其未能比近，無以示遠，務在求好于魯，是以于此受文姜而弗逆，以昭親親，而齊、魯之交卒合。然而禮防一弛，則夫人復啟越境之恣，而遂成如莒之姦，使人倫失正而風俗相化。此先王之興，所以貴道謹法而不言利也。」

家氏曰：「姜氏曩以如齊之故，遺禍于魯，齊桓當遠嫌弗即，以示儀于諸侯，乃猶聽其來歸，置往愆而弗問，姜不足責，齊桓可責甚矣。」

愚謂：齊桓能因姜氏之越禮來歸，討其弑夫之罪，明正而誅之，則家刑國治，天下諸侯知所畏，而亂亦庶幾乎息矣。何憂魯之不會哉？今欲來魯之會，而容文姜之姦，是謀其利不正其義也，何以示天下哉？亦何以服天下諸侯之心哉？此霸之所以爲霸，而不可以入王道也。

【經】秋，宋人、齊人、邾人伐郳。

胡氏曰：「霸者之先諸侯，專征也。非霸者而先諸侯，主兵也。此齊桓之師，何以序宋下？猶未成乎霸也。二十七年，同盟于幽，天下與之，然後成乎霸。」

【經】鄭人侵宋。

諸侯爲宋伐郳，鄭人間之而侵宋。

張氏曰：「間諸侯伐郳而侵宋，不誠于服齊，而背二鄄之會，鄭之反覆于齊、楚之間，蓋始于此。」

高氏曰：「盖自此舉之後，鄭國不寧矣。」

【經】冬，十月。

【經】十有六年，春，王正月。

【經】夏，宋人、齊人、衛人伐鄭。

宋故也。

許氏曰：「中國諸侯宋爲大，既爲之服郳，又爲之報鄭，宋自是與齊爲一。宋親而中國諸侯定矣。」

家氏曰：「鄭昭以適子君國，突與强臣合而篡之。昭得反國，突又與强隣合而撓之，據櫟之堅以號召凶黨。昭以弑死，突之爲也。齊桓始霸，謂當聲突前罪，請于王而正其戮，今爲宋伐之，非名也。」

【經】秋，荆伐鄭。

高氏曰：「齊既與宋、衛伐鄭，鄭服中國而荆丈伐之，此鄭自取之也。蓋楚與中國争鄭，自是干戈不已。」

張氏曰：「自桓二年，鄭已懼楚而會鄧，至此三十餘年而後受兵，楚之威不輕用蓋如此。自是始爲中國患矣。」

高郵孫氏曰：「前年荆嘗入蔡，于是丈伐鄭焉。所以見荆蠻[一]之强而中國之衰也。不早備之，將横行于天下，故二十三年來聘，遂稱『荆人』，僖元年伐鄭，遂稱『楚人』，于此書『荆』，言其尚可禦也。」

【經】冬，十有二月，會齊侯、宋公、陳侯、衛侯、鄭伯、許男、滑伯、滕子同盟于幽。

鄭成也。

[一]「荆蠻」，四庫本作「楚人」。

公羊「會」上有「公」字。

家氏曰：「是會也，既褒其能同，必不以公與爲諱，當從公羊作『公會』。」

公羊氏曰：「同盟者何？同欲也。」

程子曰：「上無明王，下無方伯，諸侯交争，齊桓始霸，天下與之，故書『同』。」

杜氏曰：「齊桓始霸，楚亦始强，陳介于二國之間，而爲三恪之客，故齊桓因而進之，遂班衛上。」

高氏曰：「許男先于滑伯、滕子者，是時霸主用事，輒以其意之向背以爲升降，或諸國自以其强弱而相上下。聖人因而書之，以見先王之制不復行于當時也。」

陳氏曰：「諸侯之初合盟也，齊桓之初主盟也。舉天下而聽于一邦，王者不作。舉天下而聽于一邦，古未之有也。于其始，書曰『同盟』。同，衆辭也，猶未予以專主是盟也。再盟于幽之後，天下知有齊桓而已矣。」

張氏曰：「夫子所謂『桓公九合諸侯，不以兵車』，此蓋其衣裳大會之始也。」

濮鄉吕氏曰：「盟而書『同』，蓋同于諸侯之同欲，無可疑者。以經考之，惟再盟于幽，皆書『同』，若葵丘、牡丘之會則不書『同』，晉文踐土、翟泉之盟則不書『同』。至于趙盾新城之盟而後書『同』，自是而後不書『同』者寡矣。蓋齊桓爲幽之盟，實在荆入蔡伐鄭之後，中國諸侯同于懼楚，倚桓公以爲重，故兩盟于幽，皆書『同』焉。若葵丘、踐土之盟，則桓、文之盛也，主是盟者，蓋出于桓、文之意，而諸侯從之，故不書『同』。晉文卒而楚益强，新城之盟，同于懼楚。自是而後，楚日以强，中國之霸業日以不振，故凡中國諸侯之相與爲盟會者，皆倚晋以爲重，凡皆諸侯之同欲也。惟澶淵之盟不書『同』，則平齊、晋也。皐鼬之盟不書『同』，則劉子不與盟也。故有以主是盟，則不書『同』，是桓、文主霸之盛也。二幽之盟而書『同』，則桓公霸業未盛之時。新城以後皆書『同』，則晋人霸業漸衰之際。凡書『同』者，衆欲之也。衆欲之，則猶未純乎專主盟也。」

家氏曰：「又有天王崩，不奔喪而爲盟，與王人下與于列國之盟，及其他義不應盟而爲盟者，皆以『同盟』書，則『同盟』之變例也。學者隨事而觀，可以得聖人之意。」

朱子曰：「若桓公不爲尊王室，無事自召諸侯，則魯莊不赴可也。今桓公名爲尊王室，若魯莊不赴，非是叛齊，乃是叛周也。若欲復讎，則當襄公殺其父之時，能以不共戴天之故，告之周天子，方伯、連帥必以復讎爲事，殺得襄公，方快人意。況桓公入國，自在襄公被殺之後，與魯桓之弑無相干涉。或曰若莊公能殺襄公，復與桓公爲會，可乎？曰既殺襄公，則自家之責已了，與桓會亦何妨？但莊公若能殺襄公，則九合諸侯、一匡天下之功將在莊公，而不在齊桓矣。惟其不能，所以屈服于人也。」

【經】郳子克卒。

張氏曰：「克，儀父名。稱子者，盖齊桓請王命以爲諸侯，故曰『子』。于是始列于諸侯也。」

臨江劉氏曰：「未成國曰『郳儀父』，既成國曰『郳子克』。成國而後書其卒，記其葬，未成則否。」

【經】十有七年，春，齊人執鄭詹。

鄭不朝也。

謝氏曰：「拘而不殺曰執，執之將以服之也。春秋之亂，諸侯擅作刑威，以强凌弱而執人之君者有之，以上虐下而執人之臣者有之。凡執，春秋皆奪爵稱人，以王法治之也，惟晉執曹伯歸京師，執得其罪，故書晉侯。」

許氏曰：「宋大鄭小，桓公懷宋以德，威鄭以刑，文王之興，大邦畏其力，小邦懷其德，而桓反之，是以爲霸道也。」

愚按：左氏以爲鄭不朝，公、穀則以詹爲鄭佞人。然以經考之，齊、鄭同盟于幽，在去年之十二月。至是綫踰月爾，安得便責其不朝也？若以爲佞人，文無所據，况鄭之佞人，齊何緣執之？當是以事來聘，應對失辭，或禮貌悖慢而見執爾。

【經】夏，齊人殲于遂。

遂因氏、領氏、工婁氏、須遂氏饗齊戍，醉而殺之，齊人殲焉。

謝氏曰：「齊人被殺無遺，故曰『殲』。春秋不以責遂而歸咎于齊者，以其禍由齊發也。書曰『齊人殲于遂』，罪其自取也。凡禍出于自爲者，春秋上不以委命，下不以責人。」

胡氏曰：「殲，書也。春秋書此者，見齊人滅遂，恃强凌弱，非伐罪吊民之師。遂人書滅，乃亡國之善辭，上下之同力也。夫以亡國餘民，能殲强齊之戍。則申胥一身，可以存楚，楚雖三户，可以亡秦，固有是理，足爲强而不義之戒，而弱者亦可省身而自立矣。」

陳氏曰：「桓公伯諸侯而丧師于亡國之餘，自取之也。」

許氏曰：「齊師滅譚，譚子奔莒，著其君之不詘也。齊人滅遂，齊人殲于遂，著其民之不歸也。孟子以謂，霸者以力服人，非心服也，力不贍也。觀桓之興如此，則所謂以力服人者，非耶。」

家氏曰：「魯莊以千乘之國，甘于事讐而不耻。遂之遺民，鼓其餘勇，猶足以殲滅齊戍。春秋特爲之書，義之也，亦可以爲忘親事讐者之愧。」

【經】秋，鄭詹自齊逃來。

穀梁氏曰：「逃義曰逃。」

謝氏曰：「詹以國卿見執，不能辯是非，明曲直，以解國憂，乃若匹夫逃難之爲。臣子事君，不可奪之節，掃地盡矣。春秋以逋竊待之而謂之逃，賤之也。」

臨江劉氏曰：「譏也。以爲義死制云乎？以爲不義死道云乎？君子不曰幸而免。」

蘇氏曰：「詹之義，當身受其責，以紓國難，而逃遁自免，故不書『來奔』，而書『逃來』，賤之也。」

常山劉氏曰：「齊桓始霸，同盟于幽，魯首叛盟，受其逋逃，虧信義矣。」

張氏曰：「執列國大夫，逾歷三時，不令其服而去，致防閑懈弛，國因亡逸，齊之罪也。奉命以使霸，國有罪，不能即刑，奉身逃竄，同于匹夫，失節辱國，詹之罪也。同幽之盟，守信不篤，爲逋逃主，以取伐于霸主，魯之罪也。片言而三罪著〔一〕，春秋簡嚴，于此可見。」

【經】冬，多麋。

胡氏曰：「麋，魯所有也。多則爲異，以其又害稼也，害稼則及人矣，故書。」

〔一〕「著」，四庫本作「定」。

春秋闕疑卷九（莊公十八年—二十二年）

【經】十有八年，春，王三月，日有食之。

大東萊吕氏曰：「無日與朔史失之，春秋亦無由追考也，灾異之變，褒貶之義，蓋不在是焉。」

【經】夏，公追戎于濟西。

泰山孫氏曰：「不言侵伐者，明不覺其來已去，而追之也。」

程氏曰：「備預不虞，武之善經也。戎來侵魯，不書者，不知戎來。已去而公追于濟西。其無武備甚矣，是危道也。」

劉氏權衡曰：「戎來侵魯，必有兵衆，何緣不知？」

愚謂：若今諸蕃出人不意抄掠邊境，志在得財，不争土地，踪迹如盗賊，故人不知其來也。

【經】秋，有蜮。

杜氏曰：「蜮，短狐也。盖以含沙射人爲灾。」

胡氏曰：「蜮，魯所無也，故以『有』書。夫以含沙射人，其爲物至微矣。魯人察之，以聞于朝，魯史異之，以書于策，何也？山陰陸佃曰：蜮，陰物也。麋，亦陰物也。是時莊公上不能防閑其母，下不能正其身。陽淑消，而陰慝長矣，此恶氣之應。其説是也。春秋書物象之應，欲人主之慎所感也。世衰道微，邪説作，正論消，小人長，善類退，天變動于上，地變動于下，禽獸將食人而不知懼，亦昧于仲尼之意矣。」

【經】冬，十月。

【經】十有九年，春，王正月。

【經】夏，四月。

【經】秋，公子結媵陳人之婦于鄄，遂及齊侯、宋公盟。

公羊氏曰：「媵者，諸侯娶一國，則二國往媵之，以姪娣從。媵不書，此何以書？爲其有遂事。」

程子曰：「鄄之巨室嫁女于陳人結，以其庶女媵之。」

薛氏曰：「陳人之婦，異邦之女，而陳大夫之婦也。結之媵，内女也。不言内女者，陳人之婦而魯媵之，不可也。」

謝氏曰：「陳人之婦，魯女嫁爲卿大夫妻者。古者卿大夫亦相媵故也，未知孰是。」

杜氏曰：「結在鄄，聞齊、宋有會，權事之宜，去其本職，遂與二君爲盟，非魯君意，而又失媵陳之好，故冬各來伐。」

胡氏曰：「滕，淺事。陳人，微者。公子往焉，是以所重臨乎禮之輕者也。齊侯，霸主。宋公，王者之後。盟，國之大事也，大夫輒與焉，是以所輕當乎禮之重者也。禮不失己，亦不失人，失己與人，寇之招也。是故結書公子，而曰『滕陳人之婦』，譏其重以失己也。齊、宋書爵而曰『遂』，譏其輕以失人也。遂者，專事之辭。聘禮，大夫受命不受辭。出境，有可以安社稷、利國家，則專之可也。謂本有此命，得以便宜從事，特不受專對之辭耳。若違命行私，雖有利國家、安社稷之功，使者當以矯制請罪，有司當以擅命論刑，何者？終不可以一時之利，亂萬世之法，是春秋之旨也。」

【經】夫人姜氏如莒。

家氏曰：「魯莊公不能防閑其母，猶有望于齊桓正之。前此姜氏如齊，齊不能討，遂使肆然無所忌憚，蕩游及莒，非惟魯之辱，亦齊之辱也。」

【經】冬，齊人、宋人、陳人伐我西鄙。

胡氏曰：「奉辭曰伐。其稱人，將卑師少也。結方與二國盟，則其來伐我，何也？齊桓始霸，責魯不恭，所謂失己與人以招寇也。或以結能爲魯設免難之策，爲齊、宋晝講好之計，身在境外，而權其國家，爲春秋予之，故稱公子，非矣。」

【經】二十年，春，王二月，夫人姜氏如莒。

胡氏曰：「十五年，夫人姜氏如齊。至是再如莒，而春秋書者。禮義，天下之大防也。衛女嫁于諸侯，父母終，思歸寧而不得，故泉水賦。許穆夫人，閔衛之亡，思歸唁其兄，而阻于義，故載馳作。聖人録于國風以訓後世，使知男女之別，自遠于禽獸也。今夫人如齊，以寧其父母，而父母已終。以寧其兄弟，又義不得。宗國猶爾，而况于莒乎？婦人，從人者也。夫死，從子。而莊公失子之道，不能防閑其母，禁亂之所由生，此以舊防爲無所用，而廢之者也，是以至此極。觀春秋所書之法，則知防閑之道矣。」

【經】夏，齊大灾。

臨江劉氏曰：「灾則其言大何？大非一也。宗廟、廐、庫盡矣。此齊大灾也，何以書？吊焉爾。」

【經】秋，七月。

【經】冬，齊人伐戎。

樸鄉吕氏曰：「戎之爲中國患久矣。齊桓之霸，豈無意于攘之哉？盖緩以圖之，而未嘗絶也。漸以處之，而未嘗逐也。中國之諸侯，有一焉之不安，于我則固不可以從事于夷狄〔二〕，故汲汲于會盟中國之諸侯者，所以

〔二〕「夷狄」，四庫本作「外域」。

治其内也。十年之久，而後有伐戎之舉。不用大兵，而聲罪致討之義嚴焉。其規模素定故也。故此伐戎書人，三十年伐山戎亦書人，則其不用大兵，亦可知矣。一捷之後而戎始不能爲中國患，戎不能爲中國患，而後齊得以專意于楚，此管仲之規模也。雖然，齊桓未霸之初，滅譚、滅遂，猶肆力以逞。自柯盟之會，而春秋書齊之事，與滅譚、滅遂者異矣，意者管仲得志，其當在盟柯以後乎！」

【經】二十有一年，春，王正月。

【經】夏，五月，辛酉，鄭伯突卒。

張氏曰：「突，鄭莊公之孽子。莊公既卒，既〔一〕奪忽之位而篡之，中間雖爲祭仲所逐，旋入于櫟，卒取鄭國。春秋不復著忽、亹、儀之在位，所以著其不能君也，故論者以爲，突始終能君。夫篡弑竊國之人，而春秋終始〔二〕君之，且復記其卒于位，豈真與之哉？所以著小人肆志，亂臣賊子得以終于位，王法不行而世之所由亂也。」

【經】秋，七月，戊戌，夫人姜氏薨。

薛氏曰：「文姜之薨，甚天王、方伯之無道也。」

〔一〕「既」，四庫本作「即」。
〔二〕「終始」，四庫本作「始終」。

張氏曰：「文姜以國君母，宠榮終身，一用小君之禮。此魯之禍所以至于莊公之終，兩君弑，哀姜、慶父誅，而後魯亂始息也。」

【經】冬，十有二月，葬鄭厲公。

【經】二十有二年，春，王正月，肆大眚。

泰山孫氏曰：「肆，放也。眚，過也。肆大眚者，罪惡無不赦之辭也。」

程子曰：「舜典曰：『眚灾肆赦。』皋陶曰：『宥過無大。』易曰：『君子赦過宥罪。』吕刑曰：『五刑之疑有赦，五罰之疑有赦。』未聞肆大眚也。肆大眚，元惡、大憝俱肆之之辭也。上廢天討，下虧國典，縱釋有罪，賊虐無辜，莫斯爲甚。天子尚曰不可，况魯國諸侯，而敢專肆眚哉？後世庇姦宄、賊良民，其泥于此乎？殊失春秋之旨也。」

胡氏曰：「周官司刺掌赦宥之法：一宥曰不識，再宥曰過失，三宥曰遺忘；一赦曰幼弱，再赦曰老耄，三赦曰蠢愚。未聞肆大眚也。肆眚而曰『大眚』，譏失刑也。」

【經】癸丑，葬我小君文姜。

穀梁氏曰：「小君，非君也。其曰君，何也？以其爲公配，可以言小君也。」

常山劉氏曰：「夫人之謚，皆私謚也。常疑夫人之義，皆從君者也。無非無儀，婦人不尸善名，不當別謚，謂爲宋姬者爲得禮。恐此不特爲私謚，著譏也。」

樸鄉呂氏曰：「文姜之行，甚矣，何以得書葬？自桓薨于齊之後，文姜爲國君母者二十年，莊公以小君葬之，聖人安得不書？書桓公薨于齊，夫人孫于齊，著其罪。書夫人如齊、如莒，以著其恶。書薨、書葬，以著其實，並書于策，而是非褒貶自見矣。」

陸氏曰：「葬，生者之事也。臣子之禮，其可虧乎？」

【經】陳人殺其公子禦寇。

陳人殺其太子禦寇，陳公子完與顓孫奔齊。顓孫自齊來奔。齊侯使敬仲爲卿，辭曰：「羈旅之臣，幸若獲宥，及于寬政，赦其不閑于教訓而免于罪戾，弛于負擔，君之惠也，所獲多矣。敢辱高位，以速官謗。請以死告。」使爲工正。飲桓公酒，樂。公曰：「以火繼之。」辭曰：「臣卜其晝，未卜其夜，不敢。」

胡氏曰：「公子之重，視大夫殺而或稱君，或稱國，或稱人，何也？稱君者，獨出其君之意而大夫、國人有不與焉，如晉侯殺其世子申生之類是也。稱國者，國君、大夫與聞其事而不請于天子，如鄭殺其大夫申侯之類是也。稱人者，有二義：其一，國亂無政，衆人擅殺而不出于其君則稱人，如陳人殺其公子禦寇之類是也。其一，殺君之賊，人人之所得討，背叛之臣，國人之所同恶則稱人，如衛人殺州吁，鄭人殺良霄之類是也。考于傳之所載，以觀經之所斷，則罪之輕重見矣。」

【經】夏，五月。

胡安定先生曰：「春秋末有書五月首時者，此五月之下有脱誤，春秋用竹簡故也。」

【經】秋，七月，丙申，及齊高傒盟于防。

公羊氏曰：「不書公，諱與大夫盟也。」

穀梁氏曰：「高傒，伉也。」

程子曰：「諱公盟。始與讐國爲婚，恶之大也。」

謝氏曰：「親盟大夫以求婚，耻之大也。大丧未畢而謀婚，恶之大也。故防之盟，諱不書公。其始諱不書公，而公之耻恶，由此見矣。至納幣、逆女則直書，以其迹不可掩故也。」

胡氏曰：「娶者，其爲吉，下主乎己，上主乎宗廟，以爲有人心者，宜于此焉變矣。」

家氏曰：「魯忘君父之大讐，請婚讐國，齊既許之，而使高傒先要魯以盟，其傲魯也甚矣。春秋書之，責齊也，亦以責魯也。以下文公如齊納幣觀之，其責魯深矣。夫讐國以傲而加我，不惟不怒，反詘千乘之尊與其臣盟。又躬于齊納幣，彼固無所恤。春秋爲之諱之，乃所以存其羞恶之心，而垂法于後世也。」

【經】冬，公如齊納幣。

穀梁氏曰：「納幣，大夫之事。親納，非禮也。」

程子曰：「齊疑婚議，故公自行納幣。」

高郵孫氏曰：「莊公忘父之讎而娶讎人之女，又在母三年喪内而行大夫之職，書曰『公如齊納幣』，所以見公無恩于母，不孝于父，無廉耻而親納幣焉。一舉事而大恶者，三也。」

家氏曰：「或曰，魯與齊既爲會盟，春秋無責。今而通婚不亦可乎？或曰，主夏盟者，齊桓也。今納幣而請婚者，齊襄之女，仇女也。盟讎人之弟，猶曰爲其霸也，諸侯皆在，不得不與于盟。豈無他族，必讎女而後娶？其何以奉粢盛入先君之廟乎？吁！文姜親弑魯桓，罪未討而死。今桓之子，娶姜之姪，蹈覆轍而不以爲戒，其愚、不仁，亦甚矣。」

樸鄉吕氏曰：「古者男二十而冠，三十而娶，過與不及，非禮也。天子、諸侯十五而冠者，以娶必先冠，亦欲圖嗣之早定也。今莊公生于桓之六年，至是三十六歲矣，以世適之正，諸侯之貴，尚無内主。蓋爲文姜所制，使必娶于母家，而齊女待年未及，故自今年納幣，越明年而如齊觀社，又遇于穀，盟于扈，皆爲要結婚姻而往。夫娶夫人，奉祭祀，以爲宗廟主，不以大義裁之，而惟母言是聽，則其踰時失禮，一至于此。聖人一一書之，所以垂戒後世也。」

春秋闕疑卷十（莊公二十三年—二十七年）

【經】二十有三年，春，公至自齊。

張氏曰：「至者，告于廟也。莊公忘父讐而娶其女，冒母喪而往納幣，以此告廟，以爲有人心者宜于此焉變矣，此與他日書至，不可同日語也。」

【經】祭叔來聘。

穀梁氏曰：「祭叔，天子之内臣，不正其外〔一〕交，故不與使也。」

臨江劉氏曰：「祭者何？邑也。叔者何？字也。曷爲邑而字？天子之大夫也。」

謝氏曰：「祭叔，天子内臣祭公也。祭公比外諸侯，以聘禮至魯，故奪爵書字。」

張氏曰：「祭叔，祭公之臣爲祭公而聘魯。」

愚按：祭叔當是祭伯之弟，爲祭伯來聘也。

〔一〕「外」，四庫本作「私」。

胡氏曰：「祭伯來朝而不言朝，祭叔來聘而不言使，尹氏、王子虎、劉卷來訃而不書其爵秩，皆所以正人臣之義也。人君而明此，不容下比之臣，人臣而明此，不爲私交之計，黨錮之禍息矣。」

【經】夏，公如齊觀社。

曹劌諫曰：「不可。夫禮，所以整民也。故會以訓上下之則，制財用之節。朝以正班爵之義，帥長幼之序。征戎[一]以討其不然。諸侯有王，王有巡狩，以大習之。非是，君不舉矣。君舉必書，書而不法，後嗣何觀？」

高氏曰：「齊社與魯社同爾，又何足觀？觀公之行事如此，而春秋所書之意，蓋可見矣。」

張氏曰：「襄公二十四年，齊社蒐軍實，使客觀之，其廢禮典而夸愚俗，兆于此矣。故左氏外傳載曹劌之言曰，『齊棄太公之法，觀民于社，君爲是舉，而往觀之，非故業也。天子社[二]上帝，諸侯會之，受命焉。諸侯祀先公，卿大夫佐之，受事焉。不聞諸侯之相會祀也。君舉必書，書而不法，後嗣何觀？』」

程子曰：「婚議尚疑，故以觀社再往請議，後一年方逆，蓋齊難之。」

【經】公至自齊。

【經】荆人來聘。

[一]「戎」，四庫本作「伐」。
[二]「社」，四庫本作「祀」。

公羊氏曰：「荆何以稱人？始能聘也。」

謝氏曰：「聘問之禮，通于中國，故荆進稱人。」

陳氏曰：「聘未有書人者，其稱人，荆未有大夫也。聘未有不稱使者，其不稱使，荆未有君也。荆未有君、大夫也，而稱人于是始，蓋進之也。進之也者，憂之也。」

高郵孫氏曰：「略之曰荆人，猶言其微，尚可禦也。至文九年，使椒來聘，其國已盛，而交通諸夏，諸夏與之等矣。春秋不復外之，用見夷狄[一]之盛，中國不能外之也。」

家氏曰：「書荆、書楚子，每書輒異者，著其漸盛，與中國争衡，非進之也。」

【經】公及齊侯遇于穀。

高氏曰：「及者，公意也。婚議猶未定，故公往見齊侯于穀，無諸侯相見之禮，故曰遇。此見公不恤國家之事，惟婚姻是務。」

家氏曰：「莊公之爲此遇，繼納幣、觀社而書，著其急于得偶而求之，惟恐其未至也。説者謂穀之遇，齊人要魯以盟，而後與魯爲婚，故是冬復爲扈之盟。明年乃以姜氏歸。孟子謂：『無羞恶之心，非人也』，其莊公之謂與！或曰如强弱弗敵何？曰齊桓之始入，柯之未盟，未嘗一往會齊，亦無責乎？魯意者，齊桓猶知義

[一]「夷狄」，四庫本作「楚人」。

之所在，念其父讎未雪，而不敢責之以常人之禮。及高傒來盟，以大夫伉君，公反因是以納幣而請婚焉，齊人愈傲而公愈卑，自是受欺于齊益甚，蓋有以自取之。」

【經】蕭叔朝公。

薛氏曰：「蕭叔，附庸之君也。朝公何？因公出而朝乎外。」

胡氏曰：「穀，齊地，爲禮必當其物與其所而後可以言。禮，大夫、宗婦覿，用幣，則非其物也。蕭叔朝公，在齊之穀，則非其所也。嘉禮不野合，而朝公于外，是委之于野矣。故禮非其所，君子有所不受，必反之于正，此亦春秋撥亂之意也。」

【經】秋，丹桓宮楹。

高氏曰：「莊公不能爲桓復讎，而反娶其女，以奉祭祀，其無父之心，夫人皆知之，而莊公恶人之譏巳也，故丹楹刻桶〔一〕，以示孝心之不忘，甚矣其無父！甚矣其行詐也！夫宗廟之飾，國有彝典，而妄肆奢麗，加于禰宮，亂王制，瀆先君，不恭莫大焉。聖人直書其事，具文見意，故凡加非禮于先君之廟者，皆春秋之所誅也。後世人君，崇侈廟宇，踰禮越制，自謂吾嚴奉之勤，而臣子一有敢議者，則指以爲不忠不孝而加罪焉，是皆不知春秋所書之旨也。」

〔一〕「桶」，四庫本作「桷」。

【經】冬，十有一月，曹伯射姑卒。

【經】十有二月，甲寅，公會齊侯盟于扈。

程子曰：「遇于穀，盟于扈，皆爲要結姻好也。」

高氏曰：「此離盟。齊已霸矣，復爲離盟者，婚議雖定，齊猶疑之，故爲盟。此盟，齊志也。齊侯以公求婚之急，甘心卑下，恐有心報齊，不憚屈辱，爲可憂也，于是致公于扈以盟，冀絶婚後悔吝云爾。」

【經】二十有四年，春，王三月，刻桓宫桷。

御孫諫曰：「臣聞之，儉，德之共也；侈，恶之大也。先君有共德而君納諸大恶，無乃不可乎？」

胡氏曰：「公將逆姜氏，丹桓宫之楹，刻其桷，爲盛飾以誇示之。自常情而觀，丹楹、刻桷宜若小失，而春秋詳書于策，御孫以爲大恶，何也？桓公見殺于齊，則不能復，而盛飾其宫，誇示仇人之女，乃有亂心、廢人倫、悖天道而不知正者也。御孫知爲大恶而不敢盡言，春秋謹禮于微，正後世人主之心術者也，故詳書于策，爲後世鑒。」

家氏曰：「禽獸知有母而不知有父，人知有父而復沿其父之所從出，而知有其祖，有曾、有高焉，又沿其曾、高之所從出，而有始祖焉，皆爲之廟以祀之。禮，自天子至諸侯、公卿、大夫、士隆殺有等，夫然後盡其禮。不以踰禮而爲榮也，不以僭禮而爲孝也。今莊公忘父之讐，徇母之欲，娶讐女以爲夫人，知有母而不知有父，既又自知其非，丹桓宫之楹而刻其桷，是悖禮也。以悖禮施之親廟，不足以榮其親，適足以悖其祖。知有母而不知有父，無父也。隆于父而薄于祖，無祖也。無父、無祖，禽獸之道也。」

【經】葬曹莊公。

【經】夏，公如齊逆女。

穀梁氏曰：「親迎恒事不志，此其志，何也？不正其親迎于齊也。」

【經】秋，公至自齊。八月，丁丑，夫人姜氏入。

穀梁氏曰：「入者，内弗受也，何用不受也？以宗廟弗受也。其以宗廟弗受，何也？娶仇人子弟，以薦舍于前，其義不可受也。」

泰山孫氏曰：「公親迎于齊，不俟夫人而至，失夫之道也。婦人，從夫者也，不從公而入，失婦之道也。」

高郵孫氏曰：「夫人之至，嘗告廟矣，然聖人不與莊公以讐人之女而見其父也，特變文而書曰『夫人姜氏入』，以明仇讐之女無時而可與通，况取其女以事先君之廟乎？」

高氏曰：「夫婦，正始之道，王化之基也。夫人淫于二卿，殺其二子，幾喪魯國，而終見討于父母之邦，由其始之不正也，是以春秋盡其辭焉。」

胡氏曰：「莊公不勝其母，越禮踰時，俟讐人之女，薦舍于宗廟，以成好合，卒使宗嗣不立，弑逆相仍，幾致亡國，故春秋詳書其事，以著不孝之罪。」

家氏曰：「自納幣爲始，至用幣爲卒，春秋備書以責之。彼愚人何足責哉？彼魯莊公亦何足責哉？實備書以責齊桓也。桓爲盟主，方將秉法以示諸夏，謂魯莊不當請婚襄女，則明義以斥絶之，孰曰不然？苟欲鎮撫魯國而許之，則當謹于用禮，飾齊女以行婦道，毋使爲二國羞。今也不然，納幣未幾，要以觀社，觀社未幾，而有穀之遇、扈之盟，最後逆女，姜乃不與公偕歸，是孰使之然哉？不責齊桓而誰責哉？及哀姜驕淫不婦，以害其君，然後取而戮之，亦已晚矣。」

【經】戊寅，大夫、宗婦覿，用幣。

御孫曰：「男贄，大者玉帛，小者禽獸，以章物也。女贄，不過榛、栗、棗、脩，以告虔也。今男女同贄，是無別也。男女之別，國之大節也，而由夫人亂之，無乃不可乎？」

公羊氏曰：「宗婦者何？大夫之妻也。覿者何？見也。用者何？不宜用也。」

胡氏曰：「公事曰『見』，私事曰『覿』。見夫人，禮也。曷爲以私言之？夫人不可見于宗廟，則不可以臨諸臣，故以私言之也。」

高郵孫氏曰：「聖人罪莊公娶讐人之女而又侈之，至于失禮，故書曰『大夫、宗婦覿，用幣』，所以見幣非婦人之贄也。」

【經】大水。

【經】冬，戎侵曹。曹羈出奔陳，赤歸于曹。

杜氏曰：「羈蓋曹之世子，即位踰年而不稱爵，不能君也。赤不繫國，不稱公子，蓋庶孽也。」

謝氏曰：「戎之侵曹也，羈微弱不能保其位，故羈棄國出奔。羈之出也，赤爲所納，而人心從之，故赤歸曹。春秋首書戎侵曹，而繼以羈出赤歸者，以明曹國廢立之命，皆制于戎也。莊公之卒也，羈以世子嗣位，已逾年矣，稱名不稱國，以其絶于國人也。赤以公子入國，非正也。非正而稱歸，以罪羈失人心，而國人歸赤也。其于羈也，稱國以明正，去爵以示絶。其于赤也，去國以明非正，稱歸以明得國，而羈之喪失君道，赤之進不由正，于此見矣。」

胡氏曰：「宋人執鄭祭仲而忽出突歸，權在宋也。戎侵曹而羈出赤歸，制在戎也。使鄭忽、曹羈明而能斷，雖有宋、戎之衆，突、赤之孽，何緣而起？以國儲君副不能自定其位，于誰責而可？故雖以國氏，皆不書爵，爲居正者之戒。」

張氏曰：「赤以庶逐適，戎以裔謀夏〔一〕，而天子、方伯不能正，比事屬辭，簡明之旨可見，亦以累齊也。」

高氏曰：「按史記世家，自曹莊公之後，僖公夷、昭公班，各立九年，今考經文，自赤歸至班卒共十八年，合之于史，則各據九年，疑赤即僖公而世家誤作夷也。」

〔一〕「裔謀夏」，四庫本作「逆間順」。

【經】郭公。

上下必有闕文誤字，或曰郭亡，亦强通之也，當傳疑。

【經】二十有五年，春，陳侯使女叔來聘。

始結陳好也。

「女叔」，三傳皆以爲字，獨劉朔以爲陳大夫名。

陳氏曰：「前乎此，非王室若姻隣無聘者矣。于是交聘，齊桓公爲之也。自女叔之後，諸侯之會數而朝聘皆之盟主矣，春秋所以作也。」

【經】夏，五月，癸丑，衛侯朔卒。

【經】六月，辛未，朔，日有食之。鼓，用牲于社。

穀梁氏曰：「天子救日，置五麾，陳五兵、五鼓；諸侯置三麾，陳三鼓、三兵；大夫擊門，士擊柝，言充陽也。」

樸鄉吕氏曰：「聲，陽類也。鼓所以作陽而助聲也。書曰：『乃季秋月朔，辰弗集于房，瞽奏鼓，嗇夫馳，庶人走。』而周官：『救日月則有鼓人以詔王鼓，有太僕以贊王鼓。詳于用鼓者，急于助陽也。天子伐鼓于社者，社，陰之神也。日食則陰勝陽也，天子尊，諸侯卑，天子責神，諸侯自責而已。諸侯而鼓于社，則失正矣。

復用牲，非禮也。凡天災，有幣無牲。」

薛氏曰：「禮，天子伐鼓于社，諸侯用幣于社，伐鼓于朝。」

胡氏曰：「譏不鼓于朝，而鼓于社，又用牲也。」

【經】伯姬歸于杞。

穀梁氏曰：「其不言逆，何也？逆之道微。」

胡氏曰：「逆者，非卿其姓氏不登于史册，則書歸以志禮之失也。」

高氏曰：「若時君之女，則加子字以别之，此伯姬若桓公末年所生之女，則于今殆二十餘歲，蓋已失時，公既娶而後嫁之也。」

【經】秋，大水。鼓，用牲于社、于門。

左氏曰：「凡天災，有幣無牲，非日月之眚，不鼓。」

高郵孫氏曰：「日食必鼓者，必陰侵陽，其驗甚遠，而爲災未見。大水，則災及于物，其驗已明，其災已著。其災未見，則聖人爲伐鼓之法以救陽，且以警于人君也，驗已著者，則無事于鼓也。」

謝氏曰：「社主土，門主出入。大水之爲患也，魯人欲以聲駭變，故鼓。欲以土勝水，故用牲于社。欲以門禦水，故用牲于門。凡天地之變，先王責諸己，求諸人而已，猶以爲未也。又以陰陽象類，致力乎祈禳祭享之間，所以盡救灾之道也。方是時，莊公君道不修，國事不治，久矣。魯人不知所以消變而一切求之祈禳之間，其祈禳一切以意而不以禮，夫救灾之道遠矣。大水漂蕩，而欲以鼓駭之，不亦愚乎？大水出爲國害而欲以社勝之，以門禦之，不亦惑乎？」

【經】冬，公子友如陳。

杜氏曰：「魯出朝聘皆書如。」

謝氏曰：「友，莊公弟，以公子爲卿，故書公子。」

樸鄉吕氏曰：「公子、母弟，一也，或稱弟，或稱公子者。禮，諸侯絶朞而臣諸父昆弟。君臣者，分之别也。昆弟者，恩之屬也。禮不可以無分，異貴賤，則禮法嚴，臣不可以敵君，申私恩，則公義廢。然則春秋之書公子，乃其常也，其書弟者，變之正也。友如陳，報女叔之聘也。」

【經】二十有六年，春，公伐戎。夏，公至自伐戎。

樸鄉吕氏曰：「莊十八年，公追戎于濟西，必以乘間而侵我也。二十年而齊人伐之，必以姦紀而爲暴也。今又侵曹以出羈，因亂以納赤。其勢浸盛矣。」

許氏曰：「齊、魯伐戎而中國崇，隱、桓以來，世有戎盟，至于莊公，戎始變渝我，是以有濟西之役，于此伐戎，義以勝矣。」

【經】曹殺其大夫。

高郵孫氏曰：「禮曰：『刑不上大夫』者，一國之選而人君之所尊任者也。選之得其人，而任之當其才，故君、臣相與而國家以治。不幸其選之非人，而任之不見其功，則放之而已。蓋大夫有罪而放之，爲之君者，已有罪矣，况刑之乎？故曰『刑不上大夫』也。」

張氏曰：「諸侯雖專一國之權，而卿、大夫非大罪極恶，不得擅加以刀鋸，必以聞于天子，此王制之所甚謹。蓋視爲一體，則恩意之篤，自足以感其忠敬之心于無窮。視猶土芥，無罪而殺之，則寇讐之視，有所必至，此春秋于殺大夫所以詳書而謹之，上下相殺之變，至于定、哀而極也。」

胡氏曰：「稱國以殺者，國君、大夫與謀，事不請于天子而擅殺之也。義繫于殺，則止書其官，曹殺其大夫，宋人殺其大夫是也。義繫于人，則兼書其名氏，楚殺其大夫得臣，陳殺其大夫洩冶之類是也。所謂義繫于殺者，罪在于專殺而見殺者之是非有不足紀也，故止書其官而不復録其名氏也。古者諸侯之卿、大夫、士命于天子而諸侯不敢專命也，其有罪則請于天子而諸侯不敢專殺也。及春秋時，國無大小，卿、大夫、士皆專命之而不以告于王朝，有罪、無罪皆專殺之而不以歸于司寇，無王甚矣。五伯，三王之罪人，而葵丘之會猶曰，『無專殺大夫』，故春秋明書于策，備天子之禁也。凡諸侯之大夫，方其交政中華，會盟征伐，雖齊、晋上卿，止録其名氏，至于見殺，雖曹、莒小國，亦書其官。或抑，或揚，或奪，或與，聖人之大用也。明此，然後可以司賞罰之權矣。」

陳氏曰：「凡殺大夫，恒名之，此其不名何？恶君也。莊公卒，有戎難，羈出奔陳，赤于是簒曹。簒而殺其大夫，則必不義其君者也。宋杵臼之弑也，始不書賊而曰『宋人』，以是爲君無道也，無道而殺大夫，則亦不義其君者也。是故曹僖公之大夫不名，宋昭公之大夫不名。」

【經】秋，公會宋人、齊人伐徐。

胡氏曰：「按書，伯禽嘗征徐戎，則戎在徐州之域，爲魯患舊矣。是年春伐戎，秋又伐徐，必戎與徐合兵表裏，爲魯國之患也。故雖齊、宋將卑師少而公獨親行。」

【經】十有二月，癸亥，朔，日有食之。

【經】二十有七年，春，公會杞伯姬于洮。

家氏曰：「杜氏以伯姬爲莊公之女，即二十五年歸于杞者。陸氏謂，春秋時有子叔姬者三，皆謂時君之女。稱子者，以别先君之子。公、穀以爲同母姊妹，非也。則此伯姬未必是莊公之女，藉是莊公女，于洮，亦非歸寧之地。春秋書公會杞伯姬于洮，非歸寧之義也。」

謝氏曰：「伯姬，魯女。洮，魯地。女有歸寧于國，無出會于境。洮之會，在魯有敗禮之愆，在杞失正家之道。陸氏微旨曰：『參譏之也，公及杞侯、伯姬，俱失正矣。』」

【經】夏，六月，公會齊侯、宋公、陳侯、鄭伯同盟于幽。

陳、鄭服也。

愚按：十六年，會于幽，始書同盟，至是再會于幽，復書同盟。然前盟會者九國，今止五國，特以陳、鄭反覆，至是始服，故齊侯會公及宋，望國而盟之，不再盟他國也。

程子曰：「同志而盟，非率之也。」

謝氏曰：「明年，荆伐鄭，公會二國救鄭。然則鄭苦于楚，欲與中國同盟，可知也。」

高氏曰：「齊侯九合諸侯，此其二也。十三年，北杏之會稱人，十五年，鄄之會不稱公，而去年伐齊[一]之役，猶以宋主兵，故穀梁氏謂，此盟授之諸侯，授之諸侯，齊桓得衆也。」

胡氏曰：「同盟之例，有惡其反覆而書同盟。此盟，鄭伯之所欲，而書同盟者也。凡盟，皆小國受命于大國，不得已而從焉者也。其有小國，願與之盟，非出于勉强者，則書同盟，所以志同欲也。前此，鄭伯嘗貳于齊矣，至是齊桓强盛，有伯中國、攘夷狄之勢，諸侯皆歸之。鄭伯于是焉有畏服之心，其得與于盟，所欲也，故特書同。」

【經】秋，公子友如陳葬原仲。

原仲，季友之舊也。

[一]「齊」，四庫本作「徐」。

高氏曰：「大夫不交諸侯，諸侯不行使乎大夫。今公子友往會他國大夫之葬，蓋私行也。魯人聽其出，故同出使之文而繫之葬原仲，以重其罪。」

謝氏曰：「諸侯相葬，禮也。人臣無境外之交，卿非君命不越境。公子友以私事出境，葬大夫，其專命、僭制，不待貶絶而自見矣。」

愚按：春秋書人臣出境，未有著其事者，此獨書「葬原仲」，何也？蓋不著其事，則嫌于出聘，故特書其事，以明其以私事出境，而更不加譏貶之詞，所謂直書其事而義自見也。

【經】冬，杞伯姬來。

歸寧也。

趙氏曰：「合禮者，常事不書。豈有二百四十二年内，女惟兩度歸寧乎？蓋知非禮而來，故書。」

高郵孫氏曰：「春秋内女適諸侯者多矣，于其歸寧，未嘗曰子某歸寧，常事無書也。伯姬非莊公子，義不當歸，故書曰『杞伯姬來』也。」

薛氏曰：「非公之子不歸寧，非公之子而歸，故曰『來』也。」

陳氏曰：「内女爲夫人，凡八見于經，未有書公者，而會自伯姬始。由是來朝其子，由是來求婦。伯姬之爲，皆未之前聞也，是故終伯姬之世但書『來』。」

【經】莒慶來逆叔姬。

高氏曰：「叔姬者，伯姬之妹，皆非莊公女也。」

穀梁氏曰：「諸侯之子嫁于大夫，主大夫以與之。」

程子曰：「人臣之禮，無外交，故大夫非君命不越境。以莒慶國鄉而與魯爲婚，是外交也。不書逆女而云逆叔姬，以别鄉爲君逆也。」

臨江劉氏曰：「莒慶非有君命，叔姬非適諸侯也。何以得書？以公之自爲之主，敵則書也。」

胡氏曰：「諸侯嫁女于大夫而自主之，非禮也。」

【經】杞伯來朝。

謝氏曰：「伯姬在魯，故杞伯來朝。」

愚按：杞，二王之後，爵本上公。在桓公時猶稱侯，至是稱伯，其後遂稱子。或曰爲時王所黜。或曰齊桓之伯，以弱强爲次。或曰以其用夷禮。或曰自侯而伯，自伯而子，蓋浸以微弱。或曰滕、薛、杞爵號不同，皆口授傳寫，小國多誤。衆論紛紜，闕之可也。

【經】公會齊侯于城濮。

春秋闕疑卷十一（莊公二十八年—三十二年）

【經】二十有八年，春，王三月，甲寅，齊人伐衛，衛人及齊人戰，衛人敗績。

初，王姚嬖于莊王，生子頹，子頹有寵，蔿國爲之師。及惠王即位，蔿國、邊伯、石速、詹父、子禽、祝跪作亂，因蘇氏。十九年，秋，五大夫奉子頹以伐王。王不克，出奔溫。蘇子奉子頹以奔衛。衛師、燕師伐周。冬，立子頹。二十年，夏，鄭伯遂以王歸。秋，王及鄭伯入于鄔，遂入成周，取其寶器而還。二十一年，春，鄭伯、虢叔殺王子頹及五大夫。二十七年，王使召伯廖賜齊侯命，且請伐衛。至是，齊侯伐衛，戰敗衛師，數之以王命，取賂而還。

愚按：子頹之事，使誠有之，乃王室之大變，春秋何故不書？齊人奉王命以討衛不王之罪，春秋亦當特書以著其美，而無一辭及之，何也？况子頹之事，乃衛侯朔之所爲，已歷十年之久，朔又死矣。不應至是始命齊侯討其子也。况取賂而還，亦非齊侯始霸之事，皆不可信。

泰山孫氏曰：「前年公及齊侯、宋公、陳侯、鄭伯同盟于幽，衛侯不至，故齊人伐衛。」

謝氏曰：「齊人伐衛，以衛有可伐之罪也。衛人有辭，不服，故與齊人戰焉。衛人力不勝齊，故敗績。桓公威力可謂盛矣。然伐國不以道，則雖小國有至，舉兵相敵，終于卒伍敗衄而後退焉者也，故孟子曰：『以力假仁者霸』，『以力服人者，非心服也』。桓公以仁義用兵，特假之而已，安能使人心服哉？故齊之伐衛也，上書伐，下書戰，以著衛人無服齊之志也。春秋戰分主客，戰而爲主者，其罪大，戰而爲客，者其罪輕，以戰由主起故也。齊人以兵來伐，我苟直焉，以義辨吾之直而勿與之校可也。謹邊陲，嚴備守，需其變而勿與之争可也。上訴天王，下告列國，求爲之助，以解其危可也。若夫不恤民命而以戰爲心，則曲反在我，而不在人，罪反在此，而不在彼矣。然則春秋以齊人主伐，而以衛人主戰者，以明兩國之戰，由衛人欲戰所致也。戰之爲禍大矣。原野厭人之肉，川谷流人之血，皆戰之由也。故仁者之兵，有征無戰，邦國有罪以兵誅罪而已，服則舍焉，未嘗以戰爲事也。邦國有亂，以兵定亂而已，順則止焉，未嘗以戰爲事也。用兵而至于戰者，皆好功嗜殺而輕民命也。故春秋以大罪歸于首戰之人。」

【經】夏，四月，丁未，邾子瑣卒。

【經】秋，荆伐鄭。公會齊人、宋人救鄭。

楚令尹子元欲蠱文夫人，爲館于其宮側而振萬焉。夫人聞之，泣曰：「先君以是舞也，習戎備也。今令尹不尋諸仇讎，而于未亡人之側，不亦異乎？」御人以告子元。子元曰：「婦人不忘襲讎，我反忘之。」秋，子元以車六百乘伐鄭，入于桔柣之門。衆車入自純門，及逵市，縣門不發，楚言而出。子元曰：「鄭有人焉。」

諸侯救鄭，楚師夜遁。秋，申公鬬班殺子元，鬬穀于菟爲令尹，自毁其家以紓楚國之難。

穀梁氏曰：「善救鄭也。」

謝氏曰：「文公與諸侯同盟，故荆伐鄭，聘稱人，進之也。伐復稱荆，狄〔一〕之也。蠻荆〔二〕陵犯中國，久矣。天子不能制，方伯不能卻，小國困于水火，亦久矣。方是時，荆以不仁伐鄭，而三國能出力救之，三國與鄭同盟，而復能與之同患，小國有息肩之地矣。」

胡氏曰：「桓公主兵，攘夷安夏〔三〕之事見矣。」

【經】冬，築郿。

胡氏曰：「郿，邑也。凡用工，大曰『城』。小曰『築』。故館則書築，臺則書築，囿則書築，郿邑而書築者，創作邑也。其志不視歲之豐凶，而輕用民力于其所不必爲也，則非人君之心矣。」

【經】大無麥禾。臧孫辰告糴于齊。

冬，饑。臧孫辰告糴于齊。

〔一〕「狄」，四庫本作「外」。

〔二〕「蠻荆」，四庫本作「荆人」。

〔三〕「攘夷安夏」，四庫本作「鋤强救弱」。

胡氏曰：「麥熟于夏，禾成于秋，而書于冬者，莊公惟臺、榭是崇、是飾，費用浸廣，調度不充，有司會計歲入之多寡、虛實，然後知倉廩之竭也。故于歲杪而書曰，『大無麥禾』。」

劉敞謂：「不言如齊告糴而曰『告糴于齊』者，言如齊，則其情緩，告糴于齊，則其情急也。古者，三年耕，餘一年之食。九年耕，餘三年之食。今莊公享國二十八年，當有九年之積，而虛竭如此，所謂寄生之君也。」

蘇氏曰：「是歲未嘗有水旱、蟲、螟之災而書大無麥禾者，劉向春秋説曰：『土氣不養，稼穡不成也。』沈約宋志言：『孫皓時，嘗有之苗稼豐美，而實不成，百姓以饑，合境皆然，連歲不已，則所謂大無麥禾也。』」

愚謂：春秋書此，見莊公不用心于民事，歲之凶、豐，食之有、無，皆所不問。及冬民饑，始知大無麥禾。急遣臧孫辰告糴于齊也。苟非齊桓有救灾恤隣之義，則魯民之不爲饑殍者，幾希矣。他日葵丘之會，申嚴遏糴之禁，豈非自此而推之乎？然則堯有九年之水，湯有七年之旱，而其民無菜色者，以其備之有素也。有國、有家者，其可不知所務而預爲之備乎？

【經】二十有九年，春，新延廄。

公羊氏曰：「新延廄，修舊也。修舊何以書？凶年不修。」

穀梁氏曰：「冬，築郿。春，新延廄。以其用民力爲已悉矣。」

臨江劉氏曰：「延廄者，天子之廄，非諸侯之廄也。」

高氏曰：「魯侯僭乘天子之車，備十二閑之馬，聖人不敢斥言之，是以特因其修舊而書以譏之，且去冬大無麥禾，今又新延廄，所謂廄有肥馬，民有饑色，何以爲民父母乎？」

謝氏曰：「廄以安馬而已，亦恶舊而新之。莊公好治宮室可知也。冬方告糴，春又興工，民困之不憂，廄陋之爲恤，與孔子問傷人不問馬異矣。」

【經】夏，鄭人侵許。

許氏曰：「許以近楚，自齊之霸，未會諸侯，故鄭侵之，自是而後許從中國矣。」

【經】秋，有蜚。

公羊曰：「記異也。」

何氏曰：「蜚者，臭恶之虫。南越盛暑所生，非中國之所有。書『有』，言本無也。」

家氏曰：「洪範五行傳云，『蜚，穢毒之物[一]，越之所生，其爲虫臭恶，能害人』。獨劉原父云：『蜚，狀若牛，而白首，一目，蛇尾，行水則竭，行草則死，見則國大疫。』與傳註所言盖兩物也。」

[一]「穢毒之物」，四庫本作「荒徵之物」。

高氏曰：「此亦吴、楚陵〔一〕中國之象，自此中國不以爲怪，故一書而不復書，如鸜鵒之類，中原皆有之，故始于春秋之時。自春秋以來，蠻貊之民〔二〕，雜居中原，豈此數物爲之兆乎？古者橘逾淮而化枳，今淮宋之間，橘大如柑，乃知物理之變，殆不可測，後世之事，古人不能知者，衆矣。」

【經】冬，十有二月，紀叔姬卒。

高郵孫氏曰：「内女歸爲諸侯夫人，無他恶行即書卒，猶不書葬。其賢行之著者，則書卒、書葬以旌之，異于他女也。紀叔姬爲紀侯之媵，法不當書，而春秋書歸于紀，歸于酅，而卒、葬皆詳書之者，特賢之也。」

胡氏曰：「紀已滅矣。其卒之何？見紀侯去國，終不能自立，異于古公亶父之去，故特書叔姬卒，而不卒紀侯，以明其不争而去，則可能使其民從而不釋，則微矣。」

家氏曰：「以此防民，猶有儷體，宸居國亡，不能死，委身于寇〔三〕讐，如晋之惠后者，可爲痛哭流涕矣。」

【經】城諸及防。

謝氏曰：「諸、防二邑，諸役纔已，防役又興，書『及』，著其不恤民力也。凡土工，苟害于民，雖時勿

〔一〕「吴、楚陵」，四庫本作「遠人亂」。
〔二〕「蠻貊之民」，四庫本作「鄋瞞陸渾」。
〔三〕「寇」，四庫本作「讐」。

興可也。」

【經】三十年，春，王正月。

【經】夏，師次于成。

穀梁氏曰：「次，止也，有畏也。欲救鄣而不能，不言公，恥不能救鄣也。」

趙氏曰：「魯蓋欲會齊圍鄣，至成待命，聞鄣已降，故不行耳。然疑事無質，但當存而勿解。」

愚謂：是時，齊桓正霸，齊、魯方睦，决無争鄣之事，當以趙説爲是，然不可考矣。

【經】秋，七月，齊人降鄣。

公、穀皆以鄣爲紀之遺邑。杜氏以爲紀之附庸。啖氏曰：「鄣自是小國爾。」

愚按：紀亡已久，遺邑將安所屬以至于今？啖氏之説近是。齊人降鄣，于以見桓公霸業之成，兵威之盛也。降者，有以得其心而使之屈服，詩云「我心則降」是也。古之善爲兵者不陳，善陳者不戰。今齊人臨鄣，兵刃未接，而能使之屈服，服則舍之，而不復加之以罪，亦可謂善爲兵矣。五霸，桓公爲盛，豈不信哉？先儒以爲齊恃强凌弱使之降，故書「齊人降鄣」以罪齊者，過矣。

【經】八月，癸亥，葬紀叔姬。

【經】九月，庚午，朔，日有食之。鼓，用牲于社。

【經】冬，公及齊侯遇于魯濟。

謀山戎也，以其病燕故也。

杜氏曰：「濟水歷齊國界，在齊界爲齊濟，在魯界爲魯濟。」

愚按：濟之遇，左氏以爲謀伐山戎，然伐戎之役，魯實不與。獨高氏以爲齊將伐山戎，道由魯濟，公于是乎出，迓之，故書曰「遇」，若邂逅相值，理或然也。

【經】齊人伐山戎。

胡氏曰：「齊人者，齊侯也。其稱人，譏伐戎也。自管仲得政，至是二十年。未嘗命大夫爲主將，亦未嘗興大衆出侵伐，故魯莊十一年而後，凡用兵皆稱人者，將卑師少爾。今此安知其非將卑師少而獨以爲齊侯也？以來獻戎捷稱齊侯則知之矣。夫北戎病燕，職貢不至，桓公内無因國，外無從諸侯，越千里之險，爲燕闢地，可謂能修方伯、連帥之職，何以譏之乎？桓不務德，勤兵遠伐，不正王法，以譏其罪，則將開後世之君，勞中國以事外夷〔一〕，舍近政而貴遠略，困吾民之力，争不毛之地，其患有不可勝言者，故特貶而稱人，以爲好武功而不修文德者之戒。」

〔一〕「外夷」，四庫本作「邊陲」。

高氏曰：「以此爲防，而後世猶有開邊拓境，好大喜功，如秦皇、漢武甘心遠略〔二〕者，實萬世之龜鑑也。」

【經】三十有一年，春，築臺于郎。

胡氏曰：「天子有靈臺，以候天地。諸侯有時臺，以候四時。去國築臺于遠而不緣占候，是爲游觀之所，厲民以自樂也。厲民自樂，而不與民同樂，則民欲與之偕亡，雖有臺，其能獨樂乎？」

【經】夏，四月，薛伯卒。

高郵孫氏曰：「薛伯卒，經無其名，舊史失之。」

【經】築臺于薛。

杜氏曰：「薛，魯地。」

【經】六月，齊侯來獻戎捷。

穀梁氏曰：「軍得曰捷。」

公羊氏曰：「獻戎捷，威我也。」

左氏曰：「凡諸侯有四夷之功，則獻于王，王以警于夷，中國則否。諸侯不相遺俘。」

〔二〕「遠略」，四庫本作「徼外」。

高氏曰：「始伐稱人，此其稱爵者，方其伐戎過我，固已貶之。此獻捷而稱人，則疑若微者，故特書爵以誅齊侯矜功威魯之罪。」

謝氏曰：「軍以捷爲功，故勝敵爲捷，詩曰：『一月三捷』是已。以功告上爲獻。獻，臣子之禮也。詩云：『在泮獻馘』是已。齊之克山戎也，齊侯躬以戎捷耀魯，將以震動小國而威之也。春秋退抑齊侯而書曰『來獻』，黜其强也。黜其强者，不與大國以威諸侯也。齊，大國也。『來獻戎捷』，卑者之事也。以卑者屈辱齊侯，而春秋抑强扶弱之心見矣。夫構禍邀功，使生民陷于荼毒，以好戰者爲之患也。沮直害忠，使柔良困于沉溺，以恃强者爲之患也。故春秋紀兵，不美戰功，其爲道也，不與强凌弱。」

愚謂：春秋之所謹，王霸、華夷〔一〕之辨也，書「齊侯來獻戎捷」，所以抑霸也。書「楚人使宜申來獻捷」，所以抑夷〔二〕也。是舉也，自齊侯誇示，則爲榮；自聖人書之，則爲辱。妍醜見鑑而後明，輕重經衡而後定也。舜之告禹曰：「女惟不矜，天下莫與女爭能；女惟不伐，天下莫與女爭功。」固聖人之明訓。及觀夫子稱孟之反不伐，抑齊侯之獻捷，則人之處軍旅之間，勝敗之際，亦有道矣。

【經】秋，築臺于秦。

〔一〕「華夷」，四庫本作「中外」。
〔二〕「夷」，四庫本作「戎」。

謝氏曰：「害民以興土功，耗財以供不急，放心以事盤游，作非法以遺後世，乃一歲三築臺而不已，莊公之過也。」

張氏曰：「一歲築三臺，正所謂及時般樂怠傲者，則其治國、治家之當務，荒廢多矣。」

高氏曰：「當是時，慶父執國政而通乎夫人，故數築臺于遠地，以爲公游觀之娱，公亦爲其所惑而不自知也。可爲後世戒。」

【經】冬，不雨。

程子曰：「一歲三築臺。明年春，城小穀。故冬書『不雨』，閔之深也。不雨亦旱也，謂之不雨者，遠近傒雨，咨嗟之辭也。」

高氏曰：「一時不雨，未爲灾也，書之以見公暮年興役不已，而灾異數至也。」

高郵孫氏曰：「易之象，陰陽和者曰『雨』，睽之上九曰：『往遇雨則吉。』其不和者則曰『不雨』，小過之六五曰：『密雲不雨。』然則凡雨皆陰陽和也，不雨者，皆陰陽不和也。書不雨，記陰陽不和之異也。人與物在天地間，仰陰陽以生也。陰陽不和，則所以仰之者不遂矣。故春秋之法，一時不雨亦書，不以其爲灾不灾也。」

【經】三十有二年，春，城小穀。

爲管仲也。

高氏曰：「小穀，魯邑，今曲阜西北有小穀城。先儒以爲齊邑，魯爲管仲城之。若然，聖人亦當異其文，而繫之齊矣。且公雖感齊侯之私，豈肯爲管仲城邑乎？彼殆見昭十一年傳云，『齊桓城穀而置管仲焉』，故有此説。殊不知，齊自有穀，如文十七年，公及齊侯盟于穀，宣十四年，公孫歸父會齊侯于穀，此齊穀也，非魯之小穀。」

薛氏曰：「莊公自六年之後，無麥苗，大無麥禾，螟、麋、蜮、蜚相繼，而有大水者三，中君之性，尚當少警，而公之侈心日起，因娶而觀社，丹楹刻桷，告糴之後有築郿之役。次年新延廄，城諸、防。去年不雨而三築臺。今歲又城小穀。平歲猶曰不可，況薦饑而輕用民力乎？」

【經】夏，宋公、齊侯遇于梁丘。

齊侯爲楚伐鄭之故，請會于諸侯。宋公請先見于齊侯。夏，遇于梁丘。

高郵孫氏曰：「宋公序齊侯上者，宋爲之志也。」

高氏曰：「梁丘，宋地。宋序齊上者，地主也。」

【經】秋，七月，癸巳，公子牙卒。

初，公築臺，臨黨氏，見孟任，從之。閟，以夫人言許之。割臂盟公，生子般焉。公疾，問後于叔牙，對曰：「慶父材。」問于季友，對曰：「臣以死奉般。」公曰：「鄉者牙曰：『慶父材。』」成季使以君命命僖叔待于鍼巫氏，使鍼季酖之，曰：「飲此則有後于魯國，不然死且無後。」飲之，歸，及逵泉而卒。立叔孫氏。

高氏曰：「傳載季友殺叔牙之事，考之于經，全不寓微意，且公既有子，何必問後？而叔牙輒以慶父對，若公以爲不當立，則自不立矣，何至于殺叔牙耶？殺叔牙而反使慶父執國政，此又何理耶？况此去公薨尚遠，豈公臨終之事耶？公羊氏以爲將弑莊公，此又無謂之甚者，以此言之，公子牙蓋自卒耳。」

高郵孫氏曰：「季友遏恶于未萌，乃春秋之所重。春秋既不以骨肉相殘責之，當變文以見意，不當但書卒也。二傳但見公子牙，魯之大恶者，而卒于莊公之前，又季友方用事于魯，疑其爲季殺之爾，且當據經爲正。」

【經】八月，癸亥，公薨于路寢。

子般即位，次于黨氏。

穀梁氏曰：「路寢，正寢也。寢疾居正寢，正也。」

謝氏曰：「公薨必書其所，謹凶變也。遇弑則不地，故也。莊公、宣公、成公薨于路寢，正也。僖公薨于小寢，文公薨于臺下，襄公薨于楚宮，定公薨于高寢，不正也。隱公、閔公不地，以明不得其死也。桓公薨于齊，以明遇禍于齊也。昭公薨于乾侯，以明客死于晋也。」

趙氏曰：「君必終于正寢，以就公卿也。大位，姦之窺也；危病，邪之伺也。若蔽于隱，是使小人、女子得行其志也，故宗嗣素定之，兵權散主之，閨闈嚴飾之，小人女子不尸重任，賢良受託，鼎足交輔，則簒弑之禍，曷由而至哉？」

胡氏曰：「莊公以世嫡承國，不爲不貴，周公之後，奄有龜、蒙，不爲不强，即位三十有二年，不爲不久，薨于路寢，不爲不正，而嗣子受禍，幾至亡國，何也？大倫不明，而宗嗣不定，兵權不分，而主威不立，得免其身，幸矣。」

【經】冬，十月，己未，子般卒。

共仲使圉人犖賊殺子般于黨氏。成季奔陳。立閔公。

公羊氏曰：「此其稱『子般卒』何？君存稱世子，君薨稱子某，既葬稱子，踰年稱公。子般卒，何以不書葬？未踰年之君也。」

高氏曰：「子般卒，三傳皆以爲慶父所殺。考之于經，全不寓微意，而所書正與襄三十一年子野同。若以子般爲被弒，則子野亦豈被弒乎？惟文十八年書子卒而不名者，乃被弒也。何則？既書『子卒』即書『夫人姜氏歸于齊』，蓋文公既薨，子赤爲宣公、襄仲所殺，而弒君之賊又自立矣。姜氏不能容，自歸于父母之國。聖人不名子赤者，以其被弒，不忍名之，與成君同也。若書其名，則與自卒者無別矣。或以爲先君未葬則名，文十八年書『子卒』而不名者，以先君既葬故爾。是不然，景王既葬矣，王子猛之卒，何爲而名乎？豈有天子未踰年則名之，而諸侯反不名乎？以此驗之，子般、子野皆非被殺，而子般特以哀姜、慶父之故，疑若爲其所弒耳。」

【經】公子慶父如齊。

高氏曰：「若以慶父弑君而出奔，則聖人豈不著其出奔之罪乎？乃知此非出奔也。蓋莊公既薨，子般又卒，繼嗣未定，慶父雖有僥倖之心，而身爲國卿，加以公子之貴，寧無嫌疑之避？于是如齊告難，蓋桓公始霸，謀定其君，及自齊歸，魯已立閔。慶父始有篡弑之意，故明年齊侯使仲孫湫來省難，而仲孫謂『不去慶父，魯難未已』也。」

愚謂：聖人書子般之卒，子野之卒無異文，而不同于子赤諱名之例，則般以正卒明矣。書慶父如齊，異于慶父弑閔、奔莒之文，則般之死，非慶父所殺，亦明矣。况以事言之，是時齊桓方霸，專以誅叛討逆爲事。慶父既弑其君，安敢奔齊以自投于憲網？齊桓聞之，必執以爲己功矣。故弑閔公之後，則不敢奔齊而奔莒也。豈當時見莊公既薨，子般又死，故以疑似而有是説耶？抑因慶父弑閔之後，遂傅會以成其文耶？予舊讀而疑之，及觀高氏之説，深有契于予心，最爲得經之旨，故特取之，以明棄經任傳之弊。學者于此等處，所宜潛心詳玩，參考互訂，以明其是非曲直而不爲傳註所惑，庶于經有得也。

【經】狄伐邢。

高氏曰：「此爲齊侯救邢而書，亦見中國之衰。」

張氏曰：「狄，北狄。前此雖未見于經，然自伐邢而滅衛，三年之間，塗炭兩國，首以伐書，著其强也。」

小東萊吕氏曰：「桓公始霸之初，狄滅衛，又伐邢，見得當時夷狄憑陵中國如此之甚〔一〕。向非桓公封衛、遷邢，則中國幾何而不胥爲殲覆〔二〕。此孔子所以有『微管仲，吾其被髮左衽』之歎也〔三〕。」

許氏曰：「春秋，戎先見，荆次之，狄又次之，而荆暴于戎，狄又暴于荆。當惠王世，戎、狄、荆、楚交伐。諸夏使無齊桓攘服以定之，豈復有周室〔四〕哉？」

〔一〕「夷狄憑陵中國如此之甚」，四庫本作「中國衰微，至于如此之甚」。
〔二〕「則中國幾何而不胥爲殲覆」，四庫本作「則諸姬之盡，豈獨在漢陽矣」。
〔三〕「此孔子所以有『微管仲，吾其被髮左衽』之歎也」，四庫本作「此孔子作春秋，所以于齊桓公之霸，多與辭也」。
〔四〕「周室」，四庫本作「周天子」。

春秋闕疑卷十二（閔公元年—二年）

閔公

公名開，一名啟。方莊公之子，般之庶弟，惠王十六年即位。謚法：在國逢難曰閔。

【經】元年，春，王正月，齊人救邢。

狄人伐邢。管敬仲言于齊侯曰：「戎狄貪惏〔一〕，不可厭也。諸夏親暱，不可棄也。宴安酖毒，不可懷也。詩云：『豈不懷歸，畏此簡書。』簡書，同患〔二〕相恤之謂也。請救邢，以從簡書。」齊人救邢。

穀梁氏曰：「善救邢也。」

胡氏曰：「凡書救者，未有不善之也。救在京師，則罪列國，子突救衛是也。救在夷狄〔三〕，則罪諸侯，狄

〔一〕「貪惏」，四庫本作「豺狼」。
〔二〕「同患」，四庫本作「同恶」。
〔三〕「夷狄」，四庫本作「外域」。

救齊，吴救陳是也。救在遠國，則罪四隣，晋陽處父帥師伐楚以救江是也。救而不速，救者則書所次，以罪其慢，叔孫豹救晋，次于雍榆是也。救而不敢救者，則書所至，以罪其怯。齊侯伐我北鄙，圍成，公救成至遇是也。兵者，春秋之所至重，獨于救兵而書法若此，聖人之情見矣。其稱人，將卑師少也。」

張氏曰：「論語以免民左衽之功歸于管仲，蓋救諸夏，攘夷狄，皆管仲發其端也。〔一〕」

【經】夏，六月，辛酉，葬我君莊公。

亂故，是以緩。

【經】秋，八月，公及齊侯盟于落姑。季子來歸。

公及齊侯盟于落姑，請復季友也。齊侯許之，使召諸陳。公次于郎以待之。季子來歸。

公羊氏曰：「其稱季子何？賢也。其言來歸何？喜之也。」

小東萊吕氏曰：「閔公方九歲，安能自會如此？蓋國人上下皆恶慶父而賢季友，故欲復之。公與齊盟，亦國人左右扶持而去，當時國亂，猶能恶慶父而復季友，此亦見魯秉周禮處。」

高氏曰：「凡人臣出奔而反國，則書曰『歸』，或曰『復歸』。經未有季子出奔之文，而書『來歸』何也？凡奔云者，負罪以出，迫逐而不遑暇之辭也。今魯國連丧二君，當凶禍艱難之際，季子以貴戚之重，違而去之，

〔一〕「論語以免民左衽之功歸于管仲，蓋救諸夏，攘夷狄，」四庫本作「論語以一匡九合之功歸于管仲，蓋奬王室，從簡書」。

是之謂全身遠害，求援以庇國。既而國人以慶父之故，思得賢公子以輔幼主，視公族之中，唯季子託辭以出，若愛其生以有待者，魯人唯恐其不歸，故公與齊侯盟而請之。其書『來歸』者，所以變乎歸之文，又變乎復歸之文也。既歸而遂以國政付之，是其委任亦不輕矣。唯其委任之重，所以没其去國之因而責其後效，聖人特字之而不名，又不稱公子者，見季子自以賢德爲國人所與，不緣宗親之故，則所以望于季子者重矣。然季子既歸，乃反託親親之故，卒不能平姜氏之亂，討慶父之惡，故使二人卒弑吾君。明年書『公子慶父出奔莒』，『夫人姜氏孫于邾』，以著季子徒然來歸，無補于急難，大失國人之望，是以變文書來歸者，亦所以責之。」

家氏曰：「慶父之奔也，春秋書之。其歸也，不書，惡其歸也。季友之奔也，春秋不書。其歸也，書之，喜其歸也。」

陳氏曰：「國人之欲歸季子，以已亂也，而季子雖歸，慶父、夫人亂未已，俄而弑閔公。于是以僖適邾，則國人何賢乎季子？微季子則慶父之簒成，而莊公之統絶，慶父之簒不成，莊公之統不絶者，季子在也。」

薛氏曰：「季子來歸，雖定魯國。竊國之政，自此作也。春秋詳其出入，見其事君之際，善其善，起其强也。」

【經】冬，齊仲孫來。

齊仲孫湫來省難。仲孫歸曰：「不去慶父，魯難未已。」公曰：「若之何而去之？」對曰：「難不已，將自斃，君其待之。」公曰：「魯可取乎？」對曰：「不可。猶秉周禮，周禮所以本也。臣聞之，國將亡，本必先顛，而後枝葉從之。魯不棄周禮，未可動也。君其務寧魯難而親之，親有禮，因重固，間攜貳，覆昏亂，伯王之器也。」

高氏曰：「此齊侯既復季子，因使仲孫來窺我，非使于我也，故不書齊侯使，而止書齊仲孫來，所以嘉仲孫而譏齊侯。譏齊侯有窺魯之心，失霸者之義，而嘉仲孫能俾齊侯務寧魯難，有全魯之功，故特書字以褒之。」

五峯胡氏曰：「二帝三王，施仁政，定天下，盡道而已。非有利天下之心也。五伯仗義、結信，摟諸侯，奬王室，謀以自強大，非有正天下之心也。五伯，桓公爲盛，忿不懲而滅譚，欲不窒而窺魯，其心源可考矣。雖力行信義，豈其如日之晝，如月之夜，不可離乎？使其無死，安知其不志驕氣溢而後有失信棄義之事哉？惟其執之不敢中道廢是，以得成伯者之名爾，此孟子所謂假也。五伯假信義而未歸，則既有之矣，其得罪于三王，何也？其以有爲而爲之也，此王、伯所以分乎？」

【經】二年春，王正月，齊人遷陽。

胡安定先生曰：「陽，微國也。齊桓逼逐而遷之，以著齊桓之恶，故貶而人之。」

啖氏曰：「移其國于國中爲附庸也。」

大東萊吕氏曰：「聖人作春秋，功過不相掩，齊人遷陽，罪之甚也。」

【經】夏，五月，乙酉，吉禘于莊公。

趙氏曰：「禘，王者之大祭也。王者既立始祖之廟，又推始祖所自出之帝，祀之于始祖之廟，而以始祖配之也。」

程子曰：「天子曰禘，諸侯曰祫。」

朱子曰：「王者有禘，有祫，諸侯有祫，無禘。」

劉氏意林曰：「禘者，帝也。帝者，天子之號也。諸侯不得祖天子，故禘不及諸侯也。天子禘，諸侯祫，大夫享，庶人薦，此上下之殺也。」

公羊氏曰：「言吉，未可以吉也。言莊公，未可稱宫廟也。」

穀梁氏曰：「喪事未畢，舉吉祭，故非之也。」

謝氏曰：「魯禘之失者三：諸侯而行禘禮，一也；禘不于太祖而于莊公，二也；二十二月而吉祭，三也。」

高氏曰：「禘者，天子之祭，魯不當禘也。然成王賜天子之禮以享周公，而先公因僭用之。過在前世，聖人不一一追貶，但因事書之，蓋魯國常事不可勝書故也。雖然，此特用其禮物耳，非有追配之事，故直言禘于莊公也。」

愚按：禮記謂：成王以周公有大勲勞于王室，賜魯重祭。孔子曰：「魯之郊禘，非禮也。周公其衰矣」。成王之賜，伯禽之受，皆非也。然其始，蓋賜于周公之廟，許用王者禮樂，如八佾之類耳。其後群公之廟，皆僭用之，既皆僭用王者禮樂，遂因而有禘祭之名，遂用郊天之禮。嗚呼！使武王在位之日，周公爲政之時，豈有過賜、過受之失？至于成王、伯禽，則有是舉矣。此其所以爲聖、賢之分也。雖然，是蓋過厚而已，非有大失也，末流之弊，至于季氏舞八佾，三家以雍徹，上下交僭而君臣之分蕩然矣。禮謹于微，君子不可不愼也。子疾病，子路使門人爲臣。病間，曰：「久矣哉。由之行詐。無臣而爲有臣。吾誰欺，欺天乎？」觀于此，則知聖人之所處矣。」

【經】秋，八月，辛丑，公薨。

初，公傅奪卜齮田，公不禁。秋，八月，辛丑，共仲使卜齮賊公于武闈。成季以僖公適邾。共仲奔莒，乃入，立之。成季之將生也，桓公使卜楚丘之父占〔一〕之，曰：「男也。其名曰『友』。在公之右，間于兩社，爲公室輔。季氏亡，則魯不昌。」又筮之，遇大有之乾，曰：「同復于父，敬如君所。」及生，有文在其手曰「友」。遂以命之。成風聞成季之繇，乃事之，而屬僖公焉，故成季立之。

陳氏曰：「魯之春秋固書曰，『公子慶父弑公于武闈』，聖人修之曰，『公薨』，諱之也。遇弑，君父之大哀也。則何忍言之？是故書薨而不地，且不葬。薨，十二公所同也。不地、不葬，隱、閔所獨也。然則雖諱而亂臣賊子之獄具矣。」

〔一〕「占」，四庫本作「卜」。

胡氏曰：「諱而不言弒何？以傳信于將來。曰：書薨以示臣子之情，不地以存見弒之實，何爲無以傳信也？凡君終必書其所，獨至于見弒則没而無所，其情厚矣，其事亦白矣。非聖人能修之乎？後世記言之士，欲諱國惡，則必失其實，直書毋隱，又非臣子所當施于君父也，而春秋之法不傳矣。」

高郵孫氏曰：「弒君之賊討，則書葬。閔公之賊不討，而使之出奔，春秋不記其葬，所以罪魯之臣子也。」

愚謂：慶父雖縊，不以賊討，猶不討也。

【經】九月，夫人姜氏孫于邾。

閔公，哀姜之娣叔姜之子也，故齊人立之。共仲通于哀姜，哀姜欲立之。閔公之死也，哀姜與知之，故孫于邾。

【經】公子慶父出奔莒。

以賂求共仲于莒，莒人歸之。及密，使公子魚請，不許。哭而往。共仲曰：「奚斯之聲也。」乃縊。

高氏曰：「先書公薨而繼書此，則知夫人姜氏與公子慶父實弒公也。夫季子者，閔公盟而歸之，以爲國卿，正爲姜氏、慶父、季子專魯國之政，足以有爲。今已踰年，既不能防閑其君母，稍治慶父之罪，而反召弒君之禍，又不能率魯國之衆，以討弒君之賊，乃縱之使逸，故此書『夫人姜氏孫于邾』，『公子慶父出奔莒』者，非特著姜氏、慶父之罪，又以見季子孤國人之望也。或謂緩誅逸賊，親親之道，是尤不然，人臣之義，莫大乎爲君討賊，故曰『大義滅親』。今季子于慶父，親也，而于閔公，則親而又尊也。慶父弑閔，彼尊尊親親之義已絶矣。苟能誅之，則尊尊親親之義兩得之，舍慶父而忍乎閔公，是尊尊親親之義兩失之也。棄兩得而從兩失，賢者之所爲，果如是乎？」

高郵孫氏曰：「文姜之孫也，不稱姜氏，所以令齊絶之。哀姜之孫也，稱姜氏，以明邾非姜氏父母之國，其得絶之無疑焉。邾容而受之，爲有罪，春秋深罪邾容他國之夫人，特書曰『夫人姜氏孫于邾』，以見其不絶之罪。」

陳氏曰：「宋萬奔陳，雖殺之不書。慶父奔莒，雖殺之不書。春秋所以嚴逸賊之責也。季子奔陳不書，適邾不書，全之也。則其嚴逸賊之責何？若季子可與，言事存矣，事亡則未也。有季友在，慶父將不免于爲戮，則曷爲謂之無討？均之爲逸賊也。」

【經】冬，齊高子來盟。

公羊氏曰：「比三君死，曠年無君。設以齊取魯，曾不興師，徒以言而已矣。桓公使高子將南陽之甲，立僖公而城魯。或曰自鹿門至于争門者是也，或曰自争門至于吏門者是也。魯人至今以爲美談，曰，『猶望高子也』。」

程子曰：「高子來省難，然後盟，盟未前定也。稱高子，善其能恤魯。」

胡氏曰：「桓公命高子必曰：『魯可取，則兼其國以廣地。魯可存，則平其難以善隣』，非有安危繼絶一定不可易之計也。高子至則平魯難，定僖公，魯人賴焉。聖人美其明人臣之義，得奉使之宜，特稱高子以著其善。不曰『齊侯使之』者，權在高氏子也。」

家氏曰：「春秋書此，亦以著桓公不吝改過，而大夫之出疆者，皆能納君于善也。始仲孫之來，桓公因使之覘國，而仲孫之歸也，以魯秉周禮爲對，不惟存魯于亡，又能納君于善，而非使事之指也。及高子來盟，率甲與俱，至人疑其將不利于魯，而高子立僖公而盟之，又以甲城魯，魯于是始定，而非使事之指也。然齊桓不以失指爲怒，反因是而伸哀姜之討，有以見桓公善用人，樂從諫，始而覘魯，卒而存魯，利欲不足以蝕其本心，伯之猶有德者也。」

【經】十有二月，狄入衛。

狄人伐衛。衛懿公好鶴，鶴有乘軒者。將戰，國人受甲者皆曰：「使鶴，鶴實有禄位，余焉能戰！」公與石祈子玦，與甯莊子矢，使守，曰：「以此贊國，擇利而爲之。」與夫人繡衣，曰：「聽于二子。」渠孔禦戎，子伯爲右，黄夷前驅，孔嬰齊殿。及狄人戰于熒澤，衛師敗績。遂滅衛。衛侯不去其旗，是以甚敗。

初，惠公之即位也少，齊人使昭伯烝于宣姜。不可。强之。生齊子、戴公、文公、宋桓夫人、許穆夫人。文公爲衛之多患也，先適齊。及敗，宋桓公逆諸河，宵濟。衛之遺民男女七百有三十人，益之以共、滕之民爲五千人，立戴公以廬于曹。許穆夫人賦載馳。齊侯使公子無虧帥車三百乘，甲士三千人，以戍曹。歸公乘馬，祭服，牛羊豕雞狗與門材。歸夫人魚軒，重錦。衛文公大布之衣，大帛之冠，務材訓農，通商惠工，敬教勸學，授方任能。元年革車三十乘，季年乃三百乘。

謝氏曰：「狄人入衛也，國人分散，衛已滅矣。自文公徙居楚丘，建城市，營宮室，而衛國復興，則狄未能滅衛而有之，故入衛不書滅。」

張氏曰：「衛之滅，非特懿公好鶴而失人心，蓋自惠公即位以來，宣姜淫恣，躭樂亡政，習以爲常，故狄人一至而涣然國隨以亡。非齊桓救而封之，則康叔之後至此無噍類矣。衛在春秋時，初爲大國，與齊侯胥命，才四十年而淪于亡滅，所以治國先齊家，而淫亂之禍，不篡必滅，可不戒哉？」

【經】鄭棄其師。

鄭人恶高克。使帥師次于河上，久而弗召。師潰而歸。高克奔陳。鄭人爲之賦清人。

胡氏曰：「人君擅一國之名寵，殺生與奪，惟我所制爾，使克不臣之罪已著，案而誅之可也，情狀未明，黜而遠之，可也。愛惜其才，以禮馭之，可也。烏用假以兵權，委諸境上，坐視其失伍離散而莫之恤乎？然則棄師者鄭伯，乃以國稱，何也？二三執政股肱，心膂休戚之所同也，不能進謀于君，協志同力，黜逐小人，而國事至此，是謂危而不持，顛而不扶，則將焉用彼相矣？鄭棄其師，君臣同責也。」

春秋闕疑卷十三（僖公元年—六年）

僖公

公名申，莊公之子，閔公庶兄。惠王十八年即位。謚法：小心畏忌曰僖。

【經】元年，春，王正月，齊師、宋師、曹伯次于聶北，救邢。

諸侯救邢，邢人潰，出奔師。師遂逐狄人，具邢器用而遷之，師無私焉。

「曹伯」，公、穀作「曹師」，以下文城邢書「曹師」，則此當從公、穀。

公羊氏曰：「救不言次，此其言次何？不及事也。」

程子曰：「齊未嘗興大衆，此稱師，責其衆可救而徒次以爲聲援，致邢之不保其國也。」

胡氏曰：「春秋大義，伐而書次，其次爲善，遂伐楚，次于陘，美之也。救之書次，其次爲貶，救邢，次于聶北，譏之也。聖人之情見矣。故救患分災，于禮爲急，而好攻戰、樂殺人者，于罪爲大。」

【經】夏，六月，邢遷于夷儀。齊師、宋師、曹師城邢。

邢遷于夷儀，諸侯城之，救患也。

公羊氏曰：「遷者何？其意也。」

胡氏曰：「書『邢遷于夷儀』，見齊師次止，緩不及事，邢以自遷爲文，而再書齊師、宋師、曹師城邢者，美桓公志義，卒有救患之功也。」

謝氏曰：「與其次而後救，不若不次之爲善也。與其遷而後城，不若不遷之爲善也。力足以討暴折難而遷延後時，故聶北之師，書救、書城，以著其善，書次、書遷，以著其惡。」

高氏曰：「始不能救邢，過也。卒能城邢，功也。聖人不以功掩過，亦不以過掩功，功過不相掩，是之謂王法。」

【經】秋，七月，戊辰，夫人姜氏薨于夷。齊人以歸。

閔二年，哀姜孫于邾，齊人取而殺之于夷，以其尸歸，僖公請而葬之。

公羊氏曰：「桓公召而縊殺之。」

穀梁氏曰：「夫人薨，不地。地，故也。」

愚謂：哀姜與聞弑君，罪在不赦，齊人明其罪而誅之，義也。召而縊之，豈所謂義乎？古者刑人于市，與衆棄之。弑君之賊，殺而歸之，豈所謂刑乎？故經書夫人薨，以明其不能討夫人之爲賊。書齊人以歸，以明其不能絶夫人之爲親。其曰「薨于夷」，則夫人之不以善終亦明矣。所以使魯人卒請哀姜之喪，葬以小君之禮者，皆齊侯不明乎義，而用刑之失也。然魯自桓公之弑，文姜得以幸免，濁亂魯國三四十年，遂成再弑之禍。至此，齊桓能舉方伯之職，慶父、哀姜皆以死，誅不赦，然後三綱稍明，人倫粗正，則于世道亦不爲無功矣。按以歸者，歸于齊也。或謂歸魯，非也。觀後書夫人之喪，不曰「至自夷」，而曰「至自齊」，則知此爲歸齊明矣。

【經】楚人伐鄭。

鄭即齊故也。

家氏曰：「荆革號爲楚，有自來矣。及是始聞于中國，舊史書之，聖人因而存之。著荆蠻[一]漸盛，爲中國憂也。」

常山劉氏曰：「楚自此浸强矣，故稱人焉。然終齊桓之世，只稱人而不得與中國之會盟者，爲齊桓能制其强也。至十七年，齊桓卒，楚于是乎始横。十九年，則已盟于齊矣。書曰，冬會陳人、蔡人、楚人、鄭人盟于齊。二十一年，春，宋人、齊人、楚人盟于鹿上。用此見中國衰微，荆楚[二]方張耳。至于秋之會，則書宋公、

[一]「荆蠻」，四庫本作「楚人」。
[二]「荆楚」，四庫本作「楚人」。

楚子、陳侯、蔡侯、鄭伯、許男、曹伯會于盂，執宋公以伐宋。楚于是大張，位列于陳、蔡之上，而書爵矣。」

胡氏曰：「來聘書人，伐鄭復以號舉，至是又伐鄭，亦書人者，豈許其伐國而人之乎？會中華，執盟主，朝諸侯，長齊、晋，其所由來者漸矣。」

【經】八月，公會齊侯、宋公、鄭伯、曹伯、邾人于檉。

盟于犖，謀救鄭也。

張氏曰：「楚人伐鄭，桓公不遽救而會諸侯謀之，蓋楚方强而公謀制楚十全之策也。」

家氏曰：「經言其會，傳言其盟。蓋其會也，謀所以救鄭。其盟也，與諸侯定要束，將伐楚，以問憑陵之罪，召陵之師，權輿于此矣。」

【經】九月，公敗邾師于偃。

虚丘之戍將歸者也。

胡氏曰：「檉人之會謀救鄭，而公與邾人咸與焉，則是志同而謀協也。今既會邾于檉，又敗邾師于偃，于此責公無攘夷狄〔二〕、安中國之誠矣。凡此皆直書其事而義自見也。詐戰曰『敗』，敗之者爲主。」

張氏曰：「書敗邾于會檉之後，非特著魯僖無保邦之道，亦見桓公伯威之不立也。」

〔二〕「夷狄」，四庫本作「寇難」。

【經】冬，十月，壬午，公子友帥師敗莒師于酈，獲莒挐。

莒人來求賂，公子友敗諸酈，獲莒子之弟挐。公賜季友汶陽之田及費。

謝氏曰：「列國大夫，皆王臣也，以戰爲事而獲人之卿，公子友之罪也。度德量力，用師之道也。不義不智，而身獲于人，莒挐之罪也。酈之敗，曲在莒已明，故不書『伐』。」

胡氏曰：「罪在莒而以季友主此戰，何也？抑鋒止鋭，喻以詞命，使知不縮而引去，則善矣。今至于兵刃既接，又用詐謀擒其主將，此强國之事，非王者之師，春秋之志，故以季友爲主而書敗、獲，責備之也。」

【經】十有二月，丁巳，夫人氏之喪至自齊。

高氏曰：「秋，七月，齊人殺哀姜而以之歸。今歷二時，魯不迎其喪者，以夫人與弑閔公，義欲絶之故也。僖公新立，外欲固齊以居厚，内存母子不絶之義，故請而葬焉，此所以喪至自齊也。

劉氏意林曰：「哀姜安可復配宗廟，復臨群臣？齊以公義誅之，魯以私意請之，是魯之不忍也，而不可通于春秋。」

愚按：夫人之喪至自齊，去姜而書氏，説者以文姜弑夫，哀姜弑子，罪固有輕重也。信如此言，是天下有可弑之君，而弑君有輕重之刑也。蓋哀姜之喪至自齊，去姜所以明齊既殺之，則義已絶。存氏所以使若不知其爲誰氏之女，起問者以發其疑，而知其爲弑君之賊也。此春秋之微意，非聖人孰能修之？

【經】二年，春，王正月，城楚丘。

諸侯城楚丘而封衛焉。

胡安定先生曰：「按閔二年，狄入衛，衛國君死民散，齊侯視之不救，至此年方始城之，怠于救患可知。與其亡而存之，不若未亡而救之之善也。」

張氏曰：「此書『城楚丘』，蓋分板築之，役于諸侯，而魯往城之也。」

家氏曰：「公羊氏曰：『城衛也，曷爲不言城衛？滅也。孰滅之？狄滅之。曷爲不言狄滅之？爲桓公諱也。曷爲爲桓公諱？上無天子，下無方伯，天下諸侯有相滅亡者，桓公不能救，則桓公之耻也。然則孰城之？桓公城之。曷爲不書？桓公城之，不與諸侯專封也。』公羊于城邢、城楚丘，皆曰『天下諸侯有相滅亡者，而桓不能救，乃桓之耻』。其責望伯主之意甚大，得春秋之意，但以城邢、城衛爲專封，則愚之所未喻。夫邢、衛，皆周家之建國，今爲狄所滅，而周之封爵則自若。夷儀、楚丘乃邢、衛故土，齊桓城而遷之，此乃方伯職分之所當舉，奚專封之有哉？城楚丘，不曰衛楚丘，衛未遷也。邢遷而城衛，城而遷，故書法不同。」

大東萊吕氏曰：「先儒以爲，諸侯之義，不得專封。夫所謂專封者，以此地封此人，則謂之專封，固不可也。如同時諸侯有相滅亡，天子不能令，方伯不能救，天下諸侯力能救而復之，則是蹈仁而踐義也。而以是爲專封，是嫂溺援之以手而以爲罪也。」

愚按：齊桓公城夷儀以安邢，城楚丘以遷衛，皆全之于傾危奔潰之餘，不失興滅繼絶之義，非有專封無王之事也。以經考之，既無封衛之迹。以詩・木瓜考之，亦不過言其欲報之厚，而未嘗有封之之語。先儒特因詩之小序有齊桓救而封之之説，遂起專封之論，今只當以經爲正論，其城築之是非，不當經外立意，言其專封之有罪也。

【經】夏，五月，辛巳，葬我小君哀姜。

愚按：魯人請之，齊人歸之，至是葬之。聖人亦書曰『葬我小君哀姜』而已。蓋孫邾薨夷，夫人之罪已著，至是典禮已定，復何譏焉？書其實而已矣。

【經】虞師、晋師滅下陽

晋荀息請以屈産之乘，與垂棘之璧，假道于虞以伐虢。公曰：「是吾寶也。」對曰：「若得道于虞，猶外府也。」公曰：「宫之奇存焉。」對曰：「宫之奇之爲人也，懦而不能强諫，且少長于君，君暱之，雖諫，將不聽。」乃使荀息假道于虞，曰：「冀爲不道，入自顛軨，伐鄍三門。冀之既病，則亦唯君故。今虢爲不道，保于逆旅，以侵敝邑之南鄙，敢請假道，以請罪于虢。」虞公許之，且請先伐虢。宫之奇諫，不聽。遂起師。夏，晋里克、荀息帥師會虞師伐虢，滅下陽。虢公敗戎于桑田。晋卜偃曰：「虢必亡矣。亡下陽不懼，而又有功，是天奪之鑒，而益其疾也。必易晋師而不撫其民矣，不可以五稔。」

公羊氏曰：「虞，微國也。曷爲序乎大國之上？使虞首惡也。」

穀梁氏曰：「非國而曰『滅』，重夏〔一〕陽也。」

胡氏曰：「案孟子晋人以垂棘之璧，屈産之乘，假道于虞以伐虢，宫之奇諫，百里奚不諫，然則晋人造意以虞首恶，何也？貪得重賂，遂其强暴，滅兄弟之國，以及其身，而亡其社稷，所以爲首乎。春秋，聖人律令也。觀此義，可以見法矣。國而曰滅，下陽邑爾，其書『滅』，何也？下陽，虞、虢之塞邑，猶秦有潼關，蜀有劍嶺，皆國之門户也。潼、劍不守，則秦、蜀破，下陽既舉而虞、虢亡矣。」

許氏曰：「書鄭伯突入于櫟，不書入鄭。書虞師、晋師滅下陽，不書滅虢。觀物有要矣。」

【經】秋，九月，齊侯宋公、江人、黄人盟于貫。

服江、黄也。

穀梁氏曰：「江人、黄人，遠國之詞也。」

張氏曰：「惟宋與盟，不煩諸侯也。」

胡氏曰：「荆楚天下莫强焉，江、黄者，其東方之與國也。二國來定盟，則楚人失其右臂，桓公服荆楚之慮周矣。其攘夷狄免民于左衽之義著矣。〔二〕」

〔一〕「夏」，四庫本作「下」。

〔二〕「其攘夷狄免民于左衽之義著矣」，四庫本作「其同恶相恤，以從簡書之義著矣」。

師氏曰：「齊、宋，國之至大而近者；江、黄，國之至小而遠者，皆能合而與之盟，足以明天下之諸侯無一不尊盟主矣。」

【經】冬，十月，不雨。

穀梁氏曰：「不雨者，勤雨也。」

師氏曰：「十月不雨，未甚爲灾而書之者，于以見人君謹天時，以重其事。」

高郵孫氏曰：「一時不雨，則憂其灾及于物，春秋據舊史書之，以見其有志于民也。」

【經】楚人侵鄭。

高氏曰：「貫澤之會，江、黄皆至，則齊已强，而楚人失援矣。此書侵鄭，楚之懼也。懼而侵鄭者何？楚失江、黄矣，能争鄭，猶可抗齊也。唯不得鄭，是以服齊也。」

門章囚鄭聃伯。

家氏曰：「周自東遷至今歷四王，夷狄〔二〕内侵莫之能禦。齊桓奉王命，伸伯討，孳孳以伐楚爲務，可謂天下之所難，謹之又謹，必萬全而後動，此伯業所以爲獨優也。明乎〔三〕楚人伐鄭，齊乃出師。春秋不以緩救爲譏，

〔二〕「夷狄」，四庫本作「外寇」。
〔三〕「乎」，四庫本作「年」。

矜其難也。」

【經】三年，春，王正月，不雨。夏，四月，不雨。

胡氏曰：「穀梁子〔二〕曰：『不雨者，勤雨也。每時而一書，閔雨也。閔雨者，有志乎民者也。』歷時而總書『不』，憂雨也。不憂雨者，無志乎民者也。按詩稱僖公儉以足用，寛以愛民，務農重穀，則誠賢君也，其有志乎民審矣。故冬不雨而書，春不雨而書，夏不雨而書，以著其勤也。文公以練祭，則緩于作主；以宗廟，則太室屋壞；以賦政，則四不視朔；以邦交，則三不會盟，其無志乎民亦審矣。故自十二月不雨至于秋七月而書，以著其慢也。」

【經】徐人取舒。

趙氏曰：「得國不書滅者，不絶其祀也。」

高郵孫氏曰：「舒者，楚附庸之國，服屬于楚。徐人取之，使服屬于徐也。」

家氏曰：「荆與舒比，而爲中國患，其來久矣。徐人伐舒，爲中國撓楚也。十五年，楚伐徐，齊桓帥諸侯之師救之，以是知徐人蓋受命于齊，齊之制楚，其用力難矣，其爲謀審矣，算無遺策而後動。」

高氏曰：「徐人欲與中國之盟，故取舒以自効，厥後齊桓爲牡丘之會，蓋爲是也。」

〔二〕「子」，四庫本作「氏」。

【經】六月，雨。

穀梁氏曰：「雨云者，喜雨也。喜雨者，有志乎民者也。」

胡氏曰：「閔雨，與民同其憂。喜雨，與民同其樂。此君國子民之道也。觀此義，則知春秋懼天灾恤民隱之意矣。」

劉氏意林曰：「不獨書『六月，雨』而已，又先書『四月，不雨』，所以見有志乎民，汲汲之甚也。有志乎民，汲汲之甚，未足爲聖人之法也。然而春秋取之者，凡南面而治，有國家天下者，患不與民同憂，苟不與民同憂，則亦不與民同樂矣。唯有道者不然，己未嘗有憂也，民之所憂不可不憂。己未嘗有樂也，民之所樂不可不樂。若是者，所謂無常心而以百姓之心爲心，是故與民同憂者，王事之始也，與民同樂者，王事之成也。此春秋所爲貴，非得雨之謂，其義則近矣。」

【經】秋，齊侯、宋公、江人、黄人會于陽穀。

謀伐楚也。

張氏曰：「去年盟，以定其交矣，今歲再會，申伐楚之約也。」

胡氏曰：「或曰：侵蔡、次陘之師，諸侯皆在，江、黄獨不與焉，則安知其爲謀伐楚乎？曰：兵有聚而爲正，亦有分而爲奇，諸侯之師同次于陘，所謂聚而爲正也。江人、黄人各守其地，所謂分而爲奇也。次陘大衆厚集其陣，聲罪致討，以震中國之威，江人、黄人各守其境，按兵不動，以爲八國之援，此克敵制勝之謀也。退于召陵而盟，禮定，循海以歸，而濤塗執，然後及江人、黄人伐陳，則知侵蔡、次陘而二國不會，自爲犄角之勢明矣。此大會而末言者，善是謀也。」

【經】冬，公子友如齊涖盟。

齊侯爲陽穀之會來尋盟。冬，公子友如齊涖盟。

謝氏曰：「齊將伐楚，故季友適齊涖盟。涖盟者，我往受盟于彼也。來盟者，彼來受盟于我也。盟在彼而我往受之，故書『涖』。」

【經】楚人伐鄭。

楚人伐鄭，鄭伯欲成，孔叔不可，曰：「齊方勤我，棄德不祥。」

高氏曰：「楚以夷狄[一]，連三歲加兵于鄭，欲與中國抗衡，則中國之衰可知已。齊桓豈可已乎？于是明年，諸侯大舉伐楚也。」

【經】四年，春，王正月，公會齊侯、宋公、陳侯、衛侯、鄭伯、許男、曹伯侵蔡。

〔一〕「楚以夷狄」，四庫本作「楚恃其强」。

蔡潰，遂伐楚，次于陘。

三年，齊侯與蔡姬乘舟于囿，蕩公。公懼，變色，禁之，不可。公怒，歸之，未之絶也。蔡人嫁之。至是，齊侯以諸侯之師侵蔡，蔡潰，遂伐楚。楚子使與師言曰：「君處北海，寡人處南海，唯是風馬牛不相及也，不虞君之涉吾地也，何故？」管仲對曰：「昔召康公命我先君太公曰：『五侯、九伯女實征之，以夾輔周室。』賜我先君履，東至于海，西至于河，南至于穆陵，北至于無棣，爾貢包茅不入，王祭不共，無以縮酒，寡人是徵。昭王南征而不復，寡人是問。」對曰：「貢之不入，寡君之罪也。敢不共給？昭王之不復，君其問諸水濱。」師進，次于陘。

公羊氏曰：「潰者，下叛上也。」

穀梁氏曰：「遂，繼事也。」

臨江劉氏曰：「次于陘，止師以修文告之命也。」

泰山孫氏曰：「桓之病楚也久矣。故元年，會于檉。二年，盟于貫。三年，會于陽穀。以謀之。是時，楚方强盛，勢陵中國，不可易也。蔡，楚與國，故先侵蔡。俟其兵震威行，然後大舉。蔡既潰，遂進師，次于敵境。按元年，桓公救邢、城邢，皆書某師、某師，此合魯、衛、陳、鄭七國之君侵蔡，遂伐楚，書爵者，以其能服强楚，攘夷狄〔一〕、救中國之功始著也。」

〔一〕「攘夷狄」，四庫本作「尊王室」。

陳氏曰：「桓公始有志于夷夏之分，于是伐楚而以侵蔡召諸侯。書曰『遂伐楚』，言志不在蔡也。」

胡氏曰：「潛師掠境曰『侵』。侵蔡者，奇也。聲罪致討曰『伐』。伐楚者，正也。楚貢包茅不入，王祭不共，無以縮酒，桓公是徵，而楚人服罪，師則有名矣。孟子何以獨言春秋無義戰也？譬諸殺人者，或曰：『人可殺與？』曰：『可』。『孰可以殺之？』曰：『爲士師，則可以殺之矣。』『國可伐與曰？』『可。』曰：『孰可以伐之？』曰：『爲天吏，則可以伐之矣。』楚雖暴横，憑陵上國，齊不請命，擅合諸侯，豈可謂爲天吏以伐之乎？」

楊龜山曰：「桓公責楚以包茅不入，固非有夾輔王室之誠心，而其事則正矣。」

尹和靖曰：「責包茅不入，昭王不反，所謂假仁以行其伯。」

家氏曰：「齊桓公自北杏始會，至是二十有六年，所以安中夏，攘夷狄〔一〕，功之大，事之偉者，惟服楚而已矣。夫子發微管仲之嘆，亦專爲是，而傳謂以蔡姬之故會諸侯侵蔡，蔡潰，遂伐楚。然則齊桓之侵蔡爲私怒而發，其伐楚乃侵蔡之遂事，殆不然也。蓋齊距楚南北相望數千里，摟諸侯，動大衆，跋履險阻，久而後涉其境，楚得以爲備，勝負未可知也。故桓公先侵蔡，道蔡以及楚，所謂兵從天而下，楚欲聚而保，險已無及矣。

〔一〕「攘夷狄」，四庫本作「尊王室」。

欲出而求戰，知弗敵矣。乃使屈完如師乞盟，未戰而氣已索，于是齊桓兵不血刃，坐收攘夷[一]之功，此桓公、管仲所以熟謀豫圖，萬全而後動，非因蔡潰而僥倖萬一以爲此舉也。」

張氏曰：「楚自桓二年蔡、鄭會鄧，已懼其爲中國患，又積五十年富强吞并之力，今比年伐鄭，氣陵中國。所幸齊自桓公入國，舉管仲，治民訓兵，至此方能率諸侯之師正其罪而討之，使其君臣震恐，遣使如師，可謂有功于中國矣。然其與屈完觀師，恃力驕矜，形于辭色，遂來方城、漢水之對。屈完之歸，卒踐此言，不純屈服，時出干紀，滅弦、救鄭，故曾西得以鄙其功烈之甚卑也。」

【經】夏，許男新臣卒。

胡氏曰：「劉敞曰：『諸侯卒于外者，在師則稱師，在會則稱會。今許男一無稱者，此去師與會而復歸其國之驗也。召陵，地在潁川，是以許男復焉。古者國君即位而爲椑，歲一漆之，出疆必載椑。卒于師曰師，卒于會曰會，正也。許男新臣卒，非正也。其爲人君不知命者也。不知命則必畏死，畏死則必貪生，貪生則必亂于禮矣。而後有容身苟免之耻，而後有淫祀非望之惑。』此説是也，夫知生死之説，通晝夜之道者，亦豈有異于人哉？苟得正而斃，則無求矣。」

【經】楚屈完來盟于師，盟于召陵。

〔一〕「夷」，四庫本作「楚」。

楚子使屈完如師，師退，次于召陵。齊侯陳諸侯之師與屈完乘而觀之。齊侯曰：「豈不穀是爲，先君之好是繼，與不穀同好，如何？」對曰：「君惠徼福于敝邑之社稷，辱收寡君，寡君之願也。」齊侯曰：「以此衆戰，誰能禦之？以此攻城，何城不克？」對曰：「君若以德綏諸侯，誰敢不服？君若以力，楚國方城以爲城，漢水以爲池，雖衆，無所用之。」屈完及諸侯盟。

穀梁氏曰：「楚無大夫，其曰『屈完』，何也？以其來會，桓成之爲大夫也。」

高郵孫氏曰：「春秋大夫來盟者必書。君使屈完之來不書『使』者，屈完受命不受辭，得專使之宜，故不曰『使』也。先書『來盟』，以見楚人之服，從又書『盟于召陵』，以見諸侯之退師。春秋之盛，莫盛于齊桓，齊桓之功，莫大于召陵之盟也。」

許氏曰：「楚之未服，則侵蔡、次陘以威之，其既服也，則退師召陵以禮焉。」

胡氏曰：「『來盟于師』，嘉服義也。『盟于召陵』，序桓績也。于此見齊師雖强，桓公能以律用之而不暴，楚人已服，桓公能以禮下之而不驕。」

張氏曰：「于是見齊桓之討楚，進退以禮，雖不足以盡王者之義，而夫子所謂一匡天下，民到于今受其賜，實二百四十二年甚盛之舉也。」

陳氏曰：「春秋之褒貶，詞不足以盡意而後見于文，書曰『次于陘』、『楚屈完來盟于師』、『盟于召陵』，斯其爲文也美矣。」

愚謂：孟子所謂，春秋無義戰，彼善于此則有之矣，正謂此也。桓公之功，莫大于伐楚。荆蠻之罪，亦莫大于僭王。召陵之役，使桓公能稟天子命，號召諸侯申明大義以告當世，然後竭天下之力挫强楚之鋒，豈惟周室是賴，萬世綱常實由以定。惜乎桓公徒欲逞伯主之虚聲，無尊王室之實意。始也，既不稟命天王，終也，又不申明大義。諸侯次陘，屈完來師，乃責以包茅不入，問以昭王不反，取盟而還。蓋伯者之心急于功利之近習，昧于道義之遠圖，方其糾合諸侯之時，未嘗正明强楚之罪，如成湯亳都之誓，武王孟津之會也。及屈完之至，有不虞君之涉吾地也之言，管仲倉卒乃以包茅不入，昭王不反爲辭以對爾。故其功僅足以暫安中夏于一時，不足以永尊周室于後曰也。或者謂，若問其僭王之罪，楚必不服，召陵之役不能成功。人心、天理初無夷夏之殊，私情曲説乃起是非之辨，但以當時應對之辭觀之，即可見矣。管仲問以包茅不入，屈完即云寡君之罪，及云昭王不反，乃云問諸水濱。蓋包茅之罪實而難逃，昭王之事昧而易辨故也。桓公問以繼好，屈完即云寡君之願。及云以此衆戰，誰能禦之？乃云漢水、方城，雖衆，無所用之[一]。蓋繼好以德，衆戰以力故也。以此觀之，當時問其僭王之罪，其將何辭以自觧而不服乎？使桓公果知仁義道德之説，君臣上下之分，以王者之師討不臣之罪，合九國之衆，臨乎方城、漢水之上，喻以天子之命，責其僭王之罪，則楚之君臣，無所逃于天討，將見楚子肉袒牽羊求哀請命，然後貶爵削地，終守臣節，不敢僭踰。則中國永安，而王室且復興矣。豈止屈完來盟于

[一]「雖衆，無所用之」，四庫本作「雖衆，無以用之」。

師，而尋有滅弦之耻，伐鄭之勞哉？桓公無湯、武帝王之學，管仲非伊尹、周公輔相之才，遂使其功烈如此其卑也嗟夫。

【經】齊人執陳轅濤塗。

陳轅濤塗謂鄭申侯曰：「師出于陳、鄭之間，國必甚病。若出于東方，觀兵于東夷，循海而歸，其可也。」申侯曰：「善。」濤塗以告，齊侯許之。申侯見曰：「師老矣，若出于東方而遇敵，懼不可用也。若出于陳、鄭之間，共其資糧屝屨，其可也。」齊侯説，與之虎牢。執轅濤塗。

公羊氏曰：「濤塗之罪何？辟軍之道也。濤塗謂桓公曰：『君既服南夷矣，何不還師濱海而東，服東夷，且歸？』桓公曰：『諾。』于是還師濱海而東，大陷于沛澤之中。顧執濤塗。執者，曷爲或稱侯，或稱人？稱侯而執者，伯討也。稱人而執者，非伯討也。此執有罪，何以不得爲伯討？古者周公東征則西國怨，西征則東國怨，桓公假塗于陳而伐楚，則陳人不欲其反由己者，師不正故也。不修其師而執濤塗，古人之討則不然也。」

愚按：如左氏所載，則師終由陳、鄭反，如公羊所載，則師從東海反。誠如公羊之説，濤塗用計誣罔，致陷諸侯之師，其罪大矣。齊侯執當其罪，不當貶而稱人，今既貶而稱人，當從左氏之説，然公羊所論書人之法，則當矣。

【經】秋，及江人、黄人伐陳。

討不忠也。

高氏曰：「此書『及』者，非魯及之也。蒙上齊人執轅濤塗之文，乃齊及之耳，齊所以及江、黄伐陳者，討其誤軍道之罪也。雖然，伐陳非義也。陳人亦未肯服，故十有二月再會諸侯伐之。」

【經】八月，公至自伐楚。

葬許穆公。

【經】冬，十有二月，公孫兹帥師會齊人、宋人、衛人、鄭人、許人、曹人侵陳。

叔孫戴伯帥師會諸侯之師侵陳。陳成，歸轅濤塗。

高氏曰：「書公孫兹帥師，則知諸侯皆大夫帥師以會之矣。諸侯皆貶而人之，則公孫兹之貶可知矣。齊之首恶，罪不勝誅也。」

師氏曰：「秋，嘗以濤塗之故，及江人、黄人伐陳，是罪其臣以及其君，罪其君以及其國。逞干戈以示威，而不顧政刑之顛倒，已爲不仁矣，况不以前伐爲非，冬又會七國以侵陳耶？春秋書『伐』，蓋罪齊猶以濤塗藉口曰『我有辭』，非無故也。及此書『侵』，則見齊侯辭窮，無以藉口，無故侵陳，陳直而齊曲，非所以爲盟主矣。」

胡氏曰：「揚子法言，或問：『爲政有幾。』曰：『思、斁。』昔在周公，征于東方，四國是皇，其思矣。

夫齊桓公欲徑陳，陳不果納，執轅濤塗，其數矣。夫桓公識明而量淺，管仲器不足而才有餘，方楚人未帖而齊以爲憂也，何其念之深，禮之謹也。存此心以進善，則桓有王德而管氏爲王佐矣。惜乎楚方受盟，志已驕溢。陳大夫一謀不協，其身見執，其國見伐，見侵而怒猶未怠也。桓德于是乎衰矣。行有不得，皆反求諸己。其身正，而天下歸之，曾可厚以責人，而不自反乎？原其失在于量淺而器不宏也。春秋稱人以執，罪齊侯也。稱侵陳者，深責之也。故孟子曰：『仲尼之徒無道桓、文之事者。』『管仲，曾西之所不爲也，而子爲我願之乎？』」

張氏曰：「桓公于此慚德多矣。大兵之後，復以師出，重困諸侯，故楚終不服，鄭伯逃盟，以致弦不能救，坐視其滅，皆怒陳之過致之也。」

愚謂：春秋于伐楚，序齊桓之功。于侵陳，著齊桓之罪。

邵子曰：「春秋，孔子之刑書，功過不相掩。五伯者，功之首，罪之魁也，其是之謂乎？」

【經】五年，春，晋侯殺其世子申生。

莊二十八年，晋獻公娶于賈，無子。烝于齊姜，生秦穆夫人及太子申生。又娶二女于戎，大戎狐姬，生重耳。小戎子生夷吾。晋伐驪戎，驪戎男女以驪姬。歸生奚齊。其娣生卓子。驪姬嬖，欲立其子，賂外嬖梁五與東關嬖五，使言于公曰：「曲沃，君之宗也。蒲與二屈，君之疆也，不可以無主。若使太子主曲沃，而重耳、夷吾主蒲與屈，則可威民而懼戎，且旌君伐。」晋侯説之。夏，使太子居曲沃，重耳居蒲城，夷吾居屈。群公子皆鄙。唯二姬之子在絳。二五卒與驪姬譖群公子，而立奚齊。晋人謂之二五耦。

晋侯使太子申生伐東山皋落氏。里克諫曰：「太子奉冢祀，社稷之粢盛，以朝夕視君膳者也，故曰冢子。君行則守，有守則從，從曰撫軍，守曰監國，古之制也。夫帥師專行，謀誓軍旅，君與國政之所圖也，非太子之事也，將焉用之？且臣聞皋落氏將戰，君其舍之。」公曰：「寡人有子，未知其誰立焉。」不對而退。見太子。太子曰：「吾其廢乎？」對曰：「告之以臨民，教之以軍旅，不共是懼，何故廢乎？且子懼不孝，無懼弗得立。修已而不責人，則免于難。」

及將立奚齊，既與中大夫成謀，姬謂太子曰：「君夢齊姜，必速祭之。」太子祭于曲沃，歸胙于公。公田，姬置諸宮六日。公至，毒而獻之。公祭之地，地墳。與犬，犬斃。與小臣，小臣亦斃。姬泣曰：「賊由太子。」太子奔新城。公殺其傅杜原款。或謂太子：「子辭，君必辨焉。」太子曰：「君非姬氏，居不安，食不飽，我辭，姬必有罪。君老矣，吾又不樂。」曰：「子其行乎？」太子曰：「君實不察其罪，被此名也以出，人誰納我。」十二月戊申，縊于新城。姬遂譖二公子，曰：「皆知之」。重耳奔蒲，夷吾奔屈。

至是，晋侯使以殺太子申生之故來告。初，晋使士蔿爲二公子築蒲與屈，不慎，置薪焉。夷吾訴之，公使讓之。士蔿稽首而對曰：「臣聞之，無喪而慼，憂必讎焉。無戎而城，讎必保焉。寇讎之保，又何慎焉？守官廢命，不敬。固讎之保，不忠。失忠與敬，何以事君？詩云：『懷德惟寧，宗子惟城。』君其修德而固宗子，何城如之？三年將尋師焉，焉用慎？」退而賦曰：「狐裘尨茸，一國三公，吾誰適從？」及難，公使寺人披伐蒲。重耳曰：「君父之命不校。」乃徇曰：「校者，吾讎也。」踰垣而走，披斬其袪。遂出奔翟。

六年，春，晉侯使賈華伐屈，夷吾不能守。盟而行，將奔狄。郤芮曰：「後出同走，罪也。不如之梁。梁近秦而幸焉。」乃之梁。

公羊氏曰：「殺世子母弟，稱君，甚之也。」

穀梁氏曰：「晉侯斥殺，恶晉侯也。」

師氏曰：「于申生書世子，所以明非失子道也。于晉侯書爵，愧其爲一國之君，乃聽讒，不能容一子于其厚者，如此則無所不薄矣。」

胡氏曰：「内寵並后，嬖子配嫡，亂之本也。驪姬寵，奚齊、卓子嬖，亂本成矣。尸此者，其誰乎？是故目晉侯斥殺，專罪獻公，使後世有欲紊妃妾之名，亂嫡庶之位，縱人欲，滅天理，以敗其國家者，知所戒焉。以此防民，猶有以堯母名門，使姦臣逆探其意，有危皇后、太子之心，以成巫蠱之禍者。」

樸鄉吕氏曰：「董仲舒曰：『有國者不可以不知春秋，前有讒而不見，後有賊而不知。爲人臣者，不可以不知春秋，守經事而不知其宜，遭變事而不知其權。』然則若獻公者，其所謂前有讒而不見者邪？此所以蒙首恶之名。若申生者，其所謂遭變事而不知其權者耶？此所以陷父于不義。」

謝氏曰：「世子，君之貳，國之本也。信讒邪而殺世子，則是爲人君而滅國本也。君道于此絶矣。父子之道，天性也。信讒邪而殺世子，則是爲父而滅天性也，父道于此絶矣。故申生死書『殺』、書『世子』，以著獻公之恶也。甚哉！嬖寵之爲患也。體莫重于世，情莫親于子。嬖寵得志于内，讒言得行于外，則雖其重爲吾世，其親爲吾子，人心之所繫屬而不可解者，亦且視之爲寇讐，棄之如糞土矣。有國家者，其于嬖寵可不爲之防哉？故春秋明申生之死，爲天下戒也。」

高氏曰：「使申生能自直，獻公慨然知自反，雖居不安，食不飽，君子以爲孝也。直而不勝，逃而免難，俟其自悔，父子之恩，猶可全也。申生不知出此二者，而爲臧獲之計，其不知甚矣。」

家氏曰：「申生處人道之變，雖欲不死，不可得也。論者惑于左氏傳語，謂其愛父以姑息而陷之不義，以爲小仁者，大仁之賊，過矣。晋獻殘忍不君，溺于内嬖，所與朝夕潛圖密慮，不過樹建庶孽，以爲身後之計，天倫之愛，已泯没矣。夫豈聞申生之訴，幡然爲之悔而致姬于罪者乎？」

高郵孫氏曰：「舜之事瞽叟，瞽叟亦允若而免于禍，申生之于獻公也，獻公聽讒而申生死之，春秋舉重者言之，斥言晋侯，而申生未免有罪也。」

愚謂：家氏之説是以衆人望申生，故無可爲之理。孫氏之説是以聖人責申生，蓋無不可爲之事。然申生能爲衆人之事，而不能爲聖人之事。立教之言，必當以聖人爲法，而不當以申生爲法。嗚呼！申生往矣，後之學者又可不求其所以至于聖人而如舜，顧乃以自暴自棄安于小成而爲申生乎？張子曰：「無所逃而待烹，申生其恭也。」斯言論之當矣。

【經】杞伯姬來朝其子。

高氏曰：「杞伯姬來者，不宜來也。朝其子者，不當朝也。先王之制，諸侯未冠而即位，謂之童子侯，童子侯不朝，蓋不可以成人之禮接之也。伯姬歸杞方十三年，如其有子，必尚幼稚，又未嗣位，如之何而勝朝乎？若伯姬歸寧而與其子皆來，則亦常事不書矣。今特書『杞伯姬來』而係之以『朝其子』，蓋無故而來，以朝其子爲名也。」

師氏曰：「杞伯姬一來朝其子而所失者四，杞伯不能禦其室家，不夫也。伯姬不能以順爲正而妄動于外，不婦也。子方幼而使僭行其父禮于所不當行之國，不母也。魯僖坐視人子行人父之禮，不君也。互書而備責之。」

【經】夏，公孫茲如牟。

公孫茲如牟，娶焉。

高氏曰：「按桓十五年，牟人來朝，蓋小國也，魯必不使大夫往聘。此書『公孫茲如牟』，直著其託聘，使以圖婚，蓋大夫非君命不越境，今以聘行，則其出有名矣。公孫茲雖可逃責于一身，適自取卑辱耳。」

【經】公及齊侯、宋公、陳侯、衛侯、鄭伯、許男、曹伯會王世子于首止。

會王太子鄭，謀寧周也。

杜氏曰：「惠王以惠后故，將廢太子鄭，而立王子帶。」

張氏曰：「齊桓公以其廢長立幼，將起亂階，遂率諸侯會王世子于首止，示天下戴之以爲天王之貳，所以尊國本、絶亂階也。」

高氏曰：「凡魯與一二國盟伐，則有稱會、稱及之異，以辨起意之主，若大會諸國盟伐，皆盟主所召而往就之，故悉不書及。此書『及』者，非内爲主也。殊會王世子，故不言會齊侯而書『及』也。天王將廢世子鄭而立王子帶，齊侯以謂議之于朝覲，責之于諫詞，從則王子安，不從則廢之，是從違未可知也。莫如爲會，以見世子，使天下諸侯曉然皆知世子之爲鄭而共尊之，吾從而與之盟，則雖有惠后之愛，天王不能行其私，則世子終不可易矣。此齊侯之志也。」

胡氏曰：「以王世子而下會諸侯則陵，以諸侯而上與王世子會則抗。春秋抑强臣，扶弱主，撥亂世，反之正，特書『及』以會，若曰王世子在是，諸侯咸往會焉，示不可得而抗也。後世論其班位有次于三公、宰臣之下，亦有序乎其上者，則將奚正？自天王而言，欲屈遠其子，使次乎其下，示謙德也。自臣下而言，欲尊敬王世子，則序乎其上，正分義也。天尊地卑而其分定，典叙禮秩而其義明，使群臣得伸其敬，則貴有常尊，上下辨矣。經書宰周公，祇與王人同序于諸侯之上，而不得與殊會同書，此聖人尊君抑臣之旨也，而班位定矣。」

【經】秋，八月，諸侯盟于首止，鄭伯逃歸不盟。

諸侯盟，王使周公召鄭伯，曰：「吾撫女以從楚，輔之以晋，可以少安。」鄭伯喜于王命而懼其不朝于齊也，故逃歸不盟。孔叔止之，曰：「國君不可以輕，輕則失親，失親患必至，病而乞盟，所丧多矣，君必悔之。」弗聽。逃其師而歸。

高氏曰：「此復舉諸侯者，尊王世子，不敢與之盟也。會者，辨上下之禮，修和好之道，而王世子與焉，猶之可也。盟者，以不相信故也。若王世子亦與焉，則是以所不信者加之王世子，與約束諸侯無異，故齊侯不敢盟世子，而以會世子爲名，可謂知尊王矣。」

謝氏曰：「會王世子以尊周，盟諸侯以崇大義，春秋會盟未有善于此者也。鄭文公從夷棄夏，以即楚之心背盟竊歸，是以匹夫之行逃中國之義也，書『逃歸』，賤之也。書『不盟』，罪其違命也。」

胡氏曰：「會、盟同地，再言首止者，書之重，辭之複，其中必有大美惡焉。首止之盟，美之大者也。王將以愛易世子，桓公有憂之，控大國，扶小國，會于首止，以定其位，太子踐阼，是爲襄王，一舉而君臣父子之道皆得焉。故夫子稱之曰，『管仲相桓公，一匡天下，民到于今受其賜，微管仲吾其被髪左衽矣』。中國之爲中國，以有父子君臣之大倫也，一失則不可問矣〔一〕。事有恶者，不與爲幸。其善者，不與爲貶。平丘之盟，恶也。請魯無勤，是以爲幸，故直書曰，『公不與盟』。首止之盟，善也。犯衆不盟，是以爲貶，故直書曰『鄭伯逃歸』。逃者，匹夫之事，以諸侯之尊，下行匹夫之事，雖悔于終，病而乞盟，如所丧何。其書『逃歸不盟』，深貶之也。或曰，首止之會，非王志也，王恶齊侯定世子而使周公召鄭伯，鄭伯喜于王命而畏

〔一〕「一失則不可問矣」，四庫本作「一失則爲夷狄矣」。

齊，故逃歸不盟。然則何罪乎？曰：春秋道名分，尊天王，而以大義爲主。夫義者，權名分之中而當其可之謂也。諸侯會王世子，雖衰世之事，而春秋與之，是變之中也。鄭伯雖承王命，而制命非義，春秋『逃』之，是亦變之中也。天下之大倫，有常、有變，舜之于父子，湯、武之于君臣，周公之于兄弟，皆處其變者也。賢者守其常，聖人盡其變。會首止，逃鄭伯，處父子君臣之變而不失其中也。噫！此春秋之所以爲春秋，而非聖人莫能修之者矣。」

樸鄉吕氏曰：「桓之會有天子之事三，于洮，則序王人于諸侯之上，而同盟焉。王人，微者也，雖同盟而無嫌。于葵丘，則序周公于諸侯之上，而不敢同盟焉。天子之宰，異于微者也。于首止則不但不同盟也，而殊會世子，不敢以世子夷諸侯，以世子之尊，非特天子之宰比也。桓公于是知所節矣。」

陳氏曰：「厥貉之會，麇子逃歸不書，厲之役，鄭伯逃歸不書，蓋逃楚也。必若鄭文公逃齊，陳哀公逃晋而後書，所以示夷夏之辨，嚴矣。」

愚謂：殊會王世子，聖人之大法也。不盟王世子，桓公之大義也。首止之事，以分言之，固于理爲不順。以事言之，則其功莫大焉。春秋舍首止之盟而不美之，斯無可美之事矣。然以王使周公召鄭伯之事觀之，惠王特迫于諸侯之勢，衆人之情，而不敢易太子耳。若諫之以禮，必欲禀命王命，未必可得，而太子之位易矣。是蓋權其輕重，不得已而爲之，處變事而不失其常者也。吁！惠王之昏愚，固未易以覺悟，亦桓公之誠心未至，不足以感動之也，此春秋之世，所以不及成周，五伯之卑，所以不可爲三王也。漢用張良計，召四皓奉太子，入見高祖，指以語戚夫人，曰：「此四人者，羽翼成矣。太子不可易矣。」其權輿盖出于此歟。

【經】楚人滅弦，弦子奔黄。

楚鬭穀于菟滅弦，弦子奔黄。于是江、黄、道、柏方睦于齊，皆弦姻也，弦子恃之而不事楚，又不設備，故亡。

高郵孫氏曰：「春秋國滅而其君之死者，但書曰『滅』。以其君歸者，書名。其君出奔者，書『奔』。奔者，非無罪也。校之隨軍歸者，則輕。國滅而身死者，非可褒也。校之不死而奔者，則善。故滅人之國，其罪則一，而見滅之君，其例有三也。奔而不名，罪輕于以歸者也。」

權氏學曰：「凡諸侯爲人滅其國，或見伐出，于已非其罪，則于國未宜絶，于其奔也，則皆不名，彼其義未虧，故可直于天子而求復也，焉可遂絶之哉？」

泰山孫氏曰：「楚人滅弦，恶桓不能救也。」

家氏曰：「使齊人是時能出偏師，合江、黄以爲之聲援，弦必不亡，而江與黄亦無後日之患。」

張氏曰：「桓公不能救弦，以啟救鄭圍許之紛紛，蓋楚之滅弦，已出于迅雷不及掩耳之計矣。公于此時，因弦子之奔而率諸侯以討楚復弦，豈不足以立中國之威，而制楚之横歟？故詳書之，以罪桓公之失此機會也。」

【經】九月，戊申，朔，日有食之。

【經】冬，晉人執虞公。

晉侯復假道于虞以伐虢。宫之奇諫曰：「虢，虞之表也。虢亡，虞必從之。晉不可啟，寇不可翫。一之爲甚，其可再乎？諺所謂：『輔車相依，唇亡齒寒者』，其虞、虢之謂也。」公曰：「晉，吾宗也。豈害我哉？」對曰：「大伯、虞仲，大王之昭也。大伯不從，是以不嗣。虢仲、虢叔，王季之穆也，爲文王卿士，勲在王室，藏于盟府，將虢是滅，何愛于虞？且虞能親于桓、莊乎？其愛之也，桓、莊之族何罪？而以爲戮，不唯偪乎？」公曰：「吾享祀豐潔，神必據我。」對曰：「臣聞之，鬼神非人實親，惟德是依，故周書曰：『皇天無親，惟德是輔』，又曰：『黍稷非馨，明德惟馨』，又曰：『民不易物，惟德緊物』，神所馮依，將在德矣。若晉取虞而明德以薦馨香，神其吐之乎？」弗聽，許晉使。宫之奇以其族行，曰：「虞不臘矣，在此行也，晉不更舉矣。」

八月，甲午，晉侯圍上陽。

二月〔二〕，丙子，朔，晉滅虢。虢公醜奔京師。師還，館于虞，遂襲虞，滅之。執虞公及其大夫井伯，以媵秦穆姬。而修虞祀，且歸其職貢于王。

胡安定先生曰：「稱『人』以執，惡晉侯也。」

〔二〕「二月」，四庫本作「十二月」。

公羊氏曰：「虞已滅矣，其言執之何？不與滅也。滅者，國亡之善詞，上下之同力也。」

穀梁氏曰：「執不言所于地，緼于晋也。」

高郵孫氏曰：「春秋于虢之滅也，序虞于晋上，而以下陽當之。于虞之亡也，不言其遷滅，但書『執虞公』。蓋虞之所依者，虢也。貪賂首恶，虢亡則虞亡，下陽之滅，虞已見滅，而晋已取虞，虞之亡也。四年，于兹矣，于是但執虞公焉。」

謝氏曰：「虞公以一國之君主而見執于人者，特以無後慮而已。百里奚、宫之奇去而虞國空虚。虢亡，虞國單弱。方是時，外無隣國之援，内無忠臣之輔，虞公措身于國，勢若匹夫，故獻公還師、館虞，而虞公執矣。有國家者，其可以無藩垣之蔽，股肱之助哉？書『執虞公』所以爲後世戒也。」

劉氏意林曰：「虞之滅，自下陽始。下陽滅，則虞亡矣。宫之奇、舟之僑之徒皆知之，獨其君不知。故春秋因大見釁，于滅下陽而深没其迹，于執虞公，使天下之爲人君者，可以戒于此矣，故曰，家有既亡，國有既滅，由别之不别也，可不大哀乎？人君莫不恶亡而好存，卒莫能因亡而保存，是何也？嗜欲之習近，而憂患之來遠也。」

胡氏曰：「書『滅下陽』于始，記『執虞公』于後，可以見趨利棄義，瀆貨無厭之能亡國敗家，審矣。」

高氏曰：「虢保逆旅，以侵晋之南鄙，猶可以爲罪。賄虞而虞從之，何罪而滅之？人晋而爵虞，非聖人孰能别之？此之謂明微。」

張氏曰：「書『滅下陽』于前，書『執虞公』于後，晉獻無道，絶滅虢叔、虞仲之祀，與夫虞公之自取滅亡，片言具見，所以戒後世者，可謂深切著明矣。」

【經】六年，春，王正月。

【經】夏，公會齊侯、宋公、陳侯、衛侯、曹伯伐鄭，圍新城。

以其逃首止之盟故也。

高氏曰：「去年，齊侯會王世子于首止，而鄭伯逃歸不盟，遂與楚通，是啟諸侯之伐。七年，齊又伐之。八年，甯母之會，遂不敢與盟，而令世子聽命。九年，會于洮，遂乞盟也。新城，實新密，鄭人新造之邑也。鄭伯逃歸，蓋王之意也。從王之意，不可伐也，乃以其非時城邑爲罪，從而圍之。」

許氏曰：「圍而不舉，則亦服之而已，有餘力者矣。」

【經】秋，楚人圍許，諸侯遂救許。

楚子圍許以救鄭，諸侯救許，乃還。冬，蔡穆侯將許僖公以見楚子于武城，許男面縛、銜璧，大夫衰絰，士輿櫬。楚子問諸逢伯，對曰：「昔武王克殷，微子啟如是，武王親釋其縛，受其璧而祓之，焚其櫬，禮而命之，使復其所。」楚子從之。

謝氏曰：「諸侯，伐鄭之諸侯也。楚之圍許也，諸侯自鄭反兵救許，得救之道也。」

薛氏曰：「救許之書『遂』，善桓公急人之難，不窮兵于鄭也。」

胡氏曰：「凡書救者，未有不善之者也。其曰『遂救許』，善之尤者也。」

家氏曰：「伐鄭，義也。救許，亦義也。移伐鄭之師而救許，所謂權時之宜而合乎義者也。故書『諸侯遂救許』，美其救之速，而許賴以存也。齊桓前日驕心一萌而以私怒侵陳，諸侯之合者幾散，今而救許伐鄭，伐其所當伐，救其所當救，夫然後大服人心，是以復有葵丘之會。」

樸鄉吕氏曰：「許男降楚，楚子赦之，無是事也。諸侯救許，許圍已解，何苦降于楚哉？又是〔一〕後許男嘗與諸侯會，知其初不降于楚也。」

【經】冬，公至自伐鄭。

〔一〕「是」，四庫本作「自」。

春秋闕疑卷十四（僖公七年—十二年）

【經】七年，春，齊人伐鄭。

孔叔言于鄭伯曰：「諺有之曰：『心則不競，何憚于病』，既不能强，又不能弱，所以斃也，國危矣，請下齊以救國。」公曰：「吾知其所由來矣，姑少待我。」對曰：「朝不及夕，何以待君。」

胡氏曰：「將卑師少稱人，聲罪致討曰伐，鄭伯背盟逃歸〔一〕，南與楚合而未離也，故桓公復治之。」

家氏曰：「所以固中國諸侯之心，而逆折强楚憑陵之燄，義之所不容已也。」

【經】夏，小邾子來朝。

石氏曰：「此郳黎來也。周武王封帝顓之後挾于邾，挾之後有功于周，又封其子友于郳。邾，魯之附庸也。郳，又邾之別封也。莊四年，郳黎來來朝書其名，附庸之君稱字，而郳又附庸之邑爾。今來朝稱『小邾子』，何休以爲，齊桓由天子進之，遂以爵通，義或然也。」

〔一〕「背盟逃歸」，四庫本作「棄順効逆」。

【經】鄭殺其大夫申侯。

五年，陳轅宣仲怨鄭申侯之反己于召陵，故勸之城其賜邑，曰：「美城之，大名也。子孫不忘，吾助子請。」乃爲之請于諸侯而城之，美。遂譖諸鄭伯，曰：「美城其賜邑，將以叛也。」申侯由是得罪。至是，鄭殺申侯以説于齊，且用陳轅濤塗之譖也。

謝氏曰：「凡殺其大夫，不以有罪無罪，皆書，罪其專殺也。」

胡氏曰：「稱國以殺者，罪累上也。不知自反，内忌聽讒而擅殺大夫，信失刑矣。如申侯者，其見殺何也？專利而不厭，則足以殺其身矣。」

師氏曰：「意者鄭伯以逃之故，被齊伐者一再，度其不能自支，乃求大夫之微過者，殺之以謝齊，若曰始誤鄭以背齊者，由斯人也。于是求成，而有甯母之盟焉。嗚呼！齊侯主盟于諸侯，彼諸侯有專殺大夫者，齊宜正典刑。今也鄭專殺大夫以説齊，齊侯乃釋不問，則是齊侯使鄭專殺之矣，主盟之職，今果安在哉？」

【經】秋，七月，公會齊侯、宋公、陳世子款、鄭世子華盟于甯母。

盟于甯母，謀鄭故也。管子言于齊侯曰：「臣聞之，招攜以禮，懷遠以德，德禮不易，無人不懷。」齊侯修禮于諸侯，諸侯官受方物。鄭伯使太子華聽命于會，言于齊侯曰：「洩氏、孔氏、子人氏三族實違君命。君若去之以爲成，我以鄭爲内臣，君亦無所不利焉。」齊侯將許之。管仲曰：「君以禮與信屬諸侯，而以姦終之，無乃不可乎？子父不奸之謂禮，守命共時之謂信，違此二者，姦莫大焉。」公曰：「諸侯有討于鄭，未捷，今苟有釁，從之，不亦可乎？」對曰：「君若綏之以德，加之以訓辭，而帥諸侯以討鄭，鄭將覆亡之不暇，豈敢不懼？若總其罪人以臨之，鄭有辭矣，何懼？且夫合諸侯以崇德也，會而列姦，何以示後嗣？夫諸侯之會，其德刑禮義無國不記，記姦之位，君盟替矣。作而不記，非盛德也。君其勿許，鄭必受盟。夫子華既爲太子，而求介于大國，以弱其國，亦必不免。鄭有叔詹、堵叔、師叔三良爲政，未可間也。」齊侯辭焉。子華由是得罪于鄭。冬，鄭伯使請盟于齊。

胡安定先生曰：「鄭伯以逃首止之盟，齊人連年伐鄭未已，鄭懼，欲求成于齊，故先使世子受盟于甯母。」

家氏曰：「管仲可謂知以禮服人者矣。桓公亦可謂樂從諫、知自克者。使桓公從子華之言，以詐而服鄭，事未必濟，且失諸侯。今示之以禮，綏之以德，鄭不旋踵而請盟，是以甯母之會爵之。」

【經】曹伯班卒。

【經】公子友如齊

【經】冬，葬曹昭公。

高氏曰：「罷盟而聘，謝不敏也。能事大國，如此其恭，恨不移此以事天王耳。」

【經】八年，春，王正月，公會王人、齊侯、宋公、衛侯、許男、曹伯、陳世子欵盟于洮。鄭伯乞盟。

七年，冬，閏月，惠王崩，襄王恶太叔带之難，懼不立，不發喪而告難于齊。至是，盟于洮，謀王室也。襄王定位而後發喪，鄭伯乞盟，請服也。

公羊氏曰：「王人者何？微者也。曷爲序乎諸侯之上？先王命也。」

謝氏曰：「洮之盟，齊侯欲以服鄭也。甯母之會，世子雖受盟，鄭伯猶懼見討，故請盟于洮。書曰『乞盟』，賤之也。首止之盟，盟之善者也。攘夷狄〔一〕，安中國，尊王室，諸侯之所同志也。文公獨以貳楚之心背盟，以至啓諸侯之伐，召新城之圍，及其禍連不解也。以世子受盟于甯母，以卑辭屈體求盟于洮，可謂失事大之道矣。爲宗廟社稷主而其始也若賤者，負罪而逃盟，其終也若賤者，哀告而乞盟。人君之德，侯伯之體，替矣。春秋前盟書『逃』，後盟書『乞』，所以著其屈辱，所以罪其不智也。」

高氏曰：「夫楚爲中國患，久矣。而鄭先受其害也。自莊十六年至僖三年，凡五伐鄭，與中國争衡。自齊桓召陵之役，兵不血刃，楚自懾服，然則鄭之爲鄭，非齊侯撫以德禮，則鄭終不知反，遂爲荆蠻之人矣〔二〕。考之于經，自此鄭十七年，齊侯小白卒，楚人絶迹不復加兵于鄭，則小白之功亦盛矣。鄭伯曷可背齊而附楚邪？

〔一〕「夷狄」，四庫本作「外寇」。
〔二〕「荆蠻之人」，四庫本作「强楚之屬」。

故聖人備書其逃盟、乞盟之事，既以罪鄭伯見義之不固，亦以恶惠王御世之無道也。」

愚按：傳稱惠王以七年閏月崩，今年正月，諸侯會洮，謀王室之難，襄王位定而後發喪，若然，則正月既盟，二月位已定矣，何至十二月始發喪乎？匿喪期月，終歲無君，豈有是理哉？况春秋聖人之實録，王崩天下之重事，夫子安得舍崩朞之實，從赴告之虚乎？是盟也，以鄭伯來乞盟觀之，則其爲謀服鄭，明矣。

【經】夏，狄伐晉。

晉里克帥師，梁由靡御，虢射爲右，以敗狄于采桑。梁由靡曰：「狄無耻，從之必大克。」里克曰：「懼之而已，無速衆狄。」虢射曰：「朞年狄必至，示之弱矣。」夏，狄伐晉，報采桑之役也。復朞月。

高氏曰：「齊桓率諸侯以攘夷狄[一]，而秦、晉不至，亦不强致，狄知晉不與中國之會，故敢伐之。」

許氏曰：「當齊桓之隆，同盟者安，介立者殆矣。」

【經】秋，七月，禘于太廟，用致夫人。

禘而致哀姜焉。

愚按：用致夫人，爲無姓氏，遂至紛紜。左氏以爲哀姜。公羊以爲齊媵。穀梁以爲立妾之辭。而劉向因以爲成風，又有以爲文姜者，則權子之説也。以今考之，若以爲齊媵，則僖公賢君，必不以齊媵爲夫人；桓公伯

[一]「攘夷狄」，四庫本作「伐楚師」。

主，必不脇人以妾爲妻也。若以爲成風，則僖公豈有爲父立妻之理？成風既非始嫁，又非祔主，安可致于廟也？若以爲文姜，則已隔莊公一世，何縁至此方祔？唯以爲哀姜，則庶幾近之。蓋哀姜之死，僖公既請于齊而葬之，至此復致于廟而祔之，所以歷八年之久者，以哀姜與弑閔公，義已絶于宗廟，禮不當祔，至此始强行之且以媚齊也，故哀姜始而孫邾，猶稱姜氏，以明邾不當納，至丧歸自齊，則去姓存氏，以明齊已絶之。至此不舉姓氏，獨稱夫人者，以明其得罪宗廟，大義已絶，不當祔也。

穀梁氏曰：「用者，不宜用也。致者，不宜致也。」

陳氏曰：「向曰夫人氏而不言姜，見絶于其國之辭也。今曰夫人而不言氏，見絶于宗廟之辭也。絶哀姜，所以恶僖公也。是故魯禘，非禮也。雖用之群公之廟，不書。有用之群公之廟而書者矣，但曰有事，譏不在用禘也。必禘于太廟，致哀姜也，而後書，譏在用禘也。」

【經】冬，十有二月，丁未，天王崩。

高氏曰：「或者，去歲惠王疾，不莅政，世子懼難而圖諸齊，故爲洮之會。至是惠王始崩歟？按歷，七年閏十一月，八年又閏十一月，此雖置閏之失，豈此年閏十一月，王崩秘之，至十二月乃發丧歟？然聖人作春秋必據實而書之，宜以經爲正。」

【經】九年，春，王正月，丁丑，宋公御説卒。

宋公卒[二]，太子兹父固請曰：「目夷長且仁，君其立之。」公命子魚。子魚辭曰：「能以國讓，仁孰大焉？臣不及也，且又不順。」遂走而退。

【經】夏，公會宰周公、齊侯、宋子、衛侯、鄭伯、許男、曹伯于葵丘。

尋盟，且修好。王使宰孔賜齊侯胙，曰：「天子有事于文武，使孔賜伯舅胙。」齊侯將下拜，孔曰：「且有後命，天子使孔曰：『以伯舅耋老，加勞，賜一級，無下拜。』」對曰：「天威不違顔咫尺，小白余敢貪天子之命，無下拜恐隕越于下，以遺天子羞，敢不下拜？」下，拜，登，受。

胡氏曰：「宰周公者，以冢宰兼三公也。」

權子曰：「天子之宰與世子禮異。」

謝氏曰：「宰周公勢亦尊矣，然非王世子比，故宰周公雖序諸侯上，不若王世子之殊會也。」

高郵孫氏曰：「春秋諸侯居喪而盟會侵伐者多矣，其稱子者四，孔子因而書之，以見其居喪而與乎國事之罪，不稱子而行者，其罪又不可勝誅也。」

高氏曰：「齊侯圖霸，内帥諸侯，外攘夷狄[三]，經營馳驟，出入上下，二十餘年，勞亦至矣。然自服楚之

[二]「卒」，四庫本作「疾」。

[三]「夷狄」，四庫本作「寇亂」。

後，其心乃盈，不能朝于京師，翼戴天子，與衰振治，以復文武之業。前此致王世子于首止，今又致宰周公至葵丘，且惠王方崩，諸侯不會其喪，襄王在諒闇之中，百官總已方聽政于冢宰，齊侯既不帥諸侯而朝之，反自相會以致天子之宰，以天子之宰反下會諸侯，大義乖矣，故聖人不予齊侯坐致天子之宰，而以宰周公主會爲文也。」

【經】秋，七月，乙酉，伯姬卒。

穀梁氏曰：「内女也，未適人不卒，此何以卒也？許嫁笄而字之，死則以成人之喪治之。」

高郵孫氏曰：「未目其國，未適他國也，必書其字，許嫁者也。許嫁而卒者，春秋書之，以吾君爲之服，因録之也。」

【經】八月，戊辰，諸侯盟于葵丘。

齊侯盟諸侯于葵丘，曰：「凡我同盟之人，既盟之後，言歸于好。」宰孔先歸，遇晉侯，曰：「可無會也。齊侯不務德而勤遠略，故北伐山戎，南伐楚，西爲此會也，東略之不知，西則否矣。其在亂乎？君務靖亂，無勤于行。」晉侯乃還。

孟子曰：「五霸，桓公爲盛。葵丘之會，諸侯束牲載書而不歃血，初命曰：誅不孝，無易樹子，無以妾爲妻。再命曰：尊賢育才，以彰有德。三命曰：敬老慈幼，無忘賓旅。四命曰：士無世官，官事無攝，取事必得，無專殺大夫。五命曰：無曲防，無遏糴，無有封而不告。凡我同盟之人〔二〕，既盟之後，言歸于好。」

陸氏微旨曰：「盟稱諸侯者，前目後凡之義，且明周公之不與盟。」

臨江劉氏曰：「此一地也，曷爲再言葵丘？善是盟也。」

謝氏曰：「葵丘之盟，上明先王之禁令，下修列國之訓戒，諸侯載事不歃血，莫敢違法以歸于正，邦國亦庶幾于治矣。故君子美之。」

高郵孫氏曰：「葵丘之盟，孟子美之，以爲後之諸侯，皆犯其五禁。蓋春秋之盛，莫盛于齊桓，齊桓之盟，莫著于葵丘之事，齊桓最高之業，春秋甚盛之際，以孟子之時諸侯言之，則齊桓在可褒之域，校之三王之盛，則齊桓又其罪人，此春秋所以無褒，而孟子言其有罪也。」

【經】甲子，晉侯詭諸卒。冬，晉里克殺其君之子奚齊。

九月，晉獻公卒。里克、平鄭欲納文公，故以三公子之徒作亂。初，獻公使荀息傅奚齊。公疾，召之曰：「以是藐諸孤，辱在大夫，其若之何？」稽首而對曰：「臣竭其股肱之力，加之以忠貞。其濟，君之靈也。不濟，則以死繼之。」公曰：「何謂忠貞？」對曰：「公家之利，知無不爲，忠也。送往事居，耦俱無猜，貞也。」及里克將殺奚齊，先告荀息曰：「三怨將作，秦晉輔之，子將何如？」荀息曰：「將死之」。里克曰：

〔二〕四庫本「凡我同盟之人」前有「曰」字。

「無益也。」荀叔曰：「吾與先君言矣，不可以貳，能欲復言而愛身乎？雖無益也，將焉辟之？且人之欲善，誰不如我？我欲無貳而能謂人已乎？」冬，十月，里克殺奚齊于次。荀息將死之，人曰：「不如立卓子而輔之。」荀息立公子卓以葬。十一月，里克殺公子卓于朝。荀息死之。

穀梁氏曰：「其君之子云者，國人不子也，國人不子者，不正其殺世子申生而立之也。」

胡氏曰：「人君擅一國之名寵，爲其所子，則當子矣。國人何爲不子也？民至愚而神，是非好恶靡不明且公也，其所子而不子者，莫能使人弗之子也，非所子而子之者，莫能使人之亦子也。晉獻公殺世子申生，立奚齊矣，而大臣殺奚齊。詩不云乎，『天生烝民，有物有則，民之秉彝，好是懿德』。此言天理根于人心，雖以私欲滅之而有不可滅也，春秋書此以明獻公之罪，抑人欲之私，示天理之公，爲後世戒。以此防民，猶有欲易太子而立趙王如意，致夫人之爲人彘者。」

謝氏曰：「奚齊雖書曰『君之子』，以明奚齊獨君意立之，然立奚齊，獻公之命也。里克志欲立正，當與大臣諫之于初可也。奚齊不可以主社稷，當與顧命大臣明大義，以告宗廟，而後更立可也。獻公既死，君命定矣，而又奚齊未有大恶，克以廢立自任，擅殺奚齊，是以臣子抗先君之命也。里克之亂書曰『殺其君之子』，以罪克之逆也。春秋于奚齊稱君之子，而獻公立庶之恶，由此見矣。于君之子稱殺，而里克犯君之恶，由此見矣。然則君命雖重，行不以正，則咈人心。臣志雖正，行不以順，則淪恶逆。是故以正行命者，君之道也。以順行正者，臣之義也。」

胡安定先生曰：「按文十四年，五月，齊侯潘卒。九月，齊公子商人殺其君舍，舍亦未踰年之君，何以不稱君之子而謂殺其君？蓋嫡嗣當立，雖未踰年，亦稱君也。」

【經】十年，春，王正月，公如齊。

高氏曰：「公始朝齊也，公朝他國皆書『如』，著其出境也。若又有故，則書故，重其罪也，納聘觀社之類是也。春秋書公如他國者三十五，如京師者一而已，此又罪其朝王之簡也。」

【經】狄滅温，温子奔衛。

狄滅温，蘇子無信也。蘇子叛王即狄，又不能于狄。狄人伐之，王不救，故滅。蘇子奔衛。

家氏曰：「狄滅衛、邢以來，浸以强盛，與荆楚交，爲中國患，今又滅温，温乃近畿之地，司寇蘇公世有之，蘇子叛王即狄，又不能于狄，是以爲狄人所並，蘇子信有罪矣。而温近于王，狄伐而滅之，豈非伯主之責乎？桓公日以伐戎爲事，置狄弗問，豈非伯業之衰乎？」

【經】晋里克弑其君卓及其大夫荀息。

公羊氏曰：「及者，累也。何以書？賢也。何賢乎荀息？荀息可謂不食其言矣。」

家氏曰：「君臣之分未定以前殺之，曰殺簒立之公子爾，君臣之分既定以後，則其殺爲弑矣。春秋于奚齊之死，書曰『殺其君之子奚齊』，至卓子之死，則曰『晋里克弑其君卓』，嘗求其故。奚齊之死，君臣之分猶未定也，卓子之死，君臣之分已定矣。是以書法不同。或曰君薨子立，君臣之分猶有未定乎？曰奚齊之立，荀息一人立之爾，非臣民之所共戴，使里克于奚齊之既死，即率國人迎立公子在外長且賢者，以主社稷，則事正理順，國人無不服，今乃坐視荀息遂非從邪，更立卓子，于君父既葬之後而殺之，則爲弑矣。春秋録大夫死節凡三，孔父、仇牧、荀息是也。孔父、仇牧之死，與其君皆死，死之正也。荀息者，從獻公于婚，爲驪戎女任託孤之寄，復不能其事，以身死之，曾何足恤而與孔父、仇牧俱見録于春秋？諸儒未得其説。愚于公羊子之義有取焉。公羊于孔父曰：『可謂義形于色矣。』于仇牧曰，『可謂不畏强禦矣』。于荀息則曰，『可謂不食其言矣』。蓋荀息之死，以爲合乎義則未也，然則既許獻公以死，雖欲不死，不可也。使荀息早知二子之立，國人不與，而力辭託孤之寄，以悟其君，其君不能用，則是時有不必死矣。既不能正諫于其始，又爲之任託孤之寄，雖臨難苟免，其可得乎？聖人所取，特在于能不食言，若以事君大節而觀，不免猶有所愧。」

胡氏曰：「按外傳，克者，申生之傅也。驪姬將殺世子而難里克，使優施飲之酒而告之以其故。里克聽其謀，乃欲以中立自免，稱疾不朝，居三旬而難作，是謂持禄容身，速獻公殺嫡立庶之禍，故成其君臣之名，正其弑逆之罪，雖欲辭而不受，其可得乎？使克明于大臣之義，據經廷諍以動其君，執節不貳，固太子以攜其黨，多爲之故，以變其志。其濟，則國之福也。其不濟而死于其職，亦無歉矣。人臣所明者義，于功不貴幸而成；所立者節，于死不貴幸而免。克欲以中立期免，而亦終不能免。等死耳，不死于世子，而死于弑君，其亦不知命之蔽哉！爲人臣而不知春秋之義者，必陷于篡弑誅死之罪，克之謂矣。」

高氏曰：「柳子厚曰：『春秋之進荀息，非聖人之情也。進荀息以甚苟免之恶也。』此言是矣。」

愚按：管仲、荀息皆以所事不正，爲人所殺，然荀息死之，管仲不死。夫子于春秋既書荀息之死，以表其忠，于論語復稱管仲之功，而許其仁，何也？權子曰：「始與之同謀，遂與之同死，可也。知輔之争爲不義，將自免以圖後功，亦可也。若管仲者，所謂不死以圖後功者也。若荀息者，所謂始與同謀，遂與之同死者也。聖人之許與，各當其可而已矣。」

【經】夏，齊侯、許男伐北戎。

薛氏曰：「當時患有大于戎者，狄及晋、楚是也。晋滅虢、滅虞。狄嘗入衛、迫邢。前年伐晋，近又滅温。召陵之後，楚滅弦圍許，豈可置而不圖，舍强圖弱，守衛果如是乎？所謂不務德而勤遠略，况許方患楚而敺以伐戎，非用人之道也。」

【經】晋殺其大夫里克。

九年，晋郤芮使夷吾重賂秦以求入，齊隰朋帥師會秦師，納晋惠公。秦伯謂郤芮曰：「公子誰恃？」對曰：「臣聞亡人無黨，有黨必有讐，夷吾弱不好弄，能門不過，長亦不改，不識其他。」公謂公孫枝曰：「夷吾其定乎？」對曰：「臣聞之，唯則定國。詩曰：『不識不知，順帝之則』。文王之謂也。又曰：『不僭不賊，鮮不爲則。』無好無恶，不忌不克之謂也。今其言多忌克，難哉。」公曰：「忌則多怨，又焉能克，是吾利也。」

至是，周公忌父、王子黨會齊隰朋立晉侯。晉侯殺里克以説。將殺里克，公使謂之曰：「微子則不及此，雖然，子弑二君與一大夫，爲子君者，不亦難乎？」對曰：「不有廢也，君何以興？欲加之罪，何患無辭？臣聞命矣。」伏劍而死。于是平鄭聘于秦，且謝緩賂，故不及。

穀梁氏曰：「稱國以殺，罪累上也。其以累上之辭言之者，殺之不以其罪也。」

胡氏曰：「殺之不以其罪奈何？里克所爲弑，爲重耳也，夷吾曰：『是又將殺我也。』故殺之。若惠公既立而謂克曰：『先君命大夫爲世子傅，世子死，非其罪，大夫不知恤。若奚齊者，既有先君之命矣，而大夫又殺之以及卓大夫，雖殺之，獨不念先君之命乎？則克必再拜而死，不復有言矣。』惠公乃曰：『又將圖寡人』，是殺之不以其罪也，故稱國以殺而不去其官。

愚按：既書弑君于前，既誅里克之爲賊，復書殺大夫于後，以明惠公之不能討其賊，春秋推見至隱，曲盡其情，故曰非聖人莫能修之也。

【經】秋，七月。

【經】冬，大雨雪。

【經】十有一年，春，晉殺其大夫平鄭父。

平鄭之如秦也，言于秦伯曰：「吕甥、郤稱、冀芮實爲不從，若重問以召之，臣出晉君，君納重耳，蔑不濟矣。」冬，秦伯使泠至報問，且召三子。郤芮曰：「幣重而言甘，誘我也。」遂殺平鄭、祁舉及里平之黨。平豹奔秦，言于秦伯曰：「晉侯背大主而忌小怨，民弗與也。伐之，必出。」至是，晉侯使以平鄭之亂來告。

胡氏曰：「平鄭言于秦伯曰：『出晉君』，則鄭有罪矣。曷爲稱國以殺而不去其官？惠公以私意殺里克，故其黨皆懼，鄭之有此謀，由殺里克致之也。春秋以大義公天下、爲誅賞，故書法如此，其稱國者，兼罪用事大夫不能格君心之非，至于多忌濫刑，危其國也。」

愚按：使惠公能申明二君之弑，正其罪以誅里克，則里克既甘心于死，不復有辭，而臣下莫不震懾恐懼，豈敢復有亂心？平鄭之徒既保首領，而惠公長有晉國矣。安得濫刑至此，而煩春秋之屢書乎？

【經】夏，公及夫人姜氏會齊侯于陽穀。

高氏曰：「公稔聞桓、莊之失而不改其轍，桓親見二國之事而循其迹。姜氏，婦人，何知焉？以齊桓、魯僖兩君相會，而使婦人厠于其間，何以視兩國侍御僕從之臣乎？」

張氏曰：「諸侯會伯主而婦人與焉，君臣之大義，夷夏之大計，凡所當講者，必有所不及而般樂瀆亂，浸淫日長，宜桓公自是伯業遂衰，而魯僖之怠棄國政亦自此始矣。」

家氏曰：「桓公之始伯，儥齊女之無度，以哀姜爲首戮，諸夏肅然，知中國之所以異于戎蠻者〔一〕，實在于

〔一〕「諸夏肅然，知中國之所以異于戎蠻者」，四庫本作「天下肅然，知人類之所以異于禽獸者」。

是。齊襄、衛宣污染之習，爲之一掃，庶乎古方伯之餘烈矣。及其暮年，志得而驕，乃復與僖、姜爲陽穀與卞之會，伯業其衰矣乎。或曰：此齊侯之女，禮有歸寧，今往會，之不亦可乎？曰：歸寧當在國中，此疾驅于通道大都，非所謂寧也。伯者一舉動，諸夏之所式儀，可不謹乎？故春秋書法與禚會祝亨同，所以重戒于後。」

【經】秋，八月，大雩。

【經】冬，楚人伐黃。

黃人不歸楚貢，楚人伐黃。

胡氏曰：「按穀梁子曰：『貫之盟，管敬仲言于桓公，江、黃遠而近楚，楚爲利之國也，若伐而不能救，則無以宗諸侯矣。公不聽，遂與之盟。管敬仲死。楚伐江、滅黃，桓公不能救，故君子閔之也。』遠國慕義，背楚即華〔一〕，所謂出自幽谷，遷于喬木，春秋之所取也。被兵城守，更歷三時，告命已至，而援師不出，則失救患分災，攘夷狄〔二〕，安中國之義矣。滅弦、滅温皆不書『伐』，滅黃而必書者，罪桓公既與盟會而又不能救也。」

家氏曰：「管仲之慮患，可謂遠矣。方江、黃之始來盟，而已憂異時之不能救，其深思遠慮，豈與小智淺

〔一〕「背楚即華」，四庫本作「背逆即順」。
〔二〕「夷狄」，四庫本作「外寇」。

識之士、朝不及夕者同日語乎？齊不得江、黄，無以制楚，故楚恨江、黄爲最深。既滅弦以蕩其藩牆，遂縱兵以潰其心腹。齊人卒不能遣偏師之援，坐視其亡。然則滅黄者，齊也，非楚也。陽穀之會于貫之盟，本以求中國之援，反以是速其亡，悲夫！自是而後，諸侯日散，伯業日衰，無足稱者矣。」

【經】十有二年，春，王三月，庚午，日有食之。

【經】夏，楚人滅黄。

黄人恃諸侯之睦于齊也，不共楚職，曰：「自郢及我九百里，焉能害我？」夏，楚滅黄。

謝氏曰：「黄人嘗受盟于齊矣。及楚之伐黄也，齊不救，故楚滅黄。書貫之盟，陽穀之會于前，書伐黄、滅黄于後，齊桓方伯之職不修見矣。」

胡氏曰：「春秋，滅人之國，其罪則一，而見滅之君，其例有三：以歸者，既無死難之節，又無克復之志，貪生畏死，甘就執辱，其罪爲重，許斯、頓牂之類是也。出奔者，雖不死于社稷，有興復之望焉，託于諸侯猶得寓禮，其罪爲輕，弦子、温子之類是也。若夫國滅死于其位，是得正而斃焉者矣，于禮爲合，于時爲不幸，若江、黄二國是也。其書滅者，見荆楚〔二〕之强，罪諸夏〔三〕之弱，責方伯、連帥之不修其職，使小國賢君不

〔二〕「荆楚」，四庫本作「楚人」。
〔三〕「諸夏」，四庫本作「列國」。

得其所。公羊子所謂，亡國之善辭，上下之同力也。」

【經】秋，七月。

【經】冬，十有二月，丁丑，陳侯杵臼卒。

春秋闕疑卷十五（僖公十三年—十八年）

【經】十有三年，春，狄侵衛。

胡氏曰：「齊桓公爲陽穀之會，是肆于寵樂，其行荒矣。楚人伐黄而救兵不起，是忽于簡書，其業荒矣。然後狄人窺伺中國，今年侵衛，明年侵鄭，近在王都之側，淮夷亦來病杞而不忌也。伯益戒于舜曰：『無怠無荒，四夷來王』，此至誠無息，帝王之道，春秋之法也。齊桓、晋文若此類者，其事則直書于策，其義則游聖門者默識于言意之表矣。故曰：『仲尼之徒，無道桓文之事者。』」

【經】夏，四月，葬陳宣公。

【經】公會齊侯、宋公、陳侯、衛侯、鄭伯、許男、曹伯于鹹。

十一年，夏，揚、距、泉、臯、伊、雒之戎同伐京師，入王城，焚東門。王子帶召之也。秦、晋伐戎以救周。秋，晋侯平戎于王。十二年，王以戎難故討王子帶。秋，王子帶奔齊。冬，齊侯使管夷吾平戎于王。王以上卿之禮享管仲，管仲辭曰：「臣，賤有司也，有天子之二守國、高在，若節春秋來承王命，何以禮焉？陪臣敢辭。」王曰：「舅氏，余嘉乃勲，應乃懿德，謂督不忘。往踐乃職，無逆朕命。」管仲受下卿之禮而還。是年春，齊侯使仲孫湫聘于周，且言王子帶。事畢，不與王言。歸，復命曰：「未可。王怒未怠，其十年乎？不十年，王弗召也。」夏，會于鹹，淮夷病杞故且謀王室也。十六年，王以戎難告于齊，齊徵諸侯而戍周。二十二年，富辰言于王曰：「請召太叔。詩曰：『協比其隣，婚姻孔云』，吾兄弟之不協，焉能怨諸侯之不睦？」王悦。王子帶自齊復歸于京師，王召之也。

高郵孫氏曰：「鹹之會，二傳皆無事迹，惟左氏以爲謀杞且謀王室，案王室之事不載于經，而明年經書『城緣陵』，前目後凡，則謀杞之説與經合矣。」

【經】秋，九月，大雩。

【經】冬，公子友如齊。

【經】十有四年，春，諸侯城緣陵。

諸侯城緣陵而遷杞焉。

高郵孫氏曰：「緣陵之地，經不言杞者，杞未遷也。不叙諸侯而凡言之者，會鹹之諸侯于是復合而城之，前目後凡，春秋之簡辭也。去年之冬，經書『公子友如齊』，則是公子友受命魯公而聘諸侯也。公子友受命而聘，則齊、魯之君皆當反其國矣。然經不再叙之者，以去年定其謀，今年終其役，事無殊異，國無增損，可以簡言之矣。」

胡氏曰：「齊桓城三國而書辭不同，城楚丘則没諸侯而不書，城緣陵則書諸侯而不序，城邢則再序三國之師，何也？邢以自遷爲文。再序三師而書城邢者，美其得救患分灾之義也。淮夷病杞，諸侯會鹹、城緣陵而遷杞焉，其事專矣，故前目後凡，直書諸侯而不序也。衛爲狄滅，東涉渡河，野處漕邑，桓公使公子無虧戍以甲士，歸其祭服乘馬，凡爲國之用，其力尤勤，其功尤大，其事尤專，春秋責之尤重曰『城楚丘』，而不書諸侯，正王法也。是故以功言之，則楚丘爲大，以義言之，則城邢爲美。春秋之法，明其道不計其功，正其義不謀其利者也。詳著城邢之師，深没楚丘之迹，貴王賤伯，羞稱桓、文，以正待人之體也，明此，則知曾西不爲管仲，深畏仲由之説矣。」

【經】夏，六月，季姬及鄫子遇于防，使鄫子來朝。

鄫季姬來寧，公止之，以鄫子之不朝也。夏，遇于防，使來朝也。

胡氏曰：「春秋，内女適人者，明有所從，則繫諸國，若杞伯姬是也。其未適人者，欲有所别，則書其字，若子叔姬是也。季姬書字而未繫諸國，其女而非婦亦明矣。『及』者内爲志，内女而外與諸侯遇，譏魯也。朝不言『使』，言『使』非正。鄫子國君，而季姬使之朝，病鄫也。魯秉周禮，男女之際，豈其若是之甚乎？盖魯公鍾愛其女，使自擇配，故得與鄫子遇于防，而遂以季姬歸之，非所以愛而厚其别也，故稱『及』、稱『遇』、稱『使』，罪魯與鄫，以正男女之禮，爲後世戒也。」

高郵孫氏曰：「傳以季姬歸寧而公止之，故遇于防而使之朝。案春秋内女適他國者，必書，歸季姬未嘗言歸于鄫，而明年始書之，又經不曰鄫季姬，明其未歸也。左氏徒見醜恶之甚，以爲必不至此，故曲爲之解，文姜、哀姜之行有甚于此者矣。季姬之事，經書之甚明，無足疑也。」

樸鄉呂氏曰：「豈其許嫁于鄫而未歸于鄫乎？」

家氏曰：「僖公號賢君，略無正家之法，魯之不競，實由乎此。春秋書此而季姬之恶狀見矣，僖公何以辭其責？」

【經】秋，八月，辛卯，沙鹿崩。

【經】晋卜偃曰：「期年將有大咎，幾亡國。」

穀梁氏曰：「林屬于山爲鹿。沙，山名也，無崩道而崩，故志之。」

公羊氏曰：「外異不書，此何以書？爲天下記異也。」

高郵孫氏曰：「春秋灾異之志，必言其國，沙鹿、梁山崩，皆非魯地，而春秋書之如内辭焉。此聖人之意也。夫水、火之爲灾，石、鷁之爲異，地不過百里，時不過數日，所以召之者，止于其君，所以應之者，盡于一國，故國不可不著也。至于王道大壞，彝倫攸斁，而天下之人皆反皇極，則天見其變而日食星孛，地見其妖而川竭山崩，所以召之者，在于天下，所以應之者，遍于四海，則雖在于國，不得著其國也。日有食之，星孛于某，其變之大，其應之廣，不可以一國言也。沙鹿崩，梁山崩，雖在于晉，而異及于天下，不可以晉言也。」

許氏曰：「恒星不見，星隕如雨，齊桓之祥也。沙鹿崩，晉文之祥也。齊桓將興而天文隳，晉文欲作而地理決，王道之革也。」

【經】狄侵鄭。

許氏曰：「前年狄侵衛，今年狄侵鄭，而莫或攘之，桓志之衰也。王伯之政，兢兢不可怠也。齊桓之烈，盛茂如此，一矜而易心生之，則狄屢入侵中國〔一〕，是以先王屢省成功，而率作興事，修誠慎憲，務以戒終也。」

【經】冬，蔡侯肸卒。

【經】十有五年，春，王正月，公如齊。

高氏曰：「公十年如齊朝矣，今又朝之，五年一朝者，諸侯事天子之禮也。今移之于齊侯，可乎？」

【經】楚人伐徐。

徐即諸夏故也。

【經】三月，公會齊侯、宋公、陳侯、衛侯、鄭伯、許男、曹伯，盟于牡丘，遂次于

〔一〕「狄屢入侵中國」，四庫本作「狄人伐其同盟」。

匡，公孫敖帥師及諸侯之大夫救徐。

盟于牡丘，尋葵丘之盟，且救徐也。孟穆伯帥師及諸侯之師救徐，諸侯次于匡以待之。

謝氏曰：「救患之師如解焚捄溺，緩而不急，則失救之道。桓之救徐也，八國已受盟矣，其終也，諸侯止而不進，大夫帥師以出，其救難不力可知也。爲隣國謀，而不盡其心，爲不忠；視人危急，而遷延不進，爲不仁；大者止，而小者行，爲不義。三者，齊桓失救之道也。然則遂救許，遂之善者也，以其進也。遂次于匡，遂之不善者也，以其止也。」

胡氏曰：「楚都于郢，距徐亦遠，而舉兵伐徐，暴横憑陵之罪著矣。徐在山東，與齊密邇，以封境言之，不可以不速救，以形勢言之，非有餽糧越險之難也。今書盟于牡丘，見諸侯救患之不協矣，書次于匡，見桓德益衰，而禦夷狄〔一〕、安中國之志怠矣。凡兵而書救，未有不善之，救而書次，則尤罪其當速而故緩，失用師之義矣。中庸曰：『至誠無息，不息則久。』春秋謹始，卒欲有國者敦不息之誠也。始勤而終怠，則不能久而固其國矣。」

陳氏曰：「諸侯在而大夫將，于是始桓公爲之也，則桓志荒矣。」

【經】夏，五月，日有食之。

〔一〕「夷狄」，四庫本作「寇亂」。

【經】秋，七月，齊師、曹師伐厲。

伐厲以救徐也。

薛氏曰：「厲，楚漢東之與國也。楚師東出而伐其與國，固用兵之道也。不役諸侯而專曹師之用，求救微矣，無救于徐之敗理也。」

【經】八月，螽。

【經】九月，公至自會。

【經】季姬歸于鄫。

胡安定先生曰：「歸者，始嫁之辭。」

高郵孫氏曰：「季姬之歸，不言所逆。逆者，鄫子也。内女之歸不書逆，皆其君自來逆之，常事不書爾。季姬恶行當絶，而春秋書之，與内女之歸無異。蓋季姬之貶已見于遇鄫子于防之時。于是但以恩録之爾。」

【經】己卯，晦，震夷伯之廟。

于是展氏有隱慝焉。

高氏曰：「春秋遇朔書朔，遇晦書晦，蓋聖人因事而書晦朔之法，使後世得以考焉。」

杜氏曰：「夷伯，魯大夫展氏之祖父。」

左氏曰：「震夷伯之廟，罪之也。」

穀梁氏曰：「因此見天子至于士皆有廟，天子七，諸侯五，大夫三，士二。故德厚者流光，德薄者流卑，是以貴始德之本也，始封必爲祖。」

權子曰：「春秋所書皆天人嚮應有致之道，如石隕于宋而言隕石，夷伯之廟震而言震夷伯之廟，此天應之也，但以淺狹之見，以爲無應，其實皆應之，然漢儒推灾異，皆牽合不足信。儒者有厭于此，因盡廢之。」

謝氏曰：「慝恶之人，使之居廟以享血食，天之所恶也。夷伯蓋有慝恶于魯，而子孫猶以宗廟事之，然則雷震其廟，乃天恶夷伯而殛之也。故春秋書之以示天戒焉。」

師氏曰：「魯大夫之廟而雷震之，彼天之威，豈妄加于宗廟鬼神邪？是必廟之踰制，而子孫爲魯用事之，臣又不敢廢之，故天震之，以示變盈之道也。」

【經】冬，宋人伐曹。

討舊怨也。

師氏曰：「自莊十四年，曹嘗助齊以伐宋，至此三十五年矣。邇來未見其隙，及齊侯伯中國，二國同與盟會者十數矣。今宋無故而侵曹，乃以舊怨藉口而謂之伐，宋公之可罪也明矣，此其所以『人』之與。」

陳氏曰：「諸夏之交兵，自莊之十九年未之有也，于是再見，宋襄公爲之也。」

許氏曰：「同盟始相攻伐，桓不能一矣，則何以禁夷狄[一]之亂？伯德方衰，諸侯浸以貳也，威靈之陵夷，豈不惜哉？」

家氏曰：「桓公志怠，宋見閒而起，于此知宋襄之爲人，外静内躁，于桓之方存已有圖伯之心矣。」

【經】楚人敗徐于婁林。

徐恃救也。

家氏曰：「春秋初年，猶未狄徐，至此以後，徐方以號舉。」

師氏曰：「前此三月，諸侯之大夫嘗救徐，而今則楚人敗徐于婁林，中國之威不足以震夷狄[二]，而當時所救無益也明矣。齊桓之伯，得不衰乎？」

張氏曰：「書以見楚兵之獨勝，而救徐之功不立，伐厲之謀無補也。」

陳氏曰：「不數年，宋、楚争盟，以是爲盟主病矣。」

【經】十有一月，壬戌，晉侯及秦伯戰于韓，獲晉侯。

晉侯之入也，秦穆姬屬賈君焉，且曰：「盡納群公子。」晉侯烝于賈君，又不納群公子，是以穆姬怨之。晉

[一]「夷狄」，四庫本作「外域」。
[二]「夷狄」，四庫本作「楚人」。

侯許賂中大夫，既而皆背之。賂秦伯以河外列城五，東盡虢略，南及華山，內及解梁城，既而不與。十三年，冬，晋荐饑，使乞糴于秦，秦伯謂子桑：「與諸乎？」對曰：「重施而報，君將何求？重施而不報，其民必攜，攜而討焉，無衆必敗。」謂百里：「與諸乎？」對曰：「天灾流行，國家代有救灾恤隣，道也。行道，有福。」

平鄭之子豹在秦，請伐晋。秦伯曰：「其君是惡，其民何罪？」秦于是乎輸粟于晋，自雍及絳相繼，命之曰汎舟之役。十四年，冬，秦饑，使乞糴于晋，晋人弗與。慶鄭曰：「背施無親，幸灾不仁，貪愛不祥，怒隣不義，四德皆失，何以守國？」虢射曰：「皮之不存，毛將安傅？」慶鄭曰：「棄信背隣，患孰恤之？無信患作，失援必斃，是則然矣。」虢射曰：「無損于怨而厚于寇，不如勿與。」慶鄭曰：「背施幸灾，民所棄也。近猶讐之，况怨敵乎？」弗聽。退曰：「君其悔是哉。」

十五年，秦伯伐晋，卜徒父筮之，吉。涉河，侯車敗。詰之，對曰：「乃大吉也，三敗必獲晋君。其卦遇蠱，曰：『千乘三去，三去之餘，獲其雄狐。』夫狐蠱，必其君也。蠱之貞，風也。其悔，山也。歲云秋矣，我落其實，而取其材，所以克也。實落材亡，不敗何待？」

三敗，及韓，晋侯謂慶鄭曰：「寇深矣，若之何？」對曰：「君實深之，可若何？」公曰：「不孫。」卜右，慶鄭吉。弗使。步揚御戎，家僕徒爲右，乘小駟，鄭入也。慶鄭曰：「古者大事必乘其産，生其水土而知其人心，安其教訓而服習其道，惟所納之，無不如志，今乘異産，以從戎事，及懼而變，將與人易。亂氣狡憤，陰血周作，張脉僨興，外彊中乾，進退不可，周旋不能，君必悔之。」弗聽。

九月，晋侯逆秦師，使韓簡視師。復曰：「師少于我，鬥士倍我。」公曰：「何故？」對曰：「出因其資，入用其寵，饑食其粟，三施而無報，是以來也。今又擊之，我怠秦奮，倍猶未也。」公曰：「一夫不可狃，况國乎？」遂使請戰。秦伯使公孫枝對曰：「君之未入，寡人懼之，入而未定列，猶吾憂也，苟列定矣，敢不承命？」韓簡退曰：「吾幸而得囚。」

壬戌，戰于韓原，晋戎馬還濘而止。公號慶鄭，慶鄭曰：「愎諫違卜，固敗是求，又何逃焉？」遂去之。梁由靡御，韓簡、虢射爲右，輅秦伯，將止之。鄭以救公誤之，遂失秦伯。秦獲晋侯以歸，穆姬聞晋侯將至，以太子罃、弘與女簡璧登臺而履薪焉，使以免服衰绖逆，且告曰：「上天降灾，使我兩君匪以玉帛相見，而興戎。若晋君朝以入，則婢子夕以死；夕以入，則朝以死，惟君裁之。」乃舍諸靈臺。

大夫請以入，公曰：「獲晋侯，以厚歸也，既而喪歸，焉用之？大夫其何有焉？」公子縶曰：「不如殺之，無聚慝焉。」子桑曰：「歸之而質其太子，必得大成，晋未可滅而殺其君，祇以成恶，且史佚有言曰：『無始禍，無怙亂，無重怒。』重怒難任，陵人不祥。」乃許晋平。

晋侯使郤乞告瑕吕飴甥，且召之。子金教之言曰：「朝國人而以君命賞，且告之曰：『孤雖歸，辱社稷矣。其卜貳圉也。』」衆皆哭。晋于是乎作爰田。吕甥曰：「君亡之不恤，而群臣是憂，惠之至也。將若君何？」衆曰：「何爲而可？」對曰：「征繕以輔孺子，諸侯聞之，喪君有君，群臣輯睦，甲兵益多，好我者勸，恶我者懼，庶有益乎？」衆説。晋于是乎作州兵。

十月，晋陰飴甥會秦伯，盟于王城。秦伯曰：「晋國和乎？」對曰：「不和。小人耻失其君而悼喪其親，不憚征繕以立圉也，曰：『必報讎，寧事戎狄。』君子愛其君而知其罪，不憚征繕以待秦命，曰：『必報德，有死無二。』以此不和。」秦伯曰：「國謂君何？」對曰：「小人慼，謂之不免。君子恕，以爲必歸。小人曰：『我毒秦，秦豈歸君？』君子曰：『我知罪矣，秦必歸君。貳而執之，服而舍之，德莫厚焉，刑莫威焉。服者懷德，貳者畏刑，此一役也，秦可以伯，納而不定，廢而不立，以德爲怨，秦不其然？』」秦伯曰：「是吾心也。」改館晋侯，饋七牢焉。

蛾析謂慶鄭曰：「盍行乎？」對曰：「陷君于敗，敗而不死，又使失刑，非人臣也。臣而不臣，行將焉入？」十一月，晋侯歸。丁丑，殺慶鄭而後入。是歲，晋又饑，秦伯又餼之粟，曰：「吾怨其君而矜其民。且吾聞唐叔之封也，箕子曰：『其後必大。』晋其庸可冀乎！姑樹德焉以待能者。」于是秦始征晋河東，置官司焉。

十七年，夏，晋太子圉爲質于秦，秦歸河東而妻之。二十二年，太子圉將逃歸，謂嬴氏曰：「與子歸乎？」對曰：「子晋太子而辱于秦，子之欲歸，不亦宜乎？寡君之使婢子侍執巾櫛，以固子也，從子而歸，棄君命也，不敢從，亦不敢言。」遂逃歸。

胡氏曰：「秦伯伐晋而經不書伐，專罪晋也。獲晋侯以歸而經不書歸，免秦伯也。書伐、書及者，兩俱有罪而以及爲主。書獲、書歸者，兩俱有罪而以歸爲甚。今此專罪晋侯之背施幸灾、貪愛怒隣，而恕秦伯也。然則秦戰義乎？春秋無義戰，彼善于此，則有之矣。其不言師敗績何也？君獲不言師敗績，君重于師也。大夫戰而見獲，必書師敗績，師與大夫敵也。君爲重，師次之，大夫敵，春秋之法也。與孟子之言何以異？孟子爲時君牛羊用人莫之恤也，故以民爲貴，君爲輕。春秋正名定分，爲萬世法，故以君爲重，師次之，堯以天下命舜，舜亦以命禹，必稱元后爲先，此經世大常而仲尼祖述之也。惟此義不行，然後叛逆之黨有託以爲名，輕棄君親而不顧者矣。」

【經】十有六年，春，王正月，戊申，朔，隕石于宋五。是月，六鷁退飛過宋都。

隕石于宋五。隕，星也。六鷁退飛過宋都，風也。周内史叔興聘于宋，宋襄公問焉曰：「是何祥也？吉凶焉在？」對曰：「今兹魯多大喪，明年齊有亂，君將得諸侯而不終。」退而告人曰：「君失問。是陰陽之事，非吉凶所生也。吉凶由人，吾不敢逆君故也。」

高郵孫氏曰：「是月者，别非戊申之日也。不書日者，所不知，闕之也。」

權子曰：「隕石于宋，自空凝結而隕。六鷁退飛，倒逆而飛，必有氣驅之也，如此等皆是異事，故書之。」

胡氏曰：「石鷁隕飛而得其數與名。在春秋時，凡有國者，察于物象之變，亦審矣。此宋異也，何以書于魯史？亦見當時諸國有非所當告而告者矣，何以不削乎？聖人因灾異以明天人感應之理，而著之于經，垂戒後世，如石隕于宋而書曰『隕石』，此天應之也。和氣致祥，乖氣致異，人事感于下，則天變應于上，苟知其故，恐懼修省，變可消矣。」

張氏曰：「星隕爲石，不祥也。六鷁退飛，不順也。宋襄欲圖伯而無其德，故天出怪異以警懼之。卒之五年被執，六年兵敗，天之示人顯矣。」

高氏曰：「聖人之于灾祥，不敢必其有，亦不敢必其無。若必其無，則有國者不復畏天，若必其有，則後世將妄推象類以求天意所在，其弊有不可勝言，若漢世圖。讖之學是也。故聖人于灾祥存之而不辨，使人知所戒而已。昔高宗祭成湯，有飛雉升鼎耳而雊。祖己訓諸王，曰：『唯先格王，正厥事。』不言其吉凶禍福，唯使正厥事而已。此先王處灾祥之法也。春秋書灾祥之旨，蓋不異祖己之意。」

【經】三月，壬申，公子季友卒。

胡氏曰：「季者，其字也。友者，其名也。大夫卒而書名，則曷爲稱字？聞諸師曰：春秋時，魯卿有生而賜氏者，季友、仲遂是也。生而賜氏者何？命之世爲卿也。季子忠賢，在僖公有翼戴之勤，襄仲殺逆，在宣公有援立之力。此二君者，不勝私情，欲以異賞報之也，故皆生而賜氏，俾世其官。經于其卒，各以氏書者，誌變法亂紀之端，權臣竊柄之禍，其垂戒遠矣。」

【經】夏，四月，丙申，鄫季姬卒。

胡氏曰：「内女嫁于諸侯，則尊同，尊同則記其卒，記其卒則必記其葬，然而有不記者，此筆削之旨，非可以例求者也。宋伯姬在家爲淑女，既嫁爲賢婦，死于義而不回，此行之超絶卓異者，既書其葬，又載其謚。僖公鍾愛季姬，使自擇配，季姬不能自克以禮，恃愛而行，雖書其卒，因奪其葬，所以謹夫婦之道，正人倫之統，明王教之始也。」

【經】秋，七月，甲子，公孫兹卒。

【經】冬，十有二月，公會齊侯、宋公、陳侯、衛侯、鄭伯、許男、邢侯、曹伯于淮。

謀鄫且東略也。城鄫，役人病，有登城而呼曰：「齊有亂。」不果城而還。

樸鄉吕氏曰：「北伐山戎，南伐楚，西爲葵丘之盟，東會于淮，桓公之威加于天下者，略遍矣，此伯者之極盛也。」

【經】十有七年，春，齊人、徐人伐英氏。

齊人爲徐伐英氏，以報婁林之役也。

高郵孫氏曰：「英氏近于楚而附屬之，齊桓以楚之强而暴中國也，于是會徐人伐之，且爲徐申其忿也。」

高氏曰：「爲徐伐楚而不加兵于楚，乃移兵于英氏，非所以攘夷狄〔一〕而救中國也。」

謝氏曰：「桓公無東略之志可知也。」

〔一〕「攘夷狄」，四庫本作「禦强暴」。

【經】夏，滅項。

師滅項。淮之會，公有諸侯之事，未歸而取項，齊人以爲討而止公。

權子曰：「滅人之國，罪惡大矣。在君則當諱，故魯滅國書取。滅項，君在會。季孫爲之也。故不諱。」

胡氏曰：「執政之臣擅權爲惡而不與之諱，此春秋尊君抑臣，不爲朋黨比周之意也。」

陳氏曰：「書滅項，失兵權之漸也。襄公在晋，書邾庶其來奔，昭公在晋書莒牟夷來奔，皆非常也。春秋之季，大夫不稟命于諸侯，非但魯也。鄭伯會于夷儀，鄭公孫舍之帥師入陳。蔡侯會于召陵，蔡公孫姓帥師滅沈。春秋必謹而志之。」

【經】秋，夫人姜氏會齊侯于卞。

聲姜以公故，會齊侯于卞。

謝氏曰：「卞，魯邑。齊侯自淮還師，而夫人出會焉。」

張氏曰：「大臣滅項而止僖公，刑已偏頗，又會婦人于魯地，此管仲既亡，桓公志荒之會也。」

高氏曰：「卞之會，夫人以齊侯止公故，其情則可，而禮則不可也。」

【經】九月，公至自會。

【經】冬，十有二月，乙亥，齊侯小白卒。

齊侯之夫人三：王姬、徐嬴、蔡姬，皆無子。齊侯好内，多内寵，内嬖如夫人者六人：長衛姬，生武孟。少衛姬，生惠公。鄭姬，生孝公。葛嬴，生昭公。密姬，生懿公。宋華子，生公子雍。公與管仲屬孝公于宋襄公，以爲太子。雍巫有寵于衛共姬，因寺人貂以薦羞于公，亦有寵，公許之立武孟。管仲卒，五公子皆求立。冬，十月，乙亥，齊桓公卒。易牙入，與寺人貂因内寵以殺群吏而立公子無虧。孝公奔宋。十二月，乙亥，赴。辛巳，夜殯。

愚按：孔子曰：「管仲相桓公，霸諸侯，一匡天下，民到于今受其賜。微管仲，吾其被髮左衽矣。」又曰：「桓公九合諸侯，不以兵車，管仲之力也。如其仁，如其仁。」孟子曰：「五霸，三王之罪人也。」又曰：「仲尼之徒，無道桓文之事者。」誦此則齊桓之行事可知，而功過不得相掩矣。蓋王者之學至誠無僞，純亦不已，故商周之盛，傳世之遠，至七八百年，澤猶未泯。霸者之術，假公濟私，始勤終怠，故桓公身死未幾，五子争立，國内大亂，誠僞之分，禍福如此，可不畏哉？

權子曰：「得天理之正，極人倫之至者，堯舜之道也。用其私心，依仁義之偏者，霸者之事也。王道如砥，本乎人情，出乎禮義，若履大路而行，無復回曲。霸者崎嶇，反側于曲徑之中，而卒不可與入堯舜之道，故誠心而王則王矣，假之以霸則霸矣。二者其道不同，在審其初而已。易所謂差若毫釐，繆以千里，其初不可不審也。故治天下，必先立其志，志立則邪説不能移，異端不能惑，故力進于道而莫之禦也。苟以霸者之心，而求王道之成，是衒石以爲玉也，故仲尼之徒無道桓文，而曾西耻比管仲，義所不由也。」

五峯胡氏曰：「齊亦公侯之地耳，管仲得政，遂能强大霸諸侯，何也？守信不貳，行法無移，舉用賢才，開闢言路，不藉樹蓄，務富民財，不大興兵，務紓民力。仗尊王之義，會于首止，天子憚其正，而王室之亂消。寧魯難，誅哀姜，公道伸而諸侯服。盟于召陵，制荆楚，而中國之義立。城衛楚丘，城邢夷儀，遷杞緣陵，而夷狄〔一〕不得肆。此其所以九合諸侯，虎視中原之大略也。若夫伐魯國以殺子糾，而父子兄弟之恩薄。五大夫立子頽，出天王，不能奔命，而君臣之義虧。魯、晋、宋有弑君之賊而不能討也，陳有殺嫡立庶之罪而不能正也，鄭有兄弟争國之禍而不能平也。以不從己則伐宋、伐鄭、伐陳執濤塗，厚自封殖，滅譚、滅遂，處己若是，何以服人？于是北則晋專冀方，西則秦專雍土，南則荆楚强横滅弦、滅黄、圍許、伐徐，而終不退聽也。原其失，皆由不知天理之本，而馳心于功利之域，故無以得天下心，而功烈如彼其卑也，其去王也遠矣。」

大東萊吕氏曰：「桓公雖能用管仲，攘夷狄〔二〕，霸諸侯，有一匡天下之功，然仲本無正心誠意格君之學，徒急于一時之功利，卒至五子之亂，其所以有始無終者，家法之不正也。管仲且有三歸之失，豈能正其君哉？」

樸鄉吕氏曰：「霸圖之興，小白爲之首。霸權之重，小白爲之盛。小白未興之前，天下不知有王。小白既興以後，天下始知有霸。天下不知有王，君子以爲憂也。天下始知有霸，君子又豈以爲喜乎？然是時也，有相

〔一〕「夷狄」，四庫本作「外寇」。

〔二〕「攘夷狄」，四庫本作「尊王室」。

盟者矣，而未有合諸侯以同盟者，合諸侯以同盟者，自小白始。有相會者矣，而未有合諸侯以大會者，合諸侯以大會者，自小白始。方其列國争衡，侯度無統，亦誠有望于方伯、連帥之功，然而大合諸侯，糾率列國，同盟而有主盟，同會而有主會，其事則前此所未有也，而小白創爲之，是以當時諸侯亦疑焉而未至。北杏之會，小白圖霸之始也，舉天下而聽命于一邦，向未之有也，魯爲是疑焉，遲遲而不至。至莊二十七年，再盟于幽，則始授之諸侯矣。自是而後，會于檉，盟于貫，會于陽穀，盟于首止，于甯母，于洮，于葵丘，于鹹，于牡丘，于淮，諸侯無一役之不從焉。召陵之役，諸侯之大夫一語不中，則其身見執而其國見伐。首止之盟，鄭伯逃歸，則新城之圍，伐鄭之師，連年不舍，不至于乞盟不已。葵丘之會，幾于改物。淮之會，其霸既衰之時也。魯猶以滅項之故而見止焉，是則合天下而聽命于一邦者，未有如桓公之盛也。是故北杏之會，諸侯遲焉而未至，葵丘之會，諸侯奔走而畢從。遲焉而未至者，是諸侯猶不敢以事周者事齊也，奔走而畢從者，是諸侯不敢不以其事王者事霸也。霸圖之盛，王迹之泯歟。然則諸侯之所以從小白者，其故何也？曰：春秋之初，王綱浸弛，天下未有知尊周者，小白起而倡爲尊周之義。春秋之初，列國分争，諸侯未有寧處者，小白起而執其安中國之權。春秋之初，夷狄〔二〕恣横，莊閔之際益以强盛，當時莫有能攘却之者，小白起而振其攘夷狄之功，故讀隱、桓之春秋，則見天下之無王而紛紛者，莫之一也。讀莊、閔、僖之春秋，則見天下之有霸而擾擾者，有所依也。

〔二〕「夷狄」，四庫本作「外寇」。

是則霸圖之興，固天下之至幸也。然桓、隱之間，天下雖不知有王而王之實猶存，何者？王之威令雖不行而其權猶未有所移也。閔、僖之間，天下既知有霸而王之實已泯，何者？移其所以事王者而事霸也。是則霸圖之盛，又非天下之至不幸歟。故嘗謂：小白未興之前，是一時也。小白既興之後，是一時也。小白既卒之後，是一時也。王綱浸弛，莫提挈之，侯度無統，莫糾率之，戎狄〔一〕恣横，莫攘却之，此小白未興之時也。五禁明而王臣不下聘者四十二年，盟會同而諸侯無所争者三十年，帖荆退狄，弭戎威夷〔二〕，此小白既興之時也。天王出居而官守不問，衛滅懿親而義師無討，楚書子而主盟，狄書人而參盟，此小白既卒之時也。然小白一身亦三變焉，伐郳、侵宋，侯度不一，入蔡、侵鄭，戎疾未殄，滅譚、滅遂，履事未久，施設多乖，遇穀盟扈，閲理未熟，檢防是肆，蓋小白圖霸之初也。貫澤而下，葵丘以前，衣裳不歃血，兵車無大戰，夫子稱其一匡，孟子與其爲盛，在此數年，此小白定霸之日也。九國叛而震矜萌，管仲死而绳墨廢，城杞貶于城邢，救徐怠于救許，此小白成霸之後也。驗春秋大勢之三變，則小白爲有功，觀桓公一身之三變，而其功亦爲不遠。徐考顛末，而小白之事可得而知矣。」

【經】十有八年，春，王正月，宋公、曹伯、衛人、邾人伐齊。夏，師救齊。五月，

〔一〕「戎狄」，四庫本作「外寇」。
〔二〕「帖荆退狄，弭戎威夷」，四庫本作「南盟召陵，北弭孤竹」。

戊寅，宋師及齊師戰于甗，齊師敗績。狄救齊。

宋襄公以諸侯伐齊。三月，齊人殺無虧。齊人將立孝公，不勝，四公子之徒，遂與宋人戰。夏，五月，宋敗齊師于甗，立孝公而還。

穀梁氏曰：「非伐喪也。」

胡氏曰：「伐齊之喪，奉少奪長，其罪大，故其責詳。書救齊者，善魯也。救者善，則伐者惡矣。凡書救，未有不善之也。書狄救齊者，許狄也。許夷狄，則罪諸夏矣。〔一〕許之曷爲不稱人？深著中國諸侯之罪也。凡伐者爲客，受伐者爲主，今齊人受伐，以宋爲主者，曲在宋也。凡師，直爲壯，曲爲老。書齊師敗績者，責齊臣也。或曰：桓公、管仲嘗屬孝公于宋襄以爲世子矣，則何以不可立乎？曰：不能制命，雖天王欲撫鄭伯以從楚，春秋猶以大義裁之而不與也。桓公君臣乃欲以私愛亂長幼之節，其可哉？春秋深罪宋公，大義明矣。」

愚謂：古之爲學者，物格而後知至，知至而後意誠，意誠而後心正，心正而後身修，身修而後家齊，家齊而後國治，國治而後天下平。其爲功，自内以及外。其爲效，由近以及遠。故修身以治其國而國無不治者矣。桓公不知正心誠意之學，惟以趨事赴功爲務，故其攘夷狄、安中國，雖有一時之功，身死未幾，五子争立，鄰國交伐，由其身之不修，家之不齊，知治其外而不知治其内，知治于人而不知治于身也。桓公之德如此，固可

〔一〕「許夷狄，則罪諸夏矣」，四庫本作「許救者，則罪伐者矣」。

見矣。宋襄公方欲圖伯諸侯以安中國，而首亂人少長之序，伐與國之喪，則其伯業之不遂，又何待執于盂而後見哉？則有天下國家者，可不知所以爲學乎？

【經】秋，八月，丁亥，葬齊桓公。

樸鄉吕氏曰：「讀此編者，自齊小白卒至葬齊桓公當作一類看。」

胡氏曰：「桓公九合諸侯，不以兵車，威令加乎四海，幾于改物，雖名方伯，實行天子之事，然而不能慎終如始，付託非人，柩方在殯，四隣謀動其國家而莫之恤，至于九月而後葬，以此見功利之在人淺矣。春秋明道正義，不急近功，不規小利，于齊桓、晉文有所貶而無過褒以此。」

【經】冬，邢人、狄人伐衛。

圍菟圃。衛侯以國讓父兄子弟及朝衆，曰：「苟能治之，燬請從焉。」衆不可，而後師于訾婁，狄師還〔一〕。

愚按：穀梁氏曰：「狄伐衛、救齊，故進而稱人。」然以經考之，狄救齊，齊亂定而後葬桓公，今又踰時矣，邢人始與狄人伐衛，安得爲救齊也？

師氏曰：「聖人之心，遂肯以一事與夷狄乎〔二〕？」

〔一〕「還」，四庫本作「退」。
〔二〕「與夷狄乎」，四庫本作「許其餘乎」。

家氏曰：「果善之，何不于救齊之際而善之，今乃于伐衛而進之？蓋春秋書邢人、狄人伐衛者，責邢不當與狄比而伐與國也。」

謝氏曰：「邢人引狄以爲中國患，先邢人，罪以首患也。」

薛氏曰：「狄之書人，何齒乎邢也？狄，邢、衛之寇讐也，邢、衛嘗同患難者也，幸乎方伯之死，交寇讐以伐同患，取亡之道也。」

春秋闕疑卷十六（僖公十九年—二十三年）

【經】十有九年，春，王三月，宋人執滕子嬰齊。

高氏曰：「此宋襄求霸也，求霸而執滕子，春秋之俗也，俗者何？雖齊桓亦滅譚、滅遂、降鄣，皆無名也，特兼弱以威而已。滕子何以名？執而名之者，不反之辭也。莊十六年，幽之會，齊桓始霸，滕子與焉，既而背之，自此之後至齊侯卒，凡三十七年，衣裳兵車之會，未嘗列于其間，故此年宋襄既有圖霸之心，而首執滕子，以令諸侯也。然宋襄圖霸，當以德懷來之，今乃肆己之强，擅執國君，以淩轢諸夏，執而不反，亦以甚矣。此春秋所以人宋也。」

【經】夏，六月，宋公、曹人、邾人盟于曹南。

臨江劉氏曰：「曹南，曹之南也。」

謝氏曰：「宋襄内無遠略而欲隆霸業以紹齊桓，于是首爲曹南之盟，從之者，曹人、邾人而已，諸侯不服可知也。與北杏之會異矣。」

高郵孫氏曰：「曹、邾皆稱人者，蓋宋襄威德未著，曹、邾但使其臣會之。」

【經】鄫子會盟于邾。己酉，邾人執鄫子，用之。

宋公使邾文公用鄫子于次睢之社，欲以屬東夷。司馬子魚曰：「古者六畜不相爲用，小事不用大牲，而況敢用人乎？祭祀以爲人也。民，神之主也。用人，其誰饗之？齊桓公存三亡國以屬諸侯，義士猶曰薄德。今一會而虐二國之君，又用諸淫昏之鬼，將以求霸，不亦難乎？得死爲幸。」

劉氏意林曰：「曹南之會，雖有邾人即非邾子。今此會盟于邾者，詳驗經文，是邾國自爲盟會，非復向者曹南之盟也。若宋公使邾人執鄫子，而春秋越宋治邾，是爲首惡者不誅而脅從者見討也。春秋原心定罪，豈其若是哉？吾固曰宋不使邾用鄫子也。」

家氏曰：「概觀宋襄公平日則好名而畏義者也，方其爲太子，以讓國聞，其後與楚人戰，欲以不禽二毛，不鼓不成列，而取仗義之名，豈有今日而用同盟國君于淫昏之社，無道若此者乎？」

高郵孫氏曰：「邾之與鄫，世讐之國，故宣十八年，又戕鄫子于其國都，但邾、鄫小國，其相讐之迹不能悉見經，惟紀其無道之甚者爾。用之之説，三傳不同，左氏以爲用之于次睢之社，公、穀皆以爲叩其鼻血。至昭十一年，楚人執蔡世子友以歸，用之。杜預以爲祭山，公羊則以爲築防，趙子之徒又以爲用爲盟歃之牲，皆不同也。然考之于經，但曰『用之』，不云所用之迹。蓋春秋之時，有用人爲牲者，大亂之極，聖人所不忍言，但曰『用之』，則知以人爲用也。不必以正其名，所重者『用之』而已。」

愚按：劉氏之説與傳文雖異，于經爲合，然無所據，又會盟于邾之文，他無此例，不敢以爲決，然姑著其疑，以俟知者。

【經】秋，宋人圍曹。

討不服也。子魚言于宋公曰：「文王聞崇德亂而伐之，軍三旬而不降，退修教而復伐之，因壘而降。詩曰：『刑于寡妻，至于兄弟，以御于家邦。』今君德無乃猶有所闕，而以伐人，若之何？盍姑内省德乎？無闕而後動。」

陳氏曰：「諸夏之書圍國自此始。」

胡氏曰：「盟于曹南，口血未乾，今復圍曹者，討不服也。愛人不親，反其仁。治人不治，反其智。襄公不能内自省德，而急于合諸侯，執嬰齊，非霸討不足以示威，盟曹南，非同志不足以示信，卒于兵敗身傷，不知反求諸己，欲速見小利之過也。」

張氏曰：「齊桓之霸，屈意去忿，盟魯平宋，以致諸侯，先近故也。今襄公欲圖，諸侯近于宋者，莫如曹、滕，滕既執矣，曹又被圍，宜其不遂霸也。」

家氏曰：「當是時，鄭入滑，狄侵衛，魯伐邾，以中國無霸而動也。宋襄苟能治其所當治，則義聲暢而霸業成矣。此春秋所望于宋襄者，故比事以見義。」

【經】衛人伐邢。

秋，衛人伐邢以報菟圃之役。于是衛大旱，卜有事于山川，不吉。甯莊子曰：「昔周饑，克殷而年豐。今邢方無道，諸侯無伯，天其或者欲使衛討邢乎？」從之。師興而雨。

高氏曰：「衛不伐狄而伐邢，是以人之。左氏謂『師興而雨』，不亦誣哉。」

薛氏曰：「非王命而擅征，伐怨以報怨而已。」

【經】冬，會陳人、蔡人、楚人、鄭人盟于齊。

陳穆公請修好于諸侯，以無忘齊桓之德。冬，盟于齊，修桓公之好也。

杜氏曰：「地于齊，齊亦與盟。」

胡氏曰：「盟會皆君之禮也。微者盟會，不志于春秋。凡所志者，必有君與貴大夫居其間也。然則爲此盟者，乃公與陳、蔡、楚、鄭之君或其大夫，曷爲内則没公，外則人諸侯與大夫？諱是盟也。楚人之得與中國會盟，自此始也。莊十年，荆敗蔡師始見于經，其後入蔡、伐鄭，皆以號舉，夷狄之也。僖公元年，改而稱楚，經亦書人，于是乎浸强矣。然終桓公世，皆止書人而不得與中國會盟者，以修霸業能制其强故也。桓公既没，中國無霸，鄭伯首朝于楚，其後遂爲此盟，故春秋没公，人陳、蔡諸侯，而以鄭列其下者，蓋深罪之也。又二年復盟于鹿上，至會于盂，遂執宋公以伐宋，而楚于是乎大張，列位于陳、蔡之上而書爵矣。聖人書此，豈與之乎？所以著夷狄之强，傷中國之衰，莫能抗也，故深諱此盟，一以外夷狄，二以恶諸侯之失道，三以謹盟會之始也。」

【經】梁亡。

十八年，梁伯益其國而不能實也，命曰「新里」，秦取之。

至是春，遂城而居之。初，梁伯好土功，亟城而弗處，民罷而弗堪，則曰：「某寇將至。」乃溝公宫，曰：「秦將襲我。」民懼而潰，秦遂取梁。

左氏曰：「梁亡，不書其主，自取之也。」

公羊氏曰：「此未有伐者，其言梁亡何？自亡也。其自亡，奈何？魚爛而亡也。」

穀梁氏曰：「湎于酒，淫于色，心昏，耳目塞。上無正長之治，大臣背叛，民爲寇盗，梁亡，自亡也。」

陸氏微旨曰：「梁伯亟用其民，自取滅亡，其罪當矣。秦人肆其强暴，取人之國，没而不書，其義安在？曰：乘人之危，其恶易見也。滅人之國，其罪易知也。自取滅亡，其意微矣。春秋之作，聖人所以明微也。」

胡安定先生曰：「大抵邦國用賢則存，失賢則亡，賢既不用，上下放恣，百度頽圮，何止于土工刑法淫威而已哉？故梁之自亡，失賢而亡也。」

胡氏曰：「天行健，君子以自强不息。古之諸侯，朝修其禁令，晝考其國職，夕省其典刑，夜儆百工，無使慆淫而後即安。故克勤于邦，荒度土工者禹也，慄慄危懼，檢身若不及者湯也，自朝至于日中昃，不遑暇食，用咸和萬民者文王也。凡有國家者，土地雖廣，人民雖衆，兵甲雖多，城郭雖固，而不能自强于政治，則日危月削，如火銷膏以至滅亡而莫覺也。而况好土工，輕民力，湎于酒，淫于色，心昏而出恶政者乎？其亡可立而待也。」

【經】二十年，春，新作南門。

高郵孫氏曰：「春秋之法，言新則有舊也。言作則有加也，因其舊而制度有加焉，所謂新作也。」

胡氏曰：「書『新作南門』，譏用民力于所不當爲也。魯人爲長府，閔子騫曰：『仍舊貫，如之何？何必改作。』孔子曰：『夫人不言，言必有中。』春秋凡用民力得其時制者，猶書于策，以見勞民爲重事，而况輕用于所不當爲者乎？然僖公嘗修泮宫，復閟宫矣，奚斯董其役，史克頌其事，而經不書者，宫廟以事其祖考，學校以教國之子弟，二者爲國之先務，雖用民力，不可廢也，其垂戒之意深矣。」

高氏曰：「諸侯宫城之門，皆有定制，輒更舊制而增大之，罪不止于勞民而已。」

【經】夏，郜子來朝。

【經】五月，乙巳，西宫灾。

公羊氏曰：「西宫者，小寢也。有西宫，則有東宫矣。」

穀梁氏曰：「以是爲閔宫也。」

胡安定先生曰：「若是閔宫，則明書新宫，不得謂之西宫也。此西宫，蓋公之别宫也。」

家氏曰：「小寢，人君燕私之地。灾見于是，警戒深矣。人君之過，不在朝路臨莅之時，而常在于深宮燕處之際，天之示譴，豈徒然哉？」

【經】鄭人入滑。

滑人叛鄭而服于衛。夏，鄭公子士、洩堵寇帥師入滑。

家氏曰：「自齊桓公没，諸侯動兵相侵，弱小漸被其毒。宋襄苟欲踵霸，當禀王命，會諸侯，伸要束而懲之，如鄭人入滑，皆當糾也。舍是不爲，而執滕、圍曹，强人從已，烏能有成？」

【經】秋，齊人、狄人盟于邢。

齊、狄盟于邢，謀衛難也。于是衛方病邢。

家氏曰：「甚哉！齊昭之愚，無知也。桓公征楚而服之，已乃與之盟于國，桓公攘狄而卻之，已乃與之盟于邢，反常逆理抑至于是，傳曰『厥父菑，厥子乃不肯播。厥父基，厥子乃弗肯堂，』其齊昭之謂乎？春秋儕齊于狄，亦所以狄齊也，廉耻道喪，則相與淪于滅亡而已矣〔一〕。」

【經】冬，楚人伐隨。

〔一〕「春秋儕齊于狄，亦所以狄齊也，廉耻道喪，則相與淪于滅亡而已矣」，四庫本作「春秋俱書曰『人』，亦所以外齊也，廉耻道喪，而以狄病衛，齊不競矣」。

隨以漢東諸侯叛楚。冬，楚鬥穀于菟帥師伐隨，取成而還。

襄陵許氏曰：「楚既服隨，則將争衡上國矣。而宋欲盟之，其能絀乎？」

師氏曰：「楚在齊桓之世，雖未至于竄伏，然亦未至于太甚，今齊桓既死，乃敢與諸侯盟于齊，以萌圖霸之心，又肆征伐，以示可畏之威。諸侯無能爲者。明年遂有鹿上之盟。及秋又有盂之會，于是執宋公以伐宋。先書齊之盟，繼書隨之伐，所以明楚之幾微已動于此，而宋不悟也。」

【經】二十有一年，春，狄侵衛。

張氏曰：「因邢之盟也，孝公不能嗣父之業，楚、狄皆因之以爲中國患，此齊、邢之盟所以兩書，而邢、衛並受其禍也。」

許氏曰：「中國無霸，則諸侯力攻，四夷〔二〕衡決，民被其灾，此書伐衛、伐邢、入滑、伐隨、侵衛，著無霸之患也。」

家氏曰：「爲中國患者，狄與楚也。楚强大，未易治，狄悍而微。自桓公之没，再侵衛。彼謂衛人失霸國之援而可欺也。宋襄與其盟楚而求諸侯，盍若伐狄以寧諸夏？能治狄而霸政舉矣。顧乃舍其力之所可及，義之所當爲，而爲其所不可爲，狂躁害之也。」

〔二〕「夷」，四庫本作「方」。

【經】宋人、齊人、楚人盟于鹿上。

二十年，宋襄公欲合諸侯。臧文仲聞之，曰：「以欲從人，則可；以人從欲，鮮濟。」至是，宋人爲鹿上之盟，以求諸侯于楚，楚人許之。公子目夷曰：「小國争盟，禍也。宋其亡乎，幸而後敗。」

師氏曰：「齊侯圖霸，惟以攘夷狄[一]爲辭，故能假仁義以爲盟主。凡與諸侯會盟，或主王人，或主王世子，或主宰周公，不然則中國五等之諸侯而止耳。今宋欲圖霸，乃與楚人爲鹿上之盟，夷夏雜處[二]，不知何以令諸侯而成霸業乎？」

小東萊吕氏曰：「宋襄欲霸乃求楚所會之諸侯，蓋楚子有意執之，故許之也。齊、晋所以霸，皆先弱楚，楚與中國其勢不兩立，桓公有葵丘之會，晋文有城濮之戰，所以攘夷狄[三]、安中國，而成霸業也。宋襄欲霸，反求諸侯于楚，安能攘夷狄、安中國，與齊、晋並霸乎？[四]宜其見辱于楚也。」

張氏曰：「霸中國者，宋之欲也。亂中國者，楚之欲也。欲霸中國而求之于夷狄[五]亂常之楚，與之同盟，

[一]「攘夷狄」，四庫本作「尊中國」。

[二]「夷夏雜處」，四庫本作「以求諸侯」。

[三]「夷狄」，四庫本作「僭亂」。

[四]「安能攘夷狄、安中國，與齊、晋並霸乎？」四庫本作「是與亂同事也。安能與齊、晋並霸乎？」

[五]「夷狄」，四庫本作「淫名」。

此春秋所以列序而人之，以著襄公之自取敗辱也。」

陳氏曰：「齊桓卒，宋襄欲繼之而伯，而求諸侯于楚，楚于是争長于宋，則是盟也，莫適爲主人，自爲盟而已矣。」

【經】夏，大旱。

公欲焚巫尪。臧文仲曰：「非旱備也。修城郭，貶食省用，務穡勸分，此其務也，巫尪何爲？天欲殺之，則如勿生。若能爲旱，焚之滋甚。」公從之。是歲也，饑而不害。

高郵孫氏曰：「春秋之記災異，有曰不雨者，旱不爲災，陰陽不和之異也。有曰大雩者，旱未爲災，非時而雩也。有曰大旱者，旱而爲災，非常也。旱而爲災，則不雨矣。不雨淺于旱也。旱則雩矣。言雩，未見其災也。春秋書大旱者二，非常爲災之辭也。」

師氏曰：「不月以見其經時焉。」

高氏曰：「以二百四十二年而兩大旱，何其少也。曰所謂大旱者，非特吾國也，舉天下言之也。」

【經】秋，宋公、楚子、陳侯、蔡侯、鄭伯、許男、曹伯會于盂，執宋公以伐宋。

諸侯會宋公于盂。子魚曰：「禍其在此乎！君欲已甚，其何以堪之？」于是楚執宋公以伐宋。

陳氏曰：「宋、楚初争長也。是故楚稱子，而序陳、蔡、鄭、許、曹之上，不知諸侯之從楚與？從宋與？

不予宋以霸也。」

公羊氏曰：「曷爲不言楚子執之？不與夷狄之執中國〔一〕也。」

高氏曰：「執宋公者，楚也。而繫于在會諸侯執之之辭何也？所以深罪在會之諸侯也。南面之君，兵非不多，而力非不足也，而聽蠻夷〔二〕執辱中國主盟之君，而莫之敢違，其不勇于爲義亦甚矣。雖宋德不足懷，慮不及遠，力求諸侯以及于難，而諸侯甘心事夷狄〔三〕，以致夷狄〔四〕侵淩中國，此罪不可貸，故以諸侯共執爲文，不使夷狄〔五〕專執中國諸侯也。」

張氏曰：「按公羊傳曰：宋公與楚子期以乘車之會。公子目夷諫曰：『楚，夷國也，强而無義，請以兵車往會。』宋公曰：『不可，吾與之約爲乘車之會，自我爲之，自我墮之，不可。』楚人果伏兵車，執宋公以伐宋。夫孔子相定公會齊侯，此會中國也〔六〕，猶以爲文事不可無武備，請司馬以行，以楚之夷〔七〕，而可信其詐僞

〔一〕「夷狄之執中國」，四庫本作「楚子之執諸侯」。
〔二〕「蠻夷」，四庫本作「楚人」。
〔三〕「夷狄」，四庫本作「楚人」。
〔四〕「夷狄」，四庫本作「楚人」。
〔五〕「夷狄」，四庫本作「楚人」。
〔六〕「此會中國也」，四庫本作「乃甥舅之國」。
〔七〕「以楚之夷」，四庫本作「楚南蠻也」。

之約，徒手出會之，是輕以其身，溷于虎狼之群也，不免宜矣。」

胡氏曰：「春秋爲賢者諱，宋公見執不少隱之何也？夫盟主者，所以合天下之諸侯，攘夷狄〔一〕、尊王室者也，宋公欲繼齊桓之烈而與楚盟會，豈攘夷狄〔二〕、尊王室之義乎？故人宋公于鹿上之盟，而盂之會直書而不隱，所以深貶之也。」

家氏曰：「春秋，正名之書也，楚自熊通以來妄自尊大，遂僭王者之隆名，春秋每以號舉，不使之得與中國諸侯齒，今楚益强盛，合諸侯，詐以執宋公，中國一大變也。春秋以楚子書，夫豈進而爵之乎？四夷〔三〕雖大曰子，彼革號僭王，以兵猾夏，春秋序以子爵，所以正其始封之名，辨夷夏〔四〕之分，孰云其漸進夷狄〔五〕乎？自是而後楚始書子，正名也。或曰：如子所言，始何以書荆人，今何以書楚子乎？曰：始其來聘，僭號于國中耳，春秋姑以號舉，今會于齊，盟于鹿上，諸侯畏其强大，有以事王者而事之，春秋于是正其始封之名，書之曰『子』，示天下王之尊，乃天下共主，非夷狄〔六〕所得干也。自是而後，楚之憑陵，無不書『子』，何爵之

〔一〕「夷狄」，四庫本作「僭亂」。
〔二〕「夷狄」，四庫本作「僭亂」。
〔三〕「四夷」，四庫本作「蕃服」。
〔四〕「夷夏」，四庫本作「中外」。
〔五〕「夷狄」，四庫本作「楚人」。
〔六〕「夷狄」，四庫本作「僭竊」。

有哉？」

高郵孫氏曰：「春秋因會而執諸侯惟二處：盂之會，楚人執宋公而不言楚人。溴梁之會，晉侯執莒子、邾子而斥言晉人。二事略同而書之異辭者，聖人之意也。盂之會，中國之諸侯隨盟主而會夷狄〔一〕，夷狄〔二〕執宋公以伐宋，又代夷狄〔三〕而伐之罪不責于楚子，諸侯實同之也。溴梁之會，晉侯以大義帥諸侯而會焉，執莒、邾之君者，晉侯也。以信會而以詐執之，可責者晉侯也。蓋春秋之輕重與奪，惟義所在爾。」

【經】冬，公伐邾。

高氏曰：「是舉也，不爲無義。至明年伐邾，取須句，則魯之情可見矣。不書邾滅須句者，罪公聽婦人之言，而興兵以伐婚姻之國，因以爲已利也。」

【經】楚人使宜申來獻捷。

穀梁氏曰：「捷，軍得也。其不曰宋捷，何也？不與楚捷于宋也。」

高氏曰：「中國于夷狄〔四〕則有捷，諸侯于天子則有獻捷，今所獻者宋捷也。所使宜申者，楚子也。楚子所

〔一〕「夷狄」，四庫本作「楚子」。
〔二〕「夷狄」，四庫本作「楚子」。
〔三〕「夷狄」，四庫本作「楚子」。
〔四〕「夷狄」，四庫本作「外域」。

以來獻捷者，致公也。聖人不予夷狄〔一〕反捷乎中國，故書楚人來獻，而不云宋捷也。楚與諸侯同伐宋而魯不與焉，及得宋捷，特使宜申來誇示以威魯。蓋欲致魯侯來聽盟也。」

高郵孫氏曰：「春秋書獻捷者二，齊稱戎捷，捷山戎也。山戎則可捷矣，而獻有罪焉，不得没戎捷而不言也。宋襄求霸而不果，至于見執而伐之。宋，中國也，而夷狄〔二〕捷之，夷狄〔三〕安得捷吾中國乎？不曰宋捷，不以中國而捷于夷狄〔四〕也。中國無見捷于夷狄〔五〕之理也。無其理，則不言焉。所以護中國而法後世也。」

陳氏曰：「盂會不稱子，無以見楚宋之争長，獻捷于魯不人之，則是遂予楚也。」

胡氏曰：「諸侯從楚伐宋，而魯獨不與，故楚來獻捷以脅魯。爲魯計者，拒其使而不受可也，請于天王而討之可也。宋公先代之後，作賓王家，方修盟會，而伏兵車執之于壇坫之上，又以軍獲遺獻諸侯，其横逆甚矣。拒其使而不受，聲其罪而致討，何患無辭？」

家氏曰：「當是時，舉中國之大，無有能辨斯事者，晉文不興，楚之禍中國亦何所不至乎？」

〔一〕「夷狄」，四庫本作「外域」。
〔二〕「夷狄」，四庫本作「荆蠻」。
〔三〕「夷狄」，四庫本作「荆蠻」。
〔四〕「夷狄」，四庫本作「荆蠻」。
〔五〕「夷狄」，四庫本作「荆蠻」。

【經】十有二月，癸丑，公會諸侯盟于薄，釋宋公。

會于薄以釋之。子魚曰：「禍猶未也，未足以懲君。」

公羊氏曰：「執未有言釋者，此其言釋之何？公與議爾也。」

穀梁氏曰：「不言楚，不與楚專釋也。」

高氏曰：「公本不附楚，因宜申來獻宋捷之故，不敢不與楚會，而書會諸侯者，以諸侯皆在是故，前目後凡，且見公之續至也。執宋公，釋宋公，皆楚子耳。前之執宋公，既以諸侯共執爲文。此又蒙上諸侯，共釋爲文者，聖人抑制夷狄[一]，不使楚子得以專執釋中國之諸侯，懲荆舒之意也。」

藕氏曰：「凡諸侯見執而不失國者，于歸名之，書曰某侯某歸于某，此其不名而言釋，何也？以爲執之釋之皆在諸侯也。若是而尚可求諸侯乎？」

師氏曰：「盂之會，宋爲主而楚次之，諸侯皆居其中，今執宋公伐宋之後乃有薄之盟也，是此盟也，楚爲主矣，不序以恶之，且著夷夏雜處[二]，不復有上下尊卑焉。春秋扶持中國而攘卻夷狄[三]之意，不亦嚴乎。」

胡氏曰：「會未有言其所爲，獨會于稷書成宋亂者，爲受郜鼎，立華督也。會于澶淵，言宋灾故者，爲葬

[一]「夷狄」，四庫本作「僭竊」。
[二]「夷夏雜處」，四庫本作「會盟之濫」。
[三]「夷狄」，四庫本作「僭竊」。

蔡侯不討般也。盟不書所爲，而盟于薄言釋宋公者，宋方主會，荆楚〔一〕執而伐之，以其俘獲來遺，是荆楚反爲中國主，異類將逼人而食之矣〔二〕，此正天下大變，春秋之所謹也。魯既不能申大義以抑其强暴，使宋公見釋出自天王與中國，而顧與歃血要言，求楚子以釋之，是操縱大權自蠻夷〔三〕出，其事已傎甚矣。故書會盟、書釋，皆不言楚子。」

謝氏曰：「襄公爲宗廟社稷人民主。始也，諸侯會于盂，若罪人執之于會。終也，諸侯盟于薄，若罪人釋之于盟。其危辱至此者，皆以不量力、不度德，取之而已，有國家其動可不戒耶？」

【經】二十有二年，春，公伐邾，取須句。

任、宿、須句、顓臾，風姓也，實司大皥與有濟之祀，以服事諸夏。二十一年，邾人滅須句。須句子來奔，因成風也。成風爲之言于公曰：「崇明祀，保小寡，周禮也。蠻夷猾夏，周禍也。若封須句，是崇皥濟而修祀，紓禍也。」至是，伐邾，取須句，反其君焉。

胡安定先生曰：「僖公伐邾，非伐其罪，但利其土地而已。」

陳氏曰：「春秋嚴義利之辨，苟以爲利，一以『取』書之，是故雖邾人滅須句，須句子來奔。伐邾，取須

〔一〕「荆楚」，四庫本作「楚人」。

〔二〕「是荆楚反爲中國主，異類將逼人而食之矣」，四庫本作「是萋苴追琢之，嘉賓幾殄于僭竊亂賊之手」。

〔三〕「蠻夷」，四庫本作「楚人」。

句，反其君焉，書『取須句』。」

【經】夏，宋公、衛侯、許男、滕子伐鄭。

三月，鄭伯如楚。夏，宋公伐鄭。子魚曰：「所謂禍在此矣。」

高氏曰：「齊桓既没，楚又强大，鄭伯比楚，以圖自安。宋襄雖被執、見釋，而圖霸之心未已，鄭伯度宋之不霸，首背中國而改事楚，故宋率衛、許、滕四國共伐之，春秋皆與其爵，以明討得其正也。」

愚謂：「宋襄有志無才，卒于自敗其伐鄭也，亦異于齊桓矣，惜哉。」

【經】秋，八月，丁未，及邾人戰于升陘。

邾人以須句故出師。公卑邾，不設備而禦之。臧文仲曰：「國無小，不可易也。無備，雖衆，不可恃也。詩曰：『戰戰兢兢，如臨深淵，如履薄冰。』又曰：『敬之敬之，天惟顯思。』先王之明德，猶無不難也，無不懼也，况我小國乎？君其無謂邾小，蠭蠆有毒，而况國乎？」弗聽。八月，丁未，公及邾師戰于升陘，我師敗績。邾人獲公胄，縣諸魚門。

謝氏曰：「不書公與敗，諱之也。升陘之戰，由須句所致，曲皆在我，故以内爲戰主而恶之也。」

胡氏曰：「魯既敗績，邾亦幾亡，輕用師徒，害及兩國，亦異于誅暴禁亂之兵矣。」

張氏曰：「存心苟公，臨事必懼，觀此則知，春取須句，非有存亡繼絶之公心審矣。」

薛氏曰：「以魯而爲邾敗，大不足恃，兵不可窮也如此。」

【經】冬，十有一月，己巳，朔，宋公及楚人戰于泓，宋師敗績。

楚人伐宋以救鄭，宋公將戰，大司馬固諫曰：「天之棄商久矣，君將興之，弗可赦也已。」弗聽。冬，十一月己巳，朔，宋公及楚人戰于泓。宋人既成列，楚人未既濟，司馬曰：「彼衆我寡，及其未既濟也，請擊之。」公曰：「不可。」既濟而未成列，又以告，公曰：「未可。」既陳而後擊之，宋師敗績。公傷股，門官殲焉，國人皆咎公。公曰：「君子不重傷，不禽二毛。古之爲軍也，不以阻隘也。寡人雖亡國之餘，不鼓不成列。」子魚曰：「君未知戰。勍敵之人，隘而不列，天贊我也，阻而鼓之，不亦可乎？猶有懼焉。且今之勍者，皆吾敵也。雖及胡耇，獲則取之，何有于二毛？明耻教戰，求殺敵也。傷未及死，如何勿重？若愛重傷，則如勿傷。愛其二毛，則如服焉。三軍以利用也，金鼓以聲氣也。利而用之，阻隘可也。聲盛致志，鼓儳可也。」

師氏曰：「前乎宋公，齊桓嘗圖霸矣，與諸侯會盟養威近三十年，而後伐楚。後乎宋公，晉文嘗圖霸矣，與賢臣謀議作三德以示民，然後伐楚。此無他，定而後發，發期必中，自度不辱于夷狄[一]而後可動，故齊桓、晉文既服楚而霸業遂定。今宋公欲圖霸，未見如何養威，如何作德，既嘗失計而與楚會盟，又無備而爲楚所執，如是

〔一〕「夷狄」，四庫本作「楚人」。

而欲圖霸，不亦難乎？復不自悟，懷忿不平，及楚人而與之戰，則是忿兵也。徒知在我以中國攻夷狄，于理爲直[二]，獨不念動非其念誰與爲援，姑恃理直而可以必成功耶。自謂可成功而卒爲楚所敗，故書曰『宋師敗績』。」

謝氏曰：「不書楚人侵伐者，楚來救鄭而襄公與之戰也，戰由宋起，故以宋人主戰而罪之。選賢才，緝政治，親内睦外，以振國綱，服楚之道也。襄公乃于危難之中，逞復讐之怨，率破傷之衆，以當强楚之鋒，襲古人陳迹，以待楚之變詐，是以衆敗身傷，終以取亡。前書伐鄭，後書戰敗，罪其不知反也。隕石于宋，六鷁退飛過宋，異之大者也。襄公不知恐懼修省，且又輕舉妄動，以遂私欲，而禍不旋踵及身，然則上天變異，其可不畏耶？」

胡氏曰：「宋襄公不阨人于險，不鼓不成列，公羊以謂至仁大義，雖文王之戰，不能過也。而春秋不與，何哉？物有本末，事有終始。順事恕施者，王政之本也。襄公伐齊之喪，奉少奪長，使齊人有殺無虧之恶，有敗績之傷，此晉獻公之所以亂其國者，罪一也。桓公存三亡國，以屬諸侯，義士猶曰薄德，而一會虐二國之君，罪二也。曹人不服，盍姑省德無闕然後動，而興師圍之，罪三也。凡此三者，不仁非義，襄公敢行。而愛重傷與二毛，則亦何異盜跖之以分均、出後爲仁義？陳仲子以避兄、離母、居于陵爲廉乎？夫計末遺本，飭小名、妨大德者，春秋之所恶也，故辭繁不殺，而宋公書『及』，以深貶之也。」

[二]「徒知在我以中國攻夷狄，于理爲直」，四庫本作「徒知楚自會盂叛信以來，我曲彼直」。

高郵孫氏曰：「孔子曰：『我戰則勝』，非謂能戰而勝也，勝之道素，修而無敵于天下也。豈若宋襄之道不修而苟拘小信乎？公羊殆未知文王之戰爾。」

胡安定先生曰：「襄公無桓公之資，欲紹桓公之烈，以宗諸侯，以致强楚，故盂之會被執受伐，今復與楚争鄭，衆敗身傷，喪師泓水，七月而死，爲中國羞，惜哉！蓋有善志，無其才，取辱夷狄[一]而羞及中國也。」

【經】二十有三年，春，齊侯伐宋，圍緡。

以討其不與盟于齊也。

胡安定先生曰：「宋伐齊，使殺無虧而立孝公，今齊侯反伐之，是宋自召其伐之之禍。然齊伐人之國，又圍其邑，其恶甚矣。故聖人備志之。」

胡氏曰：「齊，霸國之餘業也。宋襄公既敗于泓，荆楚之勢益張矣。齊侯既無尊中國，攘夷狄，恤患灾，畏簡書之意，又乘其弱而伐之，此尤義之所不得爲者也，故書伐國而言圍邑，以著其罪。然則桓公伐鄭，圍新城，何以不爲貶乎？鄭與楚合，憑陵中國，桓公伐之，攘夷狄也。宋與楚戰，兵敗身傷，齊侯伐之，殘中夏也。其事異矣。美恶不嫌同辭。」

家氏曰：「齊昭非宋襄之力，則齊之一亡公子耳。宋襄不忘齊桓臨終之託，爲昭盡力，昭所以有國，甗一

[一]「夷狄」，四庫本作「强楚」。

戰之功也。今乘其敗而伐之，蓋以是諂于夷楚，求爲自全之計，以怨報德，刑戮之民。或曰：何以猶爵？曰春秋有書爵以褒者，有目其人之身而書某公某侯以著其罪者，若齊昭之書侯，謂其身受宋公之大德，而忍于爲不義，故目其人而誅之。」

【經】夏，五月，庚寅，宋公茲父卒。

傷于泓故也。

謝氏曰：「智小而謀大，力少而任重，未有不終于敗者也。襄公以庸暗之才，貪遠大之業，方其盟于鹿上，志欲合諸侯，朝齊楚，豈知後之勢敗身亡，爲天下笑哉。故君子動必度德，進必量力。」

愚案：宋襄公自齊桓之末年，即有圖霸之心，雖桓公君臣，亦望之以繼霸之事，故屬之以其子。卒之師敗身傷，幾至亡國，霸業無成，抑鬱以死者，由其徒慕仁義之名，而不識仁義之實，以至于是也。夫齊桓公，知仁義之爲美，假之而未能有者，猶取仁義之功。宋襄公聞仁義之爲美，慕之而不能識者，反爲仁義之賊，于是冥行妄作，以殘暴爲義，以姑息爲仁，非特不能至乎仁義，而遂陷于不仁不義矣。故其始也，齊桓方卒而伐其喪，滕人來會而執其君，曹人不服而圍其國，是蓋以殘暴爲義也。其終也，不以兵車雜乘車，不鼓不成列，不重傷，不禽二毛，則以姑息爲仁矣。所爲顛倒繆亂若此，得保首領以没，幸矣，尚何望其能霸乎？是以大學之道，其始也，必先之以格物致知，則無宋襄之失；其後也，必本之以誠意正心，則無齊桓之弊，斯其所以爲聖賢之學，帝王之道也與。

【經】秋，楚人伐陳。

楚成得臣帥師伐陳，討其貳于宋也。遂取焦、夷，城頓而還。子文以爲之功，使爲令尹。叔伯曰：「子若國何。」對曰：「吾以靖國也。夫有大功而無貴仕，其人能靖者與有幾？」

家氏曰：「陳穆公請修好于齊，以無忘桓公之德，而齊之會，楚人亦得列于其間，名爲修齊桓舊好，其實自結于强楚。今楚人乃以其貳于宋而伐之，何耶？蓋楚夷也，諸夏實耻于從之[一]，而迫于凶威，有不容自已者。陳也，介于二者之間，猶欲自附于宋，不忍遽從于夷[二]，是以楚疑而伐之，若蔡若鄭，則甘于從夷[三]而不悔，無復羞恶之心矣。」

【經】冬，十有一月，杞子卒。

[一]「蓋楚夷也，諸夏實耻于從之」，四庫本作「蓋楚人僭亂，諸夏實耻從之」。
[二]「于夷」，四庫本作「僭亂」。
[三]「夷」，四庫本作「楚」。

春秋闕疑卷十七（僖公二十四年—二十八年）

【經】二十有四年，春，王正月。

【經】夏，狄伐鄭。

鄭之入滑也，滑人聽命。師還，又即衛。鄭公子士、洩堵俞彌帥師伐滑。王使伯服、游孫伯如鄭請滑。鄭伯怨惠王之入而不與厲公爵也，又怨襄王之與衛、滑也，故不聽王命而執二子。王怒，將以狄伐鄭。富辰諫曰：「不可。臣聞之，太上以德撫民，其次親親以相及也。昔周公弔二叔之不咸，故封建親戚以蕃屏周。管、蔡、郕、霍、魯、衛、毛、聃、郜、雍、曹、滕、畢、原、酆、郇，文之昭也。邘、晉、應、韓，武之穆也。凡、蔣、邢、茅、胙、祭，周公之胤也。召穆公思周德之不類，故糾合宗族于成周而作詩曰：『棠棣之華，鄂不韡韡。凡今之人，莫如兄弟。』其四章曰：『兄弟鬩于牆，外禦其侮。』如是，則兄弟雖有小忿，不廢懿親。今天子不忍小忿，以棄鄭親，其若之何？庸勳、親親、昵近、尊賢，德之大者也。即聾、從昧、與頑、用嚚，姦之大者也。棄德崇奸，禍之大者也。鄭有平、惠之勳，又有厲、宣之親，棄嬖寵而用三良，于諸姬爲近，四德具矣。耳不聽五聲之和爲聾，目不别五色之章爲昧，心不則德義之經爲頑，口不道忠信之言爲嚚，狄皆則之，四奸具矣。周之有懿德也，猶曰『莫如兄弟』，故封建之。其懷柔天下也，猶懼有外侮，扞禦侮者莫如親親，故以親屏周。召穆公亦云。今周德既衰，于是乎又渝周、召，以從諸奸，無乃不可乎？民未忘禍，王又興之，其若文、武何？」王弗聽。使頽叔、桃子出狄師。夏，狄伐鄭，取櫟。

家氏曰：「如傳所言，鄭實叛也。不聽王命，而復執其使，非叛而何？王怒而討之，亦理所當然。而春秋但書『狄伐鄭』，不書鄭之叛，狄之所以伐，何哉？曰：鄭當伐也，王命方伯、連帥董師以問鄭人之罪，齊、魯、宋、衛豈無爲王敵愾者，今乃命夷狄[一]出其師，以伐同姓之國，失所以表正中國之道矣。故春秋書狄伐鄭，繼書天王出居于鄭，以見禍本亂源實在于此。」

許氏曰：「鄭執王使，是無王也。王啟狄師，是無中國也。天下何恃不亂？近世如唐晋資夷狄之力[二]，以定中國，蓋不講于春秋戒襄王之所以出也。」

【經】秋，七月。

【經】冬，天王出居于鄭。

[一]「夷狄」，四庫本作「狄人」。

[二]「唐晋資夷狄之力」，四庫本作「唐人資回紇之力」。

王德狄人，將以其女爲后。富辰諫曰：「不可。臣聞之曰：『報者倦矣，施者未厭。』狄固貪惏，王又啟之。女德無極，婦怨無終。狄必有〔一〕患。」王又弗聽。初，甘昭公有寵于惠后，將立之，未及而卒。昭公奔齊，王復之，又通于隗氏。王替隗氏。頽叔、桃子曰：「我實使狄，狄其怨我。」遂奉太叔以狄師攻王，王御士將禦之。王曰：「先后其謂我何？寧使諸侯圖之。」王遂出，及坎欿，國人納之。秋，頽叔、桃子奉大叔以狄師伐周，大敗周師，獲周公忌父、原伯、毛伯、富辰。王出適鄭，處于氾。大叔以隗氏居于温。

冬，王使來告難，曰：「不穀不德，得罪于母弟之寵子帶，鄙在鄭地氾，敢告叔父。」臧文仲對曰：「天子蒙塵，于外敢不奔問官守。」王使簡師父告于晋使，左鄢父告于秦。鄭伯與孔將鉏、石甲父、侯宣多省視官具于氾，而后聽其私政。

二十五年，秦伯師于河上，將納王。狐偃言于晋侯曰：「求諸侯，莫如勤王。諸侯信之，且大義也。繼文之業，而信宣于諸侯，今爲可矣。」使卜之，曰：「吉，遇黄帝戰于阪泉之兆。」公曰：「吾不堪也。」對曰：「周禮未改，今之王，古之帝也。」公曰：「筮之。」筮之，遇大有，曰：「吉，遇『公用享于天子之卦也』。戰克而王饗，吉孰大焉？」晋侯辭秦師而下。三月，甲辰，次于陽樊，右師圍温，左師逆王。四月，丁巳，王入王城，取大叔于温，殺之于隰城。戊午，晋侯朝王，王饗醴，命之宥。請隧，弗許，曰：「王章也，未有代德，

〔一〕「有」，四庫本作「爲」。

而有二王，亦叔父之所恶也。」與之陽樊、温、原、欑茅之田。

高氏曰：「此著天王啓狄師以召禍，失其所居，且罪諸侯之不赴其難也。夫周公位冢宰，而群弟流言，挾武庚以叛，周公不以爲吾弟而不討也，今王子带以狄兵犯王，其罪大矣。襄王乃以先后之故，不忍討而往避之，非所出而出，非所居而居，其衰弱甚矣。且鄭者，楚與國也。始既使狄伐鄭，今又避狄居鄭，此又見其輕舉妄動，春秋不敢斥言『奔』而特書『出』，以爲萬世戒。」

穀梁氏曰：「天子無出。出，失天下也。居者，居其所也。雖失天下，莫敢有也。」

高郵孫氏曰：「天王而出居于外，則是天王自絶于位也。自絶其位，則天下非其所有，不能有天下矣。猶曰出居于鄭，天王雖不有天下，而鄭不可無天王也。春秋之義自取之者以自取爲文，君雖不君，臣不可以不臣，天王出居于鄭是也。」

樸鄉吕氏曰：「襄王所以待子带者，則失其道矣。舜之于象也，封之有庳。天子使吏治其政，而象不得以有爲于其國，富貴之爾，親愛之爾，此待之之道也。觀仲孫湫之言曰：『王怒未怠，不十年，王弗召也。』則既非不宿怨，不藏怒之心，及既復之，必當處之有道，而又使之得以通隗氏、起狄師，則又非不得以有爲于其國之義。處之者既失其道矣。鄭伯不王而以狄伐鄭，富辰諫不聽。又德狄以其女爲后，諫又不聽。子带以狄師攻王，王御士將禦，又弗聽，于是適鄭。由是言之，是亦王之自出而已矣。書曰『天王居于鄭』，言非叔带所能出之也。」

【經】晋侯夷吾卒。

二十三年，九月，晋惠公卒。懷公命無從亡人。期，期而不至，無赦。狐突之子毛及偃從重耳在秦，弗召。執狐突，使召之，對曰：「父教子貳，何以事君？」乃殺之。

初，晋公子重耳之及于難也，晋人伐諸蒲城，遂奔狄，狄人伐廧咎如，獲其二女叔隗、季隗。納諸公子，公子取季隗，生伯儵、叔劉。以叔隗妻趙衰，生盾。處狄十二年而行。過衛，衛文公不禮焉。及齊，齊桓公妻之，有馬二十乘，公子安之，從者以爲不可，乃行。及曹，曹共公聞其駢脅，欲觀其裸。浴，薄而觀之。僖負羈之妻曰：「吾觀晋公子之從者，皆足以相國，子盍蚤自貳焉。」乃饋盤飧，置璧焉。公子受飧，返璧。及宋，宋襄公贈之以馬二十乘。及鄭，鄭文公亦不禮焉。及楚，楚子享之。子玉請殺之，楚子曰：「晋公子廣而儉，文而有禮，其從者肅而寬，忠而能力。吾聞姬姓唐叔之後，其後衰者也，其將由晋公子乎？天將興之，誰能廢之。乃送諸秦。秦伯納女五人，懷嬴與焉。至是，秦伯納之，濟河，圍令狐，入桑泉，取臼衰。二月，甲午，晋師軍于廬柳。秦伯使公子縶如晋師，師退，軍于郇。辛丑，狐偃及秦晋之大夫盟于郇。壬寅，公子入于晋師。丙午，入于曲沃。丁未，朝于武宮。戊申，使殺懷公于高梁。吕、郤畏偪，將焚公宮而弑晋侯。寺人披請見，以難告。三月，晋侯潛會秦伯于王城。己丑，宫中火，瑕甥、郤芮不獲公，乃如河上，秦伯誘而殺之。晋侯逆夫人嬴氏以歸。秦伯送衛于晋三千人，實紀綱之僕。狄人歸季隗于晋，而請其二子。

樸鄉吕氏曰：「傳稱，去年九月，晋惠公卒，懷公子圉立。今年春，秦伯納重耳，殺懷公于高梁，而經于今年冬始書『晉侯夷吾卒』，何也？春秋之所據者，魯史也。左氏之所據者，他書也。其年月固有不同，若果有懷公立而後秦納文公之事，史所不書，聖人亦不得而書之矣。」

【經】二十有五年，春，王正月，丙午，衛侯燬滅邢。

衛人將伐邢，禮至曰：「不得其守，國不可得也，我請昆弟仕焉。」乃往得仕。至是，衛人伐邢，二禮從國子巡城，掖以赴外，殺之。正月，丙午，衛侯燬滅邢。禮至爲銘曰：「餘掖殺國子，莫余敢止。」

樸鄉吕氏曰：「衛侯燬何以名？曰：黎氏言之矣。黎曰：燬書名者，蓋燬卒于下，因下文書名故此誤爾。如桓十二年，連書丙戌者，二皆冗文爾。說者見燬滅邢書名，遂以爲滅同姓故貶，求之于經，虞滅虢，晉滅虞，楚滅夔，皆同姓也，三國之君皆不名，而衛侯何獨名耶？且書滅邢，則衛侯之惡已著，安用更書名耶？」

朱子曰：「諸侯滅國未嘗書名，衛侯燬滅邢，說者以爲滅同姓之故。今經文只隔夏四月癸酉一句，便書衛侯燬卒，恐是傳寫之誤。」

【經】夏，四月，癸酉，衛侯燬卒。

【經】宋蕩伯姬來逆婦。

高氏曰：「此伯姬乃魯女而嫁于宋蕩氏者，今自爲其子來逆婦，是夫不親迎，而姑來逆也。魯不能以禮正之，是棄其親戚也。」

劉氏意林曰：「伯姬之嫁也，固不見經，今其來也，且何爲見經？吾以此觀之，内女雖親，體不敵則不書于策，不書于策，所以尊君也，今君失其禮，以愛易典，主大夫之婚，是卑朝廷而慢宗廟，非安上治民之節也。」

【經】宋殺其大夫。

許氏曰：「凡不稱名姓，義在殺大夫也。」

【經】秋，楚人圍陳，納頓子于頓。

秦、晉伐鄀。楚鬥克、屈禦寇以申、息之師戍商密。秦人僞與子儀、子邊盟者，商密人懼，曰：「秦取析矣，戍人反矣。」乃降秦師。秦師囚申公子儀，息公子邊以歸。楚令尹子玉追秦師，弗及。遂圍陳，納頓子于頓。

高郵孫氏曰：「春秋書法，繼事書『遂』，楚人圍陳，納頓子于頓，而不言『遂』者，圍陳所以納頓子也。」

常山劉氏曰：「王政不綱，天下大亂，國君、世子、大夫歸復廢立，不由天子之命，唯諸侯之强有力者專之。非所謂天吏，而擅命興師，概有罪焉。然其間善惡淺深，則各存乎其文矣。頓子迫于陳而出奔，故楚人圍陳以納之。楚人之近義可見也。」

胡氏曰：「納之者，不與納也。諸侯失國，諸侯納之正也。何以不與乎？夫陳先代之後不能以禮安靖鄰國，保䘏寡小，中國諸侯又不能修方伯、連帥之職，而使楚人納之，是夷狄〔一〕仗義正諸夏也，故書曰：『楚人圍陳，納頓子于頓。』其責中國深矣，此亦正本自治之意也。」

陳氏曰：「齊桓公卒，楚始與諸夏盟于齊，盟于鹿上，執宋公，納頓子，侈然欲廢置諸侯矣。」

【經】葬衛文公。

【經】冬，十有二月癸亥，公會衛子、莒慶盟于洮。

衛人平莒于我，盟于洮，修衛文公之好，且及莒平也。

高氏曰：「平莒怨也，孰平之？自元年酈之役，魯不與莒通，至是衛侯新立，欲結援焉。莒人請之，故爲此盟以平之。」

高郵孫氏曰：「春秋之義，不以我公敵大夫，以我公而會外大夫，則皆降而稱人。人微者，遠尊則不嫌其敵也，莒慶小國之大夫而得與公盟者，衛子在，不嫌也。衛侯稱子者，衛文公卒，未逾年也。」

【經】二十有六年，春，王正月，己未，公會莒子、衛甯速，盟于向，尋洮之盟也。

〔一〕「夷狄」，四庫本作「楚人」。

高氏曰：「莒請衞以平于我，遣大夫以嘗之慶盟而誠，故請爲此盟。」

謝氏曰：「三國兩月再盟，詩所謂屢盟是也。」

【經】齊人侵我西鄙，公追齊師至巂，弗及。

齊師侵我西鄙，討是二盟也。

穀梁氏曰：「弗及者，弗與也。可以及而不敢及也。」

劉氏意林曰：「向曰齊人，今曰齊師，因是而知，所謂弗及，非弗能及也，弗敢及也。弗敢及者，畏也。故諸侯之耻，莫甚乎以一國畏矣。寇至不能禦，去又不敢及，是舉百姓而棄之者也。豈爲民父母之道哉？」

趙氏曰：「寇至不知，追而不及，言内之無戒警。」

胡氏曰：「書人、書侵、書師，罪齊也。書追、書至巂弗及，罪魯也。潛師入境曰侵，少則稱人，衆則稱師。前書齊人，是見其弱，以誘魯也。後書齊師，是伏其衆，以邀魯也。其爲諼明矣。凡書追者，在境内，則譏其不預，追戎于濟西是也。在境外，則譏其深入，追齊師至巂是也。巂者，齊地。至者，言遠也。弗者，遷辭也，有畏而弗敢及之也。齊、魯皆私憤之兵而非正也，故交譏之。」

【經】夏，齊人伐我北鄙。

家氏曰：「春而侵我西鄙，公追之而不敢及。蓋爲齊人所侮，故又興北鄙之師，魯之君臣，專事畏縮，國之不競，良有以也。」

【經】衛人伐齊。

洮之盟故也。公使展喜犒師，使受命于展禽。齊侯未入境，展喜從之，曰：「寡君聞君親舉玉趾，將辱于敝邑，使下臣犒執事。」齊侯曰：「魯人恐乎？」對曰：「小人恐矣，君子則否。」齊侯曰：「室如懸罄，野無青草，何恃而不恐？」對曰：「恃先王之命。昔周公、太公股肱周室，夾輔成王，成王勞之而賜之盟，曰：『世世子孫，無相害也。』載在盟府，太師職之。桓公是以糾合諸侯而謀其不協，彌縫其闕而匡救其災，昭舊職也。及君即位，諸侯之望曰：『其率桓之功。』我敝邑用不敢保聚，曰：『豈其嗣世九年而棄命廢職，其若先君何？君必不然。』恃此以不恐。」齊侯乃還。

高氏曰：「衛人伐齊之喪，助少陵長，遷怒于邢，而滅其國，不義甚矣。公既與其君盟于洮，又與其臣盟于向，是黨衛也。齊人以是加兵于魯。至是，衛以齊嘗與邢狄謀己，故乘其勞困而伐之，亦所以救魯也。」

【經】公子遂如楚乞師。

東門襄仲、臧文仲如楚乞師。臧孫見子玉而道之伐齊、宋，以其不臣也。

張氏曰：「僖公初年，頗有意于治國、務農、閔雨，國以殷富。中年以來，漸肆荒怠，初附齊桓，浸失政于大臣，齊桓既没，不及閒暇，修明政刑，民事既荒，國備不立，齊人再伐，已不能支，而遠乞師于夷狄〔一〕。春秋特書如楚乞師，深罪爲國之無謀也。」

泰山孫氏曰：「齊再伐我，故公子遂如楚乞師。夫國之大小，師之衆寡，皆有王制，不可乞也。書之，恶魯不能内修戒備，而外乞師于夷狄〔二〕。」

高氏曰：「楚，夷狄〔三〕也。齊，中國也。中國而相侵伐，不過以禮義相責，廉耻相厲耳，魯君見侵于齊，不治其禮義之所不至，而使之不來，乃使其臣乞師于夷狄，是不有天子而導夷狄〔四〕以伐中國也，荆蠻而伐中國，是異類將偪人〔五〕，此天下之大變，春秋之所謹也。聖人不敢斥言公，而以公子遂如楚乞師者，罪遂之乞師，乃所以深罪公也。」

【經】秋，楚人滅夔，以夔子歸。

夔子不祀祝融與鬻熊，楚人讓之。對曰：「我先王熊摯有疾，鬼神弗赦，而自竄于夔，吾是以失楚，又何

〔一〕「夷狄」，四庫本作「楚人」。
〔二〕「夷狄」，四庫本作「楚人」。
〔三〕「夷狄」，四庫本作「南蠻」。
〔四〕「夷狄」，四庫本作「楚人」。
〔五〕「荆蠻而伐中國，是異類將偪人」，四庫本作「以亂常僭號之楚人而伐中國」。

祀焉？」楚成得臣、鬥宜申帥師滅夔，以夔子歸。

劉氏意林曰：「國滅而虜，無不名者。國滅，罪也。虜服，辱也。而夔何以獨不名？夔之所以取滅者，乃非其罪，故假之也。夔曰：『我先君熊摯有疾，鬼神弗赦而自竄于夔，吾是以失楚，又何祀焉』者，楚祖鬻熊，夔祖熊摯，是不得祀者也。諸侯之祀，無過其祖者。夔子可謂若于義矣，而楚反以是滅之。春秋以謂非其罪也，故黜楚而伸夔，夔雖不幸，而實無負于義，有王者作，興滅國繼絶世，則夔庶幾矣。」

【經】冬，楚人伐宋，圍緡。

宋以其善于晋侯也，叛楚即晋。楚令尹子玉、司馬子西帥師伐宋，圍緡。

高氏曰：「魯乞師于楚，楚自謂可以得志于中國，欣然爲之出師。于是滅夔。過宋境，則又伐宋而圍緡也。楚于是輕用其師矣。魯一乞師而二國先受其害如此。夫宋自泓之敗，不復與楚争衡，今楚以其不附已而又討之，故書『伐』、書『圍』，以見夷狄〔二〕之恣横。」

【經】公以楚師伐齊，取穀。公至自伐齊。

置桓公子雍于穀，易牙奉之以爲魯援。楚申公叔侯戍之。桓公之子七人，爲七大夫于楚。

高氏曰：「齊人加兵于魯，魯欲報之，當請命于天子，會諸侯以同討其罪。夫楚豺狼也，安可遠召其師來

〔二〕「夷狄」，四庫本作「楚人」。

入華夏，以伐親隣之國乎？」

胡氏曰：「楚强魯弱，而能用其師，進退在已，故特書曰『以』。以者，不以者也。夫背華即夷〔一〕，取人之邑爲已有，失正甚矣。患之起必自此始。」

謝氏曰：「以楚師伐齊，以夷狄之衆伐中國也〔二〕。以楚師取穀，以奪邑之利示夷狄〔三〕之衆也。召夷狄寇攘中國〔四〕，必始于此矣。無晋文復興于後，則中國將胥爲夷〔五〕也。」

【經】二十有七年，春杞子來朝。

公卑杞，杞不共也。

高氏曰：「杞子，魯甥也。自莊二十七年來朝後，不復與我通。自城緣陵之後，亦莫與諸侯會。盖習于淮夷甚矣。」

家氏曰：「二十三年，杞子卒，書曰『杞子』，夷也。杜氏謂成公始行夷禮，故于其卒貶之。今而來朝，

〔一〕「夫背華即夷」，四庫本作「夫背親即疏」。
〔二〕「以夷狄之衆伐中國也」，四庫本作「以僭亂之衆伐甥舅也」。
〔三〕「夷狄」，四庫本作「僭亂」。
〔四〕「召夷狄寇攘中國」，四庫本作「使中國寇攘日滋」。
〔五〕「夷」，四庫本作「楚」。

則成之子也，亦書『子』。傳又曰：『用夷禮，故曰子。』秋而入之，又曰『責無禮也』。用夷禮而夷之，固春秋垂世之法。杞，二王後，公也。入春秋稱侯，莊二十七年稱伯，至此又貶而稱子，百年之間凡四貶爵，獨于一杞見之，此經疑也，姑存以俟考。」

【經】夏，六月，庚寅，齊侯昭卒。

【經】秋，八月，乙未，葬齊孝公。乙巳，公子遂帥師入杞。

責無禮也。

高氏曰：「責其朝禮之不共，豈不愈于不朝乎？又豈可以其來朝而反用師以報之乎？况杞魯乃舅甥之國，而伯姬在焉，魯人不義甚矣。」

張氏曰：「人方來朝而帥師入之，以怨報德，所謂欲加之罪何患無辭。」

【經】冬，楚人、陳侯、蔡侯、鄭伯、許男圍宋。十有二月，甲戌，公會諸侯盟于宋。

楚子將圍宋，使子文治兵于睽，終朝而畢，不戮一人。子玉復治兵于蔿，終日而畢，鞭七人，貫三人耳。國老皆賀子文，子文飲之酒。蔿賈尚幼，後至，不賀子文。問之，對曰：「不知所賀。子之傳政于子玉，曰：『以靖國也。』靖諸内而敗諸外，所獲幾何？子玉之敗，子之舉也，舉以敗國，將何賀焉？子玉剛而無禮，不可以治民。過三百乘，其不能以入矣。苟入而賀，何後之有？」

楚子及諸侯圍宋。

穀梁氏曰：「楚人者，楚子也。其曰人，何也？人楚子，所以人諸侯，不正其信夷狄〔一〕而伐中國也。」

高氏曰：「夫楚以夷狄〔二〕，恣甲兵〔三〕之强，來犯中國，而陳、蔡、鄭、許皆中國之諸侯，反會夷狄〔四〕同伐之，伸夷狄〔五〕之强，屈中國之義，故書楚與四國之君圍宋以罪之。若書『楚子』，則四國之惡不著，故書『楚人』于四君之上，則四國從夷狄〔六〕圍中國之罪，昭然可見矣。」

胡氏曰：「公與楚結好，故往會盟其地。以宋者，宋方見圍，無嫌于與盟，而公之罪亦著矣。」

張氏曰：「猶曰會諸侯，不曰會楚，使公從夷〔七〕之罪，必待考而後見。聖人之忠厚，春秋之微婉也。」

家氏曰：「此夷〔八〕伐也，而中國諸侯與之俱伐。夷〔九〕會也，而中國之諸侯皆與于會。中國之耻也。春秋之

〔一〕「夷狄」，四庫本作「楚人」。
〔二〕「夷狄」，四庫本作「僭竊」。
〔三〕「甲兵」，四庫本作「豺狼」。
〔四〕「夷狄」，四庫本作「楚人」。
〔五〕「夷狄」，四庫本作「楚人」。
〔六〕「夷狄」，四庫本作「楚人」。
〔七〕「夷」，四庫本作「楚」。
〔八〕「夷」，四庫本作「楚」。
〔九〕「夷」，四庫本作「楚」。

法，盟主爵而諸侯人者有矣，未有盟主人而諸侯爵者也。人楚子而爵諸侯，不與楚子以主中夏之盟也，亦以正諸侯從夷[一]之罪也。雖然楚始會諸侯伐國，而晉文之霸業興矣。蓋泓敗之明年，而文公入于晉。楚圍陳之明年，而文公以兵勤王。威聲氣焰已動于海內，楚之君臣，頑冥不靈，猶謂霸功可以力致，遂會諸侯圍宋，以爲宋亡而海內無復可霸之國。孰知宋圍方急，晉救旋至，反以是開文公之霸業乎。嗚呼！周室不競，天開二霸，以整齊中原，脱斯民于左衽，齊桓基之于前，晉文繼之于後，天實爲之，豈人力所能致哉！」

【經】二十有八年，春，晉侯侵曹，晉侯伐衛。

二十七年，宋公孫固如晉告急，先軫曰：「報施救患，取威定霸，于是乎在矣。」狐偃曰：「楚始得曹，而新婚于衛，若伐曹、衛，楚必救之，則齊、宋免矣。」于是乎蒐于被盧，作三軍，謀元帥。乃使郤縠將中軍，郤溱佐之。使狐偃將上軍，讓于狐毛而佐之。命趙衰爲卿，讓于欒枝、先軫。使欒枝將下軍，先軫佐之。荀林父御戎，魏犨爲右。晉侯始入，將用其民。于是乎出定襄王以懷民生，伐原以示之信，大蒐以示之禮，作執秩以正其官，民聽不惑而後用之。出穀戍，釋宋圍，一戰而霸，文之教也。

至是，將伐曹，假道于衛，衛人弗許。還，自南河濟，侵曹、伐衛。正月，戊申，取五鹿。二月，晉郤縠卒，原軫將中軍，胥臣佐下軍，上德也。晉侯、齊侯盟于斂盂，衛侯請盟，晉人弗許。衛侯欲與楚，國人不欲，

[一]「夷」，四庫本作「楚」。

故出其君以説于晉。衛侯出居于襄牛。

胡氏曰：「初，公子重耳之出亡也，曹、衛皆不禮焉，至是侵曹、伐衛，再稱晉侯，譏復怨也。」

樸鄉吕氏曰：「晉文初見，即書『晉侯』，予霸之辭也。先是晉文公過曹、衛，曹、衛不禮焉，則侵曹、伐衛者，所以討無禮也。然觀春秋書此曰『晉侯侵曹』，曰『晉侯伐衛』，特出晉爵而不厭其辭之繁，則知其予霸之辭也。若是修怨之辭，聖人必略其事矣。」

家氏曰：「侵曹、伐衛以救宋也，不言救宋，其事關系乎中國甚大，非特救宋而存宋也。」

愚謂：純乎天理之公，而絶無人欲之私者，王者之道也。假乎天理之公，而雜以人欲之私者，霸者之事也。况晉文又霸之，譎而不正者乎？今以傳考之，方宋人告急，狐偃言于文公曰：「楚始得曹，而新婚于衛，若伐曹、衛，楚必救之，齊、宋免矣。」則是舉也，爲霸討明矣。然以衛侯請盟，晉人不許觀之，則報怨之心亦不能無焉。蓋因侵曹、伐衛，以成救宋之功，而曹、衛之不禮，亦因以報焉，所謂假乎天理之公，而雜以人欲之私者也。雖然，春秋所書，蓋以事功言之，而許其爲霸爾，非原其事而貶其修怨也，故予其爵而重書之，所謂其中有大美者也。或曰：齊桓公亦霸也，春秋書人，久之。伐楚之後，始進而書爵，今晉一舉即予其爵，何也？齊桓創霸，故其事難成，晉文繼霸，故其功易就。春秋因其事功之成就而予之，豈計其難易、先後哉？

【經】公子買戍衛，不卒戍，刺之。

公羊氏曰：「内諱殺大夫，謂之刺也。」

杜氏曰：「內殺大夫皆書刺，言用周禮三刺之法，示不枉濫也。」

劉氏權衡曰：「傳謂公懼于晉，殺子叢以説焉，然則魯妄以罪恶誣殺買耳，非買之實不戍也。則春秋曷爲遂從其誣辭，直以不卒戍罪買哉？疑買見機設權，不卒戍事，而公貪與楚歡，遂以不卒戍罪買，不復計其權也。」

按此經殺公子買畢，楚人乃救衛，而傳云楚人救衛，不克，公乃殺子叢，與經相背，其言詎可信哉？

意林曰：「買貴矣，率師以戍諸侯，何以不書耶？然則買自不得書者也，買受命而出，在疆外矣。進退得專之，欲權宜以避晉難，故不卒戍也，可謂識變矣，而魯反誅之，魯之脅于强楚，不察忠臣之心甚矣。故春秋憫而進之以此，不然買之往，何以不書耶？」

胡安定先生曰：「公叛晉與楚，故使公子買戍衛，且晉之兵力，非買之所抗也，故不卒戍而歸。公聞楚人救衛，懼其見討，故殺買以悦楚。僖公內殘骨肉，外悦强夷〔二〕，其恶可知。」

胡氏曰：「刺未有書其故者，而以不卒戍刺之，則知買爲無罪矣。孟子曰：『無罪而殺士，則大夫可以去。無罪而戮民，則士可以徙。』今乃殺無罪之士，將以苟悦于强國，于是乎不君矣，故特書其故以貶也。」

【經】楚人救衛。

〔二〕「夷」，四庫本作「楚」。

陳氏曰：「楚嘗救鄭矣，不書。于是始書救，爲晋人之霸，楚欲救之而不能也。」

家氏曰：「書救有二：有善其能救者，有不與之以救者。中國諸侯見侵于强暴，盟主救之，春秋之所善也。中國諸侯叛而從夷〔一〕，盟主伐之，夷狄〔二〕救之，非春秋所善也。楚自去年帥諸侯圍宋，將爲必取之計，晋文公起而圖之，侵曹、伐衛皆所以救宋也。春秋不以救宋書者，爲文公此舉關乎中夏存亡盛衰，救宋不足以盡之耳。晋不書救，而楚之于衛乃以救書，夫豈善楚之能救衛乎？」

愚按：春秋書救，未有不善之者也。故議者謂：救在夷狄〔三〕，則罪中國。今楚救衛，所謂救在夷狄者也〔四〕，獨以爲非善之，何也？蓋救者善，則伐者恶；伐者善，則救者恶矣。晋伐衛，討其從夷〔五〕之罪也，所謂伐之善也。楚人救之，黨其從夷〔六〕之人耳，非有救灾恤患之心也，安得爲救之善乎？然則春秋何以書其救？所以見晋之伐其必救，制之得其道，能致城濮之戰，而成服楚之功也，豈可與其他書救例觀哉？故曰：「屬辭比事，春秋教也。」

〔一〕「從夷」，四庫本作「黨外」。
〔二〕「夷狄」，四庫本作「其黨」。
〔三〕「救在夷狄」，四庫本作「救者在外」。
〔四〕「救在夷狄」，四庫本作「救者在外」。
〔五〕「夷」，四庫本作「楚」。
〔六〕「夷」，四庫本作「楚」。

【經】三月，丙午晋侯入曹，執曹伯，畀宋人。

晋侯圍曹，門焉，多死，曹人尸諸城上。晋人患之，聽輿人之謀，曰：「稱舍于墓。」師遷焉。曹人凶懼，爲其所得者棺而出之，因其凶也而攻之。三月，丙午，入曹，數之，以其不用僖負羈而乘軒者三百人也。且曰：「獻狀。」令無入僖負羈之宫而免其族，報施也。魏犨、顛頡怒曰：「勞之不圖，報于何有。」爇僖負羈氏。魏犨傷于胷。公欲殺之而愛其材，使問且視之，病將殺之。魏犨束胷見使者，曰：「以君之靈，不有寧也。」距躍三百，曲踴三百，乃舍之。殺顛頡以狥于師。立舟之僑以爲戎右。

宋人使門尹般如晋師告急，公曰：「宋人告急，舍之則絶，告楚不許。我欲戰矣，齊、秦未可，若之何？」先軫曰：「使宋舍我而賂齊、秦，藉之告楚，我執曹君而分曹、衛之田以賜宋人，楚愛曹、衛，必不許也。喜賂、怒頑，能無戰乎？」公説。執曹伯，分曹、衛之田以畀宋人。

高氏曰：「十九年，宋襄公圖霸，首會諸侯于曹南，而曹先背之，襄公自是不得志于諸侯。及盂之會，楚人執宋公以伐宋，而曹伯實與焉。故晋侯行霸而首先爲宋加兵于曹，既入其國，遂執曹伯，以畀宋人。畀宋人者，亦所以致楚師。且以宋連年困于楚，欲連宋兵，使之同致力于楚也。」

張氏曰：「自晋侯侵曹至此，皆春秋著文公致楚與戰之由也。」

謝氏曰：「凡執諸侯及大夫，皆奪爵稱人。晋侯因入書『執』而不曰『人』者，文繼上事，不可復稱某人故也。晋文之侵曹也，曹人不服，故文公入曹，執共公，以畀宋人。楚嘗伐宋、圍宋，曹嘗與楚執宋公，然則以共公畀宋，將以激楚也，入其圍，執其君，執不以罪而以激楚。執之不以歸王，而以畀宋，書『執曹伯』，著其服人以力也。書『畀宋人』，著其譎而不正也。」

胡氏曰：「曹伯，羸者，未狎晉政，莫知所承。晉文不修辭令，遽入其國，既執其君，又分其田，暴矣。欲致楚師與之戰，而以曹伯畀宋人，譎矣。雖一戰勝楚，遂主夏盟，舉動不中于〔一〕禮亦多矣。其功雖高，道不足尚也。故曰，『五伯，三王之罪人。仲尼之徒，無道桓、文之事者』。」

【經】夏，四月，己巳，晉侯、齊師、宋師、秦師及楚人戰于城濮，楚師敗績。

楚子入居于申，使申叔去穀，使子玉去宋，曰：「無從晉師。晉侯在外十九年矣，而果得晉國。險阻艱難，備嘗之矣。民之情僞，盡知之矣。天假之年而除其害，天之所置，其可廢乎。軍志曰：『允當則歸』，又曰：『知難而退』，又曰：『有德不可敵』，此三志者，晉之謂矣。」子玉使伯棼請戰，曰：「非敢必有功也，願以閒執讒慝之口。」王怒，少與之師，唯西廣、東宮與若敖之六卒實從之。子玉使宛春告于晉師曰：「請復衛侯而封曹，臣亦釋宋之圍。」子犯曰：「子玉無禮哉。君取一，臣取二，不可失矣。」先軫曰：「子與之。定人之謂禮。楚一言而定三國，我一言而亡之，我則無禮，何以戰乎？不許楚言，是棄宋也。救而棄之，謂諸侯何？楚有三施，我有三怨，怨讎已多，將何以戰？不如私許復曹、衛以攜之，執宛春以怒

〔一〕「于」，四庫本作「乎」。

楚，既戰而後圖之。」公説。乃拘宛春于衛，且私許復曹、衛，曹、衛告絶于楚。子玉怒，從晋師。晋師退。軍吏曰：「以君辟臣，辱也。且楚師老矣，何故退？」子犯曰：「師直爲壯，曲爲老，豈在久乎？微楚之惠不及此，退三舍辟之，所以報也。背惠食言，以亢其讎，我曲楚直，其衆素飽，不可謂老。我退而楚還，我將何求？若其不還，君退臣犯，曲在彼矣。」退三舍，楚衆欲止，子玉不可。夏，四月，戊辰，晋侯、宋公、齊國歸父、崔夭、秦小子慭次于城濮。楚師背酅而舍，晋侯患之，聽輿人之誦，曰：「原田每每，舍其舊而新是謀。」公疑焉。子犯曰：「戰也，戰而捷，必得諸侯。若其不捷，表裏山河，必無害也。」公曰：「若楚惠何？」欒貞子曰：「漢陽諸姬，楚實盡之，思小惠而忘大耻，不如戰也。」晋侯夢與楚子搏，楚子伏己而盬其腦，是以懼。子犯曰：「吉。我得天，楚伏其罪。吾且柔之矣。」子玉使鬥勃請戰，曰：「請與君之士戲，君馮軾而觀之，得臣與寓目焉。」晋侯使欒枝對曰：「寡君聞命矣。楚君之惠，未之敢忘，是以在此。爲大夫退，其敢當君乎？既不獲命矣，敢煩大夫謂二三子，戒爾車乘，敬爾君事，詰朝相見。」晋車七百乘，韅、靷、鞅、靽，晋侯登有莘之墟，以觀師，曰：「少長有禮，其可用也。」遂伐其木，以益其兵。己巳，晋侯陳于莘北。胥臣以下軍之佐當陳、蔡，子玉以若敖之六卒將中軍，曰：「今日必無晋矣。」子西將左，子上將右。胥臣蒙馬以虎皮，先犯陳、蔡。陳、蔡奔，楚右師潰。狐毛設二旆而退之。欒枝使輿曳柴而僞遁，楚師馳之。原軫、郤溱以中軍公族橫擊之。狐毛、狐偃以上軍夾攻子西，楚左師潰。楚師敗績。子玉收〔一〕其卒而止，故不敗。晋師三日館、穀，及癸酉而還。壬午，濟河。舟之僑先歸，士會攝右。秋，七月，丙申，振旅，愷以入于晋。獻俘授馘，飲至大賞，徵會討貳，殺舟之僑以徇于國，民于是大服。

胡安定先生曰：「往者，齊桓既死，楚人復張，倡狂不道，欲宗諸侯，與宋並争，欲取宋者數矣。天下諸侯無敢與楚抗者，晋文一出，討逆誅亂，以三國之師敗得臣于城濮，自是楚人遠屏，不犯中國十五年，攘夷狄〔二〕，救中國之功，可謂不旋踵而見。春秋最美文公，以其有城濮之戰也。」

師氏曰：「晋書爵，貴善圖霸也，于齊、宋、秦書師，明晋侯之善得衆而來助者不一也。」

胡氏曰：「楚稱人，貶也。戰而言及，主乎是戰者也。當此時，晋師避楚三舍，請戰者得臣也，而經之書『及』何？以在晋。得臣雖從晋師，然初告于晋曰：『請復衛侯而封曹，臣亦釋宋之圍。』是未有必戰之意也，及先軫獻謀，許復曹、衛以攜其黨，拘宛春以激其怒，而得臣之意决矣。故楚雖請戰而『及』在晋侯，誅其意也。荆楚恃强，憑陵諸夏，滅黄而霸主不能恤，敗徐于婁林而諸侯大夫不能救，執中國盟主而在會諸侯不敢與之争，今又戍穀、逼齊，合兵圍宋，戰勝中國，威動天下，非有城濮之敗，則民其被髮左衽〔三〕，宜有美辭以揚

〔一〕「收」，原作「妝」，據左傳改。
〔二〕「攘夷狄」，四庫本作「從簡書」。
〔三〕「則民其被髮左衽」，四庫本作「則周鼎且遷于楚」。

其績，而春秋所書如此其略，何也？仁人明其道不計其功，正其義不謀其利，文公一戰勝楚，遂主夏盟。以功利言，則高矣。語道義，則三王之罪人也。仲尼雖老于行而不悔其有以夫。」

高氏曰：「楚子知得臣不可使也，而不能不使，知晉侯不可敵也，而不能不敵，是恃其强衆，自取其敗績也。董仲舒曰：『戰不若不戰，然而有所謂善戰。盟不若不盟，然而有所謂善盟。』故城濮之戰、召陵之盟，皆春秋之所許者，以其俱有攘夷狄〔一〕之功也。」

樸鄉吕氏曰：「齊桓之楚，雖曰猾夏，然未至偃然與中國並驅争先也，故齊桓猶可以徐爲之謀。晉文之楚，則執中國盟主而在會者不敢與之争，故晉文不得不速與之戰。召陵之盟，一得屈完之盟而退師。城濮之役，不致于楚師敗績不已。蓋桓公之所爲，將以服强楚之心，而文公之舉事所以挫强楚之氣也。二公所遇之敵不同，故其用計亦異，而立功之緩急亦如之，其有功于中國則一也。然嘗思之，則有以見齊桓之正而晉文之譎，何也？召陵之師，規模既定，區處既當，聲其罪而伐之，楚亦屈服而不敢校，此正也。晉文欲救宋而侵曹、伐衛，此固兵計之所當然，又懼楚之遽退師也，于是爲之執曹伯以畀宋人，楚方愛曹而恶宋，其肯遽退師乎？迨子玉使宛春告晉以釋曹衛，則又私許復曹衛而執其使者，楚怒于使者之見執也，能不請戰乎？及其將戰則又避楚三舍，名曰『報施』，實則示怯以誘子玉也。子玉剛而無禮，喜晉之怯，能不進戰乎？一致師之間而其詭

〔一〕「攘夷狄」，四庫本作「尊中國」。

計如此，孔子斷以一言而謂之譎，豈不信哉？然則城濮之戰，春秋固與其功而無取其道也。齊桓公三十年而後有召陵之盟、葵丘之會，晉文公霸者之事爲之略盡皆在于〔一〕一年之間，故齊桓猶有近正之意，晉文則太譎矣。齊桓猶有近厚之心，晉文則太迫矣。朱子曰：『文公伐衛以致楚，陰謀以取勝，其譎甚矣。』」

【經】楚殺其大夫得臣。

子玉既敗，王使謂之曰：「大夫若入，其若申、息之老何？」子西、孫伯曰：「得臣將死。二臣止之曰：『君其將以爲戮。』」及連穀而死，晉侯聞之而後喜可知也，曰：「莫余毒也已。蔿呂臣實爲令尹，奉已而已，不在民矣。」

臨江劉氏曰：「稱國以殺大夫，罪累上也。此殺有罪，其以累上之辭言之何？恶楚子也。楚子知其不可使也，而不能勿使，知其不可敵也，而不能勿敵，是亦棄其師之道也。」

師氏曰：「書師敗績，繼書殺大夫得臣，以著楚子不能自責，全歸過于得臣，不勝其忿也。」

高氏曰：「晉文公聞其死而後喜可知曰：『莫余毒也已。』蓋其爲中國之害如此，今以敗績自殺，則中國之害除其一矣，然聖人以公恕待天下，豈若樂禍幸灾者哉？故以諸侯專殺大夫之例書之，以待吾中國諸侯者而

〔一〕「于」，四庫本作「十」。

待夷狄〔二〕，是乃所以正其狂僭之罪也。」

胡氏曰：「夫得臣信有罪矣，而楚子知其不敵，不能使之勿敵而少與之師，又以一敗殺之，是以師爲重而棄其將以與之也，是晉再克而楚再敗也，故稱國以殺而不去其官。以仲尼書鄭棄其師與楚得臣之事觀之，可爲來世之永鑒矣。」

【經】衛侯出奔楚。

衛侯聞楚師敗，懼，出奔楚，遂適陳，使元咺奉叔武以受盟。

胡氏曰：「諸侯失國出奔，未有不名者，衛侯何以不名？著文公之罪也。衛侯失守社稷，背華即夷，于文公何罪乎？衛之禍，文公爲之也。初，齊、晉盟于斂盂，衛侯請盟，晉人不許，是塞其向善之心，雖欲自新，其道無由也。向使文公釋怨，許衛結盟，南向諸侯，棄楚而歸晉矣，忿不思難，惟怨是圖，必使衛侯竄身無所，奔于荆蠻，歸于京師，兄弟相殘，君臣交訟，誰之咎也？夫心不外者，乃能統大衆，智不鑿者，乃能處大事。文公欲主夏盟，取威定霸，而舉動煩擾，若不勝任，惟鑿智自私而心不廣也。春秋于衛侯失國出奔不以其罪名之，重文公之咎，蓋端本議刑責備賢者之意也。」

【經】五月，癸丑，公會晉侯、齊侯、宋公、蔡侯、鄭伯、衛子、莒子，盟于踐土。

〔二〕「夷狄」，四庫本作「楚人」。

甲午，至于衡雍，作王宫于踐土。鄉役之三月，鄭伯如楚致其師，爲楚師既敗而懼，使子人九行成于晋，晋欒枝入盟鄭伯。五月，丙午，晋侯及鄭伯盟于衡雍。丁未，獻楚俘于王，駟介百乘，徒兵千。鄭伯傅王，用平禮也。己酉，王享醴，命晋侯宥。王命尹氏及王子虎，内史叔興父策命晋侯爲侯伯，賜之大輅之服，戎輅之服，彤弓一，彤矢百，玈弓矢千，秬鬯一卣，虎賁三百人，曰：「王謂叔父，敬服王命，以綏四國，糾逖王慝。」晋侯三辭，從命，曰：「重耳敢再拜稽首，奉揚天子之丕顯休命。」受策以出，出入三覲。癸亥，王子虎盟諸侯于王庭，要言曰：「皆奬王室，無相害也，有渝此盟，明神殛之，俾隊其師，無克祚國，及而玄孫，無有老幼。」

謝氏曰：「衛子，成公弟叔武。晋文既逐成公，乃立叔武主衛。叔武稱子，以未踰年君目之。成公義不絶于國，文公以私忿逐之。立衛子，非正也。書『衛子』，罪其專廢立也。」

胡氏曰：「踐土之會，天王下勞晋侯，削而不書，何也？周室東遷，所存者號與祭耳，其實不及一小國之諸侯。晋侯之爵，雖曰侯伯，而號令天下，幾于改物，實行天子之事。此春秋之名實也，與其名存實亡，猶愈于名實俱亡，是故天王下勞晋侯于踐土，則削而不書。去其實以全名，所謂君道也。晋侯以臣召君，則書天王狩于河陽，正其名以統實，所謂臣道也。而天下之大倫，尚存不滅矣。」

張氏曰：「聖人于易坤五爻繫之辭，曰：『黄裳元吉』，謂必得中居下，則大善之吉也。文公于勝楚之後，即帥諸侯朝天子，然後受侯伯錫命對揚之策，大輅、戎輅、彤弓、虎賁之賜，乃合于在師中吉而當三錫之命以懷服萬邦，即所謂黃裳元吉，得坤德之正矣。文公負震主之威，不帥諸侯朝王而致天子屈尊下勞，失正位居體之道，非所以正天下大分，若書天王下勞而列踐土之盟，則尊卑倒植綱常易矣，故即其可書者記之，而天王下勞没而不書，以示天下之大訓也。」

【經】陳侯如會。

公羊氏曰：「其言如會何？後會也。」

杜氏曰：「來不及盟，故曰如會。」

師氏曰：「謂之如會，言出于自然，非晋强之也。」

謝氏曰：「晋文卻强楚，尊王室，諸侯皆聽命于晋，故八國會踐土爲盟，陳雖與楚，以王命之重，諸侯畢至，穆公不待徵召，亦如會從盟。書『陳侯如會』，以示人心樂于從王也。使文公有尊周之實，則王室安有不興者哉？」

【經】公朝于王所。

穀梁氏曰：「朝不言所，言所非其所也。」

謝氏曰：「天王所在曰王所，踐土之會，襄王往勞文公，晋爲王築宫踐土，因率諸侯朝焉，故踐土稱王所，踐土密邇王室，朝于王所而不于京師，文公失事王之道也。」

陳氏曰：「外朝王不書，書魯以見其餘也。」

高氏曰：「天子不下堂而見諸侯，今乃出王畿以從諸侯之會，尊卑倒置不可以訓，故但書『公朝于王所』而知天子之在是矣。」

程子曰：「古者諸侯以時朝聘于天子，天子以時聘問于諸侯，故上下交泰，尊卑有禮，而天下治。春秋之世，王室微弱，諸侯莫有事君以禮者矣。以二百四十二年之間，書公如京師者一，公朝于王所者二而已。且所書成公十有三年春，晉侯使郤锜來乞師。三月，公如京師。五月，公自京師遂會晉侯伐秦。七月，公至自伐秦。蓋成公之行，實會晉伐秦，因道京師而名曰『朝王』，聖人于魯事有君臣之義，常遷就而爲之辭，然不書曰朝且考其前後所書，亦以見意也。僖公二十八年，天王勞晉侯于踐土，晉侯召王之河陽，兩書公朝于王所，不書諸侯而獨書公，又曰朝于王所，則不成朝可知矣。魯既無朝王之禮，而臣如京師者又止有五，書不曰聘，則不成聘亦可知。僖三十年，公子遂之行，復遂如晉，非專使也，天王使宰周公來聘而使遂往，又遂如晉，不敬莫大焉。魯之于王，皆不足以成朝聘之禮，而天王使來聘者反有七焉，王者微弱，諸侯不臣，舉魯一國則天下諸侯可見也。」

胡氏曰：「古者天王巡狩于四方有常時，諸侯朝于方嶽有常所。其宫室道途可以預修，故民不勞其供給；調度可以預備，故國不費。今天王下勞晉侯，公朝于王所，則非其時與地矣。自秦而後，巡遊無度，至有長吏以倉卒不辦被誅，民庶以煩勞不給生厭，蓋春秋之義不行故也，然則天子在是可以不朝乎？天子在是而諸侯就朝，禮之變也，春秋不以諸侯就朝爲非，而以王所非其所爲貶，正其本之意也。」

【經】六月，衛侯鄭自楚復歸于衛，衛元咺出奔晋。

或訴元咺于衛侯曰：「立叔武矣。」其子角從公，公使殺之。咺不廢命，奉夷叔以入守。六月，晋人復衛侯。甯武子與衛人盟于宛濮，曰：「天禍衛國，君臣不協，以及此憂也。今天誘其衷，使皆降心以相從也。不有居者，誰守社稷？不有行者，誰扞牧圉？不協之故，用昭乞盟于爾大神以誘天衷。自今日以往，既盟之後，行者無保其力，居者無懼其罪。有渝此盟，以相及也。明神先君，是糾是殛。」國人聞此盟也，而後不貳。衛侯先期入，公子歂犬、華仲前驅，叔武將沐，聞君至，喜，捉髮走出，前驅射而殺之。公知其無罪也，枕之股而哭之，歂犬走出，公使殺之。元咺出奔晋。

樸鄉吕氏曰：「書歸之義有二：書其所自者，著之也。不書其所自者，略之也。衛侯自楚歸于衛，言歸自楚，則背華即夷[一]之罪見矣。」

胡氏曰：「衛侯名，以殺叔武也。初歸，稱復。再歸，不稱復。此春秋立法甚嚴而待人以恕。鄭初歸殺叔武，既名之，猶意其或出于誤而能革也，及其再歸，又殺元咺及公子瑕，則是終以争國，竟不悛矣，故不稱復。諸侯嗣故稱復者，繼之也，不稱復者，絶之也，而國非其國矣。」

[一]「背華即夷」，四庫本作「棄順效逆」。

師氏曰：「晉會諸侯，盟于踐土。元咺嘗奉衛子以與會盟，及衛侯復歸，元咺慮以奉衛子之故得罪衛侯，于是出奔以避之，然不奔他國，必奔于晉者，以前奉衛子之事告于晉。」

高氏曰：「夫爲臣而訴其君，可乎？晉人執衛君歸之于京師，爲是故耳。」

【經】陳侯歀卒

秋，杞伯姬來

胡安定先生曰：「無故而來，書之以著其非禮。」

【經】公子遂如齊。

高氏曰：「晉侯既霸，諸侯皆通好，故復與齊平也。」

許氏曰：「志伐齊之讐解也。齊自孝公之立與魯好絶，比相侵伐，昭公元年，復與公同踐土之盟，故公遣大夫聘之，修舊好焉。」

【經】冬，公會晉侯、齊侯、宋公、蔡侯、鄭伯、陳子、莒子、邾子、秦人于温。

討不服也。

高氏曰：「温之會，晉侯實以朝王爲名而合諸侯，然不能朝于京師，乃召王以就諸侯，故先爲此會以待天王之至，于是秦人始與中國之會，故序在諸侯之下。陳共公未葬先公而出會，故稱子。獨衛侯不與會者，晉聽元咺之訟，不使之與會也。」

【經】天王狩于河陽。

是會也，晉侯召王，以諸侯見，且使王狩。

程子曰：「晉文公欲率諸侯以朝也，懼其不能，而召王就見之，人見其召王之罪，不明其欲朝之本心，是以譎之掩其正也，聖人伐其心迹，顯晉文覲王之志，且使後世之君知所行之不正，則無以明其心，當慎其所行也。」

程氏學曰：「河陽之行，非巡狩也，晉文召之也，而聖人特書『天王狩于河陽』，所以伸天子之勢，抑晉侯之不臣也。」

胡氏曰：「踐土之會，王實自往，非晉罪也，故爲王諱而足矣。温之會，晉則有罪而其情順也，故既爲王諱之，又爲晉解之，于以見春秋忠恕也。」

愚謂：使王狩者，晉侯譎詐之舉，所以爲不臣之罪。「天王狩于河陽」者，春秋正大之辭，所以明尊君之義。

家氏曰：「齊桓會王世子于首止，猶曰吾以尊王室也，孰知繼桓而霸者，遂至屈天王之尊，就而朝焉，蓋會世子不已，必至召王，積習之漸使之然耳。」

【經】壬申，公朝于王所。

穀梁氏曰：「日繫于月，月繫于時。壬申，公朝于王所，其不月，失其所繫也。以爲晉文之行事，已傎矣。」

杜氏曰：「壬申，十月十日，有日無月，史闕文。」

【經】晉人執衛侯歸之于京師。

高氏曰：「衛侯背華即夷，雖曰有罪，然晉侯既勝楚，則宜招攜撫貳，以崇大德，反聽元咺之訟，執人之君于天子側，直其臣而曲其君，此非所以宗諸侯也，故貶而人之。」

程子曰：「歸于者，順易之辭。歸之于者，强歸之辭也。古者君臣無獄，而文公恶衛侯，使與元咺辨曲直，衛侯不勝，遂刑其大夫，執其君，其聽頗矣。雖歸于王而實强致之，故曰『歸之于京師』也。」

謝氏曰：「衛成復歸，殺衛子、叔武大夫。元咺以叔武訟于晉，故晉文執衛侯，然成公非有虐民大罪也，非有不可容之大恶也，晉文遽以兵威逼而絶之。其出奔也，即以衛子爲君，其復歸也，即以元咺之訟執之。衛子主國，非正也。元咺訟君，非忠也。逐人之君而立其臣，黨人之臣而執其君，失方伯治罪之義矣。雖曰執而歸王，何以服諸侯之心哉？故成公雖失國出奔不名，見執復不名以示義不當絶也。」

【經】衛元咺自晉復歸于衛。

衛侯與元晅訟，衛侯不勝，執衛侯歸之于京師，置諸深室。甯子職納櫜饘焉。元晅歸于衛，立公子瑕。

高氏曰：「爲人臣而訟其君，雖直亦曲矣。晋侯聽其臣子之訟，而執其君，非霸者所以靖亂之義也。書曰『自晋』，晋侯之罪亦已明矣。衛侯執而元晅歸，故書『復歸』以見其罪。何則？諸侯失國而復歸，正也，諸侯世也。大夫失位而復歸，非正也，大夫不世也。故大夫復者，位已絶矣。」

謝氏曰：「元晅以臣訟君，衛之大逆也，晋文不道，使晅復以臣子歸國，書『復歸』，明其罪大以絶于國，爲天吏者在所誅絶也。自晋侯伐衛，君以逐臣見執，臣以訟君復歸，使君臣相抗，更主衛國誅釋廢置之柄，亂矣。衛之禍，晋爲之也。故元晅出書『衛』，歸書『衛』，以著晅之專國也。出奔書『晋』，歸書『自晋』，以著晋之病衛也。」

師氏曰：「先書晋人執衛侯，繼書元晅自晋歸，似言晋之執衛侯止爲元晅設耳，豈有爲人臣來奔而執其君以歸其臣耶？」

【經】諸侯遂圍許。

胡安定先生曰：「此會温之諸侯也。」

公羊氏曰：「遂，繼事也。」

謝氏曰：「晋文以尊周之命，率諸侯朝王，臣子之大義也。許獨違命不從，罪矣。爲盟主而不以禮信結諸侯，許再不至，奉辭伐之可也，乃恃衆挾勢，圍以迫之，諸侯之失，于是乎在，故書『遂圍』以譏其甚焉。」

【經】曹伯襄復歸于曹，遂會諸侯圍許。

晉侯有疾，曹伯之豎侯獳貨筮史，使曰：「以曹爲解。齊桓公爲會而封異姓，今君爲會而滅同姓。曹叔振鐸，文之昭也。先君唐叔，武之穆也。且合諸侯而滅兄弟，非禮也。與衛偕命，而不與偕復，非信也。同罪異罰，非刑也。禮以行義，信以守禮，刑以正邪，舍此三者，君將若之何？」公説，復曹伯。遂會諸侯圍許。

師氏曰：「曹伯方執不名，而復歸書名，原始要終，或譏晉侯，或罪曹伯，各有攸當也。曹伯復歸之後，欲革前此背中國之非，鋭意從諸侯以圍許，書『遂會諸侯圍許』，著曹伯畏晉不敢後也。」

陳氏曰：「執君不名，歸然後名之，執書曹伯，歸書曹伯襄，名之者，亦失國之辭也。」

謝氏曰：「衛侯出奔不名，歸國稱名，稱復歸。曹伯見執不名，歸國稱名稱復歸，其義一也。」

胡氏曰：「曹伯以賂歸國，春秋名之，比于失地滅同姓之罪，以此知聖人嚴性命之理，其説行而天下定矣，豈曰小補之哉？」

春秋闕疑卷十八（僖公二十九年—三十三年）

【經】二十有九年，春，介葛盧來。

舍于昌衍之上。公在會，饋之芻米。

高氏曰：「介，東夷〔一〕之國，葛盧其名。」

高郵孫氏曰：「春秋之法，自外至者書來。介葛盧，白狄也。蓋聖人之意，凡曰來者，皆以不來爲善也。」

陳氏曰：「公猶在會，不見，何以書？介，東夷也，未通于上國〔二〕，一歲再至，意將安在乎？故亟書之，介人侵蕭，譏有以來之也。」

【經】公至自圍許。

【經】夏，六月，會王人、晉人、宋人、齊人、陳人、蔡人、秦人盟于翟泉。

〔一〕「東夷」，四庫本作「東方」。

〔二〕「介，東夷也，未通于上國」，四庫本作「介入春秋，未通于上國」。

公會王子虎、晋狐偃、宋公孫固、齊國歸父、陳轅濤塗、秦小子憖盟于翟泉，尋踐土之盟，且謀伐鄭也。

程子曰：「晋文連年會盟，皆在王畿之側，而此盟復迫王城，又與王人盟，强逼甚矣。」

胡氏曰：「翟泉近在洛陽王城之内，而王子虎于此下與列國盟，是謂上替。諸侯、大夫入天子之境，雖貴曰士，而于此上盟王子虎，是謂下陵，而無君之心著矣。故以爲大恶，諱公而不書，諸國之卿貶稱人，而王子亦與焉者，此正本之義也。」

陳氏曰：「晋初以大夫盟王子也，向也踐土之役，王子虎不書莅盟也，今以大夫盟王子，文公之志荒矣。以大夫交政于是始，文公爲之也。」

劉氏意林曰：「揚子雲曰『節莫差于僭』，此之謂矣。善爲天下者，于此乎防之，安有失哉？」

【經】秋，大雨雹。

胡氏曰：「正蒙曰：『凡陰氣凝聚，陽在内者不得出，則奮激而爲雷霆，陽在外者不得入，則周旋不舍而爲風。和而散，則爲霜雪雨露，不和而散，則爲戾氣陰霾。陰常散緩，受交于陽，則風雨調，寒暑正。』雹者，戾氣也。陰脅陽，臣侵君之象，當是時，僖公在位日久，季氏世卿，公子專權，政在大夫，萌于此矣。」

【經】冬，介葛盧來。

以未見公，故復來朝，禮之，加燕好。

【經】三十年，春，王正月。

【經】夏，狄侵齊。

春，晋人侵鄭，狄閒晋之有鄭虞也。夏，侵齊。

胡氏曰：「詩云：『戎狄是膺，荆舒是懲。』四夷交侵，〔二〕所當攘斥，晋文公若移圍鄭之師以伐之，則方伯、連帥之職修矣。上書狄侵齊，下書圍鄭，此直書其事而義自見者也。」

【經】秋，衛殺其大夫元咺及公子瑕，衛侯鄭歸于衛。

晋侯使醫衍酖衛侯，甯俞貨醫，使薄其酖，不死。公爲之請，納玉于王與晋侯，皆十瑴。王許之。秋，乃釋衛侯。衛侯使賂周歂、冶廑曰：「苟能納我，吾使爾爲卿。」周、冶殺元咺及子適、子儀。公入。

穀梁氏曰：「稱國以殺，罪累上也。衛侯在外，其以累上之辭言之，何也？待其殺而後入也。」

常山劉氏曰：「殺二大夫以上不書及者，其事同，殺之志均故也。殺其大夫某及某者，以某之故而延及某也。」

胡氏曰：「公子瑕未聞有罪而殺之，何也？元咺立以爲君故。衛侯忌而殺之也。然不與衛剽同者，是瑕能拒咺，辭其位而不立也。不與陳佗同者，是瑕能守節，不爲國人之所恶也。故以公子冠瑕而稱及，見瑕無罪，

〔二〕「『戎狄是膺，荆舒是懲。』四夷交侵」，四庫本作「『用戒戎作，用逷蠻方。』蠻方交侵」。

事起元咺，以咺之故，延及于瑕，而衛侯忌克專殺濫刑之恶著矣。」

樸鄉吕氏曰：「衛侯之出奔楚也，其會盟書衛子，則是叔武嘗在位也，故其歸也書曰『衛侯鄭復歸于衛』，衛侯之被執也，書公子瑕無異辭，則是公子瑕未嘗在位也，故其歸也但書曰『衛侯鄭歸于衛』。書復則是失位也，書歸則是未嘗失位也。」

謝氏曰：「觀春秋不名于前，稱名于後，而晉文迫逐衛成，衛成屈辱失國，其罪由此見矣。觀春秋稱復歸于前，稱歸于後，而晉文已絶衛成，衛成未絶于衛，其曲直由此見矣。」

愚謂：衛侯曹伯于其執也，而即名之，則無以著晉侯恃强凌弱，廢置由已之暴，于其歸也，終不名之，則無以見二君失國，甘心忍辱，不能振厲自新之罪，况爲國君而爲人所執，則無復諸侯之尊，而同于匹夫矣。故聖人哀之，不生名之，使存其諸侯之貴，及其歸也，則復爲諸侯矣，而委靡無耻，猶爲匹夫之行，故聖人責之，特生名之，使儕于匹夫之賤，此又輕重之權衡，曲直之绳墨也。

【經】晉人、秦人圍鄭。

春，晉人侵鄭，以觀其可攻與否。九月，甲午，晉侯、秦伯圍鄭，以其無禮于晉且貳于楚也。晉軍函陵，秦軍氾南。佚之狐言于鄭伯曰：「國危矣，若使燭之武見秦君，師必退。」公從之。辭。公曰：「吾不能用子，今急而求子，是寡人之過也。然鄭亡，子亦有不利焉。」許之。夜縋而出。見秦伯，曰：「秦晉圍鄭，鄭既知亡矣。若亡鄭而有益于君，敢以煩執事。越國以鄙遠，君知其難也，焉用亡鄭以陪隣？隣之厚，君之薄也。若舍鄭以爲東道主，行李之往來，共其乏困，君亦無所害，且君嘗爲晋君賜矣。許君焦、瑕，朝濟而夕設版焉。君之所知也。夫晋何厭之有？既東封鄭，又欲肆其西封，若不闕秦，將焉取之？闕秦以利晋，唯君圖之。」秦伯説。與鄭人盟，使杞子、逢孫、揚孫戍之，乃還。子犯請擊之，公曰：「不可。微夫人之力不及此，因人之力而敝之，不仁。失其所與，不知。以亂易整，不武。吾其還也。」亦去之。

初，鄭公子蘭出奔晋，從于晋侯。伐鄭，請無與圍鄭，許之，使待命于東。鄭石甲父、侯宣多逆以爲太子，以求成于晋，晋人許之。

高氏曰：「此晋侯、秦伯也，曷爲人之？非霸討也。初，晋侯之亡也，過鄭而鄭不禮焉。及晋文之霸也，既與同盟會矣，而于此復修怨焉。名以貳楚而加之兵，秦人中變，師卒無功，故貶稱人也。」

謝氏曰：「德義，馭國之大柄也。晋文侵曹、伐衛，皆不以德。執曹伯、執衛侯，皆不以義。是以令不行于許而圍許，信不行于鄭而圍鄭，故王者先德義，後兵革，垂衣拱手而天下歸之。」

胡氏曰：「孟子曰：有人于此，待我以横逆，則君子必自反也，我必不仁、無禮與不忠歟？仁且有禮而忠矣，其横逆猶是也，此亦妄人耳，而君子蓋終不之校也。故行有不得者，皆反求諸已而已矣。今鄭伯之于晋公子，特不能厚將迎贈送之禮而未嘗以横逆加之也，坐此見圍，爲列國者不亦難乎？晋人以私忿勤民動衆，圍人之國，秦伯惟利爲向背，從燭之武之言，不以義舉。二國結釁連兵，暴骨原野自此始也。」

【經】介人侵蕭。

謝氏曰：「介葛盧兩至魯，乘蕭無備，侵蕭。前書來，後書侵，爲邦國不虞者戒也。」

高氏曰：「夷狄[一]數來，而我不以禮義正之，致敢稱兵犯吾附庸之國而無忌憚，吾國之耻也。」

【經】冬，天王使宰周公來聘。

王使周公閱來聘，饗有昌歜、白、黑、形鹽。辭曰：「國君，文足昭也，武可畏也，則有備物之饗，以象其德。薦五味，羞嘉穀，鹽虎形，以獻其功，吾何以堪之？」

張氏曰：「天子三公兼冢宰而使來聘魯，用見周室陵夷大臣，失職也。」

薛氏曰：「書周公之聘何？非三公之事，不有行人乎？以宰周公而躬行人之事，則天子之使非所使也。」

師氏曰：「三公之職，論道經邦，燮理陰陽，若外此而躬細務已爲非矣，况下聘于列國乎？」

樸鄉吕氏曰：「自莊二十三年祭叔來聘之後，不書王臣下聘者四十餘年，蓋齊桓之霸，尊王人殊王世子，不盟宰周公，其尊周之意明，故王臣無下聘之文。至僖公三十年而後宰周公來聘者，蓋晋文之霸，兩致天王，盟王子，其伉周之迹著，故王臣行下聘之事于魯如此，則于齊晋也可知矣。又至宣十年而後書王季子之聘者，豈其間悉無王臣下聘之事哉？或恐如南季家父之類，皆不見于經爾。必于王季子而後見于經也，觀此則齊桓、晋文之優劣可見矣。」

[一]「夷狄」，四庫本作「介人」。

【經】公子遂如京師，遂如晋。

東門襄仲將聘于周，遂初聘于晋。

穀梁氏曰：「以尊遂乎卑，此言不敢叛京師也。」

高郵孫氏曰：「聖人之法，不與其以卑及尊，故先京師而後晋也。」

胡氏曰：「冢宰上兼三公，其職任爲至重，而來聘于魯，王之禮意莫重焉，魯侯既不朝京師，而使公子遂往，又以二事出夷周于列國，此大不恭之罪，履霜堅冰之漸，春秋之所誅而不以聽者也，有不待貶絶而罪恶見者。」

【經】三十有一年，春，取濟西田。

取濟西田，分曹地也。使臧文仲往宿于重館，重館人告曰：「晋新得諸侯，必親其共，不速行，將無及也。」從之。分曹地，自洮以南，東傅于濟，盡曹地也。

高氏曰：「凡取田必繫國，許田、邾田是也。此不繫國，本我田也。」

公羊氏曰：「晋侯執曹伯，班其所侵地于諸侯也。」

高郵孫氏曰：「左氏以爲晋侯以曹地分諸侯，而魯取濟西之田，然按經書之與取汶陽田無異文，此蓋晋侯執曹伯而反諸侯之侵地，魯濟西之田嘗見侵入于曹，魯于是而取之，取其所嘗有之田于曹，非取曹田，故不繫之曹也。」

常山劉氏曰：「凡力得之曰取，不當取也，不是其專奪，雖取本邑，復無異辭。案此取濟西田，成二年，取汶陽田。先本魯地，而皆書取。若此義例，據經爲合。蓋春秋之義，以治易亂而不以亂易亂，所正者本而已。凡取人之有，其惡易見，而取己之舊，不以其道者，其罪難知，聖人所書，亦正名曰取，以顯微也。」

家氏曰：「此本魯地，不曰復，不曰歸，而謂之取者，蓋魯自以兵力復其故疆，是之謂復。曹以義而歸之于魯，是之謂歸。魯不能復，曹不能歸，晋人自以兵力取之于曹，當稟命于王，分正疆理，示有所尊，今取之曹，歸之魯，惟所欲爲，春秋不與魯以歸疆，不與晋以霸討，是故書取，蓋貶也。」

【經】公子遂如晋。

拜曹田也。

愚謂：魯知遣使如晋拜分田之賜，而不知請命于周正疆理之復，但知有霸而不知有王，但知有利而不知有義，此春秋所以于濟田之復而書取也。

【經】夏，四月，四卜郊，不從，乃免牲，猶三望。

何氏曰：「郊者，天人相接之意也。郊特牲云：『于郊故謂之郊。』郊者所以祭天也，天子所祭莫重于郊。于南郊，就陽位也。」

范氏曰：「全曰牲，傷曰牛。禮曰：帝牛必在滌三月。」

穀梁氏曰：「猶者，可以已之辭也。」

公羊氏曰：「譏不郊而望祭也。」

左氏曰：「望，郊之細也，不郊，亦無望可也。」

三望，穀梁以爲泰山、河、海。杜氏以爲分野之星，國中山川，皆因郊祀，望而祭之。鄭氏以爲海、岱、淮也。未知孰是？

胡氏曰：「成王以周公有大勳勞于天下，命魯侯世世祀周公以天子之禮樂，是故魯君孟春乘大輅，載弧韣，旂十有二旒，日月之章，祀帝于郊，配以后稷，天子之禮也。以人臣而用天子之禮，可乎？是成王過賜，而魯公伯禽受之非也。揚子曰：『天子之制，諸侯庸節，節莫差于僭，僭莫重于祭，祭莫重于地，地莫重于天。』諸侯祀天，其僭極矣。春秋欲削之，則無以志其失。悉書之，則歲事之常，有不勝書者。是故因禮之變而書于策，或以卜，或以時，或以望，或以牲，或以牛，于變之中又有變焉者，悉書其事。又曰，天子有方望而無所不通，諸侯非名山大川在其封内者不祭，魯得用重禮，視王室則殺，故望止于三，比諸侯則隆，故河、海不在其封内亦祭，然非諸侯之所得爲也。」

程子曰：「始亂周公之法度者，是賜也，人臣安得用天子之禮樂哉？記曰：『魯郊，非禮也。』周公其衰，聖人常譏之矣。説者乃云，周公有人臣不能爲之功業，因賜以人臣所不得用之禮樂，則妄也。人臣豈有不能爲之功業哉？借使功業有大于周公，亦是所當爲爾，人臣而不當爲，誰當爲之？豈不見孟子言事親若曾子可也，曾子之孝亦大矣，孟子纔言可也，臣之于君，猶子之于父也，假如功業大如周公而謂人臣所不能爲可乎？使人臣恃功而懷怏怏之心者，必此言矣。又曰：魯用天子禮樂，成王之賜，伯禽之受，皆非也。其因襲之弊，遂使季氏僭八佾，三家僭雍徹，仲尼于此著之。」

【經】秋，七月。

【經】冬，杞伯姬來求婦。

師氏曰：「婚姻之禮，以媒妁之言，將父母之命，則可矣，世豈有姑躬行求婦之禮耶？以匹婦而爲之亦不免于失禮，况國君之夫人乎？」

胡氏曰：「蕩伯姬來逆婦而書者，以公自爲主，失其班列，書也。杞伯姬敵矣，其來求婦，曷爲亦書？見婦人之不可預國事也。王后之詔令不施于天下，夫人之教令不施于境中。婚姻，大事也，杞獨無君乎？而夫人主之也。故特書于策，以爲婦人亂政之戒，此義行，無吕、武之禍矣。」

【經】狄圍衛。十有二月，衛遷于帝丘。

狄圍衛，衛遷于帝丘。卜曰：「三百年。」衛成公夢康叔曰：「相奪予享。」公命祀相，甯武子不可，曰：「鬼神非其族類，不歆其祀，杞、鄫何事？相之不享于此久矣，非衛之罪也。不可以間成王、周公之命祀，請改祀命。」

胡氏曰：「帝丘，東郡濮陽顓頊之墟，亦衛地也。狄嘗迫逐黎侯寓于衛，而衛不能修方伯、連帥之職。戎嘗伐凡伯于楚丘，而衛不能救王臣之患。其後遂爲狄人所滅，東徙渡河矣。齊桓公攘戎狄〔一〕而封之，而衛國忘亡，今又爲狄所圍，其遷于帝丘，避狄難也，而中國衰微，夷狄〔二〕强盛，衛侯不能强于政治，晋文無却四夷〔三〕、安諸夏之功，莫不見矣。」

謝氏曰：「狄侵齊，晋不能討，故圍衛。狄圍衛，晋不能救，故衛避狄于帝丘。邢、衛之遷，皆自遷也。二國之遷，自弱之道也。或曰：太王何以去豳遷岐？曰：豳之遷也，其民樂。衛之遷也，其民憂。豳之遷也，其民安。衛之遷也，其民危。故豳之遷也，周以興。衛之遷也，衛以弱。」

【經】三十有二年，春，王正月。

【經】夏四月，己丑，鄭伯捷卒。

【經】衛人侵狄。

〔一〕「戎狄」，四庫本作「狄人」。

〔二〕「夷狄」，四庫本作「狄人」。

〔三〕「四夷」，四庫本作「外寇」。

【經】秋，衛人及狄盟。

狄有亂，衛人侵狄，狄請平焉，衛人及狄盟。

胡氏曰：「不地者，盟于狄也。再書衛人而稱及者，所以罪衛也。盟會，中國諸侯之禮，衰世之事，已非春秋所貴，況與戎狄豺狼，即其廬帳刑牲歃血以要之哉〔一〕？」

【經】冬，十有二月，己卯，晋侯重耳卒。

晋文公卒。庚辰，將殯于曲沃，出絳，柩有聲如牛。卜偃使大夫拜曰：「君命大事，將有西師過軼我，擊之，必大捷焉。」

樸鄉吕氏曰：「蓋嘗考論重耳之行事而質諸齊小白之所爲，然後知聖人譎、正之辨，小白二十餘年蓄威養晦，始得召陵之盟，重耳一駕而城濮之功多于召陵。小白屢盟屢會遲回，晚歲始會〔二〕宰周公，重耳一年再致天王，而温之事敏于葵丘。小白終身與諸侯周旋，會鄄失魯，盟幽失衛，首止失蔡，葵丘失陳。重耳三會，則大侯小伯莫敢不至，其得諸侯又盛乎小白者也。然重耳之功多于小白，事速于小白，而義尤乖于小白者也。小白殊會世子，不敢盟宰周公，所以重王室，而重耳兩致天王，盟王子虎，則悖矣。小白首止之會爲定世子，而首

〔一〕「況與戎狄豺狼，即其廬帳刑牲歃血以要之哉」，四庫本作「況于圍困遷徙之餘，從而刑牲歃血以要之哉」。
〔二〕「會」，四庫本作「得」。

止，衛地，無逼尊之嫌，重耳盟于翟泉，洛陽城内地也，則逼矣。小白，凡大盟會未嘗使大夫與盟，而重耳翟泉之盟使大夫主之，則大夫交政自是始矣。小白之霸也，諸侯未服，不過伐其國，執其臣，未嘗執諸侯也。重耳則執曹伯，復曹伯，執衛侯，復衛侯，惟己所恣矣。小白寧不得鄭，不納子華之請，懼其獎臣抑君不可以訓也。重耳爲元咺執衛侯，使元咺得以自恣，則三綱五常廢矣。小白得江、黄不用以伐楚，蓋但使之爲吾聲援耳。重耳謂非致秦不可與楚争，楚之抑而秦之興矣。小白之霸，王臣無下聘諸侯者，重耳之霸，則宰周公下聘列國矣。小白之霸，伐戎三，救諸侯四，城國三，猶以中國諸侯爲念。重耳之霸，則狄侵齊而不救，衛遷帝丘而不之恤矣。大抵小白緩于圖事，重耳急于成功。小白猶志于尊王室，重耳乃敢于致天王。小白猶有救灾恤隣之心，重耳獨以立威爲己念。城濮之役，其所以折楚人之氣者，正欲以争諸侯爾，豈真有攘夷狄、安中國〔二〕之誠心哉？然則聖人譎、正之辨，可謂深切著明也。」

家氏曰：「齊桓優游不迫，猶有周家盛時氣象，晉文則淺狹迫急，漸有戰國、秦漢之風。蓋申商之萌蘖也。」

小東萊吕氏曰：「齊桓成霸業却無迹，晉文成霸業便有迹。桓公霸業緩成，文公霸業速就。此晉文所以不如齊桓。然桓公霸業不繼，而文公雖死，霸業不絶者，管仲一身任事，不爲齊求人材，而晉專務收人材，狐、

〔二〕「攘夷狄、安中國」，四庫本作「從簡書、尊周室」。

趙之徒倡推賢讓能之風于上，一國所以皆有此風，至臼季見冀缺于田野之間，其夫婦敬相待如賓，臼季歸即薦之文公，文公以爲下軍大夫，以此見非特朝廷如此相遜，而田野亦莫不皆然，直至景公時，范宣子讓其下，皆讓波流之及至于如此，故晉之霸業所以長久，桓公之霸業所以不永也。」

【經】三十有三年，春，王二月，秦人入滑。

三十二年，杞子自鄭使告于秦，曰：「鄭人使我掌其北門之管，若潛師以來，國可得也。」穆公訪諸蹇叔，蹇叔曰：「勞師以襲遠，非所聞也。師勞力竭，遠主備之，無乃不可乎？師之所爲，鄭必知之，勤而無所，必有悖心。且行千里，其誰不知？」公辭焉。召孟明、西乞、白乙，使出師于東門之外。蹇叔哭之曰：「孟子，吾見師之出而不見其入也。」公使謂之曰：「爾何知？中壽，爾墓之木拱矣。」蹇叔之子與師，哭而送之，曰：「晋人禦師必于殽。殽有二陵焉，其南陵，夏后皋之墓也，其北陵，文王之所避風雨也，必死是間，余收爾骨焉。」秦師遂東至是，秦師過周北門，左右免胄而下，超乘者三百乘。王孫滿尚幼，觀之，言于王曰：「秦師輕而無禮，必敗。輕則寡謀，無禮則脱，入險而脱，又不能謀，能無敗乎？」及滑，鄭商人弦高將市于周，遇之。以乘韋先，牛十二犒師，曰：「寡君聞吾子將步師出于敝邑，敢犒從者，不腆敝邑爲從者之淹居則具一日之積，行則備一夕之衛。」且使遽告于鄭，鄭穆公使視客館，則束載、厲兵、秣馬矣。使皇武子辭焉曰：「吾子淹久于敝邑，唯是脯資餼牽竭矣，爲吾子之將行也，鄭之有原圃，猶秦之有具圃也，吾子取其麋鹿，以閒敝邑，若何？」杞子奔齊，逢孫、揚孫奔宋。孟明曰：「鄭有備矣，不可冀也。攻之不克，圍之不繼，吾其還也。」滅滑而還。

高氏曰：「三十年，晉與秦之圍鄭也，鄭使燭之武見秦伯而説之，秦伯反使三大夫戍鄭而去，今秦大夫之戍鄭者請于秦伯，使濳師而來，可得鄭國，于是秦人興師、歷晉、踰天子之都，將以襲鄭，鄭有備而遂入滑，蓋秦伯之反覆如此。」

高郵孫氏曰：「傳載秦出師之迹，以爲滅滑而還，然經但書入而不書滅，蓋未嘗滅，傳之説非。」

【經】齊侯使國歸父來聘。

自郊勞至于贈賄，禮成而加之以敏。臧文仲言于公曰：「國子爲政，齊猶有禮，君其朝焉。臣聞之，服于有禮，社稷之衛也。」

家氏曰：「前日宰周公下聘，公當朝于京師以拜天子之寵命，文仲曾不一言，及之今國歸父修交聘之常事，遽勸其君以朝，以是爲諂可也，乃曰『服于有禮，社稷之衛』，豈非欺乎？」

【經】夏，四月，辛巳，晉人及姜戎敗秦師于殽。

晉原軫曰：「秦違蹇叔而以貪勤民，天奉我也，奉不可失，敵不可縱，縱敵患生，違天不祥，必伐秦師。」欒枝曰：「未報秦施而伐其師，其爲死君乎？」先軫曰：「秦不哀吾喪而伐吾同姓，秦則無禮，何施之爲？吾聞之，一日縱敵，數世之患也。謀及子孫，可謂死君乎？」遂發命，遽興姜戎。子墨衰絰，梁弘御戎，萊駒爲右。夏，四月，辛巳，敗秦師于殽。獲百里孟明視、西乞術、白乙丙以歸，遂墨以葬文公。晉于是始墨。文嬴請三帥曰：「彼實搆吾二君，寡君若得而食之，不厭，君何辱討焉。使歸就戮于秦，以逞寡君之志，若何？」公許之。先軫朝，問秦囚。公曰：「夫人請之，吾舍之矣。」先軫怒曰：「武夫力而拘諸原，婦人暫而免諸國，墮軍實而長寇讎，亡無日矣。」不顧而唾。公使陽處父追之，及諸河，則在舟中矣。釋左驂，以公命贈孟明，孟明稽首曰：「君之惠，不以累臣釁鼓，使歸就戮于秦，寡君之以爲戮，死且不朽，若從君惠而免之，三年將拜君賜。」秦伯素服郊次，鄉師而哭曰：「孤違蹇叔以辱二三子，孤之罪也。不替孟明，孤之過也。大夫何罪，且吾不以一眚掩大德。」

高氏曰：「晉文公以攘夷狄主盟中國〔二〕，今卒未逾年，而秦輒興兵以加中國，既以入滑，又伐鄭，不蚤治之，則秦亦張矣。楚患未已而加之秦，中國則殆矣。襄公墨縗行師而敗之，直書曰敗秦者，所以惡秦而與晉之勝也。然而背殯興師，外連姜戎，忘親背惠，結怨召寇，兵連不解者數十年，使兩國之民疲于報復，死于戰陳者，因襄公此舉之暴也，故貶稱人，凡諸國行師，皆以主兵爲首，未有言及者，然戎蠻〔三〕不分君臣，常在中國之下，若不加及，則嫌晉人爲未命之卿，例序于姜戎之上，故特加及字，明以尊及卑，以晉人及姜戎，則所爲晉人者，非卑也，晉侯也。」

〔二〕「攘夷狄主盟」，四庫本作「敗楚城濮霸」。
〔三〕「戎蠻」，四庫本作「外域」。

樸鄉吕氏曰：「晋，父喪在殯而結姜戎以伐婚姻，又且厄人于險，晋之惡可知。秦，客人之館而謀其主，利人之危而襲其國，越人之境而不虞其棄師，秦之惡可知。書曰『晋人及姜戎敗秦師于殽』，則晋人結戎狄，用詐戰，厄人險之罪著矣。先書秦人入滑，繼書敗秦師于殽，則秦人勞師襲遠，越境棄師之罪著矣。又書于晋侯卒之後，則秦人間晋之喪而越其境，晋人背殯出兵之罪，又皆著矣。」

【經】癸巳，葬晋文公。

【經】狄侵齊。

因晋喪也。

薛氏曰：「無霸也。」

許氏曰：「晋文未暇攘服要荒，是以方其霸也，則狄且侵齊、圍衛，使天假文公以年，則必將有討矣。」

【經】公伐邾，取訾婁。秋，公子遂帥師伐邾。

公伐邾，取訾婁，以報升陘之役。邾人不設備。秋，襄仲復伐邾。

高郵孫氏曰：「夏，公伐邾，取其邑。秋，又使其臣伐之。春秋一切志之，用見天下無王而諸侯暴横侵伐無已也。」

胡氏曰：「此皆不勝忿欲，報怨貪得，恃强凌弱，不義之兵也，直書其事而罪自見矣。」

家氏曰：「晉，霸國也。魯，望國也。望國當以德義爲重，豈待霸國率之而後正乎？齊桓之末，宋、楚爭霸，魯于是乘之而伐邾，歲至于再。今晉文方歿，秦、晉交兵，魯復于是乘之而伐邾，歲至于再。望國之不能望，職此故也。」

【經】晉人敗狄于箕。

狄伐晉，及箕。八月，戊子，晉侯敗狄于箕，郤缺獲白狄子。先軫曰：「匹夫逞志于君而無討，敢不自討乎？」免冑入狄師，死焉。狄人歸其元，面如生。初，臼季使過冀，見冀缺耨，其妻饁之。敬，相待如賓，與之歸。言諸文公曰：「敬，德之聚也。能敬必有德，德以治民，君請用之。臣聞之，出門如賓，承事如祭，仁之則也。」公曰：「其父有罪，可乎？」對曰：「舜之罪也殛鯀，其舉也興禹。管敬仲，桓之罪〔一〕也，實相以濟。康誥曰：『父不慈，子不祗，兄不友，弟不共，不相及也。』詩曰：『采葑采菲，無以下體。』君取節焉可也。」文公以爲下軍大夫。反自箕，襄公以三命命先且居將中軍，以再命命先茅之縣賞胥臣，曰：「舉郤缺，子之功也。」以一命命郤缺爲卿，復與之冀，亦未有軍行。

高郵孫氏曰：「春秋中國敗戎蠻不言戰，戎蠻無敵中國之道，治則戎蠻不來，來斯敗之而已。晉人敗狄于

〔一〕「罪」，四庫本作「賊」。

箕，不言戰，春秋敗戎蠻之法也。」〔一〕

陳氏曰：「中國敗夷狄〔二〕不書，惟晉特書之，病晉也，故晉侯貶稱人。晉率天下諸侯以攘夷狄〔三〕，存中國也，前年狄侵齊，去年狄侵衛，衛爲之遷帝丘，而晉不能救，于是伐晉，蓋僅而後勝也。」

高氏曰：「兩書晉人之勝，亦以見襄公在喪一年之間，敗秦，敗狄，威聲四振，不墜文公之業，故諸侯畏之而不敢叛，異乎齊桓死而諸侯共起伐之者矣。」

【經】冬，十月，公如齊。十有二月，公至自齊。

公如齊朝，且弔有狄師也。

家氏曰：「三十年，天王使宰周公來聘，公不往朝而使公子遂如京師，遂如晉，無王之罪大矣。今年二月，齊侯使國歸父來，公乃躬如齊報謝，其施于天王者甚慢，所以事大國者則過乎恭，積之漸使之然耳。春秋備書其事，不加貶，而義自見矣。」

〔一〕「高郵孫氏曰：『春秋中國敗戎蠻不言戰，戎蠻無敵中國之道，治則戎蠻不來，來斯敗之而已。晉人敗狄于箕，不言戰，春秋敗戎蠻之法也』。」四庫本作「襄陵許氏曰：『自三十年，狄始侵齊，晉未暇討，自是中國乃歲有狄患，至敗于此而後懲艾，不復犯略，乃知不震疊以威武，未易以德懷也。』」

〔二〕「夷狄」，四庫本作「外域」。

〔三〕「夷狄」，四庫本作「寇亂」。

【經】乙巳，公薨于小寢。

反薨于小寢。

穀梁氏曰：「小寢，非正也。」

左氏曰：「即安也。」

胡氏曰：「周制，王宮六寢，路寢一，小寢五。君日出而眂，朝退適路寢聽政，使人眂大夫退，然後適小寢釋服，是路寢治事之所也，而小寢燕息之地也。公羊以西宮爲小寢，魯子以諸侯有三宮，則列國之制，蓋降于王，其以路寢爲正則一爾，君終不于路寢，則非正矣。曾子曰：『吾得正而斃，又何求哉？』古人貴于得正乃如此，凡此直書而義自見矣。」

家氏曰：「當春秋之世，先王禮教漸壞，而君殁不以其地，史臣猶謹而志之，此古意之猶存者，是故春秋因之。」

【經】隕霜，不殺草，李梅實。

高郵孫氏曰：「陰陽四時之氣，天地所以生殺萬物者也，雨露生之，霜雪殺之，天地自然之氣，而四時之常也。皇極之道行而和氣塞于天地之間，則陰陽之氣有常，而生殺以時也。彝倫攸斁，而干遏于陰陽，則當生者不生，當殺者不殺，雖天地之大無窮，而陰陽之氣無形，然以其小，可以驗其大，以其近，可以推其遠。春秋之十二月，夏時之十月也。十月隕霜而草不死，李梅實，皆異之大者也。春秋之法，爲灾而及于民物者則書，爲異而反常者則書。十月之霜草當殺而不殺，十月之李梅不當實而反實，天地陰陽之義[一]，非常可怪者也。」

胡氏曰：「哀公問于仲尼曰：『春秋，隕霜，不殺草，何爲記之也？』曰：『此言可殺也，夫宜殺而不殺，則李梅冬實，天失其道，草木猶干犯之，而況君乎？是故以天道言，四時失其序，則其施必悖，無以統萬象矣。以君道言，五刑失其用，則權必喪，無以服萬民矣。』其論隕霜不殺草，則李梅冬實，蓋除恶于微，慮患于早之意也。」

【經】晋人、陳人、鄭人伐許。

討其貳于楚也。

師氏曰：「許嘗不與晋文之盟會，而晋文圍許，蓋以背盟主而有即夷狄之心，爲可罪矣。然春秋猶不取其圍，以其恃勢也。今晋襄苟有意于不墜文公之業，則修其所以爲盟主之德政，會盟諸侯，以結其恩信，俟霸有漸，而許不至，從而伐之，猶不爲過，豈有不紹晋文之德，而先紹晋文圍許以伐許乎？人之宜矣。」

[一]「義」，四庫本作「異」。

春秋闕疑卷十九（文公元年—六年）

文公

公名興，僖公之子，襄王二十六年即位。謚法：慈惠愛民曰文。

【經】元年，春，王正月，公即位。

【經】二月，癸亥，日有食之。

【經】天王使叔服來會葬。

高氏曰：「葬者，臣子之事。會葬者，諸侯相送終之辭也。天子唯有吊贈含禭之禮耳。今使叔服來會葬，是自同于諸侯，則天王之微弱可知矣。」

高郵孫氏曰：「春秋卒葬之見于經者十一公，天王使人會之者僖公而已。春秋十三王，公會葬者三，臣會葬者二，不會其葬者九，春秋一切著之，用見周之不君，而魯之不臣也。」

【經】夏，四月，丁巳，葬我君僖公。

【經】天王使毛伯來錫公命。

公羊氏曰：「錫者何？賜也。命者何？加我服也。」

穀梁氏曰：「禮有受命，無來錫命。錫命，非正也。」

高氏曰：「凡諸侯之世子，必請命于天子，及諸侯之薨，必告于天子，天子命立其世子爲諸侯。世子喪畢，乃見于京師，以士服見天子于廟而受命焉，未受命不敢服其服，已見天子，錫之黻、冕、圭、璧，然後服之。歸設奠于祖廟，然後臨其臣民焉。蓋諸侯不命于天子，則不成爲君，故世子雖有世繼之義，必待天子爵命，乃得爲君也。今文公未畢喪，而天王先使人即命之，非禮甚矣。」

【經】晉侯伐衛。

晉文公之季年，諸侯朝晉，衛成公不朝，使孔達侵鄭，伐綿、訾，及匡。晉襄公及祥，使告于諸侯而伐衛，及南陽。先且居曰：「效尤，禍也。請君朝王，臣從師。」晉侯朝王于温，先且居、胥臣伐衛。五月辛酉，朔，晉師圍戚。六月，戊戌，取之，獲孫昭子。

愚按：晉侯伐衛，及南陽，朝王于温，使先且居從師。則伐衛者，晉侯也。先且居特代之行師耳，故不書先且居帥師。晉侯爲伐衛而行，故書晉侯伐衛，不爲朝王而行，故不書晉侯朝王，皆探其本之意也。

【經】叔孫得臣如京師。

王使毛伯衛來錫公命，叔孫得臣如周拜。

高氏曰：「公初即位，在衰絰中，未嘗朝王，而王遽使卿來錫公命，公于是使陪臣如周拜焉。天王之使毛伯來錫，文公之使得臣往拜，皆非禮焉。」

家氏曰：「是時諸侯在喪，不能躬拜，使其臣往，猶之可也。及除喪之後，當以士服朝王，受黻、冕之賜，然後于禮爲盡，而文公循習舊事，卒不能往，是之謂不臣，厥罪當削，春秋備書其事，不待貶而義見。」

【經】衛人伐晋。

衛人使告于陳，陳共公曰：「更伐之，我辭之。」衛孔達帥師伐晋。

高氏曰：「衛孔達爲政，不共盟主，興兵隣國，受討喪邑，貶而人之，不亦宜乎？且晋師未退，而孔達遽報其伐，雖曰有辭，失事大之禮矣。晋師于是入戚而疆其田。」

【經】秋，公孫敖會晋侯于戚。

秋，晋侯疆戚田，故公孫敖會之。

薛氏曰：「戚之會，卿始會諸侯也。大夫而專會于諸侯，政不在公室矣。」

樸鄉吕氏曰：「春秋之初，蓋亦有以大夫而會諸侯者矣，然未有若公孫敖之專會也。公孫敖會晋侯于戚，禮樂自大夫出也，陵遲至于雞澤、溴梁之盟，天下之政盡歸大夫，不復有諸侯，可勝嘆哉！」

【經】冬，十月，丁未，楚世子商臣弒其君頵。

初，楚子將以商臣爲太子，訪諸令尹子上。子上曰：「君之齒未也。而又多愛，黜乃亂也。楚國之舉，恒在少者，且是人也，蠭目而豺聲，忍人也，不可立也。」弗聽。既又欲立王子職而黜太子商臣。商臣聞之而未察，告其師潘崇曰：「若之何而察之？」潘崇曰：「享江芊而勿敬也。」從之。江芊怒曰：「呼，役夫！宜君王之欲殺女而立職也。」告潘崇曰：「信矣。」潘崇曰：「能事諸乎？」曰：「不能。」「能行乎？」曰：「不能。」「能行大事乎？」曰：「能。」

冬，十月，以宮甲圍成王，王請食熊蹯而死，弗聽。丁未，王縊。謚之曰：「靈」，不瞑。曰：「成」，乃瞑。穆王立，以其爲太子之室與潘崇，使爲太師，使掌環列之尹。

胡氏曰：「書世子弒君，有父之親，有君之尊，而至于弒逆，此天理大變，人情所深駭，春秋詳書其事，欲以起問者察所由，示懲戒也。唐世子弘受左氏春秋至此，廢書嘆曰：『經籍，聖人垂訓，何書此耶？』郭瑜對曰：『春秋義存褒貶，以善恶爲勸戒，故商臣千載而恶名不滅也。』弘曰：『非惟口不可道，故亦耳不可聞，願受他書。』瑜請讀禮。世子從之。嗚呼！聖人大訓不明于後世，皆腐儒學經不知其義者之罪耳。夫亂臣賊子，雖陷穽在前，斧鉞加于頸而不避，顧謂身後恶名足以係其邪志而懲于爲恶，豈不繆哉？持此曉人，可謂茅塞其心意矣。若語之曰：『爲人君父而不通于春秋之義者，必蒙首恶之名，爲人臣子而不通于春秋之義者，必陷簒弑誅死之罪。聖人書此者，使天下後世察于人倫，知所以爲君臣、父子之道，而免于首惡之名，誅死之罪也。』則世子弘而聞此必將瞿然畏懼，知春秋之不可不學矣。學于春秋，必明臣子之義，不至于奏請佛旨而見酖矣。傳者，案也。經者，斷也。考于傳之所載，可以見其所由致之漸，豈隱乎？嫡妾必正而楚子多愛，立子必長而楚國之舉常〔二〕在少者，養世子不可不慎也，而以潘崇爲之師。侍饍問安，世子職也，而多置宫甲。降而不憾，憾而能眕者，鮮矣。乃欲黜兄而立其弟，謀及婦人，宜其敗也。而使江芊知其情，是以不仁處其身，而以不孝處其子也，其及宜矣。楚頵僭王，憑陵中國，戰勝諸侯，毒被天下，然昧于君臣父子之道，禍發蕭牆而不之覺也，不善之積，豈可掩哉？君不君，則臣不臣，父不父，則子不子。春秋書『世子弑其君』者，推本所由，而著其首惡，爲萬世之大戒也。然則商臣無貶矣？曰：弑父與君之賊，其恶猶待于貶而後著乎？」

謝氏曰：「商臣書世子，著其絶尊親之道也。州吁不稱公子，無知不稱公孫，黜其親而誅其恶，以杜世子、公孫世寵之心也。商臣稱世子，商人稱公子，顯其親而著其逆，以示大禍發于骨肉之間。春秋或立例于初以示法，或變例于終以起義，州吁、無知去公子、公孫，所謂立例于初也。商臣、商人存世子、公子，所謂變例于終也。子之愛父，臣之愛君，天性也，爲世子，爲公孫者，耳不接善言，目不接善行，友順日消，凶忍日積，由是良心化爲逆恶，而德性沉于豺狼之域矣。禍害之發，豈復顧君父之重哉？商臣書世子，以爲君父之戒也。」

〔二〕「常」，四庫本作「恒」。

【經】公孫敖如齊。

【經】二年，春，王二月，甲子，晉侯及秦師戰于彭衙。秦師敗績。

殽之役，晉人既歸秦帥。秦大夫及左右皆言于秦伯曰：「是敗也，孟明之罪也。必殺之。」秦伯曰：「是孤之罪也。周芮良夫之詩曰：『大風有隧，貪人敗類，聽言則對，誦言如醉，匪用其良，覆俾我悖。』是貪故也，孤之謂矣。孤實貪以禍夫子，夫子何罪？」復使爲政。

至是，秦孟明視帥師伐晉以報殽之役。二月，晉侯禦之，先且居將中軍，趙衰佐之，王官無地御戎，狐鞫居爲右。甲子，及秦師戰于彭衙，秦師敗績。晉人謂秦「拜賜之師」。

戰于殽也，梁弘御戎，萊駒爲右。戰之明日，晉襄公縛秦囚，使萊駒以戈斬之。囚呼，萊駒失戈，狼瞫取戈以斬囚，禽之以從公乘，遂以爲右。箕之役，先軫黜之而立續簡伯。狼瞫怒，其友曰：「盍死之？」瞫曰：「吾未獲死所。」其友曰：「吾與女爲難。」瞫曰：「周志有之，『勇則害上，不登于明堂』。死而不義，非勇也。共用之謂勇。吾以勇求右，無勇而黜，亦其所也。謂上不我知，黜而宜，乃知我矣，子姑待之。」及彭衙，既陳，以其屬馳秦師，死焉。晉師從之，大敗秦師。

秦伯猶用孟明。孟明增修國政，重施于民。趙成子言于諸大夫曰：「秦師又至，將必避之，懼而增德，不可當也。」

程子曰：「越國襲人，秦罪也。忘親背惠，晋恶也。秦經人之國以襲人，雖忿無以爲辭矣，故其來不稱伐。晋不諭秦而與戰，故書晋。及忿以取敗，故書敗績。」

胡氏曰：「孟明帥師伐晋，報殽之役，此所謂忿兵，疑罪之在秦也，而以晋主之，何哉？處已息争之道，遠怨之方也，然則敵加于己，縱其侵暴，將不得應乎？曰：敵加于己，而己有罪焉，引咎責躬，服其罪則可矣。己則無罪，而不義見加，諭之以辭命，猶不得免焉，亦告于天子、方伯可也。若遽然興師而與戰，是謂以桀攻桀，何愈乎？故以晋侯爲主者，處已息争之道，寡怨之方，王者之事也。」

【經】丁丑，作僖公主。

公羊曰：「虞主用桑，練主用栗。用栗者，藏主也。作僖公主，何以書？譏不時也。」

謝氏曰：「親既葬，孝子迎神而反諸室，乃立木主，以依亡者之神而承事之，是故既葬之後有虞主，既朞之後有練主，上以附祖考之神，而下以繫子孫懷慕之心焉。禮曰：『先王既葬，設虞祭，必于是日也接，不忍一日未〔二〕有所歸也。』僖之葬，十有一月，公始作主而安之，失孝子寧親之道矣。」

胡氏曰：「僖公薨至是十有五月，然後作主，慢而不敬甚矣。夫慢而不敬，積恶之原也。以爲無傷而不去，至于恶積而不可掩，所以謹之也。」

〔二〕「未」，四庫本作「末」。

家氏曰：「是時逆祀有萌，論議未定，故緩于作主，及是群下並從邪議，乃始作主而依神，于是大事于太廟，遂躋僖于閔之上，而行祔廟之禮，故春秋先書作主，次書逆祀，言緩于作主，乃逆祀之端耳。」

【經】三月，己巳，及晋處父盟。

晋人以公不朝來討，公如晋。晋人使陽處父盟公以耻之。

謝氏曰：「朝聘，禮事之吉者也，君在而使大夫盟，耻之大者也。大喪未畢而出朝，恶之大者也。盟爲公諱，朝爲公諱，而公之耻恶由此見矣。」

胡氏曰：「盟不地，于晋也。諱不書公，抑大夫之伉，不使與公爲敵，正君臣之分也。適晋不書，反國不至，爲公諱耻，存臣子之禮也。凡此類筆削魯史舊文衆矣。」

家氏曰：「是時魯君未除喪，而晋責之以朝，魯君當執禮以拒之，嚴兵以待之，不當畏威而動，冒喪而朝，所以愈受欺于强國，晋襄驟勝而驕，用事者多粗暴小人，所以僭上，春秋去處父之族，非特爲魯諱，實責晋也。

【經】夏，六月，公孫敖會宋公、陳侯、鄭伯、晋士縠盟于垂隴。

公未至。六月，穆伯會晋司空士縠盟于垂隴。晋討衛故也。陳侯爲衛請成于晋，執孔達以説。三年，衛侯如陳，拜晋成也。七年，晋郤缺言于趙宣子曰：「日衛不睦，故取其地。今已睦矣，可以歸之。叛而不討，何以示威？服而不柔，何以示懷？非威非懷，何以示德？無德何以主盟？子爲正卿，以主諸侯而不務德，將若之何？」宣子説之。八年，春，晋侯使解揚歸匡、戚之田于衛，且復致公壻池之封，自申至于虎牢之境。

許氏曰：「元年，衛人伐晋。至是諸侯會盟，而明年衛人會晋伐沈，則知衛服于垂隴之會矣。」

陳氏曰：「晋遂以大夫盟諸侯也。大夫而與諸侯敵，于是始，故書大夫專盟自士縠始也。然則士縠主是盟也，則曷爲序士縠于諸侯之下？春秋不以大夫主盟也。」

師氏曰：「晋襄不躬會而會諸侯以大夫，失在晋襄也。諸侯不使大夫往會而自行，失在諸侯也。失在晋襄，故士縠不可序于會上，仍正名分以别之于下，使若宋主會。然失在諸侯，故皆存其爵以敵，晋、魯二大夫所以深愧之也。向使諸侯果皆不親會，而盡會大夫，雖是一時之匹敵，不失尊卑之分，要之盟會皆出于大夫，亦不免于非禮，較之主盟在晋大夫，而諸侯聽之，爲尤甚焉。」

家氏曰：「晋襄挾其屢勝之威，倨坐國中，使其臣出盟公侯，自是遂爲例，春秋書之以懲僭。」

【經】自十有二月不雨，至于秋七月。

穀梁氏曰：「歷時而言不雨，文不憂雨也。不憂雨者，無志乎民者也。」

胡氏曰：「書不雨至于秋七月，而不曰至于秋七月不雨者，蓋後言不雨，則是冀雨之辭，非文公意也。夫書不雨至于秋七月而止，即八月嘗雨矣，然而不書八月雨者，見文公之無意于雨，不以民事繫憂樂也，其怠于政事可知，而魯衰自此始矣。」

【經】八月，丁卯，大事于太廟，躋僖公。

于是夏父弗忌爲宗伯，尊僖公。

公羊氏曰：「躋者，升也。」

杜氏曰：「僖公，閔公庶兄，繼閔而立，廟坐宜次閔下，今升在閔上。」

師氏曰：「僖公繼閔之後，是爲人後也，文公乃任情，謂僖實閔之兄，而躋僖位于閔之上，以兄弟一家之私恩，忘繼世天下之大統，其踰制失禮孰甚焉？書曰『躋僖公』，躋之義自下而上之謂也，所以著本在下而乃在上矣。一言之中，其意甚明，此春秋之旨微而顯。」

胡氏曰：「閔、僖二公，親則兄弟，分則君臣，以爲逆祀者，兄弟之不先君臣，禮也。君子不以親親害尊尊，故左氏則曰：『祀，國之大事。』逆之可乎？子雖齊聖，不先父食久矣。」

公羊則曰：「其逆祀，先禰而後祖也。」

穀梁則曰：「逆祀則是無昭穆也，無昭穆即是無祖也。閔、僖非祖禰，而謂之祖禰者何？臣子一例也。夫有天下者事七世，諸侯事五世，説禮者曰：『世指父子，非兄弟也。』然三傳同以閔公爲祖，而臣子一例，是以僖公父視閔公爲禮，而父死子繼，兄亡弟及，名號雖不同，其爲世一矣。」

高氏曰：「僖公雖閔公之兄，然閔實先立，僖公嘗北面而事之，義已定矣。及其傳繼，則父子之義又定矣。臣不可以先君，子不可以先父，今文公欲自尊其父，而躋于閔公之上，則紊亂宗廟，顛倒禮經，先親後祖，昭穆失序，謂之逆祀，不亦宜乎？父子有相繼，此禮之常也，至于傳之兄弟，則亦不得已焉耳。既授之以天下、國家，則所傳者，雖非其子，亦猶子道也，傳之者雖非其父，亦猶父道也。以天下、國家爲重矣。漢儒例以兄弟不相爲後，不當以昭穆格之，則天下受之誰乎？凡人君以兄弟爲後，必非有子者也。引而爲嗣，臣子一體矣。而當嗣者反以爲兄弟之故，不繼所受國而繼先君，則是所受國者，竟莫有嗣之者，一不可也。生則以臣子事之，死則以兄弟治之，忘生倍死，二不可也。己實受之後君，不受之先君，今乃自繼先君，則不唯棄後君命己之意，又廢先君傳己之命，三不可也。天下、國家則歸之己，父子之禮，則耻不爲，四不可也。徐邈曰：『若兄弟六人爲君，自爲昭穆，則後世當祀不及祖禰。』此又妄之甚者。禮有所極，義有所斷，爲之後者，爲之子，所以正授受，重祖統也。兄弟六人，相代爲君，亦六代祀祖禰矣。假非兄弟相代，而其祖亦當遷耳，豈得故存哉？即如邈言，使有兄弟六人各自稱昭，是有十三廟，又其最後一君自上繼其父，則五君終無後也，豈其所以傳重受國之意乎？凡言禮者，惡其諂時君之意。苟曰，『廣宗廟，大孝之本，而不詳授受之道。』使當傳國者不忍以其國與其宗，曰『非吾子也』。當受國者又不肯以臣子之禮事其君，曰『非吾父也』。至令宗廟猥衆，昭穆駢積，而鬼有不祀者，皆不知春秋大義故也。」

【經】冬，晉人、宋人、陳人、鄭人伐秦。

冬，晉先且居、宋公子成、陳轅選、鄭公子歸生伐秦，取汪，及彭衙而還，以報彭衙之役。

程子曰：「秦以憤取敗，晉可以已矣，而復伐秦，報復無已，殘民結怨，故貶稱人。」

家氏曰：「晉襄敵父之惠，與秦屢戰。殽之役，晉不克避秦而勝之。彭衙之役，晉復不能避秦而再勝之。爲晉襄者，苟有禮義之心，則引咎于秦，以求息肩可也，乃更率三國之師，以爲此役，忘父之德，逞己之憾，春秋誅斥之矣。」

【經】公子遂如齊納幣。

公羊氏曰：「納幣不書，此何以書？譏喪娶也。娶在三年之外，則何譏乎？喪娶，三年之內不圖婚，三年之恩疾矣，非虛加之也，以人心爲皆有之。娶者，大吉也，非常吉也，其爲吉者主乎己，以爲有人心者，宜于此焉變矣。」

【經】三年，春，王正月，叔孫得臣會晉人、宋人、陳人、衛人、鄭人伐沈，沈潰。

莊叔會諸侯之師伐沈，以其服于楚也。沈潰。

高郵孫氏曰：「暴中國者楚耳，沈何罪乎？春秋書之，以諸侯爲失所伐矣。」

家氏曰：「翦除兇逆，以伸大義于天下，霸者所當身其責也，楚商臣負弑逆滔天之罪于今二年，天人之望，咸屬于晉，使晉襄仗義而前，師壯辭直，天下諸侯孰不鼓勇而從？縱未能污瀦其宮，楚人必以商臣爲戮，更立君而聽會于中國，晉之霸業有光于前人矣。乃視非己事，使楚之爲逆者得以樹其羽翼，脅從諸小國以抗衡中夏，懷貳者豈獨一沈哉？而襄公舍其大而議其細，以諸侯伐沈而潰之，置逆商之大恶，議弱沈之微罪，避豺狼而獵狐兎，雖潰百沈，何益于成敗之數乎？故春秋自晋以下五國，皆書人以貶之。」

高氏曰：「文公三年之間，書公子遂、公孫敖、叔孫得臣累見于盟會，則知魯之政刑盡在諸臣矣。魯卒以是亡。故春秋見微于濫觴，書以爲戒，齊桓公九合諸侯，不以兵車，管仲之力也，而管仲之姓名不見于春秋，是乃深明管仲知爲臣之義，有其功而名不在己，春秋不褒管仲之功，其旨甚微，非達誠者孰能知之？」

【經】夏，五月，王子虎卒。

高郵孫氏曰：「春秋王臣不書卒，書卒者，譏之也。人臣無外交之禮，王臣之卒而赴告諸侯，則是外交也。春秋因其告卒而書之，以見其外交之罪。」

胡氏曰：「或曰，禮，稱情而爲之，節文者也。叔服新使乎我，則宜有恩禮矣。夫以新使乎我致恩禮焉，是以私情害公義，失輕重之權矣。」

【經】秦人伐晋。

秦伯伐晋，濟河焚舟，取王官，及郊。晋人不出，遂自茅津濟，封殽尸而還，遂霸西戎，用孟明也。

胡氏曰：「聖人作易以懲忿窒慾，爲損卦之象，其辭曰：『損，德之修也。』春秋諸侯之知德者鮮矣，穆公初聽杞子之請，違蹇叔之言，其名爲貪兵，是欲而不能窒也，及敗于殽，歸作秦誓，庶幾將窒其欲矣。復起彭衙之師，殽函之役，其名爲憤兵，是忿而不能懲也。今又濟河，取郊，人之稱斯師也何義哉？晋人畏秦而不出，穆公逞其忿而後悔，自是見伐不報，始能踐自誓之言矣。是故于此貶而稱人，備責之也。」

楊龜山曰：「或曰，書之終秦誓以見聖人之樂人悔過也。故凡過而能悔者，取其悔而不追其過可也，今有殺人而被刑者，臨刑而曰，『吾惟殺人以至此也』，仁者于此亦必哀而取之。夫書之有秦、費二誓，以誌帝王之誥命于是絶故也。其大意則言，有國者不可廢誓，于誓之中，其事又有可取者，則秦之罪已而不責人是也。若曰取其悔而已，不咎其過。其既悔而有過也，亦不當罪乎。聖人以恕待人，于人之悔也，嘉之可也。如以悔爲是，而不問其改與不改，則改過者鮮矣。故君子之取人也，取其改，不取其悔，且殺人至于被刑而自狀其過。蓋傷其死之不善也，使殺人而不必死，其肯悔乎？殽之戰不敗，則秦自以爲功矣。何以知之？抑以濟河之師知之也。」

樸鄉吕氏曰：「始書秦人入滑，明秦人之犯中國也。繼書晋人及姜戎敗秦師于殽，明晋之背喪用戎，以薄人于險也。二年，書晋侯及秦師戰于彭衙，用見秦之不悔而伐晋，晋之志戰而敵秦也。冬，書晋人、宋人、秦人、鄭人伐秦，用見晋人再勝而猶用師也。三年，書秦人伐晋，用見秦人再敗而不知悔也。四年，書晋侯伐秦，用見彼此報復，結怨連兵之無已也。然自是而後，秦穆不復報晋，蓋知悔也。向也殽函之役，秦伯向師而哭，作秦誓之書以自警。蓋其一經喪師之後，深懲力創，好惡向背，從是一變，方寸既改，群動皆移，充此心也，帝王何遠之有！惟其能懲創于師徒方喪之初，而不能堅定于瘡痍僅瘳之日，未及數年又興彭衙之師，蓋其積怨深憤，務欲得報而後已，本其僻處西陲，與戎狄雜居，好攻戰而事詐力，其俗然也。其臣如孟明等，又冒戰不已，此所以頓忘前日自誓之言與彭衙之役，不得志而去，未肯已也。至三年，濟河焚舟，取王官，及郊，封殽尸而還，然後秦人之憾得逞矣。四年，晉人圍邧、新城以報王官之役，而秦不復報此，則秦穆之雄也，彼其蓄憾特在于殽函一敗之耻，故自取王官雪殽耻之後，而不復求以報晉，所以全其勝也。」

程子曰：「結怨連禍，殘民以逞，晉人畏之而不出，秦人極其忿而後悔過，聖人取其能終改耳。」

愚謂：夫子于秦穆公，録其悔過之辭于書，所以爲後世法，著其窮兵之禍于春秋，所以爲後世戒。猶化工之于物，生殺並行而不相悖，斯其所以爲聖人也與。故小東萊吕氏曰：「秦穆在春秋中朝譏暮貶，左瑕右玷，雖擢髪不足以數其罪。及入于書，温然粹然，不見微隙，是典謨、誥誓〔二〕之秦穆，而非春秋之秦穆也，然則學者當合而觀之。」

【經】秋，楚人圍江。

晉先僕伐楚以救江。

薛氏曰：「報沈之役也。」

高氏曰：「江近楚，自齊桓貫澤之盟，已服從中國，而楚自城濮之役，亦絶不敢侵伐。今復圍之者，蓋晉文既没，襄公不復討楚人弑逆之恶，故楚人輕視中國，復有窺諸侯之意，而先圍江以試之也。」

【經】雨螽于宋。

〔二〕「誥誓」，四庫本作「誓誥」。

高郵孫氏曰：「雨，自上而下者也。螽不見其所從來，自上而下，衆多如雨，而適在宋之四境，故曰『雨螽于宋也』。」

【經】冬，公如晉。十有二月，己巳，公及晉侯盟。

晉人懼其無禮于公也。請改盟。公如晉，及晉侯盟。晉侯饗公，賦菁菁者莪。莊叔以公降，拜，曰：「小國受命于大國，敢不慎儀？君貺之以大禮，何樂如之？抑小國之樂，大國之惠也。」晉侯降，辭。登，成拜。公賦嘉樂。

謝氏曰：「比年再朝、再盟，晉之不道，文之不立，可知也。」

家氏曰：「自桓、文之霸，威力雖足以控制諸侯，而會盟不于其地，不欲諸侯旅至其國，懼僭王也。晉襄襲父餘威，志得而驕，前日垂隴之盟，以大夫會諸侯。今焉自知處父盟公爲無禮，則當會于魯晉之間，以救前日之失，乃復邀公，親至其國，而爲此盟，長傲遂非，罪莫大焉。」

小東萊呂氏曰：「晉國盛時，天下畏其强，不敢與之較，故襄公雖以大夫之卑盟國君之尊，魯之君臣熟視不敢較，至于改盟，魯亦唯命是聽，在當時雖未見其害，馴至衰世，平公襲其迹而爲之，欲改衛盟，盟即叛而不從，遂至兵連禍結，數年不解，此所以後世蹈之，乃有其害也。」

【經】晉陽處父帥師伐楚以救江。

冬，晉以江故告于周。王叔桓公、晉陽處父伐楚以救江。門于方城。遇息公子朱而還。

胡氏曰：「以者，不以者也。救江，善矣。其書『以』何？楚嘗伐鄭矣，齊桓公遠結江、黄，合九國之師于召陵，然後伐鄭之謀敗。又嘗圍宋矣，晉文公許復曹、衛，會四國之師于城濮，然後圍宋之役解。今江國小而弱，非能與宋、鄭比，楚人圍之，必不待徹四境屯戍守禦之衆與宿衛盡行也。當是時，楚有覆載不容之罪。晉主夏盟，宜合諸侯，聲罪致討，命秦甲出武關，齊以東兵略陳蔡而南，處父等軍方城之外，楚必震恐而江圍自解矣。計不出此，乃獨遣一軍，遠攻强國，豈能濟乎？故書『伐楚以救江』，言救江雖善，而所救之者，非其道矣。此春秋紀用兵之法也。」

張氏曰：「楚商臣無父無君，乃欲致患于江，是禽獸逼人甚矣。以中國諸侯爲己任者，豈得安居而以伐楚之任付之大夫而已乎？此春秋特書，以正其不能奉天討也。」

師氏曰：「今年冬伐楚救江，乃所以成明年秋楚人滅江之禍也。陽處父之帥師，果何補于晉？亦何加于楚乎？然則滅江非楚也，實晉也。」

高氏曰：「伐不目事，聖人特繫之以救者，譏其徒取救患之名，非仗大義之師，此聖人深惜晉襄之不能有爲也。嗚呼，其旨遠哉。且春秋之義，莫大乎伐楚，而正書伐楚者二：齊桓伐楚，先之以侵蔡；此年伐楚，繫之以救江，學春秋者宜致思焉。」

【經】四年春，公至自晉。

大東萊吕氏曰：「自是公朝强國皆至者，事近得詳，事遠則不得詳也。」

【經】夏，逆婦姜于齊。

穀梁氏曰：「其曰婦姜，爲其成禮乎齊也，其逆者誰也？親迎而稱婦。或者公與，何其速婦之也？其不言公，非成禮于齊也。其不言氏，貶也。何爲貶之？夫人與有貶也。」

高郵孫氏曰：「春秋夫人之至者，必書于經，婦姜書逆而不書至，不與先配而後祖也。夫人之至告廟矣，春秋非之，故不書爾。」

高氏曰：「公之圖婚，喪制尚未終。今之娶也，又成禮于齊，故没不言公，而直曰婦姜者，見夫人之位不明也。夫人之位不明，是不可爲小君而奉祭祀也，是以去其氏。究觀夫人不終其位，國亂子弑，强國擅命，蓋由文公不能正其始也。」

家氏曰：「魯君前乎此嘗講親迎之禮，逆于齊，則書公如齊逆女，逆于境，則書公會齊侯于某。今而親往，亦親迎耳，而春秋變文書逆婦姜于齊，不書公逆，爲其配不以禮，變文而書以存其羞恶之心，凡以垂法于後焉耳。」

【經】狄侵齊。

許氏曰：「狄自箕之敗，至是始復侵齊，間晋有秦楚之難也。」

【經】秋，楚人滅江。

楚人滅江，秦伯爲之降服、出次、不舉、過數。大夫諫，公曰：「同盟滅，雖不能救，敢不矜乎？吾自懼也。」

薛氏曰：「詳楚之滅江，恶晉之不能救也。」

家氏曰：「江、黄，楚之與也，而志在中國。齊桓之霸，慕義請盟，楚人憾之。黄坐是滅，齊不能救也。及晉文繼興，江人不以黄之既覆，楚之方盛，猶事晉不倦，視陳、蔡、衛、鄭朝晉暮楚，出入乎華夷之間者有間矣[一]。今爲楚所攻，自去年秋迄今，首尾一年，晉僅遣偏師以赴之，而江又滅矣。春秋志二國之初從中國，與于會盟侵伐，以致爲楚所滅，而晉不能救，書法詳而不厭，所以褒二國去夷即華[二]之死不悔，亦以愧陳、蔡、衛、鄭之君，而責齊、晉爲甚矣。嗟夫！黄以齊故亡，江以晉故亡，江、黄不負齊、晉，齊、晉實負江、黄，可爲悲慨也夫。」

【經】晉侯伐秦。

圍邧、新城，以報王官之役。

程子曰：「秦逞忿以伐晉，晉畏而避之，其見報乃常情也。秦至此能悔過矣，故不復報晉。聖人取其能遷

[一]「出入乎華夷之間者有間矣」，四庫本作「靡焉而從于强令者有閑矣」。

[二]「去夷即華」，四庫本作「去逆効順」。

善也，稱晉侯，不復加譏，見秦宜得報而自悔，不復修怨，乃其善也。」

胡氏曰：「襄公忘親背惠，大破秦師，敗狄伐許，怒魯侯之不朝也，而以無禮施之，是專尚威力，先事加人，莫知省德而後動也。今又報秦，不足罪矣。穆公初敗于殽，悔過自誓，增修德政，宜若過而知悔，悔而能改，又有濟河之役，則非誓言之意所以備責之也。然晉襄見伐而報，猶無譏焉，秦穆至是伐而不報，善可知矣。不譏晉侯，所以深善秦伯。春秋大改過，嘉釋怨，王者之事也。故仲尼定書，列秦誓于百篇之末，以見悔過能改而不責人，雖聖賢誥命，不越此矣。」

【經】衛侯使甯俞來聘。

衛甯武子來聘，公與之宴，爲賦湛露及彤弓。不辭，又不答賦。使行人私焉。對曰：「臣以爲肄業及之也。昔諸侯朝正于王，王宴樂之，于是乎賦湛露，則天子當陽，諸侯用命也。諸侯敵王所愾而獻其功，王于是乎賜之彤弓一，彤矢百，玈弓矢千，以覺報宴。今陪臣來繼舊好，君辱貺之，其敢干大禮以自取戾。」

高氏曰：「文公之時，僖公之烈猶在，故以同姓則使甯俞來聘，異姓則秦使術來聘，夷狄〔二〕則楚使椒來聘，惜乎文公不能繼其業，此其可責也。」

【經】冬，十有一月，壬寅，夫人風氏薨。

〔二〕「夷狄」，四庫本作「遠狄」。

高氏曰：「再娶不得稱夫人，而况妾乎？故庶子爲君，則爲其母無服，不敢貳尊者也。自惠公，仲子以再娶始僭，然尚未敢同嫡也，今風氏乃莊公之妾，雖于僖公爲母，而直以夫人之禮薨之者，魯禮之變自此始，而嫡妾之分亂矣。聖人實書之以示僭亂之由，且見其無君父之恶。何則？彼乃吾君父之妾也，今背死而强使之配，此非尊事君父之道，後世不知此，乃有母以子貴之説，凡妾母皆稱太后，甚至于妾死而加以皇后之謚，此皆不知春秋之旨者也。」

胡氏曰：「語曰：『邦君之妻，邦人稱之曰君夫人。稱諸異邦，曰寡小君。』蓋敵體之稱也。若夫妾媵，則非敵矣，其生亦以夫人之名稱號之，其没亦以夫人之禮卒葬之，非所以正其分也。以妾媵爲夫人，徒欲尊寵其所愛，而不虞卑其身。以妾母爲夫人，徒欲崇貴其所生，而不虞賤其父。卑其身，則失位。賤其父，則無本。越禮至是，不亦悖乎。」

【經】五年，春，王正月，王使榮叔歸含且賵。

公羊氏曰：「含者何？口實也。」

穀梁氏曰：「含一事也，賵一事也。其曰，『且』，志兼之也。」

胡氏曰：「珠玉曰含，車馬曰賵。歸含且賵者，厚禮妾母也。不稱天王者，不克若天也。春秋繫王于天，以定其名號也。所履，則天位也。所治，則天職也。所勑而登之者，則天之所叙也。所自而庸之者，則天之所秩也。所賞，所刑者，則天之所命而天之所討也。夫婦，人倫之本，王法所尤謹者。今成風以妾僭嫡，王不能正，又使大夫歸含、賵焉，而成之爲夫人，則王法廢，人倫亂矣，是謂弗克若天，而悖其道非小失耳，故特不稱天，以謹之也。」

高氏曰：「含不及殯，故言歸。明知其不及事而特使歸之以示恩，故不書來。」

陳氏曰：「賵，常事不書，唯賵仲子、成風特書之，則遂命爲夫人也。春秋之初，猶以是事爲非常也。宣之敬嬴，襄之定姒，昭之齊歸，雖命之爲夫人，不復書矣。孟子卒，則不赴于京師，孔子曰：『夫人之不命于天子，自魯昭公始也。』」

【經】三月，辛亥，葬我小君成風。

高氏曰：「既以夫人之禮薨之，復以小君之禮葬之，又别爲之謚焉，實書以示譏也。」

胡氏曰：「仲子雖聘，非惠公之嫡也。春秋之初，尚以爲疑，故别爲立宫而羽數特異，此雖非禮之正，然不祔于姑，猶有辨焉。至是成風書葬，乃有二夫人祔廟而亂倫易紀，無復辨矣，故禮之失，自成風始也。」

【經】王使召伯來會葬。

杜氏曰：「召伯，天子卿也。召，采地。伯，爵。」

胡氏曰：「王臣下聘桓公，冢宰書名示貶，而大夫稱〔一〕聘，則無譏焉。或以爲從同同也，或以爲同則書重也。成風薨，王使榮叔歸含且賵，既不稱天矣，及使召伯來會葬，又與貶焉，何也？歸含且賵，施于妾母，已

〔一〕「稱」，四庫本作「再」。

稠疊矣，又使卿來會葬，恩數有加焉，是將祔之于廟也，而致禮于成風盡矣。聘一也，含且賵，而又葬，則其事益隆，亂人倫，廢王法甚矣。再不稱天者，聖人于此尤謹其戒而不敢略也。」

陳氏曰：「莊、僖之際，天下知有盟主而已，而襄王之季年，更有事于諸侯，于是叔服會葬，毛伯錫命，尤汲汲于魯也。尤汲汲于魯而何爲乎？成風，一人賵、含之，一人葬之，以是懷諸侯，吾見周之益陵夷也。」

【經】夏，公孫敖如晉。

高氏曰：「舍天王而謹事晉，不待貶而見也。」

【經】秦人入鄀。

初，鄀叛楚即秦，又貳于楚。夏，秦人入鄀。

高氏曰：「鄀，楚屬國也。初，叛楚即秦，既又叛秦歸楚，故秦人入之。聖人書秦之入鄀，所以深罪晉襄之棄秦也。」

【經】秋，楚人滅六。

六人叛楚即東夷。秋，楚成大心、仲歸帥師滅六。冬，楚公子燮滅蓼。臧文仲聞六與蓼滅，曰：「皋陶、庭堅不祀忽諸，德之不建，民之無援，哀哉！」

師氏曰：「六乃皋陶之國，有德之後，楚輒滅之，非强暴之甚，何以至此？良由中國之盟主無攘夷狄之功〔二〕致然也，晋襄其能無愧乎。」

【經】冬，十月，甲申，許男業卒。

【經】六年，春，葬許僖公。

【經】夏，季孫行父如陳。

臧文仲以陳、衛之睦也，欲求好于陳。夏，季文子聘于陳，且娶焉。

【經】秋，季孫行父如晋。

季文子將聘于晋，使求遭喪之禮以行，其人曰：「將焉用之？」文子曰：「備豫不虞，古之善教也。求而無之，實難。過求，何害？」

杜氏曰：「聞晋侯有疾故。」

愚按：凶事不預，聞疾而求遭喪之禮以行，既不仁且不知矣。

【經】八月，辛亥，晋侯驩卒。

〔二〕「無攘夷狄之功」，四庫本作「不能同惡相恤」。

晋襄公卒，靈公少，晋人以難故，欲立長君。趙孟曰：「立公子雍，好善而長，先君愛之，且近于秦。秦，舊好也。置善則固，事長則順，立愛則孝，結舊則安。爲難故，故欲立長，君有此四德者，難必抒矣。」賈季曰：「不如立公子樂，辰嬴嬖于二君，立其子，民必安之。」趙孟曰：「辰嬴賤，班在九人，其子何震之有？且爲二嬖，淫也。爲先君子，不能求大而出在小國，辟也。母淫子辟，無威；陳小而遠，無援。將何安焉？杜祁以君故，讓偪姞而上之；以狄故，讓季隗而已次之，故班在四。先君是以愛其子而仕諸秦，爲亚卿焉。秦大而近，足以爲援，母義子愛，足以威民，立之不亦可乎？」使先蔑、士會如秦逆公子雍。賈季亦使召公子樂于陳，趙孟使殺諸郫。

【經】冬，十月，公子遂如晋，葬晋襄公。

高郵孫氏曰：「春秋之法，常事不書，失禮非常則書之。葬諸侯不言某人往者，得禮也。公子遂如晋，葬晋襄公，失禮非常也。古者大國不過三卿，而諸侯之葬輒往一卿，則國之事無闕乎？故春秋譏之，以爲强者脅弱，而弱者畏强也。」

【經】晋殺其大夫陽處父。晋狐射姑出奔狄。

春，晋蒐于夷，舍二軍，使狐射姑將中軍，趙盾佐之。陽處父至自温，改蒐于董，易中軍。陽子，成季之屬也，故黨于趙氏，且謂趙盾能，曰：「使能，國之利也。」是以上之。宣子于是乎始爲國政，制事典，正法罪，辟獄刑，董逋逃，由質要，治舊洿，本秩禮，續常職，出滯淹。既成，以授太傅陽子與太師賈佗，使行諸晉國，以爲常法。

賈季怨陽子之易其班也，而知其無援于晉也。九月，賈季使續鞫居殺陽處父。十一月，丙寅，晉殺續簡伯，賈季奔狄。宣子使臾駢送其帑。夷之蒐，賈季戮臾駢，臾駢之人欲盡殺賈氏以報焉。臾駢曰：「不可。吾聞前志有之曰：『敵惠敵怨，不在後嗣。』忠之道也。夫子禮于賈季，我以其寵報私怨，無乃不可乎？介人之寵，非勇也。損怨益讎，非知也。以私害公，非忠也。釋此三者，何以事夫子？」盡具其黨〔一〕，與其器用財賄，親帥扞之，送致諸竟。

愚按：射姑怨處父之易其班也，以私忿殺之。晉之君大夫坐視而不能討，則處父之死乃晉國殺之而已，故殺書晉以罪其國，不去其官以見死于其職，繼書射姑出奔狄，則處父之死爲射姑之殺明矣。

【經】閏月，不告月，猶朝于廟。

左氏曰：「閏以正時，時以作事，事以厚生，生民之道，于是乎在矣。不告閏朔，棄時政也，何以爲民？」

高郵孫氏曰：「古者天子頒朔，諸侯而藏之祖廟。每月之首，受朔于廟，而告之國中，遂行朝廟之禮焉，所以尊正朔，重天時也。文公怠于政事，以閏月爲歲之餘月，忽棄而不告，然不敢廢朝廟之禮，猶往朝焉。」

〔一〕「黨」，四庫本作「帑」。

胡氏曰：「不告月者，不告朔也。不告朔，則曷爲不言朔也？因月之盈虧而置閏，是主乎月而有閏也，故不言朔而言月。占天時則以星，授民事則以節，候寒暑之至則以氣，百官修其政于朝，庶民服其事于野，則主乎是焉耳矣。閏不可廢乎？曰迎日推策，則有其數，轉璣觀衡，則有其象。歸奇于扐，以象閏數也。斗指兩辰之間，象也。象數者，天理也，非人之所能爲也，故以定時成歲者，唐典也。以詔王居門終月者，周制也。班告朔于邦國，不以是爲附月之餘，而弗之數也。猶朝于廟者，幸其不已之辭。子貢欲去告朔之餼羊，子曰：『賜也，爾愛其羊，我愛其禮。』」

春秋闕疑卷二十（文公七年—十二年）

【經】七年，春，公伐邾。三月，甲戌，取須句。遂城郚。

公伐邾，間晋難也。三月，甲戌，取須句，置文公子焉。

高氏曰：「僖二十二年，公伐邾，取之以歸須句子矣。後復爲邾所取，今公又取之，置文公子焉。先書公伐邾，而後書取須句者，以見始則擅興兵以伐人之國，既又奪取其地，置人之叛臣，重其罪也。城郚，所以備邾，自伐邾至取須句，兵之在外非一日，又因而城郚，勞民甚矣。」

【經】夏，四月，宋公王臣卒。宋人殺其大夫。

宋成公卒，于是公子成爲右師，公孫友爲左師，樂豫爲司馬，鱗矔爲司徒，公子蕩爲司城，華御事爲司寇。

昭公將去群公子。樂豫曰：「不可。公族，公室之枝葉也，若去之，則根本無所庇廕矣。葛藟猶能庇其本根，故君子以爲比，况國君乎？此諺所謂庇焉而縱尋斧焉者也。必不可，君其圖之。親之以德，皆股肱也，誰敢攜貳？若之何去之？」不聽。穆、襄之族率國人以攻公，殺公孫固、公孫鄭于公宫。六卿和公室，樂豫舍司馬以讓公子卬，昭公即位而葬。

謝氏曰：「殺書人，或以衆棄言之，或以國亂言之，施于恶逆則衆棄之辭也，施于公子大夫，則國亂之辭也。」

胡氏曰：「書宋人者，國亂無政，非君命，而衆人擅殺之也。大夫不名，義繫于殺，大夫而其名不足紀也。」

【經】戊子，晋人及秦人戰于令狐。晋先蔑奔秦。

秦康公送公子雍于晋，曰：「文公之入也無衛，故有吕、郤之難。」乃多與之徒衛。穆嬴日抱太子以啼于朝，曰：「先君何罪？其嗣亦何罪？舍適嗣不立而外求君，將焉置此？」出朝，則抱以適趙氏。頓首于宣子，曰：「先君奉此子也而屬諸子，曰：『此子也才，吾受子之賜。不才，吾唯子之怨。』今君雖終，言猶在耳，而棄之，若何？」宣子與諸大夫皆患穆嬴，且畏偪，乃背先蔑而立靈公，以禦秦師。箕鄭居守。趙盾將中軍，先克佐之。荀林父佐上軍，先蔑將下軍，先都佐之。步招御戎，戎津爲右。及堇陰，宣子曰：「我若受秦，秦則賓也。不受，寇也。既不受矣，而復緩師，秦將生心。先人有奪人之心，軍之善謀也，逐寇如追逃，軍之善政也。」訓卒利兵，秣馬蓐食，潛師夜起。戊子，敗秦師于令狐，至于刳首。已丑，先蔑奔秦，士會從之。先蔑之使也，荀林父止之，曰：「夫人、太子猶在，而外求君，此必不行，子以疾辭，若何？不然將及。攝卿以往可也，何必子？同官爲寮，吾嘗同寮，敢不盡心乎？」弗聽。爲賦板之三章。又弗聽。及亡，荀伯盡送其帑及其器用財賄于秦，曰：「爲同寮故也。」八年夏，秦人伐晉，取武城，以報令狐之役。

程子曰：「晉始逆立公子雍，既而悔之，故秦興兵以納之，晉不謝秦，秦納不正，皆罪也，故稱人。晉懼秦之不肯已而擊之，故書晉及。」

常山劉氏曰：「秦敗不書者，晉曲甚故也。何者？晉使先蔑召公子雍于秦，秦爲之送，晉乃背約禦秦師而敗之，故不書秦敗，所以甚晉人之惡也。」

胡氏曰：「晉、秦稱人，晉書及，其貶之如此者，使後世臣子慎于廢立之際，不可忽也。治亂存亡，係國君之廢立，事莫重于此矣，而可以有誤乎？奕者，舉棋不定，不勝其偶，况置君而可以不定乎？」

泰山孫氏曰：「先蔑不言出者，明自軍而去也。」

樸鄉吕氏曰：「或疑左氏載先蔑逆公子雍之事，謂先蔑既是逆公子雍，不應又爲下軍將，以禦送雍之師。然按杜預注左氏，謂先蔑逆公子雍前還晉，晉人始以逆雍出軍，卒然變計立靈公以拒秦，如此則亦無疑于先蔑既逆公子雍而又爲下軍將也。」

【經】狄侵我西鄙。

公使告于晉。趙宣子使因賈季問酆舒，且讓之。舒問于賈曰：「趙衰、趙盾孰賢？」對曰：「趙衰，冬日之日也。趙盾，夏日之日也。」

許氏曰：「狄懲箕之敗，四年間一侵齊而未敢肆，至是始復侵魯、侵齊、侵宋、侵衛，晉襄既没，莫之忌矣。」

高氏曰：「魯間晋難而伐邾，狄亦間晋難而侵魯，聖人書此，罪魯之不自正也。」

【經】秋，八月，公會諸侯、晋大夫盟于扈。

齊侯、宋公、衛侯、陳侯、鄭伯、許男、曹伯會晋趙盾，盟于扈，晋侯立故也。

高氏曰：「凡盟會皆列序諸國，惟文公之世，再盟一會，但云諸侯者，中國無盟主也，何則？晋自文公以來世主諸夏之盟，襄公既没，趙盾既背秦約而立靈公，懼諸侯之討已，故不以靈公會諸侯，而已臨之。諸侯知靈公年少，政在大夫，而靡然甘心俛首，而與晋大夫盟，故春秋内斥言公，外統言諸侯，而不列序者，示無盟主，且見趙盾之專也。何以不斥趙盾？盾而置君廢君居然晋大夫而已，晋會諸侯而大夫臨盟，是大夫會之也，盾之專施于靈公可也，施于諸侯而諸侯皆聽之，亦所以慚諸侯爾。」

許氏曰：「大夫而主盟諸侯，自扈之會始也，君子恶之。」

師氏曰：「此晋趙盾始專政而出會諸侯，將以修盟主之事也，會之意實自趙盾，不名之者，不與盾之專，不可一趙盾而敵衆諸侯。止書大夫，猶曰晋之大夫皆在此云耳。不序諸侯者，此會實大夫主之。若序諸侯，則疑于首序者主盟矣。雖然，此乃晋襄死後，趙盾始會諸侯，故猶可存諸侯而不名大夫，及其擅朝既久，會盟不一，則雖欲存之，末由也已。至已甚，則不得已而明書盾以貶之焉。」

樸鄉吕氏曰：「按此年公會諸侯，晋大夫盟于扈。十五年，諸侯盟于扈。十七年，諸侯會于扈，皆略之而不序。嘗摭其事實而考之，然後知春秋之所以不序諸侯者，蓋莫有主是盟之辭也。桓、文之盛，皆序齊、晉于諸侯之上，霸主之辭也。齊桓之未盛與晉霸之不競也，則雖序齊、晉于諸侯之上，而必書曰同盟者，未純乎主霸之辭也。此年之盟與是後一盟一會，皆不序諸侯者，莫有主是盟之辭也〔一〕。」

【經】冬，徐伐莒，公孫敖如莒莅盟。

穆伯娶于莒曰戴己，生文伯，其娣聲己生惠叔。戴己卒，又聘于莒，莒人以聲己辭，則爲襄仲聘焉。冬，徐伐莒。莒人來請盟。穆伯如莒莅盟，且爲仲逆。及鄢陵，登城見之，美，自爲娶之。仲請攻之。公將許之。叔仲惠伯諫曰：「臣聞之，兵作于内爲亂，于外爲寇，寇猶及人，亂自及也。今臣作亂，而君不禁，以啓寇讐，若之何？」公止之，惠伯成之。使仲舍之，公孫敖反之，復爲兄弟如初。從之。

高氏曰：「徐本戎也。厥後自進于中國，數與中國諸侯會盟。至是興兵伐莒。蓋以中國無盟主，是以敢爾。故聖人復以夷狄書之〔二〕。」

師氏曰：「莒，魯之鄰國，有輔車之勢，脣齒之相依。魯見徐伐莒曾〔三〕不一引手以拯之，及莒求援以請盟，

〔一〕「也」，四庫本闕。
〔二〕「復以夷狄書之」，四庫本作「于是役不書人」。
〔三〕「曾」，四庫本作「會」。

公孫敖然後往莅焉，是莒素不能結援于魯，及被伐方且請盟，魯坐視鄰國被伐，及請盟而後往，書之者，所以併莒、魯而譏之也。」

【經】八年，春，王正月。

【經】夏，四月。

【經】秋，八月，戊申，天王崩。

【經】冬，十月，壬午，公子遂會晉趙盾盟于衡雍。乙酉，公子遂會雒戎，盟于暴。

晉人以扈之盟來討。冬，襄仲會晉趙孟，盟于衡雍，報扈之盟也，遂會伊雒之戎。

胡氏曰：「春秋記約而志詳，其書公子遂盟趙盾及雒戎何辭之贅乎？曰：聖人謹華戎〔二〕之辨，所以明族類，别内外也。雒邑，天地之中，而戎醜居之，亂華甚矣。再稱公子，各日其會，正其名與地，以深別之者，示中國、戎蠻〔三〕終不可雜處也。」

許氏曰：「春秋之所謹如此，而晉、唐得戎與之雜居，晉既大亂不救，唐亦幾危而侮，此爲國謀者不學春秋之過也。」

〔二〕「戎」，四庫本作「夷」。
〔三〕「戎蠻」，四庫本作「夷狄」。

愚謂：扈之盟，春秋既書公會諸侯，晋大夫盟矣。謂公不得與盟，不可也。今而公子遂復爲此盟，此自爲其私計耳。魯大夫締交强國之卿以專魯國而抗其君，自公子遂始，春秋不與也。

【經】公孫敖如京師，不至而復，丙戌，奔莒。

穆伯如周吊喪，不至，以幣奔莒，從己氏焉。

胡安定先生曰：「吊天王之喪，廢命不行，中道而止，如公孫敖之罪不容誅矣。文公不能誅之，致使自恣出奔，文公之失政又可誅矣。不書至某地而復者，以京師爲重也。」

家氏曰：「襄王于僖公母子之喪，拳拳用情，王人將命者絡繹于道，而魯侯于天王之喪漫不加意，國中豈無一介臣可使，而以淫大夫尸其事？敖當誅，文公亦當誅，春秋書法見矣。」

【經】螽。

【經】宋人殺其大夫司馬。宋司城來奔。

宋襄夫人，襄王之姊也，昭公不禮焉，夫人因戴氏之族以殺襄公之孫孔叔、公孫鐘離及大司馬公子卬，皆昭公之黨也。司馬握節以死，司城蕩意諸來奔，效節于府人而出。公以其官逆之，皆復之。

程子曰：「宋王者後，得自命官，故獨宋卿書官。」

家氏曰：「大夫司馬、司城，皆國之柄臣，穆襄之族連歲怙亂，固昭公有以致之，然嘗殺大夫而免于討，爲大夫司馬、司城者，當思所以爲防患之計，乃置之弗戒，彼負罪自疑，乘釁再作，大司馬死，司城來奔，朝廷爲之一空，由昭公信任非人，蕩意諸、公子卬等輩以私暱寵臣，布在列位，既不能慮患于平日，復不能制變于臨時，雖握節以死，委節以奔，而不勝其任甚矣。是故春秋不與之死節，死者、奔者，皆書官而不名，其義明白而易見矣。」

胡氏曰：「以官舉者，見主兵者不能其官，至于見殺；守土者，不能其官，至于出奔，而其君不免失身見弒之禍，宜矣。」

愚按：公子卬之死，蕩意諸之奔，雖若無罪。然司馬之職在于主兵，而人得以殺之，司城之職在于捍守，而至出奔。則不能其官甚矣。使司馬足以遏亂，司城足以禦敵，宋之禍何由興乎？春秋書其官，所以著官非其人，致國之亂，不書其名氏，所以見其人之所爲，皆不足紀也。

【經】九年，春，毛伯來求金。

公羊氏曰：「毛伯來求金何？以書譏。何譏爾？王者無求，求金非禮也。」

穀梁氏曰：「求車猶可，求金甚矣。」

胡氏曰：「毛伯，天子大夫，何以不稱使？當喪未君也。踰年矣，何以言未君？古者諒陰三年，百官總己以聽于冢宰，則是冢宰獨專國政之時，託于王命，以號令天下，夫豈不可而不稱使，春秋之旨微矣，非特謹天下之通喪，所以示後世大臣當國秉政不可擅權之法戒也。跋扈之臣，假仗主威，脅制中外，凡有所行動，以詔書從事，蓋未有以春秋此義折之耳。」

【經】夫人姜氏如齊。

高氏曰：「夫人出境，唯歸寧及奔父母之喪耳，皆常事不書也。非此二者，則書之。此憫出姜之失位而志之也。」

【經】二月，叔孫得臣如京師。辛丑，葬襄王。

高氏曰：「天子所以七月而葬者，欲使諸侯畢來會也。」

高郵孫氏曰：「春秋天王〔二〕書葬者五，君往者三，臣往者二，君往不書，公臣往者悉書。其人以爲，天王之喪，君不自往而使臣焉，則是無君父之恩，而廢臣子之禮也。」

胡安定先生曰：「按六年，晉侯驩卒。冬，公子遂如晉，葬晉襄公。前年，天王崩。今年，叔孫得臣如京師，葬襄王。晉，諸侯也。襄王天子也。魯皆使臣會，則是諸侯、天子可得而齊也，故書以惡之。」

【經】晉人殺其大夫先都。

夷之蒐，晉侯將登箕鄭父、先都，而使士穀、梁益耳將中軍。先克曰：「狐、趙之勳，不可廢也。」從之。先克奪蒯得田于菫陰。故箕鄭父、先都、士穀、梁益耳、蒯得作亂。至是，使賊殺先克。乙丑，晉人殺先都、

〔二〕「王」，四庫本作「土」。

梁益耳。

高氏曰：「稱人以殺者，國亂無政，衆人擅殺之辭也。先都以作亂見殺而稱人者，晉政不自其主出，而趙盾專生殺之權故也。」

【經】二月，夫人姜氏至自齊。

樸鄉吕氏曰：「夫人與君敵體者也，出必告行，反必告至，則書于策，此魯史之辭也。夫子之修春秋，于君出則書至，于夫人出則不書至，此降殺之等也。獨于此書至者，爲歸于齊起也。始書『夫人姜氏如齊』，『夫人姜氏至自齊』，卒書曰『子卒，夫人姜氏歸于齊』，然則出姜之不安于魯也舊矣。文公私嬖敬嬴之罪著矣。異時襄仲殺惡及視之兆，已萌于此時矣，聖人詳録其往來，豈特爲告至與不告哉？」

家氏曰：「姜氏始歸于魯不氏，不以夫人至，貶也。今歸寧于齊，書夫人。姜氏如齊，又書夫人。姜氏至自齊，始正其夫人之體，繫之以氏。既貶之于前，復正之于後，皆所以垂法也。夫人與國君儷體，其出、其至皆書者，辨上下之分，示衆妾不與夫人等，因歸寧而見義，非爲歸寧而得書也。」

胡氏曰：「此書至者，以見小君之重也。夫承祭祀以爲宗廟主，一國之母儀而可以動摇乎？故至而特書，以示防微杜漸之意，其爲後世慮深矣。」

【經】晋人殺其大夫士縠及箕鄭父。

三月，甲戌，晉人殺箕鄭父、士縠、蒯得。

程氏學曰：「殺二大夫已上不書及者，其事同，殺之之志均故也。書曰殺其大夫某及某者，以某之故而延及于某也。」

胡氏曰：「殺先都、士縠，國也，其稱人以殺者，國亂無政，衆人擅殺之稱也。何以知其非討賊之辭？書殺其大夫則知之矣。三大夫皆强家也，求專晉政不得，挾私怨以作亂，而使賊殺其中軍佐，則固有罪矣。曷爲不去其官？當是時，晉靈公初立，主幼不君，政在趙盾，而中軍佐者，盾之黨也，若獄有所歸，則此三人者獨無可議從末減乎？而皆殺之，是大夫專生殺，而政不自人主出也。故不稱國討，不去其官，而箕鄭父書及，示後世司賞罰者，必本忠恕，無有偏黨之意，其義精矣。」

【經】楚人伐鄭。

范山言于楚子曰：「晉君少，不在諸侯，北方可圖也。」楚子師于狼淵以伐鄭，囚公子堅、公子尨及樂耳。鄭及楚平。

泰山孫氏曰：「楚復强也，楚自城濮之敗，不敢加兵于鄭。今伐鄭者，晉文既死，中國不振故也。」

胡氏曰：「楚師貪得，無故憑陵諸夏，故楚子親將，貶而稱人。」

【經】公子遂會晉人、宋人、衛人、許人救鄭。

公子遂會晉趙盾、宋華耦、衛孔達、許大夫救鄭，不及楚師。

左氏曰：「卿不書，緩也，以懲不恪。」

家氏曰：「書救未有不善，此則書救而譏之也。楚自莊公之中世入侵蔡、鄭，漸有憑陵諸夏之心，齊桓遏其方張之萌，晉文撲其燎原之焰，中國以尊，王室以安。文公雖没，楚人猶不敢褻視。及趙盾秉政，自爲怙權之計，不復以攘夷安夏〔一〕爲己任，范山覘知其無能有爲，首勸楚商臣興狼淵之師，其志不在小，而盾也徐合諸侯之大夫，具文往救無及于事。威望頓挫，不數年間，諸侯皆服從于楚，而晉之霸業隳矣。文公以救宋而興，趙盾以緩于救鄭而屈。春秋人四國，貶其救之緩也。」

【經】夏，狄侵齊。

師氏曰：「春，楚伐鄭。夏，狄侵齊。用見夷狄〔二〕盛强，中國衰弱，視天下若無主之者，在周室固已無足觀，而主盟于諸侯以令天下者，晉能無愧乎？」

【經】秋，八月，曹伯襄卒。

【經】九月，癸酉，地震。

〔一〕「攘夷安夏」，四庫本作「救灾卹難」。
〔二〕「夷狄」，四庫本作「外域」。

任氏曰：「前此踰百年未有書地震也，而自此至哀公書地震者五。地道以静爲體，以順爲正，安于承天者也，逆其常理而不得其節焉，則震而不安其所承矣。」

師氏曰：「地屬乎陰，至静莫之動者，今此地震，是失其常爲已甚矣。以分言之，地位乎下，凡在下者，不安其分也。以道言之，地道積陰，凡屬陰者，不常其道也。在人則爲臣者，不安其分以犯君。爲小人者，不常其道以陵君子。爲四夷者〔一〕，踰分非道以侵中國。故有地之震以應之。經書地震，不在春秋之始，而在春秋之末，蓋是時不止諸侯僭天子，而大夫僭諸侯亦已久矣。不止大夫僭諸侯，而陪臣僭大夫亦已有日矣。況自齊桓死後，夷狄〔二〕争主中國會盟，晋文死後，夷狄〔三〕伐于列國，亦已非一年矣。地以之震，無足怪者，然則天地之變，未有不由人召之，凡欲消天地之變，請强其在我者可也。」

【經】冬，楚子使椒來聘。

楚子越椒來聘，執幣傲。叔仲惠伯曰：「是必滅若敖氏之宗，傲其先君，神弗福也。」

高郵孫氏曰：「莊二十三年，書荆人來聘，不言君使，又不言其臣之名。荆時尚微，春秋欲中國早爲之禦，

〔一〕「爲四夷者」，四庫本作「爲蕃服者」。
〔二〕「夷狄」，四庫本作「楚人」。
〔三〕「夷狄」，四庫本作「吴楚」。

不使之浸盛而侵漁中國也。于是來聘，君稱爵，臣稱名，非楚能自同于中國也，所以見中國之微，而夷狄〔一〕之盛，聘問往來，華夷〔二〕一爾。」

家氏曰：「春秋于楚使之三至，每書輒異者，著夷狄〔三〕之漸盛，將必爲中國患也。先書荆人來聘，疑其所以來也，繼書楚人使宜申來獻捷，憂其遂爲中國患也。今書楚子使椒來聘，著夷狄〔四〕之禍已迫，中國之人猶有未悟者也。椒去未幾，孟諸之田繼之，五國之君奔走受命，僅而獲免。先儒以爲有悔過慕義之心，春秋進之，悔過者固如是乎？慕義者固如是乎？或有重難予者曰：『楚本明德之後，剪而爲夷與戎狄〔五〕。異子爲是説，無乃絶之已甚乎？』曰：『春秋所以夷楚〔六〕，爲其僭王大號，有窺伺中原之心耳。楚有賢君，削去僭號，自同于中國之諸侯，共奬王室，夫然後可進，春秋豈絶之哉？若彼身行大不義，而録其來使之小謹，以是進之，必不可也。』」

【經】秦人來歸僖公、成風之襚。

〔一〕「夷狄」，四庫本作「荆蠻」。
〔二〕「華夷」，四庫本作「中外」。
〔三〕「夷狄」，四庫本作「荆蠻」。
〔四〕「夷狄」，四庫本作「荆蠻」。
〔五〕「剪而爲夷與戎狄」，四庫本作「介在南蠻與荒服」。
〔六〕「夷楚」，四庫本作「外楚」。

程子曰：「過時始至，故云來歸，書秦人，不云君使，以失禮夷之也。」

胡氏曰：「秦人歸禭而曰僖公、成風者，非兼禭也，亦猶平王來賵仲子而謂之惠公、仲子爾。然則寵愛仲子，以妾爲妻者，惠公也。故書惠公、仲子，所以正後世爲人夫者，當明夫道不可亂嫡、妾之分，以卑其身。尊崇風氏，立爲夫人者，僖公也。故書僖公、成風，所以正後世爲人子者，當明子道不可行僭亂之禮，以賤其父。聖人垂戒之義明矣。」

樸鄉呂氏曰：「成風薨，今六年矣，而後秦人來歸禭，則其非禮明矣。殆夷狄之借此名以交中國乎？[一]」

師氏曰：「成風死六年，秦人方來歸禭，侮禮、侮人甚矣。在夷狄[二]雖不足責，在魯何禮以受之？衣服曰禭，贈喪葬以及死者之禮既已受之，何以致之？中國禮義之邦，所爲若此，欲望夷狄之不陵侮也，難矣。」

愚按：成風薨葬，聖人以魯之臣子不敢違其國制，皆以夫人書之，此因魯史之舊也。及秦人歸禭，乃始變文，書曰『僖公、成風』，所以正其嫡、妾之分，而明其夫人之非，此修春秋之文也。學者合而觀之，則聖人筆削之意可見，而春秋垂世之義明矣。

【經】葬曹共公。

[一] 「殆夷狄之借此名以交中國乎？」四庫本作「殆秦人之借此名以交魯國乎？」

[二] 「夷狄」，四庫本作「秦人」。

【經】十年，春，王三月，辛卯，臧孫辰卒。

【經】夏，秦伐晉。

十年春，晉人伐秦，取少梁。夏，秦伯伐晉，取北徵。

程子曰：「晉舍嫡嗣而外求君，罪也。既而悔之，正也。秦不顧義理之是非，惟以報復爲事，夷狄〔一〕之道也。」

張氏曰：「康公不紹其父悔過之謀，報復無已，故狄〔二〕之。」

愚按：如傳所載，晉先伐秦，秦乃報之，則經當並書，而曲直自見。今舍晉不書，而獨罪秦，則傳之所云，未可信也。

【經】楚殺其大夫宜申。

初，楚范巫矞似謂成王與子玉、子西，曰：「三君皆將强死。」城濮之役，王思之，故使止子玉，曰：「毋死。」不及。止子西，子西縊而縣絶。王使適至，遂止之，使爲商公。沿漢泝江，將入郢。王在渚宮，下，見之。懼而辭曰：「臣免于死，又有讒言，謂臣將逃，臣歸死于司敗也。」王使爲工尹，又與子家謀弒穆王。

〔一〕「夷狄」，四庫本作「狙獪」。

〔二〕「狄」，四庫本作「外」。

穆王聞之。五月，殺鬥宜申及仲歸。

胡氏曰：「宜申與仲歸謀弒穆王而誅，則是討弒君之賊也，曷爲稱國以殺，又書其官，而不曰楚人殺宜申乎？曰：穆王者，即楚世子商臣也，而春秋之義微矣。」

陳氏曰：「宜申之罪，爲欲弒商臣，若此而同之他亂臣之列，則濫罰矣。」

家氏曰：「商臣負覆載不容之罪，凡楚國之人，皆得而誅之，而未有能討之者，宜申于楚成爲弟，其爲此謀，安知不爲先君討賊，事不獲，成以死，史遂以爲弒君。春秋原其有討賊之心，不以無將之罪罪之，是故稱國以殺，此聖人之特筆，非因乎舊史者也。」

【經】自正月不雨，至于秋七月。

【經】及蘇子盟于女栗。

頃王立故也。

師氏曰：「前王喪葬而公未嘗會，後王新立而公未嘗朝，乃及天王之大夫而與之盟，其蔑視天王，不知臣子之分甚矣。」

家氏曰：「蘇子，周卿士也。今來盟于魯，王命也。而不書王使，公及之盟而不書公及，爲天王諱過，亦爲魯諱恶也。諸侯盟于王庭，旅盟也。天子上公出盟諸侯，莅之而不與之偕盟也，此乃盟〔二〕分之所係，未聞王遣使出盟諸侯者也。今頃王即位，諸侯莫有朝京師者。王命蘇子來盟，文公儻知事君之道，當躬拜王命之辱，辭不敢盟，朝于京師而請職焉可也。今及蘇子盟于女栗，不共甚矣。或疑蘇子外交，恐不然，外交者如祭伯來是也，何以盟爲？」

【經】冬，狄侵宋。

【經】楚子、蔡侯次于厥貉。

九年夏，楚侵陳，克壶丘，以其服于晋也。秋，楚公子朱自東夷伐陳，陳人敗之，獲公子茷，陳懼，乃及楚平。至是，陳侯、鄭伯會楚子于息。冬，遂及蔡侯次于厥貉，將以伐宋。宋華御事曰：「楚欲弱我也。先爲之弱乎，何必使誘我？我實不能，民何罪？」乃逆楚子，勞，且聽命。遂道以田孟諸。宋公爲右盂，鄭伯爲左盂。期思公復遂爲右司馬。子朱及文之無畏爲左司馬。命夙駕載燧，宋公違命，無畏抶其僕以徇。或謂子舟曰：「國君不可戮也。」子舟曰：「當官而行，何彊之有？詩曰：『剛亦不吐，柔亦不茹』，『毋縱詭随，以謹罔極』，是亦非辟彊也，敢愛死以亂官乎？」

師氏曰：「狄侵宋，諸侯不能救，楚又與蔡次于厥貉以伺之，將觀宋之弊而乘之也。」

〔二〕「盟」，四庫本作「名」。

胡氏曰：「當是時，陳、鄭、宋皆從楚矣，獨書蔡侯何哉？鄭失三大夫，侯救而不及，陳獲公子茷而懼，宋方有狄難，蓋有不得已者，蔡無四境之虞，則是得已不已，志在從夷矣，故削三國，書蔡侯，見其棄諸夏之惡也。」

高郵孫氏曰：「厥貉之次，遂稱楚子。明年伐麇，又以爵書。蓋自是與中國等矣。楚夷狄而中國與之等，則夷狄益强而中國之衰益甚矣。〔一〕」

家氏曰：「前日越椒之來，諸儒謂春秋褒其來聘魯，進之而書爵，今厥貉之會，麇之伐，皆以楚子書，亦謂進之而書爵，可乎？凡書楚子，皆辨分也，彼僭號爲王，憑陵中夏，春秋懼其擬于王也，故自盂以後，多書楚子，所以削其僭名，而辨夷夏〔二〕之分，奚其爲進乎？」

【經】十有一年，春，楚子伐麇。

厥貉之會，麇子逃歸。至是，楚子伐麇，成大心敗麇師于防〔三〕渚。潘崇復伐麇，至于錫穴。

許氏曰：「楚侵伐書爵始此，中國日替矣。」

陳氏曰：「自是楚師必圍滅也而後貶，人之。」

〔一〕「楚夷狄而中國與之等，則夷狄益强而中國之衰益甚矣」，四庫本作「楚僭亂之邦，與中國等，則王政不行而中國之衰益甚矣」。

〔二〕「夷夏」，四庫本作「中外」。

〔三〕「防」，會要本作「陳」，誤。四庫本及左傳皆作「防」，據改。

家氏曰：「麇，微國也，猶耻從孟諸之田。宋，先代之後，廼與鄭伯分左右盂，夙駕載燧，而不以爲耻，由是言之，楚人伐麇，麇之榮也。」

【經】夏，叔仲彭生會晉郤缺于承筐。

謀諸侯之從于楚者。

師氏曰：「主盟于中國者，政刑不修而霸業不振，則夷狄〔一〕窺伺，欲有所肆焉。今晉靈绍文、襄再世之業，威令不行，政刑不立，大夫擅盟會，内不能令諸侯，外不能服夷狄〔二〕，是以諸侯背中國而從楚。晉之大夫不自知其弊由己作，復出會諸侯之大夫以謀治從楚者，此郤缺所以會彭生于承筐也。」

家氏曰：「楚伐麇，叔彭生會晉，比事而觀，見聖人意矣。楚商臣次于厥貉，宋、陳、鄭望風欵附，麇獨逃之。春秋書楚子伐麇，褒麇也。晉郤缺爲會于承筐，諸侯之大夫莫有至者，魯獨遣彭生如會，不以蠻夷〔三〕盛强而替于從晉，春秋書叔彭生會晉郤缺于承筐，亦褒魯也。此不待褒、貶而見者也。其後諸侯再合，卒藉魯之力。夫楚非驟强，晉非卒弱也，使趙盾能于此時禀王命，合諸侯，討貳國，楚豈不知所懼乎？彼次厥貉而三國奔走聽命，盾坐視不顧，廼徐遣郤缺爲此會，具文應敵而諸侯自是散矣。」

〔一〕「夷狄」，四庫本作「僭竊」。
〔二〕「夷狄」，四庫本作「寇亂」。
〔三〕「蠻夷」，四庫本作「楚人」。

【經】秋，曹伯來朝。

即位而來見也。

【經】公子遂如宋。

襄仲聘于宋，且言司馬〔一〕蕩意諸而復之，因賀楚師之不害也。

【經】狄侵齊。冬，十月，甲午，叔孫得臣敗狄于鹹。

鄋瞞侵齊，遂伐我。公卜使叔孫得臣追之，吉。侯叔夏御莊叔，緜房甥爲右，富父終甥駟乘。冬，十月，甲午，敗狄于鹹。獲長狄僑如。富父終甥摏其喉，以戈殺之，埋其首于子駒之門，以命宣伯。

初，宋武公之世，鄋瞞伐宋，司馬皇父帥師禦之，敗狄于長丘，獲長狄緣斯。晋之滅潞也，獲僑如之弟焚如。齊襄公之二年，鄋瞞伐齊，齊王子成父獲其弟榮如，埋其首于周首之北門，衛人獲其季弟簡如，鄋瞞由是遂亡。

高郵孫氏曰：「齊與魯，相比之國也，狄既侵齊而復加兵于魯，叔孫得臣追而敗之，不言帥師，將尊師少也。」

〔一〕「司馬」，左傳作「司城」。

高氏曰：「春秋書敗狄者四，皆不書戰，不待戰而敗之，喜中國之勝也。喜中國之勝者，不與夷狄〔一〕之抗中國也。」

師氏曰：「戎狄〔二〕之犯中國，非彼自能强盛也，實由中國衰微，有以致之耳。書叔孫得臣敗狄，所以著天下無不畏人之戎狄，將愧晋靈不能紹霸業，責其無攘夷狄之功焉〔三〕。」

【經】十有二年，春，王正月，郕伯來奔。

十一年，郕太子朱儒自安于夫鐘，國人弗徇。至是，郕伯卒，郕人立君。太子以夫鐘與郕邽來奔，公以諸侯逆之。

高郵孫氏曰：「春秋之法，諸侯失地則名，郕伯來奔，獨不書名。若郕伯，父死不葬，以此來奔，而春秋爲魯以諸侯逆之而書爲郕伯，則是寵其能叛也，何以示勸戒乎？」

泰山孫氏曰：「諸侯播越失地皆名者，皆自失國也。案莊八年師及齊師圍郕，郕降于齊師，自是入齊爲附庸，此又來奔，齊所偪爾，故不名。」

〔一〕「夷狄」，四庫本作「外域」。

〔二〕「戎狄」，四庫本作「外域」。

〔三〕「書叔孫得臣敗狄，所以著天下無不畏人之戎狄，將愧晋靈不紹能霸業，責其無攘夷狄之功焉。」四庫本作「書叔孫得敗狄，所以著僑如之勇，猶不免埋首于子駒之門，乃知尊攘之業，亦在人所自爲而已」。

【經】杞伯來朝。

始朝公也，且請絶叔姬而無絶婚。公許之。

此左氏之誤，蓋成八年脱簡。

【經】二月，庚子，子叔姬卒。

趙氏曰：「時君之女，故曰『子』，以别非先君之女也。」

薛氏曰：「其卒何？公主其喪也。國君喪未婚之女，非禮也。」

【經】夏，楚人圍巢。

楚令尹太孫伯卒，成嘉爲令尹，群舒叛楚。夏，子孔執舒子平及宗子，遂圍巢。

師氏曰：「楚來聘而書子，傷中國微，著夷狄[一]盛也。今圍巢而又人之，罪其爲日已甚也。」

【經】秋，滕子來朝。

始朝公也。

【經】秦伯使術來聘。

[一]「夷狄」，四庫本作「楚人」。

秦伯使西乞術來聘，且言將伐晉。襄仲辭玉曰：「君不忘先君之好，照臨魯國，鎮撫其社稷，重之以大器，寡君敢辭玉。」對曰：「不腆敝器，不足辭也。」三辭。賓對曰：「寡君願徼福于周公、魯公以事君，不腆先君之敝器，以爲瑞節，要結好命，所以藉寡君之命，結二國之好，是以敢致之。」襄仲曰：「不有君子，其能國乎？國無陋矣。」厚賄之。

高郵孫氏曰：「術不言氏，未氏者也。」

謝氏曰：「秦康公始遣使來修聘，故與中國同辭。」

【經】冬，十有二月，戊午，晉人、秦人戰于河曲。

秦爲令狐之役故。冬，秦伯伐晉，取羈馬。晉人禦之。趙盾將中軍，荀林父佐之。郤缺將上軍，臾駢佐之。欒盾將下軍，胥甲佐之。范無恤御戎，以從秦師于河曲。臾駢曰：「秦不能久，請深壘固軍以待之。」從之。秦人欲戰，秦伯謂士會曰：「若何而戰？」對曰：「趙氏新出，其屬曰臾駢，必實爲此謀，將以老我師也。趙有側室曰穿，晉君之壻也，有寵而弱，不在軍事，好勇而狂，且惡臾駢之佐上軍也。若使輕者肆焉，其可。」秦伯以璧祈戰于河。十二月，戊午，秦軍掩晉上軍。趙穿追之，不及。反，怒曰：「裹糧坐甲，固敵是求，敵至不擊，將何俟焉？」軍吏曰：「將有待也。」穿曰：「我不知謀，將獨出。」乃以其屬出。宣子曰：「秦獲穿也，獲一卿矣。秦以勝歸，吾何以報？」乃皆出戰，交綏。秦行人夜戒晉師，曰：「兩軍之士皆未憖也，明日請相見也。」臾駢曰：「使者目動而言肆，懼我也。將遁矣，薄諸河，必敗之。」胥甲、趙穿當軍門，呼曰：

「死傷未收而棄之，不惠也。不待期而薄人于險，無勇也。」乃止。秦師夜遁。復侵晉，入瑕。

胡氏曰：「秦伯親將，晉上卿趙盾禦之，其稱人何？爲令狐之役故也。秦納不正，遂非積怨，晉不謝秦，潛師禦之，是以暴兵連禍至此極也。」

張氏曰：「不書及，蓋言二國曲直之無相尚，而黷兵殘民，其罪均也。不書敗績，秦伯伐晉，而趙盾帥師禦之，欲待秦敝而趙穿沮其謀，秦師遂遁，無勝敗也。」

【經】季孫行父帥師城諸及鄆。

張氏曰：「所謂莒、魯争鄆，蓋始于此。前此莒未嘗與魯有争，且未嘗有事于鄆。今行父首帥師城二邑，以啓争端，魯自此與莒爲讐，而争由鄆始。書『帥師城』，罪行父也。」

家氏曰：「魯之患不在莒，而魯人每詳于備莒者，睥睨弱小以爲侵漁之計耳。城一邑已爲勞民，今一朝城二邑，其勞甚矣。」

高氏曰：「春秋書城二十九，而帥師城之者二，此及哀三年城啓陽是也。必帥師者，畏也，畏非城之道也。夫勞民而城且不可，況帥師以出乎？」

春秋闕疑卷二十一（文公十三年—十八年）

【經】十有三年，春，王正月。

【經】夏，五月，壬午，陳侯朔卒。

【經】邾子蘧蒢卒。

邾文公卜遷于繹。史曰：「利于民而不利于君。」邾子曰：「苟利于民，孤之利也。天生民而樹之君，以利之也。民既利矣，孤必與焉。」左右曰：「命可長也，君何弗爲？」邾子曰：「命在養民，死之短長，時也。民苟利矣，遷也，吉莫如之。」遂遷于繹。五月，邾文公卒。

【經】自正月不雨，至于秋七月。

【經】大室屋壞。

穀梁氏曰：「大室猶世室也。周公曰『太廟』，伯禽曰『太室』，群公曰『宫』，爲社稷之主，而先君之廟壞，極稱之，志不敬也。」

左氏曰：「大室屋壞，書，不共也。」

公羊氏曰：「譏久不修也。」

常山劉氏曰：「觀春秋之中，文公事宗廟最爲不謹，遂有大室屋壞之變，天人之際，可不畏哉？」

胡氏曰：「不雨，凡七月，而先君之廟壞，不恭甚矣。」

師氏曰：「後世有太廟室壞，而大臣不以爲異，且謂之適會，不可妨幸東都，誠春秋之罪人也。」

【經】冬，公如晉，衛侯會公于沓。

高郵孫氏曰：「沓之會，公已去魯而未至乎晉也。」

謝氏曰：「衛侯來會，故書會公。」

【經】狄侵衛。

【經】十有二月，己丑，公及晉侯盟。

高氏曰：「公朝晉而請盟，故書『公及』。」

【經】公還自晉。鄭伯會公于棐。

冬，公如晉朝，且尋盟。衛侯會公于沓，請平于晉。公還，鄭伯會公于棐，亦請平于晉。公皆成之。鄭伯與公宴于棐。子家賦鴻鴈，季文子曰：「寡君未免于此。」文子賦四月。子家賦載馳之四章。文子賦采薇之四章。鄭伯拜。公答拜。

高郵孫氏曰：「棐之會，公已去晉而未至于魯。經書還自晉者，所以見公會鄭伯于道也。」

家氏曰：「魯，望國也，諸夏所視儀而聽倡者也。方楚人爲厥貉之次，宋、鄭、陳皆背晉而即楚，獨魯使叔彭生會郤缺于承筐。魯可謂知所從矣。今文公復如晉及晉侯盟于是，衛侯于其往而會之于沓，鄭伯及其還而會之于棐，俱以魯爲介，而求成于晉。彼非有懼于晉也，魯君介然不忍即夷，而有以感其羞惡之心也。是時，晉已失諸侯，因叔仲之往會，魯君之特盟，而諸侯散者復合，明年遂會于新城，魯爲倡也。」

高氏曰：「鄭、衛舍晉而從楚，豈得已哉？强弱之勢不敵，滅亡之徵可待，始爲一時之計爾，而晉未之察，季文子相魯侯，爲之請成，以舒兩國之禍，春秋善和難，故詳志之，且見公一出而二國附如此，惜乎其自怠也。」

【經】十有四年，春，王正月，公至自晉。

【經】邾人伐我南鄙，叔彭生帥師伐邾。

邾文公之卒也，公使吊焉，不敬。邾人來討，伐我南鄙，故惠伯伐邾。

高氏曰：「邾人特以使人不敬，遽興兵以伐人之國，則已甚焉。邾人來也，不敢近我，止伐南鄙而已，魯之報也，往伐其國，則又甚焉。」

家氏曰：「魯以七年伐邾，取須句，邾人不能報。至是，忽興南鄙之師，傳謂魯人吊喪，不敬，邾以是來討，彼小國安敢責禮于大國？亦修怨耳。春秋聯書，所以交致其責。」

【經】夏，五月，乙亥，齊侯潘卒。

子叔姬妃齊昭公，生舍。叔姬無寵，舍無威。公子商人驟施于國，而多聚士，盡其家，貸于公，有司以繼之。夏，五月，昭公卒，舍即位。

【經】六月，公會宋公、陳侯、衛侯、鄭伯、許男、曹伯、晉趙盾。癸酉，同盟于新城。

從于楚者服，且謀邾也。

謝氏曰：「新城之盟，晉爲盟主，大夫不可先諸侯，故晉趙盾叙曹伯下。」

穀梁氏曰：「同者，有同也，同外楚也。」

程子曰：「諸侯始會，議合而後盟。盟者，志同故書同，同懼楚也。」

胡氏曰：「志諸侯同欲，非强之也。而宋公、陳侯、鄭伯在焉，則知楚次厥貉，三國雖從，誠有弗獲已者，削而不書，蓋恕之也。蔡不與盟，果有背華即夷[一]之實矣。夷考晉、楚行事，未有以大相遠，而春秋予奪如此者。荆楚僭王，若與同好，陵蔑中華，是將代宗周爲共主，君臣之義滅矣，可不謹乎？」

[一]「背華即夷」，四庫本作「背晉即楚」。

薛氏曰：「踐土之會，十九年矣，晋士穀再合諸侯而功不就，雖嘗潰沈而不救江之滅。九年，楚復伐鄭，故諸侯懼而同此盟，晋侯怠而大夫主之，宜其不能振也。」

陳氏曰：「向也扈之盟，不序諸侯，此其復序何？諸夏之志也。晋救江無功，救鄭無功，與秦亟戰，而楚浸强，交聘于中國，得蔡、次厥貉矣。而晋遂不競。于是公朝晋，衛侯來會。公還自晋，鄭伯來會。諸夏之懼矣，汲汲于晋而爲此盟，如之何勿序也？以諸夏汲汲于晋也，而徒以趙盾主是盟，書曰『同盟』，同衆辭也，自幽以來未之有也，則不與晋以主是盟之辭也。」

【經】秋，七月，有星孛入于北斗。

周内史叔服曰：「不出七年，宋、齊、晋之君皆將死亂。」

穀梁氏曰：「孛之爲言猶茀也。」

高郵孫氏曰：「星孛之異，經書之者三，而皆曰『有』者，不宜有之辭，且不知其孛者何星，闕所不知也。」

胡氏曰：「孛者，悪氣所生，闇亂不明之貌也。入于北斗者，斗有環域，天之三辰，綱紀星也。宋，先代之後。齊、晋，天子方伯，中國紀綱。禎祥妖孽，随其所感，先事而著。後三年，宋弑昭公。又二年，齊弑懿公。又二年，晋弑靈公。此三君者，皆違道失德而死于亂符。叔服之言天之示人顯矣，史之有占明矣。」

【經】公至自會。

高氏曰：「晉人因新城之盟，遂以諸侯之兵納捷菑。而此先致公者，見諸侯皆使卿行也，自是公出皆致矣。」

【經】晉人納捷菑于邾，弗克納。

邾文公元妃齊姜，生定公。二妃晉姬，生捷菑。文公卒，邾人立定公。捷菑奔晉。晉趙盾以諸侯之師八百乘納捷菑于邾。邾人辭曰：「齊出貜且長。」宣子曰：「辭順而弗從，不祥。」乃還。

高氏曰：「捷菑爲人之子，去君父而奔他國，又欲藉他國之兵以歸，篡其兄，罪不容誅，故不繫之邾也。納者，不當納之辭。」

胡氏曰：「在易·同人之九四曰：『乘其墉，弗克攻，吉。』象曰：『乘其墉，義弗克也。其吉，則困而反則也。』其趙盾之謂矣。聖人以改過爲大，過而不改，將文過以遂非，則有怙終之刑，過而能悔，不貳以遠罪，則有遷善之美，其曰『弗克納』，見私欲不行，可以爲難矣。然則何以稱人？大夫而置諸侯，非也。聞義能徙，故爲之諱。内以諱爲貶，外以諱爲善。」

高郵孫氏曰：「春秋之義，可責者，責之，不可責者，不責之。春秋納諸侯者，蓋皆書其君與其臣之帥師也。公伐齊，納子糾。楚子圍陳，納頓子于頓。齊高偃帥師，納北燕伯于陽。晉趙鞅帥師，納衛世子蒯聵于戚。不書其君，即書其臣，未有貶之曰人者。晋人納捷菑于邾，弗克納，非其君則臣也，然而不書其名則曰人者，豈以晋人知捷菑之不可納，畏義而反，不敢以兵加邾焉？爲可責而責之歟？用兵者多矣，齊桓之師則貶之。納君者多矣，晋弗克納則貶之。可責者，然後責之也。」

【經】九月，甲申，公孫敖卒于齊。

穆伯之從己氏也，魯人立文伯。穆伯生二子于莒而求復，文伯以爲請。襄仲使無朝。聽命，復而不出，三年而盡室以復適莒。文伯疾而請曰：「穀之子弱，請立難也。」許之。文伯卒，立惠叔。穆伯請重賂以求復，惠叔以爲請，許之。將來，九月，卒于齊。告喪，請葬，弗許。

穀梁氏曰：「奔大夫不言卒，而言卒，何也？爲受其喪，不可不卒也，其地于外也。」

【經】齊公子商人弑其君舍。

秋，七月，乙卯，夜，齊商人弑舍而讓元。元曰：「爾求之久矣。我能事爾，爾不可使多蓄憾，將免我乎？爾爲之。」齊人定懿公，使來告難。齊公子元不順懿公之爲政也，終不曰「公」，曰「夫己氏」。

穀梁氏曰：「舍立未踰年，其曰君，何也？成舍之爲君，所以重商人之弑也。」

愚按：州吁、商人皆弑君之賊。州吁則削其屬籍，不書公子，商人則存其屬籍，書公子者，聖人豈無意乎？蓋削其屬籍，使人有所畏而不敢爲，欲天下之絶是禍也。存其屬籍，使人有所感而不忍，欲天下之無是禍也。不削之于前，則無以杜亂臣賊子簒弑之萌。不存之于後，則無以啓天下後世悔悟之念。春秋多變例，非聖人孰能修之？

【經】宋子哀來奔。

宋高哀爲蕭封人，以爲卿，不義宋公而出，遂來奔。

左氏曰：「書『宋子哀來奔』，貴之也。」

高郵孫氏曰：「春秋出奔之大夫，未有以字書者，而子哀之奔，特書其字，考之于經，明年宋弑其君，而左氏以爲不義宋公而出，然則子哀見其國之將亂，不忍食其禄，而無救其禍，于是違而去之。春秋以爲得去就之分，故賢而字之也。」

【經】冬，單伯如齊。齊人執單伯。齊人執子叔姬。

單伯如齊請子叔姬，齊人執之。又執子叔姬。

高氏曰：「商人弑其君而囚其母，又怒單伯之來請，因誣單伯以淫子叔姬而併執之。春秋兩書齊人。執者，不可及也。不可及者，所以明單伯、子叔姬之無是事也。别而言之，若二事焉，所以重齊人之罪恶也。明年書『單伯至自齊』，又書『齊人來歸子叔姬』，則知齊人執之者，誣也。然聖人不直書商人執而以齊人執之爲辭，何也？商人罪恶已著矣。齊人不能討弑君之賊，俱北面而事之，又聽執其君母而加污辱之名，則黨恶之罪均不可赦，故兩書其人，所以窮逆賊之黨，與而治之也。」

【經】十有五年，春，季孫行父如晋。

爲單伯與子叔姬故也。

張氏曰：「魯不能閒暇明政刑以義討齊，而反因晋以求于齊。行父爲大夫，不能請討弑君之賊；晋爲盟主，不能奉天討于商人，皆罪也。」

【經】三月，宋司馬華孫來盟。

宋華耦來盟，公與之宴。辭曰：「君之先臣督，得罪于宋殤公，名在諸侯之策，臣承其祀，其敢辱君，請承命于亚旅。」魯人以爲敏。

穀梁氏曰：「司馬，官也。其以官稱，無君之辭也。」

家氏曰：「春秋書『宋司馬華孫來盟』，言不以君命至也。」

謝氏曰：「華孫安暴君之朝，食污君之禄，進無直諫之忠，退無潔身之義，姦邪同黨，爲昭公以國事來盟。書『華孫』，貶之也。書『司馬』，著其失職也。華，氏。孫，名。左氏以爲字，誤矣。」

【經】夏，曹伯來朝。

劉氏權衡曰：「周禮·大行人之職曰：『凡諸侯之邦交，歲相問也，殷相聘也，世相朝也。』」

愚按：春秋書此，以起齊人伐曹、入郛之文，且爲不能以禮自守而妄悦于人以招禍亂者之戒。

【經】齊人歸公孫敖之喪。

齊人或爲孟氏謀曰：「魯，爾親也，飾棺置諸堂阜，魯必取之。」從之。卞人以告。惠叔猶毁以爲請，立于朝以待命，許之，取而殯之。齊人送之。葬視共仲。聲己不視，帷堂而哭。襄仲欲勿哭，惠伯曰：「喪，親之終也，雖不能始，善終可也。史佚有言曰：『兄弟致美。』救乏、賀善、吊灾、祭敬、喪哀，情雖不同，毋絶其愛，親之道也。子無失道，何怨于人？」襄仲説，帥兄弟以哭之。

許氏曰：「以敖之醜，奔而録卒，録其喪歸，春秋爲之屢見于經者，以文伯、惠叔之哀誠無已也。易曰：『有子考，無咎。』書曰：『尚蓋前人之愆，惟忠惟孝』，故聖人以敖著教焉。」

張氏曰：「趙鞅之誓師曰：『桐棺三寸，不設屬辟，素車樸馬，無入于兆。』此公孫敖之葬。禮，孝子慈孫，所不能改者與。」

【經】六月，辛丑，朔，日有食之。鼓，用牲于社。

【經】單伯至自齊。

齊人許單伯請而赦之，使來致命。

高氏曰：「内大夫爲他國所執而見釋者，皆書其至，以見執非其罪，且執之書，則其歸不得不著也。」

【經】晉郤缺帥師伐蔡。戊申，入蔡。

新城之盟，蔡人不與。晉郤缺以上軍、下軍伐蔡，曰：「君弱，不可以怠。」戊申，入蔡，以城下之盟而還。

許氏曰：「言伐、言入，甚之也。」

師氏曰：「以蔡從楚，背中國而即夷狄，固天下之罪人。主盟者從而問罪，是有辭以伐之似矣。然不會諸侯，而獨以大夫往，則是主盟之事，不惟晉自擅行，又且專行于晉之大夫。此皆晉靈不能紹霸，而政在大夫之過也。」

陳氏曰：「自伐書陽處父，入書郤缺，侵書趙穿，由是凡役書大夫。雖大夫自爲戰，書大夫。甚者大夫與君戰，亦書大夫，是經之變文也。」

【經】秋，齊人侵我西鄙。季孫行父如晉。冬，十有一月，諸侯盟于扈。

秋，齊人侵我西鄙，故季文子告于晉。冬，十有一月，晉侯、宋公、衛侯、蔡侯、陳侯、鄭伯、許男、曹伯盟于扈。尋新城之盟，且謀伐齊也。齊人賂諸侯〔二〕，故不克而還。于是有齊難，是以公不會。

陳氏曰：「此晉侯、宋公、衛侯、蔡侯、陳侯、鄭伯、許男、曹伯也，曷爲不序？散辭也。新城之盟，不

〔二〕「諸侯」，四庫本作「晉侯」。

可以不序，徒以諸夏之志焉耳，而晉侯不出，于是楚霸成，而頃王崩葬不見于春秋，諸侯無統紀甚矣。故終靈公之篇，凡合諸侯皆散辭。」

家氏曰：「齊商人弑其君，執其君之母，晉人討之，師直辭壯，何患不克？今以討召諸侯，以賂釋簒賊，由晉靈幼弱不君，趙盾怙權自私，導其君以賄，晉靈豈知爲此乎？春秋于是不書晉會諸侯于扈，而書諸侯盟于扈，削晉霸而同之于諸侯，其貶晉也大矣。」

師氏曰：「不序諸侯，以諸侯之所爲不足序，而主盟者不足以令諸侯也。」

【經】十有二月，齊人來歸子叔姬。

高氏曰：「晉會諸侯盟于扈，受齊賂而不伐齊，故齊人自歸子叔姬，以解諸侯之意。凡内女見黜，皆書來歸，罪在姬也。此書齊人來歸者，罪在齊人也。」

家氏曰：「書齊人執子叔姬，齊人歸子叔姬，閔姬而病魯也。」

【經】齊侯侵我西鄙，遂伐曹，入其郛。

齊侯侵我西鄙，謂諸侯不能也。遂伐曹，入其郛，討其來朝也。季文子曰：「齊侯其不免乎？己則無禮，而討于有禮者，曰：『女何故行禮？』禮以順天，天之道也，己則反天，而又以討人，難以免矣。」

高氏曰：「諸侯爲扈之會，不能討齊國弑君之賊，反受其賂而還，是成商人之爲君也，故自此遂書齊侯，以罪諸侯〔一〕之會于扈者。」

謝氏曰：「書侵、書入，罪之也。書遂，著暴也。」

陳氏曰：「一役而再有事，不悉書也。苟悉書也，則以遂言之，兵事言遂，必天下之大故也。此其言遂何？齊始敗夏盟也。」

許氏曰：「魯盡禮于晋而見侵，弗恤。曹修禮于魯而被伐，莫救。此仁義之所以日壞，而兵革之所以方興也。」

【經】十有六年，春，季孫行父會齊侯于陽穀。齊侯弗及盟。

及齊平。公有疾，使季文子會齊侯于陽穀。請盟，齊侯不肯，曰：「請俟君間。」

高氏曰：「以行父當齊侯，宜齊侯弗肯與盟也，而曰『弗及』者，耻也，内辭也。」

謝氏曰：「陽穀之會，文公遣大夫出盟大國，至使失歡于齊，將以保國而反以危國，書『弗及盟』，危之也。危之著，文公之倦于政也。」

家氏曰：「春秋備書行父、襄仲如齊、如晋，請援乞盟，辭繁而不厭者，哀魯國之無人，坐視逆商憑陵，莫如之何也。」

〔一〕「諸侯」，四庫本作「諸國」。

【經】夏，五月，公四不視朔。

程氏學曰：「古者頒告朔于邦國，諸侯受而藏之祖廟，每月朔，朝于廟，告而行之。然則朝廟者，謂告月也。」

穀梁曰：「公四不視朔，公不臣也，以公爲厭政已甚矣。」

高氏曰：「前此未有書不視朔者，若其有疾，則亦常事不書耳。此特書者，見公非有疾而然也。」

張氏曰：「文公自是因循不講告朔之禮，以致餘公不復舉行，所以定、哀之時，聖人有我愛其禮之言，羊存而禮廢，其必始于此矣。」

【經】六月，戊辰，公子遂及齊侯盟于郪丘。

公使襄仲納賂于齊侯，故盟于郪丘。

高氏曰：「陽穀之會，齊侯弗及盟者，晋爲魯故，會諸侯于扈，將以伐齊。齊侯賂之，遂不果伐。于是齊侯欲取償于魯。至是，公使公子遂納賂于齊而復求盟，所以得盟于郪丘，則有辭矣。」

謝氏曰：「郪丘之盟，齊爲盟主，盟以魯大夫及齊侯者，抑齊之强也。抑齊之强者，責其以賂屈魯而盟也。」

家氏曰：「齊、魯皆千乘之國，齊能伐魯，魯豈不能捍齊？況直而壯者，在魯。曲而老者，在齊。彼以其力，我以吾義，吾何慊于彼？而行父、襄仲乞盟不得，至納賂以求盟，視長勺、乘丘之大夫，真可以愧死矣。」

【經】秋，八月，辛未，夫人姜氏薨。

杜氏曰：「僖公夫人，文公母也。」

【經】毁泉臺。

有蛇自泉宫出，入于國，如先君之數。秋，八月，辛未，聲姜薨，毁泉臺。

公羊曰：「毁泉臺，何以書？譏。何譏爾？築之譏，毁之譏。先祖爲之，己毁之，不如勿居而已矣。」

謝氏曰：「上之所爲，下之所效，國君舉動，不可以不慎也。物之不足疑，情之不足信者，明君弗惑也。興之無利于民，廢之無益于民者，明君弗爲也。故灾變妖孽之來，不以邪説亂其心，不以無稽之言貳其聽，反身修德以應之而已。魯人以蛇出泉宫，夫人繼歿，由是恶泉臺而毁之，惑之大者也。書毁泉臺，罪其不明也。」

愚謂：魯因蛇妖毁泉臺以惑衆，固有罪矣。苟不因蛇妖而毁之，亦徒勞百姓之力，彰先祖之過而已，何益于政治哉？公羊之論，蓋得之矣。

【經】楚人、秦人、巴人滅庸。

楚大饑，戎伐其西南，至于阜山，師于大林。又伐其東南，至于陽丘，以侵訾枝。庸人帥群蠻以叛楚。麇人帥百濮聚于選，將伐楚。于是申、息之北門不啟。楚人謀徙于阪高。蔿賈曰：「不可。我能往，寇亦能往。不如伐庸。」乃出師。旬有五日，百濮乃罷。自廬以往，振廩同食。次于句澨。使廬戢黎侵庸，及庸方城，庸人逐之，囚子揚窗。三宿而逸，曰：「庸師衆，群蠻聚焉，不如復大師，且起王卒，合而後進。」師叔曰：「不可。姑又與之遇以驕之。彼驕我怒，而後可克。先君蚡冒所以服陘隰也。」又與之遇，七遇皆北，唯裨、儵、魚人實逐之。庸人曰：「楚不足與戰矣。」遂不設備。楚子〔一〕乘馹，會師于臨品，分爲二隊，子越自石溪，子貝自仞，以伐庸。秦人、巴人從楚師，群蠻從楚子盟，遂滅庸。

張氏曰：「庸乘饑饉，率蠻危楚，楚一畏徙，則無以保其國矣。然禦變待敵，亦制服之而已，夷人宗社，豈王法之所容乎？」

家氏曰：「秦人不以成周建國自重，儕于僭號之夷楚〔二〕，與之連兵伐國，異乎小國之脅從于楚者矣。自是春秋始狄〔三〕秦。」

【經】冬，十有一月，宋人弒其君杵臼。

宋公子鮑禮于國人。宋饑，竭其粟而貸之。年自七十以上，無不饋詒也。時加羞珍異。無日不數于六卿之

〔一〕「楚子」，會要本作「楚人」，四庫本及左傳皆作「楚子」，據改。
〔二〕「夷楚」，四庫本作「强楚」。
〔三〕「狄」，四庫本作「外」。

門。國之材人，無不事也；親自桓以下，無不恤也。公子鮑美而艷，襄夫人欲通之而不可，乃助之施。昭公無道，國人奉公子鮑以因夫人。

于是華元爲右師，公孫友爲左師，華耦爲司馬，鱗矔爲司徒，蕩意諸爲司城，公子朝爲司寇。初，司城蕩卒。公孫壽辭司城，請使意諸爲之。既而告人曰：「君無道，吾官近，懼及焉。棄官則族無所庇。子，身之貳也。姑紓死焉，雖亡子，猶不亡族。」

既，夫人將使公田孟諸而殺之。公知之，盡以寶行。蕩意諸曰：「盍適諸侯？」公曰：「不能其大夫至于君祖母以及國人，諸侯誰納我？且既爲人君而又爲人臣，不如死。」盡以其寶賜左右而使行。夫人使謂司城去公，對曰：「臣之而逃其難，若後君何？」

冬，十有一月，甲寅，宋昭公將田孟諸，未至，夫人王姬使帥甸攻而殺之。蕩意諸死之。文公即位，使毋弟須爲司城。華耦卒，而使蕩虺爲司馬。

胡氏曰：「此襄夫人使甸殺之也，而書宋人者，昭公無道，國人之所欲弒也。君無道而弒之，可乎？諸侯殺其大夫，雖當于罪，若不歸諸司寇，猶有專殺之嫌，以爲不臣矣，况于北面歸戴，奉之以爲君也？昭公無道，聖人以弒君之罪歸之宋人者，以明三綱人道之大倫，君臣之義不可廢也。然則有土之君，可以肆于民上而無誅乎？諸侯無道，天子、方伯在焉，臣子、國人其何居死于其職，而明于去就從違之義斯可矣。蕩意諸亦死職，春秋削之，不得班于孔父、仇牧、荀息何也？三子閑其君而見殺〔一〕，春秋之所取也，意諸知國人將弑其君而不能止，知昭公之將見殺而不能正，坐待其及而死之，所謂匹夫、匹婦自經于溝瀆而莫知之也，奚得與死于其職者比乎？聖人所以獨取高哀之去而書字以褒之也。」

【經】十有七年，春，晉人、衛人、陳人、鄭人伐宋。

晉荀林父、衛孔達、陳公孫寧、鄭石楚伐宋，討曰：「何故弑君！」猶立文公而還。

程子曰：「行天討而成其亂，失天職也，故不卿之。」

謝氏曰：「伐宋，討逆之師也。逆亂未治，乃立公子鮑而還。師莫大于行義，義莫大于討逆。將以行義討逆而其終反成宋亂，故大夫皆貶稱人。」

【經】夏，四月，癸亥，葬我小君聲姜。

【經】齊侯伐我西鄙。

【經】六月，癸未，公及齊侯盟于穀。

齊侯伐我北鄙，襄仲請盟。六月，盟于穀。

〔一〕「三子閑其君而見殺」，四庫本作「二子閑其君而不能」。

家氏曰：「魯當討齊者也，魯不能討齊，反坐受逆商之侮盟。其臣以爲未厭，復伐之而盟其君。齊之無道亦極矣，魯之不振亦甚矣。嗟夫！齊商傲而日益淫，魯文卑而日益索。淫與索，皆將死之證，而商又恶之稔歟。宜其及于難。」

【經】諸侯會于扈。

晉侯蒐于黄父，遂復合諸侯于扈，平宋也。公不與會，齊難故也。于是晉侯不見鄭伯，以爲貳于楚也。鄭子家使執訊而與之書，以告趙宣子。晉鞏朔行成于鄭，趙穿、公壻池爲質焉。冬，十月，鄭太子夷、石楚爲質于晉。

家氏曰：「兩扈之盟，諸侯不序，春秋所以削晉霸而著其黨逆之罪也。齊商人弒其君，盾爲會于扈，曰：『將以討之』，卒以取賂而止。今宋弒君，盾復合四國之大夫，曰『將以討之』，既而立鮑而還。鮑既立矣，位既定矣，乃復爲會于扈，扈之山川、鬼神亦將爲之切齒，況于在會之諸侯乎？故春秋特削其霸，書曰『諸侯會于扈』。或曰，桓二年，宋督弒其君，齊、魯、陳、鄭爲會于稷，春秋書曰『以成宋亂』。今晉人兩扈之會，視稷無以相遠，春秋不書成齊亂，成宋亂，何哉？曰：督之弒，霸事未興，齊、魯、陳、鄭相率而往，共奬篡賊也，故春秋書『成亂』，並責在會之人也。今晉主夏盟，商與鮑後先弒君，皆納賂而無討，更要討篡之諸侯，共定篡賊之位，罪浮于稷，故春秋削霸以示討，此其事雖同，而書法異也。」

胡氏曰：「大夫無沐浴之請，則貶而稱人，諸侯無討賊之功，則略而不序，不然，是廢君臣之義，人欲肆而天理滅矣。」

【經】秋，公至自穀。冬，公子遂如齊。

襄仲如齊拜穀之盟，復曰：「臣聞齊人將食魯之麥，以臣觀之，將不能。齊君之語偷。臧文仲有言曰：『民主偷，必死。』」

師氏曰：「既以躬行而及之盟，其卑遜不爲不至，既盟之後，方抵國稅駕，不望齊侯遣使來謝，乃使公子遂如齊朝聘以謝之，公之所爲，甘于屈辱，如此何以君魯哉？」

【经】十有八年，春，王二月，丁丑，公薨于臺下。

齊侯戒師期，而有疾，醫曰：「不及秋，將死。」公聞之，卜，曰：「尚無及期。」惠伯令龜，卜楚丘占之曰：「齊侯不及期，非疾也。君亦不聞。令龜有咎。」二月，丁丑，公薨。

高郵孫氏曰：「人君之薨，必于路寢，非路寢者，皆不正也。其曰『臺下』，蓋又甚焉。朱子曰：『一毫不正，則有累于其生。』故春秋書公薨，必謹其地，學者要當知，古人所以嚴終如此。」

【經】秦伯罃卒。

【經】夏，五月，戊戌，齊人弒其君商人。

齊懿公之爲公子也，與邴歜之父争田，弗勝。及即位，乃掘而刖之，而使歜僕納閻職之妻，而使職驂乘。夏，五月，公游于申池。二人浴于池。歜以扑抶職。職怒。歜曰：「人奪女妻而不怒，一抶女庸何傷？」職曰：「與刖其父而弗能病者，何如？」乃謀弒懿公，納諸竹中。歸，舍爵而行。齊人立公子元。

高氏曰：「春秋之法，弒君之賊，以弒君討之，則以賊書。商人弒君自立，至于五年，宜加討賊之辭，而稱齊人弒其君者，齊人恬不討賊，皆北面事之，遂令商人專行無道，而邴歜、閻職乃自以私怨殺之，故以弒君之罪歸之齊人，以誅亂賊之黨，且見齊無臣子，而商人得遂爲君也。既君之，復弒之，則代篡代立，相弒之禍，何時而已？故雖魯桓篡弒自立，聖人不没其罪，然亦從而君之，所以明君臣之大義，定萬世之法。此但不出弒君之名，以著商人有以致之也。」

胡氏曰：「刖邴歜之父，而使歜僕納閻職之妻，而使職驂乘。二人者，實弒懿公，于法宜書曰盜，而特變其辭以爲齊人，何也？亂臣賊子之動于恶，必有利其所爲而與之者，人人不利其所爲而莫之與，則孤危獨立，無以濟其恶，篡弒之謀熄矣。齊人貪公子一時之私施，不顧君臣萬世之大倫，弒其國君，則靦面以爲之臣而不能討。執其君母，則拱手以聽其所爲而不能救，故于懿公見殺，特不書盜，反以弒君之罪歸諸齊人，所謂拔本塞源，懲禍亂之所由也。」

【經】六月，癸酉，葬我君文公。

【經】秋，公子遂、叔孫得臣如齊。

秋，襄仲、莊叔如齊，惠公立故，且拜葬也。文公二妃敬嬴，生宣公。敬嬴嬖，而私事襄仲。宣公長而屬諸襄仲。襄仲欲立之，叔仲不可。仲見于齊侯而請之，齊侯新立而欲親魯，許之。

胡氏曰：「使舉上客，將稱元帥，此春秋立文之常體也，其有變文書介副者，欲以起問者，見事情也。子赤，夫人之子，今卒于弑，不著其實，是爲國諱恶，無以傳信于將來，而春秋之大義隱矣，故上書大夫並使，下書夫人歸于齊，中曰『子卒』，則見禍亂邪謀發于奉使之日，而公子遂弑其君之罪著矣。」

【經】冬，十月，子卒。

冬，十月，仲殺恶及視而立宣公。仲以君命召惠伯。其宰公冉務人止之，曰：「入必死。」叔仲曰：「死君命，可也。」公冉務人曰：「若君命，可死。非君命，何聽？」弗聽，乃入。殺而埋之馬矢之中。公冉務人奉其帑以奔蔡，既而復叔仲氏。

陳氏曰：「恶位未定，則其稱『子卒』何？成之爲在丧之君也。凡君在丧，恒稱子。猶未葬也，則稱子某。于是公子遂殺恶而立宣公，故成之爲在丧之君，以弑罪罪宣公也。」

胡氏曰：「子卒何以不日？遇弑不忍言也。既葬不名。不名而遇弑者，不日。以見其弑子赤是也。」

張氏曰：「叔彭生身爲大臣，既無以拯救文公，又不能知公子遂之邪謀，有公冉務人之忠言而不能用，甘心就死，無一毫扶持之實，没而不書，有以也哉。」

【經】夫人姜氏歸于齊。

將行，哭而過市曰：「天乎，仲爲不道，殺適立庶。」市人皆哭，魯人謂之哀姜。

胡氏曰：「書夫人，則知其正。書姜氏，則知其非見絶于先君。書歸于齊，則知無罪。異于孫于邾者。而魯國臣子殺嫡立庶，敬嬴、宣公不能事主君、存嫡母，其罪不書而並見矣。」

家氏曰：「是時風教大壞，亂臣披猖。齊人弑其君舍而歸叔姬于魯。魯人弑其君赤而歸姜氏于齊。弑君出母，後先一轍，王綱隳頹，霸政掃地，莫有聲其罪而討之者，吾意聖人把筆至此，重爲三歎云。」

【經】季孫行父如齊。

許氏曰：「文子之行，告宣公立也。前乎子卒，書如齊。後乎子卒，書如齊。齊與聞故也。所以惡齊也。」

高氏曰：「按左傳宣十八年，公薨，季孫行父言于朝曰：『使我殺嫡立庶，以失大援者，仲也。』則知行父實與公子遂同弑子惡而立宣公，故夫人姜氏歸于齊，而行父遽如齊焉。惡實齊之甥，恐齊人聽夫人之訴而來討，于是議納賂以講平焉。此見魯國臣子之罪，皆不可勝誅也。」

【經】莒弑其君庶其。

莒紀公生太子僕，又生季佗，愛季佗而黜僕，且多行無禮于國。僕因國人以弑紀公，以其寶玉來奔，納諸宣公。公命與之邑，曰：「今日必授。」季文子使司寇出諸境，曰：「今日必達。」公問其故，季文子使太史克對曰：「先大夫臧文仲教行父事君之禮，行父奉以周旋，弗敢失隊。曰：『見有禮于其君者，事之如孝子之養父母也。見無禮于其君者，誅之如鷹鸇之逐鳥雀也。』先君周公制周禮曰：『則以觀德，德以處事，事以度功，功以食民。』作誓命曰：『毀則爲賊，掩賊爲藏，竊賄爲盗，盗器爲姦。主藏之名，賴姦之用，爲大凶德，有常無赦，在九刑不忘。』行父還觀莒僕，莫可則也。孝悌忠信爲吉德，盗賊藏姦爲凶德。夫莒僕，則其孝敬，則弑君父矣；則其忠信，則竊寶玉矣。其人，則盗賊也；其器，則姦兆也。保而利之，則主藏也。以訓則昏，民無則焉，不度于善，而皆在于凶德，是以去之。」

公羊氏曰：「稱國以弑者，衆弑君之辭。」

家氏曰：「楚夷也〔一〕，商臣之弑，聖人不以其夷國〔二〕而遂略之。莒雖小邦諸夏也〔三〕，使紀公之死，世子預聞。春秋書法，當視商臣，必無稱國以弑之理，當從公羊之説。」

〔一〕「楚夷也」，四庫本作「弑君者，天下之大恶」。
〔二〕「其夷國」，四庫本作「荆楚」。
〔三〕「邦諸夏也」，四庫本闕。

春秋闕疑卷二十二（宣公元年—六年）

宣公

公名倭，一名接，又作委。文公之子，匡王五年即位。謚法：善問周達曰宣。

【經】元年，春，王正月，公即位。

高氏曰：「宣公受弑賊之立，而不復討賊，是與聞乎弑，此不天無王之甚者，而書『春，王正月，公即位』者，以天道王法正其自即位之罪也。」

【經】公子遂如齊逆女。

胡氏曰：「魯秉周禮，喪未期年，遣卿逆女，何亟乎？太子赤，齊出也。仲遂殺子赤及其母弟而立宣公，懼于見討，故結婚于齊，爲自安計，越典禮以逆之，如是其亟而不顧者，必敬嬴、仲遂請齊立接之始謀也。」

高氏曰：「逆女，親者也。使大夫，非正也。公子遂，蓋公族之尊者，尤不可也。」

家氏曰：「書『即位』，書『逆女』，書『遂以夫人婦姜至自齊』，書『齊人取濟西田』，著魯人結齊之援，以弒其君，著齊人輔魯之篡，俾弒其君。蓋明王法以治齊魯之罪，二國皆有討也。嗟夫！如齊稟命而歸弒其君者，公子遂也。如齊逆女，亦公子遂也。如齊割地以賂者，亦公子遂也。春秋備書，以見請婚割地，弒君篡國，始終其事者，此一賊之所爲，誅齊也，治魯也，誅襄仲也，治宣公也，學者備觀前後書法而識春秋之旨，所謂不加誅斥，而義自見者也。」

【經】三月，遂以夫人婦姜至自齊。

公羊曰：「遂何以不稱公子？一事而再見者，卒名也。」

陳氏曰：「夫人婦姜，氏有姑之恒稱也。若妾姑也，則不書氏。是故有成風，則出姜不氏。有敬嬴，則穆姜不氏。所以別嫡姑也。」

胡氏曰：「凡稱婦者，其辭雖同，立義則異。逆婦姜于齊，病文公也。以婦姜至自齊，責敬嬴也。敬嬴嬖妾，私事襄仲，以其子屬之，殺世適兄弟，出主君夫人，援成風故事，即以子貴爲國君母。斬焉在衰服之中，請婚納婦，而其罪隱而未見也，故因夫人至，特稱婦姜以顯之，此乃春秋推見至隱，著妾毋當國用事，爲後世鑒也。」

高氏曰：「不直書夫人，婦姜至自齊而稱『遂以』者，明公子遂不當以夫人歸也。婚禮莫重于親迎，豈容他人得以歸之哉？」

家氏曰：「此一齊也，受人之出母而與之以妻。此一魯也，棄母于齊而娶齊女以爲之婦。絶滅天理，敗亂倫教，遂使周公、太公之國胥爲傷風敗化〔一〕之歸。此春秋中年魯國一大變也，是以聖人于文宣之際，特書屢書，十見之經，誅魯之君臣而必及于齊也。」

【經】夏，季孫行父如齊。

季文子如齊，納賂以請會。

高氏曰：「公既婚矣，然後季文子如齊納賂，請列于會。蓋春秋時，凡國君不以其道立，苟得一與于諸侯之會，則他國不得復討其罪，所以季文子不憚自行者，欲假大國之權，以定宣公之位也。昔人稱季文子三思而後行，今當魯國喪禍之際，而舉動乖錯如此，安在其爲三思哉？是必思之過多而方寸亂矣。故孔子曰：『再思可矣。』蓋譏之也。」

胡氏曰：「經有不待傳而著者，比事以觀斯得矣。下書公會齊侯于平州，則知此會行父請之也，又書齊人取濟西田，則知其請以賂也，雖微傳其事著矣。」

【經】晋放其大夫胥甲父于衛。

晋人討不用命者，放胥甲父于衛，而立胥克。先辛奔齊。

胡氏曰：「秦晋戰于河曲，撓臾駢之謀者，趙穿也。若討其不用命，則當以穿爲首。止治軍門之呼，偕貶

〔一〕「傷風敗化」，四庫本作「無禮無義」。

可也，而獨放胥甲父，則以趙盾當國，穿其族子而盾庇之也，桃園之罪，其志固形于此矣。」

謝氏曰：「『放』，屏棄之辭，放驩兜于崇山是也。誅罰，王之事也，諸侯擅命其上，專殺大夫，其次專放大夫，書放胥甲父，罪之也。古者大臣有罪，放之幽遠之地者，擯之不使得爲民病也。衛，晉之鄰也，以甲父不忠于晉而放之于衛，是以晉之禍，移于鄰國也。書『放胥甲父于衛』，著其失也。」

劉氏意林曰：「使晉之君臣，因胥甲父之言，推而廣之，修己而不責人，鄰國將來服，奚患秦哉？不恥政之不修，而疾戰之不勝，不憂德之不仁，而忿民之不爲用，不責己之不中義，而疾人之爲謀不忠，未有用此而保其國者也。」

【經】公會齊侯于平州。

會于平州，以定公位。

胡氏曰：「春秋以來，弑君篡國者，已列于諸侯之會，則不復致討。夫篡弑之賊，毁滅天理，無所容于天地之間，身無存没，時無古今，其罪不得赦也，以列于會而不復討，是率中國爲戎蠻，棄人類爲異類，〔二〕此仲尼所爲懼，春秋所以作也。然欲定其位者，魯宣也，宜稱及齊而曰會者，討賊之法也。凡討亂臣賊子，必深絶其黨，而後爲恶者孤矣。」

〔二〕「是率中國爲戎蠻，棄人類爲異類」，四庫本作「是等倫紀于弁髦，棄人類爲禽獸」。

【經】公子遂如齊。

東門襄仲如齊拜成。

高氏曰：「齊惠公新遭弑逆之變，而助成殺嫡之謀。不念出姜之戚，而繼爲喪婚之好。貪取濟西之賂，而遂定篡者之位。廢君臣、兄弟、夫婦之義，是謂以亂濟亂者也。」

胡氏曰：「遂及行父一再見于經矣。如齊拜成，雖削之可也，又再書于策者，于以著其始終成就篡立之謀，以戒後世人臣。或内交宫禁以固其寵，或外結藩鎮以爲之援。至于殺生廢置，皆出其手，而人主不悟者，其慮深矣。」

【經】六月，齊人取濟西田。

爲立公故，以賂齊也。

程氏曰：「宣公不義得國，賂齊以求助，齊受之以助不義，故書取。不義不能保其土，故不云我，非爲彼强取，故不諱。」

胡氏曰：「魯人致賂以免討，而書齊人取田者，所以著其罪。春秋討賊，尤嚴于利其爲恶而助之者，所以孤其黨。夫齊魯，隣國盟主之餘業也，子恶弑，出姜歸，而宣公立，不能聲罪致討，務寧魯亂，首與之會，是利其爲利而助之也。弑君簒國，人道所不容，而貨賄公行，免于諸侯之討，則中國胥爲戎蠻，人類化爲異類〔一〕，其禍乃自不知。以義爲利，而以利之可以爲利而爲之也。孟子爲梁王極言，利國者，必至于弑奪而後饜，蓋得經書取田之意。」

【經】秋，邾子来朝。

【經】楚子、鄭人侵陳，遂侵宋。

宋人之弑昭公也，晋荀林父以諸侯之師伐宋，宋及晋平，宋文公受盟于晋，又會諸侯于扈，將爲魯討齊，皆取賂而還。鄭穆公曰：「晋不足與也。」遂受盟于楚。陳共公之卒，楚人不禮焉。陳靈公受盟于晋。秋，楚子侵陳，遂侵宋。

師氏曰：「于楚書子，著其强盛。于鄭書人，罪其從楚。」

胡氏曰：「鄭伯本以宋人弑君，晋不能討，受賂而還，以此罪晋爲不足與也。遂受盟于楚。今乃附楚以亟病中國，何義乎？書侵陳，遂侵宋，見濳師掠境，肆爲侵暴，非能聲宋罪而討之也。既正此師爲不義，然後中國之師可舉矣。」

陳氏曰：「後十五年而宋、楚平。後十五年而晋趙武、楚屈建同盟于宋。諸夏之君，分爲晋、楚之從矣，

〔一〕「則中國胥爲戎蠻，人類化爲異類」，四庫本作「則倫紀等于弁髦，人類化爲禽獸」。

南北之勢于是始，故謹書之也。」

【經】晉趙盾帥師救陳。

晉趙盾帥師救陳、宋。

胡氏曰：「鄭在王畿之内而附夷蠻。陳，先代帝王之後而見侵。逼此門庭之寇，利用禦之者也。晉能救陳，則存諸夏、攘夷狄〔一〕之師，故特褒而書救。傳稱『師救陳、宋』，經不書宋，此非闕文，乃聖人削之也。前方以不能討宋上卿，貶而稱人，諸侯會而不序。今若書救宋，則典刑紊矣。」

【經】宋公、陳侯、衛侯、曹伯會晉師于棐林，伐鄭。

會于棐林，以伐鄭也。楚蔿賈救鄭，遇于北林，囚晉解揚，晉人乃還。

泰山孫氏曰：「此晉趙盾帥師救陳，致宋公、陳侯、衛侯、曹伯于棐林，伐鄭也。經言宋公、陳侯、衛侯、曹伯會晉師于棐林伐鄭者，不與趙盾致四國之君也。」

高氏曰：「夫征伐自天子出，非諸侯可得而專也，諸侯專之猶不可，况大夫乎？自隱桓以來，諸侯無大小，皆專而行之。及宣、成而下大夫無内外皆專而行之，棐林之會，天下之事，中國之政，皆在趙盾矣。」

【經】冬，晉趙穿帥師侵崇。

〔一〕「夷狄」，四庫本作「寇亂」。

晉欲求成于秦，趙穿曰：「我侵崇，秦急崇，必救之，吾以求成焉。」冬，趙穿侵崇，秦弗與成。

薛氏曰：「崇，秦之與國也。河曲之戰七年于此，秦未嘗出，越險阻以攻其與國，致明年之伐耳。」

胡氏曰：「晉欲求成于秦，不以大義動之，而伐其與國，則爲諼已甚，比諸伐楚以救江異矣。而傳謂設此謀者，趙穿也。意者趙穿已有逆心，欲得兵權，託于伐國以用其衆乎？不然何謀之迂，而當國者亦不裁正而從之也。」

【經】晉人、宋人伐鄭。

晉人伐鄭以報北林之役，于是晉侯侈。趙宣子爲政，驟諫而不入，故不競于楚。

張氏曰：「晉受宋賂，不行天討，鄭以是叛中國，而晉人復與宋伐之，不能服鄭，反致明年之敗。」

家氏曰：「今年秋，諸侯會伐鄭，春秋爵之。今晉及宋復伐鄭，春秋人之，何哉？宋負弑君之大恶不能討，而楚討之，爲趙盾者，當内知自愧，乃更率弑賊以伐鄭，春秋是以有貶。蓋鄭可伐也，爲宋而伐鄭，則不可也。故伐鄭則爵之，爲宋而伐鄭，則人之。此一事而有先後，褒貶之異者也。」

胡氏曰：「以貶書伐者，若曰聲罪致討而已，有瑕則何以伐人？」

【經】二年春，王二月，壬子，宋華元帥師及鄭公子歸生帥師戰于大棘。宋師敗績，獲宋華元。

鄭公子歸生受命于楚，伐宋，宋華元、樂吕御之。二月，壬子，戰于大棘。宋師敗績，囚華元，獲樂吕及甲車四百六十乘，俘二百五十人，馘百人。狂狡輅鄭人，鄭人入于井。倒戟而出之，獲狂狡。將戰，華元殺羊食士，其御羊斟不與。及戰，曰：「疇昔之羊，子爲政。今日之事，我爲政。」與入鄭師，故敗。宋人以兵車百乘，文馬百駟，以贖華元于鄭。半入，華元逃歸，立于門外，告而入。

張氏曰：「宋以弑君致寇而不服罪，故書宋及，猶曰華元爲志乎此戰也。」

胡氏曰：「此明大夫雖貴，與師等也。故將尊師少，稱將不稱師。師衆將卑，稱師不稱將。將尊師衆，並書于策者。示人君不可輕役大衆，又重將帥之選，其義深矣。」

陳氏曰：「戰未有書大夫，于是書宋華元、鄭公子歸生，大夫初主戰也。自是戰皆書大夫。戰不書大夫者，吴也。吴無大夫也。」

【經】秦師伐晉。

以報崇也。遂圍焦。

胡氏曰：「晉用大師于崇，乃趙穿私意而無名也，故書侵。秦人爲是興師而報晉，則問其無名之罪也，故書伐。世豈有欲求成于强國而侵其所與，可得成者乎？穿之情見矣。宣子當國，算無遺策，獨憒于此哉？其從之也，而盾之情亦見矣。春秋筆削因革，必有以也。一侵一伐，而不書圍焦，所以誅晉卿上侵之意，其所由來者漸矣。」

【經】夏，晉人、宋人、衛人、陳人侵鄭。

晉趙盾救焦，遂自陰地及諸侯之師侵鄭，以報大棘之役。楚鬥椒救鄭，曰：「能欲諸侯而惡其難乎？」遂次于鄭，以待晉師。趙盾曰：「彼宗競于楚，殆將斃矣，姑益其疾。」乃去之。

胡氏曰：「師之老壯在曲直，晉主夏盟，盾既當國，合諸侯之師，何畏乎楚？何避乎鬥椒？然力非不足而去之者，以理曲也，故卿不氏而稱人，書侵而不言伐。」

【經】秋，九月，乙丑，晉趙盾弒其君夷皋。

晉靈公不君，厚斂以彫牆，從臺上彈人，而觀其辟丸也。宰夫胹熊蹯不熟，殺之，寘諸畚，使婦人載以過朝。趙盾、士季見其手，問其故，而患之。將諫，士季曰：「諫而不入，則莫之繼也，會請先，不入，則子繼之。」三進，及溜，而後視之，曰：「吾知所過矣，將改之。」稽首而對曰：「人誰無過，過而能改，善莫大焉。詩曰：『靡不有初，鮮克有終。』夫如是，則能補過者鮮矣。君能有終，則社稷之固也，豈惟群臣賴之。又曰：『袞職有闕，唯仲山甫補之。』能補過也。君能補過，袞不廢矣。」猶不改，宣子驟諫。公患之，使鉏麑賊之。晨往，寢門闢矣，盛服將朝，尚早，坐而假寐。麑退，歎而言曰：「不忘恭敬，民之主也。賊民之主，不忠；棄君之命，不信。有一于此，不如死也。」觸槐而死。

秋，九月，晉侯飲趙盾酒，伏甲將攻之，其右提彌明知之，趨登曰：「臣侍君宴，過三爵，非禮也。」遂扶以下，公嗾夫獒焉，明搏而殺之。盾曰：「棄人用犬，雖猛何爲？」鬥且出，提彌明死之。

初，宣子田于首山，舍于翳桑，見靈輒餓，問其病，曰：「不食三日矣。」食之，舍其半。問之，曰：「宦三年矣，未知母之存否，今近焉，請以遺之。」使盡之，而爲之簞食與肉，置諸橐以與之。既而與爲公介，倒戟以禦公徒，而免之。問何故，對曰：「翳桑之餓人也。」問其名居，不告而退。遂自亡也。乙丑，趙穿攻靈公于桃園。宣子未出山而復。太史書曰：「趙盾弑其君，以示于朝。」宣子曰：「不然。」對曰：「子爲正卿，亡不越境，反不討賊，非子而誰？」宣子曰：「烏乎！『我之懷矣，自詒伊慼。』其我之謂矣。」孔子曰：「董狐，古之良史也，書法不隱。趙宣子，古之良大夫也，爲法受恶。惜也，越境乃免。」宣子使趙穿逆公子黑臀于周而立之。壬申，朝于武宫。

愚按：經但書弑，初無不討賊之文。自左氏託爲孔子之言，二傳從而和之，趙盾弑君之情始晦，而諸儒議論之辭起矣。今去之千載，以其事實考之，趙盾弑君之情，尚可見也。晋靈公欲殺趙盾，盾乃謀弑靈公，遂使趙穿攻于桃園者，情也。謀既定，則出奔以待其舉，事既遂，則復國以成其亂者，迹也。盾蓋出謀，穿特從之耳。故太史書曰「趙盾弑其君」，誅首恶也。盾以其非親弑，可以自掩，欲争以苟免。于是史狐對曰：「子爲正卿，亡不越境，反不討賊，非子而誰？」所以爲之辭，而證其主謀乎弑也。况趙盾反國，非惟不能討賊，既聞狐語之後，又使趙穿迎公子黑臀而立之，情、迹益彰露矣。左氏但泥其「不越境」「不討賊」之辭，而不察其「非子而誰」之語，故謂狐直，以盾不討賊而加以弑君之罪，又從而託爲孔子之説，二傳從之，姦臣賊子之情迹始晦而幸免矣。

【經】冬，十月，乙亥，天王崩。

【經】三年，春，王正月，郊牛之口傷，改卜牛，牛死，乃不郊，猶三望。

【經】葬匡王

胡氏曰：「四月而葬，王室不君，其禮略也。微者往會，魯侯不臣，其情慢也。」

【經】楚子伐陸渾之戎。

遂至于雒，觀兵于周疆。定王使王孫滿勞楚子。楚子問鼎之大小、輕重焉。對曰：「在德不在鼎。昔夏之方有德也，遠方圖物，貢金九牧，鑄鼎象物，百物而爲之備，使民知神、姦。故民入川澤山林，不逢不若。魑魅魍魎，莫能逢之，用能協于上下以承天休。桀有昏德，鼎遷于商，載祀六百。商紂暴虐，鼎遷于周。德之休明，雖小，重也。其姦回昏亂，雖大，輕也。天祚明德，有所底止。成王定鼎于郟鄏，卜世三十，卜年七百，天所命也。周德雖衰，天命未改，鼎之輕重，未可問也。」

高氏曰：「僖三十二年，秋，秦、晉遷陸渾之戎于伊川，使雜居中國，而天子置之不問。至是楚子興兵來討，故稱伐以見中國之不自正也。」

師氏曰：「楚居南而陸渾在北，今以楚望北長驅，來自南土，綿亘數千里，以伐陸渾之戎，其蔑視中國，横行天下也，可見矣。楚子書爵，蓋著其强盛，齒于五等，以辱中國之諸侯也。」

薛氏曰：「戎狄相攻〔一〕，此何以書？爲逼京師也。戎居王畿之内，天子諸侯不能斥，使相攻以震王室。春秋之所懼也。」

胡氏曰：「陸渾在王都之側，戎夏雜處〔二〕，族類之不分也。楚又至洛，觀兵于周疆，問鼎之大小輕重焉，故特書于策，以謹華夷〔三〕之辨，禁猾夏〔四〕之階。」

【經】夏，楚人侵鄭。

春，晋侯伐鄭，及郔。鄭及晋平，士會入盟。夏，楚人侵鄭，鄭即晋故也。

胡氏曰：「晋侯伐鄭，鄭及晋平，而經不書者，仲尼削之也。鄭本以晋靈不君，取賂釋賊，爲不足與似也而往從楚，非矣。今晋成公初立，背僭竊而歸諸夏，則是反之正也。春秋書楚人侵鄭者，與鄭伯之能反正也，故獨著楚人侵掠諸夏之罪耳，鄭既見侵于楚，則及晋平可知矣。」

【經】秋，赤狄侵齊。

〔一〕「戎狄相攻」，四庫本作「楚伐陸渾」。
〔二〕「戎夏雜處」，四庫本作「逼近京畿」。
〔三〕「華夷」，四庫本作「中外」。
〔四〕「猾夏」，四庫本作「寇亂」。

孔氏疏云：「謂之赤狄、白狄者，俗尚赤衣、白衣也。」

【經】宋師圍曹。

文十八年，宋武氏之族道昭公子，將奉司城須以作亂。十二月，宋公殺母弟須及昭公子，使戴、莊、桓之族攻武氏于司馬子伯之館，遂出武、穆之族，使公孫師爲司城，公子朝卒，使樂吕爲司寇，以靖國人。武、穆之族以曹師伐宋。至是，宋師圍曹，報武氏之亂也。

胡氏曰：「宋文公即位，盡逐武、穆之族。二族以曹師伐宋，然不書于經者，二族以見逐而舉兵，非討罪也。及宋師圍曹，報武氏之亂，而經書之者，端本清源之意也。武、穆二族與曹之師奚爲至于宋哉？不能反躬自治，恃衆强以報之，兵革何時而息也？宋惟有不赦之罪，莫之治也，故書法如此。」

【經】冬，十月，丙戌，鄭伯蘭卒。葬鄭穆公。

【經】四年，春，王正月，公及齊侯平莒及郯。莒人不肯，公伐莒取向。

師氏曰：「郯、莒戰争，于經無見，然公及齊侯以平之，則其戰争可知矣。」

高氏曰：「及齊侯者，以公爲主。及郯者，以莒爲主。公既無以得莒，後書郯伯姬來歸，則郯亦不能固其好也。」

張氏曰：「以宣公而平二小國，若出于公，不必假齊，一言而彼已服，今挾齊爲重而莒尚不肯，伐莒而齊不復與，復取向以自益。春秋深以著宣公此心之不公而終之以爲利也。」

劉氏傳曰：「君子之道猶射，射者正己而後發，發而不中，不怨勝己者，反求諸己而已矣。」

左氏曰：「以亂平亂，何治之有？」

【經】秦伯稻卒。

【經】夏，六月，乙酉，鄭公子歸生弑其君夷。

楚人獻黿于鄭靈公，公子宋與子家將見。子公之食指動，以示子家，曰：「他日我如此，必嘗異味。」及入，宰夫將解黿，相視而笑。公問之，子家以告。及食大夫黿，召子公而弗與也。子公怒，染指于鼎，嘗之而出。公怒，欲殺子公。子公與子家謀先，子家曰：「畜老，猶憚殺之，而况君乎？」反譖子家，子家懼而從之。夏，弑靈公。書曰「鄭公子歸生弑其君夷」，權不足也。鄭人立子良，辭曰：「以賢，則去疾不足；以順，則公子堅長。」乃立襄公，襄公將去穆氏而舍子良。子良不可，曰：「穆氏宜存，則固願也。若將亡之，則亦皆亡，去疾何爲？」乃舍之，皆爲大夫。十年，鄭子家卒。鄭人討幽公之亂，斲子家之棺而逐其族，改葬幽公，謚之曰靈。

陸氏微旨曰：「子公，弑君之賊也，其恶易知。子家縱其爲逆，罪莫大焉，書之以爲首恶，所以教天下之爲人臣者乎。」

高氏曰：「春秋之作，常施于可疑，而不施于所不疑，宋之罪無疑也。歸生或疑于可免，故治歸生則宋罪自見，非重歸生而輕宋也。以此爲防，後世猶有失身爲逆賊所制，如司馬亮、沈慶之輩者。」

樸鄉吕氏曰：「子公欲弑而不敢先發，以語子家，則子家必有以制其可否之勢，可否之勢在子家，而輕以徇人，其爲首恶宜矣。」

陳氏曰：「歸生爲正卿，而宋有無君之心，非歸生孰禁之？于歸生乎謀先，然而弗禁，則賊由歸生而已矣。」

愚謂：凡人同恶相濟，非同有是心，則不敢同謀是事，惟歸生已有無君之心，故宋以無君之事謀之，畜老猶憚殺之之言，不過懼事不成而及于禍爾。及宋譖之于公，歸生知已不免，即與之同舉是事矣。觀左傳懼而從之之語，則歸生蓋與宋同弑，不但不阻之而已也。蓋宋之初心，尚有所疑，故謀之歸生，歸生以爲不可，則不成弑矣。歸生不但不阻之，而又從之，遂成此弑。故春秋舍宋之始謀，而以歸生爲首恶，及觀宣公十年左傳謂子家卒，鄭人討幽公之亂，斲子家之棺，而逐其族，改葬幽公，謚之曰靈，則當時通鄭國之人皆以歸生爲首恶矣。又何必孔子推見至隱而後歸獄歸生哉？蓋讀左氏傳者，習熟見聞而不知察耳。

【經】赤狄侵齊。

【經】秋，公如齊。公至自齊。

高氏曰：「狄在齊境，而公往朝之，公之無政，又可知矣。」

胡氏曰：「宣公以篡弑謀于齊而取國，以土地賂齊而請會，以卑屈事齊而求安。上不知有天王，下不知有方伯，惟利交是奉，而可保乎？」

家氏曰：「自是公五如齊，春秋皆備書之，所以正齊侯黨篡、受地、脅婚之罪。」

【經】冬，楚子伐鄭。

鄭未服也。

張氏曰：「楚自去年至十年侵伐鄭者凡五，至十一年盟鄭于辰陵，而鄭又徼事晋，于是十二年圍鄭，入之，遂敗晋于邲，而後鄭服楚，晋人之不振，有自來矣。」

【經】五年，春，公如齊。

【經】夏，公至自齊。

高固使齊侯止公，請叔姬焉。

【經】秋，九月，齊高固來逆子叔姬。

齊高固來逆女，自爲也。

程子曰：「子者，言是公女，其他則姊妹之類也。」

穀梁曰：「諸侯之嫁子于大夫，主大夫以與之。來者，接内也，不正其接内，故不與夫婦之稱也。」

胡氏曰：「夫以鄭國褊小，楚公子圍之貴驕强大，來娶于鄭，子産辭而卻之，使館于外，欲野賜之，幾不得撫有其室。而宣公以魯國周公之後，逼于高固，請婚其女，强委禽焉，而不能止，惟不知以禮爲守身之幹，是以得此辱也。春秋詳書爲後世鑒，欲人之必謹于禮，以定其位，不然卑巽妄説不近于禮，奚足遠耻辱哉？」

【經】叔孫得臣卒。

張氏曰：「不書日，闕文也。」

【經】冬，齊高固及子叔姬來。

冬，來反馬也。

胡氏曰：「左氏曰：『反馬也，禮，嫁女留其送馬，不敢自安。及廟見成婦，遣使反馬。』則高固親來，非禮也。又禮，女子有行，遠父母者，歲一歸寧，今見逆逾時，未易歲也，而叔姬亟來，亦非禮也。故書及、書來，以著齊罪也。凡婚姻，常事不書，而書此者，則以爲非常，爲後世戒也。」

【經】楚人伐鄭。

楚子伐鄭，陳及楚平。晉荀林父救鄭，伐陳。

家氏曰：「書楚伐，不書晉救者，鄭歸生弑君，晉當爲鄭出師討賊，不當救也。」

【經】六年春，晉趙盾、衛孫免侵陳。

陳即楚故也。

胡氏曰：「按傳稱陳及楚平，荀林父伐陳，經皆不書者，以下書晉，衛加兵于陳，即陳及楚平可知矣。以趙盾、孫免書侵，即林父無辭可稱，亦可知矣。晉嘗命上卿帥師救陳，又再與之連兵伐鄭。今而即楚，無乃于已有闕，盍亦自反可也，遽以兵加之，則非義矣。故林父不書伐，而盾、免書侵，以正晉人所以主盟者，非其道也。」

【經】夏，四月。

【經】秋，八月，螽。

胡氏曰：「傳謂螽爲穀灾，虐取于民之效也，先是公伐莒取向，後再如齊伐萊，軍旅數起，賦歛既繁，戾氣應之矣。夫善惡之感萌于心，而灾祥之應見于事，宣公不知舍惡遷善以補前行之愆，而用兵不息，灾異數見，年穀不豐，國用空乏，卒至于改助法而稅民，蓋自此始矣。經于螽、螟一物之變，必書于策，示後世天人感應之理不可誣，當慎其所感也。」

【經】冬，十月。

楚人伐鄭，取成而還。

杜氏曰：「九年、十一年，傳所稱厲之役，蓋在此。」

春秋闕疑卷二十三（宣公七年—十二年）

【經】七年，春，衛侯使孫良夫來盟。

始通且謀會晋也。

樸鄉吕氏曰：「凡書來盟，自内録也。其稱使，則前定之盟也。」

高氏曰：「此乃衛欲爲晋致魯，蓋專事齊，未與晋通故也，宣公以不義得國，以是自疑，而衛侯任其無咎，故遣良夫來爲此盟，然而黑壤之會，公卒見辱，則知是盟之無信也。」

【經】夏，公會齊侯，伐萊。秋，公至自伐萊。

高氏曰：「公方與衛盟，將復從晋，而又應齊侯之命，興兵以臨弱小之國，此取辱之道也。」

【經】大旱。

胡氏曰：「軍旅之後，必有凶年。言民以征役怨咨之氣，感動天變，而旱乾作矣。其以大旱書者，或不雩，或雖雩而不雨也。不雩，則無恤民憂國之心。雩而不雨，格天之精意闕矣。」

【經】冬，公會晉侯、宋公、衛侯、鄭伯、曹伯于黑壤。

六年，楚人伐鄭，取成而還。至是，鄭及晉平，公子宋之謀也，故相鄭伯以會。冬，盟于黑壤，王叔桓公臨之，以謀不睦。晉侯之立也，公不朝焉，又不使大夫聘，晉人止公于會。盟于黄父，公不與盟。以賂免。

左氏曰：「黑壤之盟不書，諱之也。」

胡氏曰：「會而不得見，不以不得見爲諱，盟而不與盟，不以不與盟爲諱，則曲不在公，而主盟會者之罪耳。與于會，不與于盟，而公有歉，然非主會盟者之過也，則書會不書盟，若黑壤是也。凡不直者，臣爲君隱，子爲父隱，于是養臣子愛敬之心，而不事盟主，又必賂免，則不直在己矣。」

家氏曰：「據左傳是會也，王叔桓公臨之，春秋不書者，王人董會，所以光霸業也。晉自新城以來，君侈臣專，政亂于内，威褻于外。成公新立，政猶在趙氏，乃强合四國之君，以爲此會，屈王叔下臨，欲以踵桓、文之盛烈，多見其不知量也。」

【經】八年，春，公至自會。

【經】夏，六月，公子遂如齊。至黄乃復。

胡氏曰：「至黄乃復，壅君命也。有疾，亦不復，可乎？大夫以君命出，聞喪，徐行而不反。未致事而死，以尸將事。『乃』者，無其上之詞，其曰『復』，事未畢也。」

【經】辛巳，有事于太廟。仲遂卒于垂。壬午，猶繹。萬入，去籥。

陳氏曰：「不言公子，蒙上文也。」

胡氏曰：「有事言時祭，此公子遂也，曷爲書字？生而賜氏，俾世其官也。曷爲書卒？以事之變卒之也。古者諸侯立家，大夫卒而賜氏，其後尊禮權臣，寵遇貴戚，而不由其道，于是乎有生賜氏，其在魯則季友、仲遂是也。經于其卒書族，以志變法之端。『繹』者，祭之明日以賓尸也。『猶』者，可已之辭。萬，舞也，以其無聲也，故入而遂用。籥，管也，以其有聲也，故去而不作。是謂故知不可，存其邪心而不能格也。禮，大夫卒當祭，則不告終事而聞，則不繹不告者，盡肅敬之誠于宗廟。不繹者，存始終之恩于臣子。今仲遂國卿也，卒而猶繹，則失寵遇大臣之禮矣。」

東萊吕氏曰：「萬舞，二舞之總名也。干舞者，武舞之別名。籥舞者，文舞之別名。萬入去籥，言文武二舞皆入以仲遂之喪，于二舞之中去其有聲者，故去籥焉。」

石氏曰：「昭十五年，有事于武宮。叔弓卒，去樂，卒事。以大夫之卒而去祭樂，是以所輕廢所重也。有事于太廟，仲遂卒。壬午，猶繹。以卿佐之喪而猶繹，是忽所重而行所輕也。宣公之行所輕，昭公之廢所重，春秋譏之一也。」

【經】戊子，夫人嬴氏薨。

胡氏曰：「敬嬴，文公妾也。何以稱夫人？自成風聞季友之繇，事友而屬其子，及僖公得國，立以爲夫人，于是乎嫡妾亂矣。春秋于風氏始卒四貶之，禘于太廟，秦人歸襚，榮叔含賵，召伯會葬，去其姓氏，不稱夫人。王再書而無天是也，敬嬴又嬖，私事襄仲，而屬宣公，不待致于太廟，援例以立則從同，同而無貶矣。」

【經】晋師、白狄伐秦。

春，白狄及晋平。夏，會晋伐秦。

胡氏曰：「晋主夏盟，糾合諸侯，攘夷狄〔一〕，安諸夏，乃其職矣。秦人之怨，起自侵崇，其曲在晋，責己可矣，乃復興師動衆，會戎狄〔二〕以伐之，獨不恶傷其類乎？直書而貶自見。」

家氏曰：「書晋師、白狄而不言及者，偶晋于狄，亦狄〔三〕晋耳。」

【經】楚人滅舒、蓼。

楚爲衆舒叛故，伐舒、蓼，滅之。楚子疆之，及滑汭，盟吳、越而還。

〔一〕「攘夷狄」，四庫本作「尊王室」。

〔二〕「戎狄」，四庫本作「白狄」。

〔三〕「狄」，四庫本作「外」。

胡氏曰：「詩稱：『戎狄是膺，荆舒是懲。[一]在周公所懲者[二]，其自相攻滅，中國何與焉？然春秋書而不削者，是時楚人疆舒、蓼，及滑汭，盟吴、越，勢益强大，將爲中國憂，而民有被髮左衽之患矣。[三]經斯世者，當以爲懼，而有攘却之謀，則聖人意也。」

【經】秋，七月，甲子，日有食之，既。

【經】冬，十月，己丑，葬我小君敬嬴。雨，不克葬。庚寅，日中而克葬。

冬，葬敬嬴。旱，無麻，始用葛茀。

穀梁子曰：「雨，不克葬。喪不以制也。」

胡安定先生曰：「禮，平旦而葬，日中而虞。今言日中而葬，是無備也。」

胡氏曰：「喪事即遠，有進無退，葬不爲雨止。士喪禮潦車載蓑笠，有國家者乃不能爲雨備，何也？不得，不可以爲悦；無財，不可以爲悦。得之爲有財，古之人皆用焉，而不能爲之備，是儉其親也，不亦薄乎？」

[一]「戎狄是膺，荆舒是懲」，四庫本作「用戒戎作，用遏蠻方」。

[二]「在周公疑懲者」，四庫本作「是先王所遏者」。

[三]「而民有被髮左衽之患矣」，四庫本作「而天下大事不可復問矣」。

【經】城平陽。

許氏曰：「國有大喪，始葬，而又動衆城邑，非特不愛民力，以公爲忘親矣。」

【經】楚師伐陳。

陳及晉平。楚師伐陳，取成而還。

【經】九年，春，王正月，公如齊。公至自齊。

泰山孫氏曰：「公有母喪而遠朝强齊，公之無哀也甚矣。」

【經】夏，仲孫蔑如京師。

春，王使來徵聘。夏，孟獻子聘于周。王以爲有禮，厚賄之。

胡氏曰：「屬辭比事，春秋教也。當歲首月，公朝于齊。夏，使大夫聘于京師。此皆比事可考，不待貶絶而恶自見者也。宣公享國九年，于周纔一往聘，其在齊則又再朝矣，故聘覲之禮廢，則君臣之位失，諸侯之行恶，而倍畔侵陵之禍起，此經書君如齊、臣如周之意也。」

【經】齊侯伐萊。

許氏曰：「狄比侵齊，齊不敢報，萊不犯齊，而齊亟伐之，畏衆强而虐微弱，此可以觀惠公矣。」

【經】秋，取根牟。

【經】八月，滕子卒。

【經】九月，晉侯、宋公、衛侯、鄭伯、曹伯會于扈。晉荀林父帥師伐陳。

謝氏曰：「不知制楚而區區伐陳，晉之失道也。」

家氏曰：「晉成之立，諸夏聳觀，冀其一反前人之所爲，討宋、魯之弑君，以風厲天下，修文襄之霸業，以懷來諸侯。義聲所加，齊、楚自當畏服，今不能然，惟以争陳、鄭爲當務之急。夫陳、鄭豈樂于去華即夷？正以楚師日夜至，懼不克，自保焉耳。晉不能制楚，惟欲服陳、鄭，夫不能拯人之急，惟欲人之從己，此不義之至也。晉、楚之争陳、鄭，十有餘年，春秋皆所不與。楚，夷也。春秋每致其猾夏〔一〕之憂。晉，盟主也。春秋每望之以攘夷〔二〕之事。攘夷所以安華〔三〕，非争諸侯也。夫豈殘暴小國，朝夕用師，以求其從我者乎？」

【經】辛酉，晉侯黑臀卒于扈。

會于扈，討不睦也。陳侯不會。晉荀林父以諸侯之師伐陳。晉侯卒于扈，乃還。

樸鄉吕氏曰：「諸侯卒于國都之外，則地之。祇金革而死，則書卒于師。如曹伯負芻修玉帛之好而死，則

〔一〕「猾夏」，四庫本作「問鼎」。
〔二〕「攘夷」，四庫本作「尊王」。
〔三〕「攘夷所以安華」，四庫本作「攘楚所以尊王」。

書卒于會。如杞伯成卒于境外，則如許男甯之卒于楚，吴子遏之卒于巢。于封内，則如鄭伯髡頑卒于鄬，宋公佐卒于曲棘。」

【經】冬，十月，癸酉，衛侯鄭卒。

高氏曰：「衛成事晋甚謹，而魯宣獨深向齊。衛欲爲晋致魯，故謀黑壤之會，而特使孫良夫來盟以定之。及會于黑壤，晋人止公。賂，然後免。是以扈之會，皆前日諸侯，而魯獨不往。二國繼以喪赴，亦皆不會，此所謂無其事而闕其文者也。」

【經】宋人圍滕。

因其喪也。

胡氏曰：「圍國非將卑師少所能辦也，然而稱人是貶之也。滕既小國，又方有喪，用兵革以圍之，比事以觀，知不仁矣。」

【經】楚子伐鄭。晋郤缺帥師救鄭。

楚子爲厲之役故，伐鄭。晋郤缺救鄭。鄭伯敗楚師于栁棼，國人皆喜，唯子良憂，曰：「是國之灾也，吾死無日矣。」

家氏曰：「五年，楚伐鄭，荀林父救之，春秋不書救。今而書救者，楚之初伐鄭也，人謂其討鄭人之弒其君者，必將以歸生爲戮。既而再以兵加鄭，但欲鄭之歸己，于弑賊皆無所問，則其伐鄭自爲其私耳。今而鄭人告急，晋于義不得不救，于是乎許之以救。」

【經】陳殺其大夫洩冶。

陳靈公與孔寧、儀行父通于夏姬，皆衷其衵服以戲于朝。洩冶諫曰：「公卿宣淫，民無效焉，且聞不令，君其納之。」公曰：「吾能改矣。」公告二子。二子請殺之。公弗禁。遂殺洩冶。

胡氏曰：「稱國以殺者，君與用事大臣同殺之也。稱其大夫，則不失官守而殺之者，有專輒之罪矣。洩冶無罪而書名，何也？冶以諫殺身者也。殺諫臣者，必有亡國、弑君之禍，故書其名，爲徵舒弑君，楚子滅陳之端，以垂後戒。此所謂義係于名而書其名者也。」

家氏曰：「洩冶非世族大夫，非名無以傳，且名之與字，在當時已不容深辯，况千載之後，欲以此求春秋褒貶之意，豈非説經之大弊乎？」

【經】十年，春，公如齊。公至自齊。

【經】齊人歸我濟西田。

公如齊，齊侯以我服故，歸濟西之田。

張氏曰：「歸田而言我者，言此田魯之舊封，而非齊之所得專也。不言來歸，請而得之也。讙及闡歸于取之年，故不言我。今歸于十年之後，故書我也。特書曰『我』，則取之不以其道，而歸之不以其正，一出于相與之私爲可見矣。」

【經】夏，四月，丙辰，日有食之。

【經】己巳，齊侯元卒。齊崔氏出奔衛。

夏，齊惠公卒。崔杼有寵于惠公。高、國畏其偪也。公卒而逐之，奔衛。

公羊子曰：「其稱崔氏，譏世卿也。」

高郵孫氏曰：「春秋世卿多矣，而尹氏書卒，崔氏書奔。聖人于世卿之中，擇其尤强而爲害之深者，以爲後世戒也。」

張氏曰：「特書其氏，見崔杼之宗强于齊，故勢足以偪高、國，雖今日逐之，而尚能復歸于齊也。」

家氏曰：「以歲月考之，是歲至杼弑君，蓋五六十年。使杼得年七十，此時方在弱冠，不應權勢已盛，爲人所畏，疑非崔杼之身，或其父，或其族，皆未可知。」

【經】公如齊。夏，五月，公至自齊。

左氏曰：「奔喪也。」

胡氏曰：「天王之喪不奔，欲行郊禮，而汲汲于奔齊惠之喪。天王之葬不會，使微者往，而公孫歸父會齊惠之葬。其不顧君臣、上下、尊卑之等，所謂肆人欲，滅天理，而無忌憚者也。」

【經】癸巳，陳夏徵舒弑其君平國。

陳靈公與孔寧、儀行父飲酒于夏氏。公謂行父曰：「徵舒似女。」對曰：「亦似君。」徵舒病之。公出，自其廐射而殺之。二子奔楚。

胡氏曰：「禍莫大于拒諫而殺直臣，忠莫顯于身見殺而其言驗。洩冶，所謂不憚斧鉞，盡言于其君者。正謂靈公君臣淫于夏徵舒之家，恐其及禍，不忍坐視，故昧死言之。靈公不能納，又從而殺之，卒以見弑而亡其國。此萬世之大戒也。特書徵舒之名，以見洩冶忠言之驗，靈公見弑之由。使有國者，必以遠色修身，包容狂直，開納諫諍爲心也。以爲罪不及民，故稱大夫以弑，則非經意矣。」

張氏曰：「古人以禮爲防閑，而人君之尊，有妃偶嬪御之侍，有居處出入之奉，有廉耻羞恶之限，所以養其尊貴者至矣，何至驅馳于株林，以爲樂哉？洩冶之諫，夏南之詩，皆以其舍人道而躬爲禽獸之行也。考之國語，前年單子如楚過陳，時洩冶未死也。單子歸而告王以陳侯帥其卿佐南冠以淫于夏氏，陳侯不有大咎，國必亡。已見于三年之前矣，能無及乎？觀春秋所書弑君如陳平國、齊光蔡，固以千乘之主而自儕于閭巷小人之所不爲者，心術之惑，可不戒哉？」

【經】六月，宋師伐滕。

滕人恃晋而不事宋。六月，宋師伐滕。

胡氏曰：「稱師，用衆也。鄰有弑逆，不能聲罪致討，乃用大師以伐當恤之小邦，故特稱師，以著其罪。」

【經】公孫歸父如齊，葬齊惠公。

胡氏曰：「宣公深德，齊侯之能定其位，又以濟西田歸之也，故生則傾身以事之，而不辭于屈辱，没則親往奔喪，而使貴卿會其葬，亦不顧天王之禮闕然莫之供也。比事考辭，義自見矣。」

張氏曰：「春秋書此，深著亂臣賊子，不復明送終之正禮，故缺于天子而厚于强國，豈非九伐之威不行，而專征之討不加，以至于此。」

【經】晋人、宋人、衛人、曹人伐鄭。

鄭及楚平。諸侯之師伐鄭，取成而還。

胡氏曰：「稱人，貶之也。鄭居大國之間，從于强令，豈其罪乎？不能以德鎮撫而以力争之，庸何愈于楚？」

【經】秋，天王使王季子來聘。

劉康公來報聘。

胡氏曰：「王季子者，王之母弟也。王有時聘，以結諸侯之好，禮也。宣公享國，至是十年。不朝于周，而比年朝齊。不奔王喪，而奔齊侯喪。不遣貴卿會匡王葬，而使歸父會齊侯之葬。縱未舉法，勿聘焉，猶可也，而使王季子來，王靈益不振矣。自是王聘，春秋亦不書。」

【經】公孫歸父帥師伐邾，取繹。

胡氏曰：「用貴卿爲主將，舉大衆，出征伐，不施于亂臣賊子，奉天討罪，而陵弱侵小，近在邦域之中，附庸之國，是爲盗也，故特書取繹以罪之。」

【經】大水。

【經】季孫行父如齊。冬，公孫歸父如齊。

季文子初聘于齊。冬，子家如齊，伐邾故也。

胡氏曰：「齊侯嗣立，宣公親往奔其父喪，又使貴卿會葬矣。若待逾年，然後修聘，未晚也。而季孫亟行，歸父繼往，則以宣公君臣不知爲國以禮，而謂妄説取人，可以免于討也。歸父貪于取繹，畏齊而往，蓋理曲則氣必餒矣。春秋備書而不削，以著其罪也。」

【經】齊侯使國佐來聘。

國武子來報聘。

高氏曰：「嗣子踰年始稱君，未踰年稱子。今當凶釁，而行吉禮，忘哀思而結歡好，蓋自速成君之意，故如其意而書曰齊侯，以著其恶也。」

胡氏曰：「葬之速也，太不懷也，又未踰年，而以君命遣使，聘于鄰國，則哀戚之情忘矣。齊頃公嗣位之初，舉動如此，丧師失地，幾見執獲。夫豈婦人笑客之罪哉？」

【經】饑。

宋氏曰：「宣公即位六年，書螽。七年，書大旱。今書大水。復書饑。咎徵頻仍，未有甚于此時者也。宣公以臣弑其君，以子逐其母，罪大恶極，天討未加發，而爲水旱之災。百姓重受其害。春秋書之，以垂戒于後。」

張氏曰：「前此百有餘年，水旱螟螽之灾多矣，不以饑書。今大水之後，特書饑者，見宣公煩于事外，國用無節，上下用竭，故一遇水旱，遂致乏食耳。」

高氏曰：「國無三年之畜，曰國非其國也。今以秋大水，而冬即饑，則其爲國可知矣。于是乎有税畝之事焉。」

【經】楚子伐鄭。

楚子伐鄭，晋士會救鄭，逐楚師于潁北。諸侯之師戍鄭。

高氏曰：「晋士會救鄭，及諸侯戍鄭，而春秋削之者，責晋雖得鄭而不能有之也。」

【經】十有一年，春，王正月。

【經】夏，楚子、陳侯、鄭伯盟于辰陵。

春，楚子伐鄭，及櫟。子良曰：「晉、楚不務德而兵爭，與其來者可也。晉、楚無信，我焉得有信。」乃從楚。夏，盟于辰陵。陳、鄭服也。

師氏曰：「陳、鄭二君，中國之諸侯也。曰侯、曰伯，其爵自天子受之。向嘗背天子而以諸侯爲盟主，雖已爲非，而猶可恕者，不失于存中國也。今也又背中國而從楚，猶曰我侯也，曰我伯也，不思其爵之所從來，忍以此而服屬于楚，其無愧耻，不亦甚乎？」

薛氏曰：「陳、鄭以中國之不足恃而盟于楚，由中國之無霸，諸侯之失其恃也。」

家氏曰：「序楚子于陳侯、鄭伯之上，著四夷〔一〕之子國而僭居中國侯伯之上，紊内外之辨，亦以卑從夷〔二〕之二國也。」

愚謂：春秋書法至此，聖人之不得已也，雖非予楚以霸，然亦不得奪楚之霸矣，故不加褒貶，直書其事，

〔一〕「四夷」，四庫本作「南夷」。
〔二〕「從夷」，四庫本作「從楚」。

使讀者思之，知夷狄[一]之盛，中國之衰，而世道于是乎變矣。

薛氏曰：「一不受命而伐，取邑七年而猶不置，陵弱之甚也。」

許氏曰：「辰陵之盟，中國所宜震也，而齊、魯方且務窮兵于小國，何震之有？」

【經】公孫歸父會齊人伐莒。

【經】秋，晉侯會狄于欑函。

晉郤成子求成于衆狄，衆狄疾赤狄之役，遂服于晉。秋，會于欑函，衆狄服也。是行也，諸大夫欲召狄。郤成子曰：「吾聞之，非德，莫如勤，非勤，何以求人？能勤有繼，其從之也。詩曰：『文王既勤止。』文王猶勤，况寡德乎？」

高氏曰：「春秋内中國而外夷狄，此與隱二年公會戎于潛同文，所以同晉于内而離狄于外也。」

師氏曰：「晉景紹盟主之業，嘗憤楚伐鄭，則救鄭而惟恐其從楚。又嘗憤鄭從楚，則伐鄭必欲其棄楚。或救或伐，雖未盡善，亦似矣。今乃會狄欑函，此何禮也？不能正一身，而欲主盟，以令諸侯，俾不從夷狄[二]，難矣哉。」

[一]「夷狄」，四庫本作「楚人」。

[二]「俾不從夷狄」，四庫本作「俾不敢他屬」。

張氏曰：「晋侯爲盟主而往與狄會。捨夏徵舒之罪以遺楚討，使楚舉大義以加于中國，又欲與楚争鄭，所以敗于邲也。」

愚按：春秋以來，中國免于戎蠻，人類不爲異類者[一]，齊桓、晋文之功也。今楚盟陳、鄭于辰陵，而楚爲之主，此中國變爲戎蠻，人類入于異類之漸也[二]。而齊方伐莒，晋方會狄，略無以爲憂者，于是聖人之望絶矣，乃書伐莒、會狄之事于辰陵之盟之下，比事以觀，中國戎蠻之盛衰可考[三]，而聖人不得已之情亦見矣。

【經】冬，十月，楚人殺陳夏徵舒。

高氏曰：「元惡大憝，衆所欲誅，稱人以殺，蓋衆辭爾，非與楚也。」

師氏曰：「盟主之職，爲陳討賊，以定陳君而懷陳，斯爲能事。徒坐視陳從楚，楚爲陳討賊，以殺徵舒，則楚于陳爲有德，雖欲使陳不從楚而從晋，可乎？」

泰山孫氏曰：「孔子與楚討者，傷中國無人，丧亂陵遲之甚也。」

[一]「中國免于戎蠻，人類不爲異類者」，四庫本作「中國猶知君臣，人類不爲禽獸者」。

[二]「此中國變爲戎蠻，人類入于異類之漸也」，四庫本作「此中國不知君臣，人類入于禽獸之漸也」。

[三]「中國戎蠻之盛衰可考」，四庫本作「春秋事勢之升降可考」。

愚按：聖人于夷狄[一]之事，書之必加貶斥之辭者，懼其猾夏亂華而絶之也[二]。今中國弑逆之賊，天子不能討，方伯不能誅，隣國無聲罪之師，大夫無沐浴之請，而夷狄能正之，夫子雖欲貶而不與，亦不可得矣。觀于「夷狄之有君，不如諸夏之亡也」之言，則知夫子書「楚人殺陳夏徵舒」之旨矣。[三]

【經】丁亥，楚子入陳。

冬，楚子爲陳夏氏亂故，伐陳。謂陳人無動，將討于少西氏。遂入陳，殺夏徵舒，轘諸栗門，因縣陳。陳侯在晉。申叔時使于齊，反，復命而還。王使讓之曰：「夏徵舒爲不道，弑其君，寡人以諸侯討而戮之，諸侯、縣公皆慶寡人，女獨不慶寡人，何故？」對曰：「猶可辭乎？」王曰：「可哉。」曰：「夏徵舒弑其君，其罪大矣，討而戮之，君之義也。抑人亦有言曰：『牽牛以蹊人之田，而奪之牛。』牽牛以蹊者，信有罪矣，而奪之牛，罰已重矣。諸侯之從也，曰：『討有罪也。』今縣陳，貪其富也。以討召諸侯，而以貪歸之，無乃不可乎？」王曰：「善哉。吾未之聞也，反之，可乎？」對曰：「可哉。吾儕小人所謂取諸其懷而與之也。」乃復封陳。鄉取一人焉以歸，謂之夏州。

[一]「夷狄」，四庫本作「楚人」。

[二]「懼其猾夏亂華而絶之也」，四庫本作「懼其猾常荐食而絶之也」。

[三]「觀于『夷狄有君，不如諸夏之亡也』之言，則知夫子書『楚人殺陳夏徵舒』之旨矣」，四庫本作「楚固明德之後，而介在南蠻，使其克自祓濯一改淫名竊鼎之舊，聖人豈終絶楚哉？」

程子曰：「誅其罪，義也。取其國，恶也。入者，不受而强之也。」

謝氏曰：「書入，罪其因人之亂而利之也。」

吕氏曰：「稱楚人殺夏徵舒，討賊之辭，且衆同欲也，故曰『楚人入陳』。非衆志也，故曰『楚子』。」

陸氏微旨曰：「入人之國，又納淫亂之臣，邪也。故明書其爵以示不正。春秋之義，彰善癉恶，纖芥無遺，稱事原情，瑕瑜不掩，斯之謂也。」

高氏曰：「書殺徵舒于前，而掩縣陳之恶。書入陳于後，不使全討罪之美。此斷大小之獄，必以情。恶恶疾其始，善善樂其終之義也。」

胡氏曰：「按左氏傳，楚子爲夏氏亂，遂入陳，殺徵舒，轘諸栗門。而經先書殺，後書入者，與楚子之能討賊，故先之也。討其賊爲美，取其國爲貪，爲善爲恶，特在一念須臾之間，而書法如此。春秋傳心之要典，不可以不察也。」

愚按：討賊則分其美于衆人，入國則歸其罪于楚子。聖人豈固欲與楚哉？其不得已之情又可見矣。

【經】納公孫寧、儀行父于陳。

穀梁曰：「納者，内弗受也。輔人之不能民而討，猶可。入人之國，制人之上下，使不得其君臣之道，不可。」

高氏曰：「楚子殺徵舒，若能誅賊而出于正者。由納二臣觀之，楚子殺徵舒，正爲二臣殺之，非爲討賊殺也。楚子之情于是不能逃矣。」

胡氏曰：「二臣者從君于昏，宣淫于朝，誅殺諫臣，使其君見弒，蓋致亂之臣也。肆諸市朝，與衆同棄，然後快于人心。今乃詭詞奔楚，託于討賊復讐，以自脱其罪，而楚莊又使陳人用之，故聖人外此二人于陳，而特書曰納。爲楚莊者，豬徵舒之宮，封洩冶之墓，尸孔寧、儀行父于朝，謀于陳衆，定其君而去，其庶幾乎？」

家氏曰：「楚莊有意爲陳討賊，即辰陵之會，召徵舒而戮之，陳無事矣。乃于既盟之後，遽興掩襲之師入陳，而遂縣之。仗義以濟利，假信以行詐，此春秋之所甚惡也。幸而從申叔時之言，事弗獲逞，猶納其朋淫首禍之人，俾復爲政于陳國，則其區區本心，猶在于利，特畏晋兵之來，是以舍之而去，非知其不義，悔之而不爲也。」

薛氏曰：「中國無賢王、賢伯，而使夷狄盗政[一]，多見其卒于亂也。」

張氏曰：「聖人予善之弘，待人之公，先旌其討賊之義，然後著其入陳且納亂臣之罪，使楚莊之善惡功罪顯然明白。詳味此編，則知非聖人莫能修而游、夏不能與者矣。」

【經】十有二年，春，葬陳靈公。

師氏曰：「陳亂，故二十有一月而後葬。始也，以公孫寧、儀行父與靈公昏淫，使靈公被弒。終也，以公

[一]「而使夷狄盗政」，四庫本作「而使荆蠻盗政」。

孫寧、儀行父使楚討賊，楚以入陳，又從而納二子。爲是紛紛，不暇葬也。」

【經】楚子圍鄭。

厲之役，鄭伯逃歸，自是楚未得志焉。鄭既受盟于辰陵，又徼事于晉。至是楚子圍鄭，旬有七日。鄭人卜行成，不吉。卜臨于大宫，且巷出車，吉。國人大臨，守陴者皆哭。楚子退師。鄭人修城。進復圍之。三月克之。入自皇門，至于逵路。鄭伯肉袒牵羊以逆，曰：「孤不天，不能事君，使君懷怒以及敝邑，孤之罪也。敢不唯命是聽？其俘諸江南以實海濱，亦唯命；其翦以賜諸侯，使臣妾之，亦唯命。若惠顧前好，徼福于厲、宣、桓、武，不泯其社稷，使改事君，夷于九縣，君之惠也，孤之願也，非所敢望也。敢布腹心，君實圖之。」左右曰：「不可許也，得國無赦。」王曰：「其君能下人，必能信用其民矣，庸可幾乎？」退三十里而許之平。潘尫入盟，子良出質。

謝氏曰：「圍鄭之役，楚已入鄭矣，不書入者，以楚子叛而伐之，服而舍之，退三十里而許之平也。」

高氏曰：「楚入陳而封之，書曰入。入鄭而赦之，書曰圍，何也？楚之入陳也，欲縣之，人言其不可，乃封陳侯。其入鄭也，欲赦之，人言其不可，卒與鄭平。封陳侯者，非其本謀也，不善而能改，故書曰入。與鄭平者，蓋其本謀也，不爲利害所誘，故書曰圍。」

【經】夏，六月，乙卯，晉荀林父帥師及楚子戰于邲，晉師敗績。

六月，晋師救鄭，荀林父將中軍，先縠佐之，士會將上軍，郤克佐之，趙朔將下軍，欒書佐之，趙括、趙嬰齊爲中軍大夫，鞏朔、韓穿爲上軍大夫，荀首、趙同爲下軍大夫，韓厥爲司馬。及河，聞鄭既及楚平，桓子欲還，曰：「無及于鄭而勦民，焉用之？」隨武子曰：「善。」彘子曰：「不可。晋所以霸，師武臣力也。今失諸侯，不可謂力；有敵不從，不可謂武。由我失霸，不如死。」以中軍佐濟。韓獻子謂桓子曰：「彘子以偏師陷，子罪大矣。子爲元帥，師不用命，誰之罪也？與其專罪，六人同之，不猶愈乎？」師遂濟。楚子北師，次于郔，沈尹將中軍，子重將左，子反將右，將飲馬于河而歸。聞晋師既濟，王欲還。嬖人伍參欲戰。令尹孫叔敖不欲。伍參言于王曰：「晋之從政者新，未能行令。其佐先縠剛愎不仁，未肯用命。其三帥者，專行不獲，聽而無上，衆誰適從？此行也，晋師必敗。」王告令尹，改乘轅而北之。楚少宰如晋師曰：「寡君少遭閔凶，不能文。聞二先君之出入此行，將鄭是訓定，豈敢求罪于晋？二三子無淹久。」隨季對曰：「昔平王命我先君文侯曰：『與鄭夾輔周室，毋廢王命。』今鄭弗率，寡君使群臣問諸鄭，豈敢辱侯人？敢拜君命之辱。」彘子以爲諂，使趙括更之，曰：「行人失辭，寡君使群臣遷大國之迹于鄭，曰：『無避敵。』群臣無所逃命。」楚子又使求成于晋，晋人許之，盟有日矣。楚許伯御樂伯，攝叔爲右，以致晋師。晋魏錡求公族未得，而怒，欲敗晋師。請致師，弗許。請使，許之。遂往，請戰而還。趙旃求卿未得，且怒失楚致師者。請挑戰，弗許。請召盟，許之。夜至于楚軍，席于軍門之外，使其徒入之。乙卯，王乘左廣以逐趙旃。趙旃棄車而走林，屈蕩搏之。晋懼二子之怒楚師，使軘車逆之。楚望其塵，懼晋師至，且懼王之入晋師也。遂疾進師，車馳卒奔，乘晋軍。

桓子不知所爲，鼓于軍中，曰：「先濟者有賞。」中軍、下軍争舟，舟中之指可掬也。晉師右移，上軍未動。楚從上軍。駒伯曰：「待諸乎？」随季曰：「楚師方壯，若萃于我，吾師必盡，不如收而去之，分謗生民，不亦可乎？」殿其卒而退。不敗。

楚熊負羈囚知罃。知莊子以其族反之，厨武子御，射連尹襄老，獲之，遂載其尸。射公子穀臣，囚之。以二者還。及昏，楚師軍于邲，晉之餘師不能軍，宵濟，亦終夜有聲。丙辰，楚重至于邲，遂次于衡雍，祀于河，作先君宫，告成事而還。秋，晉師歸，桓子請死，晉侯欲許之，士貞子諫，使復其位。成三年，晉人歸楚公子穀臣與連尹襄老之尸于楚，以求知罃。楚人重爲之禮而歸之。

胡氏曰：「戰而言及，主乎是戰者也。陳人弑君，晉不討賊，而楚能討之。楚人圍鄭，亦既退師與鄭平矣，而又與之戰，則非觀釁之師也，故釋楚不貶，而使晉主之。然違命濟師者先穀也，而獨罪林父，何也？尊無二，上定于一也。古者仗鉞臨戎，專制閫外，雖君命有所不受，况其屬乎？林父既知無及于鄭，焉用之矣。諸帥又皆信，然其策先穀若獨以中軍佐濟者，下令三軍無得妄動，按軍法而行辟，夫豈不可？既不能令，乃畏失屬亡師之罪，而從韓獻子分恶之言，知難而冒進，是棄晉師，于誰責乎？故稱敗績，特以林父主之也。」

高氏曰：「夫晉欲救陳、鄭，豈可由一大夫將不協心之屬，以與强暴新勝之夷狄〔一〕交戰乎？徒取敗衂，血肉生靈，非救難解紛之道也，故不書救。」

【經】秋，七月。

【經】冬，十有二月，戊寅，楚子滅蕭。

楚子伐蕭，宋華椒以蔡人救蕭。蕭人囚熊相宜僚及公子丙。王曰：「勿殺，吾退。」蕭人殺之。王怒，遂圍蕭。蕭潰。申公巫臣曰：「師人多寒。」王巡三軍，拊而勉之。三軍之士皆如挾纊，遂傅于蕭。明日蕭潰。

胡氏曰：「假于討賊以滅陳。春秋以討賊之義重也，故末減而書入，恶其貳已而入鄭。春秋以退師之情恕也，故末減而書圍，與人爲善之德宏矣。至是肆其强暴，滅無罪之國，其志已盈，雖欲赦之，不可得也。故傳稱蕭潰，經以滅書，斷其罪也。蕭既滅亡，必無赴者，何以得書？楚莊縣陳、入鄭，大敗晉師，莫與校者，不知以禮制心，克伐怨欲，皆得行焉，遂以滅蕭赴告諸侯，矜其威力，以恐中國也。」

家氏曰：「蕭，宋之附庸也。楚莊志得而驕，睥睨于宋，故滅蕭以動之，自是易子析骸之禍，權輿于此。春秋書之，不惟罪楚，亦以憂中國。」

【經】晉人、宋人、衛人、曹人同盟于清丘。

〔一〕「夷狄」，四庫本作「楚師」。

晉原縠、宋華椒、衛孔達、曹人同盟于清丘，曰：「恤病討貳。」

謝氏曰：「楚日强盛，四國欲恤病討貳，協力相維，同心爲盟，故書同盟。同盟之後，四國反覆背盟，故奪爵稱人。凡盟，既盟而背之者，猶以其盟出于不得已也。同盟而違之，則其恶大矣。」

【經】宋師伐陳。衛人救陳。

宋爲盟故，伐陳。衛人救之。孔達曰：「先君有約言焉，若大國討，我則死之。」

胡氏曰：「陳有弑君之亂，宋不能討而楚能討之，雖曰縣陳，尋復封之，其德于楚而不貳，未足責也。宋人不能内自省德，遽以大衆伐之，非義舉也。衛人救陳，背盟失信，而以救書者，意在責宋也。」

高氏曰：「衛方盟于清丘而反救陳，救雖義事，而有背盟之患，故貶稱人。」

春秋闕疑卷二十四（宣公十三年—十八年）

【經】十有三年，春，齊師伐莒。

莒恃晋而不事齊故也。

【經】夏，楚子伐宋。

以其救蕭也。

謝氏曰：「楚子既滅蕭，于是伐宋，以宋師伐陳故也。」

【經】秋，螽。

【經】冬，晋殺其大夫先縠。

赤狄伐晋，及清，先縠召之也。冬，晋人討邲之敗與清之師，歸罪于先縠而殺之，盡滅其族。

胡氏曰：「先縠違命，大敗晋師。元帥不能用鉞，已失刑矣。今又重有罪焉，晋人治其罪而戮之，義也。曷爲稱國以殺而不去其官？夫兵者，安危所係，有國之大事也，將非其人則敗。雖得其人，使親信間之則敗。

以剛愎不仁者參焉，而莫肯用命則敗。凡此三敗，君之過也。林父初將中軍，乃以先縠佐之，使敵國謀臣知其從政者新，未能行令，誰之過歟？故稱國以殺，不去其官，罪累上也。」

【經】十有四年，春，衛殺其大夫孔達。

十三年，清丘之盟。晋以衛之救陳也，討焉。使人弗去，曰：「罪無所歸，將加而師。」孔達曰：「苟利社稷，請以我説，罪我之由。我則爲政，而亢大國之討，將以誰任？我則死之。」至是春，孔達縊而死。衛人以説于晋而免，遂告于諸侯，曰：「寡君有不令之臣達，構我敝邑于大國，既伏其罪矣，敢告。」衛人以爲成勞，復室其子，使復其位。

愚按：「衛之于晋，始則遣其臣，背盟救陳，以干大國之討。終則殺其臣，致辭取説，以免大國之討，且使之自縊而死，又非正名其罪，失刑政矣。稱國以殺，不去其官，罪累其上，宜哉。

【經】夏，五月，壬申，曹伯壽卒。

【經】晋侯伐鄭

爲邲故也。告于諸侯，蒐焉而還，中行桓子之謀也。曰：「示之以整，使謀而來。」鄭人懼，使子張代子良于楚。鄭伯如楚，謀晋故也。鄭以子良爲有禮，故召之。楚子使申舟聘于齊，曰：「無假道于宋。」亦使公子馮聘于晋，不假道于鄭。申舟以孟諸之役惡宋，曰：「鄭昭宋聾，晋使不害，我則必死。」王曰：

「殺女，我伐之。」見犀而行。及宋，宋人止之。華元曰：「過我而不假道，鄙我也。鄙我，亡也。殺其使者，必伐我。伐我，亦亡也。亡一也。」乃殺之。楚子聞之，投袂而起，屨及于窒皇，劍及于寢門之外，車及于蒲胥之市。

高氏曰：「晉救鄭而敗于邲，鄭遂即楚。夫鄭背華即夷[一]，討之正也。故稱晉爵。然文公之澤浸微，干戈日尋，積而至于蜀之盟，中國盡夷狄[二]矣，豈特失鄭而已乎？至此而後，知齊桓、晉文之有功于中國也。」

【經】秋，九月，楚子圍宋。

胡氏曰：「宋人要結盟誓，欲以禦楚，已非持國之道，輕舉大衆，勦民安動，又非恤患之兵，特書救陳，以著其罪，明見伐之由也。國必自伐，然後人伐之，凡事，其作始也簡，其將畢也必巨。易于訟卦曰：『君子以作事謀始，始而不謀，必至于訟，訟而不竟，必至于師。』若宋是矣。始謀不臧，至于見伐，見圍幾亡其國，則自取之也。春秋端本，責宋爲深，若蠻夷圍中國[三]，則亦明矣。」

【經】葬，曹文公。

[一]「背華即夷」，四庫本作「背晉即楚」。
[二]「夷狄」，四庫本作「從楚」。
[三]「若蠻夷圍中國」，四庫本作「若楚不當圍宋」。

【經】冬，公孫歸父會齊侯于穀。

張氏曰：「以歸父會齊侯。蓋魯素事齊，而宣公之立，公子遂主之，故其父子常使于齊，而齊亦不復計等列之不班而與之會也，非禮甚矣。」

胡氏曰：「夫禮，别嫌明微，制治于未亂，自天子出者也。列國之君，非王事自相會聚，是禮自諸侯出矣。以國君而降班失列，下與外臣會，以外臣而抗尊出位，上與諸侯會，是禮自大夫出矣。君若贅旒，陪臣執命，豈一朝一夕之故，其所由來漸矣。故易于坤之初六曰：『馴致其道，至堅冰也。』易言其理，春秋見諸行事，若合符節，可謂深切著明矣。」

【經】十有五年，春，公孫歸父會楚子于宋。

十四年，孟獻子言于公，曰：「臣聞小國之免于大國也，聘而獻物，于是有庭實旅百，朝而獻功，于是有容貌采章嘉淑、而有加貨，謀其不免也。誅而薦賄，則無及也。今楚在宋，君其圖之。」公説。至是，公孫歸父會楚子于宋。

家氏曰：「楚自伐宋，于魯無與，而魯人震懼，若禍之已至者，正由宣公以篡弑得國，未有能討之者，見楚人戮陳夏徵舒，懼而往會，將以逭弑君之討也。」

胡氏曰：「楚子不假道于宋，以啟釁端而圍之，陵蔑中華甚矣。諸侯縱不能畏簡書，攘夷狄〔一〕，存先代之後，嚴兵固圉，以爲聲援，猶云可也，乃以周公之裔，千乘之國，謀其不免，至于薦賄，不亦鄙乎？若此類，聖人不徒筆之于經也，比事以觀，則知中國、夷狄盛衰之由〔二〕，春秋經世之略矣。」

高氏曰：「直以宋地者，罪魯，見夷狄在宋境而反與之交聘也。」

【經】夏，五月，宋人及楚人平。

宋人使樂嬰齊告急于晉，晉侯欲救之。伯宗曰：「不可。古人有言曰：『雖鞭之長，不及馬腹。』天方授楚，未可與爭。雖晉之强，能違天乎？諺曰：『高下在心，川澤納污，山藪藏疾，瑾瑜匿瑕，國君含垢，天之道也，君其待之。』」使解揚如宋。使無降楚，曰：「晉師悉起，將至矣。」鄭人囚而獻諸楚，楚子厚賂之，使反其言。不許。三而許之。登諸樓車，使呼宋人而告之。遂致其君命。楚子將殺之，使與之言，曰：「爾既許不穀而反之，何故？非我無信，女則棄之，速即爾刑。」對曰：「臣聞之，君能制命爲義，臣能承命爲信，信載義而行之爲利。謀不失利，以衛社稷，民之主也。義無二信，信無二命。君之賂臣，不知命也。受命以出，有死無霣，又可賂乎？臣之許君，以成命也。死而受命，臣之禄也。寡君有信臣，下臣獲考死，又何求？」楚

〔一〕「攘夷狄」，四庫本作「攘患難」。
〔二〕「則知中國、夷狄盛衰之由」，四庫本作「則知當日强弱盛衰之由」。

子舍之以歸。

夏，五月，楚師將去宋。申犀稽首于王之馬前曰：「毋畏知死而不敢廢王命，王棄言焉。」王不能答。申叔時僕，曰：「築室反耕者，宋必聽命。」從之。宋人懼，使華元夜入楚師，登子反之床，起之，曰：「寡君使元以病告，曰：『敝邑易子而食，析骸以爨。雖然，城下之盟，有以國斃，不能從也。去我三十里，唯命是聽。』」子反懼，與之盟而告王。退三十里，宋及楚平，華元爲質。盟曰：「我無爾詐，爾無我虞。」

穀梁氏曰：「平者，成也。人者，衆辭。平稱衆上，下欲之也。」

程氏學曰：「宋人及楚人平，宋及之也。」

謝氏曰：「宋人見圍凡九月，其告急于晋也。外無隻輪匹馬之援，內有析骸易子之變。宋人知怨之不可以結也，故請和于楚以求平。楚人知忿之不可以恃也，故受宋之和而與之平。」

陳氏曰：「外平不書，必關于天下之故也而後書，有與楚平者矣，于陳不書，于鄭不書，至宋始書之，宋嘗及楚平矣，至莊王始書之，必宋從楚，必莊王得宋，天下將有南北之勢，春秋特致意焉。」

樸鄉呂氏曰：「向也晋與楚爭陳，其後也，陳有少西氏之亂，晋不能討而楚能討之，縣陳、封陳，在其掌握，而陳在楚宇下矣。向也晋與楚爭鄭，其後也，鄭有皇門之入，晋不能救，已而爲邲之戰，則晋師敗績，而鄭又在楚宇下矣。向也晋、宋、衛猶爲一黨，及宋師伐陳而衛救之，則衛又貳于晋。向也晋、楚之爭而中國之望，如魯國者，猶未嘗即楚，今則公孫歸父會楚子于宋，而魯又即于楚矣。當是時，中國霸主之後則晋也，先代之後，則宋也。鄭及楚平，則伐鄭者，晉與宋也。邲既敗，則同爲清丘之盟者，晉與宋也。清丘之盟，陳人不至，則爲之伐陳者，又宋也。今也楚子圍宋者九月，宋之國人至于易子而食析骸而爨矣。楚之圍宋者，亦軍敝食盡而將去矣，而宋人告急之時，晉不能一出力以援之，一懲于邲之戰，而中國之氣索然矣。宋及楚平，豈得已哉？書曰『宋人及楚人平』，以見中國之無霸也，以見夷狄〔一〕之恣横也，以見諸侯之畏于楚而莫有能救之者也，然則宋、楚之平，豈小故哉？」

【經】六月，癸卯，晉師滅赤狄潞氏，以潞子嬰兒歸。

六年，秋，赤狄伐晉，圍懷及邢丘。晉侯欲伐之，中行桓子曰：「使疾其民，以盈其貫，將可殪也。」七年，赤狄侵晉，取向陰之禾。至是，潞子嬰兒之夫人，晉景公之姊也。酆舒爲政而殺之，又傷潞子之目。晉侯欲伐之。諸大夫皆曰：「不可。酆舒有三儁才，不如待後之人。」伯宗曰：「必伐之，狄有五罪，儁才雖多，何補焉？不祀，一也；耆酒，二也；棄仲章而奪黎氏地，三也；虐我伯姬，四也；傷其君目，五也。怙其儁才，而不以茂德，兹益罪也。後之人或者將敬奉德義以事神人，而申固其命，若之何待之？夫恃才與衆，亡之道也。商紂由之，故滅。天反時爲灾，地反物爲妖，民反德爲亂。亂則妖灾生。故文反正爲乏。盡在狄矣。」晉侯從之。六月，癸卯，晉荀林父敗赤狄于曲梁。辛亥，滅潞。酆舒奔衛，衛人歸諸晉。晉人殺

〔一〕「夷狄」，四庫本作「楚人」。

之。晉侯賞桓子狄臣千室，亦賞士伯以瓜衍之縣，曰：「吾獲狄土，子之功也。微子，吾喪伯氏矣。」晉侯使趙同獻狄俘于周。

胡氏曰：「上卿爲主將，略而稱師者，著其暴也。滅而舉號及氏者，滅見滅之罪，著滅者之不仁也。潞嬰兒不死社稷，比于中國，而書爵者，免嬰兒之責辭也，夫伐國之要，討其罪人斯止矣。按左氏，潞子夫人，晉景公之姊也，酆舒爲政而殺之，又傷潞子之目，則酆舒者，罪之在也。爲晉計者，執酆舒，轘諸市，立黎侯，安定潞子，改紀其政而返，則諸狄服，疆域安矣。今乃利狄之土，滅潞氏，以其君歸，何義乎？春秋所以責晉，而略狄也。」

樸鄉呂氏曰：「夷狄〔一〕屢侵中國，晉景滅之似也。然楚之圍宋，歷三時而不解，晉不能一引手以救之，而徒能加兵于狄。今年書晉師滅赤狄潞氏，以嬰兒歸。明年書晉人滅赤狄甲氏，及留吁。觀宋之告急也，晉侯欲救之，而伯宗方以納污藏疾匿瑕含垢自諉。及晉侯之欲伐狄，諸大夫皆以爲不可，而伯宗乃曰『後之人或者將敬奉德義以事神人，而申固其命，若之何待之？』嗚呼！是誠何心哉？不得志于楚，乃求得志于狄。晉侯以是賞桓子，又以是賞士伯，又使趙同獻俘于周，君臣之間矜然德色，志得意滿矣，何暇謀及楚哉？聖人備書于策，義自見矣。」

〔一〕「夷狄」，四庫本作「白狄」。

【經】秦人伐晉。

秋七月，秦桓公伐晉，次于輔氏。壬午，晉侯治兵于稷以略狄土，立黎侯而還。及雒，魏顆敗秦師于輔氏，獲杜回，秦之力人也。

薛氏曰：「報八年之役也。」

【經】王札子殺召伯、毛伯。

王孫蘇與召氏、毛氏爭政，使王子捷殺召戴公及毛伯衛。卒立召襄。十六年，爲毛、召之難故，王室復亂，王孫蘇奔晉，晉人復之。冬，晉侯使士會平王室，定王享之，原襄公相禮。殽烝。武子私問其故。王聞之，召武子，曰：「季氏而弗聞乎？王享有體薦，宴有折俎。公當享，卿當宴，王室之禮也。」武子歸而講求典禮，以修晉國之法。

杜氏曰：「王札子，王子札也。」

泰山孫氏曰：「王札子，文誤倒爾。」

穀梁氏曰：「此其志，何也？矯王命以殺之也。爲天下主者，天也。繼天者，君也。君之所存者，命也。爲人臣而侵其君之命而用之，是不臣也。爲人君而失其命，是不君也。君不君，臣不臣，天下所以傾也。」

家氏曰：「左傳謂王孫蘇與毛、召爭政，使札子殺毛、召，則首亂者孫蘇，然非札子，則無以成其亂，非王寵札子而假之以權，則札子亦無以爲亂，故書王札子殺召伯、毛伯，譏在王也。」

胡氏曰：「邢侯專殺雍子于朝，叔向以殺人不忌爲賊，請施邢侯，君子以爲義。王札子之罪當服此刑，而天王不能施之，無政刑矣，何以保其國而不替也？」

【經】秋，螽。

胡氏曰：「人事感于此，則物變應于彼。宣公爲國，虛内以事外，去實而務華，故戾氣應之。六年，螽。七年，旱。十年，大水。十三年，又螽。十五年，復螽。府庫匱，倉廩竭，言利尅民之事起矣。」

【經】仲孫蔑會齊高固于無婁。

胡氏曰：「禮之始失也，諸侯非王事而相會也，無以正之，不自天子出矣。然後諸侯與大夫會，又無以正之，然後大夫與大夫會，禮亦不自諸侯出矣。田氏篡齊，六卿分晉，三家專魯，理固然也，不能早辨，後雖欲正之，其將能乎？」

【經】初税畝。

左氏曰：「初税畝，非禮也。穀出不過藉，以豐財也。」

公羊氏曰：「初者何？始也。税畝者何？履畝而税也。古者什一而藉，什一天下之中正也。多乎什一，大桀、小桀。寡乎什一，大貉、小貉。什一行而頌聲作矣。」

穀梁氏曰：「古者什一藉而不税。初税畝，非正也。」

家氏曰：「八家同井，其中爲公田。一夫授田百畝，耕公田十畝，餘公田二十畝爲廬舍及場圃，民出其力以耕公田，是之謂藉。」

杜氏曰：「公田之法，十取其一，今又履其餘畝，復十取其一，遂以爲常，故曰初。」

謝氏曰：「公田之外，又取私田，計畝而税之，故曰税畝。」

朱子曰：「周制，一夫受田百畝，而與同溝共井之人通力合作，計畝均收，大率民得其九，公取其一，魯自宣公税畝，又逐畆什取其一，則爲什而取二矣。」

薛氏曰：「方里而井，八家皆私百畆，中爲公田而同治之，所謂什一也，履畝而税，税私田之什一，是什二之初税也。」

【經】冬，蝝生。

謝氏曰：「蝝，螽子。冬非蝝生育之時。冬而蝝生，異之大也。」

胡氏曰：「始生曰蝝，既大曰螽。秋螽未息，冬又生子。灾重及民也。而詳志之如此者，急民事，謹天灾，仁人之心，王者之務也。遇天灾而不懼，忽民事而不修，又爲繁政重賦以感之，國危無日矣。」

【經】饑。

師氏曰：「方秋螽時，民憂乏食，望其上之所取，爲之蠲薄可也。宣公乃不顧而履畝以税之，田畝所有盡歸于公，乏絕五穀，不饑奚爲？春秋書之，所以饑上之人有以致之而莫之恤也。」

謝氏曰：「上則税畝而奪其食，下則螽、蝝賊其稼，故饑。」

胡氏曰：「春秋饑歲多矣，書于經者三，而宣公獨有其二，何也？古者三年耕，餘一年之蓄。九年耕，餘三年之食。雖有凶旱，民無菜色。是歲螽、蝝而遽至于饑者，宣公爲國，務華去實，虛内事外，煩于朝會、聘問、賂遺之末，而不敦其本，府庫竭，倉廩匱，水旱螽蝝，天降饑饉，亦無以賑業貧乏矣。經所以獨兩書饑，以示後世爲國者，不可不敦本也。」

【經】十有六年，春，王正月，晉人滅赤狄甲氏及留吁。

晉士會帥師滅赤狄甲氏及留吁、鐸辰。三月，獻狄俘。晉侯請于王。戊申，以黻冕命士會將中軍，且爲大傅。于是晉國之盜，逃奔于秦。羊舌職曰：「吾聞之，『禹稱善人，不善人遠』。此之謂也夫。」

胡氏曰：「董是役者，士會也。上將主兵，其稱人，貶辭也。甲氏，潞之餘種。留吁，其殘邑也。春秋于夷狄〔二〕攘斥之，不使亂中夏則止矣。伯禽征徐夷，東郊既開而止。宣王伐玁狁，至于太原而止。必欲盡殄滅之，無遺種，豈仁人之心，王者之事乎？」

〔二〕「夷狄」，四庫本作「外域」。

【經】夏，成周宣榭火。

公羊氏曰：「成周者何？東周也。」

高氏曰：「國語曰：『先王之爲臺榭也，臺不過望氛氣，榭不過講軍實。成周宣榭，宣王之榭也。宣王中興，講武于此，書其災者，蓋傷之也。厲王板蕩，中國微矣。宣王嗣之，南征北伐，攘夷狄〔二〕以復文、武之境土，天下喜于王化復行。今周復衰，夷狄〔三〕横行，平、惠以降，皆庸暗齷齪，無能以王道興起者，聖人思周室中興，仰止宣王，故因其災以傷王者之不作，使功烈不得著見于天下，而其迹又從而煨燼之，蓋痛乎王道陵遲之甚也。」

【經】秋，郯伯姬來歸。

出也。

胡氏曰：「内女出，書之策者，男女居室，人之大倫也。婚姻之禮廢，則夫婦之道苦，淫辟之罪多矣。春秋内女出，夫人歸，凡男女之際，詳書于策，所以正人倫之本也。」

高氏曰：「不寧乎舅姑之國而爲夫所出，此罪伯姬也。罪伯姬者，乃所以罪其父母失教也。」

〔二〕「攘夷狄」，四庫本作「除叛晋」。

〔三〕「夷狄」，四庫本作「僭竊」。

【經】冬，大有年。

穀梁氏曰：「五穀大熟，爲大有年。」

胡氏曰：「程子曰：『大有年，記異也。』宣公弒立，逆理亂倫，水旱螽蝝，饑饉之變，相繼而作，史不絶書，宜也。獨于是冬，乃大有年，所以爲異乎。夫有年、大有年一爾。古史書之則爲祥，仲尼筆之則爲異，此言外微旨，非聖人莫能修之也。」

高郵孫氏曰：「春秋書有年者二，又皆在于桓、宣之時，聖人之意可知矣。」

【經】十有七年，春，王正月，庚子，許男錫我卒。

【經】丁未，蔡侯申卒。

【經】夏，葬許昭公。

【經】葬蔡文公。

【經】六月，癸卯，日有食之。

【經】己未，公會晋侯、衛侯、曹伯、邾子同盟于斷道。

春，晉侯使郤克徵會于齊。齊頃公帷婦人使觀之。郤子登〔一〕，婦人笑于房，獻子怒，出而誓曰：「所不此報，無能涉河。」郤子先歸，使欒京廬待命于齊，曰：「不得齊事，無復命矣。」郤子至，請伐齊。晉侯弗許。請以其私屬，又弗許。齊侯使高固、晏弱、蔡朝、南郭偃會。及斂盂，高固逃歸。夏，會于斷道，討貳也。盟于卷楚，辭齊人。晉人執晏弱于野王，執蔡朝于原，執南郭偃于温。苗賁皇使，見晏桓子。歸，言于晉侯曰：「夫晏子何罪？昔者諸侯事吾先君，皆如不逮，舉言群臣不信，諸夏皆有貳志，齊君恐不得禮，故不出，而使四子來。左右或沮之，曰：『君不出，必執吾使。』故高子及斂盂而逃。夫三子者曰：『若絶君好，寧歸死焉。』爲是犯難而來，吾若善逆彼以懷來者，吾又執之，以信齊沮，吾不既過矣乎？過而不改，而又久之以成其悔，何利之有哉？使反者得辭，而害來者，以懼諸侯，將焉用之？」晉人緩之，逸。

秋，八月，晉師還。

范武子將老，召文子曰：「燮乎！吾聞之，喜怒以類者鮮，易者實多。詩曰：『君子如怒，亂庶遄沮。君子如祉，亂庶遄已。』君子之喜怒，以已亂也。弗已者，必益之。郤子其或者欲已亂于齊乎？不然余懼其益之也。余將老，使郤子逞其志，庶有豸乎？爾從二三子，唯敬。」乃請老，郤獻子爲政。

穀梁氏曰：「同者，同外楚也。」

〔一〕「登」，四庫本作「至」。

樸鄉吕氏曰：「宣公以來，凡晉會諸侯，齊未嘗與也。衛嘗同晉矣。清丘之盟，辭曰討貳，而陳貳于楚。宋人伐之，衛乃救陳。晉以衛之救陳也，討焉，衛殺其大夫孔達以説于晉。斷道之盟，衛人在焉，故曰同外楚也。」

家氏曰：「同盟，春秋之所貴也，而晉景清丘、斷道兩盟皆以同盟書，何哉？聖人幸中國之猶能自振，喜諸侯不忍遂從于夷[一]，特書同盟以褒之，既書同盟，而五國之君並著其爵，是時楚莊氣焰大張，晉景之孱弱日甚，聖人于清丘、斷道兩盟深致其嘉獎，拳拳于望晉，幸其猶能同也。」

陳氏曰：「同盟至新城而再見，斷道之後，不曰同盟者寡矣。」

【經】秋，公至自會。

【經】冬，十有一月，壬午，公弟叔肹卒。

穀梁氏曰：「其曰公弟叔肹，賢之也。其賢之何也？宣弑而非之也，非之則胡爲不去也？曰兄弟也，何去而之？與之財，則曰：『我足矣』。織屨而食，終身不食宣公之食，君子以是爲通恩也。以取貴乎春秋。」

泰山孫氏曰：「不曰公子而曰公弟叔肹者，以見叔肹無禄而卒也。」

陳氏曰：「公弟者何？非見大夫也。非見大夫不卒，而卒叔肹，賢之也。賢之，所以恶宣公也。」

〔一〕「夷」，四庫本作「楚」。

家氏曰：「大夫卒而書者，以其爲大夫而得書也。叔肸不爲大夫，其卒也，特見書，以其人而書也。自入春秋，母弟名氏登于簡册，率以驕盈致亂，惟叔肸以節行見稱，卓然榮利之外，而不廢親親之恩也。」

胡氏曰：「稱弟，得弟道也。稱字，賢也。或以爲叔肸寵弟，在宣公有私親之愛，故生而賜氏，俾世其卿，與季友、仲遂比，則其説誤矣。誠使叔肸有寵，生而賜氏，則貴戚用事之卿，勢必與聞政事，執國命矣，豈有不見于經者？况宣公之時，煩于聘問會朝之禮，遂、蔑、季孫、歸父交于鄰國衆矣，而獨叔肸不與焉，其非生而賜氏，俾世其卿明矣。」

【經】十有八年，春，晉侯、衛世子臧伐齊。

至于陽穀。齊侯會晉侯，盟于繒，以公子彊爲質于晉。晉師還，蔡朝、南郭偃逃歸。

家氏曰：「楚方爲中國患，而晉率衛以伐齊，春秋無貶，何哉？齊自昭、懿以來，比世再篡，怙其强大，猖狂妄行，漁獵小國，其罪亚于夷楚，莫有能治之者，晉景一旦發憤，躬履戎行，偕衛人以爲此役，伐其所當伐也，春秋何貶焉？」

【經】公伐杞。

高氏曰：「杞自文十六年來朝而不復至，故伐之。稱公，專罪公之陵小國也。己不修德而欲人之朝，不思之甚也。」

陳氏曰：「自伐邾取繹而下，凡取，不書其人。自公伐杞而下，凡伐，皆不書公。」

【經】夏，四月。

【經】秋，七月，邾人戕鄫子于鄫。

穀梁曰：「戕，猶殘也。」

公羊曰：「戕賊而殺之也。」

范氏曰：「『于鄫』，恶其臣子不能拒難。」

高氏曰：「僖十九年，邾人執鄫子用之。是時天子、方伯不復討其罪，故此肆然復戕鄫子于鄫也。夫邾人肆無道之强，戕同等之君，罪固大矣。鄫子爲國君而見戕于人，必有以致之也。國君必有卿大夫、侍衛之臣，今鄫子之于邾，乃不共戴天之讐，又使得造其國都，戕弑其君，而鄫國臣子恬然坐視無動心者，故聖人書曰：『戕鄫子于鄫』，以見鄫無守備，且恶鄫之臣子不能拒難，與自弑其君無異也。」

【經】甲戌，楚子旅卒。

夏，公使如楚乞師，欲以伐齊。楚莊王卒，楚師不出。既而用晉師，楚于是乎有蜀之役。

高氏曰：「前此不書楚子之卒者，外夷狄〔二〕也。此書之者，以楚人爲中國之害，甚于前日，故録其卒以見

〔二〕「夷狄」，四庫本作「楚人」。

中國不能自正，乃與夷狄〔二〕相通問好。故春秋自此得以詳録其卒也。」

公羊氏曰：「吳、楚之君不書葬，避其號也。」

胡氏曰：「楚僭稱王，降而稱子，仲尼筆之也。不書葬者，恐民之惑而避其號，仲尼削之也。」

家氏曰：「楚入春秋以來，迨今百年，武、文、成、穆更起旋仆，未有窺周室之心，至楚莊觀兵中原，睥睨周鼎，挾智任詐，欲遂其僭王之夙心，故春秋書法至此爲之一變。方其存也，正其始封之爵，會盟侵伐一書之曰子，抑之也。迨其没也，復正其始封之爵，卒之曰子，而不與之以葬，亦抑之也。抑夷狄〔三〕之僭號，示天下共主在周，夷雖盛强，欲僭而莫得也。」

【經】公孫歸父如晉。

公孫歸父以襄仲之立公也，有寵，欲去三桓以張公室。與公謀而聘于晉，欲以晉人去之。

胡氏曰：「宣公因齊得國，故刻意事之，雖易世猶未怠也。及頃公，不能謹禮，怒晉、魯上卿，而郤克當國，決意討之，晉方强盛，齊少懦弱，于是背齊而事晉。其于邦交，以利爲嚮背，無忠信誠一之心者也。且歸父欲去三桓，以張公室，與公謀而聘于晉，欲以晉人去之。夫輕于背與國，易于謀大家，而不知其本，未有能成而無悔也。然則公室不可張乎？務引其君，當道正心，以正朝廷，禮樂刑政自己出也，其庶幾乎？必欲倚

〔二〕「夷狄」，四庫本作「楚人」。
〔三〕「夷狄」，四庫本作「楚人」。

外援以去之，是去疥瘍，而得腹心之疾也，庸愈乎？」

【經】冬，十月，壬戌，公薨于路寢。

穀梁氏曰：「路寢，正寢也。」

【經】歸父還自晉，至笙，遂奔齊。

公薨。季文子言于朝曰：「使我殺適立庶以失大援者，仲也夫。」臧宣叔怒曰：「當其時不能治也，後之人何罪？子欲去之，許請去之。」遂逐東門氏。子家還，及笙，壇帷，復命于介。既復命，袒、括髮，即位哭，三踊而出。遂奔齊。

穀梁氏曰：「捐殯而奔其父之使者，是亦奔父也。」

公羊氏曰：「還者何？善辭也。何善爾？歸父使于晉，還自晉，至檉，聞君薨，家遣，墠帷，哭君成踊，反命乎介，自是走之齊。」

高氏曰：「歸父以襄仲之立公，欲去三桓以張公室，與公謀而聘于晉。冬，還。至笙。聞宣公薨而新君與三桓謀逐之，以是奔齊。夫先君未殯而逐其臣，是死其君而忘其父也。歸父既畢使事，盡哀而奔，是知死亡之免而能不失度于顛沛造次之時，異乎他大夫之奔也，故其辭繁而不殺，則歸父之善自著矣。雖然，人臣之正，受命而出，雖君薨，猶當致命于殯前，若其有罪，待命于新君可也。今歸父未及魯境，遽即奔齊，則有恶于新君矣，故書遂書奔，以著其逃刑之罪。」

中外哲學典籍大全

中國哲學典籍卷

總主編　李鐵映　王偉光

春秋闕疑（下）

經部春秋類

〔元〕鄭玉　著

張立恩　點校

中国社会科学出版社

春秋闕疑卷二十五（成公元年—六年）

成公

公名黑肱，宣公之子，定王十七年即位。謚法：安民立政曰成。

【經】元年，春，王正月，公即位。

【經】二月，辛酉，葬我君宣公。

【經】無冰。

泰山孫氏曰：「周之二月，夏之十二月也。」

謝氏曰：「月建丑而無冰，冬傷温也。」

胡氏曰：「寒極而無冰者，常燠也。按洪範傅曰：『豫，恒燠若。』此政事舒緩，紀綱廢弛之象。成公幼弱，政在三家，公室不張，其象已見，故當涸陰沍寒而常燠應之。」

爲齊難故。

【經】三月，作丘甲。

謝氏曰：「作，興建之名。成公初易舊制，使丘出甲，故書曰『作』。財用不足，初稅畝。軍旅不足，作丘甲。書初、書作，皆以著其所起也。」

杜氏曰：「周禮：九夫爲井，四井爲邑，四邑爲丘，丘十六井，出戎馬一匹，牛三頭。四丘爲甸，甸六十四井，出長轂一乘，戎馬四匹，牛十二頭，甲士三人，步卒七十二人，此甸所賦。今魯使丘出之，譏重斂，故書。」

胡氏曰：「唐太宗問李靖，楚廣與周制如何？靖曰：『周制一乘步卒七十二人，甲士三人，以二十五人爲一甲，凡三甲共七十五人。』然則一丘所出十有八人，積四丘而具一乘耳。今作丘甲者，即丘出一甲，是一甸之中共百人爲兵矣，則未知所作者，三甸而增一乘乎？每乘而增一甲乎？魯至昭公時嘗蒐于紅，革車千乘，則計甸而增乘，未可知也。楚人二廣之法，一乘至用百有五十人，則魯每乘而增一甲，亦未可知也。賦雖不同，其實皆爲益兵，其數皆增三之一耳。先儒或言甲非人人之所能爲，又以爲丘出甸，賦加四倍者，誤矣。」

陳氏曰：「大司馬之制，上地家可三人，中地二家五人，下地家二人，皆勝兵也，必四丘之甸也，而後備一卒，出長轂一乘，則是從征少而休多也。作丘甲，兵休少，而從征多矣。」

呂氏曰：「哀公問于有若曰：『年饑，用不足，如之何？』有若對曰：『盍徹乎？』曰：『二，吾猶不足，如之何其徹也。』對曰：『百姓足，君孰與不足？百姓不足，君孰與足？』君子爲政，民力屈，則用竭，初税畝、作丘甲，則聖人所甚戒也。」

下至戰國，皆用之而以反本之説爲迂闊不切之論也，而其國家亦從而顛覆矣。有若之對哀公，固世之急務，而

則亦反其本而已矣。宣公初税畝，成公作丘甲，當是之時，事其君者，皆不知反本之爲務，而以取救目前爲急，

【經】夏，臧孫許及晉侯盟于赤棘。

聞齊將出楚師，盟于赤棘。臧宣叔令修賦、繕完、具守備，曰：「齊、楚結好，我新與晉盟，晉、楚争盟，齊師必至。晉人伐齊，楚必救之，是齊、楚同我也，知難而有備，乃可以逞。」

高氏曰：「許曷爲而及晉侯盟？齊怨成矣。晉援不可緩也，何者？宣公使公孫歸父如晉，欲因晉以去三桓，俄而公薨，臧孫許于是爲三桓逐歸父之族，而歸父遂奔齊，是齊怨之所以成也。故汲汲焉求爲此盟，然而晉爲霸主，不治其罪乃遽自屈而與之盟，故書臧孫許及晉侯以譏之。」

【經】秋，王師敗績于茅戎。

文十七年，秋，周甘歜敗戎狄于郯垂[一]，乘其飲酒也。至是春，晉侯使瑕嘉平戎于王，單襄公如晉拜成。劉康公徼戎，將遂伐之。叔服曰：「背盟而欺大國，此必敗。背盟，不祥；欺大國，不義。神人弗助，將何以勝？」不聽，遂伐茅戎。三月，癸未，敗績于徐吾氏。秋，王人來告敗。

[一]「甘」，四庫本作「甘」。「戎」，四庫本作「狄」。

穀梁氏曰：「不言戰，莫之敢敵也。」

胡氏曰：「程子曰：『王師于諸侯不言敗，諸侯不可敵王也。于夷狄〔一〕不言戰，夷狄〔二〕不能抗王也。不可敵，不能抗者，理也。其敵，其抗，王之失道也。桓王伐鄭，兵敗身傷，而經不書敗，存君臣之義，立天下之防也。劉康公徼戎，伐之，敗績于徐吾氏，而經不書戰，辨華夷〔三〕之分，立中國之防也。是皆聖人筆削，非魯史舊文。然筆于經者，雖以尊君父、外戎狄〔四〕爲義，而君父所以尊，戎狄所以服〔五〕，則有道矣。桓王不以討賊興師而急于伐鄭，康公不以惇信持國而輕于徼戎，是失其所以君天下、禦四夷〔六〕之道也，書『敗績于茅戎』，言自敗也。其自反亦至矣。」

劉氏意林曰：「不言戰而言敗，此王術也，以謂天下莫之敢亢，故不可言戰，而有天下者一失其道，則人能奪之，故不耻言敗，是以王者修已而不責于人。」

高氏曰：「一書王師敗績于茅戎，而尊王之義與王自取之義，及諸侯不勤王之義，咸得而見矣。」

〔一〕「夷狄」，四庫本作「外域」。
〔二〕「夷狄」，四庫本作「外域」。
〔三〕「華夷」，四庫本作「内外」。
〔四〕「外戎狄」，四庫本作「懲僭亂」。
〔五〕「戎狄所以服」，四庫本作「僭亂所以息」。
〔六〕「四夷」，四庫本作「四方」。

【經】冬，十月

【經】二年，春，齊侯伐我北鄙。

齊侯伐我北鄙，圍龍。頃公之嬖人盧蒲就魁門焉，龍人囚之。齊侯曰：「勿殺，吾與而盟，無入而封。」弗聽，殺而膊諸城上。齊侯親鼓，士陵城。三日，取龍。遂南侵，及巢丘。

胡氏曰：「初，魯事齊甚謹，雖易世而聘會不絶也。及與晉侯盟于斷道而後怨隙成，再盟于赤棘而後伐吾北鄙，齊侯之興是役，非義矣。魯人爲鞌之戰，豈義乎？同曰憤兵，務相報復，不待貶而罪自見矣。」

【經】夏，四月，丙戌，衛孫良夫帥師及齊師戰于新築，衛師敗績。

衛侯使孫良夫、石稷、甯相、向禽將侵齊，與齊師遇。石子欲還，孫子曰：「不可。以師伐人，遇其師而還，將謂君何？若知不能，則如無出。今既遇矣，不如戰也。」夏，有。石成子曰：「師敗矣，子不少須，衆懼盡。子喪師徒，何以復命？」皆不對。又曰：「子，國卿也。隕子，辱矣。子以衆退，我此乃止。」且告車來甚衆。齊師乃止，次于鞫居。新築人仲孫于奚救孫桓子，桓子是以免。既，衛人賞之以邑，辭。請曲縣、繁纓以朝，許之。

胡氏曰：「齊師侵虐而以衛主此戰，何也？衛侯初與晉同盟于斷道矣，又使世子臧與晉同伐齊矣，今又使孫良夫、石稷將侵齊，及與師遇，石稷欲還，良夫不可，曰：『以師伐人，遇其師而還，將謂君何？若知不能，則如無出，今既遇矣，不如戰也。』遂戰于新築。故以衛主之也。春秋善解紛貴遂怨而惡以兵刃相接，故書法如此。」

【經】六月，癸酉，季孫行父、臧孫許、叔孫僑如、公孫嬰齊帥師會晉郤克、衛孫良夫、曹公子首及齊侯戰于鞌，齊師敗績。

孫桓子還于新築，不入，遂如晉乞師。臧宣叔亦如晉乞師。皆主郤獻子。晉侯許之七百乘。郤子〔一〕曰：「此城濮之賦也。有先君之明，與先大夫之肅，故捷。克于先大夫，無能爲役，請八百乘。」許之。郤克將中軍，士燮佐上軍，欒書將下軍，韓厥爲司馬，以救魯、衛。臧宣叔逆晉師，且道之。季文子帥師會之。及衛地，韓獻子將斬人。郤獻子馳，將救之，至則既斬之矣。郤子使速以徇，告其僕曰：「吾以分謗也。」師從齊師于莘。六月，壬申，師至于靡笄之下。齊侯使請戰，曰：「子以君師辱于敝邑，不腆敝賦，詰朝請見。」對曰：「晉與魯、衛，兄弟也。來告曰：『大國朝夕釋憾于敝邑之地。』寡君不忍，使群臣請于大國，無令輿師淹于君地。能進不能退，君無所辱命。」齊侯曰：「大夫之許，寡人之願也。若其不許，亦將見也。」齊高固入晉師，桀石以投人，禽之而乘其車，繫桑本焉，以徇齊壘，曰：「欲勇者，賈余餘勇。」

癸酉，師陳于鞌。邴夏御齊侯，逢丑父爲右。晉解張御郤克，鄭丘緩爲右。齊侯曰：「余姑翦滅此而後朝食。」不介馬而馳之。郤克傷于矢，流血及屨，未絶鼓音，曰：「余病矣。」張侯曰：「自始合，而矢貫余手及肘，余折以

〔一〕「郤子」，四庫本作「獻子」。

御，左輪朱殷，豈敢言病？吾子忍之。」緩曰：「自始合，苟有險，余必下推車，子豈識之？然子病矣。」張侯曰：「師之耳目在吾旗鼓，進退從之。此車一人殿之，可以集事，若之何其以病敗君之大事也？擐甲執兵，固即死也。病未及死，吾子勉之。」左并轡、右援枹而鼓，馬逸不能止，師從之，齊師敗績。逐之，三周華不注。韓厥夢子輿謂己曰：「且辟左右，故中御而從齊侯。」邴夏曰：「射其御者，君子也。」公曰：「謂之君子而射之，非禮也。」射其左，越于車下。射其右，斃于車中。綦毋張喪車，從韓厥，曰：「請寓乘。」從左右，皆肘之，使立于後。韓厥俛，定其右。逢丑父與公易位，將及華泉，驂絓于木而止。丑父寢于轏中，蛇出于其下，以肱擊之，傷而匿之，故不能推車而及。韓厥執縶馬前，再拜稽首，奉觴加璧以進，曰：「寡君使群臣爲魯、衛請，曰：『無令輿師陷入君地。』下臣不幸，屬當戎行，無所逃隱。且懼奔辟，而忝兩君，臣辱戎士，敢告不敏，攝官承乏。」丑父使公下，如華泉取飲。鄭周父御佐車，宛茷爲右，載齊侯以免。韓厥獻丑父，郤獻子將戮之。呼曰：「自今無有代其君任患者，有一于此，將爲戮乎？」郤子曰：「人不難以死免其君。我戮之不祥，赦之以勸事君者。」乃免之。

胡氏曰：「大國三軍，次國二軍。魯雖大國，而四卿並將，是四軍也。當此時，舊制猶存，尺地皆公室之土也，一民皆公室之兵也。上卿行父與僑如、嬰齊各帥一軍會戰，而臧孫許如晋乞師，又逆晋師，爲之道，本不將兵特往來晋、魯兩軍之間，預謀議耳。成公初立，主幼國危，爲季孫一怒，掃境内興師，而四卿並出，肆其忿慾，雖無人乎成公之側，有不恤也，然後政自季氏出矣。將稱元帥、略其副、屬辭之體也。四卿皆書，豈特爲詳内録哉？堅冰之戒，亦明矣。經之大例，受伐者爲主，而此以〔二〕四國及之者，以一笑之微，殘民毒衆，幾獲其君，而怒猶未怠，故以四國主之，爲忿兵之大戒，見諸行事，深切著明矣。」

【經】秋，七月，齊侯使國佐如師。己酉，及國佐盟于袁婁。

晉師從齊師，入自丘輿，擊馬陘。齊侯使賓媚人賂以紀甗、玉磬與地。不可，則聽客之所爲。賓媚人致賂，晉人不可，曰：「必以蕭同叔子爲質，而使齊之封内盡東其畝。」對曰：「蕭同叔子非他，寡君之母也。若以匹敵，則亦晉君之母也。吾子布大命于諸侯，而曰：『必質其母以爲信。』其若王命何？且是以不孝令也。詩曰：『孝子不匱，永錫爾類。』若以不孝令于諸侯，其無乃非德類也乎？先王疆理天下物土之宜，而布其利，故詩曰：『我疆我理，南東其畝。』今吾子疆理諸侯，而曰：『盡東其畝』而已，唯吾子戎車是利，無顧土宜，其無乃非先王之命也乎？反先王則不義，何以爲盟主？其晉實有闕。四王之王也，樹德而濟同欲焉。五伯之霸也，勤而撫之，以役王命。今吾子求合諸侯，以逞無疆之欲。詩曰：『布政優優，百禄是遒。』子實不優而棄百禄，諸侯何害焉？不然，寡君之命使臣則有辭矣，曰：『子以君命〔三〕辱于敝邑，不腆敝賦，以犒從者。畏君之震，師徒撓敗，吾子惠徼齊國之福，不泯其社稷，使繼舊好，唯是先君之敝器、土地不敢愛。子又不許，請收合餘燼，背城借一。

〔二〕「此以」，四庫本作「以此」。

〔三〕「命」，四庫本作「師」。

敝邑之幸，亦云從也。况其不幸，敢不唯命是聽。』」魯、衛諫曰：「齊疾我矣，其死亡者，皆親暱也。子若不許，讐我必甚，唯子則又何求？子得其國寶，我亦得地，而紓于難，其榮多矣。齊、晉亦唯天所授，豈必晉。」晉人許之，對曰：「群臣帥賦輿以爲魯、衛請，苟有以藉口而復于寡君，君之惠也，敢不唯命是聽。」禽鄭自師逆公。

秋，七月，晉師及齊國佐盟于袁婁，使齊人歸我汶陽之田。公會晉師于上鄍，賜三帥先路三命之服，司馬、司空、輿師、侯正、亞旅皆受一命之服。晉師歸，范文子後入，武子曰：「無爲吾望爾也乎。」對曰：「師有功，國人喜以逆之。先入，必屬耳目焉，是代帥受名也，故不敢。」武子曰：「吾知免矣。」郤伯見，公曰：「子之力也夫。」對曰：「君之訓也，二三子之力也，臣何力之有焉！」范叔見，勞之如郤伯，對曰：「庚所命也，克之制也，燮何力之有焉！」欒伯見，公亦如之，對曰：「燮之詔也，士用命也，書何力之有焉！」

晉侯使鞏朔獻齊捷于周，王弗見，使單襄公辭焉，曰：「蠻夷戎狄，不式王命，淫湎毁常，王命伐之，則有獻捷，王親受而勞之，所以懲不敬，勸有功也。兄弟甥舅，侵敗王略，王命伐之，告事而已，不獻其功，所以敬親暱，禁淫慝也。今叔父克遂，有功于齊，而不使命卿鎮撫王室，所使來撫余一人，而鞏伯實來，未有職司于王室，又奸先王之禮，余雖欲于鞏伯，其敢廢舊典以忝叔父？夫齊，甥舅之國也，而大師之後也，寧不亦淫從其欲以怒叔父，抑豈不可諫誨？」士莊伯不能對，王使委于三吏，禮之如侯伯克敵使大夫告慶之禮，降于卿禮一等。王以鞏伯宴，而私賄之。使相告之曰：「非禮也，勿籍。」

三年，十二月，甲戌，晉作六軍，韓厥、趙括、鞏朔、韓穿、荀騅、趙旃皆爲卿，賞鞌之功也。齊侯朝于晉，將授玉。郤克趨進曰：「此行也，君爲婦人之笑辱也，寡君未之敢任。」晉侯享齊侯，齊侯視韓厥，韓厥曰：「君知厥也乎？」齊侯曰：「服改矣。」韓厥登，舉爵，曰：「臣之不敢愛死，爲兩君之在此堂也。」

胡氏曰：「齊國佐如師與楚屈完來一也，然陘之役則曰來盟于師，盟于召陵，鞌之戰則曰及國佐盟于袁婁，何也？荆楚暴横〔一〕，憑陵諸夏，齊桓公仗義聲罪致討，威行江漢之上，不待加兵而楚人帖服，其書來盟于師者，楚人自服而求盟也，盟于召陵者，桓公退舍，禮與之盟也。在春秋時，斯爲善矣。若夫袁婁，則異于是，齊雖侵虐未若荆楚之暴也，諸國大夫含忿積怒至于殺人盈野，非有擊强扶弱之心，國佐如師特以賂免，非服之也。晉大夫又不以德命，使齊人盡東其畝，而以齊君之母爲質，則亦悖矣。由是國子不可，請合餘燼，背城借一，揖而去之，郤克使魯、衛之使以其詞爲之請，逮乎袁婁而與之盟，則汲汲欲盟者，晉也。故反以晉人及之，若此類見曲直之绳墨矣。是故制敵莫如仗義，天下莫大于理而强有力不與焉。」

陳氏曰：「齊桓合九國之師以臨楚，屈完來盟于師。桓不欲以臨楚盟屈完也，退而盟召陵。齊侯使國佐如師，進師于袁婁而後盟國佐。且夫屈完不言使而國佐言使，屈完不言使而退盟之于召陵以禮于楚子，國佐言使而進盟之于袁婁以偪齊君。桓公之所不敢，而四國之臣敢爲之甚矣，鞌戰之忿也。」

愚按：齊侯竭一國之衆而卒取鞌之敗，國佐以一言之善而退四國之師，蓋得受命不受辭之義，故能以一言

〔一〕「暴横」，四庫本作「横暴」。

而使四國之大夫汲汲與之盟也，惜其如師爲齊行賂而非義服，故不得如屈完之見美于春秋，然自春秋中年以來，吐情實以紓國難，如宋華元仗大義以懾强禦，如齊國佐亦可謂臨事善變，不失其幾，能利社稷者矣。

【經】八月，壬午，宋公鮑卒。

【經】庚寅，衛侯速卒。

晋三子自役吊焉，哭于大門之外，衛人逆之。婦人哭于門内，送亦如之。遂常以葬。

【經】取汶陽田。

公羊曰：「汶陽田者何？鞌之賂也。」

胡氏曰：「汶陽之田，本魯田也。取者，得非其有之稱。不曰復而謂之取，何也？恃大國兵力，一戰勝齊，得其故壤，而不請于天王，以正疆理，則取之不以其道，與得非其有奚異乎？」

高氏曰：「春秋之義，以治易亂，不以亂易亂，所正者本而已。凡取人之有，其恶易見，而取已之舊，不以其道者，其恶難知。聖人所書亦正名，曰取，所以顯微也。」

樸鄉吕氏曰：「歸者，其意也。取者，我也。非其志也。于後齊復事晋，故八年使韓穿來言歸之于齊，然此年齊歸我田書曰取，八年齊取我田乃曰歸者，取之自晋，歸之自晋，以見魯國之命制于晋而已，故雖我田也，而不得偃然有之，其猶寄爾，故齊歸我田書曰取，猶若取之于外也，齊取我田書曰歸，猶若齊之所有也。」

【經】冬，楚師、鄭師侵衛。

胡氏曰：「魯、衛受盟于晉，從于伐齊，故楚爲陽橋之役，令尹子重曰：『師衆而後可。』于是王卒盡行，二國稱師，著其衆也。」

高氏曰：「鄭伯背中國之盟，反從夷狄〔一〕以入中國而首伐衛喪，是授戈與寇而攻其親戚也，罪不勝誅矣。春秋並楚稱師而列鄭于下，所以深罪之也。董仲舒曰：『伐喪無義，叛盟無信。無義無信，故恶之。』」

【經】十有一月，公會楚公子嬰齊于蜀。

胡氏曰：「侵衛則書，侵我師于蜀，致賂納質，没而不書，非諱也，書其重者，則莫重乎其以中國諸侯降班失列，下與夷狄〔二〕之大夫會也。季孫行父爲國上卿，當使其君尊榮其民，免于侵陵之患，而危辱至此，特起于忿忮，肆其褊心，而不知制之以禮也。」

高郵孫氏曰：「春秋之義，公及大夫則没大夫而稱人，不與大夫而敵公也。公之罪，則書公、書大夫之名，言公之爲彼敵者有以取之也。嬰齊，夷狄〔三〕之大夫，而公親與之會，蓋公將去中國而從夷狄〔四〕也。書公會楚公

〔一〕「夷狄」，四庫本作「楚人」。
〔二〕「夷狄」，四庫本作「荆蠻」。
〔三〕「夷狄」，四庫本作「荆楚」。
〔四〕「夷狄」，四庫本作「荆蠻」。

子嬰齊，罪公也。」

家氏曰：「晉以魯、衛之故，大舉代齊〔一〕，以治其憑陵之罪。晉可謂有德于魯，輟未及息，遽爲此行，成公幼無所知，凡皆季氏所爲耳。書公會楚公子嬰齊，著其叛華即夷〔二〕，以望國之君而屈于夷〔三〕之公子也。衛猶以被兵而服魯，直爲虛聲所脅，是故春秋責之深，不復爲之諱。」

高氏曰：「公子嬰齊，夷狄〔四〕之種類，僭稱王子者也。至是楚已强盛，交政中國，聖人從列國之例稱公子。」

陳氏曰：「自屈完以來，楚大夫皆無氏族也，而書公子自嬰齊始。」

【經】丙申，公及楚人、秦人、宋人、陳人、衛人、鄭人、齊人、曹人、邾人、薛人、鄫人盟于蜀。

宣公使求好于楚，莊王卒，宣公薨，不克作好。公即位，受盟于晉。會晉伐齊。衛人不行使于楚而亦受盟于晉，從于伐齊，故楚令尹子重爲陽橋之役以救齊，將起師。子重曰：「君弱，群臣不如先大夫，師衆而後可。

〔一〕「代」，四庫本作「伐」。

〔二〕「叛華即夷」，四庫本作「棄晉即楚」。

〔三〕「夷」，四庫本作「楚」。

〔四〕「夷狄」，四庫本作「荆蠻」。

詩曰：『濟濟多士，文王以寧。』夫文王猶用衆，况吾儕乎？且先君莊王屬之曰：『無德以及遠方，莫如惠恤其民而善用之。』」乃大户，已責，逮鰥，救乏，赦罪，悉師，王卒盡行。彭名御戎，蔡景公爲左，許靈公爲右。二君弱，皆强冠之。

冬，楚師侵衛，遂侵我，師于蜀。使臧孫往，曰：「楚遠而久，固將退矣。無功而受名，臣不敢。」楚侵及陽橋，孟孫請往賂之，以執斲、執鍼、織紝，皆百人，公衡爲質，以請盟，楚人許平。十一月，公及楚公子嬰齊、蔡侯、許男、秦右大夫説、宋華元、陳公孫寧、衛孫良夫、鄭公子去疾及齊國之大夫盟于蜀。于是乎畏晋而竊與楚盟，楚師及宋，公衡逃歸。臧宣叔曰：「衡父不忍數年之不宴，以棄魯國，國將如之何？誰居？後之人必有任是夫！國棄矣。」是行也，晋辟楚，畏其衆也。

程子曰：「楚爲强盛，陵轢中國，諸侯苟能保固疆圉，要結隣好，豈有不能自存之理？乃懼而服從，與之盟約，故皆稱人，責諸侯則魯可知也。」

胡氏曰：「盟而魯與，必先書公，尊内也。次書主盟者，衆所推也。此書公及楚人，則知主盟者楚也。經于魯君盟會，不信，則諱公而不書，不臣，則諱公而不書。棄中國，從夷狄〔一〕，則諱公而不書。蜀之盟，棄晋從楚，書公不諱，何也？事同而既貶，則從同，同正始之義也。從荆楚而與盟，既諱公于僖十九年齊之盟矣，

〔一〕「夷狄」，四庫本作「僣亂」。

是以于此不諱而人諸國之卿以見意。」

謝氏曰：「蜀，魯地。盟在魯地，雖外爲主，亦書及，賓主之辭也。」

家氏曰：「前此晉敗于邲，楚莊猶不得以號召諸侯。今晉勝于鞌，楚共乃能會十一國之君大夫而爲蜀之盟，何也？夷狄之憑陵中國，未有無釁而動者也，晉以郤克、季孫之怒大舉伐齊，敗之鞌，盟之袁婁，少伸前日屈辱之憾，而齊頃遂與楚合，導之以爲此來，晉欲禦楚，懼齊人之議其後，欲更伐齊，懼楚人之乘其間，坐是莫如之何。楚既入中原，侵衛脅魯，大會諸侯，莫敢不至，是以爲此盟，正由得齊故也。春秋此會責魯罪齊，遍責中國之諸侯，爲其甘從夷狄〔一〕，而不以爲悔也。故魯與于夷會而不爲之諱，責之深矣。齊，霸國也。每序亞晉，今降于衛、鄭之下，罪之深矣。」

高氏曰：「蔡、許不列者，先已屬楚，失位不君，又不可人之于大夫之間，故没而不書也。」

蘇氏曰：「楚自城濮之敗，不競于晉，莊王雖入陳圍鄭及宋而未嘗合諸侯，及蜀之盟，諸侯從之者十一國，晉不敢爭，然諸侯猶畏晉而竊與之盟耳。其後四十三年，晉趙武、楚屈建合諸侯于宋，然後晉、楚之從得交相見。又八年，楚靈王求諸侯于晉，晉人許之，然後諸侯始得從楚，皆蜀之盟啟之也。」

【經】三年，春，王正月，公會晉侯、宋公、衛侯、曹伯伐鄭。

〔一〕「夷狄」，四庫本作「僭亂」。

諸侯伐鄭，次于伯牛，討邲之敗也。遂東侵鄭，鄭公子偃帥師禦之。使東鄙覆諸鄤，敗諸丘輿，皇戌如楚獻捷。

高氏曰：「宋、魯、曹、衛，雖盟于蜀，猶不敢背晉，故罷盟而遂會晉伐鄭，以鄭罪爲當討，故春秋正諸國之爵以示義。」

謝氏曰：「蜀盟之後，晉侯伐鄭，而四國復從，則晉力之猶足以合諸侯而用之也。景公能明信義，以懷服邦國，則楚安有今日之暴哉？蜀盟之後，繼書晉侯伐鄭，與之也。先君未葬，而宋共、衛定以成君會，伐書爵，著其恶也。」

家氏曰：「三國之大夫方盟楚于蜀，而其君乃會晉伐鄭，盟楚、伐鄭，事之不得兼者，春秋不以爲貶，何哉？存晉霸也。春秋爲中國謀〔一〕，不爲夷狄〔二〕謀也。楚横行中原，脅從諸夏，秦、齊、宋、魯皆與盟，盛矣，而非春秋之所與。晉會諸侯，三國僅從，弱矣，而春秋嘉之，爲中國喜也。伐鄭所以攘夷〔三〕，攘夷所以尊中國〔四〕，魯、宋、衛去强盛之楚，而從衰弱之晉，以伐有罪之國，是春秋所以嘉也。觀前之會，十有一國之君大夫

〔一〕「中國謀」，四庫本作「盟國主」。

〔二〕「夷狄」，四庫本作「楚人」。

〔三〕「夷」，四庫本作「楚」。

〔四〕「夷」，四庫本作「楚」。

皆與，一以人書，此四國僅從而書爵，見春秋之權衡矣。」

【經】辛亥，葬衛穆公。

【經】二月公至自伐鄭

【經】甲子，新宫灾，三日哭。

常山劉氏曰：「春秋，宗廟之事，得禮不書。凡書，著其失也。廟灾而哭，于禮合矣，此何以書？廟灾所以哭者，爲神靈之所止而遭變焉，斯人情之所宜哀也。新宫者，宣公也。不曰宣宫者，神主未遷也。知然者，丹楹刻桷，皆稱桓宫，此不舉謚，故知其未遷也。宫成而主未入，遇灾而哭，何禮哉？宣公薨至是二十八月，緩于遷主可知矣。言灾而不恭之意亦自見矣。」

謝氏曰：「書新宫灾，著其不敬也。書三日而哭，著其非禮也。成公之不得于親，宣公之不祐于天，其義皆見于此矣。」

【經】乙亥，葬宋文公。

始厚葬，用蜃炭，益車馬，始用殉，重器備。椁有四阿，棺有翰檜。君子謂：「華元、樂舉于是乎不臣。臣，治煩去惑者也，是以伏死而争。今二子者，君生則縱其惑，死又益其侈，是棄君于恶也。何臣之爲？」

胡氏曰：「考于經，未有以驗其厚也。數其葬之月，則信然矣。天子七月，諸侯五月，大夫三月，士踰月，以降殺遲速爲禮之節，不可亂也。文公之卒，國家安靖，外無危難，曷爲越禮踰時，逮乎七月而後克襄事哉？故知華元、樂舉之棄君于恶而益其侈，無疑矣。夫禮之厚薄，稱人情而爲之者也，宋公在殯而離次出境，從金革之事，哀戚之情忘矣。顧欲厚葬其君親，此非有所不忍于死者，特欲誇耀，無知之人耳。世衰道微，禮法既壞，無以制其侈心，至于秦、漢之間，窮竭民力，以事丘壠，其禍有不可勝言者，春秋據事直書，其失自見，豈不爲永戒哉？」

【經】夏，公如晉。

拜汶陽之田。

高氏曰：「著魯受田之重如此，而晉輕奪之，有以知晉之無以令天下，亦見魯之土地不能自保也。」

【經】鄭公子去疾帥師伐許。

許恃楚而不事鄭，鄭子良伐許。

陳氏曰：「鄭初書大夫將也。」

高氏曰：「鄭自荀林父敗績之後，不復與諸夏通，然許亦事楚耳，而鄭反伐之者，以其恃楚而弗附己也。」

張氏曰：「晉方怒鄭之不服，其爲國未有底止也，乃怒許之不事己，而使大夫動大衆以伐之，特書大夫專伐之罪，所以見其興兵之不度德量力也。」

【經】公至自晉。

胡氏曰：「宣公薨，至是三年之喪畢矣。宜入朝京師，見天子，受王命，然後歸而即政可也。不朝于周，以拜汶陽田之故，而往朝于晉，其行事悖矣，此春秋所爲作也。」

【經】秋，叔孫僑如帥師圍棘。

取汶陽之田。棘不服，故圍之。

胡氏曰：「復故地而民不聽，至于命上將，用大師，環其邑而攻之，何也？魯于是時，初税畝，作丘甲，税、役日益重矣。棘雖復歸故國，所以不願爲之民也歟。成公不知薄税斂，輕役力，修德政以來之，而肆其兵力，雖得之亦必失之矣。」

【經】大雩。

【經】晉郤克、衛孫良夫伐廧咎如。

討赤狄之餘焉。廧咎如潰。

家氏曰：「克與良夫得志于搴，不知自戢，更爲此舉，春秋書之，誅善戰也。楚方躙藉中原，晉人不務修明霸業，圖其遠者、大者，既滅赤狄，又伐留吁，以爲未快，復興此役，春秋恶之，屢書皆所以貶。」

【經】冬，十有一月，晉侯使荀庚來聘。

【經】衛侯使孫良夫來聘。丙午，及荀庚盟。丁未，及孫良夫盟。

十一月，晋侯使荀庚來聘，且尋盟。衛侯使孫良夫來聘，且尋盟。公問諸臧宣叔，曰：「中行伯之于晋也，其位在三。孫子之于衛也，位爲上卿。將誰先？」對曰：「次國之上卿當大國之中，中當其下，下當其上大夫。小國之上卿當大國之下卿，中當其上大夫，下當其下大夫。上下如是，古之制也。衛在晋，不得爲次國，晋爲盟主，其將先之。」丙午，盟晋。丁未，盟衛。

陳氏曰：「聘而遂盟之，于是始。」

謝氏曰：「公如晋，故荀庚來聘。公爲衛伐鄭，故孫良夫來聘。聘而後盟，我及之盟也。故二盟皆書及。魯與二卿各爲盟，故盟不同日。盟在國，則公爲主可知，故不書公。」

家氏曰：「先書晋侯使荀庚來聘，衛侯使孫良夫來聘，其聘皆君命也。繼書，『丙午，及荀庚盟』。『丁未，及孫良夫盟。』其盟者，魯人求與之爲盟也。」

高氏曰：「二國既以禮來聘，宜相親信，乃反疑忌，至于歃血盟誓，此非講信修睦之道。」

劉氏意林曰：「荀庚、良夫不務引其君當道，而生事專命，爲非禮不信，以干先王之典，非人臣之操也。」

樸鄉吕氏曰：「明魯不當要盟，諸大夫不當自盟也。何以知之？桓十四年，鄭伯使弟語來盟。宣七年，衛侯使孫良夫來盟。則是來盟者，其君使之也。今但曰，使來聘，則是其君之所使者來聘而已，非來盟也，魯之爲要盟可知矣。」

【經】鄭伐許。

程子曰：「鄭附楚，于一年而再伐許，故夷之。」

胡氏曰：「稱國以伐，狄〔一〕之也。晋、楚争鄭，鄭兩事焉，及邲之役，于是乎專意事楚，不通中華，晋雖加兵，終莫之聽。至此一歲而再伐許，甚矣。利在中國，則從中國。利在夷狄〔二〕，則從夷狄〔三〕。而不擇于義之可否以爲去就，其所以異于夷者幾希〔四〕。春秋之法，中國而夷狄行者則狄之〔五〕，所以懲恶也。以爲告辭略而從告，乃實録耳，一字爲褒貶，義安在也？」

家氏曰：「鄭襄怙楚人爲己之覆，以兵加許，歲至于再，是必欲覆其宗社而後已。許卒爲鄭所併，襄實啟之。春秋狄鄭，良以是故。」

陳氏曰：「狄秦而後狄鄭〔六〕，微秦、鄭，中國無左袵〔七〕矣。」

〔一〕「狄」，四庫本作「外」。
〔二〕「夷狄」，四庫本作「荆蠻」。
〔三〕「夷狄」，四庫本作「荆蠻」。
〔四〕「其所以異于夷者幾希」，四庫本作「其不同于異類者幾希」。
〔五〕「中國而夷狄行者則狄之」，四庫本作「知利而不知義者則外之」。
〔六〕「狄秦而後狄鄭」，四庫本作「外秦而後外鄭」。
〔七〕「左袵」，四庫本作「大鄭」。

【經】四年，春，宋公使華元來聘。

通嗣君也。

【經】三月，壬申，鄭伯堅卒。

【經】杞伯來朝

歸叔姬故也。

【經】夏，四月，甲寅，臧孫許卒。

【經】公如晉。

晉侯見公不敬，季文子曰：「晉侯必不免。」

謝氏曰：「公此年如晉，以會楚嬰齊，及楚人盟于蜀故也，人君所舉不可不謹。」

【經】葬鄭襄公。

【經】秋，公至自晉。

公至自晉，欲求成于楚而叛晉。季文子曰：「不可。晉雖無道，未可叛也。國大臣睦而邇于我，諸侯聽焉，未可以貳。史佚之志有之曰：『非我族類，其心必異。』楚雖大，非吾族也，其肯字我乎？」公乃止。

家氏曰：「魯成始與晉人連兵伐齊，以有鞌之勝，謂當與晉爲睦。曾未幾日，率先諸侯受盟于楚，猶幸晉人之無討也。去年如晋，今年又如晋，正所以救目前之過，一不爲所禮，又將叛而即夷〔二〕，不能自治其國，使在我者隱然可恃，故楚之强足以動之，晋之慢足以移之。春秋于公從楚、適晋，備書而無所諱，貶也。」

【經】冬，城鄆。

家氏曰：「此爲齊備，春秋譏魯人不務安静，而輕于用民力，鄆雖城，何益哉？」

【經】鄭伯伐許。

冬，十一月，鄭公孫申帥師疆許田，許人敗諸展陂，鄭伯伐許，取鉏任、泠敦之田。晋欒書將中軍，荀首佐之，士燮佐上軍，以救許伐鄭，取汜、祭。楚子反救鄭，鄭伯與許男訟焉。皇戌攝鄭伯之辭，子反不能決也，曰：「君若辱在寡君，寡君與其二三臣共聽兩君之所欲，成其可知也。不然，側不足以知二國之成。」

高氏曰：「鄭伯喪未踰年而興師伐許，春秋以其薄恩于父，失其子心，有速成君之意，故不復稱子，如其意稱伯。」

胡氏曰：「前此鄭襄公伐許，既狄〔三〕之矣，今悼公又伐許，乃復稱爵，何也？喪未踰年，稱爵所以著其恶也。」

〔二〕「夷」，四庫本作「楚」。
〔三〕「狄」，四庫本作「外」。

薛氏曰：「去歲比鄭夷狄〔二〕，今歲新喪稱爵，爲亂甚于夷〔三〕也。」

【經】五年，春，王正月，杞叔姬來歸。

穀梁氏曰：「婦人之義，嫁曰歸，反曰來歸。」

胡氏曰：「前書杞伯來朝，左氏以爲歸叔姬也，此書杞叔姬來歸，則出矣。」

家氏曰：「春秋之世，倫分廢缺，夫婦之道乖矣，然亦有歸而未絶者，見之經傳可考也。聖人立教，有以出而允于義者，有以出而悖于禮者，未嘗不開其改過遷善之門，夫豈以遂非而不復者爲是乎？杞伯來朝之明年，而後叔姬乃歸，此與他悖義之出，不可同日語矣。必叔姬自不安于杞，或以疾而求歸，非杞絶之也，故其卒，杞復逆喪以葬，見同穴之義，有以知其非悖義之絶，故其歸也、卒也，猶繫之杞。至其逆喪，又許之以逆，而無貶辭。」

愚按：叔姬之歸，非絶于杞，家氏説是矣。然婦人既嫁，非歸寧父母，無歸道。今叔姬非歸寧而歸魯，則歸不以道矣。以杞夫人而死于魯，則死非其所矣。此春秋所以以爲非常事而書之也歟。

【經】仲孫蔑如宋。

報華元也。

〔二〕「夷狄」，四庫本作「于楚」。
〔三〕「夷」，四庫本作「楚」。

【經】夏，叔孫僑如會晉荀首于穀。

晉荀首如齊逆女，故宣伯餫諸穀。

愚按：穀，齊地。他國之大夫，非過吾境而使大夫野饋以會之，非禮也。若僑如自以私情出境而會他國之大夫，則尤專恣之甚者也，故春秋謹而書之。

【經】梁山崩。

梁山崩，晉侯以傳召伯宗。伯宗辟重，曰：「辟傳。」重人曰：「待我，不如捷之速也。」問其所，曰：「絳[一]人也。」問絳[二]事焉，曰：「梁山崩，將召伯宗謀之。」問：「將若之何？」曰：「山有朽壤而崩，可若何？國主山川，故山崩川竭，君爲之不舉，降服、乘縵、徹樂、出次、祝幣，史辭以禮焉，其如此而已，雖伯宗若之何？」伯宗請見之，不可，遂以告而從之。

公羊氏曰：「外異不書，此何以書？爲天下記異也。」

高郵孫氏曰：「春秋灾異及于天下者，不以國書。」

許氏曰：「山崩之歲，定王崩，周室日微。又二年，吴兵始犯中國，卒與晉争盟于黄池，王霸道盡。」

[一]「絳」，會要本、四庫本皆作「絳」，據左傳改。
[二]「絳」，會要本、四庫本皆作「絳」，據左傳改。

家氏曰：「周自東遷，賴二霸以存，齊既衰，獨有晉在，而比歲以來，君庸臣貪，坐隳霸業。晉之削，中國之憂也。意舊史必書，晉梁山崩，春秋削之，惟書梁山崩，實爲天下記異也。」

胡氏曰：「絳人之語，于禮文備矣，而未及其實也。夫降服，乘縵，徹樂，出次，祝幣，史辭六者，禮之文也，古之遭變而外爲此文者，必有恐懼修省之心主于内，若成湯以六事檢身，高宗克正厥事，宣王側身修行，欲銷去之，是也徒舉其文而無實以先之，何足以弭灾變乎？夫國主山川，至于崩竭，當時諸侯未聞有戒心而修德也，故自是而後六十年間，弑君十有四，亡國三十有二，其應亦憯矣，春秋不明著其事應，而事應且存，其可忽諸。」

【經】秋，大水。

【經】冬，十有一月，己酉，天王崩。

【經】十有二月，己丑，公會晉侯、齊侯、宋公、衛侯、鄭伯、曹伯、邾子、杞伯同盟于蟲牢。

許靈公愬鄭伯于楚。六月，鄭悼公如楚，訟，不勝。楚人〔一〕執皇戌及子國，故鄭伯歸，使公子偃請成于晉。秋，八月，鄭伯及晉趙同盟于垂棘。冬，同盟于蟲牢，鄭服也。宋公子圍龜爲質于楚而歸，華元享之。請鼓譟

〔一〕「楚人」，四庫本作「楚子」。

以出，鼓噪以復入，曰：「習攻華氏。」宋公殺之。諸侯謀復會，宋公使向爲人辭以子靈之難。

程子曰：「天王崩而會盟不廢，書『同』，見其皆不臣。」

家氏曰：「于幽之盟，喜其同也，新城、斷道而書『同』，幸其猶同乎中國也。至是書『同』，則例之變也，天王崩，告命已行于天下，而諸侯不戚不奔，相與爲此盟，無王之罪大矣。春秋于王崩之後，繼書同盟，貶也。」

【經】六年，春，王正月，公至自會。

【經】鄭伯如晋拜成。

【經】二月，辛巳，立武宮。

季文子以鞌之功立武宮。

公羊氏曰：「武宮者，武公之宮也。立者，不宜立也。」

高氏曰：「武公，伯禽之玄孫，獻公之子。」

胡氏曰：「喪事即遠，有進而無退。宮廟即遠，有毀而無立。故二昭二穆與太祖之廟而五者，諸侯之廟制也。武公至是，歷十一世，其毀已久，而輒立焉，非即遠有終之意。」

劉氏意林曰：「魯，諸侯也。僭天子之禮。雖欲尊其祖，鬼神不享也。而學者習于魯之故，明堂位更侈，大而稱之，曰魯公之廟，文世室，武公之廟，武世室，人之迷固久矣。夫其以僭爲典，此春秋所爲作。」

【經】取鄟。

胡氏曰：「鄟，微國也。書取者，滅之也。滅而書取，爲君隱也。項亦國也，其書滅者，以僖公在會，季孫所爲，故直書其事而不隱，此春秋尊君抑臣，以辨上下，謹于微之意也。人倫之際，差之毫釐，謬以千里，故仲尼特立此義，以示後世臣子，使以道事君而無朋附權臣之恶。」

【經】衛孫良夫帥師侵宋。

三月，晋伯宗、夏陽説，衛孫良夫、甯相，鄭人，伊、雒之戎，陸渾蠻氏侵宋，以其辭會也。師于鍼，衛人不保。説欲襲衛，曰：「雖不可入，多俘而歸，有罪不及死。」伯宗曰：「不可。衛唯信晋，故師在其郊而不設備，若襲之，是棄信也。雖多衛俘，而晋無信，何以求諸侯？」乃止。師還。衛人登陴。

愚按：傳稱晋、衛、鄭人、與伊、雒、陸渾之戎侵宋，而經獨書衛孫良夫者，豈此舉衛志也歟？杜氏謂，經唯書衛，獨衛告，未知是否。

【經】夏，六月，邾子來朝。

【經】公孫嬰齊如晋。

子叔聲伯如晋。命伐宋。

【經】壬申，鄭伯費卒。

【經】秋，仲孫蔑、叔孫僑如帥師侵宋。

晋命也。

胡氏曰：「魯遣二卿爲主將，動大衆，有事于宋，而以侵書者，潛師侵掠，無名之意，蓋陋之也。于衛孫良夫亦然。上三年，嘗會宋、衛同伐鄭矣。次年，宋使華元來聘，通嗣君矣。又次年，魯使仲孫蔑報華元矣。是年冬，鄭伯背楚求成于晋，而魯、衛與宋又同盟于蟲牢矣。今而有事于宋，上卿授鉞，大衆就行，而師出無名，可乎？故特書侵以罪之。後二年，宋來納幣，請伯姬焉，則此師爲晋而舉，非魯志明矣。兵戎，有國之重事。邦交，人道之大倫。聽命于人，不得已焉，將能立乎？春秋所以罪之也。」

【經】楚公子嬰齊帥師伐鄭。

鄭從晋故也。

陳氏曰：「楚初書大夫將也，自是必圍滅也而後貶人之。」

胡氏曰：「荆楚僭號稱王，聖人比諸夷狄〔二〕而不赦者，大一統以存周，使明著于君臣之義也。鄭能背夷即

〔二〕「夷狄」，四庫本作「叛」。

華〔二〕，是遷善改過，出幽谷而遷喬木也。嬰齊爲是帥師，因其喪而伐之，不義甚矣，經所以深惡之也。書卿帥師伐鄭，于文無貶辭，何以知其深惡楚也？下書欒武子帥師救鄭，則知之矣。凡書救者，未有不善之也，而伐者之罪著矣。」

【經】冬，季孫行父如晋。

晋人謀去故絳〔三〕。諸大夫皆曰：「必居郇、瑕氏之地，沃饒而近盬，國利君樂，不可失也。」韓獻子將新中軍且爲僕大夫。公揖而入。獻子從。公立于寢庭，謂獻子曰：「何如？」對曰：「不可。郇、瑕氏，土薄水淺，其惡易覯，易覯則民愁，民愁則墊隘，于是乎有沈溺重膇之疾，不如新田，土厚水深，居之不疾，有汾、澮以流其惡，且民從教，十世之利也。夫山澤林盬，國之寶也。國饒，則民驕逸。近寶，公室乃貧。不可謂樂。」公說，從之。夏，四月，丁丑，晋遷于新田。冬，季文子如晋，賀遷也。

許氏曰：「仲孫蔑、叔孫僑如、公孫嬰齊、季孫行父有如必書，相望于春秋，大夫張也。」

【經】晋欒書帥師救鄭。

與楚師遇于繞角，楚師還。晋師遂侵蔡，楚公子申、公子成以申、息之師救蔡，禦諸桑隧。趙同、趙括欲

〔二〕「背夷即華」，四庫本作「棄逆効順」。

〔三〕「絳」，會要本作「聘」，據左傳及四庫本改。

戰，請于武子。武子將許之。知莊子、范文子、韓獻子諫曰：「不可。吾來救鄭，楚師去我，吾遂至于此，是遷戮也。戮而不已，又怒楚師，戰必不克。雖克，不令。成師以出，而敗楚之二縣，何榮之有焉？若不能敗，爲辱已甚，不如還也。」乃遂還。于是軍帥之欲戰者衆，或謂欒武子曰：「聖人與衆同欲，是以濟事，子盍從衆？子爲大政，將酌于民者也。子之佐十一人，其不欲戰者三人而已，欲戰者可謂衆矣。商書曰，『三人占，從二人』。衆故也」。武子曰：「善鈞，從衆。夫善，衆之主也。三卿〔二〕爲主，可謂衆矣。從之，不亦可乎？」

胡氏曰：「晋、楚遇于桑隧，軍帥之欲戰者八人，武子遂還，則無功也，亦何善之有？曰：此欒書之所爲善也，兩軍相加，兵刃既接，折馘執俘，計功受賞，非仁人之心，王者之事。故次于陘而屈完服者，齊桓也。會于蕭魚而鄭不叛者，晋悼也。武子之能不遷戮而知還，亦庶幾哉。

愚按：晋人救鄭，與楚遇于繞角，楚師已還，則鄭無事于救矣。晋又從而侵蔡，是遷怒耳。遇楚救而不戰，善改過也。故春秋書救鄭，無貶詞〔三〕。

〔二〕「三卿」，會要本作「二卿」，據左傳及四庫本改。

〔三〕「詞」，四庫本作「辭」。

春秋闕疑卷二十六（成公七年—十二年）

【經】七年，春，王正月，鼷鼠食郊牛角，改卜牛。鼷鼠又食其角，乃免牛。

穀梁氏曰：「郊牛日展觓角而知傷，展道盡矣。所以備灾之道不盡也。改卜牛，鼷鼠又食其角，則亡乎人矣，非人之所能也。所以免有司之過也。」

家氏曰：「春秋魯郊，或譏失禮，或以紀異。僖之始卜，譏失禮也。宣、成、定、哀之牛傷，則以紀異也。」

許氏曰：「小害大，下賊上，食而又食，三桓子孫相繼之象，宣公有虞三桓之志，成始弗戒矣[一]。」

【經】吴伐郯。

吴伐郯，郯成。季文子曰：「中國不振旅，蠻夷入伐，而莫之或恤，無吊者也夫。」

[一] 四庫本「至成始弗戒」前有「至」字。

胡氏曰：「稱國以伐，狄〔二〕之也。吴本太伯之後，以族屬言，則周之伯父，何以狄〔三〕也？爲其僭天子之大號也。按國語云：『命圭有命，固曰吴伯，不曰吴王。』然則吴本伯國，後雖益熾浸，與中國會盟，進而書爵，不過曰子，亦不以本爵與之，故紀于禮書曰四夷，雖大，皆曰子，此春秋之法，仲尼之制也。而以爲不敢擅進退諸侯亂名實者，誤矣。」

許氏曰：「吴自壽夢得申公巫臣而爲楚患，夷狄相攻，不志也。伐郯之役，兵連上國，于是始見于春秋。」

【經】夏，五月，曹伯來朝。

不郊，猶三望。

高氏曰：「免牛則不郊矣。復書不郊者，以吴、曹事隔其文，故以三望起也。」

【經】秋，楚公子嬰齊帥師伐鄭。公會晉侯、齊侯、宋公、衛侯、曹伯、莒子、邾子、杞伯救鄭。八月，戊辰，同盟于馬陵。

鄭子良相成公以如晉，見，且拜師。秋，楚子重伐鄭，師于氾。諸侯救鄭，鄭共仲、侯羽軍楚師，囚鄖公鍾儀，獻諸晉。八月，同盟于馬陵，尋蟲牢之盟，且莒服故也。晉人以鍾儀歸，囚諸軍府。

〔二〕「狄」，四庫本作「外」。
〔三〕「狄」，四庫本作「外」。

程子曰：「諸侯同心病楚。」

胡氏曰：「楚人軍旅數起，頻年伐鄭，以其背己而從諸夏也。與楚莊之討徵舒而入陳異矣。書大夫之名氏、書帥師、書伐而無貶辭者，所謂不待貶絶而罪自見者也。晋合八國之君，親往救鄭，則攘夷狄〔一〕、安中國之師也，欲著其善，故特書救鄭以美之，言救則楚罪益明，而鄭能背夷即華〔二〕，善亦著矣。前此晋遣上將，諸國不與，此則其君自行而會合諸國，則楚人暴横憑陵諸夏之勢益張，亦可見矣。故盟于馬陵而書同盟者，同病楚也。」

家氏曰：「爵諸侯而書救鄭，褒之也。春秋爲中國慮，晋人稍能自振，則動色以褒之，夷狄〔三〕盛兵憑陵，則屢書以斥之。是役也，不書戰而言盟，楚避晋也，重以吴入州來故，楚人奔命，自救不暇，亦中國自治之機。」

【經】公至自會。

【經】吴入州來。

〔一〕「夷狄」，四庫本作「寇亂」。

〔二〕「背夷即華」，四庫本作「去逆効順」。

〔三〕「夷狄」，四庫本作「楚人」。

二年，楚之討陳夏氏也。莊王欲納夏姬，申公巫臣曰：「不可。君召諸侯以討罪也，今納夏姬，貪其色也。」王乃止。子反欲取之，申公巫臣不可，而止。巫臣自聘諸鄭。及共王即位，將爲陽橋之役，使屈巫聘于齊，且告師期。及鄭，以夏姬行，奔晉，爲邢大夫。子重亦怨巫臣，止[一]取申、吕爲賞田。于是子重、子反殺巫臣之族，分其室。子重取子閻之室，使沈尹與王子罷分子蕩之室，子反取黑要與清尹之室。巫臣自晉遺二子書，曰：「爾以讒慝貪惏事君，而多殺不辜，餘必使爾罷于奔命以死。」

巫臣請使吴，晉侯許之。吴子壽夢説之。乃通吴于晉。以兩之一卒適吴，舍偏兩之一焉。與其射御，教吴乘車，教之戰陳，教之叛楚。置其子狐庸焉，使爲行人于吴。吴始伐楚、伐巢、伐徐。子重奔命。馬陵之會，吴入州來。子重自鄭奔命。子重、子反于是乎一歲七奔命。蠻夷屬于楚者，吴盡取之，是以始大，通吴于上國。

陳氏曰：「吴、楚交兵不書，至是始書之。吴之爲蠻久矣，其不敢自列于諸夏，而晉求之急，將以罷楚也。楚罷，晉亦不復伯矣。入州來，不可以不録其始也。」

家氏曰：「州來，楚邑。或以爲楚之附庸，直書州來，以其要害之地，吴、楚所必爭。吴得之，可以制楚，亦猶諸侯城鄭虎牢，不書鄭，以爲中國要害之地，城之而鄭服，楚不敢争也。」

【經】冬，大雩。

[一]「止」，四庫本作「以」。

【經】衛孫林父出奔晉。

衛定公惡孫林父。冬，孫林父出奔晉，衛侯如晉，晉反戚焉。

家氏曰：「春秋中年，諸侯之大夫外交强國以抗其君，衛之孫、魯之季，其尤也，林父自結于晉之權臣，爲日久矣。至是奔晉，挾盟主以控其上。未幾反國，值衛衎繼世，不能君，林父乘而作亂，稱兵犯上，逐其君而立己之所善公子，卒之入戚以叛，爲衛患者，幾四十年，晉實主之。衛事晉無違，晉之昏君强大夫，黨其叛臣，爲之羽翼，何以勸人臣之事君者？衛獻、魯昭所以失國，晉實爲之也。」

【經】八年，春，晉侯使韓穿來言汶陽之田，歸之于齊。

季文子餞之，私焉，曰：「大國制義，以爲盟主，是以諸侯懷德畏討，無有貳心。謂汶陽之田，敝邑之舊也。而用師于齊，使歸諸敝邑。今有二命，曰：『歸諸齊。』信以行義，義以成命，小國所望而懷也。信不可知，義無所立，四方諸侯，其誰不解體？詩曰：『女也不爽，士貳其行。士也罔極，二三其德。』七年之中，一與一奪，二三孰甚焉？士之二三，猶喪妃耦，而况霸主？霸主將德是以，而二三之，其何以長有諸侯乎？詩曰：『猶之未遠，是用大簡〔二〕。』行父懼晉之不遠猶而失諸侯也，是以敢私言之。」

〔二〕「簡」，四庫本作「諫」。

高氏曰：「汶陽之田，魯國之舊，嘗爲齊所取矣。鞌之戰，齊請盟，晉命齊反魯、衛侵地，故我得復而取之。今齊事晉，晉乃使韓穿來命魯復歸之齊。夫魯國之分地，先君受之于天子，晉不當爲齊請于魯，齊不當求之于晉，韓穿爲晉卿，不當爲齊言于魯，魯不當以晉侯之命遂以先祖之分地與齊。」

陸氏曰：「參譏齊、魯、晉也。」

謝氏曰：「齊之害我封境也，晉命歸我侵田，齊之聽命于晉也，晉復命我歸齊以汶陽，與齊爲不順，故晉使韓穿來言。來言者，諭魯之辭也。以汶陽與齊，非魯所欲，故云歸之于齊。歸之于齊者，不得已之辭也。歸于，直辭，以其歸以其道也。歸之于，曲辭，以其不得已而歸之也。魯之分地，天子所封也。或取或歸，一出于晉，則天子與奪之柄，晉國專之矣。書『來言』，書『歸之于齊』，著景公之罪也。汶陽田，魯之舊也。袁婁之盟，齊歸我田也。書曰『取』，罪魯得之非其道也。得之非其道者，以其假兵力也。馬陵之盟，齊取我田也，書曰『歸』者，罪魯與之非其道也。與之非其道者，以其不能拒也。始以争奪取于齊，終以其地歸之齊，前書『取』，後書『歸』，著魯之失也。」

家氏曰：「汶陽之田，先爲齊所侵，晉挾魯、衛伐齊，取其侵地，以歸之于魯。魯之舊物，本非齊有也。晉既已歸之于魯。復命魯人反之于齊。不知晉侯之使韓穿，何以爲辭也。春秋書晉侯使韓穿來言汶陽之田，歸之于齊，見其名不正，言不順，難乎其爲言也。」

【經】晉欒書帥師侵蔡。

遂侵楚。獲申驪。楚師之還也。晉侵沈，獲沈子揖初，從知、范、韓也。是行也，鄭伯將會晉師，門于許東門，大獲焉。

高氏曰：「晉得齊之後，冀盡得夫諸侯也。蔡乃畏楚，終不與晉，自文十五年，晉郤克入蔡之後，蔡人不與中國盟會者，又幾三十年。至是欒書復加兵以侵之。」

家氏曰：「晉人侵蔡，攻楚之與國，亦可以報其伐鄭也。」

師氏曰：「陳、蔡、鄭比嘗從楚，而鄭已復歸晉，獨陳、蔡迷而未復，誠可罪也。爲晉侯之計，糾合諸侯，明其政刑，奉辭行伐，何所不可？而乃以大夫侵之，見其畏蔡者，所以畏楚也。」

【經】公孫嬰齊如莒。

聲伯如莒逆也。

高氏曰：「因馬陵之盟，復與莒通，嬰齊因聘而自逆婦，是以春秋志之。」

【經】宋公使華元來聘。

聘共姬也。

【經】夏，宋公使公孫壽來納幣。

胡氏曰：「納幣不書，此何以書？公孫壽，卿也。納幣使卿，非禮也。禮不可略，亦不可過，惟其稱而已矣。略則輕大倫，過則溺私愛。宋公之請伯姬，魯侯之嫁其女，皆致其厚者也，而不知越禮踰制，豈所以重大婚之禮哉？經悉書之，爲後法也。」

【經】晉殺其大夫趙同、趙括。

四年，晉趙嬰通于趙莊姬。五年，原、屏放諸齊。嬰曰：「我在，故欒氏不作。我亡，吾二昆其憂哉。且人各有能有不能，舍我何害？」弗聽。至是，趙莊姬爲趙嬰之亡故，譖之于晉侯，曰：「原、屏將爲亂。」欒、郤爲徵。六月，晉討趙同、趙括。武從姬氏畜于公宫。以其田與祁奚。韓厥言于晉侯曰：「成季之勲，宣孟之忠，而無後，爲善者懼矣。三代之令王，皆數百年保天之禄，夫豈無辟王，賴前哲以免也。」乃立武，而反其田焉。

胡氏曰：「同、括無罪，爲莊姬所譖，而欒、郤害之也。故稱國以殺，而不去其官，見晉之失政刑矣。」

【經】秋，七月，天子使召伯來賜公命。

胡氏曰：「諸侯嗣立而入見，則有賜，已修聘禮而來朝，則有賜。能敵王所愾而獻功，則有賜。成公即位，服喪已畢，而不入見，既更五服一朝之歲矣，而不朝京師，又未嘗敵王所愾而有功也，何爲而來賜命乎？召伯，縣内諸侯，爲王卿士者也。書『來賜公命』，罪邦君之不王，譏天子之僭賞也。臨諸侯曰天王，君天下曰天子，蓋一人之通稱。」

啖氏曰：「稱天子，蓋誤矣。」

【經】冬，十月，癸卯，杞叔姬卒。

陳氏曰：「内女爲夫人恒書卒，其不言卒者，出也。杞叔姬嘗出矣，則曷爲書卒？以杞伯之來逆喪，則不可以不卒也。」

【經】晉侯使士燮來聘。

【經】叔孫僑如會晉士燮、齊人、邾人，伐郯。

晉士燮來聘，言伐郯也，以其事吴故。公賂之，請緩師。文子不可，曰：「君命無貳，失信不立。禮無加貨，事無二成。君後諸侯，是寡君不得事君也。燮將復之。」季孫懼，使宣伯帥師會伐郯。

師氏曰：「晉侯使士燮來聘，禮也。就來聘之使而遂會伐，乃因禮以用刑，于聘于伐且皆不專。謂之懷魯，亦既不足以爲恩，謂之威，郯又不足以爲畏。二者胥失之。況聘以致物，魯因受物而出師，則是師因貨出，非諸侯助盟主之禮，亦非盟主令諸侯之事也。」

胡氏曰：「前書來聘，下書會伐。晉侯之爲盟主可見矣。魯既知其不可從，大國之令而不敢違，其不能立。亦可知矣。」

河東薛氏曰：「吴伐郯而不能救，服吴則伐之，諸侯無所措手足矣。」

家氏曰：「先書吳伐郯，此書三國會伐郯，不能救之，又伐之，著晉之罪，所以貶也。」

【經】衛人來媵。

胡氏曰：「媵者何？諸侯有三歸〔一〕，嫡夫人行，則娣姪從。二國來媵，亦以娣姪從。凡一娶九女，所以廣繼嗣也。」

謝氏曰：「媵惟一姓，所以致親睦也，同姓不足，然後以義起。」

程子曰：「媵，小事不書。伯姬之嫁，諸侯皆來媵之，故書以見其賢。女子之賢，尚聞于諸侯，况君子乎？或曰，魯女之賢，豈能聞于遠？曰：古者庶女與非敵者，則求爲媵，固爲擇賢，小君則諸國之賢女，當自聞也。」

愚按：媵，常事不書，而春秋于伯姬之媵書之之詳若是者，非特賢伯姬也，書衛媵，所以起晉、齊之媵，而明其越禮踰制也。

【經】九年，春，王正月，杞伯來逆叔姬之喪以歸。

左氏曰：「杞桓公來逆叔姬之喪，請之也。」

穀梁曰：「夫無逆出妻之喪而爲之也。」

〔一〕「歸」，四庫本作「婦」。

胡氏曰：「凡筆于經者，皆經邦大訓。杞叔姬，一女子爾，而四書于策，何也？有男女，然後有夫婦。有夫婦，然後有父子。故春秋謹男女之配，重大婚之禮，以是爲人倫之本也。夷考杞叔姬之行，雖賢不若宋共姬，亦不至如鄫季姬之越禮也，杞伯初來朝魯，然後出之，卒而復逆之〔一〕喪以歸者，豈非叔姬本不應出，故魯人得以義責之，使復葬乎？」

愚按：叔姬之歸葬于杞，以人情言之，或因叔姬之行，本不應出，故魯人得以責杞，使之歸葬。以禮法言之，叔姬既出而歸于魯矣，豈可死而復葬于杞？春秋書之，蓋明魯不當以叔姬之喪歸杞，杞不當迎叔姬之喪歸葬。而叔姬之行，因可見爾，故書曰『以歸』，以者，不宜以也。穀梁之説，蓋得之矣。

【經】公會晉侯、齊侯、宋公、衛侯、鄭伯、曹伯、莒子、杞伯同盟于蒲。

爲歸汶陽之田故，諸侯貳于晉。晉人懼，會于蒲，以尋馬陵之盟。季文子謂范文子曰：「德則不競，尋盟何爲？」范文子曰：「勤以撫之，寬以待之，堅强以御之，明神以要之，柔服而伐貳，德之次也。」是行也，將以會吴，吴人不至。

胡氏曰：「夫盟，非固結之本也，衛獻言于甯喜，求復國，喜曰：『必子鮮在，不然必敗。』小邾射以句繹來奔，曰：『使季路要我，吾無盟矣。』夫信在言前者，不言而自喻，誠在令外者，不令而自行。晉初下令

〔一〕「之」，四庫本作「其」。

于齊，反魯、衛之侵地，而齊不敢違者，以其順也，齊既從之，魯君親往拜其賜矣。復有二命，俾歸諸齊，一與一奪，信不可知，無惑乎？諸侯之解體也，晉人不知反求諸己，惇信明義，以補前行之愆，而又欲刑牲歃血，要質鬼神以御之，是從事于末而不知本也，特書同盟，所以罪晉也。」

高氏曰：「晉不足以宗諸侯矣。既爲此盟而諸侯皆貳，于是鄭叛不服，莒潰莫救，故書同盟，以著其惡。」

【經】公至自會

【經】三月，伯姬歸于宋。

高氏曰：「内女歸不書，此書者，譏宋公不親迎也。」

杜氏曰：「爲致女，復命起也。」

范氏曰：「逆者非卿，故不書。」

劉氏權衡曰：「諸侯逆女而不書者，君自迎也。君自逆則常事不書矣。王姬歸于齊，齊侯實來而不見于經，是其明驗也。」

家氏曰：「伯姬歸宋，自始至成禮，七見之經，貴之也。彼與鄫子遇，使來請己者，春秋不以其污簡册而猶書之，賤之也。此貴之，彼賤之，所以垂法于後焉。」

【經】夏，季孫行父如宋致女。

季文子如宋致女，復命，公享之。賦韓奕之五章，穆姜出于房，再拜，曰：「大夫勤辱，不忘先君，以及嗣君，施及未亡人。先君猶有望也。敢拜大夫之重勤。」又賦緑衣之卒章而入。

程子曰：「女既嫁，父母使人安之，謂之致女。古者三月而廟見，始成婦也。伯姬賢，魯國重之，使卿致也。」

胡氏曰：「致女，常事爾，何以書？致女使卿，非禮也。經有因褒以見貶者，初獻六羽之類是也。亦有因貶以見褒者，致女來媵之類是也。伯姬賢行著于家，故致女使卿，特厚其嫁遣之名，賢名聞于遠，故諸侯争媵，信其無妒忌之行。」

【經】晋人來媵。

高氏曰：「伯姬已嫁，而晋始來媵。蓋譏其不及事，且爲齊媵起也。」

【經】秋，七月，丙子，齊侯無野卒。

【經】晋人執鄭伯。晋欒書帥師伐鄭。

楚人以重賂求鄭，鄭伯會楚公子成于鄧。秋，鄭伯如晋。晋人討其貳于楚也，執諸銅鞮。欒書伐鄭，鄭人使伯蠲行成，晋人殺之。楚子重侵陳以救鄭。

高氏曰：「鄭伯既受盟于蒲，楚人以重賂誘之，復會楚公子成于鄧。秋，鄭伯如晋，晋人執之，然經不書鄭伯會鄧者，所以恕鄭而罪晉也。鄭伯雖與楚會，旋即悔過，而躬朝于晉。以此言之，是知前日之失，而自服其罪矣。晉人舍其前日之失，而答之以禮可也。乃因其來朝而執之，豈有以禮來朝而反蒙執辱者哉？且中國自文、宣以來，晉、楚爭盟而伐鄭，自邲之戰，鄭之從楚者十年。蟲牢、馬陵之會，然後鄭伯受盟，于蒲之會，所以尋前日之盟也，而晉人乃執辱鄭伯，又使欒書伐之。明年使衛侵鄭，又會諸侯伐鄭，方是時，楚適備吴，未暇争鄭，故鄭之在晉者亦五年。及楚一求成于鄭，鄭伯甘心于楚者，蓋追怒晉之不德，弗恤小國之難，而輕辱其君，故與楚伐許侵宋，同撓中國，凡二十年，實晉有以啟之也。」

胡氏曰：「鄭稱人而執者，既不以王命，又不歸諸京師，則非霸討也。殺伯蠲不書者，既執其君，則行人爲輕，亦不足紀也。楚子重侵陳，與處父救江何異？削而不書，鄭亦有罪焉。夫背夷即華[一]，正也。今以重賂故，又與楚會，則是爲利之從而不要諸義也。故鄭無可救之善，楚不得有能救之名。」

許氏曰：「向使晉能制楚，使之不能危鄭、討鄭，可也。今楚潰莒，入鄆。晉不能救，而禁鄭之貳于楚，鄭獨能無懲于牽牛、衡璧之禍乎？」

師氏曰：「執人之君，伐人之國，與楚執宋公以伐宋無異，則同夷狄矣[二]，何以爲盟主哉？」

[一]「背夷即華」，四庫本作「背楚即晉」。
[二]「同夷狄矣」，四庫本作「又一楚也」。

【經】冬，十有一月，葬齊頃公。

【經】楚公子嬰齊帥師伐莒。庚申，莒潰。楚人入鄆。

八年，晉侯使申公巫臣如吴，假道于莒，與渠丘公立于池上，曰：「城已悪。」莒子曰：「辟陋在夷，其孰以我爲虞？」對曰：「夫狡焉思啟封疆，以利社稷者，何國蔑有？唯然，故多大國矣。唯或思或縱也。勇夫重閉，况國乎？」楚子重自陳伐莒，圍渠丘。渠丘城悪，衆潰，奔莒。戊申，楚入渠丘。莒人囚楚公子平。楚人曰：「勿殺，吾歸而俘。」莒人殺之。楚師圍莒，莒城亦悪。庚申，莒潰。楚遂入鄆，莒無備故也。

謝氏曰：「莒城悪而不修，國陋而不備，一日楚師加國，民衆不守而奔。書莒潰，罪莒之取禍也。莒子既同盟于馬陵，又同盟于蒲。楚之伐莒也，諸侯無一出救，以致莒人潰焉。書莒潰，罪晋之不能衛同盟也。」

胡氏曰：「莒恃其陋而不修城郭，浹辰之間，楚克其三都，信無備矣。然兵至而民逃，其上不能使民效死而不去，則昧于爲國之本也。雖隆莒之城，何益乎？」

高氏曰：「楚人非有意伐鄆，特以鄆、莒連邑，莒潰而遂以兵入之，直以爲一事而已。一事而先書楚公子帥師者，著其專且暴衆也。再書楚人，貶之也。」

杜氏曰：「楚偏師入鄆，故稱[一]人。」

【經】秦人、白狄伐晉。

高氏曰：「晉爲盟主，既執鄭伯，又不救莒，故諸侯攜貳，而秦人連白狄以伐之，且見晉景公之不能霸矣。」

胡氏曰：「經所謹者，華夷[二]之辨也。晉嘗與白狄伐秦。今秦又與白狄伐晉。族類不復分矣。其稱人，貶辭也。武王伐商，誓師牧野，庸、蜀、羌、髳、微、盧、彭、濮皆與焉，豈亦不謹乎？除天下之殘賊，而出民于水火之中，雖蠻夷戎狄[三]，以義驅之，可也。亦盧其同恶相濟，貽患于後也。中國友邦，自相侵伐，已爲不義，又連白狄以相爲伐焉[四]，不亦甚乎？」

薛氏曰：「結援夷狄[五]，未有不自戕也。」

家氏曰：「前人秦、晉交兵，自爲其私，曲直猶有所在。今楚人争鄭，正急出師，潰莒以撓晉，而秦乃帥

[一]「稱」，四庫本作「書」。
[二]「華夷」，四庫本作「内外」。
[三]「蠻夷戎狄」，四庫本作「遠方之國」。
[四]「又連白狄以相爲伐焉」，四庫本作「又與非我族類者共焉」。
[五]「夷狄」，四庫本作「外寇」。

白狄戰其東，欲使晉人不知所備，置鄭以去，其爲楚謀善矣。然舍中國而甘爲夷狄〔一〕之役，秦之所以自處者，卑陋甚矣。」

【經】鄭人圍許。

示晉不急君也，是則公孫申謀之，曰：「我出師以圍許，爲將改立君者，而紓晉使，晉必歸君。」

張氏曰：「君在外而興師以復怨，大臣之罪也。」

家氏曰：「以是爲君歸之謀則可，以是爲事君之道則不可。」

【經】城中城。

家氏曰：「定公六年，又書『城中城』，曰『三家張也』，以是觀之，城中城者，城國中之城耳。魯人以楚潰莒之故，不無震隣之憂，故城中城以自固。」

胡氏曰：「經世安民，視道之得失，不以城郭溝池以爲固也。穀梁氏謂：『凡城之誌，皆譏。』其説是矣。城非春秋所貴而書『城中城』者，爲儆守益微矣。王公設險以守其國，非歟？曰：百雉之城，七里之郭，設險之大端也，謹于禮以爲國，辨尊卑，分貴賤，明等威，異物采，凡所以杜絶陵僭，限隔上下者，乃體險之大用也，獨城郭溝池之足恃哉？」

〔一〕「夷狄」，四庫本作「荆蠻」。

【經】十年，春，衛侯之弟黑背帥師侵鄭。

晋命也。

某氏曰：「黑背，定公母弟，以同母之愛得位專政，故稱弟。公孫剽，黑背之子也。其後孫林父背君立剽，亦以君寵弟子致之也，然則黑背稱弟，著其兆禍，與公子年來聘稱弟同意。」

家氏曰：「以弟帥師，責衛也。以諸侯伐諸侯，責晋也。是之謂一書而兩貶。」

【經】夏，四月，五卜郊，不從，乃不郊。

師氏曰：「卜至于五，其瀆甚矣。」

【經】五月，公會晋侯、齊侯、宋公、衛侯、曹伯伐鄭。

鄭公子班聞叔申之謀。三月，子如立公子繻。夏，四月。鄭人殺繻，立髡頑。子如奔許。欒武子曰：「鄭人立君，我執一人焉，何益？不如伐鄭而歸其君，以求成焉。」晋侯有疾。五月，晋立太子州蒲以爲君，而會諸侯伐鄭，鄭子罕賂以襄鐘，子然盟于修澤，子駟爲質。辛巳，鄭伯歸，討立君者。戊申，殺叔申、叔禽。

謝氏曰：「欒書伐鄭，不服，于是衛黑背侵鄭。黑背侵，不服，于是諸侯伐鄭。自鄭伯見執之後，再書伐鄭，一書侵鄭，以明不信之生禍也。」

高氏曰：「鄭伯復歸不書，所以咎晋也。晋既敗人之國，使其君臣變亂而後伐之，而歸其君，春秋恶其首亂，不以舍服與之也。」

劉氏權衡曰：「左氏謂晉侯方疾，立太子州蒲以爲君，而會諸侯。按經但言晉侯，無以明其爲州蒲也。」

家氏曰：「君在而立君者，鄭也。非晉也。左傳所記，因魯史傳聞之誤耳。父在而爵其子，春秋必不然。」

【經】齊人來媵。

公羊氏曰：「三國來媵，非禮也。」

高氏曰：「伯姬嫁已久，諸侯以其賢猶來媵之，然諸侯夫人唯二媵，今晉、衛已備其數，豈可復加乎？春秋所急者，禮也。所制者，欲也。以禮制欲，則治。以欲敗禮，則亂。三國來媵，是以欲敗禮矣。故備書之，以爲後世戒。」

謝氏曰：「同姓不患不足，而以異姓來媵，非禮也。」

【經】丙午，晉侯獳卒。

公疾病，求醫于秦。秦伯使醫緩爲之。未至，公夢疾爲二豎子，曰：「彼，良醫也，懼傷我，焉逃之？」其一曰：「居肓之上，膏之下，若我何？」醫至，曰：「疾不可爲也，在肓之上，膏之下，攻之不可，達之不及，藥不至焉，不可爲也。」公曰：「良醫也。」厚爲之禮而歸之。

【經】秋，七月，公如晉。

晋人止公，使送葬。于是糴茷未反。冬，葬晋景公，公送葬，諸侯莫在，魯人辱之。

高氏曰：「公昔不奔天王之喪，今乃奔晋侯之喪，又爲晋人所止，使之送葬，故聖人于景公之葬，没而不書。」

臨江劉氏曰：「曷爲不言葬？不與葬晋侯也。天子之喪，動天下，屬諸侯。諸侯之喪，動通國，屬大夫。大夫之喪，動一國，屬修士。士之喪，動一鄉，屬朋友。庶人之喪，動州里，屬黨族。公之葬晋侯，非禮也。以爲唯天子之事可也。」

【經】冬，十月。

【經】十有一年，春，王正月，公至自晋。

三月，公至自晋。晋人以公爲貳于楚，故止公，公請受盟而後使歸。

薛氏曰：「公之在晋九月。春秋不書在者，在夏也。」

家氏曰：「在晋在楚，均爲强國所止，而有夷夏之異，見止而在中國，猶爲内也，見止而在外夷，則外矣，書、不書其以是歟。」

【經】晋侯使郤犨來聘。己丑，及郤犨盟。

薛氏曰：「郤犨來聘而盟，我盟之而託于晋也。」

【經】夏，季孫行父如晉。

報聘且莅盟也。

張氏曰：「按公之至自晉也，既受盟矣，及季文子之聘也，又莅盟焉。春秋皆不書而獨書郤犫之盟，何也？蓋成公自汶陽歸齊之後，欲貳晉而不果。然嫌隙竟彰，無以自明。晉因公之朝而止之數月，公請受盟而後使歸，又使郤犫來聘，既聘而莅盟。魯使行父往，則又從而盟之。據强大之勢，要君臣之盟，皆魯之耻也，惟犫聘而盟，春秋以荀庚、孫良夫之例書之，若成公之受盟，豈能得晉君而盟之乎？亦大夫盟之耳，故諱之而不書也。」

【經】秋，叔孫僑如如齊。

以修前好。

薛氏曰：「由齊之媵，始交好于齊也。」

高氏曰：「自鞌之役而齊、魯絶，至是乃復通。」

許氏曰：「魯盖激晉之德禮不施，將貳于齊而未能者歟。」

張氏曰：「僑如之聘，蓋謝戰鞌[一]之師，捐歸田之忿，迫于晉之欲而不能已者也。」

[一]「鞌」，四庫本作「案」。

家氏曰：「魯昔者不堪齊之陵暴，借力于晋，以紓一時之忿，至是受侮于晋，君臣日奔走于庭而猶懼不免，于是介然以悔，惕然以思，將尋舊好于齊，故行父如晋，僑如適齊，事同而情異者也。春秋比而書之，俾後之有國家者，務自强以立其國，無若魯人左右望于齊、晋，求所以自全而不可得也。」

【經】冬，十月。

【經】十有二年，春，周公出奔晋。

周公楚恶恵、襄之偪也，且與伯輿争政，不勝，怒而出。及陽樊，王使劉子復之，盟于鄄而入。三日，復出，奔晋。

公羊氏曰：「周公者，天子之三公也。」

左氏曰：「凡自周無出，周公自出故也。」

師氏曰：「春秋季世，爲諸侯者，不復知有周室，自視列國，若已固有，而晋于是時主盟中國，天下惟知有盟主，是以周公奔晋，以謂盟主可以庇其身而無敢誰何也。書曰出奔，不特罪周公自絶于周，抑亦罪諸侯之絶周也。」

高郵孫氏曰：「春秋之義，自周無出，天下一周也。天王居鄭，周公奔晋，特異之者，孔子之意也。王之所以爲王，以有其位而天下皆其有也，王得言出，則是自絶其位而不能有天下也，天下非其所有，則雖居鄭，不可不言出也。周公之所以爲公，以左右天王而與王共治也，爲三公而得罪天王，至于奔晉，則是絶于王而不能有三公之位也。三公之位非其所有，則雖止奔于晉，猶若出于四海之外也。」

謝氏曰：「天王在鄭，書『出居』以明王室下同列國也。周公奔晉，書『出奔晉』，明王臣下同列國大夫也。」

家氏曰：「周公，王朝大臣，與强族争政，王不能裁，則引而退可也。今以争不能勝，怒而出，王既復之，與之盟，盟而入，入而又奔，是其心欲挾霸國以脅天子，春秋書出、書奔，絶之王朝，其爲誅斥也大矣。」

【經】夏，公會晉侯、衛侯于瑣澤。

九年，晉侯觀于軍府，見鐘儀，問之曰：「南冠而縶者，誰也？」有司對曰：「鄭人所獻楚囚也。」使税之，召而吊之，再拜稽首，問其族，對曰：「泠〔一〕人也。」公曰：「能樂乎？」對曰：「先父之職官也，敢有二事？」與之琴，操南音，公曰：「君王何如？」對曰：「非小人之所得知也。」固問之，對曰：「其爲太子也，師、保奉之，以朝于嬰齊而夕于側也，不知其他。」公語范文子，文子曰：「楚囚，君子也。言稱先職，不背本也。樂操土風，不忘舊也。稱太子，抑無私也。名其二卿，尊君也。不背本，仁也。不忘舊，信也。無私，忠也。尊君，敏也。仁以接事，信以守之，忠以成之，敏以行之，事雖大，必濟。君盍歸之，使合晉、楚

〔一〕「泠」，四庫本作「伶」。

之成。」公從之，重爲之禮，使歸求成。

十二月，楚子使公子辰如晉，報鐘儀之使，請修好結成。十年，晉侯使糴茷如楚，報太宰子商之使也。十一年，宋華元善于令尹子重，又善于欒武子，聞楚人既許晉糴茷成，而使歸復命矣。冬，華元如楚，遂如晉，合晉、楚之成。至是，宋華元克合晉、楚之成。夏，五月，晉士燮會楚公子罷、許偃。癸亥，盟于宋西門之外，曰：「凡晉、楚無相加戎，好惡同之，同恤菑危，備救凶患，若有害楚，則晉伐之。在晉，楚亦如之。交贄往來，道路無壅，謀其不協，而討不庭。有渝此盟，明神殛之，俾隊其師，無克胙國。」鄭伯如晉聽成，會于瑣澤，成故也。

晉郤至如楚聘且莅盟，楚子享之，子反相，爲地室，而縣焉。郤至將登，金奏作于下，驚而走出。子反曰：「日云莫矣，寡君須矣，吾子其入也。」賓曰：「君不忘先君之好，施及下臣，貺之以大禮，重之以備樂。如天之福，兩君相見，何以代此？下臣不敢。」子反曰：「如天之福，兩君相見，無亦唯是一矢以相加遺，焉用樂？寡君須矣，吾子其入也。」賓曰：「若讓之以一矢，禍之大者，其何福之爲？世之治也，諸侯間于天子之事，則相朝也。于是乎有享燕之禮。享以訓共儉，宴以示慈惠。共儉以行禮，而慈惠以布政。政以禮成，民是以息。百官承事，朝而不夕，此公侯之所以扞城其民也，故詩曰：『赳赳武夫，公侯干城。』及其亂也，諸侯貪冒，侵欲不忌，争尋常以盡其民，略其武夫，以爲己腹心股肱爪牙，故詩曰：『赳赳武夫，公侯腹心。』天下有道，則公侯能爲民干城，而制其腹心，亂則反之。今吾子之言，亂之道也，不可以爲法。然吾子，主也。

至敢不從？」遂入。卒事。歸，以語范文子。文子曰：「無禮必食言，吾死無日矣夫。」

冬，楚公子罷如晉聘且莅盟。十二月，晉侯及楚公子罷盟于赤棘。

劉氏權衡曰：「瑣澤之會，本以合楚、鄭也，今楚、鄭不至〔一〕，魯、衛是盟，何也？合晉、楚者，宋也。宋亦不與，又何耶？凡晉、楚爲平，則應大合諸侯以申成好。今三國會而已，又何耶？然則傳之未足信也。」

樸鄉吕氏曰：「愚意瑣澤之會，爲伐秦起文爾。今年會于瑣澤，明年春使郤錡來乞師，而後五月，暨諸侯伐秦，比事而觀可見矣。」

【經】秋，晉人敗狄于交剛。

狄人間宋之盟以侵晉而不設備。秋，晉人敗狄于交剛。

師氏曰：「書敗狄而不書戰，不以夷狄〔二〕敵中國，幸中國振立，則因以尊之也。書人而不著名，猶以微者敗之，大中國之勢，雖微者亦足以敗夷狄〔三〕，諸侯何畏而長夷狄〔四〕之惡哉？」

〔一〕「至」，四庫本作「止」。
〔二〕「夷狄」，四庫本作「狄人」。
〔三〕「夷狄」，四庫本作「寇葬」。
〔四〕「夷狄」，四庫本作「寇葬」。

陳氏曰：「中國敗夷狄〔一〕不書，唯晋特書之。特書晋者，病晋也。楚方聘魯、平宋，合諸侯之大夫于蜀，討陳夏徵舒，觀兵于雒矣，而區區争于群狄，是故宣、成之春秋，晋有事于秦、楚，或略而不書，而甚詳于滅狄，以是爲晋衰也。晋之衰，諸夏之憂也。」

【經】冬，十月。

〔一〕「夷狄」，四庫本作「外域」。

春秋闕疑卷二十七（成公十三年—十八年）

【經】十有三年，春，晉侯使郤錡來乞師。

十一年，秦、晉爲成，將會于令狐。晉侯先至焉。秦伯不肯涉河，次于王城，使史顆盟晉侯于河東，郤犨盟秦伯于河西。范文子曰：「是盟也何益？齊盟，所以質信。會所，信之始也。始之不從，其何質乎？」秦伯歸而背晉成。至是，晉侯使郤錡來乞師，將事不敬。孟獻子曰：「郤氏其亡乎。禮，身之幹也。敬，身之基也。郤子無基，且先君之嗣卿也，受命以求師，將社稷是衛，而惰，棄君命也，不亡何爲？」

穀梁氏曰：「乞，重辭也。」

高氏曰：「自齊桓以來，霸者征伐，召兵諸侯，蓋以是爲王者事，故與天下公之。至于晉景始使士燮來聘，以濟伐郯之役，厲公承之，始乞師，霸體貶矣。」

胡氏曰：「聖人作春秋，無不重内而輕外。至于乞師，則内外同辭者，蓋皆有報怨復讐貪得之心，是以如此。若夫誅亂臣，討賊子，請于天王，以大義驅之，誰不拱手以聽命？何至于乞哉？噫！此聖人所以垂戒後世，見諸行事之深切著明者矣。」

師氏曰：「九年，秦嘗與白狄伐晋。今晋欲伐秦以報之，將糾合諸侯以同其力，慮諸侯有厭心而未必遣師，故使郤錡卑辭盡禮，以乞爲言，不憚自屈而未可必之意也。」

陳氏曰：「外乞師不書，必盟主也而後書乞，卑辭也，見晋之無以令與國矣。」

【經】三月，公如京師。

【經】夏，五月，公自京師，遂會晋侯、齊侯、宋公、衛侯、鄭伯、曹伯、邾人、滕人伐秦。

三月，公如京師。公及諸侯朝王，遂從劉康公、成肅公會晋侯伐秦。成子受脤于社，不敬。劉子曰：「吾聞之，民受天地之中以生，所謂命也。是以有動作禮義威儀之則，以定命也。能者養之以福，不能者敗以取禍。是故君子勤禮，小人盡力。勤禮莫如致敬，盡力莫如敦篤。敬在養神，篤在守業。國之大事，在祀與戎。祀有執膰，戎有受脤，神之大節也。今成子惰棄其命矣，其不反乎？」

夏，四月，戊午，晋侯使吕相絶秦，曰：「昔逮我獻公，及穆公相好，戮力同心，申之以盟誓，重之以婚姻。天禍晋國，文公如齊，惠公如秦。無禄，獻公即世，穆公不忘舊德，俾我惠公用能奉祀于晋。又不能成大勳，而爲韓之師。亦悔于厥心，用集我文公，是穆之成也。文公躬擐甲胄，跋履山川，踰越險阻，征東之諸侯，虞、夏、商、周之胤，而朝諸秦，則亦既報舊德矣。鄭人怒君之疆埸，我文公帥諸侯及秦圍鄭。秦大夫不詢于我寡君，擅及鄭盟，諸侯疾之，將致命于秦。文公恐懼，綏静諸侯，秦師克還無害，則是我有大造于西也。無禄，文公即世，穆爲不吊，蔑死我君，寡我襄公，迭我殽地，奸絶我好，伐我保城，殄滅我費滑，散離我兄弟，撓亂我同盟，傾覆我國家，我襄公未忘君之舊勳而懼社稷之隕，是以有殽之師。猶願赦罪于穆公，穆公弗聽，而即楚謀我。天誘其衷，成王隕命，穆公是以不克逞志于我。穆、襄即世，康、靈即位。康公，我之自出，又欲闕翦我公室，傾覆我社稷，帥我蟊賊，以來蕩摇我邊疆，我是以有令狐之役。康猶不悛，入我河曲，伐我涑川，俘我王官，翦我羈馬，我是以有河曲之戰。東道之不通，則是康公絶我好也。及君之嗣也，我君景公引領西望，曰：『庶撫我乎。』君亦不惠稱盟，利吾〔一〕有狄難，入我河縣，焚我箕、郜，芟夷我農功，虔劉我邊陲，我是以有輔氏之聚，君亦悔禍之延，而欲徼福于先君獻、穆，使伯車來，命我景公曰：『吾與女同好，棄恶復修舊德，以追念前勳。』言誓未就〔二〕，景公即世，我寡君是以有令狐之會。君又不祥，背棄盟誓。白狄及君同州，君之仇讎，而我之婚姻也。君來賜命曰：『吾與女伐狄。』寡君不敢顧婚姻，畏君之威，而受命于吏。君有二心于狄，曰：『晋將伐女。』狄應且憎，是用告我。楚人恶君之二三其德也，亦來告我，曰：『秦背令狐之盟，而來求盟于我，昭告昊天上帝、秦三公、楚三王，

〔一〕「吾」，四庫本作「我」。
〔二〕「就」，四庫本作「絶」。

曰：「余雖與晉出入，余唯利是視。』不穀惡其無成德，是用宣之，以懲不一。」諸侯備聞此言，斯是用痛心疾首，暱就寡人。寡人帥以聽命，唯好是求。君欲惠顧諸侯，矜哀寡人，而賜之盟，則寡人之願也。其承寧諸侯以退，豈敢徼亂？君若不施大惠，寡人不佞，其不能以諸侯退矣。敢盡布之執事，俾執事實圖利之。」

秦桓公既與晉厲公爲令狐之盟，而又召狄與楚，欲道以伐晉。諸侯是以睦于晉。晉欒書將中軍，荀庚佐之。士燮將上軍，郤錡佐之。韓厥將下軍，荀罃佐之。趙旃將新軍，郤至佐之。郤毅御戎，欒鍼爲右。孟獻子曰：「晉帥乘和，師必有大功。」五月，丁亥，晉侯以諸侯之師及秦師戰于麻隧，秦師敗績。獲秦成差及不更女父。

程子曰：「不書朝王，因會伐而行也，故不成其朝。又以伐秦爲遂事，見〔二〕朝爲重。」

高氏曰：「公如京師，專行之辭也。然公之此行，蓋會晉伐秦，道出王畿，不得不朝也。其以專行之辭書之，何也？舉其可道焉者，志敬也。然上書晉來乞師，下書公自京師，遂會諸侯伐秦，則是挾他事以往而非專行者矣。乃志其不敬也。蓋聖人于魯，乃父母之國，有君臣之義，特遷就而爲之辭，故直以如京師爲文，先明君臣之大義，若專以朝事言者，而不言朝王，以著實因會伐而行，不成乎朝也。其辭若志敬，實志不敬。此春秋微辭也。主人習其讀，而問其傳，則以謂公如京師，固美志也，而不知春秋以是譏

〔二〕「見」，四庫本作「明」。

之。」

胡氏曰：「古者諸侯即位，服喪畢則朝，小聘、大聘終則朝，巡狩于方岳則朝，觀春秋所載，天王遣使者屢矣，十二公之述職，蓋闕如也。獨此年書公如京師，又不成朝禮，不敬莫大焉。君臣，人道之大倫，而至于此極，仲尼所爲懼，春秋所以作也。」

謝氏曰：「公子遂之聘也，書如京師，而不書聘，以其遂如晉，非專于聘也。成公之朝也，書如京師，而不書朝，以其遂會伐秦，不專于朝也。以朝、聘王室爲名，而其終繼以遂事，則魯無朝聘之實于此見矣。伐秦書遂，著其恶也。」

師氏曰：「不謂之朝，不以諸侯事天子之禮行，均謂之如，蓋與列國之禮同，京師、列國視爲等夷，失禮甚矣。」

張氏曰：「春秋以諸侯事周之禮久闕，而因行于伐秦之役，若没而不書，是以廢其僅存之禮，若書以爲朝，則是舉百年之墜典，亦非其實，故書如京師而不言朝，以見其行禮之不專，書自京師會諸侯伐秦，以見諸侯之行止，爲伐秦而不爲京師也。」

高郵孫氏曰：「不言遂如京師，而言遂會諸侯者，蓋聖人之意，以謂成公之如京師，非其誠心，法當罪之，春秋萬世君臣之法，不以成公非禮而遂亂之也。必曰如京師，然後會諸侯，則成公之罪無所逃，而君臣之法愈久愈正也。」

陳氏曰：「自狄秦以來，秦、晋之相加兵，皆略之，是故戰于麻隧，秦師敗績，但書伐秦，戰于櫟，晋師敗績，不書伐晋，以爲不足詳焉爾。」

【經】曹伯盧卒于師。

曹宣公卒于師，師遂濟涇，及侯麗而還。迓晋侯于新楚。成肅公卒于瑕。

穀梁氏曰：「公大夫在師曰師，在會曰會。」

高郵孫氏曰：「諸侯之卒不地，有常地也。其有會盟侵伐而卒者，必謹志之，所以見卒非其常，而國家危殆也。」

【經】秋，七月，公至自伐秦。

泰山孫氏曰：「不以京師至者，明本非朝京師。」

愚謂：「上書公如京師，明春秋以朝王爲重，使不違于禮，而世道有所防。此書公至自伐秦，明諸侯爲伐秦而出，使不失其實，而後人有所考。蓋上句乃聖人之特筆，下句乃魯史之舊文也。

【經】冬，葬曹宣公。

曹人使公子負芻守，使公子欣時逆曹伯之喪。秋，負芻殺其大子而自立也。諸侯乃請討之。晋人以其役之勞，請俟他年。冬，葬曹宣公。既葬，子臧將亡，國人皆將從之。成公乃懼，告罪，且請焉，乃反，而致其邑。

【經】十有四年，春，王正月，莒子朱卒。

愚按：莒不書葬，其義未詳。徐邈謂：「莒行夷禮，其君無謚，故從吴、楚例，不書葬。」豈其然乎？

【經】夏，衛孫林父自晋歸于衛。

衛侯如晋，晋侯强見孫林父焉。定公不可。夏，衛侯既歸。晋侯使郤犨送孫林父而見之。衛侯欲辭，定姜不可，曰：「是先君宗卿之嗣也，大國又以爲請，不許，將亡。雖恶之，不猶愈于亡乎？君其忍之，安民而宥宗卿，不亦可乎？」衛侯見而復之。

許氏曰：「人臣不唯義之即安，而介恃大國，使之反己。此能爲逐君之恶者也，唯其辨之不早，是以衛獻至于出奔，禍兆此矣。歸，易辭，自晋奉之故也。」

泰山孫氏曰：「衛大夫由晋侯而得歸，則衛國之事可知也。」

謝氏曰：「書『自晋』，罪晋之容恶也。書『歸衛』，罪衛之失刑也。若蔡季書歸，所以正法。林父書歸，所以著亂。」

家氏曰：「臣挾大國之援以干其君，君以大國之故而忌其臣，下陵而上忌，亂之道也。」

張氏曰：「此非特罪衛之不早辨，晋之政在大夫，亦自此矣。」

【經】秋，叔孫僑如如齊逆女。

【經】鄭公子喜帥師伐許。

鄭子罕伐許，敗焉。鄭伯復伐許，入其郛，許人平以叔申之封。

高氏曰：「此著許之所以遷，亦見晋厲之不霸也。夫許、鄭之怨，久矣。三年再伐，四年伐，九年圍之，而今又伐焉，使厲公而霸，鄭人怒隣兼弱，敢如是乎？明年遷于葉，避鄭以依楚，明晋不足恃也。」

【經】九月，僑如以夫人婦姜氏至自齊。

穀梁氏曰：「大夫不以夫人，以夫人非正也。刺不親迎也。」

胡氏曰：「娶于他邦，道里或遠，必親迎乎。以封壤，則有大小。以爵次，則有尊卑。以道途，則有遠近。或迎之于其國，或迎之于境上，或迎之于所館中，禮之節可也。」

高氏曰：「成公得以宣公元年公子遂之例，藉口而行之也。然則人君所以貽子孫者，可不慎乎？」

【經】冬，十月，庚寅，衛侯臧卒。

衛侯有疾，使孔成子、甯惠子立敬姒之子衎以爲大子。冬，十月，衛定公卒。夫人姜氏既哭而息，見大子之不哀也，不内酌飲。嘆曰：「是夫也，將不唯衛國之敗，其必始于未亡人。嗚呼！天禍衛國也夫！吾不獲鱄也使主社稷。」大夫聞之，無不聳懼，孫文子自是不敢舍其重器于衛，盡置于戚，而甚善晋大夫。

【經】秦伯卒。

【經】十有五年，春，王二月，葬衛定公。

【經】三月，乙巳，仲嬰齊卒。

胡氏曰：「嬰齊者，公子遂之子，公孫歸父之弟也。歸父出奔齊，魯人徐傷其無後也，于是使嬰齊後之，故書曰仲嬰齊，此可謂亂昭穆之序，失父子之親者。以後歸父，則弟不可爲兄嗣。以後襄仲，則以父字爲氏，亦非禮矣。」

【經】癸丑，公會晉侯、衛侯、鄭伯、曹伯、宋世子成、齊國佐、邾人同盟于戚。晉侯執曹伯，歸于京師。

春，會于戚，討曹成公也。執而歸諸京師。諸侯將見子臧于王而立之。子臧辭曰：「前志有之曰：『聖達節，次守節，下失節。』爲君，非吾節也。雖不能聖，敢失守乎？」遂逃，奔宋。

蘇氏曰：「稱侯以執，執有罪也。歸之于京師，禮也。春秋之書執諸侯者多矣，惟是爲得禮。」

謝氏曰：「去逆治亂，以正大義；聽命王室，以正天刑，得侯伯討罪之道矣。凡諸侯無罪見執，皆不名，以其義不當絶也。成公執得其罪，亦不名者，明厲公以貶絶之罪，聽命于王，所以善厲公也。」

張氏曰：「先執曹伯以會諸侯，然後盟之，乃盡善也。觀曹人請君于晉，曰：『若有罪，則君列諸會矣。』

夫一舉措之不當，遂開釋姦之門，此豈小失哉？或者謂，負芻殺太子而自立，于經無所見，疑晉人之執不當其罪。」

愚按：世子之死，豈曹人以亂故，不暇赴告，故魯史不書，聖人懼其迹之泯也，幸有戚會之執，故詳書之以著其罪，使亂臣賊子不得幸免。然則殺太子而不書者，魯史之闕文，執曹伯而詳書者，聖人之微意。讀春秋者，可不致察于隱微之間，而求其旨意之所歸乎？

【經】公至自會。

【經】夏，六月，宋公固卒。

【經】楚子伐鄭。

楚將北師。子囊曰：「新與晉盟而背之，無乃不可乎？」子反曰：「敵利則進，何盟之有？」申叔時老矣，在申，聞之曰：「子反必不免，信以守禮，禮以庇身。信、禮之亡，欲免，得乎？」楚子侵鄭，及暴隧。遂侵衛，及首止。鄭子罕侵楚，取新石。欒武子欲報楚，韓獻子曰：「無庸，使重其罪，民將叛之。無民，孰戰？」

薛氏曰：「楚伐鄭何？鄭服于晉也。」

東萊吕氏曰：「鄭偪許困，楚、鄭以國大小，兵力强弱，更相吞噬，夷夏[一]一道，而人理盡矣。」

【經】秋，八月，庚辰，葬宋共公。宋華元出奔晋。宋華元自晋歸于宋。宋殺其大夫山。宋魚石出奔楚。

秋，八月，葬宋共公。于是華元爲右師，魚石爲左師，蕩澤爲司馬，華喜爲司徒，公孫師爲司城，向爲人爲大司寇，鱗朱爲少司寇，向帶爲大宰，魚府爲少宰。蕩澤弱公室，殺公子肥。華元曰：「我爲右師，君臣之訓，師所司也。今公室卑而不能正，吾罪大矣。官不能治，敢賴寵乎？」乃出奔晋。二華，戴族也。司城，莊族也。六官者，皆桓族也。魚石將止華元。魚府曰：「右師反，必討，是無桓氏也。」魚石曰：「右師苟獲反，雖許之討，必不敢。且多大功，國人與之，不反，懼桓氏之無祀于宋也。右師討，猶有戌在，桓氏雖亡，必偏。」魚石自止華元于河上，請討，許之，乃反。使華喜、公孫師帥國人攻蕩氏，殺子山。魚石、向爲人、鱗朱、向帶、魚府出舍于睢上。華元使止之，不可。冬，十月，華元自止之，不可。乃反。魚府曰：「今不從，不得入矣。右師視速而言疾，有異志焉。若不我納，今將馳矣。」登丘而望之，則馳。騁而從之，則决睢澨，閉門登陴矣。左師、二司寇、二宰遂出奔楚。華元使向戌爲左師，老佐爲司馬，樂裔爲司寇，以靖國人。

[一]「夷夏」，四庫本作「中外」。

高氏曰：「再書華元，善華元也。蓋元之志非奔也，欲挾晉自重，以攻蕩氏之黨爾。」

孔氏曰：「書之重，辭之複，其中必有美惡焉，不可不察。」

陳氏曰：「殺稱國，有司法守之辭也。」

左氏曰：「書『宋殺其大夫山』，言背其族也。」

程子曰：「山去族，害公族也。」

蘇氏曰：「元將討山，知力之不能，故奔晉，而國人許之討，故歸。故其討山也，雖其族人，莫敢救之者。書曰『宋華元出奔晉，宋華元自晉歸于宋』，言其出入之正，是以能討山也。使元懷禄顧〔二〕寵，重于出奔，則不能討山矣。」

常山劉氏曰：「蕩、山，宋公族也，乘君之喪作亂，以弱公室，殺世子肥，是背其族也，背其族者，伐其本也，故去族以示法。」

陳氏曰：「于是魚石、向爲人、鱗朱、向帶、魚府出奔楚，則其但書魚石何？凡奔必有罪也，衆不可以勝罪，則罪其甚焉者爾。以楚師伐宗國，入彭城，爲宋患之日久，是以甚魚石也。」

家氏曰：「左氏謂華元行未及晉，魚石追而復之，討爲亂者，故桓氏殺蕩、山，逐其黨，國乃定。何氏謂

〔二〕「顧」，四庫本作「固」。

宋公卒，子幼，華元以憂國之故，爲大夫山所譖，出奔晋，晋人理其罪，宋人反華元，誅山。觀經書華元奔晋，自晋而復，何氏之説爲正。」

【經】冬，十有一月，叔孫僑如會晋士燮、齊高無咎、宋華元、衛孫林父、鄭公子鰌、邾人會吴于鍾離。

始通吴也。

公羊氏曰：「殊會吴，外吴也。春秋内諸夏而外夷狄。」

高氏曰：「吴未嘗與中國會，今始來通，是時中國病楚而吴敢與之敵，故諸侯亦欲與吴通。晋于是爲合諸侯〔一〕之大夫以會之，然諸國大夫不敢致吴子也。因吴子伐楚在鍾離，故相與會之。」

程子曰：「吴益强大，求會于諸侯，諸侯之衆，往而從之，故諸國往與之會，以見夷狄〔二〕盛而中國衰也。」

胡氏曰：「殊會有二義，會王世子于首止，意在尊王室，不敢與世子抗也。會吴于鍾離、于柤、于向，意在賤夷狄〔三〕，而罪諸侯不能與之敵也。夫以太伯至德，是始有吴。以族言之，則周之伯父也。至其後世，遂以

〔一〕「諸侯」，四庫本作「諸國」。
〔二〕「夷狄」，四庫本作「南蠻」。
〔三〕「賤夷狄」，四庫本作「外吴人」。

號舉者，以其僭竊稱王，不能居中國之爵號。而成、襄之間，中國無霸，齊、晉大國，亦皆俛首東向而親吳，聖人盖傷之，故特殊會，可謂深切著明矣。」

樸鄉吕氏曰：「蘇氏謂吳夷〔二〕未嘗與中國會，晉爲之合諸侯而會之，特書曰『會吳于鍾離』，以吳爲會也。蓋戚之會，乃諸侯會而吳人來會，故序吳于諸侯之下。鍾離之會，乃吳求中國而晉欲會吳，故特以會吳爲文。然則曷爲不與會首止之文同義？首止之文曰，『公及齊侯會王世子于首止，』若世子在此而諸侯往會之，然尊世子也。會吳之文曰，『叔孫僑如會晉士燮，會吳于鍾離』，是其會晉士燮也，爲會吳爾。」

愚按：春秋雖美恶不嫌同辭，然聖人亦必有微意寓于其間。首止之會，書及、書會，見公及諸侯同往會之，如臣朝君，使諸侯不得以干世子。鍾離之會，書會，又書會，若諸侯外吳不與同會，故再書會，使夷狄〔三〕不得以亂中國，此則聖人微意，不可不察。

【經】許遷于葉。

許靈公畏偪于鄭，請遷于楚。辛丑，楚公子申遷許于葉。

高氏曰：「畏鄭而南依楚，故以自遷爲文，而鄭人之罪著矣。」

〔二〕「吳夷」，四庫本作「勾吳」。
〔三〕「夷狄」，四庫本作「吳人」。

陳氏曰：「楚公子申遷許于葉，其曰『許遷于葉』何？以其從夷狄。雖楚遷之，猶自遷也。」

家氏曰：「春秋中年以後，陳、蔡與許專意從楚，彼謂夷可恃以存，而不知非我之類，其心寔異，卒之陳、蔡爲楚所滅。許四遷自葉而白羽，寔楚人迫而遷之，已而又遷容城，遂爲鄭滅，棄中國而從夷狄，許、陳、蔡自有以取焉。」

【經】十有六年，春，王正月，雨，木冰。

公羊氏曰：「雨著木而冰也，何以書？記異也。」

高氏曰：「雨著木而成冰，是上温而下寒也，與隕霜不殺菽相反。」

【經】夏，四月，辛未，滕子卒。

【經】鄭公子喜帥師侵宋。

春，楚子自武城使公子成以汝陰之田求成于鄭，鄭叛晉。子駟從楚子盟于武城。鄭子罕伐宋，宋將鉏、樂懼敗諸汋陂。退，舍于夫渠，不儆，鄭人覆之，敗諸汋陵，獲將鉏、樂懼。宋恃勝也。衛侯伐鄭，至于鳴鴈，爲晉故也。

高氏曰：「楚求成于鄭，鄭服中國五年矣，至是始叛晉附楚，加兵中國，諸侯之兵無寧歲矣。」

【經】六月，丙寅，朔，日有食之。

【經】晉侯使欒黶來乞師。甲午，晦，晉侯及楚子、鄭伯戰于鄢陵。楚子、鄭師敗績，楚殺其大夫公子側。

晉侯將伐鄭。范文子曰：「若逞吾願，諸侯皆叛，晉可以逞。若唯鄭叛，晉國之憂，可立俟也。」欒武子曰：「不可以當吾世而失諸侯，必伐鄭。」乃興師。欒書將中軍，士燮佐之。郤錡將上軍，荀偃佐之。韓厥將下軍，郤至佐新軍，荀罃居守。郤犨如衛，遂如齊，皆乞師焉。欒黶來乞師。孟獻子曰：「有勝矣。」戊寅，晉師起。鄭人聞有晉師，使告于楚，姚句耳與往。楚子救鄭。司馬將中軍，令尹將左，右尹子辛將右。過申，子反入見申叔時，曰：「師其何如？」對曰：「德、刑、詳、義、禮、信，戰之器也。德以施惠，刑以正邪，詳以事神，義以建利，禮以順時，信以守物。民生厚而德正，用利而事節，時順而物成，上下和睦，周旋不逆，求無不具，各知其極，故詩曰：『立我烝民，莫匪爾極。』是以神降之福，時無灾害，民生敦龐，和同以聽，莫不盡力，以從上命，致死以補其闕。此戰之所由克也。今楚内棄其民，而外絶其好，瀆齊盟，而食話言，奸時以動，而疲民以逞。民不知信，進退罪也。人恤所底，其誰致死？子其勉之。吾不復見子矣。」姚句耳先歸。子駟問焉，對曰：「其行速，過險而不整。速則失志，不整丧列。志失列丧，將何以戰？楚懼不可用也。」

五月，晉師濟河。聞楚師將去。范文子欲反，曰：「我僞逃楚，可以紓憂。夫合諸侯，非吾所能也，以遺能者。我若群臣輯睦以事君，多矣。」武子曰：「不可。」六月，晉、楚遇于鄢陵。范文子不欲戰，郤至曰：「韓之戰，惠公不振旅。箕之役，先軫不反命。邲之師，荀伯不復從。皆晉之耻也。子亦見先君之事矣。今我〔一〕辟楚，又益楚〔二〕也。」文子曰：「吾先君之亟戰也有故。秦、狄、齊、楚皆强，不盡力，子孫將弱。今三强則服矣，敵楚而已。唯聖人能内外無患，自非聖人，外寧必有内憂，盍釋楚以爲外懼乎？」

甲午，晦，楚晨壓晉軍而陳，軍吏患之。范匄趨進曰：「塞井夷竈，陳于軍中，而疏行首。晉、楚唯天所授，何患焉？」文子執戈逐之，曰：「國之存亡，天也。童子何知焉？」欒書曰：「楚師輕窕，固壘而待之，三日必退。退而擊之，必獲勝焉。」郤至曰：「楚有六間，不可失也：其二卿相惡；王卒以舊；鄭陳而不整；蠻軍而不陳；陳不違晦；在陳而囂，合而加囂，各顧其舊，莫有鬥心。舊不必良〔三〕，以犯天忌，我必克之。」

楚子登巢車以望晉軍，子重使大宰伯州犂侍于王後，王曰：「騁而左右，何也？」曰：「召軍吏也。」「皆聚于中軍矣。」曰：「合謀也。」「張幕矣。」曰：「虔卜于先君也。」「徹幕矣。」曰：「將發命也。」「甚囂，且塵上矣。」曰：「將塞井夷竈而爲行也。」「皆乘矣，左右執兵而下矣。」曰：「聽誓也。」「戰乎？」曰：「未

〔一〕「我」，四庫本作「吾」。

〔二〕「楚」，四庫本作「耻」。

〔三〕「舊不必良」，四庫本作「舊必不良」。

可知也。」「乘而左右皆下矣。」曰：「戰禱也。」伯州犂以公卒告王。苗賁皇在晉侯之側，亦以王卒告。皆曰：「國士在，且厚，不可當也。」苗賁皇言于晉侯曰：「楚之良在其中軍王族而已，請分良以擊其左右，而三軍萃于王卒，必大敗之。」公筮之，史曰：「吉。其卦遇復，曰：『南國蹙，射其元王中厥目。』國蹙王傷，不敗何待。」公從之。

有淖于前，乃皆左右相違于淖。步毅御晉厲公，欒鍼爲右。彭名御楚共王，潘黨爲右。石首御鄭成公，唐苟爲右。欒、范以其族夾公行，陷于淖。欒書將載晉侯，鍼曰：「書退。國有大任，焉得專之？且侵官，冒也；失官，慢也；離局，姦也。有三罪焉，不可犯也。」乃掀公以出于淖。

癸巳，潘尫之黨與養由基蹲甲而射之，徹七札焉，以示王，曰：「君有二臣如此，何憂于戰。」王怒曰：「大辱國。詰朝爾射，死藝。」吕錡夢射月，中之，退入于泥，占之曰：「姬姓，日也；異姓，月也，必楚王也。射而中之，退入于泥，亦必死矣。」及戰，射共王，中目。王召養由基，與之兩矢，使射吕錡，中項，伏弢。以一矢復命。

郤至三遇楚子之卒，見楚子，必下，免胄而趨風。楚子使工尹襄問之以弓，曰：「方事之殷也，有韎韋之跗注，君子也。識見不穀而趨，無乃傷乎？」郤至見客，免胄承命，曰：「君之外臣，至從寡君之戎事，以君之靈，間蒙甲胄，不敢拜命。敢告不寧，君命之辱，爲事之故，敢肅使者。」三肅使者而退。晉韓厥從鄭伯，其御杜溷羅曰：「速從之。其御屢顧，不在馬，可及也。」韓厥曰：「不可以再辱國君。」乃止。郤至從鄭伯，其右茀翰胡曰：「諜輅之，余從之乘而俘以下。」郤至曰：「傷國君有刑。」亦止。石首曰：「衛懿公唯不去其旗，是以敗于熒。」乃内旌于弢中。唐苟謂石首曰：「子在君側，敗者壹大，我不如子，子當以君免，我請止。」乃死。

楚師薄于險，叔山冉謂養由基曰：「雖君有命，爲國故，子必射。」乃射，再發，盡殪。叔山冉搏人以投，中車，折軾。晋師乃止。囚楚公子茷。欒鍼見子重之旌，請曰：「楚人謂夫旌，子重之麾也。彼其子重也。日臣之使于楚也，子重問晋國之勇，臣對曰：『好以衆整。』曰：『又何如？』臣對曰：『好以暇。』今兩國治戎，行人不使，不可謂整。臨事而食言，不可謂暇。請攝飲焉。」公許之。使行人執榼承飲，造于子重，曰：「寡君乏使，使鍼御持矛，是以不得犒從者，使某攝飲。」子重曰：「夫子嘗與吾言于楚，必是故也，不亦識乎？」受而飲之，免使者而復鼓。

旦而戰，見星未已。子反命軍吏察夷傷，補卒乘，繕甲兵，展車馬，鷄鳴而食，唯命是聽。晋人患之。苗賁皇徇曰：「蒐乘補卒，秣馬利兵，修陳固列，蓐食申禱，明日復戰。」乃逸楚囚。王聞之，召子反謀，穀陽豎獻飲于子反，子反醉而不能見王，曰：「天敗楚也。夫余不可以待。」乃宵遁。晋入楚軍，三日穀。范文子立于戎馬之前曰：「君幼，諸臣不佞，何以及此？君其戒之。周書曰：『惟命不于常。』有德之謂。」

晋侯使郤至獻楚捷于周。楚師還，及瑕。王使謂子反曰：「先大夫之覆師徒者，君不在。子無以爲過，不穀之罪也。」子反再拜稽首曰：「君賜臣死，死且不朽。臣之卒實奔，臣之罪也。」子重使謂子反曰：「初隕師徒者，而亦聞之矣，盍圖之？」對曰：「雖微先大夫有之，大夫命側，側敢不義？側亡君師，敢忘其死。」王使止之，弗及而卒。

范文子反自鄢陵，使其祝宗祈死曰：「君驕侈而克敵，是天益其疾也。難將作矣。愛我者，惟祝我，使我速死，無及于難，范氏之福也。」

謝氏曰：「鄢陵之戰，楚師輕窕，而鄭成恃楚敵晋，故楚子、鄭師敗績。楚子傷目而退，故敗不言師，舉重也。鄭伯反覆違盟，叛晋即楚，其罪在所討矣。厲公不能明大義以行伐，務以攻戰爲心，故以晋侯主戰。」

胡氏曰：「當是時，兩軍相抗，未有勝負之形。晋之捷也，亦幸焉爾。楚師雖敗，其勢益張，晋遂怠矣。卒有欒氏之譖而誅三郤，國内大亂，聖人備書，以見行事之深切著明也。」

小東萊吕氏曰：「鄢陵之戰，以兵家曲直論之，楚新與晋盟而背之用師，是晋直楚曲，勝敗之勢，顯然可見。晋元帥憤然興師，郤欲討楚，獨范文子不欲戰，曰：『若逞吾願，諸侯皆叛，晋可以逞。』及臨陣，又曰：『惟聖人能内外無患，自非聖人，外寧必有内憂。』欒書之徒，徒能外觀晋、楚之曲直，不能内察其君之昏明，惟知背盟棄好，討之必勝，不知厲公驕縱，遂致滅亡。大抵天下之事，有當作而不作，惟知義之君子能隨時輕重權衡，隆殺而不失其宜。今以一時之事觀之，如射共王中目，見楚之大敗，晋師三日館穀，見晋之大勝。然楚大敗之後，君臣戒懼，兢兢守國，終始保全。厲公一勝之後，殺郤錡、郤犨、郤至，又欲殺欒書、中行偃，君臣相賊。文子雖見之明，憂之深，立于戎馬之前而言之，其拳拳之忠，懇懇之意，可謂深切，而終不救厲公之驕，至使祝宗祈死，但以不及見禍爲幸，文子之志固亦可哀矣。然亦有可責者，蓋文子雖有區區之意，養未充于己，信未孚于人，威望不足以壓群臣，是以終無所濟，處于衆邪之間，事窮計迫，徒欲避禍而死耳。使其加之講學，而無憤争之禍，必將見幾而作，或出或處，不至于臨事徒欲速死也。有志之士，規模狹小者，可不戒哉？」

家氏曰：「是時，楚共叛盟，空國以出，俾鄭人侵宋，以致晉師。晉若不出，宋將無以自存，楚師長驅而來，晉、衛諸國皆從風而靡，中國之存亡安危未可知也。故鄢陵一勝，關係甚重，而晉厲公者，量褊不宏〔一〕，志得旋驕，反以是速其死，良可惜夫。嗚呼！城濮之戰，文公勝而益懼，懼而增修其德，故以是霸。鄢陵之戰，厲公勝而益驕，驕而務逞其志，故以是亡。觀乎百年二大戰，或以之興，或以之亡，有國家者知所警矣。」

【經】秋，公會晉侯、齊侯、衛侯、宋華元、邾人于沙隨，不見公。

戰之日，齊國佐、高無咎至于師，衛侯出于衛，公出于壞隤。宣伯通于穆姜，欲去季、孟，而取其室。將行，穆姜送公而使逐二子。公以晉難告，曰：「請反而聽命。」姜怒。公子偃、公子鉏趨過，指之曰：「女不可，是皆君也。」公待于壞隤。申宫儆備，設守而後行。是以後。使孟獻子守于公宫。

〔一〕「宏」，四庫本作「晋」。

秋，會于沙隨，謀伐鄭也。宣伯使告郤犨曰：「魯侯待于壞隤以待勝者。」郤犨將新軍，且爲公族大夫，以主東諸侯。取貨于宣伯，而訴公于晋侯，晋侯不見公。

高氏曰：「鄢陵之戰，晋獨敗之，諸侯之師皆未至，蓋非特魯而已。」

胡氏曰：「臣子之于君父，揚其美，不揚其惡，爲尊者諱，爲親者諱，禮也。聖人假魯史以示王法。其于魯事，有君臣之義。故臣弑君，則書薨；易地，則書假；滅國，則書取；出奔，則書遜；屈己以與强國之大夫盟，則書及；叛盟失信而莫適守，則没公而書會。凡此類，雖不没其實，示天下之公，必隱避其辭以存臣子之禮，然則沙隨之會，晋不見公，是魯侯之大辱，深可耻焉者矣。曷爲直書其事而不諱乎？曰，春秋伸道不伸邪，榮義不榮勢，正己而無恤乎人，以仁禮存心而不憂横逆之至者也。沙隨之至，魯有内難，師出後期，所當恤者，晋人聽叔孫僑如之譖，怒公而不見，曲在晋矣，魯侯自反，非有背仁棄禮、不忠之咎也，于公何歉乎？」

【經】公至自會。

【經】公會尹子、晋侯、齊國佐、邾人伐鄭。

七月，公會尹武公及諸侯伐鄭。將行，姜又命公如初。公又申守而行。諸侯之師次于鄭西，我師次于督揚，不敢過鄭。子叔聲伯使叔孫豹請逆于晋師。爲食于鄭郊。師逆以至，聲伯四日不食以待之，食使者而後食。

諸侯遷于制田，知武子佐下軍。諸侯之師侵陳，至于鳴鹿，遂侵蔡。未反，諸侯遷于潁上。戊午，鄭子罕宵軍之，宋、齊、衛皆失軍。

高氏曰：「楚師既敗，而鄭猶不服，見晉政之不懌于人矣。」

陳氏曰：「會伐未有書王人者，此其書尹子，初以王卿士與伐也。陽處父之救江也，王叔桓公不書，雖前年伐秦之役，劉子、成子猶不書也。于是厲公恣矣，初以尹子與齊國佐、邾人序，甚矣，厲公之無道也。」

家氏曰：「尹子、單子，三以伐鄭出，皆與諸侯序，譏晉人數勤天子之老，輕用王師，亦譏王朝公卿不當爲霸討而數出也。」

【經】曹伯歸自京師。

曹人請于晉曰：「自我先君宣公即世，國人曰：『若之何憂猶未弭？』而又討我寡君，以亡曹國社稷之鎮公子，是大泯曹也，先君無乃有罪乎？若有罪，則君列諸會矣。君唯不遺德刑，以伯諸侯，豈獨遺諸敝邑，敢私布之。」

曹人復請于晉，晉侯謂子臧：「反，吾歸而君。」子臧反，曹伯歸。子臧盡致其邑與卿而不出。

謝氏曰：「成公身負不可容之大罪，晉侯執歸京師，方伯之義也，天王不加大刑，使之復國，失順天討逆之道矣。故曹伯之歸也，爵而不書，以明天王不絶其位也。書自京師，以明天王釋亂容逆也。蔡季賴陳以歸，衛侯賴楚以歸，故蔡書自陳歸，蔡、衛書自楚歸衛。曹伯非有所賴也，天王赦之而已，故曹書歸自京師。曹伯雖在京師，王不加絶，非失國也，故書伯歸，不書國。」

胡氏曰：「善不蒙賞，惡不即刑，以堯爲君，舜爲臣，雖得天下，不能一朝居也。負芻殺世子而自立，不能因晉之執，置諸刑典，而使復國，則無以爲天下之共主矣。」

愚謂：節者，制其事宜，使之不失乎中者也。故于禮曰節文，于財曰節用，于行曰節義，于軍曰節制，而事之合宜者，謂之中節。聖人之贊易于節之彖曰：『天地節而四時成。』于節之象曰：『君子以制數度，議德行。』聖達節，則自然而合乎此。賢守節，則固執而不敢失乎此也。夫豈拘拘譾譾，循常守故，若子臧之爲而後謂之節哉？子臧之于節，猶尾生白公之于信也。豈惟不能制亂，適以生亂耳。蓋由其資質雖美而不知學，故其見道未明，擇義未精，以至于此。按曹伯廬卒于師，公子負芻殺大子而自立。子臧，曹之鎮國賢公子，所宜上告天王，下告方伯，如孔子之沐浴而朝，顧乃舍此不舉，已爲失節，及諸侯執負芻歸之京師，將見子臧于王而立之，使子臧從諸侯之請，填撫其民，以安社稷，則罪人斯得，負芻自然無所逃于其誅，猶未晚也，而乃區區守匹夫之末節，出而奔宋，坐視宗國禍亂，養之以至于成，然後復國，以待負芻之歸，然則使負芻幸免復君，曹國三綱五常爲之掃地，是果誰之罪哉？聖人書曹伯歸自京師，固可以見天王之釋有罪，亦可以見曹國之無人矣。

【經】九月，晉人執季孫行父，舍之于苕丘。

宣伯使告郤犨曰：「魯之有季、孟，猶晉之有欒、范也。政令于是乎成，今其謀曰：『晉政多門，不可從也。寧事齊、楚，有亡而已，蔑從晋矣。』若欲得志于魯，請止行父而殺之，我斃蔑矣而事晋，蔑有貳矣。魯不貳，小國必睦。不然，歸必叛矣。」九月，晋人執季孫文子于苕丘。

某氏曰：「此晋之恶也，故貶而人之。」

謝氏曰：「行父，吾國股肱之臣也。執而舍之苕丘，幽之，使不得通也。公之會沙隨也，晋侯不見公，公之會伐鄭也，晋人執行父，魯以一出師後期，君則黜而不得進，卿則閉而不得通，晋之逼辱魯國甚矣。書不見書執、書舍，累其恶而罪之。」

【經】冬，十有一月〔一〕，乙亥，叔孫僑如出奔齊。

公還，待于鄆，使子叔聲伯請季孫于晋，郤犫曰：「苟去仲孫蔑而止季孫行父，吾與子國，親于公室。」對曰：「僑如之情，子必聞之矣。若去蔑與行父，是大棄魯國而罪寡君也。若猶不棄，而惠徼周公之福，使寡君得事晋君，則夫二人者，魯國社稷之臣也。若朝亡之，魯必夕亡。以魯之密邇仇讎，亡而爲讎，治之何及？」郤犫曰：「吾爲子請邑。」對曰：「嬰齊，魯之常隸也，敢介大國以求厚焉。承寡君之命以請，若得所請，吾子之賜多矣。又何求？」范文子謂欒武子曰：「季孫于魯，相二君矣。妾不衣帛，馬不食粟，可不謂忠乎？信讒慝而棄忠良，若諸侯何？子叔嬰齊奉君命無私，謀國家不二，圖其身不忘

〔一〕「十有一月」，四庫本作「十月」。

其君，若虛所請，是棄善人也，子其圖之。」乃許魯平，赦季孫。冬，十月，出叔孫僑如而盟之。僑如奔齊。

杜氏曰：「公未歸命，國人逐之。」

【經】十有二月，乙丑，季孫行父及晉郤犨盟于扈。

高郵孫氏曰：「行父見執于苕丘，于是始盟而釋之，不書釋而書晉大夫與之盟，則釋之可知矣。」

【經】公至自會。

高氏曰：「沙隨之會，既不見公，伐鄭之會又不得與，而國之宗卿于是見執，公彷徨于外，以求自明于晉，僅能使僑如見逐，季孫受盟，而公免難焉。方秋而出，盡冬而歸，始以伐鄭出會，而不得與乎其事，君辱臣執，國之深耻也。及公之歸，不可以伐鄭至，故託曰至自會，以見其不果與伐鄭也。」

【經】乙酉，刺公子偃。

十二月，季孫及郤犨盟于扈。歸，刺公子偃，召叔孫豹于齊而立之。

杜氏曰：「偃與鉏俱爲姜所指，而獨殺偃，偃與謀。」

陸氏曰：「偃直書刺者，有罪不當赦也。」

陳氏曰：「刺公子偃，殺有罪之辭也。公子買戍衛，不卒戍，刺之，殺無罪之辭也。」

【經】十有七年，春，衛北宫括帥師侵鄭。

鄭子駟侵晋虚、滑，衛北宫括救晋，侵鄭，至于高氏。

【經】夏，公會尹子、單子、晋侯、齊侯、宋公、衛侯、曹伯、邾人伐鄭。

夏五月，鄭大子髡頑、侯獳爲質于楚。楚公子成、公子寅戍鄭。公會尹武公、單襄公及諸侯伐鄭，自戲童至于曲洧。

師氏曰：「晋之伐鄭，至于再三，以天子一卿爲未足，乃使單子同尹子以行，而鄭終不服。昔齊桓之時，鄭嘗不服，齊伐之一再，至洮之盟，齊侯方盟諸侯，而鄭伯自來乞盟。暨晋文主盟，陳嘗不服，乃敗楚之後，晋方會諸侯盟于踐土，陳侯則自來如會。此無他，齊桓、晋文先有攘楚之威，足以服陳、鄭之心，故二國之君所以不敢從楚而來乞盟、如會，皆出于自然，不可後也，與今晋侯之伐鄭，豈不萬萬相遠乎？書之用見天王與盟主皆無足畏矣。」

【經】六月，乙酉，同盟于柯陵。

尋戚之盟也。楚子重救鄭，師于首止，諸侯還。

陸氏曰：「不重言諸侯，譏尹子、單子與盟，尊周也。柯盟之會，尹子、單子始與諸侯之盟，自是習以爲常，非禮也。」

陳氏曰：「書同盟，其尹子之盟歟？抑厲公之盟歟？莫適爲主之辭也。」

薛氏曰：「前此征伐，未嘗出王官也，未嘗盟卿士也，去年王官出，今年卿士盟，三伐鄭而鄭不至，無益于事，徒以爲亂而已，尹、單俱會于外，王政之不一也。」

【經】秋，公至自會。

【經】齊高無咎出奔莒。

齊慶克通于聲孟子，與婦人蒙衣乘輦而入于閎。鮑牽見之，以告國武子。武子召慶克而謂之。慶克久不出，而告夫人曰：「國子謫我。」夫人怒。國子相靈公以會，高、鮑處守。及還，將至，閉門而索客，孟子訴之曰：「高、鮑將不納君而立公子角，國子知之。」秋，七月，壬寅，刖鮑牽而逐高無咎。無咎奔莒。高弱以盧叛。齊人來召鮑國而立之。

許氏曰：「齊靈不公其聽，自沈帷牆，奔其世臣，以長禍亂。」

【經】九月，辛丑，用郊。

公羊氏曰：「用者，不宜用也。九月，非所用郊也。」

高氏曰：「魯自每歲僭郊之後，聖人以爲常事不書也。其書之者，或因卜不從，或因牛傷死有變，則書耳。今無他變故而書之者，以其自出己意，非時之郊，而不知卜，遂不疑而用之，是無天也。其不宜用，未有甚于此者，故特書用。」

愚謂：僭者，亂之階也。魯託以成王之賜，僭用郊禘之禮，末流之獘至于作兩觀，乘大輅，車服器用一與天子無異，其僭竊之罪，奚以賢于吴、楚之君哉？然則天子之事，魯僭其器，吴、楚僭其名，其爲僭王，則一也。當時不知罪者，以爲成王之命故也。及春秋之作也，夫子又魯人，凡魯之恶，必須爲尊者諱，又不得而加貶斥焉，然寧〔一〕微意寓于其間乎？蓋讀者未之察耳。夫郊禘既以爲常事而不勝書，失禮之中又失禮焉，則書之。自僖三十一年至成十年，皆不成郊，聖人無以寓其意。至十七年，九月，辛丑，郊，乃始書曰『用郊』，以見其譏焉。用者，不宜用也。蓋以諸侯而用天子之禮也。『用』之一字，所以誅其僭王之罪乎。至定十五年，哀元年，只書郊而不書用者，從同同也。嗚呼！魯君僭用天子禮樂，季氏遂舞八佾，三家以雍徹，陪臣執國命，徒啟臣下僭竊以危其國，以滅其身，至于孫齊，入于陽州，寓于乾侯，死于境外，雖有天子儀衛，亦何以震讋奸臣之心，而保全魯君之身哉？後世不安分義而僭竊名器者，亦可以爲戒矣。

【經】晋侯使荀罃來乞師。

師氏曰：「晋請命于天子，主單子而受其節制，是宜糾合諸侯之師，同心協力，以尊王命，奉辭以往，無

〔一〕「然寧」，四庫本作「寧無」。

敢或後可也。乃使大夫乞師于魯耶！以盟主而乞師，已爲屈辱，况奉天子之辭以伐有罪。以王卿主伐，乃言乞師，其卑王室以寵諸侯也甚矣。夫欲仗天子之威靈以討叛伐貳，而乃先爲此卑辱，欲望鄭畏威，得乎？」

【經】冬，公會單子、晋侯、宋公、衛侯、曹伯、齊人、邾人伐鄭。

諸侯伐鄭。十月，庚午，圍鄭。楚公子申救鄭，師于汝上。十一月，諸侯還。

謝氏曰：「以蕞爾之鄭，晋以王命，三合諸侯出伐而不能服，以强楚爲之援也。鄭大子爲質于楚，楚公子成戍鄭。夏之伐鄭，楚子重師于首止，而諸侯還。冬之伐鄭，楚公子申師于汝上，而諸侯還。然則諸侯伐鄭，不若先楚之爲利也，能若齊桓修政事，輯人民，和邦國，以王命伐楚而攘之，則鄭不待干戈及境而求服矣。諸侯比年伐鄭，秋起兵，冬而息，夏起兵，秋而息，冬起兵，十有一月而息，内外疲苦甚矣。孔子所謂，吾恐季孫之憂不在顓臾而在蕭牆之内也。」

【經】十有一月，公至自伐鄭。

【經】壬申，公孫嬰齊卒于貍脤。

臨江劉氏曰：「十一月無壬申，其以壬申卒之何？春秋故史也，有所不革。子曰：『其事則齊桓、晋文，其文則史，其義則某竊取之矣。』」

蘇氏曰：「嬰齊從于伐鄭，還而道卒。大夫卒，不地。其地，在外也。」

【經】十有二月，丁巳，朔，日有食之。

【經】邾子貜且卒。

【經】晉殺其大夫郤錡、郤犨、郤至。

晉厲公侈，多外嬖。反自鄢陵，欲盡去群大夫，而立其左右。胥童以胥克之廢也，怨郤氏，而嬖于厲公。郤錡奪夷陽五田，五亦嬖于厲公。郤犨與長魚矯争田，執而梏之，與其父母、妻子同一轅。既，矯亦嬖于厲公。欒書怨郤至，以其不從己而敗楚師也，欲廢之。使公子茷告公曰：「此戰也，郤至實召寡君。以東師之未至也，與軍帥之不具也，曰：『此必敗。吾因奉孫周以事君。』」公告欒書，書曰：「其有焉。不然，豈其死之不恤，而受敵使乎？君盍嘗使諸周而察之。」郤至聘于周，欒書使孫周見之。公使覘之，信。遂怨郤至。

厲公田，與婦人先殺而飲酒，後使大夫殺。郤至奉豕，寺人孟張〔一〕奪之，郤至射而殺之。公曰：「季子欺余。」厲公將作難，胥童曰：「必先三郤，族大，多怨。去大族，不偪；敵多怨，有庸。」公曰：「然。」郤氏聞之，郤錡欲攻公，曰：「雖死，君必危。」郤至曰：「人所以立，信、知、勇也。信不叛君，知不害民，勇不作亂，失兹三者，其誰與我？死而多怨，將安用之？君實有臣而殺之，其謂君何？我之有罪，吾死後矣。若殺不辜，將失其民，欲安，得乎？待命而已。受君之禄，是以聚黨，有黨而争命，罪孰大焉？」

〔一〕「孟張」，會要本、四庫本皆作「張孟」，據左傳改。

壬申，胥童、夷羊五帥甲八百，將攻郤氏。長魚矯請無用衆，公使清沸魋助之，抽戈結衽，而僞訟者。三郤將謀于榭。矯以戈殺駒伯、苦成叔于其位。温季曰：「逃威也。」遂趨。矯及諸其車，以戈殺之。皆尸諸朝。胥童以甲劫欒書、中行偃于朝，矯曰：「不殺二子，憂必及君。」公曰：「一朝而尸三卿，余不忍益也。」對曰：「人將忍君。臣聞亂在外爲姦，在内爲軌。御姦以德，御軌以刑。不施而殺，不可謂德。臣偪而不討，不可謂刑。德刑不立，姦軌並至。臣請行。」遂出奔狄。公使辭于二子，曰：「寡人有討于郤氏。郤氏既伏其罪矣，大夫無辱，其復職位。」皆再拜稽首曰：「君討有罪，而免臣于死，君之惠也。二臣雖死，敢忘君德。」乃皆歸。公使胥童爲卿。公游于匠麗氏，欒書、中行偃遂執公焉。召士匄，士匄辭。召韓厥，韓厥辭，曰：「昔吾蓄于趙氏，孟姬之讒，吾能違兵。古人有言曰：『殺老牛，莫之敢尸。』而况君乎？二三子不能事君，焉用厥也。」

泰山孫氏曰：「君之卿佐，是謂股肱。厲公不道，一日而殺三卿。此自禍之道也，誰與處矣？故列數之，以著其恶。」

張氏曰：「春秋罪厲公之殺三卿，而卒于自及，其示後世御臣之法至矣。」

家氏曰：「三郤，晋之能臣，嘗有功于其國，其臨敵慮勝，晋諸卿未有能出其右者，藉其有罪，猶當在議功、議能之科，今以左右之浸潤殺之，並及其族。厲之强暴抑亦甚矣，欲無亡，得乎？」

【經】楚人滅舒庸。

舒庸人以楚師之敗也，道吳人圍巢，伐駕，圍釐、虺，遂恃吳而不設備。楚公子橐師襲舒庸，滅之。

薛氏曰：「舒庸、舒蓼、舒鳩之滅，荆舒一于楚矣。」

【經】十有八年，春，王正月，晋殺其大夫胥童。

高氏曰：「胥童謀殺三郤，而晋國遂亂。于是欒書、中行偃先殺胥童，然後弑厲公。或曰：宋督殺孔父而弑殤公，春秋書曰『及其大夫孔父』，書、偃殺胥童而弑厲公而書『晋殺其大夫胥童』，何哉？孔父，忠于殤公者也。胥童，嬖于厲公者也。嬖臣道君爲不道，亡其君以及其身，故春秋兩治之，以爲萬世戒。」

【經】庚申，晋弑其君州蒲。

正月，庚申，晋欒書、中行偃使程滑弑厲公，葬之于翼東門之外，以車一乘。使荀罃、士魴逆周子于京師而立之。生十四年矣，大夫逆于清原，周子曰：「孤始願不及此，雖及此，豈非天乎！抑人之求君，使出命也，立而不從，將安用君？二三子用我今日，否亦今日，共而從君，神之所福也。」對曰：「群臣之願也，敢不唯命是聽。」庚午，盟而入，館于伯子同氏。辛巳，朝于武宫，逐不臣者七人。

二月，乙酉，朔，晋悼公即位于朝，始命百官，施舍、已責，逮鰥寡，振廢滯，匡乏困，救灾患，禁淫慝，薄賦斂，宥罪戾，節器用，時用民，欲無犯時。使魏相、士魴、趙武爲卿，荀家、荀會、欒黶、韓無忌爲公族大夫，使訓卿之子弟，共儉孝弟。使士渥濁爲太傅，使修范武子之法。右行辛爲司空，使修士蔿之法。弁糾御戎，校正屬焉，使訓諸御知義。荀賓爲右，司士屬焉，使訓勇力之士時使。卿無共御，立軍尉以攝之。祁奚爲中軍尉，羊舌職佐之，魏絳爲司馬，張老爲候奄。鐸遏寇爲上軍尉，籍偃爲之司馬，使訓卒乘親以聽命。程鄭爲乘馬御，六騶屬焉，使訓群騶知禮。凡六官之長，皆民譽也，舉不失職，官不易方，爵不踰德，師不陵正，旅〔二〕不偪師，民無謗言，所以復霸也。

穀梁氏曰：「稱國以弒其君，君惡甚矣。」

謝氏曰：「厲公不道，數誅大臣，由此臣下離心，身罹不測，故弒稱國，以明禍發于國也。」

陳氏曰：「楚商臣殺鬥勃而後弒君，晉欒書、中行偃殺胥童而後弒君，春秋不列于孔父，以是爲不能與其君存亡者也。然則書晉殺胥童，不書楚殺鬥勃，何也？書殺胥童以累州蒲也，不書殺鬥勃，不以累頵也。州蒲稱國以殺，而弒頵斥商臣，二君所以異也。

愚按：稱國以弒，其義有二：一則歸惡于遭弒之君，一則歸罪于當國之臣。晉弒其君州蒲〔三〕，此歸惡其君者也。孟子曰：『無罪而殺士，則大夫可以去。』又曰：『君之視臣如犬馬，則臣視君如寇讐。』晉厲公欲盡去群大夫而立其左右，至于一朝而尸三卿，又執欒書、中行偃欲殺之，宜其臣之凛凛不自保，苟非有比干之操

〔二〕「旅」，四庫本作「葬」。
〔三〕「州蒲」，四庫本作「蒲州」。

守，死而不易，有伊尹之德處，變而不疑，則必起而爲亂，以求自免矣。厲公雖欲不死，其可得乎？且弑逆之賊，其罪顯而易見；遭弑之君，其惡晦而難明，故稱國以弑，使人因書之法異，知其所以得弑之由。至于弑逆之賊，則國史具載，不待特書而罪惡著矣。拔本塞源之意也，使後世人君而知此，所以御其臣下者，不失其道，則弑逆之禍，庶幾乎息矣。

【經】齊殺其大夫國佐。

十七年，齊侯使崔杼爲大夫，慶克佐之，帥師圍盧。國佐從諸侯圍鄭，以難請而歸。遂如盧師，殺慶克，以穀叛。齊侯與之盟于徐關而復之。十二月，盧降。使國勝告難于晋，待命于清。

至是，齊爲慶氏之難故。甲申，晦，齊侯使士華免以戈殺國佐于内宫之朝。師逃于夫人之宫，使清人殺國勝，國弱來奔。王湫奔萊。慶封爲大夫，慶佐爲司寇。既，齊侯反國弱，使嗣國氏。

許氏曰：「慶克作慝，濁亂中闈，譖害大臣，不誅、不詰，使國佐無所發其忠，憤起而殺之，顧與俱靡而已，于是因以爲國佐罪，罪累上矣。」

張氏曰：「國佐仕危亂之朝，不能見幾而去，以邑叛君，身死宫闈，非不幸矣。」

家氏曰：「齊靈公不能防閑其母，使之以淫亂著，又受其母之譖而致高、鮑于戮，靈之不君甚矣。而國佐不忍一旦之忿，誅克，據穀以抗其君，專殺之罪猶可言，據穀不得謂之非叛矣，然原其本心，則在于爲其君正家法，而施之無序，以及于此，是可憫也。」

【經】公如晉。

朝嗣君也。

愚按：晉有弑君之賊而不之討，隣國諸侯不思聲罪致伐，而魯君率先朝之，烏在其爲國也！傳稱晉悼復霸之由斯所云云，末矣。

【經】夏，楚子、鄭伯伐宋。宋魚石復入于彭城。

六月，鄭伯侵宋，及曹門外，遂會楚子伐宋，取朝郟。楚子辛、鄭皇辰侵城郜，取幽丘，同伐彭城，納宋魚石、向爲人、鱗朱、向帶、魚府焉，以三百乘戍之而還。宋人患之，西鉏吾曰：「何也？若楚人與吾同惡，以德于我，吾固事之也，不敢貳矣。大國無厭，鄙我猶憾。不然而收吾憎，使贊其政，以閒吾釁，亦吾患也。今將崇諸侯之姦，而披其地，以塞夷庚。逞姦而攜服，毒諸侯而懼吴、晉。吾庸多矣，非吾憂也。且事晉何爲？晉必恤之。」七月，宋老佐、華喜圍彭城，老佐卒焉。

臨江劉氏曰：「伐宋以納魚石，則其不曰納宋魚石于彭城何？不與納也。諸侯失國，諸侯納之，正也，諸侯世也。大夫失位，諸侯納之，非正也，大夫不世也。」

蘇氏曰：「公孫寧、儀行父言納而魚石不言納，蓋楚莊誅陳之罪人，疑若無罪，故書納以正其罪。魚石之書復入，而先言鄭之伐已，著其納亂臣矣，故不言自楚，而特書復入。」

高郵孫氏曰：「魚石奔楚，爲楚卿道，誘楚、鄭以伐宋，楚于是取宋彭城之邑，復魚石于彭城。明年，華元與諸侯之大夫圍宋彭城，已，魚石復入而叛也。然則魚石之仕宋，嘗食邑于彭城。十五年出奔楚。于是藉楚取之而復入焉。書曰復入，明魚石之嘗有彭城也。魚石入彭城，而宋圍之，則是入以叛也。經不曰叛，書楚、鄭伐宋而魚石入，魚石入而宋圍彭城，不待書而義可見也。」

【經】公至自晉，晉侯使士匄來聘。

公至自晉，晉范宣子來聘，且拜朝也。

許氏曰：「公朝始致而聘，使紹至晉悼之下，諸侯速矣，此列國之所以睦，而叛國之所服也。」

高氏曰：「在喪書晉侯，與宣十年書齊侯同義。」

【經】秋，杞伯來朝。

勞公，且問晉故。公以晉君語之，杞伯于是驟朝于晉而請爲婚。

【經】八月，邾子來朝。

即位而來見也。

【經】築鹿囿。

高郵孫氏曰：「春秋興作皆書，雖城池之固，門廐之急，無遺焉。重其德不及民，而徒勞民力也。況耳目之玩，一身之娱哉？」

【經】己丑，公薨于路寢。

【經】冬，楚人、鄭人侵宋。

十一月，楚子重救彭城，伐宋。宋華元如晋告急，韓獻子爲政，曰：「欲求得人，必先勤之。成霸安疆，自宋始矣。」晋侯師于台谷以救宋，遇楚師于靡角之谷。楚師還。

高氏曰：「晋侯救宋，何爲不書？蓋未足爲悼公烈也。春秋之法，存著小善者，不足之辭也。簡棄小善者，有餘之辭也。晋悼之烈，在圍宋彭城，絀楚而服鄭，自楚、鄭徵之而晋崇矣。」

【經】晋侯使士魴來乞師。

晋士魴來乞師。季文子問師數于臧武仲，對曰：「伐鄭之役，知伯實來，下軍之佐也。今彘季亦佐下軍，如伐鄭可也。事大國，無失班爵而加敬焉，禮也。」從之。

許氏曰：「悼公之時，霸業復興，而乞師以救宋，猶遵厲公故事。元年以後，遂無乞師，則召兵而已矣。」

愚謂：成公初薨，嗣子幼弱，斬然在衰絰之中，霸主遣使乞師，豈無他國？略不吾恤，非所以令諸侯也。

【經】十有二月，仲孫蔑會晋侯、宋公、衛侯、邾子、齊崔杼同盟于虚朾。

謀救宋也。宋人辭諸侯而請師以圍彭城。孟獻子請于諸侯而先歸會葬。

高氏曰：「諸侯師至而楚、鄭之師已退，故宋人辭諸侯而請其師以圍彭城，而先爲此盟也。」

謝氏曰：「病恶恤患，諸侯所同欲也。虚朾之盟，諸侯協謀救宋，故書同盟。」

【經】葬我君成公。

春秋闕疑卷二十八（襄公元年—六年）

襄公

公名午，成公之子，簡王十四年即位。謚法：因事有功曰襄，辟土有德曰襄。

【經】元年，春，王正月，公即位。

【經】仲孫蔑會晋欒黶、宋華元、衛甯殖、曹人、莒人、邾人、滕人、薛人圍宋彭城。

于是爲宋討魚石。彭城降晋〔一〕。晋人以宋五大夫在彭城者歸，置諸瓠丘。齊人不會彭城，晋人以爲討。二月，齊太子光爲質于晋。

〔一〕四庫本「彭城」前復有「彭城」二字。

謝氏曰：「楚以兵入魚石于彭城，魚石以彭城附楚，然則彭城已入楚矣。列國之師爲宋討魚石于彭城而圍之。圍彭城書宋，所以明，彭城，宋之分地也。春秋正彭城歸宋以著楚子之罪，則列國之圍彭城，得討國之義矣。」

胡氏曰：「書圍彭城，魯史之舊文也。曰圍宋彭城者，仲尼親筆也。楚已取彭城，封魚石，戍之三百乘矣。則曷爲繫之宋？楚不得取之，宋魚石不得受之。楚雖專其地，君子不登叛人，所以正疆域，固封守，謹王度也。」

高氏曰：「魚石既奔夷狄[一]，復藉夷狄[二]之力自伐其國，宋不能討，而晉悼合諸侯大夫共圍討之。春秋以來，諸侯自相侵伐，推而言之，孟子所謂彼善于此也。」

【經】夏，晉韓厥帥師伐鄭，仲孫蔑會齊崔杼、曹人、邾人、杞人，次于鄫。

夏，五月，晉韓厥、荀偃帥諸侯之師伐鄭，入其郛，敗其徒兵于洧上。于是東諸侯之師次于鄫，以待晉師。晉師自鄭以鄫之師侵楚焦、夷及陳，晉侯、衛侯次于戚以爲之援。

高氏曰：「彭城之圍既解，而晉遂以西諸侯之師伐鄭，故但書韓厥帥師而已。韓厥已足以當鄭，故使東諸

[一]「夷狄」，四庫本作「召鄢」。

[二]「夷狄」，四庫本作「召鄢」。

侯之師次于鄫以震鄭心，且備楚師之出。」

謝氏曰：「韓厥伐鄭，列國大夫出次于鄫，備楚而爲晉援，然則諸侯惡鄭可知矣。」

【經】秋，楚公子壬夫帥師侵宋。

楚子辛救鄭，侵宋吕、留。鄭子然侵宋，取犬丘。

胡氏曰：「楚子辛救鄭而經不書者，鄭本爲楚，以其君之故，親集矢于目，是以與楚而不二也。棄中國，從蠻夷[二]，不能以大義裁之，惟私欲之從，則鄭無可救之善，楚不得有能救之名，經所以削而不言救也。」

【經】九月，辛酉，天王崩。

【經】邾子來朝。

愚按：襄公時方四歲，且在衰絰之中，邾子之來，因其父喪而吊之可也。朝之，豈其時乎？非惟不可以朝禮相接，蓋不能也，況不奔天王之喪，而朝隣國之君，亦可謂不知務矣。

【經】冬，衛侯使公孫剽來聘。晉侯使荀罃來聘。

胡氏曰：「簡王崩，赴告已及藏在諸侯之策矣，則宜以所聞先後而奔喪。今邾、衛、晉方來修朝聘之事，

[二]「從蠻夷」，四庫本作「而從楚」。

于王喪若越人視秦人之肥瘠，曾不與焉，此何禮乎？」

泰山孫氏曰：「天王崩，邾子來朝，衛侯使公孫剽來聘，晉侯使荀罃來聘，皆不臣也。」

【經】二年春，王正月，葬簡王。

【經】鄭師伐宋。

楚令也。

【經】夏，五月，庚寅，夫人姜氏薨。

初，穆姜使擇美檟，以自爲櫬與頌琴，季文子取以葬。

【經】六月，庚辰，鄭伯睔卒。

鄭成公疾，子駟請息肩于晉。公曰：「楚君以鄭故，親集矢于其目，非異人任，寡人也。若背之，是棄力與言，其誰暱我？免寡人，唯二三子。」鄭伯睔卒。于是子罕當國，子駟爲政，子國爲司馬。

【經】晉師、宋師、衛甯殖侵鄭。

諸大夫欲從晉。子駟曰：「官命未改。」

高郵孫氏曰：「晉、宋稱師，將卑師衆也。甯殖稱名，將尊師少也。」

家氏曰：「伐喪，春秋之所甚惡也。他人伐喪，猶欲盟主仗義以正之，而況爲盟主而伐人之喪乎？或謂晉欲得鄭，固無問其伐喪，此以後世權謀智詐而律春秋矣。」

愚謂：三年無改于父之道，如其非道，何待三年？鄭成公背華即夷〔一〕，天下之所共棄，今而易世，諸侯之師臨乎境上，正鄭去夷就華之機也。諸大夫欲從晉，子駟乃以官命未改而遂其非，子駟固爲罪首，諸大夫見善不明，守正不固，卒從子駟之言，以勤諸侯之師，益重鄭伯之過，亦不爲無罪也。

【經】秋，七月，仲孫蔑會晉荀罃、宋華元、衛孫林父、曹人、邾人于戚。

謀鄭故也。孟獻子曰：「請城虎牢以偪鄭。」知武子曰：「善。鄫之會，吾子聞崔子之言，今不來矣。滕、薛、小邾之不至，皆齊故也。寡君之憂，不唯鄭。罃將復于寡君，而請于齊，得請而告，吾子之功也。若不得請，事將在齊。吾子之請，諸侯之福也，豈唯寡君賴之？」

【經】己丑，葬我小君齊姜。

【經】叔孫豹如宋。

通嗣君也。

【經】冬，仲孫蔑會晉荀罃、齊崔杼、宋華元、衛孫林父、曹人、邾人、滕人、薛

〔一〕「背華即夷」，四庫本作「背晉即楚」。

人、小邾人于戚，遂城虎牢。

冬，復會于戚，齊崔武子及滕、薛、小邾之大夫皆會，知武子之言故也。遂城虎牢，鄭人乃成。

高郵孫氏曰：「虎牢，鄭拒楚之邑而僻險之地。諸侯患楚之侵陵其國，于是使其大夫會而城之。虎牢，鄭地，經不繫之鄭者，蓋諸侯將以安中國，推公心，與天下共之，非一己之私，故但曰城虎牢，明非私有而取之也。」

張氏洽曰：「虎牢，所以不繫鄭者，鄭背華即夷〔一〕，黨楚爲中國患，悼公動天下之諸侯以討之，而負固自善，故從孟獻子之謀，城其巖邑以制之，以伯主討不服之國，地非鄭之所可私，此春秋明王制，以示予奪之正也。」

趙氏曰：「晉、楚争鄭五十年，乍叛、乍服，今晉率十國之大夫取其巖邑，城之，故雞澤之盟不伐，自至天下無兵車者六年。」

愚按：遂者，繼事之辭，會畢而城之也。蓋前會于戚，孟獻子已有是謀，知武子善之而未敢專也。謂孟獻子曰：「將復于寡君，而請于齊，得請而告，吾子之功也，若不得請，事將在齊。」于是歸而告于晉侯，言之于齊崔杼，又帥諸小國而爲此，故再會于戚，遂舉是役，非大夫之專事也。

〔一〕「背華即夷」，四庫本作「去順効逆」。

【經】楚殺其大夫公子申。

楚公子申爲右司馬，多受小國之賂，以偪子重、子辛，楚人殺之。

許氏曰：「嬰齊、壬夫躬執楚政，悪申之偪，以故殺之，故稱國焉，罪累上也。」

【經】三年，春，楚公子嬰齊帥師伐吴。

楚子重伐吴，爲簡之師，克鳩兹，至于衡山。使鄧廖帥組甲三百被練三千以侵吴，吴人要而擊之，獲鄧廖，其能免者組甲八十，被練三百而已。子重歸，既飲至三日。吴人伐楚，取駕。駕，良邑也。鄧廖亦楚之良也。君子謂：「子重于[一]是役也，所獲不如所亡。」楚人以是咎子重。子重病之，遂遇心疾而卒。

家氏曰：「吴、楚交兵久矣，春秋不書。至是始書，此著夷狄[二]迭爲盛衰，中國安危存亡俱係此。楚自成、穆始憑陵諸夏，至于莊而焰益熾。晋之霸業至是乃衰，幸而吴日以大，爲楚内梗，諸夏得以小康，以吴故也。晋悼公之興，適當斯時，以服鄭而楚不敢争者，非畏晋也，以吴人之議其後也。」

陳氏曰：「楚伐吴，吴人伐楚，取駕，則其但書伐吴何？春秋于晋、楚之際嚴矣。于吴、楚未嘗無差等也，是故楚伐吴，悉書之。吴伐楚，必若遏也，門于巢，卒，而後書。」

[一]「于」，四庫本作「曰」。
[二]「夷狄」，四庫本作「吴楚」。

師氏曰：「楚見中國稍衰，屢肆猖獗，及吳師一入其州來，楚乃喪氣于吳者十數年，至此而復命公子嬰齊一帥師以伐吳，終亦無所成功，用知中國爲楚所陵，誠自取也。」

【經】公如晉。夏，四月，壬戌，公及晉侯盟于長樗。公至自晉。

公如晉，始朝也。盟于長樗，孟獻子相。公稽首。知武子曰：「天子在而君辱稽首，寡君懼矣。」孟獻子曰：「以敝邑介在東表，密邇仇讐，寡君將君是望，敢不稽首。」

蘇氏曰：「晉悼公修禮于諸侯，故去其國而與公盟于長樗。」

張氏曰：「孟獻子，魯之賢大夫，尚不知君臣之義，以相其君，所謂不知先立乎其大者。」

【經】六月，公會單子、晉侯、宋公、衛侯、鄭伯、莒子、邾子、齊世子光。己未，同盟于鷄澤。陳侯使袁僑如會。戊寅，叔孫豹及諸侯之大夫及陳袁僑盟。

晉爲鄭服故，且欲修吳好，將合諸侯。使士匄告于齊曰：「寡君使匄，以歲之不易，不虞之不戒，寡君願與一二兄弟相見，以謀不協。」乃盟于耏外。六月，公會單頃公及諸侯。己未，同盟于鷄澤。晉侯使荀會逆吳子于淮上，吳子不至。

楚子辛爲令尹，侵欲于小國，陳成公使袁僑如會求成，晉侯使和組父告于諸侯。秋，叔孫豹及諸侯之大夫及陳袁僑盟，陳請服也。

程子曰：「楚强，諸侯皆畏之而修盟，故書同。」

謝氏曰：「自鄭背戚盟，列國凡四伐鄭，再侵鄭，不能制鄭而服之。及城虎牢，然後鄭國恐懼，而從鷄澤之會。陳雖與楚，成公不待徵召，亦遣大夫如會從盟。書陳袁僑如會，以明中國威力之盛也。諸侯能以義服鄭，如城虎牢，則疑貳之國，安有不服者哉？」

張氏曰：「晋悼公始合諸侯，尊王室而盟單子，與桓公首止、葵丘異矣，故書諸侯會而已未同盟于鷄澤，所以譏其儕王官于諸侯，其事不足揚，故不再言鷄澤。」

家氏曰：「是會，鄭服而陳亦來，會之盛者也。而其失有二：盟王人也，盟大夫也。盟大夫，大夫張也。盟王人，諸侯僭也。故雖盛會而有貶辭，諸侯盟于鷄澤，既盟而陳侯使袁僑如會，受而禮之，需其君至而及之盟，雖後會可也。乃以一袁僑之故，命諸侯之大夫别爲之盟，君盟于前，臣盟于後，不足以結。袁僑實開大夫伉君之漸。穀梁謂：『鷄澤之盟，大夫張，諸侯始失正。』得經意矣。」

東萊吕氏曰：「諸侯已盟，大夫無所用盟。今以袁僑故，叔孫豹及諸侯之大夫盟，是政在大夫也。至于溴梁之會，則曰『戊寅大夫盟』，又無故而然也，言大夫浸强也。至宋之會，則大夫自盟而諸侯不往矣，言君臣之失其所也。」

【經】秋，公至自會。

【經】冬，晋荀罃帥師伐許。

許靈公事楚，不會于鷄澤。冬，晋知武子伐許。

張氏曰：「荀罃偶見陳人之服，不能輔悼公益修德以保陳，陳固則許自至，而遽興師以問罪于許，宜其併陳不能保也。」

【經】四年，春，王三月，己酉，陳侯午卒。

三年，楚司馬公子何忌侵陳，陳叛故也。至是，楚師爲陳叛故，猶在繁陽，韓獻子患之，言于朝曰：「文王帥殷之叛國以事紂，唯知時也。今我易之，難哉。」三月，陳成公卒。楚人將伐陳，聞喪乃止。陳人不聽命，臧武仲聞之，曰：「陳不服于楚，必亡。大國行禮焉，而不服，在大猶有咎，而况小乎？」夏，楚彭名侵陳，陳無禮故也。

【經】夏，叔孫豹如晋。

報知武子之聘也。晋侯享之，金奏肆夏之三，不拜。工歌文王之三，又不拜。歌鹿鳴之三，三拜。韓獻子使行人子員問之，曰：「子以君命辱于敝邑，先君之禮，藉之以樂，以辱吾子。吾子舍其大而重拜其細，敢問何禮也？」對曰：「三夏，天子所以享元侯也，使臣弗敢與聞。文王，兩君相見之樂也，臣不敢及。鹿鳴，君所以嘉寡君也，敢不拜嘉？四牡，君所以勞使臣也，敢不重拜？皇皇者華，君教使臣曰：『必諮于周。』臣聞之：『訪問于善爲咨，咨親爲詢，咨禮爲度，咨事爲諏，咨難爲謀。』臣獲五善，敢不重拜？」

【經】秋，七月，戊子，夫人姒氏薨。

定姒薨，不殯于廟，無櫬，不虞。匠慶謂季文子曰：「子爲正卿，而小君之喪不成，不終君也。君長，誰受其咎？」初，季孫爲己樹六檟于蒲圃東門之外。匠慶請木。季孫曰：「略。」匠慶用蒲圃之檟，季孫不御。

杜氏曰：「成公妾，襄公母。」

家氏曰：「自齊姜卒而定姒始僭夫人之稱，先君夫人一而已矣。春秋既于前年書夫人姜氏薨，葬我小君齊姜，今復書夫人姒氏薨，葬我小君定姒，以明成公廟有兩夫人，著襄躋妾母配先君之罪，不加貶而義自見矣。」

【經】葬陳成公。

【經】八月，辛亥，葬我小君定姒。

許氏曰：「傳載季文子欲不以夫人禮葬定姒，志復古也，而不得已于人言，卒夫人之。觀此踰月而葬，蓋禮略也。」

【經】冬，公如晉。

公如晉聽政，晉侯享公，公請屬鄫，晉侯不許。孟獻子曰：「以寡君之密邇于仇讎，而願固事君，無失官命。鄫無賦于司馬，爲執事朝夕之命敝邑，敝邑褊小，闕而爲罪，寡君是以願借助焉。」晉侯許之。

冬，十月，邾人、莒人伐鄫。臧紇救鄫，侵邾，敗于狐駘。國人逆喪者皆髽。魯于是乎始髽。國人誦之曰：「臧之狐裘，敗我于狐駘。我君小子，侏儒是使。侏儒！侏儒！使我敗于邾。」

【經】陳人圍頓。

楚人使頓閒陳而侵伐之，故陳人圍頓。

高氏曰：「自僖二十五年，楚人圍陳納頓子于頓，陳侯畏楚而不敢討，頓子恃楚而不事陳。今陳復從中國，而頓爲楚閒，故圍之，自鷄澤之會而書伐許、圍頓，著晋興而楚絀也。」

【經】五年，春，公至自晋。

【經】夏，鄭伯使公子發來聘。

通嗣君也。

【經】叔孫豹、鄫世子巫如晋。

穆叔覲鄫大子于晋，以成屬鄫。

臨江劉氏曰：「此鄫世子巫也，曷爲與叔孫豹如晋？鄫請于魯，爲之附庸，故相與往見于晋也。鄫曷爲附庸于魯？鄫不勝莒、魯之患，求爲附庸以自定，諸侯死社稷，正也。不能守其國，以卑其宗廟，鄫失正矣。天子建附庸，非天子命而魯私有之，魯失正矣。臣不能以矯其君，子不能以正其父，故曰『叔孫豹、鄫世子巫如晉』，猶吾大夫然，交譏之。」

【經】仲孫蔑、衛孫林父會吴于善道。

吴子使壽越如晉，辭不會于鷄澤之故，且請聽諸侯之好。晉人將爲之合諸侯，使魯、衛先會吴，且告會期，故孟獻子、孫文子會吴于善道。

高氏曰：「晉人將爲吴合諸侯，故使魯、衛先與吴會，且告會期。二國俱受命于晉，故不言『及』，吴先在善道，而二國大夫往會之，故曰『會吴』。方是時，晉、楚争衡，權之在吴，故晉急吴如此。」

張氏曰：「悼公初立，風聲所及，遠人慕之，故吴有志于親中國，辭謝鷄澤之不會而請聽後會之期悼。公告以會戚之期，而聽其自來足矣。至使魯、衛特往會之，則是以中國大邦而爲蠻夷屈，此二大夫會吴之所以特書也。」

【經】秋，大雩。

【經】楚殺其大夫公子壬夫。

楚人討陳叛故，曰：「由令尹子辛實侵欲焉。」乃殺之。

臨江劉氏曰：「壬夫之累上，奈何？前此，陳、鄭去楚即晉，楚人伐之，不服。媾之，不可。楚子怒，曰：『壬夫實侵欲焉。』乃殺之。是遷也。然則壬夫之罪何？壬夫之爲人臣也，怙勢而懷利，足以殺其身而已矣。」

家氏曰：「前日殺公子申，曰『多受小國之賂』，今日殺公子壬夫，又以侵欲于陳而使之叛，楚猶有政，二大夫不得爲無罪，但連歲殺大夫，用刑過慘，春秋不與也。故皆稱國以殺，乃若晉景之殺同、括，晉厲之殺三郤，皆爲讒邪所陷而殺，殺雖多而晉國日趨于削，殺非其罪也，夷之用刑慘而國猶能强，豈非權出于上，猶有辭于殺歟。」

【經】公會晉侯、宋公、陳侯、衛侯、鄭伯、曹伯、莒子、邾子、滕子、薛伯、齊世子光、吴人、鄫人于戚。

九月，丙午，盟于戚，會吴，且命戍陳也。穆叔以屬鄫爲不利，使鄫大夫聽命于會。

胡氏曰：「吴何以稱人？吴子使壽越如晉，請聽諸侯之好，晉人將爲之合諸侯，使魯、衛大夫會吴于善道，且告會期，然則戚之事乃吴人來會不爲主也。來會諸侯而不爲主，則進而稱人，諸侯往與之會而主吴，則貶而稱國，聖人之情見矣。春秋之義明矣。」

高氏曰：「吴亦夷狄也〔二〕，而中國諸侯與之會者，爲其能病楚也。殊不知彼能病楚，則亦能病中國也。觀吴自敗楚之後，伐齊、伐魯、伐衛、伐陳以至與晉争盟，則其病中國可知矣。按傳，戚蓋盟而經不書者，殷會

〔二〕「吴亦夷狄也」，四庫本作「吴與楚類也」。

之盟春秋所重，而夷狄〔二〕參焉，没而不志，所以崇中國也。」

【經】公至自會。

【經】冬，戍陳。

公羊曰：「孰戍之？諸侯戍之。曷爲不言諸侯？戍之，離至，不可得而序，故言我也。」

陳氏曰：「戍不書，晉悼公之戍陳、鄭也，特書之，君子以悼公之霸業，桓文之所不屑爲也，桓公不戰而屈楚，文公戰而屈楚，悼公通吴以制楚矣，會于戚、于向、于柤，皆東境也，而又戍陳、鄭以守之，楚誠强而晉亦誠下策矣。」

【經】楚公子貞帥師伐陳。公會晉侯、宋公、衛侯、鄭伯、曹伯、齊世子光救陳。

楚子囊爲令尹，范宣子曰：「我喪陳矣。楚人討貳而立子囊，必改行而疾討陳。陳近于楚，民朝夕急，能無往乎？有陳，非吾事也，無之而後可。」冬，諸侯戍陳。子囊伐陳。十一月，甲午，會于城棣以救陳。

謝氏曰：「戚之會，諸侯受盟于晉矣。今也，夷狄〔三〕犯陳而晉率諸侯救之，中國之義也。書救陳，善之也。」

〔二〕「夷狄」，四庫本作「偕聘」。
〔三〕「夷狄」，四庫本作「楚人」。

【經】十有二月，公至自救陳。

【經】辛未，季孫行父卒。

季文子卒。大夫入斂，公在位。宰庀家器爲葬備，無衣帛之妾，無食粟之馬，無藏金玉，無重器備。君子是以知季文子之忠于公室也。相三君矣，而無私積，可不謂忠乎？

黄氏曰：「行父怨歸父謀去三家，至掃四大夫之兵以攻齊。公子遂弑君立宣，行父再爲之如齊納賂，又帥師城莒之諸、鄆自殖，其爲妾馬金玉也多矣。」

【經】六年，春，王三月，壬午，杞伯姑容卒。

【經】夏，宋華弱來奔。

宋華弱與樂轡少相狎，長相優，又相謗也。子蕩怒，以弓梏華弱于朝。平公見之，曰：「司武而梏于朝，難以勝矣。」遂逐之。夏，宋華弱來奔。司城子罕曰：「同罪異罰，非刑也。專戮于朝，罪孰大焉？」亦逐子蕩。子蕩射子罕之門，曰：「幾日而不我從。」子罕善之如初。

高氏曰：「不言逐而以自奔爲文者，朝廷尚敬而弱瀆如此，所以罪弱也。」

家氏曰：「亦逐樂轡，春秋不書轡奔，著宋公用刑之不能平也。」

【經】秋，葬杞桓公。

【經】滕子來朝。

始朝公也。

【經】莒人滅鄫。

鄫恃賂也。

劉氏權衡曰：「五年，夏，叔孫豹、鄫世子巫如晋，鄫始屬魯也。其秋，穆叔以屬爲不利，使鄫人聽命于會，則魯已辭鄫矣。今鄫之滅，非魯之責也。晋人何以來討？魯已絶鄫，鄫無賦于魯，尚何恃賂而取滅耶？傳言不實。」

胡氏曰：「穀梁子曰：『莒人滅鄫，非滅也。立異姓以莅祭，滅亡之道也。』公羊亦云：『莒女有爲鄫夫人者，蓋欲立其出也。』或曰：『鄫取莒公子爲後，罪在鄫子，不在莒人。春秋應以梁亡之例而書鄫亡，不當但責莒人也。』」

高郵孫氏曰：「立異姓爲後而經遂書滅，不惟于義不足，亦何以爲後訓乎？此蓋莒人因鄫不順立異姓之君而滅之爾，非謂異姓爲君而遂書滅也。公、穀〔二〕皆得其一偏爾。」

家氏曰：「周衰，倫教不競，有以他姓爲繼嗣者，滅人之國而人自以爲非滅，聖人特于此垂訓焉。」

高氏曰：「春秋書莒人滅鄫，以爲立異姓之戒，而後世猶有不知本宗立後之義，疏忌同族，輒取異姓，如，

〔二〕「公、穀」，四庫本作「公羊」。

五代郭太祖無後，而以柴世宗爲嗣者，有國有家者，其可不知春秋書滅之義哉？」

東萊吕氏曰：「莒、鄫小國，自相滅亡，晋悼公爲時盟主，亦莫之恤，蓋當時禮義衰絶，滅國殺君，世所謂大惡者，皆日見之熟，不以爲甚異，故晋悼雖號賢君，爲諸侯宗，亦莫能正也。」

【經】冬，叔孫豹如邾。

聘且修平。

高氏曰：「初，公即位，邾子來朝。四年，乃有狐駘之戰而經不書者，魯人髽而吊，自敗于狐駘始，于是國人誦之曰：『我君小子，侏儒是使。侏儒！侏儒！使我敗于邾。』魯人之怨其上如此，故聖人不敢斥言也。至是，叔孫豹往聘，且修平，以無忘舊好。」

【經】季孫宿如晋。

晋人以鄫故來討，曰：「何故亡鄫？」季武子如晋見，且聽命。

謝氏曰：「宿，行父子。父卒未期而自出聘。」

許氏曰：「魯既世卿，而大夫無復三年之喪，哀典廢于下矣。」

【經】十有二月，齊侯滅萊。

二年，春，齊侯伐萊。萊人使正輿子賂夙沙衛以索馬牛，皆百匹，齊師乃還。夏，齊侯使諸姜、宗婦來送葬。召萊子，萊子不會，故晏弱城東陽以偪之。至是，齊侯滅萊。萊恃謀也。于鄭子國之來聘也，四月，晏弱城東陽，而遂圍萊。甲寅，堙之環城，傅于堞。及杞桓公卒之月，乙未，王湫帥師及正輿子、棠人軍齊師，齊師大敗之。丁未，入萊，萊共公浮柔奔棠。正輿子、王湫奔莒，莒人殺之。四月，陳無宇獻萊宗器于襄宮。晏弱圍棠，十一月丙辰而滅之，遷萊于郳。高厚、崔杼定其田。

師氏曰：「左氏謂：『滅萊，萊恃謀也。』其意以滅之爲宜。又曰：『十一月丙辰滅之，遷萊于郳。』如此則經當書十一月遷萊，豈可誣齊侯以十二月滅萊？學者宜以經爲正。」

高氏曰：「滅國，目齊侯也。齊圖萊久矣，自宣七年伐萊，至是而遂滅之。不言萊君出奔，國滅君死也。夫萊與齊同姓。衛文公滅邢，名。齊靈公滅萊，不名，何也？衛文公可責，齊靈公不足責，故以文公一見法焉。何氏曰：『不書殺萊君，舉滅國爲重。』」

春秋闕疑卷二十九（襄公七年—十一年）

【經】七年，春，郯子來朝。

始朝公也。

【經】夏，四月，三卜郊，不從，乃免牲。

孟獻子曰：「吾乃今而後知有卜筮。夫郊祀后稷，以祈農事也。是故啟蟄而郊，郊而後耕。今既耕而卜郊，宜其不從也。」

穀梁氏曰：「夏，四月，不時也。乃者，亡乎人之辭。」

家氏曰：「魯人僭郊，初無定時，卜吉而後舉行，是以群公之郊有先後早晚之不同。春秋因其卜之不吉，書之以示戒云耳。」

【經】小邾子來朝。

亦始朝公也。

【經】城費。

南遺爲費宰。叔仲昭伯爲隧正，欲善季氏，而求媚于南遺，謂遺：「請城費，吾多與而役。」故季氏城費。

胡氏曰：「文子相三君，無衣帛之妾，無食粟之馬，無藏金玉，無重器備，則固忠于公室，而不顧其所食之私邑也。及行父卒，宿之不忠，遂專魯國之政，群小媚之，無故勞民，妄興是役，季氏益張其後。孔子行乎季孫，三月不違，至于帥師墮費，其越禮不度可知矣。然則書城費，乃履霜堅冰之戒，强私家、弱公室之萌，據事直書而義自見矣。用人不惟其賢，惟其世，豈不殆哉？」

【經】秋，季孫宿如衛。

報子叔之聘，且辭緩報，非貳也。

【經】八月，螽。

【經】冬，十月，衛侯使孫林父來聘。壬戌，及孫林父盟。

衛孫文子來聘，且拜武子之言，而尋孫桓子之盟。公登，亦登。叔孫穆子相，趨進曰：「諸侯之會，寡君未嘗後衛君。今吾子不後寡君，寡君未知所過，吾子其少安。」孫子無辭，亦無悛容。

【經】楚公子貞帥師圍陳。

【經】十有二月，公會晉侯、宋公、陳侯、衛侯、曹伯、莒子、邾子于鄬。

楚子囊圍陳，會于鄬以救之。

謝氏曰：「楚師圍陳三月矣，而諸侯方會于鄬，以諸侯畏楚，出救之緩也，不書救陳，著救陳之不力也。」

【經】鄭伯髠頑如會，未見諸侯。丙戌，卒于鄵。

鄭僖公之爲太子也，于成之十六年，與子罕適晉，不禮焉。又與子豐適楚，亦不禮焉。及其元年，朝于晉。子豐欲愬諸晉而廢之，子罕止之。及將會于鄬，子駟相，又不禮焉。侍者諫，不聽。又諫，殺之。及鄵，子駟使賊夜弑僖公，而以瘧疾赴于諸侯。簡公生五年，奉而立之。八年，春，鄭群公子以僖公之死也，謀子駟。子駟先之。夏，四月，庚辰，辟殺子狐、子熙、子侯、子丁。孫擊、孫恶出奔衛。

公羊氏曰：「鄭伯會諸侯于鄬，其大夫諫曰：『中國不足歸也，則不若與楚。』鄭伯曰：『不可。』其大夫曰：『以中國爲義，則伐我喪。以中國爲强，則不若楚。』于是弑之。不言大夫弑之，爲中國諱也。」

穀梁氏曰：「鄭伯將會中國，其臣欲從楚，不勝其臣，弑而死。不言弑，不使夷狄之民加乎中國之君也。」

愚謂：君臣，人道之大倫。弑逆，古今之大變。討賊，國家之大刑。黨賊，臣子之大恶。使鄭僖公而遭弑，春秋乃以卒書，不幾于黨恶乎？弑而以瘧疾赴，當時諸侯固可欺也，仲尼亦可欺乎？謂弑爲卒，是欺天下後世也。欺天下後世之事，聖人爲之乎？魯君之弑，臣子之所當諱而不忍言者，猶且不地以存其實，况他國之君乎？設使如公、穀之説，鄭之諸臣欲從楚，是背華即夷〔一〕，恶莫加焉者也。僖公而欲從晉，是背夷即華〔二〕，善莫加焉者也。爲善不幸而〔三〕死于爲恶之手，聖人正當表其善，使後世爲善者知勸誅其恶，使後世爲恶者知懼，豈可没善者之迹使不彰，諱恶者之事使幸免乎？况春秋爲誅亂臣賊子作也。故曰〔四〕春秋成而亂臣賊子懼。今以左傳考之，謂不禮其臣而遭弑。以公、穀二傳考之，謂欲從中國而遭弑。豈當時鄭伯欲從晉，諸大夫欲從楚，所見既已不同，鄭伯又不禮其臣，如會未至，倉卒而卒，故或者疑其遇弑，聽者不察，又從而傳之，魯史遂書之，至于聖人，則是非已定，知其决非弑也，故從實而書卒。觀聖人所書，曰：「如會」，曰：「未見諸侯」，曰：「卒于鄵」，蓋深惜其有向善之心，而卒不能遂其志也。按諸侯卒其國都，不地。在師曰師，在會曰會。未至于師、于會，則地而卒，亦書法之常耳。

【經】陳侯逃歸。

陳人患楚。慶虎、慶寅謂楚人曰：「吾使公子黄往而執之。」楚人從之。二慶使告陳侯于會曰：「楚人執公子黄矣，君若不來，群臣不忍宗廟社稷，懼有二图。」陳侯逃歸。

〔一〕「背華即夷」，四庫本作「去順効逆」。
〔二〕「背夷即華」，四庫本作「去逆効順」。
〔三〕「不幸而」，四庫本作「而不幸」。
〔四〕「故曰」，四庫本作「不曰」。

謝氏曰：「救難之師，如解焚溺，以死力率諸侯赴楚，救陳之道也。楚之圍陳也，諸侯書會鄬，鄭伯書如會，陳侯書逃歸，晉失救陳之道，由此見矣。其不能保陳，可知也。」

胡氏曰：「穀梁子曰：『逃義曰逃。』逃者，匹夫之事。上二年，諸侯戍陳，今楚令尹來伐，諸侯又救之，亦既勤矣。爲陳侯計者，下令國中，大申儆備，立太子以固守，親聽命于諸侯，謀禦敵之策。當是時，晉君方明，八卿和睦，諸侯聽命，必能致力于陳矣。不此之顧，棄儀衛而逃歸，此匹夫之事耳，故書逃歸以罪之。」

【經】八年，春，王正月，公如晉。

且聽朝聘之數。

【經】夏，葬鄭僖公。

【經】鄭人侵蔡，獲蔡公子燮。

鄭子國、子耳侵蔡，獲蔡司馬公子燮。鄭人皆喜，唯子産不順，曰：「小國無文德，而有武功，禍莫大焉。楚人來討，能勿從乎？從之，晉師必至。晉、楚伐鄭，自今鄭國不四五年，弗得寧矣。」子國怒之曰：「爾何知？國有大命，而有正卿。童子言焉，將爲戮矣。」

謝氏曰：「蔡，楚之屬也。鄭不恤楚難，既以不道侵蔡，又以不道獲其大夫，取禍之道也。不書戰及敗者，非敗，掩不備而獲之也。」

【經】季孫宿會晉侯、鄭伯、齊人、宋人、衛人、邾人于邢丘。

五月，甲辰，會于邢丘，以命朝聘之數，使諸侯之大夫聽命。季孫宿、齊高厚、宋向戌、衛甯殖、邾大夫會之。鄭伯獻捷于會，故親聽命。

高氏曰：「邢丘之會，公在晉也。晉侯不與公會，而與大夫會者，以公幼弱，政在季氏故也。陪臣專而公微弱，此魯之失政也。晉爲盟主，棄其君而與臣會，雖欲修文、襄之業，改命朝聘之數，俾從儉約，亦何以宗諸侯？」

胡氏曰：「大夫稱人，貶之也。昔周公戒成王，以繼自今。我其立政、立事，夫不自爲政而委于臣下，是以國之利器示人而不知寶也。朝聘，事之大者，重煩諸侯，而使大夫聽命，無乃以姑息愛人，而不由德乎？使政在大夫，而諸侯失國，又豈所以愛之也？後此八年，溴梁之會，悼公初没，諸侯皆在，而大夫獨盟，君若贅旒，夫豈一朝一夕之故哉？故邢丘之事貶而稱人，謹其始也。」

高郵孫氏曰：「所以見公之不君，宿之不臣，而晉侯無霸主之義。」

【經】公至自晉。

【經】莒人伐我東鄙。

以疆鄫田。

許氏曰：「莒人恃遠，滅鄫、伐魯，以奸齊盟，而霸討弗及，間晋方患秦、楚故也。」

【經】秋，九月，大雩。

【經】冬，楚公子貞帥師伐鄭。

楚子囊伐鄭，討其侵蔡也。子駟、子國、子耳欲從楚。子孔、子蟜、子展欲待晋。子駟曰：「周詩有之曰：『俟河之清，人壽幾何？兆云詢多，職競作羅。』謀之多族，民之多違，事滋無成，民急矣。姑從楚以紓吾民。晋師至，吾又從之。敬共幣帛，以待來者，小國之道也。犧牲玉帛，待于二竟，以待强者，而庇民焉。寇不爲害，民不罷病，不亦可乎？」子展曰：「小所以事大，信也。小國無信，兵乱日至，亡無日矣。五會之信，今將背之。雖楚救我，將安用之？親我無成，鄙我是欲，不可從也。不如待晋。晋君方明，四軍無闕，八卿和睦，必不棄鄭。楚師遼遠，糧食將盡，必將速歸，何患焉？舍之聞之，『杖莫如信』，完守以老楚，杖信以待晋，不亦可乎？」子駟曰：「詩云：『謀夫孔多，是用不集。發言盈庭，誰敢執其咎？如匪行邁謀，是用不得于道。』請從楚，騑也受其咎。」乃及楚平。使王子伯駢告于晋，曰：「君命敝邑：『修而車賦，儆而師徒，以討亂略。』蔡人不從，敝邑之人不敢寧處，悉索敝賦以討于獲，獲司馬燮，獻于邢丘。今楚來討，曰：『女何故稱兵于蔡，焚我郊保，馮陵我城郭？』敝邑之衆，夫婦男女，不遑啟處，以相救也，翦焉傾覆，無所控告，民死亡者，非其父兄，即其子弟，夫人愁痛，不知所庇，民知窮困，而受盟于楚。孤也與其二三臣不能禁止，不敢不告。」知武子使行人子員對之曰：「君有楚命，亦不使一介行李告于寡君，而即安于楚。君之所欲也，誰敢違君？寡君將帥諸侯以見于城下，唯君圖之。」

胡氏曰：「齊宣王問于孟子，交隣國有道乎？孟子曰：『唯智者爲能以小事大，故太王事獯鬻，勾踐事吳。以小事大，畏天者也。畏天者，保其國。』鄭介大國之間，困强楚之令，而欲息肩于晉，若能信任仁賢，明其刑政，經畫財賦，以禮法自守，而親比四隣，必能保其封境，荆楚之大，何畏焉？而子耳、子國加兵于蔡，獲公子燮，無故怒楚，所謂不修文德而有武功者也。楚人來討，不從，則力不能敵，從之，則晉師必至。故國人皆喜，而子産獨不順焉。以晉、楚爭鄭，自兹弗得寧矣，是以獲公子燮，特書侵蔡以罪之，而公子貞來伐鄭，及楚平，不復書矣。平而不書，以見鄭之屈服于楚而不信也，犧牲玉帛，待于境上，以待强者而請盟，其能國乎？」

【經】晉侯使士匄來聘。

且拜公之辱，告將用師于鄭。公享之，宣子賦摽有梅。季武子曰：「誰敢哉？今譬于草木，寡君在君，君之臭味也。歡以承命，何時之有？」武子賦角弓[一]。

【經】九年，春，宋灾。

樂喜爲司城以爲政。使伯氏司里，火所未至，徹小屋，塗大屋。陳畚挶，具綆缶，備水器；量輕重，蓄水

〔一〕「角弓」，四庫本作「彤弓」。

潦，積土塗；巡丈城，繕守備，表火道。使華臣具正徒，令隧正納郊保，奔火所。使華閱討右官，官庀其司。向戌討左，亦如之。使樂遄庀刑器，亦如之。使皇鄖命校正出馬，工正出車，備甲兵，庀武守。使西鉏吾庀府守，令司宮、巷伯儆宮。二師令四鄉〔一〕正敬享，祝宗用馬于四墉，祀盤庚于西門之外。

高郵孫氏曰：「春秋于天下之事，有特書之者，齊、晉、宋、鄭數大國而已，其來告者書之，所以戒君之深，使之反身以思其變也。」

高氏曰：「宋自昭、文以來，亂敗相屬，三書宋灾，見人事之不修也。」

【經】夏，季孫宿如晉。

報宣子之聘也。

【經】五月，辛酉，夫人姜氏薨。

穆姜薨于東宮，始往而筮之，遇艮之八，史曰：「是謂艮之隨。隨，其出也。君必速出。」姜曰：「亡。是于周易曰：『隨，元亨利貞。』元，善之長也。亨，嘉之會也。利，義之和也。貞，事之幹也。體仁足以長人，嘉會足以合禮，利物足以和義，貞固足以幹事。然，故不可誣也。是以雖隨无咎，今我婦人而與于亂。固在下位，而有不仁，不可謂元。不靖國家，不可謂亨。作而害身，不可謂利。棄位而姣，不可謂貞。有四德者，

〔一〕「鄉」，四庫本作「虧」。

隨而无咎。我皆無之，豈隨也哉？我則取恶，能無咎乎？必死于此，弗得出矣。」

【經】秋，八月，癸未，葬我小君穆姜。

家氏曰：「穆姜始與僑如謀去季氏，事不克，爲行父所幽，在廢宫十餘年，與鄭莊之母武姜居于城潁無異。鄭莊雖有黄泉之誓，未幾復爲母子如初。成、襄父子以闒庸相踵，穆姜終不得出，以逮于死。魯國之大，曾無有如潁考叔之悟其君者，畏季氏也。傳謂行父取穆姜之喪具以葬齊姜，虧姑而成婦，其用心爲可誅矣。嗟夫！行父幽穆姜，宿取卞意如逐昭公，自後世而言，懿、師、昭之類也，有國家者，以是爲戒。」

【經】冬，公會晋侯、宋公、衛侯、曹伯、莒子、邾子、滕子、薛伯、杞伯、小邾子、齊世子光伐鄭。十有二月，乙亥[一]，同盟于戲。

冬，十月，諸侯伐鄭。庚午，季武子、齊崔杼、宋皇鄖從荀罃、士匄門于鄟門。衛北宫括、曹人、邾人從荀偃、韓起門于師之梁。滕人、薛人從欒黶、士魴門于北門。杞人、郳人從趙武、魏絳斬行栗。甲戌，師于氾。令于諸侯曰：「修器備，盛餱糧，歸老幼，居疾于虎牢，肆眚，圍鄭。」鄭人恐，乃行成。中行獻子曰：「遂圍之，以待楚人之救也而與之戰。不然，無成。」知武子曰：「許之盟而還師，以敝楚人。吾三分四軍，與諸侯之鋭以逆來者，于我未病，楚不能矣，猶愈于戰。暴骨以逞，不可以争。大勞未艾，君子勞心，小人勞力，

[一]「乙亥」，四庫本作「已亥」。

先王之制也。」諸侯皆不欲戰，乃許鄭成。十一月，己亥，同盟于戲，鄭服也。

將盟，晉士莊子爲載書，曰：「自今日既盟之後，鄭國而不唯晉命是聽，而或有異志者，有如此盟。」公子騑趨進曰：「天禍鄭國，使介居二大國之間，大國不加德音，而亂以要之，使其鬼神不獲歆其禋祀，其民人不獲享其土利，夫婦辛苦墊隘，無所底告。自今日既盟之後，鄭國而不唯有禮與强可以庇民者是從，而敢有異志者，亦如之。」荀偃曰：「改載書。」公孫舍之曰：「昭大神，要言焉。若可改也，大國亦可叛也。」知武子謂獻子曰：「我實不德，而要人以盟，豈禮也哉？非禮，何以主盟？姑盟而退，修德息師而來，終必獲鄭，何必今日？我之不德，民將棄我，豈唯鄭？若能休和，遠人將至，何恃于鄭？」乃盟而還。

晉人不得志于鄭，以諸侯復伐之。次于陰口而還。子孔曰：「晉師可擊也。師老而勞，且有歸志，必大克之。」子展曰：「不可。」

晉侯歸，謀所以息民。魏絳請施舍，輸積聚以貸。自公以下，苟有積者，盡出之。國無滯積，亦無困人。公無禁利，亦無貪民。祈以幣更，賓以特牲，器用不作，車服從給。行之期年，國乃有節。三駕而楚不能與争。

公送晉侯，晉侯以公宴于河上。問公年。季武子對曰：「會于沙隨之歲，寡君以生。」晉侯曰：「生十二矣。是謂一終，一星終也。國君十五而生子，冠而生子，禮也。君可以冠矣，大夫盍爲冠具？」武子對曰：「君冠，必以裸享之禮行之，以金石之樂節之，以先君之祧處之。今寡君在行，未可具也。請及兄弟之國而假備焉。」晉侯曰：「諾。」公還，及衛，冠于成公之廟，假鐘磬焉。

家氏曰：「不能救人之灾，恤人之患，惟欲强其我從，今日而會，明日而盟，又明日而伐，或一歲而再會、再伐，諸侯疲于奔命，自文、襄以來，所未有也。盟于戲，鄭實未嘗服，其載書曰：『自今既盟之後，鄭國而不惟有禮與强可以庇民者是從，亦如之。』鄭固侮其無能矣。師未出境，楚人伐鄭。鄭及楚平，所幸吴子來會，有以壯中國之威，而褫鄭人之魄。不然晋、楚交兵，殆未有已也。」

劉氏權衡曰：「武子言君冠必具禮樂，可矣。言及兄弟之國，假具而冠，無乃亟乎？衛、魯壤地相接，能冠于衛，不能冠于魯乎？衛君之廟，非先君之祧也。」

【經】楚子伐鄭。

楚子伐鄭，子駟將及楚平。子孔、子蟜曰：「與大國盟，口血未乾而背之，可乎？」子駟、子展曰：「吾盟固云，唯强是從。今楚師至，晋不我救，則楚强矣。盟誓之言，豈敢背之？且要盟無質，神弗臨也，所臨唯信。信者，言之瑞也，善之主也，是故臨之。明神不蠲要盟，背之可也。」乃及楚平。公子罷戎入盟，同盟于中分。楚莊夫人卒，王未能定鄭而歸。

高氏曰：「楚以爵稱，非罪鄭也。」

師氏曰：「鄭以小國而介于晋、楚之間，晋不能振盟主之職，楚不能安夷狄之分〔二〕，争致鄭以服已者，四

〔二〕「楚不能安夷狄之分」，四庫本作「楚恃荆尸、二廣之强」。

十餘年，鄭從楚則晉問其罪，鄭從晉則楚加以兵。前年冬，被楚公子貞之伐，不得已而從楚。今年，被晉侯十二國之伐，不得已而歸晉。及是，楚子又從而伐之，所以爲鄭者，不亦難乎？要之，盟主果能振攘夷狄之事業〔一〕，如齊桓召陵之盟，晉文城濮之役，則楚豈復陵中國，而鄭豈復從夷狄〔二〕耶？」

【經】十年，春，公會晉侯、宋公、衛侯、曹伯、莒子、邾子、滕子、薛伯、杞伯、小邾子、齊世子光會吳于柤。

會于柤，會吳子壽夢也。三月，癸丑，齊高厚相大子光以先會諸侯于鍾離。夏，四月，戊午，會于柤。

高氏曰：「諸侯將救鄭，鄭已服楚，而吳人在柤，諸侯因往與吳會，以謀楚焉。」

師氏曰：「晉爲盟主，不能合諸侯以圖楚，乃會諸侯從吳以謀之，是資夷狄以禦夷狄〔三〕，愈示弱于四方，何以自强而尊中國乎？若得志于楚，亦已失勢于吳矣。張大强吳，難以保其無患也。」

家氏曰：「序會于戚，吳以人進；殊會于柤，吳以號舉，此春秋垂世之法也。」

【經】夏，五月，甲午，遂滅偪陽。

〔一〕「盟主果能振攘夷狄之事業」，四庫本作「盟主果能興聲罪致討之師」。

〔二〕「夷狄」，四庫本作「楚人」。

〔三〕「是資夷狄以禦夷狄」，四庫本作「是資僭雖以召僭雖」。

晋荀偃、士匄請伐偪陽，而封宋向戌焉。荀罃曰：「城小而固，勝之不武，弗勝爲笑。」固請。丙寅，圍之，弗克。諸侯之師久于偪陽。荀偃、士匄請于荀罃曰：「水潦將降，懼不能歸，請班師。」知伯怒，投之以机，出于其間，曰：「女成二事而後告余。余恐亂命，以不女違。女既勤君而興諸侯，牽帥老夫以至于此，既無武守，而又欲易余罪，曰：『是實班師，不然克矣。』余羸老也，可重任乎？七日不克，必爾乎取之。」五月，庚寅，荀偃、士匄帥卒攻偪陽，親受矢石。甲午，滅之。以與向戌。向戌辭曰：「君若猶辱鎮撫宋國，而以偪陽光啟寡君，群臣安矣，其何貺如之？若專賜臣，是臣興諸侯以自封也，其何罪大焉？敢以死請。」乃予宋公。

以偪陽子歸，獻于武宫，謂之夷俘。偪陽，妘姓也。使周内史選其族嗣，納諸霍人。

高氏曰：「因會夷狄[一]而滅他人之國，聖人恶之，故以諸侯共滅爲文，則唱其謀而受其利者，不待貶絶矣。」

許氏曰：「中國諸侯往與吴會，宜示以禮義，明以王制，以同獎周室。遂滅偪陽，不道甚矣。」

謝氏曰：「强吴入爲中國寇，害必始于此矣。滅偪陽而書遂，罪其因會而滅國也，罪其因會强吴而示之虐也。」

[一]「夷狄」，四庫本作「于柤」。

陳氏曰：「以偪陽子歸，不書，宥偪陽子也。悼公合十三國之衆，爲衣裳之會，而遂滅偪陽，于偪陽子何譏焉？夫子之删詩也，存邶、鄘于國風之首，而繫檜、曹于末録小國也。春秋尤録小國也，是故滅君有奔而不言奔，以歸而不言歸者，以是爲非其罪也。」

【經】公至自會。

【經】楚公子貞、鄭公孫輒帥師伐宋。

六月，楚子囊、鄭子耳伐宋，師于訾母。庚午，圍宋，門于桐門。衛侯救宋，師于襄牛。鄭子展曰：「必伐衛，不然，是不與楚也。得罪于晉，又得罪于楚，國將若之何？」子駟曰：「國病矣。」子展曰：「得罪于二大國，必亡。病不猶愈于亡乎？」諸大夫皆以爲然，故鄭皇耳帥師侵衛，楚令也。衛人追之，孫蒯獲鄭皇耳于犬丘。

秋，七月，楚子囊、鄭子耳伐我西鄙。還，圍蕭。八月，丙寅，克之。九月，子耳侵宋北鄙。孟獻子曰：「鄭其有灾乎，師競已甚。」

高氏曰：「以宋公受偪陽故也。」

師氏曰：「宋亦界于鄭、楚之隣，故楚欲窺中國，不伐鄭則伐宋，在楚固不足怪。彼鄭以中國之諸侯，既不知耻而從夷狄〔一〕，又助之伐宋，其辱中國也，不亦甚乎？鄭、宋相讐，近二百年，大抵盟主盛，則二國莫得而相侵，盟主衰，則鄭既從楚，必共伐宋。方宋伐鄭，是以諸侯伐諸侯，固已不可，然猶愈于鄭之助夷狄〔二〕以伐諸侯也。書之者，實罪鄭。」

謝氏曰：「鄭介晉、楚之間，事晉則有楚難，事楚則有晉難，爲鄭計者，一心協中國，鑿池築城以備楚，修政輯民以死守，則楚雖强暴，亦不可以爲吾患矣。今乃反覆二心，晉至則受命從晉，楚至則受命從楚。子孔爲晉計，則子駟爲楚計。子孔欲守盟，則子駟欲背盟。徒使禍連兵結，春秋前書盟戲，後書伐宋，著其反覆生禍也。」

陳氏曰：「國自爲帥，自楚公子貞、鄭〔三〕公孫輒始，自是雖圍滅，亦並稱帥師矣。」

【經】晉師伐秦。

九年，秦景公使士雃乞師于楚，將以伐晉。楚子許之。子囊曰：「不可。當今吾不能與晉争，晉君類能而使之，舉不失選，官不易方，其卿讓于善，其大夫不失守，其士競于教，其庶人力于農穡。商工皂隸，不知遷業。韓厥老矣，知罃禀焉以爲政。范匄少于中行偃而上之，使佐中軍，韓起少于欒黶而欒黶、士魴上之，使佐

〔一〕「夷狄」，四庫本作「楚人」。
〔二〕「夷狄」，四庫本作「楚人」。
〔三〕「鄭」，四庫本作「衛」。

上軍。魏絳多功，以趙武爲賢，而爲之佐。君明臣忠，上讓下競。當是時也，晉不可敵。事之而後可，君其圖之。」王曰：「吾既許之矣。雖不及晉，必將出師。」秋，楚子師于武城，以爲秦援。秦人侵晉，晉饑，弗能報也。至是，晉荀罃伐秦，報其侵也。

高氏曰：「晉方帥諸侯會吴滅偪陽，又越千里而伐秦，可謂虐用其民矣。爲晉計者，莫若修文公之業，與秦通和，庶因秦之兵力，共攘强楚，可以少安。中國不此之圖，反以秦資楚，此晉之失也。」

家氏曰：「春秋于楚、鄭伐宋之後，繼書晉師伐秦，責晉也。諸侯惟宋事晉最謹，是以爲楚所疾。今宋人受兵，晉不能急救，猶可諉曰力之不給，乃更出師伐秦，秦雖與晉有憾，孰若宋人受兵之爲急乎？置宋之急而治己之私，春秋所以責也，不書大夫帥師，微之也。」

【經】秋，莒人伐我東鄙。

莒人間諸侯之有事也，故伐我東鄙。

高氏曰：「去年同盟于戚，今年又會于柤，又方同伐鄭，退受莒兵而不能禦，魯必有以取之也。」

【經】公會晉侯、宋公、衛侯、曹伯、莒子、邾子、齊世子光、滕子、薛伯、杞伯、小邾子伐鄭。

齊崔杼使大子光先至于師，故長于滕。己酉，師于牛首。

東萊呂氏曰：「齊世子光序諸侯之上，主會者爲之也，春秋不改，所以示譏，言上下之無禮文，專以强弱事勢爲先後也。」

【經】冬，盜殺鄭公子騑、公子發、公孫輒。

初，子駟與尉止有爭，將禦諸侯之師而黜其車。尉止獲，又與之爭。子駟抑尉止曰：「爾車，非禮也。」遂弗使獻。初，子駟爲田洫，司氏、堵氏、侯氏、子師氏皆喪田焉，故五族聚群不逞之人，因公子之徒以作亂。于是子駟當國，子國爲司馬，子耳爲司空，子孔爲司徒。冬，十月，戊辰，尉止、司臣、侯晋、堵女父、子師僕帥賊以入，晨攻執政于西宫之朝，殺子駟、子國、子耳，劫鄭伯以如北宫。子孔知之，故不死。子西聞盜，不儆而出，尸而追盜，盜入于北宫，乃歸授甲。臣妾多逃，器用多喪。子産聞盜，爲門者，庀群司，閉府庫，慎閉藏，完守備，成列而後出，兵車十七乘，尸而攻盜于北宫。子蟜帥國人助之，殺尉止、子師僕，盜衆盡死。侯晋奔晋。堵女父、司臣、尉翩、司齊奔宋。子孔當國，爲載書，以位序，聽政辟。大夫、諸司、門子弗順，將誅之。子産止之。請爲之焚書。子孔不可，曰：「爲書以定國，衆怒而焚之，是衆爲政也。國不亦難乎？」子産曰：「衆怒難犯，專欲難成，合二難以安國，危之道也。不如焚書以安衆，子得所欲，衆亦得安，不亦可乎？專欲無成，犯衆興禍，子必從之。」乃焚書于倉門之外，衆而後定。

十五年，鄭尉氏、司氏之亂，其餘盜在宋，鄭人以子西、伯有、子産之故，納賂于宋，以馬四十乘與師茷、師慧。三月，公孫黑爲質焉。司城子罕以堵女父、尉翩、司齊與之，良司臣而逸之，託諸季武子，武子置諸卞。

鄭人醢之三人也。師慧過宋朝，將私焉，其相曰：「朝也。」慧曰：「無人焉。」相曰：「朝也，何故無人？」慧曰：「必無人焉。若猶有人，豈其以千乘之相而易淫樂之矇？必無人焉故也。」子罕聞之，固請而歸之。

程子曰：「盗殺三卿，不稱大夫，失卿職也。」

泰山孫氏曰：「盗者，微賤之稱。盗一日而殺三卿，故列數之，恶鄭伯失刑政。」

胡氏曰：「卿大夫者，國君之陪貳，政之本也。本强則精神折衝，聞有偃息談笑而郤敵國之兵，勝千里之難者矣，乃至于身不能保，盗得殺之于朝，安在其爲陪貳乎？」

張氏曰：「鄭之從楚，以勞中國，皆公子騑之罪也。鄭成公卒之初，諸大夫欲從晋矣。公子騑曰：『官命未改。』止之。及楚子囊伐鄭，子展欲堅守以待晋，而騑請從楚以任其咎，故公子騑者，從夷之人也。而公子發、公孫輒惟騑是從，恶積而不可掩，鄭不能討而盗得殺之，所謂上慢下暴而致寇，至孔子以爲盗之招也，此所以不稱殺之〔二〕大夫也歟。」

【經】戍鄭虎牢。

諸侯之師城虎牢而戍之，晋師城梧及制。士魴、魏絳戍之。書曰「戍鄭虎牢」，非鄭地也，言將歸焉。鄭及晋平。

〔二〕「之」，四庫本作「其」。

公羊氏曰：「戍鄭虎牢，諸侯戍之，曷爲不言諸侯？戍之離至，不可得而序，故言我也。」

愚謂：書城虎牢，聖人與霸之辭也。書戍鄭虎牢，聖人責霸之辭也。何以知其然也？春秋中年，桓、文既没，鄭常道荆楚爲中國之患，幸而晋悼復興，知武子能用孟獻子之言，會諸侯之大夫于戚，城虎牢以偪鄭。于是鄭人不敢南通夷狄，楚人不敢北犯中原，諸侯得免于侵伐、戰争之苦者七年于此，故虎牢不繫之鄭，若曰虎牢之城，所以安中國，豈特扼鄭而已哉？既而鄭伯卒于鄵，其君既死于中國諸侯之役矣。蔡不與于中國之會盟，鄭人侵之，其臣又勤于中國諸侯之事矣。楚人來伐，討其侵蔡也，諸侯皆不能救，而晋師入鄭，楚人乃能救之，則是霸主之于諸侯，不如夷狄〔一〕之于隣國，中國何事于虎牢之戍？諸侯何賴于霸主之會、之盟哉？故戍虎牢，復繫之鄭，若曰戍虎牢特以保鄭爾，豈足以安中國哉？然則奈何知武子之言曰：「我之不德，民將棄我，豈唯鄭？若能休和，遠人將至，何恃于鄭？」使晋侯能守是言，則天下諸侯皆將俯首聽命于衣裳之會，鄭必不俟告命，如會請盟，雖無虎牢之戍可也。惜乎晋侯不能終用其言，既盟而還，以不得志于鄭，復以諸侯之師伐之。明年，乃有虎牢之戍，而中國諸侯復有侵伐戰争之苦。卒之蕭魚之會，赦鄭囚，納斥堠，禁侵掠，遂成復霸之功，鄭不敢叛晋者二十四年，未聞有资于虎牢之再城、再戍。聖人于此不特與之，蓋美之矣。然則春秋曲直之绳墨，輕重之權衡，非聖人孰能修之？

〔一〕「夷狄」，四庫本作「荆蠻」。

【經】楚公子貞帥師救鄭。

楚子囊救鄭。十一月，諸侯之師還鄭而南，至于陽陵，楚師不退。知武子欲退，曰：「今我逃楚，楚必驕。驕則可與戰矣。」欒黶曰：「逃楚，晉之耻也。合諸侯以益耻，不如死，我將獨進。」師遂進。己亥，與楚師夾潁而軍。子蟜曰：「諸侯既有成行，必不戰矣。從之將退，不從亦退。退，楚必圍我。猶將退也。不如從楚，亦以退之。」宵涉潁，與楚人盟。欒黶欲伐鄭師。荀罃不可，曰：「我實不能禦楚，又不能庇鄭，鄭何罪？不如致怨焉而還。今伐其師，楚必救之，戰而不克，爲諸侯笑。克不可命，不如還也。」丁未，諸侯之師還，侵鄭北鄙而歸，楚人亦還。

師氏曰：「向也鄭歸晉而楚伐鄭，晉與諸侯不能救，致使鄭無助而復從楚。今也鄭從楚而晉伐鄭，楚則能救之，致使鄭歸晉之心猶豫而未决，觀此則楚雖夷狄〔二〕，而所以誘鄭人之術不爲不善，較之中國盟主，反不若楚計之爲得矣。」

愚按：凡書救，蓋善之也。書夷〔三〕國之救，所以愧中國。書遠國之救，所以愧隣國。然又當觀其所救之事如何，伐者曲，受伐者直，則救爲善。伐者直，受伐者曲，則救非善。公子貞之救鄭，蓋長其背華之志，而堅

〔二〕「夷狄」，四庫本作「偺卑」。

〔三〕「夷」，四庫本作「外」。

其從楚之心，以植己之黨爾，非爲天下之公也，豈可以他救例觀哉？然則春秋書此，非善楚也，責晉也。

許氏曰：「書楚救鄭、致公，知諸侯之避楚也。」

【經】公至自伐鄭。

【經】十有一年，春，王正月，作三軍。

季武子將作三軍，告叔孫穆子曰：「請爲三軍，各征其軍。」穆子曰：「政將及子，子必不能。」武子固請之，穆子曰：「然則盟諸？」乃盟諸僖閎，詛諸五父之衢。正月，作三軍，三分公室而各有其一。三子各毁其乘。季氏使其乘之人，以其役邑入者無征，不入者，倍征。孟氏使半爲臣，若子、若弟。叔孫氏使盡爲臣，不然，不舍。

高郵孫氏曰：「周禮：萬二千五百人爲軍。天子，六軍。大國，三軍。次國，二軍。小國，一軍。魯，侯，次國也，而作三軍。蓋三桓之族欲弱公室而强私家，不量其力之可否而頓作一軍。春秋以其亂王制，竭民力，罪之，書曰『作三軍』。」

家氏曰：「魯頌所云『公徒三萬，公車千乘』者，出于詩人歌頌之辭，當時未必果備三軍之制。至此，季氏乘襄公之幼弱，盜竊兵權，始作三軍，盡改舊制，以魯國丘、甸、卒、乘爲孟、叔、孫之私有。春秋書『作三軍』，著季氏犯上作亂之漸，實始作也。蓋古者三軍每遇出征，則大夫帥之以行事，已則歸之于甸，大夫不得而私也。今析三軍以爲三，而三家者各有其一，爲國君者，僅擁虛器于上，國非其國矣。乾侯之禍，權輿于此。春秋書城費于前，作三軍于後，所以垂人臣負固擁强之戒。」

高氏曰：「所謂大國三軍，次國二軍，小國一軍，乃兵數之大，率其實，皆歲于農，歲役不過三日，此先王之法也。魯，次國也。雖合二軍，必天子以牙璋起之，然後取之于農耳，亦何事于作哉？三桓外取强富之名以諛其君，而實奪其民，以弱公室。于是三分公室，各取其一，而作爲三軍，亂先王之制，而以攻戰爲心，王法所不容也。故不書『作中軍』，而云『作三軍』，所以罪三桓也。」

【經】夏，四月，四卜郊，不從，乃不郊。

【經】鄭公孫舍之帥師侵宋。

鄭人患晉、楚之故，諸大夫曰：「不從晉，國幾亡。楚弱于晉，晉不吾疾也。晉疾，楚將辟之。何爲而使晉師致死于我，楚弗敢敵，而後可固與也。」子展曰：「與宋爲惡，諸侯必至，吾從之盟。楚師至，吾又從之。則晉怒甚矣。晉能驟來，楚將不能，吾乃固與晉。」大夫説之。使疆埸之司惡于宋。宋向戌侵鄭，大獲。子展曰：「師而伐宋可矣。若我伐宋，諸侯之伐我必疾，吾乃聽命焉，且告于楚。楚師至，吾又與之盟，而重賂晉師，乃免矣。」夏，鄭子展侵宋。

愚謂：兵，凶器。戰，危事。不得已而後用之。鄭諸大夫既知楚弱于晉，不從晉，國幾亡，則當勇于從晉，堅于却楚，鑿池築城以死守之。晉人雖不吾疾，吾何懼焉？而乃妄興大衆，侵犯大國，萬一事有不然，輕則丧失師徒，重則覆亡邦國，豈所以爲計哉？春秋書之，所以見鄭之無謀，而罪其大夫之過舉也。

【經】公會晉侯、宋公、衛侯、曹伯、齊世子光、莒子、邾子、滕子、薛伯、杞伯、小邾子伐鄭。

【經】秋，七月，己未，同盟于亳城北。

四月，諸侯伐鄭。己亥，齊世子光、宋向戌先至于鄭，門于東門。其莫，晉荀罃至于西郊，東侵舊許。衛孫林父侵其北鄙。六月，諸侯會于北林，師于向，右還，次于瑣，圍鄭，觀兵于南門，西濟于濟隧。鄭人懼，乃行成。七月，同盟于亳。范宣子曰：「不慎，必失諸侯。諸侯道敝而無成，能無貳乎？」乃盟。載書曰：「凡我同盟，毋藴年，毋壅利，毋保姦，毋留慝，救灾患，恤禍亂，同好恶，獎王室。或間兹命，司慎司盟，名山名川，群神群祀，先王先公，七姓十二國之祖，明神殛之，俾失其民，隊命亡氏，踣其國家。」

程子曰：「鄭服而同盟也。隨復同楚伐宋，書『同』，見其反覆。」

陳氏曰：「隱、桓之諸侯皆序爵，霸者作而後小國或序大國之上，有以子男長于伯者矣。于是以世子長于小國之君，則悼公爲之也。」

高氏曰：「凡世子代父與盟會，當在諸侯之下。齊光代君出會，十年在滕、薛上，已爲僭矣，此會又在邾、莒上，于是爲甚，見世子益驕，而主會者亦莫能制。」

【經】公至自伐鄭。

【經】楚子、鄭伯伐宋。

楚子囊乞旅于秦，秦右大夫詹帥師從楚子，將以伐鄭，鄭伯逆之。丙子，伐宋。

高氏曰：「晋師方還，而楚子伐鄭。鄭伯逆之，遂同伐宋。蓋用公孫舍之之謀，以伐宋自信于楚，而數致晋，使楚道敝而固與晋，以託國焉。」

愚謂：此亂世詭譎姦詐之所爲，小人行險僥倖之事也。幸而楚弱晋强，吴人又擬楚人之後，而晋人無怒鄭人之心，卒致晋師，以成蕭魚之會。不然，則墜命亡氏，踣其國家，如載書之所云矣。若子展之所謀，春秋之所甚惡也，故書『同盟亳城北』于前，繼書『楚子、鄭伯伐宋』于後，不待貶絶而罪惡見矣。

【經】公會晋侯、宋公、衛侯、曹伯、齊世子光、莒子、邾子、滕子、薛伯、杞伯、小邾子伐鄭，會于蕭魚。

九月，諸侯悉師以復伐鄭。觀兵于鄭東門。鄭人使王子伯駢行成。甲戌，晋趙武入盟鄭伯。冬，十月，丁亥，鄭子展出盟晋侯。十二月，戊寅，會于蕭魚。庚辰，赦鄭囚，皆禮而歸之。納斥侯，禁侵掠。晋侯使叔肸告于諸侯，公使臧孫紇對曰：「凡我同盟，小國有罪，大國致討。苟有以藉手，鮮不赦宥，寡君聞命矣。」鄭人賂晉侯以師悝、師觸、師蠲，廣車、軘車淳十五乘，甲兵備，凡兵車百乘，歌鐘二肆，及其鎛、磬，女樂二八。

先是四年，無終子嘉父使孟樂如晉，因魏莊子納虎豹之皮以請和諸戎。晉侯曰：「戎狄無親而貪，不如伐之。」魏絳曰：「諸侯新服，將觀于我。我德則睦，否則攜貳。勞師于戎，而楚伐陳，必弗能救，是棄陳也，諸華必叛。戎，禽獸也。獲戎失華，無乃不可乎？夏訓有之曰：『有窮后羿。』」公曰：「后羿何如？」對曰：「昔有夏之方衰也，后羿自鉏遷于窮石，因夏民以代夏政，恃其射也，不修民事而淫于原獸。棄武羅、伯因、熊髡、尨圉而用寒浞。寒浞，伯明氏之讒子弟也。伯明后寒棄之，夷羿收之，信而使之，以爲己相。浞行媚于内而施賂于外，愚弄其民而虞羿于田，樹之詐慝以取其國家，外内咸服〔一〕。羿猶不悛，將歸自田，家衆殺而亨之，以食其子。其子不忍食諸，死于窮門。靡奔有鬲氏。浞因羿室，生澆及豷，恃其讒慝詐僞而不德于民，使澆用師，滅斟灌及斟尋氏。處澆于過，處豷于戈。靡自有鬲氏收二國之燼以滅浞，而立少康。少康滅澆于過，后杼滅豷于戈，有窮由是遂亡，失人故也。昔周辛甲之爲大史也，命百官，官箴王闕。于虞人之箴曰：『芒芒禹迹，畫爲九州，經啟九道。民有寢廟，獸有茂草，各有攸處，德用不擾。在帝夷羿，冒于原獸，忘其國恤，而思其麀牡。武不可重，用不恢于夏家。獸臣司原，敢告僕夫。』虞箴如是，可不懲乎？」于是晉侯好田，故

〔一〕「外内」，四庫本作「内外」。

魏絳及之。公曰：「然則莫如和戎乎？」對曰：「和戎有五利焉：戎狄薦居，貴貨易土，土可賈焉，一也；邊鄙不聳，民狎其野，穡人成功，二也；戎狄事晉，四隣振動，諸侯威懷，三也；以德綏戎，師徒不勤，甲兵不頓，四也；鑒于后羿，而用德度，遠至邇安，五也。君其圖之。」公説，使魏絳盟諸戎，修民事，田以時。至是，晉侯以樂之半賜魏絳，曰：「子教寡人和諸戎狄，以正諸華，八年之中，九合諸侯，如樂之和，無所不諧，請與子樂之。」辭曰：「夫和戎狄，國之福也。八年之中，九合諸侯，諸侯無慝，君之靈也，二三子之勞也，臣何力之有焉？抑臣願君安其樂而思其終也，詩曰：『樂只君子，殿天子之邦。樂只君子，福禄攸同。便蕃左右，亦是師從。』夫樂以安德，義以處之，禮以行之，信以守之，仁以厲之，而後可以殿邦國，同福禄，來遠人。書曰：『居安思危』，思則有備，有備無患，敢以此規。」公曰：「子之教，敢不承命。抑微子，寡人無以待戎，不能濟河。夫賞，國之典也，藏在盟府，不可廢也，子其受之。」魏絳于是乎始有金石之樂。

陳氏曰：「伐鄭，會于蕭魚，序績也。」

胡氏曰：「悼公能謀于魏絳以息民，聽于知武子而不與楚戰，故三駕而楚不能與之争，雖城濮之績不越是矣。」

程子曰：「諸侯數月之間再伐鄭，鄭之反覆可知。鄭又服而請會，不書鄭會，謂其不可信也。而晉悼推至誠以待人，信之不疑，自此鄭不敢叛晉者二十四年。至哉！誠之能感人也。愚觀鄭非不欲從晉，而畏楚之强。晉本不欲伐鄭，不過欲得鄭之服。故晉之伐鄭也，不至于黷武，鄭之背晉也，不至于負固。然鄭欲以詭謀致晉，晋乃以誠心待鄭，此鄭之所以終服于晋也。方蕭魚之未會也，晋固知鄭之必服于此行矣。方諸侯之臨鄭也，鄭固知晋之不我伐矣。蓋晋、鄭相孚之心已見于言意之表，故蕭魚之會，晋不復疑鄭，而鄭亦甘心于從晋，不待刑牲歃血、要質鬼神，而無或有叛之者矣。然則蕭魚之會，推誠心待人，不疑于人，而人亦不疑之，其功烈已如此，況于聖賢之學，帝王之道，真能以至誠感人者乎？」

【經】公至自會。

【經】楚人執鄭行人良霄。

鄭人使良霄、大宰石㚟如楚，告將服于晋，曰：「孤以社稷之故，不能懷君。君若以玉帛綏晋，不然則武震以懾威之，孤之願也。」楚人執之。

十三年，鄭良霄、大宰石㚟猶在楚。石㚟言于子囊曰：「先王卜征五年，而歲習其祥，祥習則行。不習，則增修德而改卜。今楚實不競，行人何罪？止鄭一卿，以除其偪，使睦而疾楚，以固于晋，焉用之？使歸而廢其使，怨其君以疾其大夫，而相牽引也，不猶愈乎？」楚人歸之。

高氏曰：「此聖人著晋之所以得鄭也。鄭伯使良霄告絶于楚，楚人怒而執之。雖執之，不殺良霄，亦不伐鄭，勢分于吴而不能得鄭矣，故執良霄以舒其憤怒不平之氣而已。自是不復出師以與晋争，斯見楚力之盡。鄭于是堅從晋也。」

謝氏曰：「行人所通兩國之信，事有不直，罪在國，不在行人，執非其罪也。凡執行人，皆稱人，貶之也。」

陸氏曰：「稱行人而執，以其事執也。不稱行人而執，以己執也。」

【經】冬，秦人伐晋。

秦庶長鮑、庶長武帥師伐晋以救鄭。鮑先入晋地，士魴禦之，少秦師而弗設備。壬午，武濟自輔氏，與鮑交伐晋師。己丑，秦、晋戰于櫟，晋師敗績，易秦故也。

家氏曰：「士魴禦之，爲秦所敗。春秋略敗不書，不與秦人之爲楚而救鄭也。」

春秋闕疑卷三十（襄公十二年—十六年）

【經】十有二年，春，王二月，莒人伐我東鄙，圍台。季孫宿帥師救台，遂入鄆。

高氏曰：「善救台，惡入鄆也。入鄆以報圍台也。夫衆人所以爲衆人者，彼以不義加己，已以不義報之。彼以不仁遇己，己以不仁復之。釁于勇而嗇于禍，雖死而不避，欲以爲快。惟君子則不然，彼以不義來，我以義正之；彼以不仁來，我以仁正之；因于禮，故不遷怒；止于當，故不貳過，此君子所以服人也。春秋豈以此望于季孫宿哉？因季孫宿之事而達此義耳。况季孫宿受命救台，不受命入鄆，因救台而入鄆，是自專也，是無君也，君不得爲政矣，故書遂以貶之。」

【經】夏，晉侯使士魴來聘。

且拜師。

【經】秋，九月，吴子乘卒。

吴子壽夢卒，臨于周廟。十四年，吴子諸樊既除喪，將立季札，季札辭曰：「曹宣公之卒也，諸侯與曹人不義，曹君將立子臧。子臧去之，遂弗爲也，以成曹君。君子曰：『能守節。』君，義嗣也，誰敢奸君？有國，非吾節也。札雖不才，願附于子臧，以無失節。」固立之。棄其室而耕。乃舍之。

【經】冬，楚公子貞帥師侵宋。

楚子囊、秦庶長無地伐宋，師于楊梁，以報晉之取鄭也。

【經】公如晉。

高氏曰：「秦人與焉而削之者，楚人帥秦，故專罪楚也。」

且拜士魴之辱。

【經】十有三年，春，公至自晉。

【經】夏，取邿。

邿亂，分爲三。師救邿，遂取之。

高氏曰：「邿，小國也。魯乘其亂而滅之，以爲附庸。不言滅者，内大恶，故婉其辭。」

【經】秋，九月，庚辰，楚子審卒。

楚子疾，告大夫曰：「不穀不德，少主社稷，生十年而丧先君，未及習師保之教訓而應受多福，是以不德，而亡師于鄢，以辱社稷，爲大夫憂，其弘多矣。若以大夫之靈，獲保首領以殁于地，唯是春秋窀穸之事，所以從先君于禰廟者，請爲『靈』若『厲』。大夫擇焉！」莫對。及五命，乃許。

秋，楚共王卒。子囊請謚，大夫曰：「君有命矣。」子囊曰：「君命以共，若之何毁之？赫赫楚國，而君臨之。撫有蠻夷，奄征南海，以屬諸夏，而知其過，可不謂共乎？請謚之『共』。」大夫從之。

【經】冬，城防。

于是將早城，臧武仲請俟畢農事。

高氏曰：「城防以備齊，厥後高厚困防。」

趙曰：「防有二，一近宋，此近齊。」

【經】十有四年，春，王正月，季孫宿、叔老會晋士匄、齊人、宋人、衛人、鄭公孫蠆、曹人、莒人、邾人、滕人、薛人、杞人、小邾人會吴于向。

十三年，吴侵楚。養由基奔命。子庚以師繼之。養叔曰：「吴乘我喪，謂我不能師也，必易我而不戒，子爲三覆以待我，我請誘之。」子庚從之。戰于庸浦，大敗吴師，獲公子黨。君子以吴爲不吊。至是，告敗于晋，會于向，爲吴謀楚故也。范宣子數吴之不德也，以退吴人。執莒公子務婁，以其通楚使也。將執戎子駒支，范宣子親數諸朝曰：「來！姜戎氏！昔秦人迫逐乃祖吾離于瓜州，乃祖吾離被苫蓋、蒙荆棘，以來歸我先君。我先君惠公有不腆之田，與女剖分而食之。今諸侯之事，我寡君不如昔者，蓋言語漏洩，則職女之由。詰朝之事，爾無與焉。與，將執女。」對曰：「昔秦人負恃其衆，貪于土地，逐我諸戎，惠公蠲其大德，謂我諸戎，是四嶽之裔胄也，毋是翦棄。賜我南鄙之田，狐狸所居，豺狼所嗥。我諸戎除翦其荆棘，驅其狐狸、豺狼，以爲先君不侵不叛之臣，至于今不貳。昔文公與秦伐鄭，秦人竊與鄭盟而舍戍焉，于是乎有殽之師。晉禦其上，戎亢其下，秦師不復，我諸戎實然。譬如捕鹿，晉人角之，諸戎掎之，與晉踣之，戎何以不免？自是以來，晉之百役，與我諸戎相繼于時，以從執政，猶殽志也，豈敢離遏？今官之師旅，無乃實有所闕，以攜諸侯，而罪我諸戎。我諸戎飲食衣服，不與華同，贄幣不通，言語不達，何惡之能爲？不與于會，亦無瞢焉。」賦青蠅而退。宣子辭焉，使即事于會，成愷悌也。于是子叔齊子爲季武子介以會，自是晉人輕魯幣，而益敬其使。

許氏曰：「四卿帥師，自成公始。二卿列會，自襄公始。大夫張也。」

胡氏曰：「季孫宿以卿爲介而不使之免，叔老介于宿而不敢避，蓋兩失之，雖晉人輕其幣而敬其使，于君命使人之體，豈爲得哉？」

家氏曰：「自是吴雖與晉疏，然其于楚也，兵連已久，勢不得爲之下，更勝迭負四十五年，楚無一日之寧居。晉所以服鄭，而楚不能與之争者，實陰受吴之賜。」

愚按：晉數會吴，實欲倚吴以弱楚。鄭方新服，楚勢尚强，晉亦豈敢數會于吴乎？傳稱數吴，而經書會吴。傳稱執莒公子務婁，而經書莒會。傳稱將執戎子駒支，范宣子辭焉，使即事于會，而經不書戎會，此皆當以經爲正。

【經】二月，乙未，朔，日有食之。

【經】夏，四月，叔孫豹會晉荀偃、齊人、宋人、衛北宫括、鄭公孫蠆、曹人、莒人、邾人、滕人、薛人、杞人、小邾人伐秦。

諸侯之大夫從晉侯伐秦，以報櫟之役也。晉侯待于境，使六卿帥諸侯之師以進，及涇，不濟。叔向見叔孫穆子，穆子賦匏有苦葉。叔向退而具舟。魯人、莒人先濟。鄭子蟜見北宫懿子曰：「與人而不固，取恶莫甚焉，若社稷何？」懿子説。二子見諸侯之師而勸之濟。濟涇而次。秦人毒涇上流，師人多死。司馬子蟜帥鄭師以進，師皆從之，至于棫林，不獲成焉。荀偃令曰：「雞鳴而駕，塞井夷竈，唯余馬首是瞻。」欒黶曰：「晉國之命，未有是也，余馬首欲東。」乃歸。下軍從之。左史謂魏莊子曰：「不待中行伯乎？」莊子曰：「夫子命從帥。欒伯，吾帥也。吾将從之。從帥，所以待夫子也。」伯游曰：「吾今實過，悔之何及，多遺秦禽。」乃命大還。晉人謂之遷延之役。

欒鍼曰：「此役也，報櫟之敗也。役又無功，晉之耻也。吾有二位于戎路，敢不耻乎？」與士鞅馳秦師，死焉。士鞅反，欒黶謂士匄曰：「余弟不欲往，而子召之。余弟死，而子來，是而子殺余之弟也。弗逐，余亦將殺之。」士鞅奔秦。秦伯爲之請于晉而復之。師歸自伐秦，晉侯舍新軍。于是知朔生盈而死，盈生六年而武子卒，彘裘亦幼，皆未可立也。新軍無師，故舍之。

陳氏曰：「諸侯之大夫從晉伐秦，而悼不自將諸侯之師，及涇不濟，荀偃、欒黶二帥争而大還。晉人謂之遷延之役。是故伐秦之役不書晉侯，志晉侯之怠也。」

師氏曰：「以中國之盟主命諸侯以伐有罪之師，猶有侯貳不一，必待同盟，以申誠信，伐至再四，方見其服，况晉之會諸國以伐秦，初非爲中國以攘夷狄[一]，寔由據宿恨以報私怨，使諸侯會亦未可保其成功，况委之于諸國之大夫乎？」

謝氏曰：「晉士匄春會列國大夫會吴。晉荀偃夏會列國大夫伐秦。諸侯委任大夫益重，而列國之權皆大夫專之矣。」

家氏曰：「秦、晉交兵五六十年，出師無紀，未有甚于此者。晉悼待于境上，而諸帥略無所禀，姑息之弊也。晉自是始不能軍，日趨于削，奚其爲霸？」

【經】己未，衛侯出奔齊。

衛獻公戒孫文子、甯惠子食，皆服而朝。日旰不召，而射鴻于囿。二子從之，不釋皮冠而與之言。二子怒。孫文子如戚，孫蒯入使。公飲之酒，使太師歌巧言之卒章，太師辭。師曹請爲之。初，公有嬖妾，使師曹誨之

[一]「攘夷狄」，四庫本作「禦外域」。

琴，師曹鞭之。公怒，鞭師曹三百。故師曹欲歌之，以怒孫子，以報公。公使歌之，遂誦之。蒯懼，告文子，文子曰：「君忌我矣。弗先，必死。」並帑于戚而入，見蘧伯玉，曰：「君之暴虐，子所知也。大懼社稷之傾覆，將如之何？」對曰：「君制其國，臣敢奸之？雖奸之，庸知愈乎？」遂行，從近關出。公使子蟜、子伯、子皮與孫子盟于丘宫，孫子皆殺之。四月，己未，子展奔齊。公如鄄，使子行于孫子，孫子又殺之。公出奔齊，孫氏追之，敗公徒于阿澤。鄄人執之。

初，尹公佗學射于庚公差，庚公差學射于公孫丁。二子追公，公孫丁御公，子魚曰：「射爲背師，不射爲戮，射爲禮乎？」射兩軥〔二〕而還。尹公佗曰：「子爲師，我則遠矣。」乃反之。公孫丁授公轡而射之，貫臂。子鮮從公，及境，公使祝宗告亡，且告無罪。定姜曰：「無神何告？若有，不可誣也。有罪，若何告無？舍大臣而與小臣謀，一罪也。先君有冢卿以爲師保，而蔑之，二罪也。余以巾櫛事先君，而暴妾使余，三罪也。告亡而已，無告無罪。」公使厚成叔吊于衛，曰：「寡君使瘠，聞君不撫社稷，而越在他境，若之何不吊？以同盟之故，使瘠敢私于執事曰：『有君不吊，有臣不敏，君不赦宥，臣亦不帥職，增淫發洩，其若之何？』」衛人使太叔儀對曰：「群臣不佞，得罪于寡君。寡君不以即刑而悼棄之，以爲君憂。君不忘先君之好，辱吊群臣，又重恤之。敢拜君命之辱，重拜大貺。」厚孫歸，復命，語臧武仲曰：「衛君其必歸乎。有大叔儀以守，

〔二〕「軥」，四庫本作「鉤」。

有母弟鱄以出。或撫其内，或營其外，能無歸乎？」

齊人以郲寄衛侯。及其復也，以郲糧歸。右宰穀從而逃歸，衛人將殺之。辭曰：「余不説初矣，余狐裘而羔袖。」乃赦之。衛人立公孫剽，孫林父、甯殖相之，以聽命于諸侯。

衛侯在郲，臧紇如齊，唁衛侯。衛侯與之言，虐。退而告其人曰：「衛侯其不得入矣，其言糞土也。亡而不變，何以復國？」子展、子鮮聞之，見臧紇，與之言，道。臧孫説，謂其人曰：「衛君必入，夫二子者，或輓之，或推之，欲無入，得乎？」

師曠侍于晉侯，晉侯曰：「衛人出其君，不亦甚乎？」對曰：「或者其君實甚。良君將賞善而刑淫，養民如子，蓋之如天，容之如地。民奉其君，愛之如父母，仰之如日月，敬之如神明，畏之如雷霆，其可出乎？夫君，神之主而民之望也。若困民之主，匱神乏祀，百姓絶望，社稷無主，將安用之？弗去何爲？天生民而立之君，使司牧之，勿使失性。有君而爲之貳，使師保之，勿使過度，是故天子有公，諸侯有卿，卿置側室，大夫有貳，宗士有朋友，庶人、工、商、皂、隸、牧、圉皆有親暱，以相輔佐也。善則賞之，過則匡之。患則救之，失則革之。自王以下，各有父兄子弟以補察其政。史爲書，瞽爲詩，工誦箴諫，大夫規誨，士傳言，庶人謗，商旅于市，百工獻藝，故夏書曰：『遒人以木鐸徇于路。官師相規，工執藝事以諫。』正月孟春，于是乎有之，諫失常也。天之愛民甚矣。豈其使一人肆于民上，以從其淫，而棄天地之性？必不然矣。」

高氏曰：「其不名者，乃所以罪林父也。人臣逐君，而專罪其君，則是臣可逐其君矣，不可以訓，故不名衛侯，所以抑强臣，存大義也。鄭伯突、衛侯朔皆以不勝强臣而奔〔二〕，奔〔三〕而名者，蓋逐君之惡，未有若林父者，鄭厲公、衛惠公猶以禮去者也。」

謝氏曰：「臣無逐君之道，故君雖見逐，春秋亦以自出奔爲文。」

胡氏曰：「衛甯殖將死，語其子曰：『吾得罪于君，名在諸侯之策，曰衛孫林父、甯殖出其君，夫所謂諸侯之策，則晋之乘，魯之春秋是也。今春秋書衛侯出奔齊，而不曰孫林父、甯殖出其君者，蓋仲尼筆削，不同舊史之文也。欲知經之大義，深考舊文筆削之不同，其得之矣。」

家氏曰：「春秋于弑君賊，則明著其誅死之罪。于逐君賊，則每垂人君失馭之戒，故多以自奔爲文。只以衛事而言林父者，自衛定公時，以罪奔晋，挾盟主之令而反其國，跋扈之萌已兆于此。衛獻繼世，不深思按御之道，防患于未萌，又從而激之，方其命師曹歌巧言卒章，吾謂其必有爲先事之備，及林父稱兵犯上，一朝殺四公子，衛獻請盟不從，遂委宗社以出，其不能君甚矣。春秋以自奔爲文者，著人君失御之戒，非以林父所爲爲是，而歸過其君，略賊氏名而不書也。春秋自林父歸衛，至入戚以叛，具書不遺，皆所以討也，非謂林父有可原之情也。」

〔二〕「奔」，四庫本作「出奔」。

〔三〕「奔」，四庫本闕。

【經】莒人侵我東鄙。

高氏曰：「報入鄆也。莒自滅鄫之後，凡四伐我，是無晉也。」

【經】楚公子貞帥師伐吴。

楚子爲庸浦之役故，子囊師于棠以伐吴，吴不出而還。子囊殿，以吴爲不能而弗儆。吴人自臯舟之隘要而擊之，楚人不能相救。吴人敗之，獲楚公子宜穀。

楚子囊還自伐吴，卒。將死，遺言謂子庚：「必城郢。」

高氏曰：「吴數會中國以議楚，楚人病吴，伐强以自存，在兵法所謂以攻爲守者也。夫惟吴、楚正相攻，此中國所以小寧也。」

【經】冬，季孫宿會晉士匄、宋華閱、衛孫林父、鄭公孫蠆、莒人、邾人于戚。

晉侯問衛故于中行獻子，對曰：「不如因而定之。衛有君矣，伐之，未可以得志而勤諸侯。君其定衛以待時乎。」冬，會于戚，謀定衛也。

家氏曰：「觀春秋經而知晉悼心術之微矣。邢丘之會，國君在而奨其臣，彼謂諸國之權皆在大夫，故以是諂其大夫，而陵替之漸遂徧于中國。至戚之會，而其心術之微者，著于事矣。孫林父，逐君賊也，乃使之得與于會，是奨其逐君，而教諸侯之大夫，俾胥而爲逆。吁！其險哉。自悼用師于鄭，衛衎無會不在，無戰不從，今爲其臣所逐，晉當會諸侯納衛君，罪孫、甯以伸霸討，乃盟主職分之所宜爲。既不能然，反聽賊立君，已爲會以定其位，隳壞名檢，苟以悦人，世未有若晉悼君臣之所爲也。」

高氏曰：「是歲，諸國之大夫凡三出會，或每會各一卿，或一卿三與會，各隨其國而已。」

【經】十有五年，春，宋公使向戌來聘。

且尋盟。

【經】二月，己亥，及向戌盟于劉。

泰山孫氏曰：「劉，魯地。」

許氏曰：「不盟于國而盟于劉，以崇向戌，公弱甚矣。」

高氏曰：「凡因來聘而盟者，必在國内，如成三年，晉侯使荀庚來聘，衛侯使孫良夫來聘，丙午，及荀庚盟，丁未，及孫良夫盟。十一年，晉侯使郤犨來聘，己丑，及郤犨盟。襄七年，衛侯使孫林父來聘，壬戌，及孫林父盟是也。劉，蓋王畿采地，豈有來聘魯而遠盟于劉者乎？蓋下文有劉夏，因傳者以爲春夏之夏，與文四年夏，逆婦姜于齊同文，故誤增『于劉』二字耳。二説未知孰是。」

【經】劉夏逆王后于齊。

十二年，靈王求后于齊，齊侯問對于晏桓子。桓子對曰：「先王之禮辭有之，天后求后于諸侯，諸侯對曰：『夫婦所生若而人，妾婦之子若而人。』無女而有姊妹及姑姊妹，則曰：『先守某公之遺女若而人。』」齊侯許婚，王使陰里結之。

十四年，王使劉定公賜齊侯命，曰：「昔伯舅大公，右我先王，股肱周室，師保萬民，世胙大師，以表東海。王室之不壞，緊伯舅是賴。今余命女環，茲率舅氏之典，纂乃祖考，無忝乃舊。敬之哉，無廢朕命。」

至是，官師從單靖公逆王后于齊。

穀梁氏曰：「過我，故志之也。」

任氏曰：「天子之公書公，宰周公是也。卿書伯，召伯、毛伯是也。大夫書字，宰渠伯糾是也。劉夏書名，士也。」

高氏曰：「劉夏何以不稱使？不與天王之使夏也。婚姻，人倫之本。王后，天下之母。天子不親迎，必使三公逆之。劉夏，士也。士而迎后，是不重人倫之本，不尊天下之本，禮義何由而興？風化何由而成乎？夫合二姓之好，以繼先聖之後，以爲天地宗廟社稷之主，其可輕耶？自漢而後，皇后見天子，則降階而朝，自稱曰『妾』，敗壞禮義，莫甚于此。天子總陽教，后總陰教，以共成天下之治，而輕其人，是輕宗廟社稷天地也。」

胡氏曰：「或曰天子必親迎，信乎？天子無敵于天下，雖諸父昆弟，莫不臣；適四方，諸侯莫敢有其室。若屈萬乘之尊，遠行親迎之禮，則何無敵于天下之有？或曰王后所與共事天地宗廟，繼萬世之重者，其禮當何如？使同姓諸侯主其辭，命卿往逆，公監之，父母之國諸卿皆送至于京師，舍而止，然後天子親迎以入。其納王后之禮乎？官師從單靖公逆王后于齊，書劉夏而不書靖公，是知卿往逆，公監之，禮也。春秋婚姻常事，得禮者不書。」

高郵孫氏曰：「春秋二百四十二年，周王十三，其逆后者惟二，足知非禮則書之也。」

【經】夏，齊侯伐我北鄙，圍成。公救成，至遇。季孫宿、叔孫豹帥師城成郛。

夏，齊侯圍成，貳于晋故也。于是乎城成郛。

高郵孫氏曰：「齊圍成而公救之，至遇而不進。于經可以言『次』也，然而但曰『至遇』而不曰『次』，蓋春秋不責人以所不能，原襄公之情，失之于前，故不加之于後也。書『救成』『至遇』，以見其不敢抗强齊而自取危亡也。」

家氏曰：「前書齊侯圍成，公救成，至遇。言救之之緩，而成爲齊所毁也。後書二大夫帥師城成郛于既毁之之後也。寇之未至也，無先事之備。及其見圍，救之又緩。逮其亡去，乃帥師而城之。魯之所以自治其國者，于此可見矣。」

【經】秋，八月，丁巳，日有食之。

【經】邾人伐我南鄙。

使告于晉，晉將爲會以討邾、莒，晉侯有疾，乃止。

高氏曰：「邾將貳于晉以與齊，故來伐我。」

許氏曰：「政在君，則民一。民一，則國强。政在臣，則民二。民二，則國弱。魯自成、襄失政，大夫並竊國靈。齊、邾、莒交伐其國，不競甚矣。無他，民分于三桓故也。」

【經】冬，十有一月，晉侯周卒。

朱子曰：「晉悼公幼年聰惠，似周世宗。厲公弑，晉室大段費力。及悼公歸，恰如久雨積陰，忽遇大晴，光景爲之一新。」

東萊吕氏曰：「晉惠公未入之初，許賂中大夫，惟恐不得入。悼公先與群臣要約而後入，是知霸業之所以興者，一則明要約，如悼公初入之言曰『二三子用我今日，否亦今日』等言是也。二則立威令，如逐不臣者七人是也。三則布恩惠施舍己責是也。四則定規模，如命荀家等，使訓卿之子弟，恭、儉、孝、弟是也。五則舉賢才，如六官之長，舉不失德是也。晉悼公之所以霸，其規模根本在此。」

樸鄉吕氏曰：「甚矣！悼公再霸之難也。晉、楚所争者二，其一陳也，其一鄭也。悼公紹文、襄之烈，凡有盟會，諸侯麇至。向也鄭從楚，城虎牢而鄭始服。向也陳從楚，盟鷄澤而陳來會。自是陳、鄭即中國矣，而楚人仇于陳、鄭者，亦如之。是故再會于戚，爲戍陳也，而楚子貞爲是伐陳，諸侯于是有救陳之師。又明年，公子貞圍陳，諸侯于是有鄬之會。凡以争陳也。鄭侵蔡而獲公子燮，則楚伐鄭。鄭受盟于楚，則晉伐鄭。鄭同盟于戲，則楚伐鄭。鄭爲楚伐宋，則晉又伐鄭。諸侯戍鄭虎牢，則楚救之。鄭公孫舍之侵宋，則晉伐之。鄭同盟于亳城北，則楚師至。楚子、鄭伯伐宋，則晉師來。凡以争鄭也。然而陳卒從楚，而晉不能争，鄭則從晉而楚不能争，何也？無他，鄭近晉，陳近楚也。觀范宣子之言，曰：『楚人討貳而立子囊，必改行而疾討陳。陳近于楚，民朝夕急，能無往乎？有陳，非吾事，無之而後可。』吁！此晉之所以不能争陳歟。觀子展之謀曰：『吾與宋爲惡，諸侯必至，吾從之盟。楚師至，吾又從之，則晉怒甚矣。晉能驟來，楚將不能，吾乃固與晉。』吁！此楚之所以不能争鄭歟。夫惟陳近于楚，而民朝夕急也，故其望于晉也緩。夫惟晉能驟來，而楚將不能也，故其從于晉也急。自鄬之會，陳侯逃歸，而中國之會盟不復有陳。自蕭魚之會，鄭伯寔與，而楚之威令不能行于鄭者二十年，由此故也。夫以悼公再伯之烈，其所可稱道者，不過蕭魚之會而止。以盟，則不能如屈完之來以服其心；以戰，則不能如城濮之師以讋其氣。然以荆楚方强，子囊爲政，而凛然有憚晉之心，雖或時帥師徒以示不怯，而卒不敢以陵駕中國者，豈無故哉？觀子囊之言，『今吾不能與晉争，晉君類能而使之，舉不失選，官不易方，其卿遜于善，其大夫不失守，其士競于教，其庶人力于農穡。商、工、皂、隸不知遷業。君明臣忠，上遜下競。當是時也，晉不可敵』。然則晉悼之所以服楚，固有道矣。然嘗評悼公之伯，而獨于會吴之事，深不滿焉。悼公之所以急于會吴者，固將以撓楚也。然吴猶楚也，急于撓楚之謀，而不知適以啟吴人之釁。楚患雖微，吴憂方大。異時駸駸强盛，以致黄池之會，儼然爲兩伯，以臨諸侯，而春秋終矣，是悼公之爲也，不亦可惜也哉。抑悼公之所以爲大失者，尤在于大夫之專也。雞澤之會，諸侯寔在，而使大夫盟甚。至于邢丘之會，大夫得以會諸侯。而向之會，則直以大夫而已。以悼公之賢，而不能抑大夫之專，又從而張之，是將誰咎哉？至于鄫，嘗預會，而聽莒人之滅鄫，莒、魯同盟，而不恤莒人之仇魯，進齊世子光于諸侯之上，而不知班序之亂者，無他，急于得陳，不暇恤鄫、魯之怨，喜齊世子之先朝，則雖躋之諸侯之上不顧也，蓋其設心措慮，全在制楚，而其他皆未之及，此所以不能如桓、文之盛歟。」

【經】十有六年，春，王正月，葬晋悼公。

愚按：諸侯五月而葬，國有常典，夫欲會諸侯而速葬其親，于所厚者薄矣，背禮違道，莫斯爲甚。世有王者，將致討焉，又何以爲盟主而令諸侯乎？宜晋霸之不競也。

【經】三月，公會晋侯、宋公、衛侯、鄭伯、曹伯、莒子、邾子、薛伯、杞伯、小邾子于溴梁。戊寅，大夫盟。晋人執莒子、邾子以歸。

平公即位，羊舌肸爲傅，張君臣爲中軍司馬，祁奚、韓襄、欒盈、士鞅爲公族大夫，虞丘書爲乘馬御。改服修官，烝于曲沃。警守而下，會于溴梁。命歸侵田。以我故，執邾宣公、莒黎比公，且曰：「通齊、楚之使。」

晋侯與諸侯宴于温，使諸大夫舞，曰：「歌詩必類。」齊高厚之詩不類，荀偃怒，且曰：「諸侯有異志矣。」使諸大夫盟高厚，高厚逃歸。于是叔孫豹、晋荀偃、宋向戌、衛甯殖、鄭公孫蠆、小邾人之大夫盟曰：「同討不庭。」

高氏曰：「爲討邾、莒也。邾、莒連伐魯，魯使告于晉，悼公將爲會以討之，遇疾而止。平公即位，遂成父志。夫居喪而出會，失盟主之禮矣。」

公羊氏曰：「諸侯皆在，而言大夫盟，遍刺天下之大夫也，君若贅旒然。」

穀梁氏曰：「諸侯失正矣，諸侯會而曰大夫盟，政在大夫也。諸侯在而不曰諸侯之大夫，大夫不臣也。」

胡氏曰：「上二年，春，正月，會于向，十有四國之大夫也。夏，四月，會伐秦，十有三國之大夫也。冬，會于戚，七國之大夫也。此三事，皆國之大事也，而使大夫皆專之，而諸侯不與焉，是列國之君不自爲政，禮樂征伐已自大夫出矣。況悼公既没，平公初立，無先公之明也，君若贅旒而大夫張，夫豈一朝一夕之故哉？」

謝氏曰：「溴梁之會，二國受盟，非違命也。平公首令諸侯，而不以其罪執之，失政刑矣。晉侯奪爵、書人，貶之也。二子罪非在所絶也，執以歸則非，屈辱于晉也，故雖失位，不名。」

家氏曰：「執諸侯不以歸京師，而執以自歸，是無王也。」

陳氏曰：「凡霸在焉，而但書諸侯者，無霸也。君在焉，而但書大夫者，無君也。是故自文而下，則有斥言諸侯而不序。自襄而下，則有斥言大夫而不序。」

愚按：邾、莒數爲魯患，故晉人爲溴梁之盟，當申以文告之辭，使之救灾恤患，以相親睦，毋背盟失信而相侵伐，至于不悛，然後興師問罪，以大義責之可也。夫既列于會矣，又使大夫盟矣，而執二君以歸。至于高厚逃歸，齊人伐魯，則置而不敢問，豈霸主所以令諸侯乎？宜諸國之解體也。

【經】齊侯伐我北鄙。

廣陵高氏曰：「齊既叛晉，聞公在會，將討邾、莒，故復來伐北鄙。是時齊侯益强，自柯陵之會，遂不復出，但使大夫聽命，使世子抗禮出會，蓋有輕諸侯之心矣。故前年北鄙之役，爲莒伐我。邾附齊故，亦伐我南鄙。晉患齊之益驕，于是爲溴梁之會，以討貳焉。邾、莒畏晉，不敢不會，而齊獨不至，故晉人乃執二君以歸。齊知二君之執，爲我之故，乃益伐我。二年之間，齊師五至魯城之下，則其强暴可知。」

【經】夏，公至自會。

【經】五月，甲子，地震。

【經】叔老會鄭伯、晉荀偃、衛甯殖、宋人伐許。

許男請遷于晉，諸侯遂遷許。許大夫不可，晉人歸諸侯。鄭子蟜聞將伐許，遂相鄭伯以從諸侯之師。穆叔從公。齊子帥師會晉荀偃。夏，六月，次于棫林。庚寅，伐許，次于函氏。晉荀偃、欒黶帥師伐楚，以報宋揚梁之役。楚公子格帥师及晉師戰于湛阪，楚師敗績。晉師遂侵方城之外，復伐許而還。

高氏曰：「許欲〔二〕棄楚，請遷于晉。既而不果，故晉會諸侯大夫同伐之。鄭與許有宿怨，故其君親行。鄭序晉上者，卿不先諸侯，尊國君也。宋之稱人，蓋微者。宋在諸國之上，今列衛甯殖之下，故知其微者焉。」

張氏曰：「許男有從中國之志，而大夫阻之，足以見一時之俗矣。」

家氏曰：「始，晉人謀遷許，將以安全之也。今而伐之，又聽鄭人，以其師從鄭，與許爲讎。晉以鄭師伐許，將安全之乎？抑覆亡之乎？越後十年，許卒報鄭。」

【經】秋，齊侯伐我北鄙，圍成。

孟孺子速徼之。齊侯曰：「是好勇，去之以爲之名。」速遂塞海陘而還。

【經】大雩。

【經】冬，叔孫豹如晉。

且言齊故。晉人曰：「以寡君之未禘祀，與民之未息。不然，不敢忘。」穆叔曰：「以齊人之朝夕釋憾于敝邑之地，是以大請。敝邑之急，朝不及夕，引領西望曰：『庶幾乎。』比執事之間，恐無及也。」見中行獻子，賦圻父。獻子曰：「偃知罪矣。敢不從執事以同恤社稷，而使魯及此。」見范宣子，賦鴻雁之卒章，宣子

〔二〕「欲」，四庫本作「既」。

曰：「匄在此，敢使魯無鳩乎？」

愚按：邾、莒伐魯，魯人來告，則速葬爲會，以執二國之君。齊人伐魯，魯人來告，則以未禘爲辭，而不敢問。晉之畏强、欺弱、無能，抑至于此，而望其爲霸，不亦難乎？

家氏曰：「春秋于齊侯圍成之後，書叔孫豹如晉，著魯人不爲自治之計，事急則求于晉，以是而存亡定傾，亦甚可鄙矣。」

春秋闕疑卷三十一（襄公十七年—二十一年）

【經】十有七年，春，王二月，庚午，邾子牼卒。

【經】宋人伐陳。

宋莊朝伐陳，獲司徒卬，卑宋也。

家氏曰：「陳叛中國久矣，晋不能治，而宋興師伐之，爲中國撓楚也。十一年，楚、鄭伐宋以撓晋，今宋人伐陳，亦以撓楚。」

高氏曰：「書伐許、伐陳，亦著楚之絀。」

【經】夏，衛石買帥師伐曹。

衛孫蒯田于曹隧，飲馬于重丘，毁其瓶。重丘人閉門而詢之，曰：「親逐而君，爾父爲厲。是之不憂，而何以田爲？」夏，衛石買、孫蒯伐曹，取重丘。曹人愬于晋。

【經】秋，齊侯伐我北鄙，圍桃。高厚帥師伐我北鄙，圍防。

齊人以其未得志于我故，秋，齊侯伐我北鄙，圍桃。高厚圍臧紇于防。師自陽關逆臧孫，至于旅松。郰叔紇、臧疇、臧賈帥甲三百，宵犯齊師，送之而復。齊師去之。齊人獲臧堅。齊侯使夙沙衛唁之，且曰：「無死。」堅稽首曰：「拜命之辱，抑君賜不終，姑又使其刑臣禮于士。」以杙抉其傷而死。

高氏曰：「見齊之君臣同來伐我，而分兵以圍二邑，蓋甚之又甚也。高厚不稱齊者，繫齊侯也。齊魯乃〔一〕世婚姻之國，而侵伐不已，見魯之衰，有以致伐矣。」

泰山孫氏曰：「三年之中，君臣加兵于魯者四，齊之不道，亦可知也。」

【經】九月，大雩。

【經】宋華臣出奔陳。

宋華閱卒。華臣弱皐比之室，使賊殺其宰華吳。賊六人以鈹殺諸盧門合左師之後。左師懼曰：「老夫無罪。」賊曰：「皐比私有討于吳。」遂幽其妻，曰：「畀余而大璧。」宋公聞之，曰：「臣也，不唯其宗室是暴，大亂宋國之政，必逐之。」左師曰：「臣也，亦卿也。大臣不順，國之耻也。不如蓋之。」乃舍之。左師爲已短策，苟過華臣之門，必騁。十一月，甲午，國人逐瘈狗。瘈狗入于華臣氏，國人從之。華臣懼，遂奔陳。

高氏曰：「華臣暴其宗室，而亂宋國之政，不有國討，失政刑矣。震駭而奔，懷慝之禍也。夫陳乃宋讐而

〔一〕「魯乃」，四庫本作「君仍」。

奔焉，意尤可誅。」

【經】冬，邾人伐我南鄙。

爲齊故也。

高氏曰：「邾之先君以伐魯而爲晋所執，既歸而卒，嗣子在喪而復興兵伐我者，叛晋也，與齊也。齊人使之修先君之怨也。」

師氏曰：「魯鄙有四，而莒每伐其東，齊每伐其北，邾每伐其南，非惟魯不能睦四隣，亦足以見齊、莒、邾之非善隣矣。」

【經】十有八年，春，白狄來。

白狄始來。

高郵孫氏曰：「春秋夷狄之來魯者[一]，但書曰來，不曰朝也，介葛盧、白狄是也。」

臨江劉氏曰：「夷狄[二]于中國，無事焉。其于天子，世一見。則諸侯雖有善其交際，不得通也，是以春秋不與其朝。不與其朝者，懲淫慝，一内外也。周公致太平，越裳氏重九譯而獻其白雉。公曰：『君子德不及焉，

[一]「夷狄之來魯者」，四庫本作「非列侯來朝者」。

[二]「夷狄」，四庫本作「蕃服」。

不享其贄。』此乃天子之讓也，况列國之君乎？守藩之臣乎？」

家氏曰：「春秋之世，所謂戎狄者〔一〕多錯居九服之内，又自以爲先代之後，明德之裔，莫不負恃强大，有陵犯上國之心。魯之盟戎、會戎，苟求無事而已。今白狄慕義順朝，固非周制之所許，拒而絶之，有不可得。故春秋之義，會戎、盟戎，則有譏。介葛盧來、白狄來之類，則直著其事，不與其朝，辨分而無絶也。」

【經】夏，晋人執衛行人石買。

晋人執衛行人石買于長子，執孫蒯于純留，爲曹故也。

愚按：經書晋人執衛行人石買，而傳云晋人執衛行人石買于長子，執孫蒯于純留。夫晋之執石買，雖因其伐曹之故，然所以執之，則因其來聘而遂執之耳，非以其罪而執之于其國也，故經以行人書之。石買既爲行人，至晋，孫蒯何緣與之同行，而亦被執乎？蓋傳因伐曹之事，實孫蒯、石買之所爲，故附會而爲此言耳。

謝氏曰：「以衛不直而執之，則罪不在行人。以買伐曹而執之，則不當執于行人。」

臨江劉氏曰：「晋稱人以執，非霸討也。此其爲非霸討奈何？衛孫蒯淫獵于曹，曹人閉門詢之。孫蒯怒，使石買帥師以伐曹。曹人訴諸晋。石買以君命聘于晋，晋人執之。晋能知石買之伐曹爲恶矣，而未能知孫蒯逐

〔一〕「所謂戎狄者」，四庫本作「如允姦姜戎」

君之爲恶也。蒯者，曷爲者也？孫林父之子也。」

張氏曰：「石買之執有三失焉：舍大而治小，一也。行人非所執，二也。不歸于京師，三也。三者有一，不得爲霸討，而况無之乎？」

【經】秋，齊師伐我北鄙。

許氏曰：「四年之中，六伐鄙而四圍邑，又從邾、莒以助其虐，諸侯之陵暴，未有若此者也。是以動天下之兵，幾亡其國。」

【經】冬，十月，公會晉侯、宋公、衛侯、鄭伯、曹伯、莒子、邾子、滕子、薛伯、杞伯、小邾子同圍齊。

晉侯伐齊，將濟河。獻子以朱絲系玉二瑴，而禱曰：「齊環怙恃其險，負其衆庶，棄好背盟，陵虐神主。曾臣彪將率諸侯以討焉，其官臣偃實先後之。苟捷有功，無作神羞，官臣偃無敢復濟。唯爾有神裁之。」沈玉而濟。

冬十月，會于魯濟，尋湨梁之盟，同伐齊。齊侯禦諸平陰，塹防門而守之，廣里。夙沙衛曰：「不能戰，莫如守險。」弗聽。諸侯之士門焉，齊人多死。范宣子告析文子曰：「吾知，子敢匿情乎？魯人、莒人皆請以車千乘自其鄉入，既許之矣。若入，君必失國。子盍圖之？」子家以告公，公恐。晏嬰聞之曰：「君固無勇，而又聞是，弗能久矣。」齊侯登巫山以望晉師，晉人使司馬斥山澤之險，雖所不至，必旆而疏陳之，使乘車者左實右僞，以旆先，輿曳柴而從之。齊侯見之，畏其衆也，乃脱歸。丙寅，晦，齊師夜遁。師曠告晉侯曰：「烏烏之聲樂，齊師其遁。」邢伯告中行伯曰：「有班馬之聲，齊師其遁。」叔向告晉侯曰：「城上有烏，齊師其遁。」

十一月，丁卯，朔，入平陰，遂從齊師。夙沙衛連大車以塞隧而殿。殖綽、郭最曰：「子殿國師，齊之辱也。子姑先乎？」乃代之殿。衛殺馬于隘以塞道，晉州綽及之，射殖綽，中肩，兩失夾脰，曰：「止，將爲三軍獲。不止，將取其衷。」顧曰：「爲私誓。」州綽曰：「有如日。」乃弛弓而自後縛之。其右具丙亦舍兵而縛郭最，皆衿甲面縛，坐于中軍之鼓下。

晉人欲逐歸者，魯、衛請攻險。己卯，荀偃、士匄以中軍克京兹。乙酉，魏絳、欒盈以下軍克邿。趙武、韓起以上軍圍盧，弗克。十二月，戊戌，及秦周，伐雍門之萩。范鞅門于雍門，其御追喜以戈殺犬于門中。孟莊子斬其楯以爲公琴。己亥，焚雍門及西郭、南郭。劉難、士弱率諸侯之師焚申池之竹木。壬寅，焚東郭、北郭。范鞅門于揚門。州綽門于東閭，左驂迫，還于門中，以枚數闔。齊侯駕，將走郵棠，大子與郭榮扣馬，曰：「師速而疾，略也。將退矣，君何懼焉！且社稷之主，不可以輕，輕則失衆，君必待之。」將犯之，大子抽劍斷鞅，乃止。甲辰，東侵及濰，南及沂。

啖氏曰：「諸侯同心圍齊，特書『同圍』。」

程子曰：「書『同圍』，見諸侯之恶齊。」

許氏曰：「環而攻之，焚其四郭，故謂之圍。」

胡氏曰：「凡侵、伐、圍、入，未有書同者，而獨于此書『同圍齊』，何也？齊環背盟棄好，陵虐神主，肆其暴横，數伐鄰國，觀加兵于魯，則可見矣。諸侯所共恶疾，故同心而圍之也。」

愚按：邾、莒嘗病魯矣，滕、薛、小邾嘗屬齊矣。今皆與于圍齊之役，而莫敢有不同者，晋人以大義驅〔一〕之也。霸主所舉，皆如圍齊，天下諸侯，豈有異議哉？亦可以見人心天理，好善恶恶，無不同也。

【經】曹伯負芻卒于師。

【經】楚公子午帥師伐鄭。

鄭子孔欲去諸大夫，將叛晋而起楚師以去之。使告子庚，子庚弗許。楚子聞之，使揚豚尹宜告子庚曰：「人〔二〕謂不穀主社稷而不出師，死不從禮。不穀即位，于今五年，師徒不出，人其以不穀爲自逸，而忘先君之業矣。大夫圖之，其若之何？」子庚歎曰：「君王其謂午懷安乎！吾以利社稷也。」見使者，稽首而對曰：「諸侯方睦于晋，臣請嘗之。若可，君而繼之。不可，收師而退，可以無害，君亦無辱。」子庚帥師治兵于汾。于是子蟜、伯有、子張從鄭伯伐齊。子孔、子展、子西守。二子知子孔之謀，完守入保。子孔不敢會楚師。

〔一〕「驅」，四庫本作「馳」。
〔二〕「人」，四庫本作「國人」。

楚師伐鄭，次于魚陵。右師城上棘，遂涉潁，次于旃然。蔿子馮、公子格率鋭師侵費滑、胥靡、獻于、雍梁，右回梅山，侵鄭東北，至于蟲牢而反。子庚門于純門，信于城下而還，涉于魚齒之下。甚雨及之，楚師多凍，役徒幾盡。晉人聞有楚師，師曠曰：「不害。吾驟歌北風，又歌南風。南風不競，多死聲。楚必無功。」董叔曰：「天道多在西北〔一〕，南師不時，必無功。」叔向曰：「在其君之德也。」

愚按：午之伐鄭，雖子孔召之，然實晉、楚安危之所系，而中國夷狄消長〔二〕之幾也，涉于魚齒，甚雨及之，楚師多凍，役徒幾盡，豈非天未欲啟夷狄以禍中國乎？

【經】十有九年，春，王正月，諸侯盟于祝柯。晉人執邾子。

諸侯還自沂上，盟于督揚，曰：「大毋侵小。」執邾悼公，以其伐我故。

高郵孫氏曰：「諸侯已圍齊而爲祝柯之盟，不序諸侯，前目後凡也。」

陳氏曰：「申言諸侯閒有事也。」

師氏曰：「諸侯圍齊，鄭伯亦與。楚乃伺隙伐鄭，爲諸侯之計，拒楚救鄭，以尊中國可也。祝柯之盟，意其在是，而執邾子，斯爲下矣。」

〔一〕「西」，四庫本作「東」。

〔二〕「夷狄消長」，四庫本作「治亂盛衰」。

家氏曰：「諸侯同怒齊而伐，邾子身與戎馬驅馳之間，又與于祝柯之盟，縱有罪，亦當少損其罰。況邾、魯以疆事搆争，晋既討而執之矣。今自齊來反，當叙勤閔勞之時，乃執其君而取其地，晋之用事者，狂恣甚矣。」

高氏曰：「不書以歸者，旋即舍之也。蓋執其君，以劫其地，得其地，即舍之。下書『取邾田，自漷水』，則知其脅人之君而奪其地，此平公之霸政也。」

【經】公至自伐齊。

臨江劉氏曰：「此圍也，其以伐至，何也？以伐告也。」

【經】取邾田，自漷水。

次于泗上，疆我田。取邾田，自漷水歸之于我。晋侯先歸。公享晋六卿于蒲圃，賜之三命之服，軍尉、司馬、司空、輿尉、候奄皆受一命之服。賄荀偃束錦，加璧，乘馬，先吴壽夢之鼎。

杜氏曰：「取邾田，以漷水爲界也。」

泰山孫氏曰：「諸侯土地，受之天子，不可取也。言取，恶内也。」

蘇氏曰：「魯以晋命，取田于邾，故書曰『取邾田』。自漷水，言非魯地也。」

謝氏曰：「邾，小國也。其伐我南鄙，正以疆界不明故。圍齊之後，晋人執其君，魯人取其田，春秋正其曲直，而田稱邾。邾田書取，則疆界不明，曲乃在魯矣。邾田自漷水，著其取田之多也。圍齊，義也。取邾田，不義也。以義討齊之暴，復以不義侵邾之疆。以亂繼亂而已，故晉執邾子書人，邾以田與魯書取，所以正其亂也。」

愚按：經書取邾田，而傳稱疆我田，蓋魯人以正疆爲名而妄取邾田。春秋誅其心，故没其疆田之説，而正其取田之罪，直書曰「取邾田」。

【經】季孫宿如晉。

拜師，晉侯享之。范宣子爲政，賦黍苗。季武子興，再拜稽首，曰：「小國之仰大國也，如百穀之仰膏雨焉。若常膏之，其天下輯睦，豈唯敝邑？」賦六月。

季武子以所得于齊之兵作林鐘而銘魯功焉。臧武仲謂季孫曰：「非禮也。夫銘，天子令德，諸侯言時計功，大夫稱伐。今稱伐，則下等也。計功，則借人也。言時，則妨民多矣。何以爲銘？且夫大伐小，取其所得，以作彝器，銘其功烈，以示子孫，昭明德而懲無禮也。今將借人之力以救其死，若之何銘之？小國幸于大國，而昭所獲焉以怒之，亡之道也。」

【經】葬曹成公。

【經】夏，衛孫林父帥師伐齊。

晉欒魴帥師從衛孫文子伐齊。

高氏曰：「晉人以未卒事于齊，復使欒魴帥師從衛孫林父伐齊。此獨書衛伐之者，蓋十四年，林父逐衛侯衎奔于齊，林父欲除之故耳。然則林父逐君之罪與衛侯受逐者所立，霸主所當討，而反與之會伐，則晉平公之霸業，可知也已。」

【經】秋，七月，辛卯，齊侯環卒。

齊侯娶于魯曰顔懿姬，無子，其姪鬷聲姬生光，以爲太子。諸子仲子、戎子，戎子嬖。仲子生牙，屬諸戎子。戎子請以爲太子，許之。仲子曰：「不可。廢常，不祥。間諸侯，難。光之立也，列于諸侯矣。今無故而廢之，是專黜諸侯，而以難犯不祥〔一〕也，君必悔之。」公曰：「在我而已。」遂東大子光。使高厚傅牙，以爲大子，夙沙衛爲少傅。

齊侯疾，崔杼微逆光。疾病，而立之。光殺戎子，尸諸朝。夏五月，壬辰，晦，齊靈公卒。莊公即位。執公子牙于句瀆之丘。以夙沙衛易己，衛奔高唐以叛。

齊慶封圍高唐，弗克。冬，十一月，齊侯圍之，見衛在城上，號之，乃下。問守備焉，以無備告。揖之，乃登。聞師將傅，食高唐人。殖綽、工僂會夜縋納師，醢衛于軍。

〔一〕「祥」，四庫本作「詳」。

二十一年，齊侯使慶佐爲大夫，復討公子牙之黨，執公子買于句瀆之丘。公子鉏來奔，叔孫還奔燕。

家氏曰：「齊靈廢嫡于兵敗國危之時，齊光簒父于病篤垂死之際，靈之暴，光之逆，所謂凶德參會，萃于一時者也。然迹其事之所從來，正由高厚、崔杼貪于得權，以成此禍耳。厚贊其君伐本幹、樹疢蘖，已爲之傅，思久于其位也。孰知崔杼陰拱其傍，爲謀更深，一朝輔光，以簒殺厚，而兼其室，遂相齊而志猶未饜，復殺光以自媚于晉。亂臣賊子，苟以患失爲心，其禍至于殺身喪邦、覆其家而後已。」

【經】晋士匄帥師侵齊。至穀，聞齊侯卒，乃還。

公羊氏曰：「還者何？善辭也。何善爾？大其不伐喪也。此受命乎君而伐齊，則何大其不伐喪？大夫以君命出，進退在大夫也。」

陸氏曰：「聞齊侯卒，乃還，不當更往。」

臨江劉氏曰：「古之爲師也，不伐喪。大夫以君命出境，有可以安社稷、利國家者，則專之可也。穀者，齊地也。其曰至穀而後還，稱其義也。非齊地，則勿復乎？曰止師而請之。君曰可，而後止。不可，則復之。期可而後止。臣之事君也，凡在國，無專焉。子之事親也，凡在家，無專焉。」

蘇氏曰：「將在軍，君命有所不受。有善而專之，君與有焉。」

常山劉氏曰：「天下無王，諸侯擅命，征伐各自己出，利人之難以成其私，故伐人之喪者，比比皆是。而士匄乃有惻隱之心，還師不侵，豈非善乎？」

高氏曰：「春秋之義，事畢書還，未畢書復。此以畢事之辭書之，何也？士匄所以興師而往者，爲齊靈公也。靈公既卒，于是遂反。春秋以爲得事畢之義，故書還。」

朱子曰：「春秋分明處如晉士匄侵齊，至穀，聞齊侯卒，乃還，分明是與之也。」

【經】八月，丙辰，仲孫蔑卒。

【經】齊殺其大夫高厚。

齊崔杼殺高厚于灑藍而兼其室。

左氏曰：「書齊殺其大夫，從君于昏也。」

張氏曰：「殺高厚者，崔杼也。杼雖擅生殺之權，亦莊公之所欲也。以累上之辭言之，可謂著明矣。」

【經】鄭殺其大夫公子嘉。

鄭子孔之爲政也專。國人患之，乃討西宮之難與純門之師。子孔當罪，以其甲及子革、子良氏之甲守。甲辰，子展、子西帥國人伐之，殺子孔而分其室。鄭人使子展當國，子西聽政，立子産爲卿。

胡氏曰：「不稱鄭人者，嘉則有罪矣。而子展、子西不能正以王法，肆諸市朝，與衆同棄，乃利其室而分之，有私意焉，故稱國以殺而不去其官，此春秋原情定罪之意。」

【經】冬，葬齊靈公。

【經】城西郛。

懼齊也。

【經】叔孫豹會晉士匄于柯。

高氏曰：「齊及晉平，魯猶懼齊，故爲柯之會以自固。」

許氏曰：「書仲孫蔑會齊高固于無婁，書叔孫僑如會晉荀首于穀，書叔孫豹會晉士匄于柯，以見政在大夫，動則列國事之如此。」

【經】城武城。

齊及晉平，盟于大隧，故穆叔會范宣子于柯。穆叔見叔向，賦載馳之四章。叔向曰：「肸敢不承命。」穆叔歸曰：「齊猶未也，不可以不懼。」乃城武城。

家氏曰：「城西郛，城武城，皆所以備齊也。晉爲魯大舉伐齊，齊雖困而未服，故魯所以爲備者如此。或曰：春秋其與之乎？曰：不與也。國不能用賢，紀綱陵遲，百度廢弛，寇有不至，至則危矣。雖多城，何益？」

【經】二十年，春，王正月，辛亥，仲孫速會莒人，盟于向。

及莒平。孟莊子會莒人，盟于向，督揚之盟故也。

高氏曰：「莒數伐魯。前年，諸侯盟于祝柯以和解之。故二國復自爲盟以結好，自是十七年，莒、魯不交兵。」

【經】夏，六月，庚午，公會晉侯、齊侯、宋公、衛侯、鄭伯、曹伯、莒子、邾子、滕子、薛伯、杞伯、小邾子盟于澶淵。

齊成故也。

薛氏曰：「齊之無道，諸侯圍之而不服。以晉士匄之不伐喪也，遂會于澶淵，修文來遠，不誣也哉。」

【經】秋，公至自會。

【經】仲孫速帥師伐邾。

邾人驟至，以諸侯之事，弗能報也。秋，孟莊子伐邾以報之。

許氏曰：「祝柯之會，既執邾子，又取其田，報亦足矣，而復伐之，譏已甚矣。且澶淵在彼，何以盟爲？」

家氏曰：「此譏魯之叛盟伐國，而晉不討也。」

【經】蔡殺其大夫公子燮。蔡公子履出奔楚。

蔡公子燮欲以蔡之晉，蔡人殺之。公子履，其母弟也，故出奔楚。初，蔡文侯欲事晉，曰：「先君與于踐土之盟，晉不可棄，且兄弟也。」畏楚，不能行而卒。楚人使蔡無常。公子燮求從先君以利蔡，不能而死。

胡氏曰：「公子燮謀國之合于義者也，國人乃不順焉而殺燮，此何罪矣？故稱國而不去其官。履，其母弟也，進不能正國，退不能遠害，懼禍而奔，從于夷狄。書者，罪之也。」

【經】陳侯之弟黄出奔楚。

陳慶虎、慶寅畏公子黄之偪，愬諸楚，曰：「與蔡司馬同謀。」楚人以爲討。公子黄出奔楚，將出奔，呼于國曰：「慶氏無道，求專陳國，暴蔑其君，而去其親，五年不滅，是無天也。」

穀梁氏曰：「諸侯之尊，兄弟不得以屬通。其弟云者，親之也。親而奔之，恶也。」

陸氏曰：「稱弟者，罪其兄也。非兄之罪，則曰公子。」

謝氏曰：「罪哀公不能全其弟也。」

家氏曰：「黄不奔他國而奔楚，甘于從夷〔一〕者也。書奔楚，亦以貶。」

【經】叔老如齊。

齊子初聘于齊。

杜氏曰：「齊、魯有怨，朝聘禮絶，今始復通。」

【經】冬，十月，丙辰，朔，日有食之。

〔一〕「夷」，四庫本作「楚」。

【經】季孫宿如宋。

報向戌之聘也。

【經】二十有一年，春，王正月，公如晉。

拜師及取邾田也。

【經】邾庶其以漆、閭丘來奔。

季武子以公姑姊妻之，皆有賜于其從者，于是魯多盜。季孫謂臧武仲曰：「子盍詰盜。」武仲曰：「不可詰也，紇又不能。」季孫曰：「我有四封，而詰其盜，何故不可？子爲司寇，將盜是務去，若之何不能？」武仲曰：「子召外盜而大禮焉，何以止吾盜？子爲正卿而來外盜，使紇去之，將何以能？庶其竊邑于邾以來，子以姬氏妻之，而與之邑，其從者皆有賜焉。若大盜，禮焉以君之姑姊與其大邑，其次皁牧輿馬，其小者衣裳劍帶，是賞盜也。賞而去之，其或難焉。紇也聞之，在上位者，洒濯其心，壹以待人，軌度其信，可明徵也，而後可以治人。夫上之所爲，民之歸也。上所不爲，而民或爲之，是以加刑罰焉，而莫敢不懲。若上之所爲而民亦爲之，乃其所也，又可禁乎？」

胡氏曰：「庶其，邾大夫也。春秋小國之大夫不書其姓氏，微也。其以事接我則書，謹之也。莒慶以大夫即魯而圖昏，接我不以禮者也。邾庶其以地叛其君而來奔，接我不以義者也。以欲敗禮，則身必危。以利棄義，則國必亂。春秋禮義之大宗，故小國之大夫接我以利欲，則特書其姓氏，謹之也。此叛臣也，經何以不書叛？書名、書地而竊邑叛君之罪見矣。」

臨江劉氏曰：「漆，一邑。閭丘，一邑。曷爲不言及？公邑言及，私邑不言及。私邑者，所受于君而食之者也。公邑者，非食之者也。」

薛氏曰：「納人之叛而疾人之叛已，不可與言理矣。」

樸鄉吕氏曰：「人臣之叛，〔二〕必適讎國。魯之于邾，既執其君，取其田，又伐其國，而又納其叛人，甚矣。」

陳氏曰：「公猶在晉，季孫宿納之也。向者莒太子僕弒其君，以其寶玉來奔，納諸宣公矣。季文子使司寇出諸境則不書，公猶在晉而季孫宿納庶其，則何以書？春秋誅叛人，君臣之責也。是故苟不納之，雖有公命，不書。苟納之，雖無君命，必謹而書之。」

謝氏曰：「納叛，非所以安吾國。失信，非所以服鄰國。」

家氏曰：「善乎臧孫之言，知庶其之爲盜，知季氏爲受盜之主。其言有合于夫子異日所以語季康子者，是可並書也。」

〔二〕「叛」，四庫本作「奔」。

【經】夏，公至自晉。

【經】秋，晉欒盈出奔楚。

初，士鞅奔秦。秦伯問于士鞅曰：「晉大夫其誰先亡？」對曰：「其欒氏乎。」秦伯曰：「以其汰乎？」對曰：「然。欒黶汰虐已甚，猶可以免，其在盈乎？」秦伯曰：「何故。」對曰：「武子之德在民，如周人之思召公焉，愛其甘棠，況其子乎？欒黶死，盈之善未能及人，武子所施没矣。而黶之怨實章，將于是乎在。」

欒桓子娶于范宣子，生懷子。范鞅以其亡也，怨欒氏，故與欒盈爲公族大夫而不相能。欒祁與其老州賓通，幾亡室矣。懷子患之，祁懼其討也，愬諸宣子，曰：「盈將爲亂，以范氏爲死桓主而專政矣，曰：『吾父逐鞅也，不怒而以寵報之，又與吾同官而專之，吾父死而益富。死吾父而專于國，有死而已，吾蔑從之矣。』其謀如是，懼害于主，吾不敢不言。」范鞅爲之徵。懷子好施，士多歸之。宣子畏其多士也，信之。懷子爲下卿，宣子使城著而遂逐之。

秋，欒盈出奔楚。宣子殺箕遺、黄淵、嘉父、司空靖、邴豫、董叔、邴師、申書、羊舌虎、叔羆。囚伯華、叔向、籍偃。人謂叔向曰：「子離于罪，其爲不知乎？」叔向曰：「與其死亡若何？」樂王鮒見叔向曰：「吾爲子請。」叔向弗應。出，不拜。其人皆咎叔向。叔向曰：「必祁大夫。」室老聞之，曰：「樂王鮒言于君無不行。求赦吾子，吾子不許。祁大夫所不能也，而曰『必由之』，何也？」叔向曰：「樂王鮒，從君者也。何能行？祁大夫外舉不棄讐，内舉不失親，其獨遺我乎？」晉侯問叔向之罪于欒王鮒，對曰：「不失其親，其有焉。」于是祁奚老矣，聞之，乘馹[一]而見宣子，曰：「詩曰：『惠我無疆，子孫保之。』書曰：『聖有謨勛，明徵定保。』夫謀而鮮過，恵訓不倦者，叔向有焉。社稷之固也，猶將十世宥之，以勸能者。今壹不免其身，以棄社稷，不亦惑乎？鯀殛而禹興。伊尹放大甲而相之，卒無怨色。管、蔡爲戮，周公右王。若之何其以虎也棄社稷？子爲善，誰敢不勉？多殺何爲？」宣子説，與之乘，以言諸公而免之。不見叔向而歸。叔向亦不告免焉而朝。

初，叔向之母妒叔虎之母美而不使，其子皆諫其母。其母曰：「深山大澤，實生龍蛇。彼美，余懼其生龍蛇以禍女。女，敝族也。國多大寵，不仁人間之，不亦難乎？余何愛焉？」使往視寢，生叔虎，美而有勇力。欒懷子嬖之，故羊舌氏之族及于難。

欒盈過于周，周西鄙掠之。辭于行人，曰：「天子陪臣盈，得罪于王之守臣，將逃罪。罪重于郊甸，無所伏竄，敢布其死。昔陪臣書能輸力于王室，王施恵焉。其子黶不能保任其父之勞。大君若不棄書之力，亡臣猶有所逃。若棄書之力而思黶之罪，臣，戮餘也，將歸死于尉氏，不敢還矣。敢布四體，唯大君命焉。」王曰：「尤而效之，其又甚焉。」使司徒禁掠欒氏者，歸所取焉。使候出諸轘轅。

[一]「馹」，四庫本作「馹」。

劉氏意林曰：「不以范匄逐之爲文，而以盈之自出爲説，使盈無可逐之釁，則匄不得逐矣。匄之罪易見，盈之失難知。此春秋所以深探其情，而大正其本也。道莫難于治天下，而天下之治在國，國之治在家，家之治在身。身之不治，國家不可得治也。詩之首周、召，書之首堯、舜，皆從此生矣。春秋述堯舜者也，是以謹于人道之始，閨門之内。易曰：『閑有家，悔亡。』家之不閑，悔，不亦宜乎？」

高氏曰：「既取奔亡，復有作亂之志，故奔于楚，以其强大，今日可恃以逃難，他日可挾以復歸也。」

家氏曰：「盈之奔也，雖無可坐之罪。盈欲防閑其母，豈無其道？今使其母以淫故而覆夫氏之宗，盈所以事其親者，必有未至焉耳。春秋去爵書奔，旨或如是。」

【經】九月，庚戌，朔，日有食之。

【經】冬，十月，庚辰，朔，日有食之。

許氏曰：「比年食之，又比月食。蓋自是八年之間而日食七，禍變動〔一〕矣。」

石氏曰：「春秋二百四十二年，日食才三十六也。有頻交而食者，此年及二十四年，三年之内連月而食者再也。諸儒以爲曆無此法，或傳寫之誤。然漢高之時，亦有頻食者，二年十月、十一月，天道至遠不可得而知，後世執推步之術，按交會之度而求之，亦已難矣。」

〔一〕「動」，四庫作「重」。

【經】曹伯來朝。

始見也。

【經】公會晉侯、齊侯、衛侯、鄭伯、莒子、邾子于商任。

錮欒氏也。

師氏曰：「欒盈，晉大夫，出奔于楚，將倚楚以報晉，晉侯會諸侯于商任，將以備楚而拒欒盈耳。」

蘇氏曰：「錮欒氏，非禮也。古者大夫去國，君使人導之出疆，又先于其所往。」

許氏曰：「欒氏之出，非其罪也。徒以權門，私相忌恶，何有于國？而平公受其敵怨，勤動諸侯以逞范鞅之積憾，必欲使盈無所容于世，故盈發憤卒興禍亂，此皆以私敗公，足爲古今之至戒。」

春秋闕疑卷三十二（襄公二十二年—二十六年）

【經】二十有二年，春，王正月，公至自會。

【經】夏，四月。

【經】秋，七月，辛酉，叔老卒。

【經】冬，公會晉侯、齊侯、宋公、衛侯、鄭伯、曹伯、邾子、莒子、薛伯、杞伯、小邾子于沙隨。

秋，欒盈自楚適齊。晏平仲言于齊侯曰：「商任之會，受命于晉。今納欒氏，將安用之？小所以事大，信也。失信不立，君其圖之。」弗聽。

冬，會于沙隨。復錮欒氏也。欒盈猶在齊，晏子曰：「禍將作矣。齊將伐晉，不可以不懼。」

胡氏曰：「會于商任，錮欒氏也。會于沙隨，復錮欒氏也。古者大夫去國，君不掃其社稷，不繫纍其子弟，不收其田邑，使人導之出疆，又先于其所往。勑五典，厚人倫也。晉人不念欒氏世勳而逐盈，又將搏執之，而命諸侯無得納焉，則亦過矣。楚逐申公巫臣，子反請以重幣錮之。楚子曰：『止彼若能利國家，雖重幣，晉將可乎？若無益于晉，晉將棄之，何勞錮焉？』其賢于商任、沙隨之謀遠矣。」

【經】公至自會。

【經】楚殺其大夫公子追舒。

楚觀起有寵于令尹子南，未益祿，而有馬數十乘。楚人患之，王將討焉，子南之子棄疾爲王御士，王每見之，必泣。棄疾曰：「君三泣臣矣，敢問誰之罪也？」王曰：「令尹之不能，爾所知也。國將討焉，爾其居乎？」對曰：「父戮子居，君焉用之？洩命重刑，臣亦不爲。」王遂殺子南于朝，轘觀起于四境。子南之臣謂棄疾，請徙子尸于朝，曰：「君臣有禮，唯二三子。」三日，棄疾請尸，王許之。既葬，其徒曰：「行乎？」曰：「吾與殺吾父，行將焉入？」曰：「然則臣王乎？」曰：「棄父事讐，吾弗忍也。」遂縊而死。復使薳子馮爲令尹，公子齮爲司馬，屈建爲莫敖。有寵于薳子者八人，皆無祿而多馬。他日朝，與申叔豫言，弗應而退。從之，入于人中。又從之，遂歸。退朝，見之，曰：「子三困我于朝，吾懼，不敢不見。吾過，子姑告我，何疾我也？」對曰：「吾不免是懼，何敢告子？」曰：「何故？」對曰：「昔觀起有寵于子南，子南得罪，觀起車裂，何故不懼？」自御而歸，不能當道。至，謂八人者曰：「吾見申叔夫子，所謂生死而骨肉也。知我者，如夫子則可，不然，請止。」辭八人者，而後王安之。

高氏曰：「以楚國之力，而除一嬖寵之大夫，顧豈難哉？而康王始則泣之，與人之子圖其父，終則殺之，轘其黨于四境，威柄失于上，故刑不足以馭下也。夫威柄既立，則責譙足以折姦臣之鋒。及其失之，則刀鋸不足當姦臣之罪。其怨毒所鐘，遂發于靈王之世。楚之不亡者，幸而已矣。」

五峯胡氏曰：「公子追舒非有大逆之罪，退之可也，而王必欲殺之，則非矣。爲棄疾者，進宜陳使臣之禮以諫王，退宜陳事君之禮以諫父。諫于王而王不聽，則竊父而去之可也。諫于父而父不聽，則號泣而隨之可也。諫于王與父，皆不聽焉，則請後祖廟而以身代父死可也。烏有閔默、恬然不動其心，坐視王殺其父，然後死之者。以爲子，則不孝。以爲臣，則不忠。噫！大道不明，是以人至此極而莫覺莫悟也。春秋書『楚殺其大夫公子追舒』，不罪棄疾者：大夫者，人君之股肱心膂也；公子者，宗室之枝葉庇蔭也，而輕殺之，所以罪楚君也。棄疾殺其父矣，豈必待貶絶而後見其惡哉？」

【經】二十有三年，春，王二月，癸酉，朔，日有食之。

【經】三月，己巳，杞伯匄卒。

杞孝公卒，晋悼夫人丧之。平公不徹樂。

【經】夏，邾畀我來奔。

杜氏曰：「畀我，庶其之黨。」

高氏曰：「向受〔一〕邾之叛臣，與其邑，今又受其叛臣。是冬臧孫紇出奔邾，邾亦受之。所謂出乎爾者，反乎爾者也。」

【經】葬杞孝公。

【經】陳殺其大夫慶虎及慶寅。陳侯之弟黃自楚歸于陳。

陳侯如楚。公子黃愬二慶于楚，楚人召之，使慶樂往，殺之。慶氏以陳叛。夏，屈建從陳侯圍陳。陳人城，板隊而殺人。役人相命，各殺其長。遂殺慶虎、慶寅。楚人納公子黃。

東萊呂氏曰：「慶虎、慶寅之罪不等，故言及也。」

陳氏曰：「春秋不書叛而稱國以殺，猶是殺大夫焉爾。叛必不能殺者也。」

胡氏曰：「人君擅一國之利勢，使權臣暴蔑其身，而不能遠；欲去其親，而不能保；譖愬之于大國，而不能辨，至因夷狄〔二〕之力，然後能克，則非君人之道也。故二慶之死，稱國以殺。公子黃之出，特以弟書歸，譏陳侯也。」

〔一〕「受」，四庫本作「愛」。

〔二〕「夷狄」，四庫本作「楚人」。

高氏曰：「公子黄之反，書『自楚』，罪其奔夷狄[一]之國，復藉夷狄[二]之力以歸，黄之進退，皆不正矣。」

【經】晋欒盈復入于晋，入于曲沃。

晋將嫁女于吴。齊侯使析歸父媵之，以藩載欒盈及其士，納諸曲沃。欒盈夜見胥午而告之。對曰：「不可。天之所廢，誰能興之？子必不免。吾非愛死，知不集也。」盈曰：「雖然，因子而死，吾無悔矣。我實不天，子無咎焉。」許諾。伏之，而觴曲沃人。樂作，午言曰：「今也得欒孺子，何如？」對曰：「得主而爲之死，猶不死也。」皆歎，有泣者。爵行，又言。皆曰：「得主，何貳之有？」盈出，遍拜之。

四月，欒盈帥曲沃之甲，因魏獻子，以晝入絳。初，欒盈佐魏莊子于下軍。獻子私焉，故因之。趙氏以原、屏之難怨欒氏。韓、趙方睦，中行氏以伐秦之役怨欒氏，而固與范氏和親。知悼子少，而聽于中行氏。程鄭嬖于公。唯魏氏及七輿大夫與之。

樂王鮒侍坐于范宣子。或告曰：「欒氏至矣。」宣子懼。桓子曰：「奉君以走固宫，必無害也。且欒氏多怨，子爲政，欒氏自外，子在位，其利多矣。既有利權，又執民柄，將何懼焉？欒氏所得，其唯魏氏乎！而可强取也夫，克亂在權，子無懈矣。」公有姻喪，王鮒使宣子墨縗冒絰，二婦人輦以如公。奉公以如固宫。

[一] 「夷狄」，四庫本作「僭亂」。
[二] 「夷狄」，四庫本作「僭亂」。

范鞅逆魏舒，則成列既乘，將逆欒氏矣。趨進曰：「欒氏帥賊以入，鞅之父與二三子在君所矣。使鞅逆吾子，鞅請驂乘。」持帶，遂超乘，右撫劍，左援帶，命驅之出。僕請，鞅曰：「之公。」宣子逆諸階，執其手，賂之以曲沃。

初，斐豹隸也，著于丹書。欒氏之力臣曰督戎，國人懼之。斐豹謂宣子曰：「苟焚丹書，我殺督戎。」宣子喜，曰：「而殺之，所不請于君焚丹書者，有如日。」乃出豹而閉之，督戎從之。踰隱而待之，督戎踰入，豹自後擊而殺之。范氏之徒在臺後，欒氏乘公門。宣子謂鞅曰：「矢及君屋〔二〕，死之。」鞅用劍以帥卒，欒氏退。攝車從之，遇欒樂，曰：「樂免之，死將訟女于天。」樂射之，不中。又注，則乘槐本而覆。或以戟鉤之，斷肘而死。欒魴傷。欒盈奔曲沃，晉人圍之。

大東萊吕氏曰：「欒盈奔楚，初無大罪。范宣子直以其勢位逼己，兩不相容而逐之。盈亡之後，自楚適齊，自齊入郛，幾危晉室，盈之罪固不可逃，然考其所致之由，而宣子之罪尤大。」

臨江劉氏曰：「不言叛者，劫衆以敵君，則亂而已矣。」

蘇氏曰：「齊之納盈，非以兵明納之也。譬如盜賊私納之耳，故不書自齊。」

胡氏曰：「欒氏，晉室之世臣，故盈雖出奔，猶繫于晉。復入者，甚逆之辭，爲其既絶而復入也。曲沃者，

〔二〕「屋」，四庫本作「室」。

所食之地。當是時，權寵之臣各以利誘其下，使爲之用，至于殺身而不避，莫知有君臣之分也。故聞語欒孺子者，則或泣、或歎，以爲得主而爲之死，則死猶不死也。盈從之，遂入絳，乘公門。若非天棄欒氏，又有范鞅之謀，晋亦殆矣。原其失，在于錮之甚急，使無所容于天地之間，是以至此極。春秋備書之，以見人而不仁，疾之已甚，亂也。其爲後世鑒，豈不深切著明也哉？」

【經】秋，齊侯伐衛，遂伐晋。八月，叔孫豹帥師救晋，次于雍榆。

齊侯伐衛，自衛將遂伐晋。晏平仲曰：「君恃勇力以伐盟主，若不濟，國之福也。不德而有功，憂必及君。」崔杼諫曰：「不可。臣聞之，小國間大國之敗而毁焉，必受其咎。君其圖之。」弗聽。陳文子見崔武子曰：「將若君何？」武子曰：「吾言于君，君弗聽也。以爲盟主而利其難，群臣若急，君于何有？子姑止之。」文子退，告其人曰：「崔子將死乎。謂君甚，而又過之，不得其死。過君以義，猶自抑也，况以恶乎？」齊侯遂伐晋，取朝歌，爲二隊，入孟門，登大行，張武軍于熒庭，戍郫邵，封少水，以報平陰之役，乃還。趙勝帥東陽之師以追之，獲晏氂。八月，叔孫豹帥師救晋，次于雍榆。

許氏曰：「齊聞欒氏之難，故能得志于晋，而莊公禍亂之成，著于此矣。書齊侯，本其恶也。」

師氏曰：「先伐衛者，意不在衛。先以衛嘗師，俾晋不爲之備，出其不意，則遂由衛以伐晋，所以見齊之處心積慮爲難測，故書『伐衛，遂伐晋』，以誅其意也。」

常山劉氏曰：「晋有欒盈之難，重以齊侯之伐，魯命豹帥師救之，斯義重也。豹反怠棄君命，不恤同姓之憂，次于雍榆，卒不克救，豹罪明矣。」

陸氏曰：「僖元年，次于聶北，救邢，本次止而遥爲邢援，故先書次，後言救，譏其失救急之義也。今此君命往救晋，豹畏齊而次，言君本命往救，而豹自次止，所以不譏君而罪豹也。」

高郵孫氏曰：「聶北之次，先次後救，可救而不救，則罪重也。雍榆之次，先救後次，欲救而不能，有罪而猶輕耳。春秋之義，次皆有罪，于次之中，有足矜者，雍榆是也。」

陳氏曰：「書救晋，則天下益多故矣。盟于宋而南北之勢成，會于申而淮夷至，戰于雞父而吴之敗者六國，于越入吴，春秋終焉，蓋于是而始，故謹而書之也。」

【經】己卯，仲孫速卒。

【經】冬，十月，乙亥，臧孫紇出奔邾。

季武子無適子，公彌長，而愛悼子，欲立之。訪于申豐曰：「彌與紇，吾皆愛之，欲擇才焉而立之。」申豐趨退，歸，盡室將行。他日，又訪焉，對曰：「其然，將具敝車而行。」乃止。訪于臧紇，臧紇曰：「飲我酒，吾爲子立之。」季氏飲大夫酒，臧紇爲客。既獻，臧孫命北面重席，新樽絜之。召悼子，降，逆之。大夫皆起。及旅，而召公鉏，使與之齒。季孫失色。

季氏以公鉏爲馬正，愠而不出。閔子馬見之，曰：「子無然。禍福無門，唯人所召。爲人子者患不孝，不患無所。敬共父命，何常之有？若能孝敬，富倍季氏可也。姦回不軌，禍倍下民可也。」公鉏然之。敬共朝夕，恪居官次。季孫喜，使飲己酒，而以具往，盡舍旃。故公鉏氏富，又出爲公左宰。

孟孫恶臧孫，季孫愛之。孟氏之御騶豐點好羯也，曰：「從吾言，必爲孟孫。」再三云，羯從之。孟莊子疾，豐點謂公鉏：「苟立羯，請讐臧氏。」公鉏謂季孫曰：「孺子秩，固其所也。若立羯，則季氏信有力于臧氏矣。」弗應。己卯，孟孫卒。公鉏奉羯立于户側。季孫至，入，哭，而出，曰：「秩焉在？」公鉏曰：「羯在此矣。」季孫曰：「孺子長。」公鉏曰：「何長之有？唯其才也。且夫子之命也。」遂立羯。秩奔邾。

臧孫入，哭甚哀，多涕。出，其御曰：「孟孫之恶子也，而哀如是。季孫若死，其若之何？」臧孫曰：「季孫之愛，我疾疢也。孟孫之恶我，藥石也。美疢不如恶石。夫石猶生我，疢之美，其毒滋多。孟孫死，吾亡無日矣。」孟氏閉門告于季孫曰：「臧氏將爲亂，不使我葬。」季孫不信，臧氏聞之，戒。

冬，十月，孟氏將辟，藉除于臧氏。臧孫使正夫助之，除于東門，甲從己而視之。孟氏又告季孫。季孫怒，命攻臧氏。乙亥，臧紇斬鹿門之關以出，奔邾。初，臧宣叔娶于鑄，生賈及爲而死。繼室以其姪，穆姜之姨子也。生紇，長于公宫。姜氏愛之，故立之。臧賈、臧爲出在鑄。臧武仲自邾使告臧賈，且致大蔡焉，曰：「紇不佞，失守宗祧，敢告不弔。紇之罪，不及不祀。子以大蔡納請，其可。」賈曰：「是家之禍也，非子之過也，賈聞命矣。」再拜受龜。使爲以納請，遂自爲也。臧孫如防，使來告曰：「紇非能害也，知不足也。非敢私請。

苟守先祀，無廢二勳，敢不避邑。」乃立臧爲。臧紇致防而奔齊。其人曰：「其盟我乎？」臧孫曰：「無辭。」將盟臧氏，季孫召外史掌恶臣，而問盟首焉，對曰：「盟東門氏也。曰：『毋或如東門遂，不聽公命，殺嫡立庶。』盟叔孫氏也，曰：『毋或如叔孫僑如，欲廢國常，蕩覆公室。』」季孫曰：「臧孫之罪，皆不及此。」孟椒曰：「盍以其犯門斬關？」季孫用之。乃盟臧氏，曰：「無或如臧孫紇，干國之紀，犯門斬關。」臧孫聞之曰：「國有人焉！誰居？其孟椒乎？」

杜氏曰：「紇阿季氏，爲之廢少立長〔一〕，以取奔亡。書奔，罪之。」

家氏曰：「季孫宿自亂己之嫡庶，復亂人之嫡庶，又以是爲臧紇之罪而逐之。紇固有罪，宿之恣睢不度，亦甚矣。」

【經】晉人殺欒盈。

晉人克欒盈于曲沃，盡殺欒盈之族黨。欒魴出奔宋。

泰山孫氏曰：「不言其大夫者，欒盈出奔楚，當絶也。稱人以殺，從討賊辭。」

家氏曰：「自欒盈之奔，春秋閔其無罪，未遽絶之。至是，始書晉人殺欒盈，則以其挾齊光之援，輿曲沃之甲，入絳都而與君爲敵，于是始明正之罪，不繫之于晉而誅之。春秋豈輕加人以誅斥之戮哉？是時，晉無賢

〔一〕「廢少立長」，四庫本作「廢長立少」。

君，群下互相吞噬，以兼并其爵。邑亡同括者，欒郤也，而欒郤之族未幾皆覆敗。欒氏者，士匄也，而士匄之族不再世而亦亡。晋君昏愚無知，縱臣下以覆人之族，而晋之宗社亦不能長矣。春秋爲此事六見之特書，著晋國之亂，從此始矣。」

【經】齊侯襲莒。

齊侯還自晋，不入，遂襲莒。門于且于，傷股而退。明日，將復戰，期于壽舒，杞殖、華還載甲，夜入且于之隧，宿于莒郊。明日，先遇莒子于蒲侯氏。莒子重賂之，使無死，曰：「請有盟。」華周對曰：「貪貨棄命，亦君所恶也。昏而受命〔一〕，日未中而棄之，何以事君？」莒子親鼓之，從而伐之，獲杞梁，莒人行成。齊侯歸，遇杞梁之妻于郊，使吊之。辭曰：「殖之有罪，何辱命焉？若免于罪，猶有先人之敝廬在，下妾不得與郊吊。」齊侯吊諸其室。

陸氏曰：「掩其不備曰襲。」

高氏曰：「凡用兵皆聲言彼罪，執辭以伐之。若乘人之不備，掩而取之，則盗賊之爲耳。故春秋獨此書襲莒者，罪齊莊以諸侯之尊，爲盗賊之事也。」

謝氏曰：「晋有難而伐之，莒無故而襲之，黨叛臣，伐盟主，襲隣國，齊莊之君德丧矣。」

〔一〕「命」，四庫本作「之」。

家氏曰：「著爵而書襄，罪其以大國之君，而行盜竊之事也。」

【經】二十有四年，春，叔孫豹如晉。

穆叔如晉，范宣子逆之，問焉，曰：「古人有言曰：『死而不朽』，何謂也？」穆叔未對。宣子曰：「昔匄之祖，自虞以上爲陶唐氏，在夏爲御龍氏，在商爲豕韋氏，在周爲唐杜氏，晉主夏盟爲范氏，其是之謂乎？」穆叔曰：「以豹所聞，此之謂世禄，非不朽也。魯有先大夫曰臧文仲，既没，其言立。其是之謂乎？豹聞之，太上有立德，其次有立功，其次有立言。雖久不廢，此之謂不朽。若夫保姓受氏以守宗祊，世不絶祀，無國無之，禄之大者，不可謂不朽。」

【經】仲孫羯帥師侵齊。

晉故也。

高氏曰：「齊之伐晉也，魯使叔孫豹救之，乃次于雍榆，無功于晉。故仲孫羯至此復帥師侵齊，爲晉報焉。」

謝氏曰：「救而次，爲不仁。出師而侵，爲不義。」

【經】夏，楚子伐吴。

楚子爲舟師以伐吴，不爲軍政，無功而還。

高氏曰：「自襄公言之，楚十一年失鄭[一]，十四年伐吴。自是舍鄭而不取，置欒盈而不争，又十年而一再伐吴，以是知楚弱而勢分于吴，方急吴而緩中國也。」

【經】秋，七月，甲子，朔，日有食之，既。

【經】齊崔杼帥師伐莒。

齊侯既伐晋而懼，將欲見楚子。楚子使薳啟彊如齊聘，且請期。齊社，蒐軍實，使客觀之。陳文子曰：「齊將有寇。吾聞之，兵不戢，必取其族。」秋，齊侯聞將有晋師，使陳無宇從薳啟彊如楚，辭，且乞師。崔杼帥師送之，遂伐莒，侵介根。

【經】大水。

【經】八月，癸巳，朔，日有食之。

【經】公會晋侯、宋公、衛侯、鄭伯、曹伯、莒子、邾子、滕子、薛伯、杞伯、小邾子于夷儀。

將以伐齊，水，不克。

〔一〕「失」，四庫本作「伐」。

高氏曰：「自盟于柯陵之後，齊有輕晋之心。會齊侯環卒而光新立，乃受盟于澶淵，及商任、沙隨之會，晋失其令，齊于是不賓。明年，乃伐衛，遂伐晋，又再加兵于莒。晋侯于是爲夷儀之會，帥十二國諸侯之師將以討齊，然會而不伐，是有畏也。國勢不競，衆志不一也。曰『水，不克』者，特辭不能伐耳。下言崔杼伐我北鄙，蓋知晋之無能爲故也。」

【經】冬，楚子、蔡侯、陳侯、許男伐鄭。

楚子伐鄭以救齊，門于東門，次于棘澤，諸侯還救鄭。

高氏曰：「齊聞諸侯已會，遂告急于楚。楚畏吴而緩晋，故舍鄭者十有四年。今以鄭伯在會，故帥三國同伐鄭以救之。加楚子于三國之上，雖曰主兵，亦所以恶三國也。」

許氏曰：「夷狄之師，不能正齊之亂，而徒致棘澤之役，以爲鄭難，則諸侯之救，不足録矣。」

家氏曰：「書會不書伐，不與晋以伐也。書伐不書救，不與楚以救也。晋侯、楚子以下，皆書爵，非爵也，見中國夷狄之君〔一〕皆無大相遠也。」

【經】公至自會。

【經】陳鍼宜咎出奔楚。

〔一〕「中國夷狄之君」，四庫本作「中國之君與楚」。

陳人復討慶氏之黨，鍼宜咎出奔楚。

許氏曰：「鍼宜咎之事，無聞焉爾，而以慶氏黨逐，則其人亦可知矣。易曰：『比之匪人，不亦傷乎。』」

【經】叔孫豹如京師。

齊人城郟。穆叔如周聘，且賀城。王嘉其有禮也，賜之大路。

許氏曰：「自宣九年，仲孫蔑如京師，其後五十餘年，乃始有叔孫豹以罕書也，蓋自是不書聘王矣。」

【經】大饑。

穀梁氏曰：「五穀不升爲大饑，一穀不升謂之嗛，二穀不升謂之饑，三穀不升謂之饉，四穀不升謂之康，五穀不升謂之大侵。」

胡氏曰：「古有救灾之政。若國凶荒，或發廪以賑之，或移粟以通用，或徙民以就食，或爲粥溢以救餓莩，或興工作以聚失業之人。緩刑、舍禁、弛力、薄征，索鬼神，除盜賊，弛射侯而不燕，置廷道而不修，殺禮物而不備。雖有旱乾水溢，民無菜色，所以備之者如此。其至是年秋，有陰沴之灾，而冬大饑，蓋所以賑業之者，有不備矣。」

【經】二十有五年，春，齊崔杼帥師伐我北鄙。

以報孝伯之師也。公患之，使告于晋。孟公綽曰：「崔子將有大志，不在病我。必速歸，何患焉！其來也不寇，使民不嚴，異于他日。」齊師徒歸。

高氏曰：「崔子之志，隣國知之，而齊侯不寤〔一〕。嗚呼！人將伐，其躬之不恤，而務貪伐國之功，故利令智昏，外競而内傾，自然之符也，授人兵柄者宜鑒兹。」

【經】夏，五月，乙亥，齊崔杼弑其君光。

齊棠公之妻，東郭偃之姊也。東郭偃臣崔武子。棠公死，偃御武子以吊焉。見棠姜而美之，使偃取之。偃曰：「男女辨姓。今君出自丁，臣出自桓，不可。」武子筮之，遇困之大過。史皆曰：「吉。」示陳文子，文子曰：「夫從風，風隕，妻不可娶也。且其繇曰：『困于石，據于蒺蔾，入于其宫，不見其妻，凶。』困于石，往不濟也。據于蒺蔾，所恃傷也。入于其宫，不見其妻，凶，無所歸也。」崔子曰：「嫠也何害？先夫當之矣。」遂娶之。莊公通焉，驟如崔氏。以崔子之冠賜人。侍者曰：「不可。」公曰：「不爲崔子，其無冠乎？」崔子因是，又以其間伐晋也，曰：「晋必將報。」欲弑公以説于晋，而不獲間。公鞭侍人賈舉而又近之，乃爲崔子間公。

夏，五月，莒爲且于之役，故莒子朝于齊。甲戌，饗諸北郭。崔子稱疾，不視事。乙亥，公問崔子，遂從姜氏。姜入于室，與崔子自側户出，公拊楹而歌，侍人賈舉止衆從者，而入閉門。甲興，公登臺而請，弗許。

〔一〕「寤」，四庫本作「悟」。

請盟，弗許。請自刃于廟，弗許。皆曰：「君之臣杼疾病，不能聽命。近于公宮，陪臣幹掫有淫者，不知二命。」公踰牆。又射之，中股，反隊，遂弑之。賈舉、州綽、邴師、公孫敖、封具、鐸父、襄伊、僂堙皆死。祝鮀父祭于高唐，至，復命。不説弁而死于崔氏。申蒯侍漁者，退，謂其宰曰：「爾以帑免，我將死。」其宰曰：「免，是反子之義也。」與之皆死。崔氏殺鬷蔑于陰平。〔二〕

晏子立于崔氏之門外，其人曰：「死乎？」曰：「獨吾君也乎哉？吾死也。」曰：「行乎？」曰：「吾罪也乎哉？吾亡也。」曰：「歸乎？」曰：「君死，安歸？君民者，豈以陵民？社稷是主。臣君者，豈爲口實？社稷是養。故君爲社稷死，則死之；爲社稷亡，則亡之。若爲己死而爲己亡，非其私暱，誰敢任之？且人有君而弑之，吾焉得死之，而焉得亡之？將庸何歸？」門啟而入，枕尸股而哭之，興，三踊而出。人謂崔子：「必殺之。」崔子曰：「民之望也。舍之，得民。」盧蒲癸奔晉。王何奔莒。

叔孫宣伯之在齊也，叔孫還納其女于靈公，嬖，生景公。丁丑，崔杼立而相之。慶封爲左相，盟國人于大宮，曰：「所不與崔、慶者。」晏子仰天嘆曰：「嬰所不唯忠于君、利社稷者是與，有如上帝。」乃歃。辛巳，公與大夫及莒子盟。太史書曰：「崔杼弑其君。」崔子殺之。其弟嗣書而死者，二人。其弟又書，乃舍之。南史氏聞太史盡死，執簡以往，聞既書矣，乃還。

〔二〕「陰平」，四庫本作「平陰」。

崔氏側莊公于北郭。丁亥，葬諸士孫之里，四翣，不蹕，下車七乘，不以兵甲。

許氏曰：「齊莊陵大國，暴小國，而又躬亂臣室，淫肆不君，故使崔杼因民不忍以至此，足以爲世鑒矣。」

謝氏曰：「崔杼以世卿專國，久矣，是以難其君若難匹夫，群臣惟知聽命于崔，而不知有君也，然則世卿之禍，可不戒哉？」

家氏曰：「光之立也，迫其父而奪之位，蓋篡也。今其死，迄正天討，于例當稱國以弑，乃猶著弑賊之名，何耶？光固有當討之罪，而非崔杼之所得討也。導光以篡者，杼也。今聞其有怨于大國，又從而弑之，蓋光因杼以得立，不假杼以權，杼實憾焉。辭曰『爲晋弑君』，以自解于衆，本非爲晋也，是故坐以首恶。」

胡氏曰：「齊莊公見弑，賈舉、州綽等十人皆死之，而不得以死節稱，何也？所謂死節者，以義事君，責難陳善，有所從違，而不苟者也。雖在屬車後乘，必不肯同入崔氏之宫矣。若此十人者，獨以勇力聞，皆逢君之恶，從君于昏亂，而莊公嬖之者，死非其所，比諸匹夫、匹婦自經于溝瀆而莫之知者，猶不逮也。晏平仲曰：『君民者，豈以陵民？社稷是主。臣君者，豈爲其口實？社稷是養。故君爲社稷死，則死之；爲社稷亡，則亡之。若爲己死而爲己亡，非其私暱，誰敢任之？』此十人者，真其私暱，任此宜矣。雖殺身，不償責，安得以死節許之者哉？」

【經】公會晋侯、宋公、衛侯、鄭伯、曹伯、莒子、邾子、滕子、薛伯、杞伯、小邾子于夷儀。

晉侯濟自泮，會于夷儀，伐齊，以報朝歌之役。齊人以莊公説，使隰鉏請成。慶封如師，男女以班。賂晉侯以宗器、樂器。自六正、五吏、三十帥、三軍之大夫、百官之正長、師旅及處守者，皆有賂。晉侯許之。使叔向告于諸侯，公使子服惠伯對曰：「君舍有罪，以靖小國，君之惠也，寡君聞命矣。」

胡氏曰：「晉本爲報朝歌之役來討，及會夷儀，既聞崔杼之弒，則宜下令三軍建而復旆聲于齊人，問莊公之故，執崔杼以戮之，謀于齊衆而置君，以定其國，示天討之義，則方伯、連帥之職修矣。今乃知賊不討而受其賂，則是與之同情也，故春秋治之，如下文所貶云。」

愚按：劉氏權衡謂，晉受齊賂，「是成亂也」。春秋何以不書？蓋會于夷儀，本以伐齊，未知莊公之弒，齊人之賂，特以免伐，非爲弒也。

【經】六月，壬子，鄭公孫舍之帥師入陳。

二十四年，二十五年，陳侯會楚子伐鄭，當陳隧者，井堙木刊，鄭人怨之。至是六月，鄭子展、子産帥車七百乘伐陳，宵突陳城，遂入之。陳侯扶其太子偃師奔墓，遇司馬桓子，曰：「載余。」曰：「將巡城。」遇賈獲，載其母妻，下之，而授公車。公曰：「舍而母。」辭曰：「不祥。」與其妻扶其母以奔墓，亦免。子展命師無入公宮，與子産親御諸門。陳侯使司馬桓子賂以宗器。陳侯免，擁社。使其衆，男女別而纍，以待于朝。

子展執縶而見，再拜稽首，承飲而進獻。子美入，數俘而出。祝祓社，司徒致民，司馬致節，司空致地，乃還。

鄭子産獻捷于晋，戎服將事。晋人問陳之罪，對曰：「昔虞閼父爲周陶正，以服事我先王。我先王賴其利器用也，與其神明之後也，庸以元女大姬配胡公，而封諸陳，以備三恪。則我周之自出，至于今是賴。桓公之亂，蔡人欲立其出。我先君莊公奉五父而立之，蔡人殺之。我又與蔡人奉戴厲公。至于莊、宣，皆我之自立。夏氏之亂，成公播蕩，又我之自入，君所知也。今陳忘周之大德，蔑我大恵，棄我姻親，介恃楚衆，以馮陵我敝邑，不可億逞。我是以有往年之告，未獲成命。則有我東門之役。當陳隧者，井堙木刊，敝邑大懼不競，而耻大姬。天誘其衷，啟敝邑心。陳知其罪，授手于我，用敢獻功。」晋人曰：「何故侵小？」對曰：「先王之命，惟罪所在，各致其辟。且昔天子之地一圻，列國一同，自是以衰，今大國多數圻矣。若無侵小，何以至焉？」晋人曰：「何故戎服？」對曰：「我先君武、莊爲平、桓卿士，城濮之役，文公布命，曰：『各服舊職！』命我文公戎服輔王，以授楚捷，不敢廢王命故也。」士莊伯不能詰，復于趙文子，文子曰：「其辭順，犯順不祥。」乃受之。

【經】秋，八月，己巳，諸侯同盟于重丘。

齊成故也。

胡氏曰：「崔杼既弑其君矣，晋侯受其賂而許之成，故盟于重丘，特書曰同。」

張氏曰：「或曰同盟之書，自幽以來，皆假王命以約束諸侯，何獨此盟罪之之深如胡氏之言乎？按二幽之盟，合諸侯以共尊周，而諸侯聽命也。重丘之盟，合諸侯將以討齊，乃受賂而釋之，且列弒君之齊于盟也，天下之惡，孰大于是？即其所同之實而觀之，晉侯之罪亦一齊也，故曰一美、一惡，無嫌于同。」

【經】公至自會。

【經】衛侯入于夷儀。

晉侯使魏舒、宛没逆衛侯，將使衛與之夷儀。崔子止其帑，以求五鹿。衛獻公入于夷儀。

家氏曰：「春秋之世，内外二君者，鄭忽與突也，衛衎與剽也。忽之君國，正也，而祭仲以突篡之。衎之君國，亦正也，而孫林父以剽篡之。其逆順之辨，較然可見。其後，忽既復位，而突自外入，乃賊也，是故突之入櫟以名入，内外不二君也。衎既入于衛地，而剽猶居位，剽乃賊也，是故衎入夷儀而不名，内外不二君也。及剽死而衎入，夫然後名，衎所以結，正其失國之罪。剽既死，則無嫌于二君矣。」

陳氏曰：「衎列于諸侯之會十有三而後出，其入也，將焉名之？剽列于諸侯之會七而後殺，〔一〕其弒也，又將焉名之？削一而存一，是有予奪矣。春秋不没其實而正不正不與存焉。」

【經】楚屈建帥師滅舒鳩。

〔一〕「殺」，四庫本作「弒」。

二十四年，吴人爲楚舟師之役故，召舒鳩人。舒鳩人叛楚，楚子師于荒浦，使沈尹壽與師祁犁讓之，舒鳩子敬逆二子而告無之，且請受盟。二子復命，王欲伐之。薳子曰：「不可。彼告不叛，且請受盟，而又伐之，伐無罪也。姑歸息民，以待其卒。卒而不貳，吾又何求？若猶叛我，無辭有庸。」乃還。至是，舒鳩人卒叛楚，令尹子木伐之，及離城。吴人救之，子木遽以右師先，子彊、息桓、子捷、子駢、子盂帥左師以退。吴人居其間七日。子强曰：「久將墊隘，隘乃禽也。不如速戰。請以其私卒誘之，簡師陳以待我。我克則進，奔則亦視之，乃可以免，不然必爲吴禽。」從之。五人以其私卒先擊吴師，吴師奔，登山以望，見楚師不繼，復逐之，傅諸其軍。簡師會之，吴師大敗。遂圍舒鳩，舒鳩潰。八月，楚滅舒鳩。

陳氏曰：「楚雖滅國，嘗稱君將矣，于是書大夫，楚强也。」

家氏曰：「國雖小，必著其亡，以聲楚人滅國之罪。」

【經】冬，鄭公孫夏帥師伐陳。

十月，子展相鄭伯如晋拜陳之功。子西復伐陳。陳及鄭平。二十六年，鄭伯賞入陳之功。三月，甲寅，朔，享子展，賜之先路、三命之服、八邑。賜子産次路、再命之服、六邑。子産辭邑，曰：「自上以下，降殺以兩，禮也。臣之位在四，且子展之功也。臣不敢及賞禮，請辭邑。」公固予之，乃受三邑。公孫揮曰：「子産其將知政矣，讓不失禮。」

愚謂：雖井陘〔一〕木刊，當陳之隧，鄭人以是怨之。然興是師者，楚也。鄭不能從盟主，以大義責楚，徒出偏師，惟陳是務，則亦報怨而已。故入陳、伐陳，春秋備書之，所以明其爲忿兵也。

【經】十有二月，吴子遏伐楚，門于巢，卒。

吴子諸樊伐楚，以報舟師之役。門于巢。巢牛臣曰：「吴王勇而輕，若啟之，將親門。我獲射之，必殪。是君也死，疆其少安。」從之。吴子門焉。牛臣隱于短牆以射之，卒。

公羊氏曰：「傷而反，未至乎舍而卒也。」

穀梁氏曰：「諸侯不生名，取卒之名，加之『伐楚』之上者，見以伐楚卒也。」

胡氏曰：「巢，南國也。其言『門于巢，卒』者，吴子將伐楚，引師至巢，入其門，巢人射諸城上，矢中吴子而卒。非吴子之自輕而見殺也。古者入境必假道，過門必釋甲，入國則不馳。或曰古者大國過小邑，小邑必飾城而請罪，亦非巢之輕，以一矢相加，不飾城而請罪也。」

【經】二十有六年，春，王二月，辛卯，衛甯喜弒其君剽。

二十年，衛甯惠子疾，召悼子，曰：「吾得罪于君，悔而無及也。名藏在諸侯之策，曰：『孫林父、甯殖出其君。』君入則掩之。若能掩之，則吾子也。若不能，猶有鬼神，吾有餒而已，不來食矣。」悼子許諾，惠子

〔一〕「陘」，四庫本作「堙」。

遂卒。

二十五年，衛獻公自夷儀使與甯喜言，甯喜許之。大叔文子聞之，曰：「嗚呼！詩所謂：『我躬不説，遑恤我後者。』甯子可謂不恤其後矣，將可乎哉？殆必不可。君子之行，思其終也，思其復也。書曰：『慎始而敬終，終以不困。』詩曰：『夙夜匪懈，以事一人。』今甯子視君，不如奕棋，其何以免乎？奕者舉棋不定，不勝其耦，而況置君而弗定乎？必不免矣。九世之卿族，一舉而滅之，可哀也哉。」

至是，衛獻公使子鮮爲復，辭。敬姒强命之。對曰：「君無信，臣懼不免。」敬姒曰：「雖然，以吾故也。」許諾。初，獻公使與甯喜言，甯喜曰：「必子鮮在，不然必敗。」故公使子鮮。子鮮不獲命于敬姒，以公命與甯喜言，曰：「苟反，政由甯氏，祭則寡人。」甯喜告蘧伯玉，伯玉曰：「瑗不得聞君之出，敢聞其入？」遂行。從近關出，告右宰穀。右宰穀曰：「不可。獲罪于兩君，天下誰畜之？」悼子曰：「吾受命于先人，不可以貳。」穀曰：「我請使焉而觀之。」遂見公于夷儀。反曰：「君淹恤在外十二年矣，而無憂色，亦無寛言，猶夫人也。若不已，死無日矣。」悼子曰：「子鮮在。」右宰穀曰：「子鮮在，何益？多而能亡，于我何爲？」悼子曰：「雖然，弗可以已。」孫文子在戚，孫嘉聘于齊，孫襄居守。二月，庚寅，甯喜、右宰穀伐孫氏，不克。伯國傷甯子，出舍于郊。伯國死，孫氏夜哭。國人召甯子，甯子復攻孫氏，克之。辛卯，殺子叔及大子角。

謝氏曰：「衎之奔也，孫林父、甯殖立剽以主衛。衛之政令出于剽者，十有三年，甯喜北面臣之久矣。然則剽，甯喜之君也。衎之入也，甯喜又以子鮮之命攻剽而殺之，其殺剽非以社稷爲心也，特以固寵而已。剽之立，雖非正，春秋書君、書弑者，正剽爲喜之君，以著喜之逆也。受其命，則爲之君。食其禄，則爲之臣。北面事之矣，而復害之，逆之大也。孫林父、甯殖逐衎而立剽，甯喜殺剽而立衎，其罪一也。」

愚按：衛衎之入，使晋侯、衛衎、甯喜三人者，有一能盡其道，則遂成反正之功，而不陷于弑逆之名矣。晋之欲入衎于夷儀也，諸侯在會，剽亦與焉，使晋能盡霸主之職，明剽篡立之罪，執之于會，歸于京師，然後召衎與會以正其位，使復其國，則可以令諸侯，安衛國，而無虞矣。顧乃使魏宛復逆衎以入于夷儀，將使衛以夷儀與之。夫衎當立，則衛國皆衎之有也，衎不當立，又安得以夷儀與之乎？此霸主之復衎，失其道，以致此也。爲衛衎者，已既當立，爲人所篡，自當上告天王，下告方伯，明剽之罪而廢之，然後復國，則可以奉宗廟，臨臣民，而無愧矣。顧乃假言子鮮，通于甯氏，與聞弑逆，以求復國，其何以爲君乎？此衎之復國不以其道，以致此也。爲甯喜者，一聞父命，則當以事請于方伯，告于天子，正剽之罪而廢之，定衎之位而復之，則可以成其父之志，而蓋前人之愆矣。縱以利害相持，剽或至死，則殺有罪也，亦不過坐以非司寇而擅殺之罪，從末減矣，安得謂之弑哉？顧乃遷延不舉，北面事之五六年矣，及聞子鮮『政由甯氏，祭則寡人』之語，方爲利而動，殺其所事，迎復舊君，于義悖矣。況剽之在國十有三年，居于國曰衛侯，與于會曰衛侯，死于喜曰衛侯，終無有能明其罪而廢之者。既死之後，春秋安得不謂之衛君而以弑書乎？爲人臣而不知春秋之義者，必陷弑逆之名，豈不信哉？

【經】衛孫林父入于戚以叛。

孫林父以戚如晉。

謝氏曰：「獻公將反，林父專邑背國，有危社稷之心，入戚書叛，著其逆也。」

高氏曰：「前此諸大夫有不利于己，則奔而已，未有若林父之叛者，書叛自林父始。」

家氏曰：「宋魚石入于彭城，不書入于彭城以叛。晉欒盈入于曲沃，不書入于曲沃以叛。而孫林父乃以叛書，何哉？春秋用法，未有不原其初者也。魚石本無罪，華元陷之。欒盈本無罪，士匄陷之。故聖人原其初，非有叛意，特不書叛，示華元、士匄爲禍之首也。若林父以一朝之忿，稱兵犯上，逐其君于外十二年。甯殖之子喜納君而逐林父，喜麗于弒，林父麗于叛，春秋比而誅之，惟其公也。」

【經】甲午，衛侯衎復歸于衛。

甲午，衛侯入。大夫逆于境者，執其手而與之言。道逆者，自車揖之。逆于門者，頷之而已。公至，使讓太叔文子曰：「寡人淹恤在外，二三子皆使寡人朝夕聞衛國之言，吾子獨不在寡人。古人有言曰：『非所怨勿怨。』寡人怨矣。」對曰：「臣知罪矣，臣不佞，不能負羈紲以從扞牧圉，臣之罪一也。有出者，有居者。臣不能貳，通內外之言以事君，臣之罪二也。有二罪，敢忘其死？」乃行，從近關出。公使止之。

謝氏曰：「衎之出，非有大罪。剽既弒，則國乃其國，故其反國書歸，以其播越失國，故書名。以其已絕而得歸，故書復歸。諸侯雖無大惡，苟不能保國而出，則其位絕矣。復歸，名，以正獻公之罪也。」

【經】夏，晉侯使荀吴來聘。

衛人侵戚東鄙，孫氏愬于晉，晉戍茅氏。殖綽伐茅氏，殺晉戍三百人。孫蒯追之，弗敢擊。文子曰：「厲之不如。」遂從衛師，敗之圉。雍鉏獲殖綽。復愬于晉。晉人爲孫氏故，召諸侯，將以討衛也。夏，中行穆子來聘，召公也。

家氏曰：「孫林父據戚以叛，晉人以兵戍之，黨叛臣也。衛人伐戚，殺晉戍三百人。晉不知自反，乃會諸侯，將有討于衛。荀吴來召公。晉平之世，强臣僭横，倒行逆施，卒以此失諸侯。」

【經】公會晉人、鄭良霄、宋人、曹人于澶淵。

公會晉趙武、宋向戌、鄭良霄、曹人于澶淵，以討衛，疆戚田。取衛西鄙懿氏六十以與孫氏。于是衛侯會之。

家氏曰：「晉平之爲此會，率天下之人臣，使之盡叛其君者也。霸者之職，以主張名分爲事。晉悼公務獎諸侯之大夫以抗其君，而下陵上替，晉亦坐受其弊矣。孫林父作亂逐君，悼公反列于會，以定篡君之位。衛獻流落在外十有二年，今剽死獻復，平公又受賊臣之譖而摧辱其君，止獻公，囚甯喜，取衛田，以益林父。吁！平固愚矣，亦何利而爲此？由晉之諸臣各爲其私計，羽翼諸侯之大夫，使之交起爲亂，以爲彼等剖分晉國之地，而其主不悟也。魏斯、趙籍、韓虔三分晉國，悼與平實有以啟之。」

【經】秋，宋公殺其世子痤。

初，宋芮司徒生女子，赤而毛，棄諸堤下。共姬之妾取以入，名之曰棄。長而美。平公入夕，共姬與之食。公見棄也，而視之，尤。姬納諸御，嬖，生佐。惡而婉。大于〔一〕痤美而狠，合左師畏而惡之。寺人惠牆伊戾爲太子内師無寵。秋，楚客聘于晋，過宋。太子知之，請野享之。使往，伊戾請從之。公曰：「夫不惡女乎？」對曰：「小人之事君子也，惡之不敢遠，好之不敢近，敬以待命，敢有貳心乎？縱有共其外，莫共其内。臣請往也。」遣之。至，則欲。用牲，加書，徵之，而聘告公曰：「太子將爲亂，既與楚客盟矣。」公曰：「爲我子，又何求？」對曰：「欲速。」公使視之，則信有焉。問諸夫人與左師，則皆曰：「固聞之。」公囚太子。太子曰：「唯佐也能免我。」召而使請，曰：「日中不來，吾知死矣。」左師聞之，聒而與之語。過期，乃縊而死。佐爲太子。公徐聞其無罪也，乃烹伊戾。

左師見夫人之步馬者，問之，對曰：「君夫人氏也。」左師曰：「誰爲君夫人？余胡不知？」圉人歸，以告夫人。夫人使饋之錦與馬，先之以玉，曰：「君之妾棄使某獻。」左師改命曰：「君夫人」。而後再拜稽首受之。

胡氏曰：「殺世子、母弟，直書君者，甚之也。宋寺人伊戾爲太子内師，無寵，譖于宋公而殺之，則賊世

〔一〕「于」，四庫本作「子」。

子痤者，寺人矣，而獨甚宋公，何哉？譖言之得行也，必有嬖妾配適以惑其心，又有小人欲結内援者以爲之助，然後愛惡一移，父子夫婦之間不能相保者衆矣。尸此者，其誰乎？晉獻之殺申生，宋公之殺痤，直稱君者，春秋正其本之意。」

【經】晉人執衛甯喜。

晉人執甯喜、北宫遺，使女齊以先歸。衛侯如晉，晉人執而囚之士弱氏。秋，七月，齊侯、鄭伯爲衛侯故，如晉，晉侯兼享之。晉侯賦嘉樂，國景子相齊侯，賦蓼蕭。子展相鄭伯，賦緇衣。叔向命晉侯拜二君曰：「寡君敢拜齊君之安我先君之宗祧也，敢拜鄭君之不貳也。」國子使晏平仲私于叔向曰：「晉君宣其明德于諸侯，恤其患而補其闕，正其違而治其煩，所以爲盟主也。今爲臣執君，若之何？」叔向告文子，文子以告晉侯。晉侯言衛侯之罪，使叔向告二君。國子賦轡之柔矣，子展賦將仲子兮，晉侯乃許歸衛侯。

衛人歸衛姬于晉，乃釋衛侯。君子是以知平公之失政也。

謝氏曰：「甯喜，弑君之賊也。晉國執而不殺者，執不以其罪也。孫林父、甯喜其罪一也。喜之弑剽也，林父爲叛于戚。晉之執喜，以其背林父，而非以其害君也。釋二逆不治，而執逆臣以助逆臣，失霸討之義矣。」

【經】八月，壬午，許男甯卒于楚。

【經】冬，楚子、蔡侯、陳侯伐鄭。

【經】葬許靈公。

許靈公如楚，請伐鄭，曰：「師不興，孤不歸矣。」八月卒于楚。楚子曰：「不伐鄭，何以求諸侯？」冬，十月，楚子伐鄭。鄭人將禦之。子産曰：「晋、楚將平，諸侯將和，楚王是故昧于一來。不如使逞而歸，乃易成也，夫小人之性，釁于勇，嗇于禍，以足其性而求名焉，非國家之利也。若何從之？」子展説，不禦寇。十二月，乙酉，入南里。墮其城。涉于樂氏，門于師之梁。縣門發，獲九人焉。涉于汜而歸，而後葬許靈公。

許氏曰：「嗟乎！許男之愎也。以中國諸侯而死于夷狄，死非其所矣。」

師氏曰：「陳、蔡從夷狄以伐中國，罪孰大焉？書其爵，以與楚並，姑齒之于楚云耳。」

高氏曰：「子産之言，所謂不争之德，怨之所以平，兵之所以弭也。」

家氏曰：「伐鄭師，還乃葬許靈公。楚之求諸侯，亦勤矣。春秋書許男卒，楚伐鄭，葬許靈公，以警晋也。」

春秋闕疑卷三十三（襄公二十七年—三十一年）

【經】二十有七年，春，齊侯使慶封來聘。

齊慶封來聘，其車美。孟孫謂叔孫曰：「慶季之車不亦美乎？」叔孫曰：「豹聞之：『服美不稱，必以恶終。』美車何爲？」叔孫與慶封食，不敬。爲賦相鼠，亦不知也。

杜氏曰：「景公即位，通嗣君也。」

【經】夏，叔孫豹會晋趙武、楚屈建、蔡公孫歸生、衛石恶、陳孔奂、鄭良霄、許人、曹人于宋。

二十五年，趙文子爲政，令薄諸侯之幣而重其禮。穆叔見之，謂穆叔曰：「自今以往，兵其少弭矣。齊崔、慶新得政，将求善于諸侯。武也知楚令尹。若敬行其禮，道之以文辭，以靖諸侯，兵可以弭。」

至是，宋向戌善于趙文子，又善于令尹子木，欲弭諸侯之兵以爲名。如晋，告趙孟。趙孟謀于諸大夫。韓宣子曰：「兵，民之殘也，財用之蠹，小國之大菑也。將或弭之，雖曰不可，必将許之。弗許，楚将許之以召諸侯，則我失爲盟主矣。」晉人許之。如楚，楚亦許之。如齊，齊人難之。陳文子曰：「晉、楚許之，我焉得已？且人曰弭兵，而我弗許，則固攜吾民矣！將焉用之？」齊人許之。告于秦，秦亦許之。皆告于小國，爲會于宋。

五月，甲辰，晉趙武至于宋。丙午，鄭良霄至。六月，丁未，朔，宋人享趙文子，叔向爲介。戊申，叔孫豹、齊慶封、陳須無、衛石惡至。甲寅，晉荀盈從趙武至。丙辰，邾悼公至。壬戌，楚公子黑肱先至，成言于晉。丁卯，宋向戌請晉、楚之從交相見也。[二]庚午，向戌復于趙孟。趙孟曰：「晉、楚、齊、秦，匹也。晉之不能于齊，猶楚之不能于秦也。楚君若能使秦君辱于敝邑，寡君敢不固請于齊？」壬申，左師復言于子木。子木使馹[三]謁諸王，王曰：「釋齊、秦，他國請相見也。」秋，七月，戊寅，左師至。是夜也，趙孟及子皙盟，以齊言。庚辰，子木至自陳。陳孔奐、蔡公孫歸生至。曹、許之大夫皆至。以藩爲軍，晉、楚各處其偏。伯夙謂趙孟曰：「楚氛甚惡，懼難。」趙孟曰：「吾左還，入于宋，若我何？」

高氏曰：「此何以會？楚意也。楚人患吳而結諸夏也。于宋者，宋向戌善于趙武，又善于楚屈建，實爲之會。晉、楚以求弭諸侯之兵，且使晉、楚之從得交相見，此事利害甚重，不可輕與也。而諸侯大夫不詳其故，

[二]「宋向戌請晉、楚之從交相見也」，四庫本作「宋向戌如陳，從子木成言于楚。戊辰，滕成公至。子木謂向戌：『請晉、楚之從交相見也。』」

[三]「馹」，四庫本作「驛」。

始循其弭兵之名，遂會于宋，而與之盟。自是大啟戎心，干盟僭好，華夏蠻貊，莫知其辨，而諸國亦俛首兩事晉、楚。此見當時天下之事，中國之政，皆大夫專持之，諸侯亦弗能制也。」

泰山孫氏曰：「隱桓之際，天子失道，諸侯擅權。宣、成之間，諸侯僭命，大夫專國。至宋之會，則又甚矣。何哉？自宋之會，諸侯日微，天下之政，中國之事，皆大夫專持之。故二十九年城杞，三十年會澶淵，昭元年會虢，諸侯莫有見者，此天下之政，中國之事，皆大夫專持之可知也。」

陳氏曰：「晉、楚嘗盟矣。會于瑣澤之歲，宋華元克合晉、楚之成。士燮會公子罷于宋西門之外。不書，猶曰特相盟也，兩君之好，而非天下之大變也。以諸侯分爲晉、楚之從而交相見也，于是始，則是南北二霸也，天下之大變也，于溴梁而無君臣之分，于宋而無夷夏〔一〕之辨，昭、定、哀之春秋，將以終于吴越焉爾矣。」

家氏曰：「宋牼以秦、楚構兵，欲告之以不利，使皆罷兵，而孟子所以語之者，則有仁義而已矣。今向戌弭兵，與宋牼罷兵，事有相類者，謂弭兵爲非不可也，而所以弭兵者，則未得其説。夷狄〔二〕之勢自是而愈張，夫豈中國之利哉？蓋征伐，天子事也。晉、楚及其與國雖有華夷〔三〕之辨，而皆天子之建國也。向戌而欲弭兵，當先稟命京師，已而馳告晉、楚，俾各率其與國，朝王而受命焉，盟于王庭。自今以往，有罪當討，王命之討

〔一〕「夷夏」，四庫本作「中外」。
〔二〕「夷狄」，四庫本作「荆蠻」。
〔三〕「華夷」，四庫本作「中外」。

而後討；四夷内侵，王使之伐而後伐，一如周家盛時之制。夫如是，兵庶可弭矣。今徒以弭兵爲説，俾晋、楚之從交相見，而中國諸侯一朝爲外夷役，而天下乃有二霸，趙武、向戌豈非中國之罪人乎？或曰：如子之説，晋人猶知有尊王之義，其如楚之弗率何？曰：楚自用兵以來，令尹死者三四人，内困于吴，外困于晋，其力已憊，徒以耻出晋下，是以日尋干戈而不得息，今使之聽命于王，而南北罷兵，亦楚之福，彼胡爲而不從？不從，則奉王命以臨之，我有辭矣。」

【經】衛殺其大夫甯喜。衛侯之弟鱄出奔晋。

衛甯喜專，公患之。公孫免餘請殺之。公曰：「微甯子不及此，吾與之言矣。事未可知，祇成惡名，止也。」對曰：「臣殺之，君勿與知。」乃與公孫無地、公孫臣謀使攻甯氏，弗克，皆死。公曰：「臣也無罪，父子死余矣。」夏，免餘復攻甯氏，殺甯喜及右宰穀，尸諸朝。石恶將會宋之盟，受命而出，衣其尸，枕之股而哭之。欲斂以亡，懼不免，且曰：「受命矣。」乃行。子鮮曰：「逐我者出，納我者死，賞罰無章，何以沮勸？君失其信，而國無刑。不亦難乎？且鱄實使之。」遂出奔晋。公使止之，不可。及河，又使止之。止使者而盟于河，託于木門，不鄉衛國而坐。木門大夫勸之仕，不可，曰：「仕而廢其事，罪也。從之，昭吾所以出也。將誰愬乎？吾不可以立于人之朝矣。」終身不仕。公喪之，如税服，終身。

公與免餘邑六十，辭曰：「唯卿備百邑，臣六十矣。下有上禄，亂也，臣弗敢聞。且甯子唯多邑，故死，臣懼死之速也。」公固與之，受其半，以爲少師。公使爲卿，辭曰：「大叔儀不貳，能贊大事，君其命之。」乃使文子爲卿。

穀梁氏曰：「甯喜弑君，其以累上之辭言之，何也？嘗爲大夫，與之涉公事矣。甯喜出君、弑君，而不以弑君之罪罪之者，惡獻公也。」

高郵孫氏曰：「喜弑剽而立衎，衎反國而復用之。既而以其私殺之，喜雖有罪，而衛侯殺之不以其罪矣。昔里克弑奚齊而立夷吾，夷吾殺之。二君之殺其大夫，皆以其私。里克、甯喜之見殺，皆不以其罪，故春秋皆曰『殺其大夫也』。」

家氏曰：「剽，簒君者也，他人可殺，而甯喜嘗事之以爲君，不得殺也，故書弑，以正其罪。喜，納君者也，他人可殺，而衛獻因之以入，不得殺也，故稱國以殺，不去其官。」

謝氏曰：「鱄出奔稱弟，罪獻公之不能全其弟也。」

愚按：甯喜之死，實鱄有以致之，則鱄之奔，亦有不得已者矣。始鱄以獻公之言，與甯喜約，「政由甯氏，祭則寡人」。已而喜專，獻公患之，至于殺喜，則喜之死，鱄不執其咎，將誰執其咎哉？喜既被殺，鱄不出奔，豈惟有愧于心，且將不保其身矣。夫政者，人君之大柄，故曰天下有道，則政不在大夫。雖有君命，豈可輕以是許人哉？方獻公之使鱄，鱄之約喜，宜皆以大義告之，使剽之死，必以其罪，衎之歸，必以其道。則喜免于弑逆之名，而鱄無奔逃之患。觀其初，君不信，臣懼不免之言，及其終，不向衛國而坐，不爲他國之臣，則其識見之明，執守之固，豈常人之所能及哉？所以至此者，由其資質雖美，而無學問之功，故明于小節，而昧于大體，知守經常，不識權變故也。然則若鱄者，亦可謂之獨行之士矣。律以中庸之道，則名教之罪人也。此責備賢者之意，故因其出奔而論著焉。

【經】秋，七月，辛巳，豹及諸侯之大夫盟于宋。

辛巳，將盟于宋西門之外，楚人衷甲。伯州犁曰：「合諸侯之師以爲不信，無乃不可乎？夫諸侯望信于楚，是以來服。若不信，是棄其所以服諸侯也。」固請釋甲。子木曰：「晉、楚無信久矣，事利而已。苟得志焉，焉用有信？」太宰退，告人曰：「令尹將死矣，不及三年。求逞志而棄信，志將逞乎？志以發言，言以出信，信以立志，參以定之。信亡，何以及三？」趙孟患楚衷甲，以告叔向，叔向曰：「何害也？匹夫一爲不信，猶不可，單斃其死。若合諸侯之卿，以爲不信，必不捷矣。食言者不病，非子之患也。夫以信召人，而以僭濟之。必莫之與也，安能害我？且吾因宋以守病，則夫能致死，與宋致死，雖倍楚，可也。子何懼焉？又不及是。曰弭兵以召諸侯，而稱兵以害我，吾庸多矣，非所患也。」季武子使謂叔孫以公命，曰：「視邾、滕。」既而齊人請邾，宋人請滕，皆不與盟。叔孫曰：「邾、滕，人之私也。我，列國也。何故視之？宋、衛，吾匹也。」乃盟。晉、楚爭先，晉人曰：「晉固爲諸侯盟主，未有先晉者也。」楚人曰：「子言晉、楚匹也，若晉常先，是楚弱也。且晉、楚狎主諸侯之盟久矣，豈專在晉？」叔向謂趙孟曰：「諸侯歸晉之德只，非歸其尸盟也。子務德，無爭先。且諸侯盟小國，必有尸盟者，楚爲晉細，不亦可乎？」乃先楚人。

壬午，宋公兼享晉、楚之大夫，趙孟爲客。子木與之言，弗能對。使叔向侍，言焉，子木亦不能對也。乙酉，宋公及諸侯之大夫盟于蒙門之外。子木問于趙孟曰：「范武子之德何如？」對曰：「夫子之家事治，言于晉國無隱情。其祝史陳信于鬼神，無愧辭。」子木歸以語王，王曰：「尚矣哉！能歆神人，宜其光輔五君，以爲盟主也。」子木又語，王曰：「宜晉之伯也，有叔向以佐其卿，楚無以當之，不可與爭。」晉荀盈遂如楚莅盟。

鄭伯享趙孟于垂隴，子展、伯有、子西、子産、子大叔、二子石從。趙孟曰：「七子從君，以寵武也。請皆賦以卒君貺，武亦以觀七子之志。」子展賦草蟲，趙孟曰：「善哉！民之主也，抑武也不足以當之。」伯有賦鶉之賁賁，趙孟曰：「床笫之言，不踰閾，况在野乎？非使人之所得聞也。」子西賦黍苗之四章，趙孟曰：「寡君在，武何能焉？」子産賦隰桑，趙孟曰：「武請受其卒章。」子太叔賦野有蔓草，趙孟曰：「吾之子惠也。」印段賦蟋蟀，趙孟曰：「善哉！保家之主也，吾有望矣。」公孫段賦桑扈，趙孟曰：「『匪交匪敖』，福將焉往？若保是言也，欲辭福禄，得乎？」卒享。文子告叔向曰：「伯有將爲戮矣。詩以言志，志誣其上，而公怨之，以爲賓榮，其能久乎？幸而後亡。」叔向曰：「然。已侈！所謂不及五稔者，夫子之謂矣。」文子曰：「其餘皆數世之主也。子展其後亡者也，在上不忘降。印氏其次也，樂而不荒。樂以安民，不淫以使之，後亡不亦可乎？」

宋左師請賞，曰：「請免死之邑。」公與之邑六十。以示子罕。子罕曰：「凡諸侯小國，晉、楚所以兵威之。畏而後上下慈和，慈和而後能安，靖其國家，以事大國，所以存也。無威則驕，驕則亂生，亂生必滅，所以亡也。天生五材，民並用之，廢一不可，誰能去兵？兵之設久矣，所以威不軌而昭文德也，聖人以興，亂人以廢，廢興存亡，昏明之術，皆兵之由也。而求去之，不亦誣乎？以誣道蔽諸侯，罪莫大焉。縱無大討，而又求賞，無厭之甚也。」削而投之。左師辭邑，向氏欲攻司城。左師曰：「我將亡，夫子存我，德莫大焉，又可攻乎？」

臨江劉氏曰：「豹何以名？一事而再見者，卒名也。地于宋，以宋爲主也。」

高氏曰：「此謀出于宋向戌，而春秋不出向戌之名，但書會于宋、盟于宋者，聖人傷中國無人之甚也。彼向戌者，何足道哉？」

陳氏曰：「晉、楚争先，乃先楚人。九月，楚薳罷如晉莅盟，此先晉何？春秋不以夷狄〔二〕先中國也。自宋以來，晉不專主盟矣。虢之盟，讀舊書加于牲上而已。至鄟陵，則齊主諸侯。至臯鼬，則魯及諸侯，晉之不足以主夏盟，自宋始。」

胡氏曰：「此一地，曷爲再言宋？書之重，辭之複，其中必有大美惡焉。宋之盟，合左師欲弭諸侯之兵以爲名，而楚屈建請晉、楚之從交相見，自是中國諸侯南面而朝楚。及申之會，蠻夷〔三〕之君，篡弑之賊，大合十有一國之衆，而用齊桓召陵之禮，宋左師、鄭子産皆獻禮焉，宋世子佐以後至，遂辭不見。伐吴滅賴，無敢違

〔二〕「夷狄」，四庫本作「荆蠻」。
〔三〕「蠻夷」，四庫本作「南蠻」。

者，聖人至是，哀人倫之滅，傷中國之衰。而其事自宋之盟始也。故會盟同地，而再言宋者，貶之也。」

小東萊呂氏曰：「宋向戌合晉、楚之成以弭兵。左氏書曰『欲弭諸侯之兵以爲名』。觀『以爲名』三字，便見得向戌之弭兵，非是果欲息民，欲求息民之名耳。其後向戌挾弭兵之事，又書左師請賞，公與之邑六十，則向戌弭兵之意，非果欲息天下之民，平諸侯之争，區區爲一己之利而已。上而爲名，下而爲利。左氏于前書弭兵爲名，既有以誅其心于後，記其請邑之事，又有以指其實，真有書法。」

愚謂：溴梁之會，諸侯皆在，而大夫自盟。聖人書曰「大夫盟」。不曰「諸侯之大夫」者，責大夫之無君也。宋之會，諸侯不在而大夫自盟，聖人書曰「諸侯之大夫」，而不曰「大夫」者，憂天下之無君也。蓋諸侯在會，而大夫自盟，春秋雖不書「諸侯之大夫」，人猶知其爲諸侯之大夫也，故不書諸侯，以罪其臣。諸侯不在會，而大夫自盟，不書「諸侯之大夫」，人安知其爲諸侯之大夫？故書諸侯以存其君。

【經】冬，十有二月，乙亥，朔，日有食之。

辰在申，司曆過也，再失閏矣。

劉氏權衡曰：「曆家之術，求閏餘易，求交朔難。今司曆能正交朔，反不能置閏乎？」

【經】二十有八年，春，無冰。

梓慎曰：「今兹宋、鄭其饑乎？歲在星紀，而淫于元[一]枵，以有時菑，陰不堪陽。蛇乘龍。龍，宋、鄭之星也。宋、鄭必饑。元[二]枵，虚中也。枵，耗名也。土虚而民耗，不饑何爲？」

師氏曰：「周之春，夏之冬也。」

【經】夏，衛石恶出奔晋。

衛人討甯氏之黨，故石恶出奔晋。衛人立其從子圃，以守石氏之祀。

【經】邾子來朝。

【經】秋，八月，大雩。

【經】仲孫羯如晋。

孟孝伯如晋，告將爲宋之盟故如楚也。夏，齊侯、陳侯、蔡侯、北燕伯、杞伯、胡子、沈子、白狄朝于晋，宋之盟故也。齊侯將行。慶封曰：「我不與盟，何爲于晋？」陳文子曰：「先事後賄，禮也。小事大，未獲事焉，從之如志，禮也。雖不與盟，敢叛晋乎？重丘之盟，未可忘也，子其勸行。」蔡侯之如晋也，鄭伯使游吉如楚。及漢，楚人還之，曰：「宋之盟，君實親辱，今吾子來，寡君謂吾子姑還！吾將使馹奔問諸晋而以告。」子大叔

〔一〕「元」，四庫本作「玄」。
〔二〕「元」，四庫本作「玄」。

曰：「宋之盟，君命將利小國，而亦使安定其社稷，鎮撫其民人，以禮承天之休，此君之憲令，而小國之望也。寡君是故使吉奉其皮幣，以歲之不易，聘于下執事。今執事有命曰：『女何與政令之有？必使而君棄而封守，跋涉山川，蒙犯霜露，以逞君心。』小國將君是望，敢不唯命是聽？無乃非盟載之言，以闕君德，而執事有不利焉。小國是懼，不然其何勞之敢憚？」子太叔歸，復命，告子展曰：「楚子將死矣。不修其政德而貪昧于諸侯，以逞其願，欲久，得乎？君其往也，送葬而歸，以快楚心。不幾十年，未能恤諸侯也。吾乃休吾民矣。」

九月，鄭游吉如晉，告將朝于楚，以從宋之盟。子產相鄭伯以如楚，舍不爲壇，外僕曰：「昔先大夫相先君，適四國，未嘗不爲壇。自是至今，亦皆循之。今子草舍，無乃不可乎？」子產曰：「大適小，則爲壇。小適大，苟舍而已，焉用壇？僑聞之，大適小，有五美：宥其罪戾，赦其過失，救其菑患，賞其德刑，教其不及。小國不困，懷服如歸，是故作壇以昭其功，宣告後人，無怠于德。小適大，有五恶：説其罪戾，請其不足，行其政事，共其職貢，從其辭命。〔一〕不然，則重其幣帛，以賀其福而吊其凶，皆小國之禍也。焉用作壇以昭其禍？所以告子孫，無昭禍焉可也。」

【經】冬，齊慶封來奔。

二十七年，齊崔杼生成及强而寡。娶東郭姜，生明。東郭姜以孤入，曰棠無咎，與東郭偃相崔氏。崔成有

〔一〕「辭」，四庫本作「時」。

疾而廢之，而立明。成請老于崔，崔子許之。偃與無咎弗予，曰：「崔，宗邑也，必在宗主。」成與强怒，將殺之。告慶封曰：「夫子之身，亦子所知也，唯無咎與偃是從，父兄莫得進矣。大恐害夫子，敢以告。」慶封曰：「子姑退，吾圖之。」告盧蒲嫳。盧蒲嫳曰：「彼，君之讎也。天或者將棄彼矣。彼實家亂，子何病焉！崔之薄，慶之厚也。」他日又告。慶封曰：「苟利夫子，必去之。難，吾助女。」

九月，庚辰，崔成、崔强殺東郭偃、棠無咎于崔氏之朝。崔子怒而出，其衆皆逃，求人使駕，弗得。使圉人駕，寺人御而出。且曰：「崔氏有福，止余猶可。」遂見慶封，慶封曰：「崔、慶一也，是何敢然？請爲子討之。」使盧蒲嫳帥甲以攻崔氏，崔氏堞其宫而守之，弗克。使國人助之，遂滅崔氏，殺成與强而盡俘其家，其妻縊。嫳復命于崔子，且御而歸之。至，則無歸矣，乃縊。崔明夜辟諸大墓。辛巳，崔胡來奔，慶封當國。

至是，齊慶封好田而耆酒，與慶舍政。則以其内實遷于盧蒲嫳氏，易内而飲酒。數日，國遷朝焉。使諸亡人得賊者，以告而反之，故反盧蒲癸。癸臣子之，有寵，妻之。慶舍之士謂盧蒲癸曰：「男女辨姓。子不辟宗，何也？」曰：「宗不余辟，余獨焉辟之？賦詩斷章，余取所求焉，恶識宗？」癸言王何而反之，二人皆嬖，使執寢戈，而先後之。

公膳，日雙鷄。饔人竊更之以鶩。御者知之，則去其肉而以其洎饋。子雅、子尾怒。慶封告盧蒲嫳，盧蒲嫳曰：「譬之如禽獸，吾寢處之矣。」使析歸父告晏平仲。平仲曰：「嬰之衆不足用也，知無能謀也。言弗敢出，有盟可也。」子家曰：「子之言云，又焉用盟？」告北郭子車。子車曰：「人各有以事君，非佐之所能也。」陳文子謂桓子曰：「禍將作矣，吾其何得？」對曰：「得慶氏之木百車于莊。」文子曰：「可慎守也已。」盧蒲癸、王何卜攻慶氏，示子之兆，曰：「或卜攻讎，敢獻其兆。」子之曰：「克，見血。」冬，十月，慶封田于萊。陳無宇從。丙辰，文子使召之，請曰：「無宇之母疾病，請歸。」慶季卜之，示之兆，曰：「死。」奉龜而泣，乃使歸。慶嗣聞之，曰：「禍將作矣。」謂子家：「速歸。禍作必于嘗，歸猶可及也。」子家弗聽，亦無悛志。子息曰：「亡矣。幸而獲在吳、越。」陳無宇濟水而戕舟發梁。盧蒲姜謂癸曰：「有事而不告我，必不捷矣。」癸告之。姜曰：「夫子愎，莫之止，將不出，我請止之。」癸曰：「諾。」十一月，乙亥，嘗于太公之廟。慶舍莅事，盧蒲姜告之，且止之。弗聽，曰：「誰敢者。」遂如公。麻嬰爲尸，慶奊爲上獻。盧蒲癸、王何執寢戈。慶氏以其甲環公宮。陳氏、鮑氏之圉人爲優，慶氏之馬善驚，士皆釋甲、束馬而飲酒，且觀優，至于魚里。欒、高、陳、鮑之徒介慶氏之甲。子尾抽桷，擊扉三，盧蒲癸自後刺子之，王何以戈擊之，解其左肩。猶援廟桷，動于甍，以俎壺投，殺人而後死。遂殺慶绳、麻嬰。公懼，鮑國曰：「群臣爲君故也。」陳須無以公歸，稅服而如內宮。

慶封歸，遇告亂者。丁亥，伐西門，不克。還伐北門，克之。入，伐內宮，弗克。反，陳于嶽，請戰，弗許。遂來奔。獻車于季武子，美澤可以鑑。展莊叔見之，曰：「車甚澤，人必瘁，宜其亡也。」叔孫穆子食慶封，慶封氾祭，穆子不說，使工爲之誦茅鴟，亦不知。既而齊人來讓，奔吳。吳句餘予之朱方，聚其族焉而居之，富于其舊。子服惠伯謂叔孫曰：「天殆富淫人，慶封又富矣。」穆子曰：「善人富，謂之賞。淫人富，謂之殃。天其殃之也。其將聚而殲旃？」

崔氏之亂，喪群公子。故鉏在魯，叔孫還在燕，賈在句瀆之丘。及慶氏亡，皆召之，具其器用而反其邑焉。與晏子邶殿，其鄙六十。弗受。子尾曰：「富人之所欲也，何獨弗欲？」對曰：「慶氏之邑足欲，故亡。吾邑不足欲也。益之以邶殿，乃足欲。足欲，亡無日矣。在外，不得宰吾一邑。不受邶殿，非惡富也，恐失富也。且夫富如布帛之有幅焉，爲之制度，使無遷也。夫民生厚而用利，于是乎正德以幅之，使無黜嫚，謂之幅利。利過則爲敗，吾不敢貪多，所謂幅也。」與北郭佐邑六十，受之。與子雅邑，辭多受少。與子尾邑，受而稍致之。公以爲忠，故有寵。

釋盧蒲嫳于北境。求崔杼之尸，將戮之，不得。崔氏之臣曰：「與我其拱璧，吾獻其柩。」于是得之，十二月，乙亥，朔，齊人遷莊公，殯于大寢，以其棺尸崔杼于市，國人猶知之，皆曰：「崔子也」。二十九年，二月，癸卯，齊人葬莊公于北郭。

家氏曰：「慶封，崔杼之黨也。杼既弑莊公，而慶封共爲政，其必與于弑矣。去年杼以家難而死，慶封當國，其權任可謂專矣。而莊公之倖臣曰盧蒲癸、王何者，乃共謀討之，殺其子慶舍。慶封田而歸，戰弗克，遂來奔。齊人乃出崔杼之尸而戮之，改葬莊公。莊之死也，倖臣與之俱死者十人。今爲討賊，亦倖臣也。身爲國君，以倖臣爲羽翼，莊固可鄙矣。而卿大夫無能爲君討賊、復讐者，而倖臣乃能之，亦卿大夫之耻也。欒、高、陳、鮑之徒，因人成事耳。」

【經】十有一月，公如楚。

爲宋之盟故，公及宋公、陳侯、鄭伯、許男如楚。公過鄭，鄭伯不在。伯有迋勞于黄崖，不敬。及漢，楚康王卒，公欲反。叔仲昭伯曰：「我楚國之爲，豈爲一人？行也！」子服惠伯曰：「君子有遠慮，小人從邇。饑寒之不恤，誰遑其後？不如姑歸也。」叔孫穆子曰：「仲子專之矣，子服子始學者也。」榮成伯曰：「遠圖者，忠也。」公遂行。宋向戌曰：「我一人之爲，非爲楚也。饑寒之不恤，誰能恤楚？姑歸而息民，待其立君而爲之備。」宋公遂反。

薛氏曰：「前此未嘗朝楚，而今朝之，由晋之失諸侯也。」

陳氏曰：「諸夏之君，旅見于楚，始于此。舉魯以見其餘也。外相如不志，有異焉則志之。凡舉魯以見其餘者，則天下之辭也。公朝于王所，公如楚，于以見王霸之盛衰，故曰天下之辭也。」

【經】十有二月，甲寅，天王崩。

【經】乙未，楚子昭卒。

胡氏曰：「甲寅，天王崩。乙未，楚子昭卒。相距四十二日，則閏月之驗也，然不以閏書，見喪服之不數閏也。齊景公葬，書閏月，明殺恩之非禮也。」

范氏曰：「閏承前月而受其餘日，故書閏月之日，繫前月之下，乃史册之常體。」

【經】二十有九年，春，王正月，公在楚。

楚人使公親襚，公患之。穆叔曰：「祓殯而襚，則布幣也。」乃使巫以桃茢先祓殯。楚人弗禁。既而悔之。夏，四月，葬楚康王。公及陳侯、鄭伯、許男送葬，至于西門之外。諸侯之大夫皆至于墓。楚郟敖即位。王子圍爲令尹。鄭行人子羽曰：「是謂不宜，必代之昌。松栢之下，其草不殖。」

胡氏曰：「歲之首月，公如他國有矣，此獨書『公在楚』。外爲夷狄〔一〕所制，以俟其葬，而不得歸。内爲强臣所逼，欲擅其國而不敢入。故于歲首朝正之時，特書所在以存君。使後世臣子，戴天履地，視君父之危且困者，必有天威不違顔咫尺，食坐見于羹牆之意，而不以頃刻忘也，此義一行，豈敢有顧其身與妻子與其家而不恤國，朋附權臣以圖富貴，而背其君者乎？」

薛氏曰：「在楚之書，危其在中國之外也。」

【經】夏五月，公至自楚。

公還，及方城。季武子取卞，使公冶問，璽書追而與之，曰：「聞守卞者將叛，臣帥徒以討之，既得之矣，敢告。」公冶致使而退，及舍而後聞取卞。公曰：「欲之而言叛，祇見疏也。」公謂公冶曰：「吾可以入乎。」對曰：「君實有國，誰敢違君？」公與公冶冕服。固辭，强之而後受。公欲無入，榮成伯賦式微，乃歸。五月，公至自楚。公冶致其邑于季氏，而終不入焉，曰：「欺其君，何必使余？」季孫見之，則言季氏如他日。

〔一〕「夷狄」，四庫本作「荆蠻」。

不見，則終不言季氏。及疾，聚其臣曰：「我死，必無以冕服斂，非德賞也。且無使季氏葬我。」

【經】庚午，衛侯衎卒。

【經】閽弑吴子餘祭。

吴人伐越，獲俘焉，以爲閽，使守舟。吴子餘祭觀舟，閽以刀弑之。吴子使屈狐庸聘于晉，通路也。趙文子問焉，曰：「延州來季子其果立乎？巢隕諸樊，閽戕戴吴，天似啟之，何如？」對曰：「不立。是二王之命也，非啟季子也。若天所啟，其在今嗣君乎！甚德而度，德不失民，度不失事，民親而事有序，其天所啟也。有吴國者，必此君之子孫實終之。季子，守節者也。雖有國，不立。」

穀梁氏曰：「閽，門者也，寺人也。不稱名姓，閽不得齊于人也。不稱其君，閽不得君其君也。禮，君不使無恥，不近刑人，不狎敵，不邇怨。賤人非所貴也，貴人非所刑也，刑人非所近也。舉至賤而加之吴子，吴子近刑人也。閽弑吴子餘祭，仇之也。」

家氏曰：「吴之諸君，易而無禮，往往以此蹈禍。遏卒于巢，猶曰以戎事，故餘祭死于閽，僚死于專諸，直死于刑人、刺客之手。春秋書之，良以垂戒，示後焉耳。」

【經】仲孫羯會晋荀盈、齊高止、宋華定、衛世叔儀、鄭公孫段、曹人、莒人、滕人、薛人、小邾人城杞。

晋平公，杞出也，故治杞。六月，知悼子合諸侯之大夫以城杞。孟孝伯會之。鄭子大叔與伯石往。子大叔見大叔文子，與之語，文子曰：「甚乎！其城杞也。」子大叔曰：「若之何哉？晋國不恤周宗之闕，而夏肄是屏。其棄諸姬，亦可知也已。諸姬是棄，其誰歸之？吉也聞之，棄同即異，是謂離德。詩曰：『協比其鄰，昏姻孔云。』晋不鄰矣，其誰云之？」

家氏曰：「事有關乎中國，繫乎王室，如城虎牢，城成周之類，公也。事有關乎救灾恤患，如城邢，城緣陵，城楚丘之類，亦公也。若是者，合諸侯而城之，其誰曰不然？今晋平爲其母家城杞，事之私者也。乃以煩諸侯，是以己事而僭王事，其在文武、成康之世則誅矣。」

胡氏曰：「晋主夏盟，令行中國，平公不能修文、襄、悼公之業，尊奬王室，恤宗周之闕，而夏肄是屏，輕棄諸姬，可謂知本乎？平王惟不撫其民，而遠屯戍于母家，周人怨思，楊〔一〕之水所以降于國風而不得列于雅也。城杞之役，不待貶絶而可見矣。」

【經】晋侯使士鞅來聘。

拜城杞也。公享之，展莊叔執幣，射者三耦。公臣不足，取于家臣。家臣，展瑕、展玉父爲一耦。公臣，公巫召伯、仲顔莊叔爲一耦，鄫鼓父、黨叔爲一耦。

〔一〕「楊」，四庫本作「揚」。

【經】杞子來盟。

晉侯使司馬女叔侯來治杞田，弗盡歸也。晉悼夫人慍曰：「齊也取貨，先君若有知也，不尚取之。」公告叔侯，叔侯曰：「虞、虢、焦、滑、霍、揚、韓、魏，皆姬姓也，晉是以大。若非侵小，將何所取？武、獻以下，兼國多矣，誰得治之？杞，夏餘也，而即東夷。魯，周公之後也，而睦于晉。以杞封魯猶可，而何有焉？魯之于晉也，職貢不乏，玩好時至，公卿大夫相繼于朝，史不絶書，府無虛月。如是可矣，何必瘠魯以肥杞？且先君而有知也，毋寧夫人，而焉用老臣？」杞文公來盟。

高氏曰：「晉侯使魯歸前所侵杞田，故書杞子來盟于士鞅來聘之下。黍離之同國風，則周道不復興矣。杞國之削公爵，則夏禮不足徵矣。聖人于此稱『子』，又稱『來盟』，蓋志其削弱之甚。有國而不能自强，又恃晉而求田，所以深貶之也。」

愚按：杞爵稱子未詳。

【經】吴子使札來聘。

公子札來聘，見叔孫穆子，説之。謂穆子曰：「子其不得死乎？好善而不能擇人。吾聞『君子務在擇人』。吾子爲魯宗卿，而任其大政，不慎舉，何以堪之？禍必及子。」

請觀于周樂。使工爲之歌周南、召南。曰：「美哉！始基之矣，猶未也。然勤而不怨矣。」爲之歌邶、鄘、衛，曰：「美哉！淵乎，憂而不困者也。吾聞衛康叔、武公之德如是，是其衛風乎！」爲之歌王，曰：「美哉！思而不懼，其周之東乎！」爲之歌鄭，曰：「美哉！其細已甚，民弗堪也，是其先亡乎！」爲之歌齊，曰：「美哉！泱泱乎！大風也哉！表東海者，其大公乎！國未可量也。」爲之歌豳，曰：「美哉！蕩乎！樂而不淫，其周公之東乎！」爲之歌秦，曰：「此之謂夏聲。夫能夏則大，大之至也〔一〕，其周之舊乎！」爲之歌魏，曰：「美哉！渢渢乎！大而婉，險而易行，以德輔此，則明主也。」爲之歌唐，曰：「思深哉！其有陶唐氏之遺民乎。不然，何憂之遠也？非令德之後，誰能若是？」爲之歌陳，曰：「國無主，其能久乎？自鄶以下，無譏焉。」爲之歌小雅，曰：「美哉！思而不貳，怨而不言，其周德之衰乎！猶有先王之遺民焉。」爲之歌大雅，曰：「廣哉！熙熙乎！曲而有直體，其文王之德乎！」爲之歌頌，曰：「至矣哉！直而不倨，曲而不屈，邇而不偪，遠而不攜，遷而不淫，復而不厭，哀而不愁，樂而不荒，用而不匱，廣而不宣，施而不費，取而不貪，處而不底，行而不流，五聲和，八風平，節有度，守有序，盛德之所同也。」見舞象箾、南籥者，曰：「美哉！猶有憾。」見舞大武者，曰：「美哉！周之盛也，其若此乎？」見舞韶濩者，曰：「聖人之弘也，而猶有慚德，聖人之難也。」見舞大夏者，曰：「美哉！勤而不德，非禹其誰能修之？」見舞韶箾者，曰：「德至矣哉！大矣！如天之無不幬也，如地之無不載也。雖甚盛德，其蔑以加于此矣。觀止矣！若有他樂，吾不敢請已。」

〔一〕「也」，四庫本作「矣」。

其出聘也，通嗣君也。故遂聘于齊，説晏平仲，謂之曰：「子速納邑與政，無邑乃免于難，齊國之政，將有所歸，未獲所歸，難未歇也。」故晏子因陳桓子以納政與邑，是以免于欒、高之難。

聘于鄭，見子產，如舊相識。與之縞帶，子產獻紵衣焉。謂子產曰：「鄭之執政侈，難將至矣。政必及子。子爲政，慎之以禮，不然鄭國將敗。」適衛，説蘧瑗、史狗、史鰌、公子荆、公叔發、公子朝，曰：「衛多君子，未有患也。」自衛如晉，將宿于戚。聞鐘聲焉，曰：「異哉！吾聞之也，『辯而不德，必加于戮』。夫子獲罪于君以在此，懼猶不足，而又何樂？夫子之在此也，猶燕之巢于幕上。君又在殯，而可以樂乎？」遂去之。文子聞之，終身不聽琴瑟。適晉，説趙文子、韓宣子、魏獻子，曰：「晉國其萃于三族乎！」説叔向，將行，謂叔向曰：「吾子勉之！君侈而多良，大夫皆富，政將在家。吾子好直，必思自免于難。」

陳氏曰：「荆人來聘，楚子使椒來聘，秦人來歸僖公、成風之襚，秦伯使術來聘，春秋蓋累而後進也。吴始通于上國，則曷爲書君大夫？吴驟强也。然則是賢札歟？書札猶楚椒、秦術，則皆非命大夫之辭也。必若屈完而後特書氏，春秋公萬世之是非，不以私一人也。」

【經】秋，九月，葬衛獻公。

【經】齊高止出奔北燕。

秋，九月，齊公孫蠆、公孫灶放其大夫高止于北燕。高止好以事自爲功，且專，故難及之。

左氏曰：「書『出奔』，罪高止也。」

陳氏曰：「春秋之法，苟不足以免于罪，雖放逐也，以自奔書之。」

【經】冬，仲孫羯如晋。

報范叔也。

【經】三十年，春，王正月，楚子使薳罷來聘。

通嗣君也。穆叔問：「王子之爲政何如？」對曰：「吾儕小人，食而聽之，猶懼不給命而不免于戾，焉與知政？」固問焉，不告。穆叔告大夫曰：「楚令尹將有大事，子蕩將與焉，助之匿其情矣。」

張氏曰：「魯以君朝，而楚以大夫聘。此齊桓、晋文所以行乎列國者，故自宋之盟，夷夏不辨，楚人行霸主之禮于中國。非晋平、趙武之責而誰責哉？」

【經】夏，四月，蔡世子般弑其君固。

蔡景侯爲太子般娶于楚，通焉。太子弑景侯。

高氏曰：「稱世子，以見父子之親，稱君以見君臣之義，以臣子之愛而弑君父之尊，則般之于尊、親，盡矣。」

家氏曰：「般之惡，景之禍，其積習有自來矣。人莫不有義理之心，貴華賤夷者，所謂以義理之心，夫人所同也。蔡與陳、鄭本皆諸夏之與國，中間爲楚所迫，叛華即華〔一〕，去來無常。惟蔡自厥貉之會，甘于從楚，去而不復者七十有餘年，其染于夷久矣。般之逆，殆爲商臣所染，其積習有自來矣。習染久，至于弑父弑君，而亦不自知其逆，此理之必然〔二〕，又何怪乎？」

【經】五月，甲午，宋灾。宋伯姬卒。

或叫于宋太廟，曰：「譆，譆！出出！」鳥鳴于亳社。如曰：「譆譆。」宋大灾。宋伯姬卒，待姆也。

穀梁氏曰：「取卒之日，加之灾上者，見以灾卒也。伯姬之舍失火，左右曰：『夫人少辟火乎？』伯姬曰：『婦人之義，傅母不在，宵不下堂。』左右又曰：『夫人少辟火乎？』伯姬曰：『婦人之義，保母不在，宵不下堂。』遂逮乎火而死。婦人以貞爲行者也，伯姬之婦道盡矣。詳其事，賢伯姬也。」

高氏曰：「安定胡先生嘗謂：『伯姬乃婦人中之伯夷也。』蓋婦人以貞爲行者也。當春秋時，以魯一國言之，如文姜、哀姜、穆姜皆夫人也，杞伯、姬鄫、季姬皆魯女也，其行有不可言者。唯宋伯姬以貞潔之行矯其弊，遇灾不少避以死，真有伯夷之風哉。」

劉氏意林曰：「使伯〔三〕姬避火而全生，未足以害其貞也，然而不以己之所以全其生之故而違天下之常義，

〔一〕「叛華即華」，四庫本作「叛晋即楚」。

〔二〕「習染久，至于弑父弑君，而亦不自知其逆，此理之必然」，四庫本作「去盟主即附于僭竊，附僭竊即胥于禽獸，此理之必然」。

〔三〕「伯」，四庫本作「共」。

此安乎性命者乃能之，故審乎死生之度，辨乎榮辱之境，知禮之重重于生，辱之甚甚于死，而不渝故也。」

高郵孫氏曰：「伯夷之賢，不見稱于孔子，則亦西山之餓夫。共姬之行，不見列于春秋，則亦小國之愚婦爾。爲伯夷、共姬，又何恨哉？亦信其志而已矣。」

家氏曰：「宋平身爲國君，其母以逮火而死，何以逭不孝之罪？」

【經】天王殺其弟佞夫。王子瑕奔晋。

初，王儋季卒，其子括將見王，而歎。單公子愆期爲靈王御士，過諸廷，聞其歎而言曰：「嗚呼！必有此夫。」入以告王，且曰：「必殺之！不慼而願大，視躁而足高，心在他矣。不殺，必害。」王曰：「童子何知？」及靈王崩，儋括欲立王子佞夫，佞夫弗知。戊子，儋括圍蔿，逐成愆。成愆奔平畤。五月，癸巳，尹言多、劉毅、單蔑、甘過、鞏成殺佞夫。括、瑕、廖奔晋。

左氏曰：「天王殺其弟佞夫，罪在王也。」

穀梁氏曰：「諸侯且不首恶，况于天子乎？君無忍親之義，天子、諸侯所親者，長子、母弟耳。天王殺其弟佞夫，甚之也。」

陳氏曰：「凡王殺，不書。雖王子不書，甚者母弟亦不書，必殺無罪也而後書。」

謝氏曰：「佞夫以非罪見殺，故王子瑕奔晋。普天莫非王土，故周公奔晋，書出，以明王室之衰也。王子瑕奔晋，王子朝奔楚，不書出，以正王室之尊也。明其衰，所以責王國。正其尊，所以責諸侯。始之以衰而責王國，終之以尊而責諸侯，春秋之序也。」

高氏曰：「後世人君，不知春秋之旨，往往推刃同氣，至使天下有斗粟尺布之謡，此萬世人君之大戒也。」

樸鄉吕氏曰：「孫仲〔二〕復謂春秋之義，天子得專殺，故無天子殺大夫之文，此言殺其弟佞夫，以爲不能容一母弟，不可不見也。切〔三〕以爲，明復此言，未爲知春秋者也。夫所謂諸侯無專殺大夫者，必禀命于天子也。天子無所禀命，有罪則與衆殺之，非謂生殺自恣，悉由己出，而謂之專殺也。春秋二百四十二年，偶無天子殺大夫之事耳，或史官脱略，孔子無從取書也。如使實殺無罪，見之簡册，聖人豈有不書以爲世戒之理？使後世暴君有作，殺生自恣，無所忌憚，由明復此言也。」

【經】秋，七月，叔弓如宋，葬宋共姬。

公羊氏曰：「外夫人不書葬，此何以書？隱之也。何隱爾？宋灾，伯姬卒焉。其稱謚何？賢也。何賢爾？宋灾，伯姬存焉。有司復曰：『火至矣，請出。』伯姬曰：『不可。吾聞之也，婦人夜出，不見傅母不下堂。傅至矣，母未至也。』逮乎火而死。」

謝氏曰：「宋共姬，公室女婦之賢者也。魯以叔弓會葬，嘉之也。春秋以夫謚稱共姬，褒之也。共姬爲女、

〔二〕「仲」，四庫本作「明」。

〔三〕「切」，四庫本作「竊」。

爲婦，可謂賢矣。其嫁也，宋公孫壽納幣，魯季孫行父致女，晋人、衛人、齊人來媵，以其賢而婚禮之厚也。其終也，以死守義而卒于灾，以卿送死而共其事，以夫配謚而彰其德，以其賢而喪禮之厚也。方是時，關雎之化不修，漢女之行不聞，賢妃正女不回之節卓然見于亂世者，共姬一人而已。此春秋所以賢其懿行而褒之也。」

愚按：共姬婚禮、喪禮之過厚，春秋書之，皆因貶以見褒也。

【經】鄭良霄出奔許，自許入于鄭。鄭人殺良霄。

二十九年，鄭伯有使公孫黑如楚，辭曰：「楚、鄭方恶，而使余往，是殺余也。」伯有曰：「世行也。」子皙曰：「可則往，難則已，何世之有？」伯有將强使之。子皙怒，將伐伯有氏，大夫和之。十二月，己巳，鄭大夫盟于伯有氏。裨諶曰：「是盟也，其與幾何？詩曰：『君子屢盟，亂是用長。』今是長亂之道也。禍未歇也，必三年而後能紓。」然明曰：「政將焉往？」裨諶曰：「善之代不善，天命也。其焉辟子産？舉不踰等，則位班也。擇善而舉，則世隆也。天又除之，奪伯有魄，子西即世，將焉辟之？天禍鄭久矣，其必使子産息之，乃猶可以戾。不然，將亡矣。」

三十年，子産相鄭伯以如晋，叔向問鄭國之政焉。對曰：「吾得見與否，在此歲也。駟、良方争，未知所成。若有所成，吾得見，乃可知也。」叔向曰：「不既和矣乎？」對曰：「伯有侈而愎，子皙好在人上，莫能相下也。雖其和也，猶相積恶也，恶至無日矣。」

夏四月，己亥，鄭伯及其大夫盟。君子是以知鄭難之不已也。伯有耆酒，爲窟室，而夜飲酒擊鐘焉，朝至未已。朝者曰：「公焉在？」其人曰：「吾公在壑谷。」皆自朝布路而罷。既而朝，則又將使子皙如楚，歸而飲酒。庚子，子皙以駟氏之甲伐而焚之。伯有奔雍梁，醒而後知之，遂奔許。大夫聚謀，子皮曰：「仲虺之志云：『亂者取之，亡者侮之。推亡固存，國之利也。』罕、駟、豐同生，伯有汰侈，故不免。」人謂子產：「就直助强。」子產曰：「豈爲我徒？國之禍難，誰知所敝？或主强直，難乃不生。姑成吾所。」辛丑，子產斂伯有氏之死者而殯之，不及謀而遂行。印段從之。子皮止之，衆曰：「人不我順，何止焉？」子皮曰：「夫子禮于死者，况生者乎？」遂自止之。壬寅，子產入。癸卯，子石入。皆受盟于子皙氏。乙巳，鄭伯及其大夫盟于太宫，盟國人于師之梁之外。

伯有聞鄭人之盟己也，怒。聞子皮之甲不與攻己也，喜。曰：「子皮與我矣。」癸丑，晨，自墓門之瀆入，因馬師頡介于襄庫，以伐舊北門。駟帶帥國人以伐之。皆召子產，子產曰：「兄弟而及此，吾從天所與。」伯有死于羊肆。子產襚之，枕之股而哭之，斂而殯諸伯有之臣在市側者。既而葬諸斗城。子駟氏欲攻子產，子皮怒之，曰：「禮，國之幹也。殺有禮，禍莫大焉。」乃止。

鄭子皮授鄭子產政，辭曰：「國小而偪，族大寵多，不可爲也。」子皮曰：「虎帥以聽，誰敢犯子？子善相之。國無小，小能事大，國乃寬。」子產爲政，有事伯石，賂與之邑。子太叔曰：「國，皆其國也，奚獨賂焉？」子產曰：「無欲實難。皆得其欲，以從其事，而要其成。非我有成，其在人乎。何愛于邑？邑將焉往？」子太叔曰：「若四國何？」子產曰：「非相違也，而相從也，四國何尤焉？鄭書有之曰：『安定國家，必大焉先。』姑先安大，以待其所歸。」既，伯石懼而歸邑，卒與之。伯有既死，使太史命伯石爲卿，辭。太史退，則請命焉。復命之，又辭。如是三，乃受策入拜。子産是以恶其爲人也，使次己位。

子産使都鄙有章，上下有服，田有封洫，廬井有伍。大夫之忠儉者，從而與之。泰侈者，因而斃之。豐卷將祭，請田焉。弗許，曰：「唯君用鮮，衆給而已。」子張怒，退而徵役。子産奔晋，子皮止之而逐豐卷。豐卷奔晋。子産請其田里，三年而復之，反其田里及其入焉。

從政一年，輿人誦之曰：「取我衣冠而褚之，取我田疇而伍之，孰殺子産，吾其與之。」及三年，又誦之曰：「我有子弟，子産誨之。我有田疇，子産殖之。子産而死，誰其嗣之？」

三十一年，冬，公薨之月，子産相鄭伯以如晋。晋侯以我喪故，未之見也。子産使盡壞其館之垣而納車馬焉。士文伯讓之曰：「敝邑以政刑之不修，寇盜充斥，無若諸侯之屬辱在寡君者何？是以令吏人完客所館，高其閈閎，厚其牆垣，以無憂客使。今吾子壞之，雖從者能戒，其若異客何？以敝邑之爲盟主，繕完葺牆，以待賓客。若皆毁之，其何以共命？寡君使匄請命。」對曰：「以敝邑褊小，介于大國，誅求無時，是以不敢寧居，悉索敝賦以來會時事。逢執事之不間，而未得見，又不獲聞命，未知見時，不敢輸幣，亦不敢暴露。其輸之，則君之府實也，非薦陳之，不敢輸也。其暴露之，則恐燥溼之不時而朽蠹，以重敝邑之罪。僑聞文公之爲盟主也，宮室卑庳，無觀臺榭，以崇大諸侯之館，館如公寢，庫廄繕修。司空以時平易道路，圬人以時塓館宮室。諸侯賓至，甸設庭燎，僕人巡宮，車馬有所，賓從有代，巾車脂轄，隸人、牧圉，各瞻其事，百官之屬，各展其物。公不留賓，而亦無廢事，憂樂同之，事則巡之，教其不知，而恤其不足。賓至如歸，無寧菑患？不畏寇盜，而亦不患燥濕。今銅鞮之宮數里，而諸侯舍于隸人。門不容車，而不可踰越。盜賊公行，而夭癘不戒。賓見無時，命不可知。若又勿壞，是無所藏幣，以重罪也。敢請執事，將何所命之？雖君之有魯喪，亦敝邑之憂也。若獲薦幣，修垣而行，君之惠也。敢憚勤勞？」文伯復命。趙文子曰：「信！我實不德，而以隸人之垣以贏諸侯，是吾罪也。」使士文伯謝不敏焉。晉侯見鄭伯，有加禮，厚其宴，好而歸之，乃築諸侯之館。叔向曰：「辭之不可以已也如是夫。子產有辭，諸侯賴之，若之何其釋辭也。」

鄭子皮使印段如楚，以適晉告。十二月，北宮文子相衛襄公以如楚，宋之盟故也。過鄭，印段迋勞于棐林，如聘禮而以勞辭。文子入聘。子羽爲行人，馮簡子與子大叔逆客，事畢而出，言于衛侯曰：「鄭有禮，其數世之福也。其無大國之討乎？」

子產之從政也，擇能而使之。馮簡子能斷大事，子太叔美秀而文，公孫揮能知四國之爲，而辨于其大夫之族姓、班位、貴賤、能否，而又善爲辭令，裨諶能謀，謀于野則獲，謀于邑則否。鄭國將有諸侯之事，子產乃問四國之爲于子羽，且使多爲辭令。與裨諶乘以適野，使謀可否。而告馮簡子，使斷之。事成，乃授子太叔，使行之以應對賓客。是以鮮有敗事。北宮文子所謂有禮也。鄭人游于鄉校以論執政，然明謂子產曰：「毀鄉校，如何？」子產曰：「何爲？夫人朝夕退而游焉，以議執政之善否。其所善者，吾則行之。其所惡者，吾則改之。是吾師也，若之何毀之？我聞忠善以損怨，不聞作威以防怨，豈不遽止？然猶防川，大決所犯，傷人必多，吾不克救也。不如小决使道，不如吾聞而藥之也。」然明曰：「蔑也今而後知吾子之信可事也，小人實不才，若果行此，其鄭國實賴之，豈唯二三臣？」仲尼聞是語也，曰：「以是觀之，人謂子産不仁，吾不信也。」

子皮欲使尹何爲邑，子産曰：「少，未知可否？」子皮曰：「愿，吾愛之，不吾叛也。使夫往而學焉，夫亦愈知治矣。」子産曰：「不可。人之愛人，求利之也。今吾子愛人則以政，猶未能操刀而使割也，其傷實多。子之愛人，傷之而已。其誰敢求愛于子？子于鄭國，棟也。棟折榱崩，僑將厭焉，敢不盡言？子有美錦，不使人學製焉。大官、大邑，身之所庇也，而使學者製焉，其爲美錦，不亦多乎？僑聞學而後入政，未聞以政學者也。若果行此必有所害。譬如田獵，射御貫則能獲禽。若未嘗登車射御，敗績厭覆是懼，何暇思獲乎？」子皮曰：「善哉！虎不敏，自今，請雖吾家，聽子而行。」子産曰：「人心不同，如其面焉。吾豈敢謂子面如吾面乎？抑心所謂危，亦以告也。」子皮以爲忠，故委政焉。子産是以能爲鄭國。

昭四年，鄭子産作丘賦。國人謗之，曰：「其父死于路，已爲蠆尾。以令于國，國將若之何？」子寬以告子産，曰：「何害？苟利社稷，死生以之。且吾聞爲善者不改其度，故能有濟也。民不可逞，度不可改。詩曰：『禮義不愆，何恤于人言？』吾不遷矣。」渾罕曰：「國氏其先亡乎！君子作法于涼，其敝猶貪。作法于貪，敝將若之何？姬在列者，蔡及曹、滕，其先亡乎？偪而無禮。鄭先衛亡，偪而無法。政不率法，而制于心。民各有心，何上之有？」

謝氏曰：「良霄以汰侈構禍出奔。其還也，藉許之力，興兵入鄭。其入也，介于襄庫，伐舊北門。此構亂以危社稷者也。入稱自許，以明罪在所討也。殺稱人，以衆棄之之辭誅之也。入，逆辭也。」

胡氏曰：「不言入者，其位未絶也。若宋魚石、晋欒盈，去國三年，其稱復入，位已絶矣。不言叛者，將以滅國，非直叛也。若華亥之入南里，宋辰之入蕭，其書叛者，皆據土背君以自保，未有滅國之謀也。不言殺其大夫者，非其大夫矣，討賊之辭也。」

張氏曰：「良霄之出，公孫黑蓋有罪焉。春秋舍公孫黑專伐之罪而罪良霄者，耆酒而不恤政，汰侈而好争，伯有之所爲，有丧国亡身之道焉。春秋于丧國失家者，不書所逐之人，明其身之有罪，使有國有家者，兢兢自謹，而求所以保身也，知所以反身自修之道，則奔亡之禍遠矣。」

【經】冬，十月，葬蔡景公。

【經】晋人、齊人、宋人、衛人、鄭人、曹人、莒人、邾人、滕人、薛人、杞人、小邾人會于澶淵，宋灾故。

爲宋灾故，諸侯之大夫會以謀歸宋財。冬，十月，叔孫豹會晋趙武、齊公孫蠆、宋向戌、衛北宫佗、鄭罕虎及小邾之大夫會于澶淵，既而無歸于宋。

三十一年，春，穆叔至自會。見孟孝伯，語之曰：「趙孟將死矣。其語偷，不似民主。且年未盈五十，而諄諄焉如八九十者，弗能久矣。若趙孟死，爲政者其韓子乎？吾子盍與季孫言之，可以樹善，君子也。晋君將失政矣，若不樹焉，使早備魯，既而政在大夫，韓子懦弱，大夫多貪，求欲無厭，齊、楚〔二〕未足與也，魯其懼哉。」孝伯曰：「人生幾何，誰能無偷？朝不及夕，將安用樹？」穆叔出而告人曰：「孟孫將死矣。吾語諸趙孟之偷也，而又〔三〕甚焉。」又與季孫語晉，故季孫不從趙文子。

卒，晉公室卑，政在侈家。韓宣子爲政，不能圖諸侯。魯不堪晉求，讒慝弘多，是以有平丘之會。

臨江劉氏曰：「會未有言其所爲者，此其言所爲何？譏。何譏爾？晉人與諸侯十二國之大夫會于澶淵，凡爲宋灾，故謀之也，曰更宋之所丧，雖死者不可復生。其財復矣，非務也。何言乎非務？會者講禮正刑，一德以紀天下也。蔡侯弑其君而不謀，宋灾而謀之，微矣。陳恒弑其君，孔子沐浴而朝，告于哀公曰：『請討之。』公曰：『告夫三子者。』之三子告，不可。孔子曰：『以吾從大夫之後，不敢不告也。』」

胡氏曰：「叔孫豹、晉趙武而下，皆諸侯上卿執國之政者也。三綱，軍政之本，至于淪絶，無父無君，是禽獸也。禽獸逼人，雖得天下，不能一朝居矣。昔者伯禹過門不入，放龍蛇也。周公坐以待旦，驅猛獸也。今世子弑君，與之同群而不恤，有國者不戒于火，自亡其財，苟其來告，吊之可也，則合十二國之大夫而謀更其所丧，尚爲知類也乎？蔡之亂，猶人有腹心之疾，而宋之灾，譬諸桐、梓、雞、犬之亡失也，以爲未之察也，

〔二〕「楚」，四庫本作「魯」。
〔三〕「又」，四庫本作「反」。

可謂不智。察之而不謀，亦不仁矣。是故諸國之大夫，貶而稱人，魯卿諱而不書，又特言會之所爲，以垂戒後世。其欲人之自别于禽獸之害也，可謂深切著明矣。」

【經】三十有一年，春，王正月。

【經】夏，六月，辛巳，公薨于楚宫。

公作楚宫。穆叔曰：「大誓云：『民之所欲，天必從之。』君欲楚也夫！故作其宫。若不復適楚，必死是宫也。」六月，辛巳，公薨于楚宫。

穀梁氏曰：「非正也。」

高氏曰：「公適楚而好其宫，歸而擬之，因名焉。不居先君之正寢，而安于所樂，是以不正其終也。夫公作宫而以楚爲式，用夷變夏[一]，非禮也。不于始作而譏之，直言薨于楚宫者，乃所以深譏之也。」

大東萊吕氏曰：「不薨于路寢已非正也，而又薨于楚宫，若襄公者，可謂安其危，而利其災，樂其所以亡者。」

【經】秋，九月，癸巳，子野卒。

立胡女敬歸之子子野，次于季氏。秋，九月，癸巳，卒，毁也。立敬歸之娣齊歸之子公子裯。穆叔不欲，

[一]「用夷變夏」，四庫本作「稱名不經」。

曰：「太子死，有母弟則立之，無則立長。年鈞擇賢，義鈞則卜，古之道也。非適嗣，何必娣之子？且是人也，居喪而不哀，在慼而有嘉容，是謂不度。不度之人，鮮不爲患。若果立之，必爲季氏憂。」武子不聽，卒立之。比及葬，三易衰，衰衽如故衰。于是昭公十九年矣，猶有童心，君子是以知其不能終也。

泰山孫氏曰：「襄公太子，未踰年之君也。名者，襄公未葬也，不薨、不地，降成君也。」

【經】己亥，仲孫羯卒。

【經】冬，十月，滕子來會葬。

【經】癸酉，葬我君襄公。

滕成公來會葬，惰而多涕。子服惠伯曰：「滕君將死矣。怠于其位，而哀已甚，兆于死所矣。能無從乎？」

謝氏曰：「奔喪、會葬，臣子之禮也。諸侯于王室，無奔喪、會葬之事。而邾、滕反行于强國，書滕子、邾子奔喪、會葬，而諸侯之恶見矣。」

家氏曰：「魯君未嘗會天王之葬，而滕子來會魯葬。滕之來，魯之受，皆有貶也。諸侯來會葬于是始。」

陳氏曰：「改葬惠公也，衛侯來會葬，隱公不見。春秋之初，魯猶秉禮。晉景公之喪，成公吊焉，亦已卑矣。晉于是止公，使送葬，諸侯莫在，魯人辱之，雖霸主，未有君會葬者也。葬楚康王也，公及陳侯、鄭伯、許男送于西門之外，則天下諸侯有會葬于楚者矣。于是滕子會葬于魯，是春秋之季也，會葬猶可，奔喪甚矣。」

【經】十有一月，莒人弑其君密州。

莒犂比公生去疾及展輿，既立展輿，又廢之。犂比公虐，國人患之。十一月，展輿因國人以攻莒子，弑之，乃立。去疾奔齊，齊出也。展輿，吴出也。

程子曰：「莒子虐，國人弑之而立展輿。展輿非親弑也，故書國人。」

胡氏曰：「經以傳爲按，傳有乖繆，則信經而棄傳可也，若密州之事是矣。故趙匡謂其文當曰：『展輿因國人之攻莒子，弑之，乃立。』而後來傳寫誤爲以字爾。」

家氏曰：「犂比公虐，國人作亂而弑之。展輿既廢于父，見立于國人，故有以弑之罪而加之者。使展輿能討賊于既立之後，庶乎可以逃此名矣。」

春秋闕疑卷三十四（昭公元年—六年）

昭公

公名裯，襄公之子。景王四年即位。謚法：威儀恭明曰昭。

【經】元年，春，王正月，公即位。

【經】叔孫豹會晋趙武、楚公子圍、齊國弱、宋向戌、衛齊恶、陳公子招、蔡公孫歸生、鄭罕虎、許人、曹人于虢。

楚公子圍聘于鄭，且娶于公孫段氏，伍舉爲介。將入館，鄭人恶之，使行人子羽與之言，乃館于外。既聘，將以衆逆。子産患之，使子羽辭，曰：「以敝邑褊小，不足以容從者，請墠聽命。」令尹命太宰伯州犁對曰：「君辱貺寡大夫圍，『將使豐氏撫有而室。』圍布几筵，告于莊、共之廟而來。若野賜之，是委君貺于草莽也！是寡大夫不得列于諸卿也！不寧唯是，又使圍蒙其先君，將不得爲寡君老，其蔑以復矣。唯大夫圖之。」子羽曰：「小國無罪，恃實其罪。將恃大國之安靖已，而無乃包藏禍心以圖之。小國失恃而懲諸侯，使莫不憾者，距違君命，而有所壅塞不行是懼！不然，敝邑，館人之屬也，其敢愛豐氏之祧？」伍舉知其有備也，請垂櫜而入。許之。

正月乙未，入，逆而出。遂會于虢，尋宋之盟也。祁午謂趙文子曰：「宋之盟，楚人得志于晉。今令尹之不信，諸侯之所聞也。子弗戒，懼又如宋。子木之信稱于諸侯，猶詐晉而駕焉，况不信之尤者乎？楚重得志于晉，晉之耻也。子相晉國，以爲盟主，于今七年矣。再合諸侯，三合大夫，服齊、狄，寧東夏，平秦亂，城淳于，師徒不頓，國家不罷，民無謗讟，諸侯無怨，天無大灾，子之力也，有令名矣。而終之以耻，午也是懼，吾子其不可以不戒。」文子曰：「武受賜矣。然宋之盟，子木有禍人之心，武有仁人之心，是楚所以駕于晉也。今武猶是心也，楚又行僭，非所害也，武將信以爲本，循而行之。譬如農夫，是穮是蓘，雖有饑饉，必有豐年。且吾聞之，『能信不爲人下』，吾未能也。詩曰：『不僭不賊，鮮不爲則。』信也。能爲人則者，不爲人下矣。吾不能是難，楚不爲患。」楚令尹圍請用牲，讀舊書，加于牲上而已，晉人許之。

三月，甲辰，盟。楚公子圍設服離。衛叔孫穆子曰：「楚公子美矣，君哉。」鄭子皮曰：「二執戈者前矣。」蔡子家曰：「蒲宫有前，不亦可乎？」楚伯州犁曰：「此行也，辭而假之寡君。」鄭行人揮曰：「假不反矣。」伯州犁曰：「子姑憂子皙之欲背誕也。」子羽曰：「當璧猶在，假而不反，子其無憂乎？」齊國子曰：「吾代二子愍矣。」陳公子招曰：「不憂何成二子樂矣。」衛齊子曰：「苟或知之，雖憂何害？」宋合左師曰：

「大國令，小國共。吾知共而已。」晉樂王鮒曰：「小旻之卒章善矣，吾從之。」退會，子羽謂子皮曰：「叔孫絞而婉，宋左師簡而禮，樂王鮒字而敬，子與、子家持之，皆保世之主也。齊、衛、陳大夫，其不免乎？國子代人憂，子招樂憂，齊子雖憂弗害，夫弗及而憂，與可憂而樂，與憂而弗害，皆取憂之道也，憂必及之。大誓曰：『民之所欲，天必從之。』三大夫兆憂，憂能無至乎？言以知物，其是之謂矣。」

高氏曰：「宋之盟，齊人不與。今齊又從楚矣。中國微弱可知也。莒人弒君，諸侯不共討之者，是時楚人方聽莒人之訴而欲執魯大夫，是不以莒人爲可討也。春秋不書莒人，蓋斥之爾。」

家氏曰：「春秋爲中國惜，不使楚〔一〕得以僭華，是故長晉。」

【經】三月，取鄆。

季武子伐莒，取鄆。莒人告于會。楚告于晉曰：「尋盟未退，而魯伐莒，瀆齊盟，請戮其使。」樂桓子相趙文子，欲求貨于叔孫而爲之請，使請帶焉，弗與。梁其踁曰：「貨以藩身，子何愛焉？」叔孫曰：「諸侯之會，衛社稷也。我以貨免，魯必受師，是禍之也。何衛之爲？人之有牆，以蔽惡也。牆之隙壞，誰之咎也？衛而惡之，吾又甚焉。雖怨季孫，魯國何罪？叔出季處，有自來矣，吾又誰怨？然鮒也賄，弗與，不已。」召

〔一〕「楚」，四庫本作「夷」。

使者，裂裳帛而與之，曰：「帶其褊矣。」趙孟聞之曰：「臨患不忘國，忠也。思難不越官，信也。圖國忘死，貞也。謀主三者，義也。有是四者，又何戮乎？」乃請諸楚，曰：「魯雖有罪，其執事不避難，畏威而敬命矣。子若免之，以勸左右可乎！若子之群吏，處不辟汚，出不逃難，其何患之有？患之所生，汚而不治，難而不守，所由來也。能是二者，又何患焉？不靖其能，其誰從之？魯叔孫豹可謂能矣。請免之以靖能者。子會而赦有罪，又賞其賢，諸侯誰不欣焉望楚而歸之，視遠如邇？疆埸之邑，一彼一此，何常之有？王伯之令也，引其封疆，而樹之官。舉之表旗，而著之制令。過則有刑，猶不可壹。于是乎虞有三苗，夏有觀、扈，商有姺、邳，周有徐、奄。自無令王，諸侯逐進，狎主齊盟，其又可壹乎？恤大舍小，足以爲盟主，又焉用之？封疆之削，何國蔑有？主齊盟者，誰能辨焉？吴、濮有釁，楚之執事豈其顧盟？莒之疆事，楚勿與知，諸侯無煩，不亦可乎？莒、魯爭鄆，爲日久矣，苟無大害于其社稷，可無亢也，去煩宥善，莫不競勸，子其圖之。」固請諸楚，楚人許之。乃免叔孫。

叔孫歸，曾夭御季孫以勞之。旦及日中，不出。曾夭謂曾阜曰：「旦及日中，吾知罪矣。魯以相忍爲國也，忍其外不忍其内，焉用之？」阜曰：「數月于外，一旦于是，庸何傷？賈而欲贏，而恶囂乎？」阜謂叔孫曰：「可以出矣。」叔孫指楹曰：「雖恶是，其可去乎？」乃出見之。

家氏曰：「鄆有東西之異文。十二年，城諸及鄆者，魯鄆也。成九年，楚人入鄆，襄十二年，季孫宿救台入鄆者，莒鄆也。蓋救台入鄆之時，欲取之而未得，至是遂取之。」

程子曰：「乘莒之亂而取之，故隱避其辭。」

胡氏曰：「不曰伐莒取鄆，爲内諱也。」

高氏曰：「魯乘莒之亂而取鄆，聖人直言之，其辭雖略，而恶有餘也。」

【經】夏，秦伯之弟鍼出奔晋。

秦后子有寵于桓，如二君于景。其母曰：「弗去，懼選。」五月，癸卯，鍼適晋，其車千乘。后子享晋侯，造舟于河，十里舍車，自雍及絳。歸取酬幣，終事八反。司馬侯問曰：「子之車，盡于此而已乎？」對曰：「此之謂多矣。若能少此，吾何以得見女？」叔齊以告公，且曰：「秦公子必歸。臣聞君子能知其過，必有令圖。今圖，天所贊也。」后子見趙孟。趙孟曰：「吾子其曷歸？」對曰：「鍼懼選于寡君，是以在此，將待嗣君。」趙孟曰：「秦君何如？」對曰：「無道。」趙孟曰：「亡乎？」對曰：「何爲？一世無道，國未艾也。國于天地，有與立焉。不數世淫，弗能斃也。」趙孟曰：「天乎？」對曰：「有焉。」趙孟曰：「其幾何？」對曰：「鍼聞之，國無道而年穀和熟，天贊之也。鮮不五稔。」五年，秦后子復歸于秦，景公卒故也。

穀梁氏曰：「諸侯之尊，兄弟不得以屬通。其弟云者，親之也。親而奔之，恶也。」

公羊氏曰：「有千乘之國而不能容其母弟，故君子謂之出奔也。」

胡氏曰：「后子出奔，其父禍之，而罪秦伯，何也？春秋以均愛望人父，以能友責人兄。父母有愛，妾猶没身敬之不衰，况兄弟乎？兄弟翕而後父母順矣。」

謝氏曰：「景公有千乘之國而不能庇一弟者，失親親之道也。若舜焉，親之使貴，愛之使富，又使不得有爲于其國，則又安有母弟出奔之患哉？」

家氏曰：「夫以千乘之國，而區區母弟以車多伉其君，鍼之汏，亦甚矣。書秦伯之弟出奔晋，不惟譏秦伯，亦貶鍼也。其母使之奔，母亦智矣。使如叔段〔一〕之母，則亂作于内，誅不旋踵，其所以卒得反國，由母賢故爾。」

【經】六月，丁巳，邾子華卒。

【經】晋荀吴帥師敗狄于大鹵。

晋中行穆子敗無終及群狄于太原，崇卒也。將戰，魏舒曰：「彼徒我車，所遇又阨，以什共車必克。困諸阨，又克。請皆卒，自我始。」乃毁車以爲行，五乘爲三伍。荀吴之嬖人不肯即卒，斬以徇。爲五陳以相離，兩于前，伍于後，專爲右角，參爲左角，偏爲前拒，以誘之。翟人笑之。未陳而薄之，大敗之。

胡氏曰：「太鹵，太原也。按六月宣王北伐之詩，其詞曰：『薄伐玁狁，至于太原。』而詩人美之者，謂不窮追遠討，及封境而止也。然則太原在禹服之内，而狄人來侵，攘斥宜矣。其過在毁車、崇卒以詐誘狄人而敗之，非王者之師耳。使後世車戰法亡，崇尚步卒，争以變詐相高，日趨苟簡，皆此等啟之矣。」

〔一〕「叚」，四庫本作「段」。

【經】秋，莒去疾自齊入于莒。〔一〕

莒展輿立而奪群公子秩。公子召去疾于齊。秋，齊公子鉏納去疾，展輿奔吴。

【經】莒展輿出奔吴。

程子曰：「去疾假齊之力以入莒討展輿之罪，正也，故稱莒。遂自立，無所禀命，故不稱公子。展輿爲弑君者所立而以國氏者，罪諸侯之與其立也。」

謝氏曰：「展輿爲弑人所立。受弑人立，展輿之罪也，故出奪爵稱名，展輿雖有罪，然非去疾可逐，去疾以王命討逆則可，以争國逐展輿則不可。爲去疾者，非有臣子討逆之心也。特以公子當立，恃齊威力，起而争位，故反國奪公子稱人，入稱『自齊』，責去疾之亂也。」

【經】叔弓帥師疆鄆田。

因莒亂也。

趙氏曰：「凡疆田而有帥師者，皆有難也。」

趙氏曰：「帥師疆鄆田，則魯人以不道侵莒封疆，亦可知矣。」

師氏曰：「取鄆不書帥師，而疆田書之，于以見取出于莒人之不意，故得之也易。慮莒人既悟而有復争之

〔一〕「于」，四庫本闕。

心，故疆之也難。夫以非分之田而已，則出人之不意以取之，既得而又恃徒衆以疆之，天下又安得有一定之經界？豈不紛紛大亂耶？書之者，爲名分，以致其嚴也。」

【經】葬邾悼公。

【經】冬，十有一月，己酉，楚子麇卒。

【經】楚公子比出奔晋。

楚公子圍使公子黑肱、伯州犁城犨、櫟、郟。子産曰：「不害。令尹將行大事，而先除二子也。禍不及鄭，何患焉？」冬，楚公子圍將聘于鄭，伍舉爲介。未出境，聞王有疾而還。伍舉遂聘。十一月，己酉，公子圍至，入問王疾，縊而殺之。遂殺其二子幕及平夏。右尹子干出奔晋。宫廄尹子晳出奔鄭。殺太宰伯州犁于郟。葬王于郟，謂之郟敖。使赴于鄭，伍舉問應爲後之辭焉。對曰：「寡大夫圍。」伍舉更之曰：「共王之子圍爲長。」子干奔晋，從車五乘。叔向使與秦公子同食，皆百人之餼。趙文子曰：「秦公子富。」叔向曰：「底禄以德，德鈞以年，年同以尊。公子以國，不聞以富。且夫以千乘去其國，强禦已甚。詩曰：『不侮鰥寡，不畏强禦。』秦、楚，匹也。」使后子與子干齒。辭曰：「鍼懼選，楚公子不獲，是以皆來，亦唯命。且臣與羈齒，無乃不可乎？」

大東萊吕氏曰：「經書楚子麇卒，而左氏以爲公子圍弑之。至誅慶封，則左氏、穀梁又載慶封，稱圍弑君之語。後世緣楚王汰侈，遂以爲實。甚矣，三傳之爲經害也。」

家氏曰：「麇疾革，圍聞其將死，自外急歸，乘君之殯，戕其子，而篡其位，是亦弑也，而非弑麇。當時諸國傳聞之誤，有以爲弑麇者耳，不然圍之罪當顯著于春秋，何以不正其弑君之戮而以卒書乎？」

【經】二年春，晋侯使韓起來聘。

晋侯使韓宣子來聘，且告爲政而來見〔一〕，觀書于太史氏，見易象與魯春秋，曰：「周禮盡在魯矣，吾乃今知周公之德，與周之所以王也。」公享之。季武子賦綿之卒章。韓子賦角弓。季武子拜曰：「敢拜子之彌縫敝邑，寡君有望矣。」武子賦節之卒章。既享，宴于季氏，有嘉樹焉。宣子譽之。武子曰：「宿敢不封殖此樹，以無忘角弓。」遂賦甘棠。宣子曰：「起不堪也，無以及召公。」宣子遂如齊納幣。

小東萊吕氏曰：「此可見君弱臣强之漸，春秋時，諸侯即位，則告政于隣國，且繼舊好也。宣子，晋之大夫，爲政之初乃行諸侯朝聘之禮，禮樂自諸侯出，故夫夫得以僭諸侯。」

【經】夏，叔弓如晋。

報宣子也。晋侯使郊勞，辭曰：「寡君使弓來繼舊好。固曰：『女無敢爲賓。』徹命于執事，敝邑弘矣。敢辱郊使？請辭。」致館。辭曰：「寡君命下臣來繼舊好，好合使成，臣之禄也。敢辱大館？」叔向曰：「子

〔一〕四庫本「見」之後有「禮也」二字。

叔子知禮哉！吾聞之曰：『忠信，禮之器也。卑讓，禮之宗也。』辭不忘國，忠信也。先國後己，卑讓也。詩曰：『敬慎威儀，以近有德。』夫子近德矣。」

【經】秋，鄭殺其大夫公孫黑。

元年，鄭徐吾犯之妹美，公孫楚聘之。公孫黑又使强委禽焉。犯懼，告子產。子產曰：「是國無政，非子之患也。唯所欲與。」犯請于二子，請使女擇焉。皆許之。子皙盛飾入，布幣而出。子南戎服入，左右射，超乘而出。女自房觀之曰：「子皙信美矣，抑子南夫也。夫夫婦婦，所謂順也。」適子南氏。子皙怒。既而櫜甲以見子南，欲殺之而取其妻。子南知之，執戈逐之。及衝，擊之以戈，子皙傷而歸，告大夫曰：「我好見之，不知其有異志也，故傷。」大夫皆謀之。子產曰：「直鈞，幼賤有罪，罪在楚也。」乃執子南而數之，曰：「國之大節有五，女皆奸之。畏君之威，聽其政，尊其貴，事其長，養其親，五者所以爲國也。今君在國，女用兵焉，不畏威也。奸國之紀，不聽政也。子皙，上大夫；女，嬖大夫，而弗下之，不尊貴也。幼而不忌，不事長也。兵其從兄，不養親也。君曰：『余不女忍殺，宥女以遠。』勉，速行乎。無重而罪。」

五月，庚辰，鄭放游楚于吴。將行子南，子產咨于大叔。大叔曰：「吉不能亢身，焉能亢宗？彼，國政也，非私難也。子圖鄭國，利則行之。周公殺管叔而蔡蔡叔，夫豈不愛？王室故也。吉若獲戾，子將行之，何有于諸游？」

鄭爲游楚亂故，六月丁巳，鄭伯及其大夫盟于公孫段氏。罕虎、公孫僑、公孫段、印段、游吉、駟帶私盟于閨門之外，實薰隧。公孫黑强與于盟，使大史書其名，盟且曰七子。子産弗討。

至是，公孫黑將作亂，欲去游氏而代其位，傷疾作而不果。駟氏與諸大夫欲殺之。子産在鄙，聞之，懼弗及。乘遽而至。使吏數之，曰：「伯有之亂，以大國之事，而未爾討也。爾有亂心，無厭，國不女堪。專伐伯有，而罪一也。昆弟争室，而罪二也。薰隧之盟，女矯君位，而罪三也。有死罪三，何以堪之？不速死，大刑將至。」再拜稽首，辭曰：「死在朝夕，無助天爲虐。」子産曰：「人誰不死？凶人不終，命也。作凶事，爲凶人，不助天，其助凶人乎？」請以印爲褚師。子産曰：「印也若才，君將任之。不才，將朝夕從女。女罪之不恤，而又何請焉？不速死，司寇將至。」七月，壬寅，縊。尸諸周氏之衢，加木焉。

臨江劉氏曰：「黑有罪，其以累上言何？惡鄭伯不能討有罪，以放乎亂也。公孫黑伐良霄而逐之，君弗誅也。以爲大夫，又與公孫楚争娶徐吾氏，徐吾氏歸于楚，君放楚也，而盟諸大夫。黑于是自以爲卿，又將爲亂，疾作而卧，子産使吏數諸其家，則幸而勝爾。」

【經】冬，公如晉，至河乃復。

【經】季孫宿如晉。

夏，四月，晉韓須如齊逆女。齊陳無宇送女，致少姜。晉侯謂無宇非卿，執諸中都。少姜爲之請，曰：「送從逆班，畏大國也。猶有所易，是以亂作。」晉少姜卒。公如晉，及河。晉侯使士文伯來，辭曰：「非伉儷也，請君無辱。」公還。季孫宿遂致服焉。叔向言陳無宇于晉侯，曰：「彼何罪？君使公族逆之，齊使上大夫送之。猶曰不共，君求以貪。國則不共，而執其使。君刑已頗，何以爲盟主？且少姜有辭。」冬，十月，陳無宇歸。十一月，鄭印段如晉吊。

三年春，鄭游吉如晉，送少姜之葬。梁丙與張趯見之。梁丙曰：「甚矣哉！子之爲此來也。」子太叔曰：「將得已乎？昔文、襄之霸也，其務不煩諸侯。令諸侯三歲而聘，五歲而朝，有事而會，不協而盟。君薨，大夫吊，卿共葬事。夫人，士吊，大夫送葬。足以昭禮命事謀闕而已，無加命矣。今嬖寵之喪，不敢擇位，而數于守適，唯懼獲戾，豈敢憚煩？少姜有寵而死，齊必繼室。今茲吾又將來賀，不唯此行也。」張趯曰：「善哉！吾得聞此數也。然自今，子其無事矣。譬如火焉，火中，寒暑乃退。此其極也，能無退乎？晉將失諸侯，諸侯求煩不獲。」二大夫退。子太叔告人曰：「張趯有知，其猶在君子之後乎。」

齊侯使晏嬰請繼室于晉，曰：「寡君使嬰曰：『寡人願事君，朝夕不倦，將奉質幣，以無失時，則國家多難，是以不獲。不腆先君之適，以備內官，焜燿寡人之望，則又無祿，早世隕命，寡人失望。君若不忘先君之好，惠顧齊國，辱收寡人，徼福于太公、丁公，照臨敝邑，鎮撫其社稷，則猶有先君之適及遺姑姊妹若而人。君若不棄敝邑，而辱使董振擇之，以備嬪嬙，寡人之望也。』」韓宣子使叔向對曰：「寡君之願也。寡君不能獨任其社稷之事，未有伉儷。在縗絰之中，是以未敢請。君有辱命，惠莫大焉。若惠顧敝邑，撫有晉國，賜之內主，豈唯寡君，舉群臣實受其貺，其自唐叔以下，實寵嘉之。」

既成婚，晏子受禮。叔向從之。宴相與語，叔向曰：「齊其何如？」晏子曰：「此季世也，吾弗知。齊其爲陳氏矣。公棄其民而歸于陳氏。齊舊四量，豆、區、釜、鍾。四升爲豆，各自其四，以登于釜。釜十則鍾。陳氏三量，皆登一焉，鍾乃大矣。以家量貸，而以公量收之。山木如市，弗加于山。魚鹽蜃蛤，弗加于海。民參其力，二入于公，衣食其一。公聚朽蠹，而三老凍餒。國之諸市，屨賤踊貴，民人痛疾，而或噢休〔二〕之。其愛之如父母，而歸之如流水。欲無獲民，將焉辟之？箕伯、直柄、虞遂、伯戲，其相胡公、大姬，已在齊矣。」叔向曰：「然。雖吾公室，今亦季世也。戎馬不駕，卿無軍行，公乘無人，卒列無長。庶民罷敝，而宫室滋侈。道殣相望，而女富溢尤。民聞公命，如逃寇讐，欒、郤、胥、原、狐、續、慶、伯，降在皁隸。政在家門，民無所依。君日不悛，以樂慆憂。公室之卑，其何日之有？」晏子曰：「子將若何？」叔向曰：「晋之公族盡矣。肸聞之，公室將卑，其宗族枝葉先落，則公從之。肸之宗十一族，唯羊舌氏在而已，肸又無子，公室無度，幸而得死，豈其獲祀？」

初，景公欲更晏子之宅，曰：「子之宅近市，湫隘囂塵，不可以居，請更諸爽塏者。」辭曰：「君之先臣容焉，臣不足以嗣之，于臣侈矣。且小人近市，朝夕得所求，小人之利也。敢煩里旅？」公笑曰：「子近市，

〔二〕「噢休」，四庫本作「燠休」。左傳亦作「燠休」，杨伯峻注曰：「释文引贾逵云：『燠，厚也。』休，赐也。见杨树达先生积微居金文说。此谓陈氏于民人之痛苦，因厚赐之。杜注：『燠休，痛念之声』，服虔谓『燠休，痛其痛而念之，若今时小儿痛，父母以口就之曰噢休，代其痛也』，皆不确。」據改。

識貴賤乎？」對曰：「既利之，敢不識乎？」公曰：「何貴？何賤？」于是景公繁于刑，有鬻踊者。故對曰：「踊貴屨賤。」既已告于君，故與叔向語而稱之。景公于是省于刑。及晏子如晉，公更其宅。反，則成矣。既拜，乃毁之，而爲里室，皆如其舊。則使宅人反之，「且諺曰：『非宅是卜，唯鄰是卜。』二三子先卜鄰矣，違卜不祥。君子不犯非禮，小人不犯不祥，古之制也，吾其〔一〕違諸乎？」卒復其舊宅。公弗許。因陳桓子以請，乃許之。

晉韓起如齊逆女，公孫蠆爲少姜之有寵也，以其子更公女，而嫁公子。人謂宣子：「子尾欺晉，晉胡受之？」宣子曰：「我欲得齊而遠其寵，寵將來乎？」秋，七月，鄭罕虎如晉。賀夫人，且告曰：「楚人日徵敝邑，以不朝立王之故。敝邑之往，則畏執事，其謂寡君而『固有外心』。其不往，則宋之盟云。進退罪也，寡君使虎布之。」宣子使叔向對曰：「君若辱有寡君，在楚何害？修宋盟也。君苟思盟，寡君乃知免于戾矣。君若不有寡君，雖朝夕辱于敝邑，寡君猜焉。君實有心，何辱命焉？君其往也。苟有寡君，在楚猶在晉也。」張趯使謂太叔曰：「自子之歸也。小人糞除先人之敝廬，曰子其將來。今子皮實來，小人失望。」太叔曰：「吉賤，不獲來，畏大國，尊夫人也。且孟曰：『而將無事。』吉庶幾焉。」

泰山孫氏曰：「公如晉，至河乃復者六。唯二十三年書有疾，明有疾而反。餘皆譏公，數如晉見拒，不能

〔一〕「其」，四庫本作「敢」。

以禮自重，大取困辱也。」

胡氏曰：「舉動，人君之大節，賢哲量之，以行藏其道。姦邪窺之，以作止其惡。四鄰視之，以厚薄其情。故有國者必謹于禮而後動，此守身之本，保國之基也。禮雖自卑而尊人，亦不妄悦人以自辱。昭公既不能據經守正，失禮而妄動，又不能從權適變，無故而輕復，終于失國出奔，客死他境。蓋始諸此行矣。或曰禮者明微正于未動之前可也。已至于河而見郤，雖欲勿反，將得已乎？曰以周公之胄，千乘之國，輕身以修鄰好，乃郤而不納，夫何敢？若曰敝邑褊小，敬事大國，唯恐獲戾。聞陳無宇見執于中都，謂少姜之數于守適，信也，用是不遑寧處，跋涉山川來修吊事，今若不獲進見，剪爲仇讐，他國誰敢朝夕在廷修事大之禮乎。夫小國之去就從違，聽大國之令也。若非伉儷，齊人請陳無宇之罪，何以令之也？苟有二命，又何以爲盟主？如此晋人其將謝過之不暇，敢不納乎？昭公習儀以亟而不明乎禮，其及也宜。經書『公如晋，至河乃復。季孫宿如晋』。而昭公失國之因，季氏逐君之漸，晋人下比之迹，不待貶絶而皆見矣。」

【經】三年，春，王正月，丁未，滕子原卒。

【經】夏，叔弓如滕。

【經】五月，葬滕成公。

【經】秋，小邾子來朝。

小邾穆公來朝。季武子欲卑之。穆叔曰：「不可。曹、滕、二邾實不忘我，好敬以逆之，猶懼其貳，又卑一睦焉，逆群好也，其如舊而加敬焉。志曰：『能敬無灾。』又曰：『敬逆來者，天所福也。』」季孫從之。

【經】八月，大雩。

【經】冬，大雨雹。

【經】北燕伯欵出奔齊。

燕簡公多嬖寵，欲去諸大夫而立其寵人。冬，燕大夫比以殺公之外嬖。公懼，奔齊。

左氏曰：「書『北燕伯欵出奔齊』，罪之也。」

胡氏曰：「大夫，國君之陪貳，以公心選之而不可私也，以誠意委之而不可疑也，以隆禮待之而不可輕也，以直道馭之而不可辱也，否則是忽其陪貳以自危也。故人主不尊陪貳，而與賤臣、圖柄臣者，事成則失身而見弑，不成則失國而出奔。此有國之大戒也。春秋凡見逐于臣者，皆以自奔爲文，正其本之意也，而垂戒遠矣。」

家氏曰：「嬖寵固不可任，群卿有若齊田、魯季、衛孫氏者，其必任之，可乎？曰是所謂權臣，非所謂公卿大夫也。所貴乎國君者，選賢拔能，布在有位，信之，任之，與之共圖國政，近習不得間也。國有公卿大夫，而以近習間之，亂也。若夫控御權姦，固自有道，亦不可與近習謀。」

【經】四年春，王正月，大雨雹。

大雨雹。季武子問于申豐曰：「雹可禦乎？」對曰：「聖人在上，無雹。雖有，不爲災。古者，日在北陸而藏冰；西陸，朝覿而出之。其藏冰也，深山窮谷，涸〔一〕陰沍寒，于是乎取之。其出之也，朝之禄位，賓食喪祭，于是乎用之。其藏之也，黑牡、秬黍，以享司寒。其出之也，桃弧、棘矢，以除其災。其出入也時。食肉之禄冰皆與焉。大夫命婦，喪浴用冰。祭寒而藏之，獻羔而啟之，公始用之。火出而畢賦。自命夫、命婦，至于老疾，無不受冰。山人取之，縣人傳之，輿人納之，隸人藏之。夫冰以風壯，而以風出。其藏之也周，其用之也遍，則冬無愆陽，夏無伏陰，春無凄風，秋無苦雨。雷出不震，無菑霜雹，厲疾不降，民不夭札。今藏川池之冰，棄而不用，風不越而殺，雷不發而震，雹之爲菑，誰能禦之？七月之卒章，藏冰之道也。」

高氏曰：「自去年冬至今春正月，連大雨雹，故前以時紀，此以月紀。天道如此，人事可知。」

胡氏曰：「陰陽之氣和而散，則爲霜雪雨露，不和而散，則爲戾氣噎霾。雹，戾氣也，陰脅陽、臣侵君之象。當是時，季孫宿襲位，世卿將毁中軍，專執兵權，以弱公室，故數月之間再有大變。申豐者，季氏之孚也。不肯端言其事，故暴揚于朝，歸咎藏冰之失。夫山谷之冰，藏之也周，用之也遍，亦古者本末備舉燮調之一事耳。謂能使四時無愆伏凄苦之變，雷出不震，無災霜雹，則亦誣矣。意者昭公遇災而懼，以禮爲國，行其政令，無失其民，雹之灾也，庶可禦也。不然，雖得藏冰之道，合于豳風·七月之詩，其將能乎？」

〔一〕「涸」，四庫本作「固」。

【經】夏，楚子、蔡侯、陳侯、鄭伯、許男、徐子、滕子、頓子、胡子、沈子、小邾子、宋世子佐、淮夷會于申。

三年，十月，鄭伯如楚，子産相。楚子享之，賦吉日。既享，子産乃具田備，王以田江南之夢。四年，春，許男如楚，楚子止之，遂止鄭伯，復田江南，許男與焉。使椒舉如晋求諸侯，二君待之。椒舉致命曰：「寡君使舉曰：『日君有惠，賜盟于宋，曰：晋、楚之從，交相見也。以歲之不易，寡人願結驩于二三君。』使舉請閒，君若苟無四方之虞，則願假寵以請于諸侯。」晋侯欲勿許。司馬侯曰：「不可。楚王方侈，天或者欲逞其心，以厚其毒而降之罰，未可知也。其使能終，亦未可知也。晋、楚唯天所相，不可與争，君其許之，而修德以待其歸。若歸于德，吾猶將事之，况諸侯乎？若適淫虐，楚將棄之，吾又誰與争？」公曰：「晋有三不殆，其何敵之有？國險而多馬，齊、楚多難。有是三者，何鄉而不濟？」對曰：「恃險與馬，是三殆也。四嶽、三塗、陽城、大室、荆山、中南、九州之險也，是不一姓。冀之北土，馬之所生，無興國焉。恃險與馬，不可以爲固也，從古以然。是以先王務修德音，以享神人，不聞其務險與馬也。鄰國之難，不可虞也。或多難以固其國，啟其疆土。或無難以丧其國，失其守宇。若何虞難？齊有仲孫之難而獲桓公，至今賴之。晋有里平之難而獲文公，是以爲盟主。衛、邢無難，敵亦丧之。故人之難，不可虞也。恃此三者，而不修政德，亡于不暇，又何能濟？君其許之。紂作淫虐，文王惠和，殷是以隕，周是以興，夫豈争諸侯？」乃許楚使。使叔向對曰：「寡君有社稷之事，是以不獲春秋時見。諸侯，君實有之，何辱命焉？」椒舉遂請婚，晉侯許之。楚子問于子産曰：「晉其許我諸侯乎？」對曰：「許君，晉君少安，不在諸侯。其大夫多求，莫匡其君。在宋之盟，又曰如一，若不許君，將焉用之？」王曰：「諸侯其來乎？」對曰：「必來。從宋之盟，承君之歡，不畏大國，何故不來？不來者，其魯、衛、曹、邾乎？曹畏宋，邾畏魯。魯、衛偪于齊而親于晉，唯是不來。其餘，君之所及也，誰敢不至？」王曰：「然則吾所求者，無不可乎？」對曰：「求逞于人，不可。與人同欲，盡濟。」

夏，諸侯如楚。魯、衛、曹、邾不會。鄭伯先待于申。六月，丙午，楚子合諸侯于申。椒舉言于楚子曰：「臣聞諸侯無歸，禮以爲歸。始得諸侯，其慎禮矣。霸之濟否，在此會也。夏啟有鈞臺之享，商湯有景亳之命，周武有孟津之誓，成有岐陽之蒐，康有酆宮之朝，穆有塗山之會，齊桓有召陵之師，晉文有踐土之盟。君其何用？宋向戌、鄭公孫僑在諸侯之良也，君其選焉。」王曰：「吾用齊桓。」王使問禮于左師與子産。左師曰：「小國習之，大國用之，敢不薦聞？」獻公合諸侯之禮六。子産曰：「小國共職，敢不薦守？」獻伯、子、男會公之禮六。君子謂：「合左師善守先代，子産善相小國。」王使椒舉侍于後以規過。卒事，不規。王問其故，對曰：「禮，吾所未見者有六焉，又何以規？」宋太子佐後至，王田于武城，久而弗見。椒舉請辭焉，王使往曰：「屬有宗祧之事于武城，寡君將墮幣焉，敢謝後見。」

楚子示諸侯侈。椒舉曰：「夫六王二公之事，皆所以示諸侯禮也，諸侯所由用命也。夏桀爲仍之會，有緍叛之。商紂爲黎之蒐，東夷叛之。周幽爲太室之盟，戎狄叛之。皆所以示諸侯汏也，諸侯所由棄命也。今君以汏，無乃不濟乎？」王弗聽。

子産見左師曰：「吾不患楚矣。汏而愎諫，不過十年。」左師曰：「然。不十年侈，其惡不遠，遠惡而後棄。德遠而後興。」〔一〕

程子曰：「晋平公不在諸侯，楚于是强爲霸者之事。」

高氏曰：「是會上主楚子，下不殊淮夷，是在會之諸侯皆狄也，何者？楚虔殺其世子自立，而求諸侯于晋。晋人許之，諸侯從之。未有以爲賊而討之者，反推爲盟主，相與朝事之，以順聽其所爲而不怪，是在會之諸侯皆反中國而爲〔二〕荆蠻〔三〕之行也。蓋中國自晋平始衰，齊靈、莊背之，平公屢合諸侯以討焉。襄二十五年，莊公遇弑，始與晋平。晋侯自是不復出與盟會。其大夫趙武爲政，不在諸侯，故諸侯少安，然而晋日益衰，政在六卿。自宋之會，諸侯不見者十年，楚子始求合諸侯而未定，問于子産，曰：『晋其許我乎？』又曰：『諸侯其來乎？』則楚靈固自以爲不足以服諸侯，而期必從矣。當時使晋稍强，其誰敢争？晋强而諸侯從之，則楚亦不能肆其志也。而晋方溺于嬖寵，而用司馬侯之言，故楚偃然得專諸侯。諸侯舍晋無所附，則亦不得已而從

〔一〕四庫本在「德遠而後興」前有「善亦如之」四字。
〔二〕「而」，四庫本作「以」。
〔三〕「荆蠻」，四庫本作「外裔」。

楚。此書楚子、諸侯、淮夷于申者，荆蠻〔一〕爲主而合諸侯也。荆蠻〔二〕得以大合諸侯而爲盟主者，以中國喪亂日甚，幅裂横潰，故敢肆然强爲霸者之事也。自是天下之事，中國之政，皆戎蠻〔三〕迭制之矣。」

則堂家氏曰：「楚合夷夏之君十有三國而爲此會。荆〔四〕主夏盟，會盟之一大變也。趙武、韓起、叔向無以辭其責矣。魯以時祭辭，衛以疾辭，曹、邾以難辭，皆不至。惟鄭伯先至于申。宋世子後至。宋向戌、鄭子産又從而獻禮焉。嗚呼！曹、邾、魯、衛猶有羞惡之心。子産，鄭國之良，伍淮〔五〕夷而不自以爲耻，豈非利害所迫，失其本心與？」

師氏曰：「春秋之初，天王始失威權。春秋之中，操執天下之柄，無非諸侯，諸侯陵夷，亦一委政于大夫。及兹春秋之末，又失而歸之楚〔六〕，雖每流愈下，遞皆倒持太阿而授人以柄則然也。探其本，非諸侯先僭天子，則大夫無由僭諸侯，戎蠻〔七〕無由僭中國，天子一失操柄，末流之弊遂至此不可支持也。」

〔一〕「荆蠻」，四庫本作「外裔」。
〔二〕「荆蠻」，四庫本作「外裔」。
〔三〕「戎蠻」，四庫本作「外裔」。
〔四〕「荆」，四庫本作「夷」。
〔五〕「淮」，四庫本作「于」。
〔六〕「楚」，四庫本作「夷」。
〔七〕「戎蠻」，四庫本作「外裔」。

【經】楚人執徐子。

徐子，吴出也，以爲貳焉，故執諸申。

謝氏曰：「徐子聽命于會，而楚子以猜疑執之。荆蠻〔一〕之不常其德也。」

高氏曰：「楚子亦欲效桓、文之舉，以示威于諸侯耳。不書以歸者，申，楚地，且因以伐吴也。」

陳氏曰：「以戎蠻〔二〕執戎蠻〔三〕不書。書執徐子，危會申之諸侯也。是故戎蠻〔四〕相執不志，爲中國危之故志。」

【經】秋，七月，楚子、蔡侯、陳侯、許男、頓子、胡子、沈子、淮夷伐吴。

七月，楚子以諸侯伐吴。宋太子、鄭伯先歸。宋華費遂、鄭大夫從。使屈申圍朱方。八月，甲申，克之。

高氏曰：「中國之所以爲中國，謂有理也、義也。理、義，人心之所同。蓋不待驅而後從也。舍中國而從荆蠻〔五〕，豈人心之所欲哉？迫于不得已耳。申之會，楚靈不修德而求諸侯。諸侯畏楚之强，守宋之盟而從之，然猶不能致魯、衛、曹、薛、杞、邾。至伐吴之役，則中國諸侯皆去，惟楚屬從之耳。人心之向背可知也。夫

〔一〕「荆蠻」，四庫本作「外裔」。
〔二〕「戎蠻」，四庫本作「外裔」。
〔三〕「戎蠻」，四庫本作「外裔」。
〔四〕「戎蠻」，四庫本作「外裔」。
〔五〕「荆蠻」，四庫本作「楚人」。

中國不競，然後戎蠻〔二〕得肆其志。有天下國家者，苟知自强于理、義，以固人心，其憂有不從耶？」

【經】執齊慶封，殺之。

執齊慶封而盡滅其族。將戮慶封，椒舉曰：「臣聞無瑕者可以戮人。慶封唯逆命，是以在此，其肯從于戮乎？播于諸侯，焉用之？」王弗聽。負之斧鉞，以徇于諸侯。使言曰：「無或如齊慶封，弑其君，弱其孤，以盟其大夫。」慶封曰：「無或如楚共王之庶子圍，弑其君兄之子麇而代之，以盟諸侯。」王使速殺之。

穀梁氏曰：「慶封其以齊氏，何也？爲齊討也。慶封弑其君而不以弑君之罪罪之者，慶封不爲靈王服也，不與楚討也。春秋之義，用貴治賤，用賢治不肖，不以亂治亂也。」

家氏曰：「楚虔弑嗣君而簒有其國，賊之未討者也。今伐吴，執齊慶封，而聲其弑君之罪，是以謂之賊討賊。」

陳氏曰：「此執有罪也，則曷爲不再言楚子？不與楚以討齊慶封之辭也。猶曰諸侯執之然爾。申之會，華夏〔三〕之大變也。宋、虢之事，猶曰二霸。至是而楚始專合諸侯。訖于厥慭，諸夏無會同者十年，而楚執齊慶封，放陳招，殺蔡般，假討賊之義以號于天下，由是而滅賴、滅陳、滅蔡矣。」

【經】遂滅賴。

〔二〕「戎蠻」，四庫本作「楚人」。
〔三〕「華夏」，四庫本作「中外」。

遂以諸侯滅賴。賴子面縛銜璧，士袒，輿櫬從之，造于中軍。王問諸椒舉，對曰：「成王克許，許僖公如是，王親釋其縛，受其璧，焚其櫬。」王從之。遷賴于鄢。楚子欲遷許于賴，使鬥韋龜與公子棄疾城之而還。申無宇曰：「楚禍之首，將在此矣。召諸侯而來，伐國而克，城境莫校，王心不違，民其居乎？民之不處，其誰堪之？不堪王命，乃禍亂也。」

冬，吴伐楚，入棘、櫟、麻，以報朱方之役。楚沈尹射奔命于夏汭。箴尹宜咎城鍾離，薳啟彊城巢，然丹城州來。東國水，不可以城。彭生罷賴之師。

穀梁氏曰：「遂，繼事也。」

高氏曰：「見荆蠻〔一〕肆禍于中國，假義爲利，以恶終也。」

家氏曰：「齊桓公侵蔡，蔡潰，遂伐楚，爲中國攘夷狄〔二〕，遂事之正也。今楚虔怙其强大，劫中國之諸侯，而滅無罪之國，書遂所以誅之也。遂之爲義，要當隨事而觀，以求經意，執一例則拘矣。」

【經】九月，取鄫。

莒亂，著丘公立而不撫鄫，鄫叛而來。

〔一〕「荆蠻」，四庫本作「楚人」。

〔二〕「夷狄」，四庫本作「僭亂」。

家氏曰：「魯人嘗請屬鄫于晉，鄫故魯附庸。其後，莒以子而後于鄫，視鄫爲彼之私屬。魯、莒既有積憾，乘晉霸之不綱而遂取之。前日莒人繼鄫，鄫之廟社猶存。今爲魯所取，而鄫于是始滅。春秋書『取鄫』，責魯也。」

【經】冬，十有二月，乙卯，叔孫豹卒。

初，穆子去叔孫氏，及庚宗，遇婦人，使私爲食而宿焉。問其行，告之故，哭而送之。適齊，娶于國氏，生孟丙、仲壬。夢天壓己，弗勝。顧而見人，黑而上僂，深目而豭喙，號之曰：「牛！助余！」乃勝之。旦而皆召其徒，無之。且曰：「志之。」及宣伯奔齊，饋之。宣伯曰：「魯以先子之故，將存吾宗，必召女。召女，何如？」對曰：「願之久矣。」魯人召之，不告而歸。既立，所宿庚宗之婦人，獻以雉。問其姓，對曰：「余子長矣，能奉雉而從我矣。」召而見之，則所夢也。未問其名，號之曰：「牛！」曰：「唯！」皆召其徒，使視之，遂使爲豎。有寵，長使爲政。公孫明知叔孫于齊，歸，未逆國姜，子明取之。故怒，其子長而後使逆之。田于丘蕕，遂遇疾焉。豎牛欲亂其室而有之，强與孟盟，不可。叔孫爲孟鐘，曰：「爾未際，享大夫以落之。」既具，使豎牛請日。入，弗謁。出，命之日。及賓至，聞鐘聲。牛曰：「孟有北婦人之客。」怒，將往，牛止之。賓出，使拘而殺諸外，牛又强與仲盟，不可。仲與公御萊書觀于公，公與之環。使牛入示之。入，不示。出，命佩之。牛謂叔孫：「見仲而何？」叔孫曰：「何爲？」曰：「不見，既自見矣。公與之環而佩之矣。」遂逐之，奔齊。疾急，命召仲，牛許之而不召。

杜洩見，告之饑渴，授之戈。對曰：「求之而至，又何去焉？」豎牛曰：「夫子疾病，不欲見人。」使寘饋于个而退。牛弗進，則置虛，命徹。十二月，癸丑，叔孫不食。乙卯，卒。牛立昭子而相之。

公使杜洩葬叔孫。豎牛賂叔仲昭子與南遺，使恶杜洩于季孫而去之。杜洩將以路葬，且盡卿禮。南遺謂季孫曰：「叔孫未乘路，葬焉用之？且冢卿無路，介卿以葬，不亦左乎？」季孫曰：「然。」使杜洩舍路。不可，曰：「夫子受命于朝，而聘于王。王思舊勳而賜之路。復命而致之君，君不敢逆王命而復賜之，使三官書之。吾子爲司徒，實書名。夫子爲司馬，與工正書服。孟孫爲司空，以書勳。今死而弗以，是棄君命也。書在公府而弗以，是廢三官也。若命服，生弗敢服，死又不以，將焉用之？」乃使以葬。

五年，叔仲子謂季孫曰：「帶受命于子叔孫曰：『葬鮮者自西門。』」季孫命杜洩。杜洩曰：「卿喪自朝，魯禮也。吾子爲國政，未改禮，而又遷之，群臣懼死，不敢自也。」既葬而行。

仲至自齊，季孫欲立之。南遺曰：「叔孫氏厚則季氏薄。彼實家亂，子勿與知，不亦可乎？」南遺使國人助豎牛以攻諸大庫之庭，司宮射之，中目而死。豎牛取東鄙三十邑，以與南遺。

昭子即位，朝其家衆，曰：「豎牛禍叔孫氏，使亂大從，殺適立庶，又披其邑，將以赦罪，罪莫大焉，必速殺之。」豎牛懼，奔齊。孟、仲之子殺諸塞關之外，投其首于寧風之棘上。仲尼曰：「叔孫昭子之不勞，不可能也。周任有言曰：『爲政者不賞私勞，不罰私怨。』詩云：『有覺德行，四國順之。』」

【經】五年，春，王正月，舍中軍。

四年，季孫謀去中軍。豎牛曰：「夫子固欲去之。」至是，舍中軍，卑公室也。毀中軍于施氏，成諸臧氏。初作中軍，三分公室而各有其一。季氏盡征之，叔孫氏臣其子弟，孟氏取其半焉。及其舍之也，四分公室，季氏擇二，二子各一。皆盡征之，而貢于公。以書。使杜洩告于殯，曰：「子固欲毀中軍，既毀之矣，故告。」杜洩曰：「夫子唯不欲毀也，故盟諸僖閎，詛諸五父之衢。」受其書而投之，帥士而哭之。

左氏曰：「舍中軍，卑公室也。」

高氏曰：「季氏因叔孫豹之死，欲乘其弱而去之，名曰復古，實欲自强耳。自是公室有貢而已，無復民矣。」

胡氏曰：「初作三軍，三分公室而各有其一。及其舍之也，四分公室，季氏擇其二，二子各一，皆盡征之而貢于公。然則三軍作、舍，皆自三家，公不與焉，公室益卑而魯之兵權悉歸于季氏矣。兵權，有國之司命。三綱，軍政之本原。書其作、舍，而公孫于齊，薨于乾侯，定公無正，必至之理也。己則不臣，三綱淪替，南遺叛，陽虎專，季孫囚，而三桓之子孫微矣，亦能免乎？書曰『舍中軍』，微辭以著其罪。」

家氏曰：「兵有常制，今季氏專魯，作之未幾，旋復舍之。春秋書作于前，書舍于後，季氏變更軍制之罪，不待貶斥而見矣。」

【經】楚殺其大夫屈申。

楚子以屈申爲貳于吴，乃殺之。以屈生爲莫敖。

家氏曰：「楚以屈申爲貳于吴而殺之，殺之不以其罪也。」

臨江劉氏曰：「屈申之累上奈何？楚人讐吴而疑屈申，謂屈申貳于吴也而殺之，然則屈申之罪何？屈申之爲人臣也，君弑而不能討，國亂而不能去，北面而事寇讐，足以殺其身而已矣。」

許氏曰：「春秋恶以疑罪殺人，簡易之道也。」

【經】公如晋。

公如晋，自郊勞至于贈賄，無失禮。晋侯謂女叔齊曰：「魯侯不亦善于禮乎？」對曰：「魯侯焉知禮？」公曰：「何爲？自郊勞至于贈賄，禮無違者，何故不知？」對曰：「是儀也，不可謂禮。禮所以守其國，行其政令，無失其民者也。今政令在家，不能取也。有子家羈，弗能用也。奸大國之盟，陵虐小國。利人之難，不知其私。公室四分，民食于他。思莫在公，不圖其終。爲國君，難將及身，不恤其所。禮之本末，將于是乎在，而屑屑焉習儀以亟。言善于禮，不亦遠乎？」

【經】夏，莒牟夷以牟婁及防、兹來奔。

穀梁氏曰：「以者，不以者也。莒無大夫，其曰牟夷何也？以其地來也。」

公羊氏曰：「其言『及防、兹來奔』何？不以私邑累公邑也。」

胡氏曰：「書來奔是接我以利，而我入其利，兩譏之也。爲國以義不以利，如以利，則上下交征而國必危矣。爲己以義不以利，如以利，則患得患失，亦無所不至矣。」

薛氏曰：「襄二十一年，公如晋，邾庶其以漆閭丘來奔。今公如晋，莒牟夷以牟婁及防、茲來奔。取邑，大事也。納叛，大恶也。公不在而大夫行之，多見其無忌憚也。其書何？君臣交恶也。」

【經】秋，七月，公至自晋。

莒人愬于晋，晋侯欲止公。范獻子曰：「不可。人朝而執之，誘也。討不以師，而誘以成之，惰也。爲盟主而犯此二者，無乃不可乎？請歸之，間而以師討焉。」乃歸公。秋，七月，公至自晋。

【經】戊辰，叔弓帥師敗莒師于蚡泉。

莒人來討，不設備。戊辰，叔弓敗諸蚡泉，莒未陳也。

謝氏曰：「既取其邑，又敗其師，罪魯人無悔責之心也。」

師氏曰：「莒則無備，魯不能謝過。書之者，譏莒而罪魯也。」

愚按：晋人方以納牟夷之故欲止公，而叔弓又敗莒師以逞其忿，不顧霸討，乃成君禍，以遂其專，比事而觀，罪可見矣。

【經】秦伯卒。

謝氏曰：「秦伯不名，史失之。」

【經】冬，楚子、蔡侯、許男、頓子、沈子、徐人、越人伐吴。

十月，楚子以諸侯及東夷伐吴[一]，以報棘、櫟、麻之役。薳射以繁揚之師，會于夏汭。越大夫常壽過帥師會楚子于瑣。聞吴師出，薳啟彊師從之，遽不設備，吴人敗諸鵲岸。楚子以馹至于羅汭。吴子使其弟蹶由犒師，楚人執之，將以釁鼓。王使問焉，曰：「女卜來吉乎？」對曰：「吉。寡君聞君將治兵于敝邑，卜之以守龜，曰：『余亟使人犒師，請行以觀王怒之疾徐，而爲之備，尚克知之。』龜兆告吉，曰『克可知也』。君若驩焉，好逆使臣，滋敝邑休怠，而忘其死，亡無日矣。今君奮焉，震電馮怒，虐執使臣，將以釁鼓，則吴知所備矣。敝邑雖羸，若早修完，其可以息師。難易有備，可謂吉矣。且吴社稷是卜，豈爲一人？使臣獲釁軍鼓，而敝邑知備，以禦不虞，其爲吉孰大焉？國之守龜，其何事不卜？一臧一否，其誰能常之？城濮之兆，其報在邲。今此行也，其庸有報志？」乃弗殺。

楚師濟于羅汭，沈尹赤會楚子，次于萊山。薳射帥繁揚之師，先入南懷，楚師從之。及汝清，吴不可入。楚子遂觀兵于坻箕之山。是行也，吴早設備，楚無功而還，以蹶由歸。楚子懼吴，使沈尹射待命于巢，薳啟彊待命于雩婁。

十九年，令尹子瑕言蹶由于楚子，曰：「彼何罪？諺所謂：『室于怒，市于色』者，楚之謂矣。舍前之

[一] 四庫本「許男」前無「陳侯」二字。

忿可也。」乃歸鄹由。

高氏曰：「不會宋、鄭、滕、邾者，不從令也，見楚之不能霸矣。」

家氏曰：「越始見而書人，蓋人之于夷之會，非進中國之會。若中國之會盟，則決無可進之理。」

薛氏曰：「楚之用越，猶中國之用吴也。」

【經】六年，春，王正月，杞伯益姑卒。

【經】葬秦景公。

【經】夏，季孫宿如晉。

拜莒田也。晉侯享之，有加籩。武子退，使行人告曰：「小國之事大國也，苟免于討，不敢求貺。得貺不過三獻。今豆有加，下臣弗堪，無乃戾也。」韓宣子曰：「寡君以爲驩也。」對曰：「寡君猶未敢，况下臣，君之隸也，敢聞加貺？」固請徹加而後卒事。晉人以爲知禮，重其好貨。

【經】葬杞文公。

【經】宋華合比出奔衛。

宋寺人柳有寵，太子佐惡之。華合比曰：「我殺之。」柳聞之，乃坎、用牲、埋書，而告公曰：「合比將納亡人之族，既盟于北郭矣。」公使視之，有焉，遂逐華合比。合比奔衛。于是華亥欲代右師，乃與寺人柳比，從爲之徵，曰：「聞之久矣。」公使代之。見于左師，左師曰：「女夫也。必亡！女喪而宗室，于人何有？人亦于女何有？」

高氏曰：「合比使太子殺君之嬖臣，非所以安太子也，故以自奔爲文。然宋公信閹寺，殺太子痤而父子之恩絶，逐華合比而君臣之義廢。刑人之能敗國，亦可畏矣，以此爲防。後世猶有任趙高以亡秦，信恭、顯以亡漢，寵王守澄、田令孜以亡唐者。」

【經】秋，九月，大雩。

【經】楚薳罷帥師伐吴。

徐儀楚聘于楚。楚子執之，逃歸。懼其叛也，使薳洩伐徐。吴人救之，令尹子蕩帥師伐吴，師于豫章，而次于乾谿。吴人敗其師于房鍾，獲宫廐尹棄疾。子蕩歸罪于薳洩而殺之。

高氏曰：「三書伐吴者，見楚終不得志于吴也。」

許氏曰：「敗楚師者，非薳洩也。而洩伏其誅，故書薳罷伐吴以正之。楚再不競于吴，乃弭兵鋒，有事陳、蔡，復伐徐而國亂。吴蓋自是休兵息民，國始浸强。」

【經】冬，叔弓如楚。

且吊敗也。

高氏曰：「楚恃强暴，雖敗猶諱之，魯豈敢吊乎？蓋四年公不會申，已而震楚兵威，將朝楚而不能，故以叔弓先聘，明年而躬繼之也。」

【經】齊侯伐北燕。

十一月，齊侯如晋，請伐北燕也。晋侯許之。十二月，齊侯遂伐北燕，將納簡公。晏子曰：「不入。燕有君矣，民不貳。吾君賄左右諂諛，作大事不以信，未嘗可也。」七年，正月，癸巳，齊侯次于虢，燕人行成，曰：「敝邑知罪，敢不聽命？先君之敝器請以謝罪。」公孫晳曰：「受服而退，俟舋而動，可也。」二月戊午，盟于濡上。燕人歸燕姬，賂以瑶罋、玉櫝、斝耳，不克而還。

高氏曰：「將納欵也，故書其爵，然受賂而還，君子弗予也。」

春秋闕疑卷三十五（昭公七年—十二年）

【經】七年，春，王正月，暨齊平。

齊求之也。

穀梁氏曰：「平者，成也。暨，猶暨暨也。暨者，不得已也。以外及内曰暨。」

胡氏曰：「是時〔一〕昭公結婚强吴，外附荆楚。其與齊平，無汲汲之意，乃齊求于魯而許平也，故曰暨。至定公八年，魯再侵齊，結大國之怨，見復必矣。其與齊平，非不得已，乃魯求于齊而欲其平也，故曰及平者，聖人之所貴，然或以賄賂而結平，或以臣下而擅平，或以附吴楚〔二〕而得平，或以侵犯大國而急于平，則皆罪也，考其事而輕重見矣。」

【經】三月，公如楚。

〔一〕「是時」，四庫本作「當時」。
〔二〕「吴楚」，四庫本作「夷狄」。

楚子成章華之臺，願與諸侯落之。太宰薳啟疆曰：「臣能得魯侯。」薳啟疆來召公，辭曰：「昔先君成公，命我先大夫嬰齊曰：『吾不忘先君之好，將使衡父照臨楚國，鎮撫其社稷，以輯寧爾民。』嬰齊受命于蜀，奉承以來，弗敢失隕，而致諸宗祧。曰我先君共王，引領北望，日月以冀。傳序相授，于今四王矣。嘉惠未至，唯襄公之辱臨我喪。孤與其二三臣，悼心失圖，社稷之不皇，況能懷思君德。今君若步玉趾辱見寡君，寵靈楚國，以信蜀之役，致君之嘉惠，是寡君既受貺矣，何蜀之敢望？其先君鬼神實嘉賴之，豈唯寡君？君若不來，使臣請問行期，寡君將承質幣以見于蜀，以請先君之貺。」

公將往。夢襄公祖。梓慎曰：「君不果行。襄公之適楚也，夢周公祖而行。今襄公實祖，君其不行。」子服惠伯曰：「行。先君未嘗適楚，故周公祖以道之。襄公適楚矣，而祖以道君，不行，何之？」

三月，公如楚，鄭伯勞于師之梁。孟僖子爲介，不能相儀。及楚，不能答郊勞。楚子享公于新臺，使長鬣者相，好以大屈。既而悔之。薳啟疆聞之，見公，拜賀。公曰：「何賀？」對曰：「齊與晉、越欲此久矣。寡君無適與也，而傳諸君，君其備禦三鄰，慎守寶矣，敢不賀乎？」公懼，乃反之。

愚按：襄公適楚，慕其宮室，歸作楚宮，遂以薨焉。今楚子作章華之臺，昭公又往落之，豈非欲效其父之所爲乎？以朝聘而往楚，猶曰中國朝于夷狄，辱也，況以宮室臺榭之樂而往乎？不待貶絶而罪恶見矣。

【經】叔孫婼如齊莅盟。

穀梁氏曰：「莅，位也。内之前定之辭謂之莅，外之前定之辭謂之來。」

高氏曰：「以曁齊平故，婼往莅盟也。昭公自是遂以善齊，故孫于陽州，卒以齊爲寄。」

【經】夏，四月，甲辰，朔，日有食之。

【經】秋，八月，戊辰，衛侯惡卒。

八月，衛襄公卒。晋大夫言于范獻子曰：「衛事晋爲睦，晋不禮焉，庇其賊人，而取其地，故諸侯貳。詩曰：『鶺鴒在原，兄弟急難。』又曰：『死喪之威，兄弟孔懷。』兄弟之不睦，于是乎不吊，况遠人，誰敢歸之？今又不禮于衛之嗣，衛必叛我，是絶諸侯也。」獻子以告韓宣子，宣子説，使獻子如衛吊，且反戚田。衛齊惡告喪于周，且請命。王使成簡公如衛吊，且追命襄公曰：「叔父陟恪，在我先王之左右，以佐事上帝，余敢忘高圉、亞圉。」

家氏曰：「穀梁曰：『鄉曰衛齊惡，今曰衛侯惡，何爲君臣同名也？君子不奪人名，不奪人親之所名，重其所以來也。』注謂親之所名，臣雖欲改，君不當聽也。君不聽臣易名者，欲使人重父命也。穀梁此義，其必有所授矣。蓋所謂諱者，特諱之于廟耳，未聞生者而爲之諱。衛之君臣同名，乃其明證。後之人以諂事君，諱其所不當諱，是故春秋每因事而乖法。」

【經】九月，公至自楚。

公至自楚。孟僖子病不能相禮，乃講學之，苟能禮者從之。及其將死也，召其大夫曰：「禮，人之幹也。

無禮，無以立。吾聞將有達者曰孔丘，聖人之後也，而滅于宋。其祖弗父何，以有宋而授厲公。及正考父，佐戴、武、宣，三命滋益共。故其鼎銘云：『一命而僂，再命而傴，三命而俯。循牆而走，亦莫余敢侮。饘于是，鬻〔二〕于是，以餬余口。』其共也如是。臧孫紇有言曰：『聖人有明德者，若不當世，其後必有達人。』今其將在孔丘乎？我若獲没，必屬説與何忌于夫子，使事之，而學禮焉，以定其位。」故孟懿子與南宫敬叔師事仲尼。

【經】冬，十有一月，癸未，季孫宿卒。

許氏曰：「季武子相魯，作三軍，改變公室，唯己所利。取鄆、濆盟、敗諸侯約，幾陷名卿。以國爲憂，則知昭公乾侯之禍，此其專欲不忌之習，非一日也。」

家氏曰：「自後世而言，司馬懿其人也。至昭、師，遂移宗社。意如逐君，宿所命也，其魯國之大盜與。」

【經】十有二月，癸亥，葬衛襄公。

衛襄公夫人姜氏無子。嬖人婤姶生孟縶。孔成子夢康叔謂己：「立元，余使羈之孫圉與史苟相之。」史朝亦夢康叔謂己：「余將命而子苟與孔烝鉏之曾孫圉相元。」史朝見成子，告之夢，夢協。晋韓宣子爲政聘于諸侯之歲。婤姶生子，名之曰元。孟縶之足不良，弱行。孔成子以周易筮之，曰：「元尚享衛國，主其社稷。」遇屯，又曰：「余尚立縶，尚克嘉之。」遇屯之比，以示史朝。史朝曰：「『元亨』，又何疑焉？」成子曰：「非

〔二〕「鬻」，四庫本作「粥」。

長之謂乎？」對曰：「康叔名之，可謂長矣。孟非人也，將不列于宗，不可謂長。且其繇曰：『利建侯。』嗣吉，何建？建非嗣也。二卦皆云，子其建之。康叔命之，二卦告之，筮襲于夢，武王所用也，弗從何爲？弱足者居，侯主社稷，臨祭祀，奉民人，事鬼神，從會朝，又焉得居？各以所利，不亦可乎？」故孔成子立靈公。十二月癸亥，葬衛襄公。

【經】八年，春，陳侯之弟招殺陳世子偃師。

陳哀公元妃鄭姬生悼太子偃師。二妃生公子留，下妃生公子勝。二妃嬖，留有寵，屬諸司徒招與公子過。哀公有廢疾。三月，甲申，公子招、公子過殺悼太子偃師而立公子留。

高氏曰：「此陳公子招也，其曰『陳侯之弟招殺陳世子偃師』者，正其天倫之次，所以甚招之罪，且以見陳侯寵其弟，假之以權，致此禍也。」

謝氏曰：「自招作亂覆世子，由是楚人乘之起而滅陳，然則世子繫國安危可知矣。哀公内失尊隆世子之道，外失訓養宗族之道，崇嬖妾，寵孽子，以致冢嗣孤弱，骨肉起爲寇讐，而世子不保其身也。」

家氏曰：「如傳所言，廢太子本哀公意，何爲憂懼以致于縊？以春秋書法而觀，招實爲之耳。意者招與二姬廢適立庶，如敬嬴、襄仲之所爲，而哀公未之知，是故書招殺，不然將目君如晉獻、宋平之殺矣。」

【經】夏，四月，辛丑，陳侯溺卒。

夏，四月，辛亥，哀公縊。

許氏曰：「陳哀寵其庶子，資以强輔而濟之權以亂太子，使之失職，至于亂作，躬受其禍，惟其暱愛，法不勝私也。悲夫！」

【經】叔弓如晉。

賀虒祁也。游吉相鄭伯以如晉，亦賀虒祁也。史趙見子太叔曰：「甚哉。其相蒙也，可吊也，而又賀之？」子太叔曰：「若何吊也，其非唯我賀，將天下實賀。」

高氏曰：「前年，楚成章華之臺，召諸侯落之。至是，晉成虒祁之宫，而諸侯遂皆往賀之。晉之效尤如此，霸業之不振，宜哉。」

許氏曰：「當楚之隆，勢專諸夏，而晉弗慮圖，唯宫室之崇以爲安榮，平公其可謂志卑矣，『叔弓如晉』之所以志也。」

【經】楚人執陳行人干徵師，殺之。

【經】陳公子留出奔鄭。

干徵師赴于楚，且告有立君。公子勝愬之于楚，楚人執而殺之。公子留奔鄭。

謝氏曰：「陳世子遇難，哀公繼卒。陳人以國難告楚，楚子以招之亂執陳行人，殺之。行人以命通于邦國而已，招之亂，非行人之罪也。執非其執，殺非其殺，故楚子貶爵稱人。」

蘇氏曰：「楚將討陳，故留出奔。留既爲君矣，不曰陳君，而曰公子留，何也？留立于招耳，未成爲君也。」

高氏曰：「偃師曰世子，留曰公子，辨適庶也。春秋明微，大率如此。」

家氏曰：「陳人作亂，殺其太子，致其君死，不以正命，罪在一招。楚不能討，而縱之于越。干徵師何罪而爲首戮乎？蓋楚靈因陳亂以爲利，賊殺不辜，欲以震怖陳國，而墟其宗社，殺人以行其詐者也。春秋先書招之罪，繼書干徵師之死，繼書孔奐之死，言當討者縱，無罪者死，傷楚詐〔一〕之行乎中原，莫得而正也。」

【經】秋，蒐于紅。

大蒐于紅，自根牟至于商、衛，革車千乘。

公羊氏曰：「蒐者何？簡車徒也。」

臨江劉氏曰：「曷爲不言公？公不得與于蒐爾。」

陳氏曰：「蒐于紅也，自根牟至商、衛，革車千乘，皆三家之師也。自是而屢蒐，三家所以耀武焉爾。是故桓、莊之狩，必言公，昭、定之蒐，不言公矣。」

〔一〕「楚詐」，四庫本作「亂政」。

胡氏曰：「蒐，春事也。秋興之，則違天時。有常所矣，其于紅則易地，利三家專行，公不與焉，而兵權在臣下，則悖人理，此亦直書其事，不待貶絶而自見者也。凡亂臣之欲竊國命，必先爲非禮以動民，而後上及于君父。昭公至是，民食于他不恤，其所昧于履霜之戒甚矣。」

【經】陳人殺其大夫公子過。

陳公子招歸罪于公子過而殺之。

高氏曰：「招專，歸罪于過而殺之，以説于楚。其不書招殺而書陳人者，過亦可罪，故稱人以殺。招雖殺過，不足以贖，然楚人竟受其欺放之而已。」

家氏曰：「過與招同爲亂，招其首也。春秋既于今年春正招首惡之罪。今招委罪于過而殺之，春秋復于此而正過同爲亂之罪。招與過皆當有罪，但首從之不同耳。過以從而死，招以首而放，著夷楚〔二〕之失刑也。」

愚按：過不去大夫公子，春秋所以明招之爲首，使招不得以過説于楚以掩其罪也。

【經】大雩。

【經】冬，十月，壬午，楚師滅陳，執陳公子招，放之于越，殺陳孔奐。

〔二〕「夷楚」，四庫本作「荆楚」。

【經】葬陳哀公。

九月，楚公子棄疾帅师奉孫吴围陈。宋戴恶會之。冬，十一月，壬午，滅陈。輿嬖袁克，殺馬毁玉以葬。楚人将殺之，请置之。既又请私，私于幄，加绖于顙而逃。使穿封戌爲陳公。晋侯问于史趙曰：「陳其遂亡乎？」對曰：「未也。」公曰：「何故？」對曰：「陳，颛頊之族也。歲在鶉火，是以卒，滅陳将如之。今在析木之津，猶將復由。且陳氏得政于齊而後陳卒亡。自幕至于瞽瞍，無違命。舜重之以明德，置德于遂，遂世守之。及胡公不淫，故周赐之姓，使祀虞帝。臣聞盛德必百世祀，虞之世數未也。繼守將在齊，其兆既存矣。」

高氏曰：「春秋之書滅者，恶之甚也。稱師者，见其恃衆也。」

穀梁氏曰：「楚師滅陳，执陳公子招，放之于越，殺陳孔奂，恶楚子也。」

泰山孫氏曰：「陳公子招，殺世子之贼也，楚子执而放之。陳孔奂，無罪之人也，楚子殺之。吁！楚靈暴虐無道，滅人之国，又爲淫刑也如此。又曰楚师滅陳，葬陳哀公，如不滅之辭者，楚子葬之也，不言楚子葬之者，不與楚子滅陳、葬哀公，故以陳人自葬爲文，所以存陳也。」

愚按：孔奂以爲有罪，则傳無其文。以爲無罪，则經去其官。然以經所书文勢詳之，恐只謂招以首恶而得放，奂以黨與而被殺，譏夷楚〔一〕用刑之頗耳，然無所考證，姑闕之以俟知者。

〔一〕「夷楚」，四庫本作「荆楚」。

【經】九年，春，叔弓會楚子于陳。

叔弓、宋華亥、鄭游吉、衛趙黶會楚子于陳。

高氏曰：「楚既滅陳，威震諸夏，是以無所號召，而諸侯之大夫自往會之。夫中國諸侯而爲夷狄〔一〕所滅，中國既不能救，亦宜同心疾之，奈何反使大夫往聘問耶？」

陳氏曰：「諸夏之大夫旅見于楚于是始，舉魯以見其餘也。凡舉魯以見其餘者，則天下之辭也。」

【經】許遷于夷。

二月，庚申，楚公子棄疾遷許于夷，實城父，取州來、淮北之田以益之。伍舉授許男田。然丹遷城父人于陳，以夷、濮西田益之，遷方城外人于許。

高氏曰：「此楚遷之也。許以畏鄭，復求遷于楚，故以自遷爲文。陳滅、許遷，皆中國無霸之禍也。」

【經】夏，四月，陳灾。

四月，陳灾。鄭裨竈曰：「五年，陳將復封。封五十二年而遂亡。」子産問其故，對曰：「陳，水屬也，火，水妃也，〔二〕而楚所相也。今火出而火陳，逐楚而建陳也。妃以五成，故曰五年。歲五及鶉火，而後陳卒亡，

〔一〕「夷狄」，四庫本作「荆蠻」。

〔二〕「水，火妃也」，四庫本作「火，水妃也」。

楚克有之，天之道也，故曰五十二年。」

公羊氏曰：「陳已滅矣。其言陳灾何？存陳也。」

胡氏曰：「凡外灾，告則書。今楚已滅夷于屬縣，使穿封戌爲公矣，必不遣使告于諸侯，言亡國之有天灾也，何以書于魯國之策乎？當是時叔弓與楚子會于陳，則目擊其事矣。雖彼不來告，此不往吊。叔弓使畢而歸語陳故也，魯史遂書之耳。或曰國史所書，必承赴告，豈有憑使人之言而載之于史者？曰周景王崩，有尹、單、猛、朝之變，固無赴告矣。叔鞅至自京師，言王室之亂也，春秋承其言，遂書于策，亦此類耳。仲尼作經，存而弗革者，蓋興滅國、繼絶世，以堯、舜三代公天下之心爲心，異于孤秦，罷侯置守，欲私一人以自奉者，所以歸民心合天德也。」

家氏曰：「春秋于陳之亡，書法深致其嚴。謹自去年春書陳招殺世子，夏書楚殺陳行人，秋書留奔、過死，冬遂書楚滅陳、放招、殺奂、葬陳哀公。一年之間，專書陳事。夫陳已亡而猶葬之者，示陳之未亡也。及是，陳已爲楚所縣，而猶書陳灾者，以盛德之後見翦于夷[一]，特著義存之，不與楚得陳也。」

【經】秋，仲孫貜如齊。

孟僖子如齊殷聘。

【經】冬，築郎囿。

〔一〕「夷」，四庫本作「楚」。

季平子欲其速成也。叔孫昭子曰：「詩曰：『經始勿亟，庶民子來。』焉用速成？其以勦民也，無囿猶可，無民其可乎？」

家氏曰：「桓四年，公狩于郎。莊三十一年，築臺于郎。今復築郎以爲囿，其以爲游觀之地乎？其以爲講武之處乎？」

謝氏曰：「于是時，外有强楚可憂，内有權臣可慮，上有雨雹、日食之變，下有兵民彫耗之弊，舍此不恤，而築囿于郎，迷之至也。然則築郎囿，非獨罪其勞民而已。」

【經】十年，春，王正月。

【經】夏，齊欒施來奔。

襄三十一年，齊子尾害閭丘嬰，欲殺之，使帥師以伐陽州。我問師故。夏五月，子尾殺閭丘嬰以説于我師。工僂灑、渻竈、孔虺、賈寅出奔莒。出群公子。八年，七月，甲戌，齊子尾卒。子旗欲治其室。丁丑，殺梁嬰。八月，庚戌，逐子成、子工、子車，皆來奔，而立子良氏之宰。其臣曰：「孺子長矣，而相吾室，欲兼我也。」授甲，將攻之。陳桓子善于子尾，亦授甲，將助之。或告子旗，子旗不信。則數人告。將往，又數人告于道，遂如陳氏。桓子聞之而還，游服而逆之。請命，對曰：「聞强氏授甲將攻子，子聞諸？」曰：「弗聞。」「子盍亦授甲？無宇請從。」子旗曰：「子胡然？彼孺子也，吾誨之，猶懼其不濟。吾又寵秩之，其若先人何？子盍謂之？周書曰：『惠不惠，茂不茂。』康叔所以服弘大也。」桓子稽顙曰：「頃、靈福子，吾猶有望。」遂和之如初。

至是，齊惠欒、高氏皆耆酒，信内多怨，强于陳、鮑氏而恶之。夏，有告陳桓子曰：「子旗、子良將攻陳、鮑。」亦告鮑氏。桓子授甲而如鮑氏，遭子良醉而騁，遂見文子，則亦授甲矣。使視二子，則皆將飲酒。桓子曰：「彼雖不信，聞我授甲，則必逐我。及其飲酒也，先伐諸？」陳、鮑方睦，遂伐欒、高氏。子良曰：「先得公，陳、鮑焉往？」遂伐虎門。晏平仲端委立于虎門之外，四族召之，無所往。其徒曰：「助陳、鮑乎？」曰：「何善焉？」「助欒高乎。」曰：「庸愈乎？」「然則歸乎？」曰：「君伐焉歸？」公召之而後入。公卜使王黑以靈姑銔率，吉，請斷三尺焉而用之。五月庚辰，戰于稷，欒、高敗，又敗諸莊。國人追之，又敗諸鹿門。欒施、高强來奔。陳、鮑分其室。晏子謂桓子：「必致諸公。讓，德之主也，讓之謂懿德。凡有血氣，皆有争心，故利不可强，思義爲愈。義，利之本也，藴利生孽。姑使無藴乎！可以滋長。」桓子盡致諸公，而請老于莒。

桓子召子山，私具其幄幕、器用，從者之衣屨，而反棘焉。子商亦如之，而反其邑。子周亦如之，而與之夫于。反子成、子公、公孫捷，而皆益其禄。凡公子、公孫之無禄者，私分之邑。國之貧約孤寡者，私與之粟。公與桓子莒之旁邑，辭。穆孟姬爲之請高唐，陳氏始大。

高氏曰：「欒施與高强以兵攻君宫，欲挾君以伐陳、鮑，遂與君戰，不勝而出奔，此罪大矣。春秋不書高氏，非卿故也。魯方通聘而受其奔亡之臣，非義甚矣。」

【經】秋，七月，季孫意如、叔弓、仲孫貜帥師伐莒。

平子伐莒，取郠，獻俘，使用人于亳社。臧武仲在齊，聞之曰：「周公其不饗魯祭乎！周公饗義，魯無義。」

家氏曰：「鞌之戰，四卿俱書，譏季氏以其私怒出而諸卿奔走，後先惟命之承，非但誅其伐國，誅其無君也。」

胡氏曰：「前已舍中軍矣，曷爲猶以三卿並將乎？季氏毀中軍，四分公室擇其二，三家各有其一。至是，季孫身爲主將，二子各率一軍爲之副，則三軍固在。其曰舍之者，特欲中分魯國之衆爲己私耳，以爲復古則誤矣。襄公以來，既作三軍，地皆三家之土，民皆三家之兵，每一軍出，各將其所屬，而公室無與焉。是知雖舍中軍，而三卿並將，舊額固存矣。」

高氏曰：「三卿並將，大夫始張，自鞌之役而卒極于此。是時聞晉之衰，故三卿帥師同伐莒，見疾莒之甚，欲一舉滅之，而三卿擅以爲己功也。」

【經】戊子，晉侯彪卒。

【經】九月，叔孫婼如晉，葬晉平公。

戊子，晋平公卒。鄭伯如晋，及河，晋人辭之。游吉遂如晋。九月，叔孫婼、齊國弱、宋華定、衛北宫喜、鄭罕虎、許人、曹人、莒人、邾人、滕人、薛人、杞人、小邾人如晋，葬平公也。鄭子皮將以幣行。子産曰：「喪焉用幣？用幣必百兩，百兩必千人，千人至，將不行。不行，必盡用之。幾千人而國不亡？」子皮固請以行。既葬，諸侯之大夫欲因見新君。叔孫昭子曰：「非禮也。」弗聽。叔向辭之，曰：「大夫之事畢矣。而又命孤，孤斬焉，在衰絰之中。其以嘉服見，則喪禮未畢。其以喪服見，是重受吊也。大夫將若之何？」皆無辭以見。子皮盡用其幣，歸。謂子羽曰：「非知之實難，將在行之。夫子知之矣，我則不足。書曰：『欲敗度，縱敗禮。』我之謂矣。夫子知度與禮矣，我實縱欲而不能自克也。」

【經】十有二月，甲子，宋公成卒。

【經】十有一年，春，王二月，叔弓如宋，葬宋平公。

杜氏曰：「無冬，史闕文。」

【經】夏，四月，丁巳，楚子虔誘蔡侯般，殺之于申。楚公子棄疾帥師圍蔡。

楚子在申，召蔡靈侯。靈侯將往，蔡大夫曰：「王貪而無信，今幣重而言甘，誘我也，不如無往。」蔡侯不可。三月，丙申，楚子伏甲而饗蔡侯于申。醉而執之。夏，四月，丁巳，殺之。刑其士七十人。公子棄疾帥師圍蔡。韓宣子問于叔向曰：「楚其克乎？」對曰：「克哉。蔡侯獲罪于其君，而不能其民，天將假手于楚以斃之，何故不克？然肸聞之，不信以幸，不可再也。楚王奉孫吴以討于陳，曰『將定而國』。陳人聽命，而遂縣之。今又誘蔡而殺其君，以圍其國，雖幸而克，必受其咎，弗能久矣。桀克有緡，以喪其國。紂克東夷，以隕其身。楚小位下而亟暴于二王，能無咎乎？天之假助不善，非祚之也。厚其凶恶而降之罰也。且譬之如天，其有五材而將用之，力盡而敝之，是以無拯，不可没振。」

高郵孫氏曰：「蔡侯般，弑父之賊。楚子以義討之，則無不可，乃詐誘而殺之，又滅其國而有之。春秋以楚子之志不在于討賊，徒殺人之君，而利人之國，故書曰『楚子虔誘蔡侯般，殺之。』」

陸氏纂例曰：「兩罪之，故兩書名也。」

陳氏曰：「楚子假大義以號于天下，放陳公子，殺蔡侯，于是滅陳、蔡，是之謂討賊歟？殺中國之君大夫歟？」

高氏曰：「不曰戕，而曰殺者，又見般之罪，宜死也。」

胡氏曰：「此討賊也，雖誘殺之，疑若無罪。春秋深恶楚子，貶而稱名，何也？世子般弑其君，諸侯與通會盟十有三年矣，是中國〔一〕變爲戎蠻〔二〕，而莫之覺也。楚子若以大義唱〔三〕天下，奉辭致討，執般于蔡，討其弑

〔一〕「中國」，四庫本作「人類」。
〔二〕「戎蠻」，四庫本作「禽獸」。
〔三〕「唱」，四庫本作「倡」。

父之罪，而在宫[一]者無赦焉。討其弑君之罪，而在官者無赦焉，殘其身，瀦其宫室，謀于蔡衆，置君而去。雖古之征暴亂也，不越此矣，又何恶乎？今虔本心欲圖其國，不爲討賊舉也，而又挾欺毁信，重幣甘言，詐誘其君，執而殺之。肆行無道，貪得一時，流毒于後。棄疾以是殺戎蠻，商鞅以是紿魏將，秦人以是劫懷王，傾危成俗，天下大亂，劉、項之際，死者十九，聖人深恶楚虔而名之，其慮遠矣。後世誅討亂臣賊子者，或畏其强，或幸其弱，不以大義興師，至用詭謀詐力，僥倖勝之。若事之捷，反側皆懼。苟其不捷，適足長亂，如代宗之圖思明，憲宗之紿王弁，昧于春秋垂戒之旨矣。」

【經】五月，甲申，夫人歸氏薨。

謝氏曰：「歸氏，襄公妾，昭公母，胡女，歸姓。」

家氏曰：「妾母僭夫人，自成風以來，春秋皆有譏。至是始無譏，非無譏也，僭禮之罪在僖、宣，後之子孫率循弊典，有不足責焉耳，然直書其事而無隱，乃所以責之也。」

【經】大蒐于比蒲。

胡氏曰：「大蒐，越禮也。君有重喪，國不廢蒐，不忌君也。三綱，君政之本，君執此以御其下，臣執此以事其上，政之大本于是乎在。君有三年之戚，而國不廢一日之蒐，則無本矣。然則君有重喪，喪不貳事，以

[一]「宫」，四庫本作「官」。

簡車徒爲非禮也，乃有身從金革而無避者，獨何歟？曰喪不貳事，大比而簡車徒，則廢其常可也。有門庭之寇而宗廟社稷之存亡係焉，必從權制而無避矣。伯禽服喪，淮夷並興，至于東郊，出戰之師與築城之徒同日並舉，惟審于緩急輕重之宜，斯可矣。」

【經】仲孫貜會邾子，盟于祲祥。

修好。

家氏曰：「喪不貳事，前既蒐于比蒲，此復爲祲祥之會，春秋皆繫之五月之下，所以貶也。」

師氏曰：「爲君者，舍母喪而用蒐禮。爲臣者，舍國喪而從盟誓。子母、君臣之道如此，以孝治其國者然乎？」

高氏曰：「魯雖與邾盟以修好，然而魯人之志必欲滅邾而後已，此盟豈可信耶？」

【經】秋，季孫意如會晋韓起、齊國弱、宋華亥、衛北宫佗、鄭罕虎、曹人、杞人于厥憖。

楚師在蔡。晋荀吴謂韓宣子曰：「不能救陳，又不能救蔡，物以無親，晋之不能，亦可知也已。爲盟主而不恤亡國，將焉用之？」

秋，會于厥憖，謀救蔡也。鄭子皮將行，子産曰：「行不遠，不能救蔡也。蔡小而不順，楚大而不德，天將棄蔡以壅楚，盈而罰之，蔡必亡矣。且喪君而能守者，鮮矣。三年，王其有咎乎。美恶周必復，王恶周矣。」

晉人使狐父請蔡于楚，弗許。

許氏曰：「蔡能嬰城，堅不下楚，此易助也，而厥憖合天下之兵，畏不敢救，遣使請命，示之不能，使狄益驕，有以量中國之力而卒取之，此韓起之罪也。卿不足書而書者，中國不競，苟有善意，斯存之矣。蓋自是而後，春秋之譏世益略。」

謝氏曰：「方是時，夷狄[一]益强，中國益弱，故大夫將欲救蔡而卒無成功，而會，不書救，罪之也。」

家氏曰：「般可討而蔡不可滅也。今般已死，而虔之兵猶頓于蔡城下，必欲乘其危亂而取之，此盜賊之兵，中國諸侯共起而擊逐之，義之所得爲也。爲晉君者，當使人諭之楚，責以違載書，擅興兵，滅與國之罪。彼虔雖頑冥不靈，國中猶有人，豈不畏義而止？而晉之用事者，庸猥無能，乃使人卑辭爲蔡請，益爲夷所侮辱，而蔡遂滅矣。」

【經】九月，己亥，葬我小君齊歸。

公不慼。晉士之送葬者，歸以語史趙。史趙曰：「必爲魯郊。」侍者曰：「何故。」曰：「歸，姓也。不思親祖，不歸也。」叔向曰：「魯公室其卑乎。君有大喪，國不廢蒐。有三年之喪，而無一日之慼。國不恤喪，

〔一〕「夷狄」，四庫本作「楚人」。

不忌君也。君無慼容，不顧親也。國不忌君，君不顧親，能無卑乎？殆其失國。」

【經】冬，十有一月，丁酉，楚師滅蔡，執蔡世子有以歸，用之。

十一月，楚子滅蔡，用隱太子于岡山。申無宇曰：「不祥。五牲不相爲用，况用諸侯乎？王必悔之。」楚子城陳、蔡、不羹。使棄疾爲蔡公。王問于申無宇曰：「棄疾在蔡，何如？」對曰：「擇子莫如父，擇臣莫如君。鄭莊公城櫟而置子元焉，使昭公不立。齊桓公城穀而置管仲焉，至于今賴之。臣聞五大不在邊，五細不在庭，親不在外，羈不在内。今棄疾在外，鄭丹在内。君其少戒。」王曰：「國有大城，何如？」對曰：「鄭京、櫟實殺曼伯，宋蕭、亳實殺子游，齊渠丘實殺無知，衛蒲戚實出獻公。若由是觀之，則害于國。末大必折，尾大不掉，君所知也。」

泰山孫氏曰：「諸侯在喪稱子，此言世子有者，有未立也。〔一〕按四月丁巳，楚子虔誘蔡侯般殺之于申。楚公子棄疾帥師圍蔡。十有一月，丁酉，楚師滅蔡，執蔡世子有以歸，用之。有窮迫危懼，以至于死，此未立可知也。」

胡氏曰：「内入國而以其君來，外入國而以其君歸，皆服而以之易辭也。既書滅蔡矣，又書執蔡世子有者，世子無降服之狀，强執以歸而虐用之也。然世子者，繼世有國之稱。必以此稱蔡有者，父母之讐，不與共天下，

〔一〕「也」，四庫本無此字。

與民守國，效死不降，至于力屈就禽，虐用其身而不顧也，則有之爲世子之道得矣。」

陳氏曰：「均之爲滅國也。嘗臣之矣，書曰以沈子嘉歸，殺之。未嘗臣之也，書曰執蔡世子有以歸，用之。」

高氏曰：「蔡本中國之諸侯，乃背中國而即荆楚〔一〕，必以荆楚〔二〕爲可恃也。今蔡侯既爲荆楚〔三〕所誘而殺之，又從而滅其國。其世子有又爲所執而虐用之，以絶其世。然則荆楚〔四〕何補于蔡哉？此萬世人君之戒也。」

徐氏曰：「君以此始，亦以此終。陳、蔡首倡，列國甘心從楚，可謂不義。不旋踵間，皆爲楚滅，亦以此終者也。」

【經】十有二年，春，齊高偃帥師納北燕伯于陽。

因其衆也。

穀梁氏曰：「納者，内不受也。」

杜氏曰：「不言于燕，未得國都。」

〔一〕「荆楚」，四庫本作「楚人」。

〔二〕「荆楚」，四庫本作「楚人」。

〔三〕「荆楚」，四庫本作「楚人」。

〔四〕「荆楚」，四庫本作「楚人」。

大東萊呂氏曰：「北燕不名，劉質夫以謂與襄二十五年衛侯入于夷儀同，蓋國其國，非臣下所當逐。入于夷儀，納于陽，不名，以正其君臣之分也。」

【經】三月，壬申，鄭伯嘉卒。

鄭簡公卒，將爲葬除。及游氏之廟，將毀焉。子大叔使其除徒執用以立，而無庸毀，曰：「子產過女而問，『何故不毀？』乃曰：『不忍廟也。諾，將毀矣。』」既如是，子產乃使辟之。司墓之室有當道者，毀之，則朝而塴。弗許，則日中而塴。子大叔請毀之，曰：「無若諸侯之賓何？」子產曰：「諸侯之賓，能來會吾喪，豈憚日中？無損于賓，而民不害，何故不爲？」遂弗許毀，日中而葬。君子謂：「子產于是乎知禮。禮，無毀人以自成也。」

【經】夏，宋公使華定來聘。

通嗣君也。

【經】公如晋，至河乃復。

齊侯、衛侯、鄭伯如晋，朝嗣君也。公如晋，至河乃復。取郠〔二〕之役，莒人愬于晋，晋有平公之喪，未之治也，故辭公。晋侯享諸侯，子產相鄭伯，辭于享，請免喪而後聽命。晋人許之。晋侯以齊侯宴，中行穆子相。

〔二〕「郠」，四庫本作「鄆」。

投壺，晉侯先，穆子曰：「有酒如淮，有肉如坻，寡君中此，爲諸侯師。」中之，齊侯舉矢，曰：「有酒如澠，有肉如陵，寡人中此，與君代興。」亦中之。伯瑕謂穆子曰：「子失辭。吾固師諸侯矣，壺何爲焉，其以中儁也？齊君弱吾君，歸弗來矣。」穆子曰：「吾軍帥强禦，卒乘競勸，今猶古也，齊將何事？」公孫傁趨進曰：「日旰君勤，可以出矣。」以齊侯出。

【經】五月，葬鄭簡公。

【經】楚殺其大夫成熊。

楚子謂：成虎，若敖之餘也。遂殺之。或譖成虎于楚子。成虎知之而不能行。

左氏曰：「書楚殺其大夫成虎，懷寵也。」

家氏曰：「虔以猜忌殺無罪之大夫，故以累上書。成熊懷寵耽祿見幾不作，以及于難，亦有責焉。」

【經】秋，七月。

【經】冬，十月，公子慭出奔齊。

季平子立而不禮于南蒯。南蒯謂子仲：「吾出季氏而歸其室于公。子更其位。我以費爲公臣。」子仲許之。南蒯語叔仲穆子，且告之故。季悼子之卒也，叔孫昭子以再命爲卿。及平子伐莒，克之，更受三命，叔仲子欲構二家，謂平子曰：「三命踰父兄，非禮也。」平子曰：「然。」故使昭子，昭子曰：「叔孫有家禍，殺適立庶，故婼也及此。若因禍以斃之，則聞命矣。若不廢君命，則固有著矣。」昭子朝，而命吏曰：「婼將與季氏訟，書辭無頗。」季孫懼，而歸罪于叔仲子。故叔仲小、南蒯、公子憖謀季氏。憖告公，而遂從公如晉。南蒯懼不克，以費叛如齊。子仲還，及衛，聞亂，逃介而先。及郊，聞費叛，遂奔齊。

南蒯之將叛也，其鄉人或知之，過之而歎，且言曰：「恤恤乎，湫乎，攸乎！深思而淺謀，邇身而遠志，家臣而君圖，有人矣哉？」南蒯枚筮之，遇坤之比，曰：「黃裳元吉。」以爲大吉也，示子服惠伯，曰：「即欲有事，何如？」惠伯曰：「吾嘗學此矣。忠信之事則可，不然必敗。外强内温，忠也。和以率貞，信也。故曰『黃裳元吉』。黃，中之色也。裳，下之飾也。元，善之長也。中不忠，不得其色。下不共，不得其飾事。不善，不得其極。外内倡和爲忠，率事以信爲共，供養三德爲善。非此三者，弗當。且夫易，不可以占險，將何事也？且可飾乎？中美能黃，上美爲元，下美則裳，參成可筮，猶有闕也。筮雖吉，未也。」

將適費，飲鄉人酒。鄉人或歌之曰：「我有圃，生之杞乎！從我者，子乎！去我者，鄙乎！陪其鄰者，恥乎！已乎，已乎，非吾黨之士乎！」

平子欲使昭子逐叔仲小。小聞之，不敢朝。昭子命吏謂小待政于朝，曰：「吾不爲怨府。」

高氏曰：「季氏之臣南蒯將去季氏而立憖，不克而以費叛，遂奔齊。是以君子譏其妄，而哀其志也。」

陳氏曰：「季氏之出其君，有以也，則憖有奔焉爾。」

【經】楚子伐徐。

楚子狩于州來，次于潁尾，使蕩侯、潘子、司馬督、囂尹午、陵尹喜帥師圍徐以懼吳。楚子次于乾谿，以爲之援。雨雪，王皮冠，秦復陶，翠被，豹舄，執鞭以出，僕析父從。右尹子革夕，王見之，去冠、被，舍鞭，與之語曰：「昔我先王熊繹與呂伋、王孫牟、燮父、禽父並事康王，四國皆有分，我獨無有。今吾使人于周求鼎以爲分。王其與我乎？」對曰：「與君王哉！昔我先王熊繹，辟在荆山，篳路藍縷，以處草莽。跋涉山林，以事天子。唯是桃弧、棘矢，以共禦王事。齊，王舅也。晋及魯、衛，王母弟也。楚是以無分而彼皆有。今周與四國服事君王，將唯命是從。豈其愛鼎？」王曰：「昔我皇祖伯父昆吾，舊許是宅。今鄭人貪賴其田，而不我與。我若求之，其與我乎？」對曰：「與君王哉！周不愛鼎，鄭敢愛田？」王曰：「昔諸侯遠我而畏晋。今我大城陳、蔡、不羹，賦皆千乘，子與有勞焉，諸侯其畏我乎？」對曰：「畏君王哉！是四國者，專足畏也，又加之以楚，敢不畏君王哉？」

工尹路請曰：「君王命剥圭以爲鏚柲，敢請命。」王入視之。析父謂子革：「吾子，楚國之望也，今與王言如響國，其若之何？」子革曰：「摩厲以須，王出，吾刃將斬矣。」王出，復語。左史倚相趨過。王曰：「是良史也，子善視之。是能讀三墳、五典、八索、九丘。」對曰：「臣嘗問焉。昔穆王欲肆其志，周行天下，將皆必有車轍馬迹焉。祭公謀父作祈招之詩，以止王心，王是以獲没于祗宫。臣問其詩而不知也，若問遠焉，其焉能知之？」王曰：「子能乎？」對曰：「能。其詩曰：『祈招之愔愔，式昭德音。思我王度，式如玉，式如金。形民之力，而無醉飽之心。』」王揖而入，饋不食，寢不寐，數日，不能自克，以及于難。

高氏曰：「徐、吴，姻國也。楚人疾吴，故遷怒于徐。既執其君，又伐其國。」

【經】晋伐鮮虞。

晋荀吴僞會齊師者，假道于鮮虞，遂入昔陽。秋，八月，壬午，滅肥，以肥子綿臯歸。至是，晋伐鮮虞，因肥之役也。

陳氏曰：「狄〔一〕晋也，晋主諸夏之盟。春秋之狄〔二〕秦，以晋故也。狄〔三〕鄭亦以晋故也。則其狄〔四〕晋何？晋之君卿，無中國之志也。楚虔，弑君之賊也，而執齊慶封，放陳招，殺蔡侯般，假討賊之名以盟諸夏，而晋連年有事于狄、鮮虞。吴之入郢，于越入吴，晋猶圍鮮虞也。詳于狄事而不詳于楚，則晋無中國之志也。于是狄晋。」

蘇氏曰：「楚滅陳、蔡而晋不救，力誠不能，君子不罪也。能伐鮮虞，而不救陳、蔡，非力不足也，棄諸

〔一〕「狄」，四庫本作「内」。
〔二〕「狄」，四庫本作「外」。
〔三〕「狄」，四庫本作「外」。
〔四〕「狄」，四庫本作「内」。

侯也。故書特[一]貶之。」

胡氏曰：「楚奉孫吴討陳，因以滅陳。誘蔡般，殺之，因以滅蔡。晋人視其殘虐莫能救，則亦已矣。而效其所爲以伐人國，是以楚之事爲可行也[二]。人之所以爲人，亦以信義而已矣。信義之不存，則三綱淪、九法斁[三]，禽獸逼人，人將相食。自春秋末世至于六國亡秦，變詐並興，傾危成俗，河决魚爛，皆失信棄義之明驗也。此春秋制治未亂之意。」

愚按：晋之不競，久矣。春秋至此，望晋亦淺矣，不應責之如是深也，疑有闕文。

[一]「書特」，四庫本作「春秋」。

[二]「是以楚之事爲可行也」，四庫本作「是名盟主而實寇亂也」。

[三]「信義之不存，則三綱淪、九法斁」，四庫本作「一失則爲禽獸，而不齒于列邦」。

春秋闕疑卷三十六（昭公十三年—十七年）

【經】十有三年，春，叔弓帥師圍費。

叔弓圍費，弗克，敗焉。平子怒，令見費人執之以爲囚俘。冶區夫曰：「非也。若見費人，寒者衣之，饑者食之，爲之令主，而共其乏困。費來如歸，南氏亡矣，民將叛之，誰與居邑？若憚之以威，懼之以怒，民疾而叛，爲之聚也。若諸侯皆然，費人無歸，不親南氏，將焉入矣？」平子從之，費人叛南氏。

十四年，南蒯之將叛也，盟費人。司徒老祁、慮癸僞廢疾，使請于南蒯，曰：「臣願受盟而疾興，若以君靈不死，請待間而盟。」許之。二子因民之欲叛也，請朝衆而盟。遂劫南蒯，曰：「群臣不忘其君，畏子以及今，三年聽命矣。子若弗圖，費人不忍其君，將不能畏子矣。子何所不逞欲？請送子。」請期五日。遂奔齊。蒯侍飲酒于景公。公曰：「叛夫？」對曰：「臣欲張公室也。」子韓晳曰：「家臣而欲張公室，罪莫大焉。」司徒老祁、慮癸來歸費，齊侯使鮑文子致之。

陸氏微旨曰：「凡家臣以邑叛，悉不書叛之人名，何也？曰家臣微賤，名不合登于史册也。但書大夫圍之，則邑叛可知矣。且罪大夫無政，而使家臣得專邑而叛也。克之不書，本非它國之邑也。」

胡氏曰：「費，内邑也。命正卿爲主將，舉大衆圍其城，若敵國然者，家臣强，大夫弱也。語不云乎？『有一言而可以終身行之者乎？己所不欲，勿施于人。』所恶于下者，毋以事上也。所恶于上者，毋以使下也。然後家齊而國治矣。季孫意如以所恶于下者事其上，而不忠于其君；以所恶于上者使其下，而不禮于其臣。出乎爾者，反乎爾。宜南蒯之及此也。春秋之法，不書内叛，反求諸己而已矣。其書圍費，欲著其實，不没之也。」

謝氏曰：「周之衰也，其始諸侯制天子，其次大夫制諸侯，又其次家臣制大夫。」

劉氏意林曰：「使周之王毋廢文武之法，毋過失之道，諸侯雖大國，孰敢慢其上？諸侯必毋僭天子，其大夫孰陵？大夫必毋脅其君，其陪臣孰叛？魯之不正，相承非一日之積矣。衆人之治，則以謂苟君君臣臣焉可矣。王者之術，必將曰君不君則臣不臣，父不父則子不子。正己而物正，此之謂王者之術。」

【經】夏，四月，楚公子比自晋歸于楚，弑其君虔于乾谿。

楚子之爲令尹也，殺大司馬薳掩而取其室。及即位，奪薳居田，遷許而質許圍。蔡洧有寵于王，王之滅蔡也，其父死焉，王使與于守而行。申之會，越大夫戮焉，王奪鬥韋龜中犫，又奪成然邑，而使爲郊尹。蔓成然故事蔡公，故薳氏之族及薳居、許圍、蔡洧、蔓成然，皆王所不禮也。因群丧職之族，啟越大夫常壽過作亂，圍固城，克息舟，城而居之。

觀起之死也，其子從在蔡，事朝吴，曰：「今不封蔡，蔡不封矣。我請試之。」以蔡公之命召子干、子皙，及郊，而告之情，强與之盟，入襲蔡。蔡公將食，見之而逃。觀從使子干食，坎，用牲，加書，而速行。已徇于蔡，曰：「蔡公召二子，將納之，與之盟而遣之矣，將師而從之。」蔡人聚，將執之。辭曰：「失賊成軍，而殺余，何益？」乃釋之。朝吴曰：「二三子若能死亡，則如違之，以待所濟。若求安定，則如與之，以濟所欲。且違上，何適而可？」衆曰：「與之。」乃奉蔡公，召二子而盟于鄧，依陳、蔡人以國。楚公子比、公子黑肱、公子棄疾、蔓成然、蔡朝吴帥陳、蔡、不羮、許、葉之師，因四族之徒，以入楚。及郊，陳、蔡欲爲名，故請爲武軍。蔡公知之，曰：「欲速。且役病矣，請藩而已。」乃藩爲軍。蔡公使須務牟與史猈先入，因正僕人殺太子禄及公子罷敵。公子比爲王，公子黑肱爲令尹，次于魚陂，公子棄疾爲司馬，先除王宫。使觀從從師于乾谿，而遂告之，且曰：「先歸復所，後者劓。」師及訾梁而潰。

王聞群公子之死也，自投于車下，曰：「人之愛子也，亦如余乎？」侍者曰：「甚焉！小人老而無子，知擠于溝壑矣。」王曰：「余殺人子多矣，能無及此乎？」右尹子革曰：「請待于郊，以聽國人。」王曰：「衆怒不可犯也。」曰：「若入于大都而乞師于諸侯。」「以聽大國之圖君也。」王曰：「大福不再，祇取辱焉。」然丹乃歸于楚。王沿夏，將欲入鄢。芋尹無宇之子申亥曰：「吾父再奸王命，王弗誅。惠孰大焉？君不可忍，惠不可棄，吾其從王。」乃求王，遇諸棘闈以歸。夏五月癸亥，王縊于芋尹申亥氏。申亥以其二女殉而葬之。

初，楚子之爲令尹也，爲王旌以田。芋尹無宇斷之曰：「一國兩君，其誰堪之？」及即位，爲章華之宫，納亡人以實之。無宇之閽人入焉，無宇執之，有司弗與，曰：「執人于王宫，其罪大矣。」執而謁諸王。王將飲酒，無宇辭曰：「天子經略，諸侯正封，古之制也。封略之内，何非王土？食土之毛，誰非君民？故詩曰：『普天之下，莫非王土。率土之濱，莫非王臣。』天有十日，人有十等，下所以事上，上所以共神也。故王臣公，公臣大夫，大夫臣士，士臣皁，皁臣輿，輿臣隸，隸臣僚，僚臣僕，僕臣臺。馬有圉，牛有牧，以待百事。今有司曰女胡執人于王宫，將焉執之？周文王之法曰：『有亡荒閲』，所以得天下也。吾先君文王作僕區之法，曰：『盗所隱器，與盗同罪。』所以封汝也，若從有司，是無所執逃臣也，逃而舍之，是無陪臺也，王事無乃闕乎？昔武王數紂之罪，以告諸侯曰：『紂爲天下逋逃主，萃淵藪』，故夫致死焉。君王始求諸侯而則紂，無乃不可乎？若以二文之法取之，盗有所在矣。」王曰：「取而臣以往，盗有寵，未可得也。」遂赦之。

穀梁氏曰：「自晋，晋有奉焉爾。」

薛氏曰：「比以虔出，歸而弑虔，則其歸爲篡也。」

高氏曰：「雖棄疾脅比而立，靈王自縊而死，若比不從棄疾之脅，則靈王未必死。以此言之，棄疾不得比之勢，則無以濟其亂。比見利而動，遽欲爲君，則成楚靈之弑者，乃比也。蓋是時，比當效死不立，而既立矣，又烏得避是名哉？若使人受其名，已享其利，則後世姦人苟有藉口以濟其私者，莫不皆置其力焉，故聖人正名比之弒君，所以絶後世姦人之禍也。雖然，比之歸也，虔猶在楚，其不言入何也？觀從召之，楚人與之。楚人不拒，則比之歸無難也。」

陳氏曰：「靈王之弒，棄疾爲之也。比立而弒君，則比蒙首恶之名。」

胡氏曰：「昭元年，楚虔弒立，比出奔晋。十三年，比歸而虔縊于棘圍，則比未嘗一日北面事虔爲之臣。虔又弒立，固非比之君，而書曰比『弒其君』，虔何也？凡去國出奔，而君不以爲臣，則晋于欒盈是也，臣不以爲君，則公子鱄于衛是也。若去國雖久，而爵禄有列于朝，出入有詔于國，不掃其墳墓，不收其田里，不係纍其宗族，即君臣之分猶在也。比雖奔晋，而晋人以羇待比，以國底禄固楚之亡公子也。楚又未嘗錮之，如晋之于欒盈。比又未嘗不向楚而坐，如子鮮之于衛。安得以爲比非楚臣而虔非比之君乎？春秋書比『弒其君虔』，明于君臣之義也。」

家氏曰：「虔非篡國之賊乎？始虔之篡，有能仗大義而殺之，求郟敖之後立之，則殺者爲義，篡者爲賊，從州吁、無知之討例可也。及今而後殺之，又代君其處，其得謂之討賊乎？蓋賊可討而不可代也，代之則與之俱爲篡弒之人。春秋之義，必有所不容矣。」

【經】楚公子棄疾殺公子比。

觀從謂子干曰：「不殺棄疾，雖得國，猶受禍也。」子干曰：「余不忍也。」子玉曰：「人將忍子，吾不忍俟也。」乃行。國每夜駭曰：「王入矣。」乙卯，夜，棄疾使周走而呼曰：「王至矣。」國人大驚。使蔓成然走告子干、子晳，曰：「王至矣。國人殺君司馬，將來矣。君若早自圖也，可以無辱。衆怒如水火焉，不可爲謀。」又有呼而走至者曰：「衆至矣。」二子皆自殺。丙辰，棄疾即位，名曰熊居。葬子干于訾，實訾敖。殺囚，衣之王服而流諸漢，乃取而葬之，以靖國人。使子旗爲令尹。

平王封陳、蔡，復遷邑，致群賂，施舍，寬民，宥罪舉職。召觀從，王曰：「唯爾所欲。」對曰：「臣之先，佐開卜。」乃使爲卜尹。他年芋尹申亥以王柩告，乃改葬之。

初，靈王卜，曰：「余尚得天下。」不吉，投龜，詬天而呼曰：「是區區者而不余畀，余必自取之。」民患王之無厭也，故從亂如歸。初，共王無冢適，有寵子五人，無適立焉。乃大有事于群望而祈曰：「請神擇于五人者，使主社稷。」乃遍以璧見于群望，曰：「當璧而拜者，神所立也。誰敢違之？」既，乃與巴姬密埋璧于大室之庭，使五人齊，而長入拜。康王跨之，靈王肘加焉，子干、子晳皆遠之。平王弱，抱而入，再拜，皆厭紐。鬬韋龜屬成然焉，且曰：「棄禮違命，楚其危哉。」

子干歸。韓宣子問于叔向曰：「子干其濟乎？」對曰：「難。」宣子曰：「同恶相求，如市賈焉，何難？」對曰：「無與同好，誰與同恶？取國有五難：有寵而無人，一也。有人而無主，二也。有主而無謀，三也。

有謀而無民，四也。有民而無德，五也。子干在晋十三年矣，晋、楚之從，不聞達者，可謂無人。族盡親叛，可謂無主。無釁而動，可謂無謀。爲羈終世，可謂無民。亡無愛徵，可謂無德。王虐而不忌，楚君子干，涉五難以弑舊君，誰能濟之？有楚國者，其棄疾乎！君陳、蔡，城外屬焉。苛慝不作，盗賊伏隱，私欲不違，民無怨心。先神命之，國民信之，芈姓有亂，必季實立，楚之常也。獲神，一也。有民，二也。令德，三也。寵貴，四也。居常，五也。有五利以去五難，誰能害之？子干之官，則右尹也。數其貴寵，則庶子也。以神所命，則又遠之。其貴亡矣，其寵棄矣，民無懷焉，國無與焉，將何以立？」宣子曰：「齊桓、晋文不亦是乎？」對曰：「齊桓，衛姬之子也，而有寵于僖。有鮑叔牙、賓須〔一〕無、隰朋以爲輔佐，有莒、衛以爲外主，有國高以爲内主。從善如流，下善齊肅。不藏賄，不從欲，施舍不倦，求善不厭，是以有國，不亦宜乎？我先君文公，狐季姬之子也，有寵于獻，好學而不貳，生十七年有士五人。有先大夫子餘、子犯以爲腹心，有魏犨、賈佗以爲股肱，有齊、宋、秦、楚以爲外主，有欒、郤、狐、先以爲内主。亡十九年，守志彌篤。惠、懷棄民，民從而與之。獻無異親，民無異望，天方相晋，將何以代文？此二君者，異于子干。共有寵子，國有奥主，無施于民，無援于外。去晋而不送，歸楚而不逆，何以冀國？」

〔一〕「須」，原文作「湏」，據左傳改。

胡氏曰：「棄疾立比爲王，而已爲司馬，固君比矣，而又殺[一]之，則宜書曰『棄疾弑其君比』而曰『殺公子比』，何也？初，子干歸自晉。觀從假棄疾命而召之來，則來。坎、牲、加書而强之盟，則盟。帥四族衆而使之入楚，則入。殺太子禄而立之爲王，則王。周走而呼于國中，謂衆怒如水火而逼之自殺，則自殺。其行止遲速，去就死生，皆觀從與國人所爲，而比未嘗可否之也，安得爲棄疾之君乎？」

謝氏曰：「比，國之逆臣也，殺不以討賊之辭。棄疾與比同恶相濟者也，比既據國害君，棄疾復争位，殺比二人者，其逆同，其罪均，故棄疾殺比，不以討賊之辭與之也。比，虔之弟。棄疾，比之弟。棄疾、比皆稱公子，以明楚靈之禍起于宗族也。」

【經】秋，公會劉子、晉侯、齊侯、宋公、衛侯、鄭伯、曹伯、莒子、邾子、滕子、薛伯、杞伯、小邾子于平丘。

晉成虒祁，諸侯朝而歸者皆有貳心。爲取郠故，晉將以諸侯來討。叔向曰：「諸侯不可以不示威。」乃並徵會。告于吴。秋，晉侯會吴子于良。水道不可，吴子辭，乃還。

七月，丙寅，治兵于邾南，甲車四千乘，羊舌鮒攝司馬，遂合諸侯于平丘。子産、子太叔相鄭伯以會。叔

[一]「弑」，四庫本作「殺」。

鮒求貨于衛，淫芻蕘者。衛人使屠伯饋叔向羹，與一篋錦，曰：「諸侯事晉，未敢攜貳，況衛在君之宇下，而敢有異志？芻蕘者，異于他日，敢請之。」叔向受羹反錦，曰：「晉有羊舌鮒者，瀆貨無厭，亦將及矣。爲此役也，子若以君命賜之，其已。」客從之，未退，而禁之。

胡氏曰：「方是時，楚人暴横〔二〕，陵蔑中華。在宋之盟，争晉先歃。及虢之會，仍讀舊書，遂召諸侯爲申之舉，遷賴于鄢，縣陳，滅蔡，此乃敵國外患、臨深履薄、恐懼省戒之時，其君當倚于法家拂士，以德修國政，其臣當急于責難陳善，以禮格君心，内結夏盟，外攘夷狄〔三〕，復悼公之業，若弗暇也。今乃施施然，安于不競，無憤耻自强之志，惟宫室臺榭是崇是飾。及諸侯皆貳，顧欲示威徵會而以兵甲耀之，不亦末乎？春秋之法，制治于未亂，保邦于未危，貴事之豫，耻以苟成而不要諸道者也，是以深惡此會，如下文所貶云。」

陳氏曰：「晉之合諸侯，由是止。鄟陵之會，參盟復作，晉非盟主矣。」

【經】八月，甲戌，同盟于平丘。公不與盟。

晉人將尋盟，齊人不可。晉侯使叔向告劉獻公曰：「抑齊人不盟，若之何？」對曰：「盟以底信，君苟有信，諸侯不貳，何患焉？告之以文辭，董之以武師，雖齊不許，君庸多矣。天子之老，請帥王賦，『元戎十乘，

〔二〕「暴横」，四庫本作「横暴」。
〔三〕「夷狄」，四庫本作「僭亂」。

以先啟行』，遲速唯君。」叔向告于齊，曰：「諸侯求盟，已在此矣。今君弗利，寡君以爲請。」對曰：「諸侯討貳，則有尋盟。若皆用命，何盟之尋？」叔向曰：「國家之敗，有事而無業，事則不經。有業而無禮，經則不序。有禮而無威，序則不共，有威而不昭，共則不明。不明棄共，百事不終，所由傾覆也。是故明王之制，使諸侯歲聘以志業，間朝以講禮，再朝而會以示威，再會而盟以顯昭明。志業于好，講禮于等。示威于衆，昭明于神。自古以來，未之或失也。存亡之道，恒由是興。晋禮主盟，懼有不治。奉承齊犧，而布諸君，求終事也。君曰：『余必廢之，何齊之有？』唯君圖之。寡君聞命矣。」齊人懼，對曰：「小國言之，大國制之，敢不聽從？既聞命矣，敬共以往，遲速唯君。」叔向曰：「諸侯有間矣，不可以不示衆。」八月，辛未，治兵，建而不旆。壬申，復旆之。諸侯畏之。甲戌，同盟于平丘，齊服也。令諸侯日中造于除。癸酉，退朝。子産命外僕速張于除。子太叔止之，使待明日。及夕。子産聞其未張也，使速往，乃無所張矣。

及盟，子産争承，曰：「昔天子班貢，輕重以列，列尊貢重，周之制也。卑而貢重者，甸服也。鄭伯，男也，而使從公侯之貢，懼弗給也，敢以爲請。諸侯靖兵，好以爲事。行理之命，無月不至，貢之無藝，小國有闕，所以得罪也。諸侯修盟，存小國也。貢獻無極，亡可待也。存亡之制，將在今矣。」自日中以争，至于昏，晋人許之。既盟，子太叔咎之曰：「諸侯若討，其可瀆乎？」子産曰：「晋政多門，貳偷之不暇，何暇討？國不競亦陵，何國之爲？」

邾人、莒人，愬于晉，曰：「魯朝夕伐我，幾亡矣。我之不共，魯故之以。」晉侯不見公，使叔向來辭，曰：「諸侯將以甲戌盟。今寡君知不得事君矣，請君無勤。」子服惠伯對曰：「君信蠻夷之訴，以絶兄弟之國，棄周公之後，亦唯君，寡君聞命矣。」叔向曰：「寡君有甲車四千乘在，雖以無道行之，必可畏也。況其率道，其何敵之有？牛雖瘠，僨于豚上，其畏不死？南蒯、子仲之憂，其庸可棄乎？若奉晉之衆，用諸侯之師，因邾、莒、杞、鄫之怒以討魯罪，間其二憂，何求而弗克？」魯人懼，聽命。甲戌，同盟于平丘，齊服也。公不與盟。

胡氏曰：「書同盟者，劉子與盟也。會與盟同地，再書平丘者，書之重，辭之複，其中必有美惡焉，見行事之深切著明，故辭繁而不殺也。主盟中國，奉承齊犧而矜其威力，恐迫諸侯，求逞私忿，間其憂疑，如此盟者，流及戰國，强衆相誇，恫疑恐喝，恣行陵暴，死者十九，積習所至，有自來矣。詞繁不殺，則惡其競力不道，爲後世鑒也。臣子之于君父，隱諱其耻，禮也。十二國會于平丘，公獨見辭，不得與盟，斯亦可耻矣，曷爲直書其事而不隱也？晉主此盟，德則不競，而矜兵甲之威，肆挾持之術，以諸侯上要天子之老而歃血，無禮義忠信誠慤之心，而以威詐莅之，得不與焉，幸也。」

愚按：平丘之盟，晉政不競，霸業遂衰，中國之耻也，故魯以不得與盟爲幸。若夫邾、莒之愬，則魯亦不能無罪焉，故程子曰：辭公，不使與盟。雖欲辱公，然得不與同盟之罪，實爲幸也。

【經】晉人執季孫意如以歸。

晉人執季孫意如，以幕蒙之，使狄人守之。司鐸射懷錦，奉壺飲冰，以蒲伏焉。守者御之。乃與之錦而入。晉人以平子歸，子服湫從。

胡氏曰：「稱人以執，非霸討也。自文公以來，公室微弱，三家專魯，而季氏罪之首也，宿及意如尤爲强逼。元年伐莒、疆鄆，十年伐莒、取郠，中分魯國，以自封殖，而使其君民食于家，其不臣甚矣，何以爲非霸討乎？晉人若按邾、莒所愬有無之狀，究南蒯、子仲奔叛之因，告于諸侯，以其罪執之，請于天子，以大義廢之，選于魯卿，更意如之位，收斂私邑爲公〔一〕室之民，使政令在君，三家臣順，則方伯之職修矣。徒以邾、莒之言曰：『我之不共，魯故之以。』遂辭魯君而執意如，則是意在貨財而不責其無君臣之義也，何得爲霸討乎？稱人以執，罪晉之偷也。」

【經】公至自會。

【經】蔡侯廬歸于蔡。陳侯吴歸于陳。

楚之滅蔡也，靈王遷許、胡、沈、道、房、申于荆焉。平王即位，既封陳、蔡而皆復之，隱太子之子廬歸于蔡，悼太子之子吴歸于陳。

〔一〕「公」，四庫本作「宫」。

謝氏曰：「二嗣前非諸侯，至此始立，故書名。」

胡氏曰：「歸者，順辭也。陳、蔡昔皆滅矣，不稱復歸者，不與楚虔之得滅也。其稱『歸于』者，國其所宜歸也。廬與吴皆亡世子之子也，而棄疾封之，可謂有奉矣。不言自楚者，不與楚子之得封也。其稱侯者，位其所固有也。陳，列聖之後，蔡，王室之親，見滅于楚虔而諸侯不能救，復封于棄疾而諸侯不能與，是以荆蠻〔一〕制諸夏也。聖人至是，懼之甚。蓋有不得已焉，制春秋爲後法大要，皆天子之事也。其義則以公天下爲心，興滅國、繼絶世，異于自私其身，欲擅而有之者也，故書法如此，爲天下國家而不封建，欲望先王之治，難矣。」

【經】冬，十月，葬蔡靈公。

【經】公如晉，至河乃復。

公如晉。荀吴謂韓宣子曰：「諸侯相朝，講舊好也。執其卿而朝其君，有不好焉，不如辭之。」乃使士景伯辭公于河。

【經】吴滅州來。

〔一〕「荆蠻」，四庫本作「夷狄」。

楚師還自徐，吳人敗諸豫章，獲其五帥。至是，吳滅州來。令尹子旗請伐，吳王弗許，曰：「吾未撫民人，未事鬼神，未修守備，未定國家，而用民力，敗不可悔。州來在吳，猶在楚也，子姑待之。」

蘇氏曰：「州來，楚之附庸。」

高氏曰：「成六年，吳入州來，蓋本楚屬也。至是取之，盡殺其吏民，無道之甚，故稱滅焉。春秋詳楚伐吳，略吳伐楚，而志其甚者，滅州來是也。」

【經】十有四年，春，意如至自晉。

季孫猶在晉，子服惠伯私于中行穆子，曰：「魯事晉，何以不如夷之小國？魯，兄弟也，土地猶大，所命能具。若爲夷棄之，使事齊、楚，其何瘳于晉？親親，與大，賞共，罰否，所以爲盟主也，子其圖之。諺曰：『臣一主二。』吾豈無大國？」穆子告韓宣子，且曰：「楚滅陳、蔡，不能救，而爲夷執親，將焉用之？」乃歸季孫。惠伯曰：「寡君未知其罪，合諸侯而執其老，若猶有罪，死命可也。若曰無罪而惠免之，諸侯不聞，是逃命也，何免之？爲請從君惠于會。」宣子患之，謂叔向曰：「子能歸季孫乎？」對曰：「不能。鮒也能。」乃使叔魚見季孫曰：「昔鮒也得罪于晉君，自歸于魯君。微武子之賜，不至于今，雖獲歸骨于晉，猶子則肉之，敢不盡情？歸子而不歸，鮒也聞諸吏，將爲子除館于西河，其若之何？」且泣。平子懼，先歸。惠伯待禮。

高氏曰：「魯大夫執則致，行父之不至，從公也。意如不書族，前見也。夫晉之始執季孫，爲乏邾、莒之供，而非有扶弱擊强之義也。及其歸之，又以土地猶大，所命能具，而非有不能救蔡，爲夷執親之悔也，然則晉人喜怒皆以利發，其勸沮皆以利行，違道甚矣。故平丘之會，深加貶斥。自是而後，諸侯不合二十餘年。至于召陵，又以賄敗，以十有八國諸侯之衆而書侵楚以陋之。于是晉日益衰，外攜内叛，不復振矣。夫利之能敗人國家，一至于此，春秋之所深戒。而季氏富于周公，遂能以利幸脱此禍，尤聖人之所深疾也。」

家氏曰：「春秋書『公如晉，至河乃復』，繼書『意如至自晉』，見魯君與意如相出入于晉也。傳謂意如譖其君，使不得遂于晉，此其實也。如晉昭辭公于會而執意如，人猶冀其明，正强臣專兵之討。俄而得釋，季氏愈張，魯君愈削，乾侯之禍作矣。」

【經】三月，曹伯滕卒。

【經】夏，四月。

【經】秋，葬曹武公。

【經】八月，莒子去疾卒。冬，莒殺其公子意恢。

秋，八月，莒著丘公卒，郊公不慼。國人弗順，欲立著丘公之弟庚輿。蒲餘侯惡公子意恢而善于庚輿。郊公惡公子鐸而善于意恢。公子鐸因蒲餘侯而與之謀，曰：「爾殺意恢，我出君而納庚輿。」許之。冬，十二月，蒲餘侯茲夫殺莒公子意恢，郊公奔齊。公子鐸逆庚輿于齊，齊隰黨、公子鉏送之，有賂田。

家氏曰：「郊公以子代父，正也。庚輿以弟繼兄，篡也。蒲餘侯，首亂者也。公子意恢，君之黨，必莒之舊臣也。蒲餘侯與公子鐸比而爲亂，殺意恢，逐郊公，逆庚輿于齊而立之。意恢之死，爲君故耳。春秋不書郊公之奔、庚輿之入，郊公不能君，庚輿由是篡也。繼莒子卒而書意恢死，意恢受託孤之寄，而不能其事者也。君在喪而已爲政，國之安危休戚于是乎寄。郊公居喪不戚，而不能正之以禮。蒲餘與鐸謀爲亂，而不能豫爲之防身，雖爲國而死，何益哉？故不書死難而書見殺。曹、莒無大夫，故不書大夫。」

愚謂：公子鐸鼓禍之尤也。

【經】十有五年，春，王正月，吴子夷末卒。

【經】二月，癸酉，有事于武宫。籥入，叔弓卒。去樂，卒事。

春，將禘于武公，戒百官。梓慎曰：「禘之日，其有咎乎，吾見赤黑之祲，非祭祥也，喪氛也。其在莅事乎？」二月，癸酉，禘，叔弓莅事，籥入而卒。去樂，卒事。

胡氏曰：「案曾子問君在祭不得成禮者，夫子語之詳矣，而無有及大臣者，是知祭而去樂，不可也。有事于宗廟，遭大夫之變，則以聞可乎？案禮：衛有太史柳莊，寢疾，君曰：『若疾革，雖當祭必告。』是知祭而以聞不可也。禮莫重于當祭，大夫有變，而不以聞，則内得盡其誠敬之心于宗廟，外得全其隱卹之意于大臣，是兩得之也。然則有事于宗廟，大臣莅事，籥入而卒于其所，則如之何？禮雖未之有，可以義起也。有事于宗廟，大臣莅事，籥入而卒于其所，去樂，卒事，其可也。緣先祖之心，見大臣之卒，必聞樂不樂；緣孝子之心，視已設之饌，必不忍輕徹，故去樂而卒事其可也。宗廟合禮者，常事不書。苟以爲可，則春秋何書乎？此記禮之變而書之者也。」

【經】夏，蔡朝吴出奔鄭。

楚費無極害朝吴之在蔡也，欲去之。乃謂之曰：「王唯信子，故處子于蔡，子亦長矣，而在下位，辱。必求之，吾助子請。」又謂其上之人曰：「王唯信吴，故處諸蔡，二三子莫之如也，而在其上，不亦難乎？弗圖，必及于難。」夏，蔡人逐朝吴，朝吴出奔鄭。王怒曰：「余唯信吴，故寘諸蔡。且微吴，吾不及此，女何故去之？」無極對曰：「臣豈不欲吴，然而前知其爲人之異也。吴在蔡，蔡必速飛。去吴，所以翦其翼也。」

胡氏曰：「朝吴，蔡之忠臣。雖不能存蔡，而能復蔡，其從于棄疾者，謂蔡滅而棄疾必能封之也。棄疾以其忠于舊君而信之，使居舊國，可謂知所信矣。則曷爲出奔？費無極害其寵也。無極，楚之讒人。去朝吴，出蔡侯朱，丧大子建，殺連尹奢，屏王耳目，使不聰明，卒使吴師入郢，辱及宗廟，讒人爲亂，可不畏乎？然朝吴身居舊國，處危疑之地，苟有讒之者，則王不能無動也，能以忠信自任而杜讒諂之謀，則善矣。而費無極乃語之曰：『子亦長矣，而在下位，辱也。』欲爲之請，以名利動其心，而莫之覺，不知亦甚矣。故特書其出奔以罪吴，爲後戒也。」

【經】六月，丁巳，朔，日有食之。

【經】秋，晋荀吴帥師伐鮮虞。

十三年，鮮虞人聞晋師之悉起也，而不警邊，且不修備。晋荀吴自著雍以上軍侵鮮虞，大獲而歸。至是，荀吴帥師伐鮮虞，圍鼓。鼓人或請以城叛。穆子弗許。左右曰：「師徒不勤而可以獲城，何故不爲？」穆子曰：「吾聞諸叔向曰：『好恶不愆，民知所適，事無不濟。』或以吾城叛，吾所甚恶也。人以城來，吾獨何好焉？賞所甚恶，若所好何？若其弗賞，是失信也，何以庇民？力能則進，否則退，量力而行。吾不可以欲城而邇姦，所丧滋多。」使鼓人殺叛人而繕守備。圍鼓三月，鼓人或請降，使其民見，曰：「猶有食色，姑修而城。」軍吏曰：「獲城而不取，勤民而頓兵，何以事君？」穆子曰：「吾所以事君也。獲一邑而教民怠，將焉用邑？邑以賈怠，不如完舊，賈怠無卒，棄舊不祥。鼓人能事其君，我亦能事吾君。率義不爽，好恶不愆，城可獲而民知義，所有死命而無二心，不亦可乎？」鼓人告食竭力盡而後取之，克鼓而反，不戮一人，以鼓子鳶鞮歸。

二十二年，晋之取鼓也，既獻，而反鼓子焉，又叛于鮮虞。六月，荀吴略東陽，使師僞糴者，負甲以息于昔陽之門外，遂襲鼓，滅之，以鼓子鳶鞮歸，使涉佗守之。

胡氏曰：「晋滅潞氏、甲氏，及再伐鮮虞，皆用大夫爲主將，而或稱人，或稱國，或稱其名氏，何也？以殄滅爲期，而無矜惻之意，則稱人。見利忘義，而以非道〔一〕欺詐行之，則稱國。以正兵加敵，而不納其叛臣，則稱名氏。夫稱其名氏，非褒之也，纔免于貶耳，而春秋用兵禦狄〔二〕之略咸見矣。」

【經】冬，公如晉。

平丘之會故也。

【經】十有六年，春，齊侯伐徐。

二月，丙申，齊師至于蒲隧，徐人行成。徐子及郯人、莒人會齊侯盟于蒲隧，賂以甲父之鼎。叔孫昭子曰：「諸侯之無伯，害哉。齊君之無道也，興師而伐遠方，會之，有成而還，莫之亢也，無伯也夫。」

高氏曰：「景公之時，吴、楚方争，晉又不能遠略，以齊之强，修其政刑，糾合諸侯，復霸可也。而區區助楚伐徐，以懼吴人，師至蒲隧，徐人賂以甲父之鼎而還。嗚呼！志亦卑矣。斥言齊侯，罪在齊侯也。」

【經】楚子誘戎蠻子殺之。

楚子聞蠻氏之亂也，與蠻子之無質也，使然丹誘戎蠻子嘉，殺之，遂取蠻氏。既而復立其子焉。

〔一〕「非道」，四庫本作「詭譎」。
〔二〕「狄」，四庫本作「亂」。

公羊氏曰：「楚子何以不名？荆戎〔一〕相誘，君子不疾也。若不疾，乃疾之也。」

蘇氏曰：「楚子誘蔡侯般殺之，名而書地，以荆蠻〔二〕害中國，疾之也。誘殺戎蠻，不名不地，荆戎〔三〕相殘，略之也。」

謝氏曰：「誘蔡侯般殺之，楚靈之詐行〔四〕也。誘戎蠻子殺之，楚平之詐行〔五〕也。楚平殺蠻子不名者，以詐相誘、相殺，蠻夷〔六〕之常也。蠻夷〔七〕以詐殺蠻夷〔八〕不名，著其常也。以其爲行，彼此一也。然則虔名，所以著其恶于前。棄疾不名，所以著其常于後。著其恶以明在所當絶，著其常以明在所當賤。」

【經】夏，公至自晉。

春，王正月，公在晉，晉人止公。夏，公至自晉。子服昭伯語季平子曰：「晉之公室其將遂卑矣，君幼弱，

〔一〕「荆戎」，四庫本作「夷狄」。
〔二〕「荆蠻」，四庫本作「南蠻」。
〔三〕「荆戎」，四庫本作「其類」。
〔四〕「行」，四庫本作「謀」。
〔五〕「行」，四庫本作「謀」。
〔六〕「蠻夷」，四庫本作「外域」。
〔七〕「蠻夷」，四庫本作「外域」。
〔八〕「蠻夷」，四庫本作「外域」。

六卿强而奢傲，將因是以習，習實爲常，能無卑乎？」平子曰：「爾幼，恶識國？」

左氏曰：「止公不書，諱之也。」

胡氏曰：「昭公數朝于晋，三至于河而不得入，兩得見晋侯，又欲討其罪而止旃，其困辱甚矣。在易之困曰『困，亨者』，因困窮而致亨也。夫困于心、衡于慮而後作〔一〕，徵于色、發于聲而後喻。此正憤悱自强之時，而夏少康、衛文公、越勾踐、燕昭王，此四君子者，由此其選也。今昭公安于危辱，無激昂勉勵之志，即所謂自暴自棄，不可與有爲，而人莫之告矣，不亦悲乎。」

【經】秋，八月，己亥，晋侯夷卒。

【經】九月，大雩，季孫意如如晋。

【經】冬，十月，葬晋昭公。

【經】十有七年，春，小邾子來朝。

小邾穆公來朝，公與之燕。季平子賦采菽。穆公賦菁菁者莪。昭子曰：「不有以國，其能久乎？」

【經】夏，六月，甲戌，朔，日有食之。

〔一〕「作」，四庫本作「得」。

六月，甲戌，日有食之。祝史請所用幣。昭子曰：「日有食之，天子不舉，伐鼓于社。諸侯用幣于社，伐鼓于朝。禮也。」平子禦之，曰：「止也。唯正月朔，慝未作，日有食之，于是乎有伐鼓用幣，禮也。其餘則否。」太史曰：「在此月也。日過分而未至，三辰有災。于是乎百官降物，君不舉，辟移時，樂奏鼓，祝用幣，史用辭。故夏書曰：『辰弗集于房，瞽奏鼓，嗇夫馳，庶人走。』此月朔之謂也。當夏四月，是謂孟夏。」平子弗從。昭子退，曰：「夫子將有異志，不君君矣。」

【經】秋，郯子來朝。

公與之宴，昭子問焉，曰：「少皞氏鳥名官，何故也？」郯子曰：「吾祖也，我知之。昔者黃帝氏以雲紀，故爲雲師而雲名。炎帝氏以火紀，故爲火師而火名。共工氏以水紀，故爲水師而水名。大皞氏以龍紀，故爲龍師而龍名。我高祖少皞摯之立也，鳳鳥適至，故紀于鳥，爲鳥師而鳥名。鳳鳥氏，曆正也。玄鳥氏，司分者也。伯趙氏，司至者也。青鳥氏，司啟者也。丹鳥氏，司閉者也。祝鳩氏，司徒也。鴡鳩氏，司馬也。鳲鳩氏，司空也。爽鳩氏，司寇也。鶻鳩氏，司事也。五鳩，鳩民者也。五雉爲五工正，利器用，正度量，夷民者也。九扈爲九農正，扈民無淫者也。自顓頊以來，不能紀遠，乃紀于近。爲民師而命以民事，則不能故也。」仲尼聞之，見于郯子而學之。既而告人曰：「吾聞之，天子失官，學在四夷。』猶信。」

家氏曰：「夫所謂夷，非夷狄[一]其人，言周、魯俱衰，典章闕壞，而遠方小國之君乃知前古官名之沿革，蓋録之也。所謂夷者，如孟子所謂舜爲東夷之人，文王爲西夷之人，夷之爲言遠也，或者遂以郯子爲夷國，失之矣。」

【經】八月，晋荀吴帥師滅陸渾之戎。

晋侯使屠蒯如周，請有事于雒與三塗。萇弘謂劉子曰：「客容猛，非祭也。其伐戎乎！陸渾氏甚睦于楚，必是故也，君其備之。」乃警戎備。九月，丁卯，晋荀吴帥師涉自棘津，使祭史先用牲于雒。陸渾人弗知，師從之。庚午，遂滅陸渾，數之以其貳于楚也。陸渾子奔楚，其衆奔甘鹿。周大獲。宣子夢文公攜荀吴而授之陸渾，故使穆子帥師，獻俘于文宫。

胡氏曰：「林父之于潞氏，士會之于甲氏，荀吴之于陸渾戎，皆滅之也。而林父、士會稱人，荀吴舉其名氏，何哉？夷不亂華，陸渾之戎，密邇王室，而縱之雜處，則非膺戎狄、别内外之義也，與闢土服遠以圖强霸則異矣。然舉其名氏，非褒辭也，纔得無貶耳。則窮兵于遠，虚内事外者，可知矣。」

家氏曰：「僖二十五年，秦、晋遷陸渾之戎于伊川，蓋以二强國之力迫而遷之，非戎人侵犯王略，自外而

[一]「夷狄」，四庫本作「以斥」。

竄居于内也。然則將存之乎？曰徙而遠之，不使混于華，斯可矣。無罪而滅之，則過矣。」

【經】冬，有星孛于大辰。

有星孛于大辰，西及漢。申須曰：「彗所以除舊布新也。天事恒象，今除于火，火出必布焉。諸侯其有火災乎。」梓慎曰：「往年吾見之，是其徵也。火出而見，今兹火出而章，必火入而伏。其居火也久矣，其與不然乎？火出于夏爲三月，于商爲四月，于周爲五月。夏數得天，若火作其四，國當之在宋、衛、陳、鄭乎。宋，大辰之虚也。陳，大皞之虚也。鄭，祝融之虚也。皆火房也。星孛及漢，漢，水祥也。衛，顓頊之虚也，故爲帝丘，其星爲大水。水，火之牡也。其以丙子若壬午作乎？水火所以合也，若火入而伏，必以壬午，不過其見之月。」鄭裨竈言于子産曰：「宋、衛、陳、鄭將同日火，若我用瓘斝玉〔一〕瓚，鄭必不火。」子産弗與。

許氏曰：「星孛大辰，大灾應之，天地之符也。大辰、明堂宋之分，故王室亂，宋亦亂。衛、陳、鄭灾氣所溢也。衛亂君奔，陳敗卿獲，惟鄭有令政而無後灾，是知禍福之可轉矣。」

胡氏曰：「大辰，心也。心爲明堂，天子之象。其前星太子，後星庶子，孛星加心，象天子適庶將分争也。後五年，景王崩，王室亂。劉子、單子立王猛。尹氏、召伯立子朝。歷數載而後定。至哀十三年，有星孛于東

〔一〕「玉」，四庫本作「王」。

方，不言宿者，不加宿也。當是時，吴人僭亂，憑陵上國，日敝于兵，暴骨如莽，其厲氣所感，固將壅吴而降之罰也。故氛祲所指，在于東方，假手越人，吴國遂亡。天之示人顯矣，史之有占明矣。」

大東萊吕氏曰：「日月星辰之謫，見于天雪霜風雨之不時，以爲民害，皆政事之失常，有以取之也，故君觀其變以思戒，察其祥以改行，則灾害可息而無危亡之禍。其漠然不以爲意，則禍及之，非不幸也。聖人詳書以爲世戒焉。人君觀春秋所書，其可不致懼乎？」

【經】楚人及吴戰于長岸。

吴伐楚，陽匄爲令尹，卜戰，不吉。司馬子魚曰：「我得上流，何故不吉？且楚故，司馬令龜，我請改卜。」令曰：「魴也，以其屬死之，楚師繼之，尚大克之。」吉。戰于長岸，子魚先死，楚師繼之，大敗吴師，獲其乘舟餘皇。使徐人與後至者守之，環而塹之，及泉，盈其隧岸〔一〕，陳以待命。吴公子光請于衆曰：「喪先王之乘舟，豈惟光之罪，衆亦有焉。請藉取之，以救死。」衆許之。使長鬣者三人，潛伏于舟側，曰：「我呼餘皇，則對，師夜從之。」三呼，皆迭對。楚人從而殺之，楚師亂，吴人大敗之，取餘皇以歸。

高氏曰：「人楚而狄〔二〕吴，吴之恶甚于楚也。書楚之及，又以罪楚也。勝負相敵，故不書敗績。」

〔一〕「岸」，四庫本作「炭」。
〔二〕「狄」，四庫本作「國」。

家氏曰：「以其爲兵首，故書吴。」

胡氏曰：「楚地五千里，带甲數十萬，戰勝諸侯，威服天下，本非吴敵也。惟不能去讒賤貨，使費無極以讒勝，囊瓦以貨行，而策士奇才爲敵國用，故日以侵削，至雞父之師，七國皆敗，柏舉之戰，國破君奔，幾于亡滅。吴日益强而楚削矣。是故爲國必以得賢爲本，勸賢必以去讒賤貨爲先，不然，雖廣土衆民，不足恃也。考其所書本末强弱之由，其爲後世戒明矣。」

春秋闕疑卷三十七（昭公十八年—二十二年）

【經】十有八年，春，王三月，曹伯須卒。

【經】夏，五月，壬午，宋、衛、陳、鄭灾。

五月，火始昏見。丙子，風。梓慎曰：「是謂融風火之始也。七日，其火作乎。戊寅，風甚。壬午，大甚。宋、衛、陳、鄭皆火。」梓慎登大庭氏之庫以望之，曰：「宋、衛、陳、鄭也。」數日，皆來告火。裨竈曰：「不用吾言，鄭又將火。」鄭人請用之，子產不可。大叔曰：「寶，以保民也。若有火，國幾亡。可以救亡，子何愛焉？」子產曰：「天道遠，人道邇，非所及也，何以知之？竈焉知天道？是亦多言矣，豈不或信？」遂不與，亦不復火。鄭之未灾也，里析告子產曰：「將有大祥，民震動，國幾亡。吾身泯焉，弗良及也。國遷其可乎？」子產曰：「雖可，吾不足以定遷矣。」及火，里析死矣，未葬，子產使輿三十人，遷其柩。火作，子產辭晋公子、公孫于東門。使司寇出新客，禁舊客勿出于宮。使子寬、子上巡群屏攝，至于大宮。使公孫登徙大龜。使祝史徙主祏于周廟，告于先君。使府人、庫人各儆其事，商成公儆司宮，出舊宮人，置諸火所不及。

司馬、司寇列居火道，行火所焮。城下之人，伍列登城。明日，使野司寇各保其徵。郊人助祝史除于國北，禳火于玄宴、回禄，祈于四鄘。書焚室而寬其徵，與之材。三日哭，國不市。使行人告于諸侯。宋、衛皆如是。陳不救火，許不吊灾，君子是以知陳、許之先亡也。

公羊氏曰：「何以書？記異也。何異爾？異其同日而俱灾。外異不書，此何以書？爲天下記異也。」

胡氏曰：「裨竈所言，蓋以象推，非妄也。而鄭不復火者，子産當國，方有令政，此以德銷變之驗矣。是知吉凶禍福固有可移之理。古人所以必先人事而後言命也。」

家氏曰：「星孛之應，遠者十年，近者數歲。示人以象，使之知所驚懼，安可指一事之偶應，而遂謂上天譴告止于是而已哉？是時，諸夏亂亡已兆，世卿强族脅制其上，胥爲不軌。周室浸微，大亂將作。春秋降爲戰國，此其兆也。夫豈四國火灾之謂歟？如申須、梓慎、裨竈之言，將使人主以火灾塞天變，無復恐懼修省之實矣。」

【經】六月，邾人入鄅。

六月，鄅人藉稻。邾人襲鄅。鄅人將閉門。邾人羊羅攝其首焉，遂入之，盡俘以歸。鄅子曰：「余無歸矣。」從帑于邾，邾莊公反鄅夫人，而舍其女。

【經】秋，葬曹平公。

【經】冬，許遷于白羽。

楚左尹王子勝言于楚子曰：「許于鄭，讎敵也，而居楚地，以不禮于鄭。晉、鄭方睦，鄭若伐許而晉助之，楚喪地矣。君盍遷許？許不專于楚。鄭方有令政。許曰：『余舊國也。』鄭曰：『余俘邑也。』葉在楚國，方城外之蔽也。土不可易，國不可小，許不可俘，讎不可啟，君其圖之。」楚子説。冬，楚子使王子勝遷許于析，實白羽。

家氏曰：「楚人以晉、鄭方睦，恐以許召寇，迫而遷之，自是又遷容城。不二十年，許爲鄭所滅。楚固大不義，許棄中國而從荆楚[一]，卒以是亡，其亦有以自取矣。」

【經】十有九年，春，宋公伐邾。

鄅夫人，宋向戌之女也，故向寧請師。二月，宋公伐邾，圍蟲。三月，取之，乃盡歸鄅俘。邾人、郳人、徐人會宋公。乙亥，同盟于蟲。

胡氏曰：「宋公伐邾，圍蟲，取之，而經不書圍與取，何也？所謂聲罪執言之兵。歸鄅之俘，其意善也，故書伐邾而釋其取邑之罪。此亦善善長、惡惡短之義。」

家氏曰：「是時，晉已失霸。强陵弱，大侵小，莫之或禁。邾蕞爾小國，間鄅人之不備，襲入其國，執其君，據有其土，晉不能治而宋治之，春秋是以與之。」

[一]「荆楚」，四庫本作「夷狄」。

【經】夏，五月，戊辰，許世子止弑其君買。

許悼公瘧。五月，戊辰，飲太子止之藥，卒。大子奔晋。

左氏曰：「書曰『弑其君』，君子曰：盡心力以事君，舍藥物焉可也。」故先儒以爲止不嘗藥，加以大恶而不得辭。今愚以傳考之，飲止藥而卒，則是進毒以鴆其父矣。父死而奔，則是弑君而避討矣。苟非其弑，父死之後，居喪即位，自有常禮，豈有棄父之喪而奔他國者乎？左氏因史無弑父之文，而有飲藥之語，又從而推之，曰「盡心力以事君，舍藥物可也」。于是公羊、穀梁益得以肆其支離之説，而許止弑父之迹幾泯矣。

永嘉薛氏曰：「止以藥弑，蓋得之矣。」

【經】乙卯，地震。

【經】秋，齊高發帥師伐莒。

莒子奔紀鄣。使孫書伐之。初，莒有婦人，莒子殺其夫，已爲嫠婦。及老，託于紀鄣，紡焉以度而去之。及師至，則投諸外。或獻諸子占，子占使師夜縋而登。登者六十人。縋絶。師鼓譟，城上之人亦譟，莒共公懼，啟西門而出。七月丙子，齊師入紀。

【經】冬，葬許悼公。

樸鄉吕氏曰：「傳例，弑君而賊不討者，不書葬。通于經，則不可。被弑之君多不書葬者，或彼國方有事變，雖葬，我畏其亂，無使往會之。豈有賊未討，則不書葬耶？此二傳妄爲之説也。且蔡世子般弑其君固，何般未討而固亦書葬耶？觀許悼公弑而書葬，非他，蓋變生于内而不及國，又般、止欲没其弑逆之迹，具禮葬其父，我有使往會，故書葬焉。」

【經】二十年，春，王正月。

【經】夏，曹公孫會自鄸出奔宋。

穀梁氏曰：「自鄸者，專乎鄸也。曹無大夫，其曰公孫，何也？言其以貴取之，而不以叛也。」

劉氏曰：「會者，子臧之子，鄸其采邑也。凡奔未有言自者，此其言『自鄸』，蓋大夫有罪，自歸其邑，以待放也。凡大夫待罪于邑，君賜之環則還，賜之玦則去。然春秋之時，臣能專其邑，無不叛其國，能使其衆，無不要其君。以臧武仲之知，猶據防以求後于魯。是以孔子譏之，以爲大亂之道也。故深察夫公孫會之自鄸奔宋，以其賢于臧武仲遠矣，故春秋因其奔而書『自鄸』以别之。」

【經】秋，盜殺衛侯之兄縶。

衛公孟縶狎齊豹，奪之司寇與鄄，有役則反之，無則取之。公孟惡北宫喜、褚師圃，欲去之。公子朝通于襄夫人宣姜，懼，而欲以作亂，故齊豹、北宫喜、褚師圃、公子朝作亂。初，齊豹見宗魯于公孟，爲驂乘焉，將作亂而謂之曰：「公孟之不善，子所知也。勿與乘，吾將殺之。」對曰：「吾由子事公孟，子假吾名焉，故不吾遠也。雖其不善，吾亦知之。抑以利故，不能去，是吾過也。今聞難而逃，是僭子也。子行事乎，吾將死之，以周事子，而歸死于公孟，其可也。」

丙辰，衛侯在平壽。公孟有事于蓋獲之門外，齊子氏帷于門外而伏甲焉。使祝鼃置戈于車薪以當門，使一乘從公孟以出，使華齊御公孟，宗魯驂乘。及閎中，齊氏用戈擊公孟，宗魯以背蔽之，斷肱，以中公孟之肩，皆殺之。

公聞亂，乘，驅自閱門入，慶比御公，公南楚驂乘，使華寅乘貳車。及公宮，鴻駵魋駟乘于公，公載寶以出。褚師子申遇公于馬路之衢，遂從。過齊氏，使華寅肉袒，執蓋以當其闕。齊氏射公，中南楚之背，公遂出。寅閉郭門，踰而從公。公如死鳥，析朱鉏宵從竇出，徒行從公。

齊侯使公孫青聘于衛。既出，聞衛亂，使請所聘。公曰：「猶在境内，則衛君也。」乃將事焉。遂從諸死鳥，請將事。辭曰：「亡人不佞，失守社稷，越在草莽，吾子無所辱君命。」賓曰：「寡君命下臣于朝曰：『阿下執事』，臣不敢貳。」主人曰：「君若惠顧先君之好，照臨敝邑，鎮撫其社稷，則有宗祧在。」乃止。衛侯固請見之，不獲命，以其良馬見，爲未致使故也。衛侯以爲乘馬。賓將掫，主人辭曰：「亡人之憂，不可以及吾子。草莽之中，不足以辱從者，敢辭。」賓曰：「寡君之下臣，君之牧圉也。若不獲扞外役，是不有寡君也。臣懼不免于戾，請以除死。」親執鐸，終夕與于燎。

齊氏之宰渠子召北宮子。北宮氏之宰不與聞謀，殺渠子，遂伐齊氏，滅之。丁巳，晦，公入，與北宮喜盟于彭水之上。秋，七月，戊午，朔，遂盟國人。八月，辛亥，公子朝、褚師圃、子玉〔二〕霄、子高魴出奔晋。閏月，戊辰，殺宣姜。衛侯賜北宫喜謚曰貞子，賜析朱鉏謚曰成子，而以齊氏之墓予之。衛侯告寧于齊，且言子石。齊侯將飲酒，遍賜大夫，曰：「二三子之教也。」苑何忌辭，曰：「與于青之賞，必及于其罰。在康誥曰：『父子兄弟，罪〔三〕不相及。』況在群臣？臣敢貪君賜以干先王？」琴張聞宗魯死，將往吊之。仲尼曰：「齊豹之盗，而孟縶之賊，女何吊焉？君子不食姦，不受亂，不爲利疚于回，不以回待人，不蓋不義，不犯非禮。」

胡氏曰：「左氏以爲，齊豹殺之，其書爲盗，所謂求名而不得者也。切以爲仲尼書斷此獄，罪在宗魯。宗魯，孟縶之驂乘也。于法應書曰盗，非求名而不得者也。天下豈有欲求險危大人之恶名，而聖人又靳此名而不與者哉？然則齊豹首謀作亂，宗魯雖預聞行事，又以身死之矣，今乃釋豹不誅，而歸獄于宗魯，不亦頗乎？曰豹之不義，夫人皆知之也。若宗魯欲周事豹，而死于宗孟，蓋未有知其罪者，故琴張聞其死，將往吊之，仲尼曰：『齊豹之盗，孟縶之賊，汝何吊焉？』非聖人發其食姦、受亂、蓋不義、犯非禮之罪，書于春秋，則齊豹所畜養之盗，孟縶所見殺之賊，其大恶隱矣。」

〔二〕「玉」，四庫本作「王」。
〔三〕「罪」，四庫本作「罰」。

師氏曰：「鶺鴒，羽族也，詩人取以況兄弟之急難。唐棣，百卉也，詩人取以喻兄弟之依托。今衛侯身享一國之權，寵而不能保一兄，俾盜得以殺之，能無愧于鶺鴒、唐棣乎？雖然，自政刑論之，在衛侯可媿矣，向使其兄不爲非禮，而小人不能近，則盜亦無從殺之。經書衛侯之兄縶，兩譏之也。」

【經】冬，十月，宋華亥、向寧、華定出奔陳。

宋元公無信，多私而惡華、向。華定、華亥與向寧謀曰：「亡愈于死，先諸。」華亥僞有疾，以誘群公子。公子問之，則執之。夏，六月，丙申，殺公子寅、公子御戎、公子朱、公子固、公孫援、公孫丁，拘向勝、向行于其廩。公如華氏請焉，弗許，遂劫之。癸卯，取太子欒與母弟辰、公子地爲質。公亦取華亥之子無慼、向寧之子羅、華定之子啟與華氏盟以爲質。

公子城、公孫忌、樂舍、司馬彊、向宜、向鄭、楚建、郳申出奔鄭。其徒與華氏戰于鬼閻，敗子城。子城適晉。華亥與其妻必盥而食所質公子者而後食，公與夫人每日必適華氏食公子而後歸。華亥患之，欲歸公子。向寧曰：「唯不信，故質其子。若又歸之，死無日矣。」公請于華費，遂將攻華氏。對曰：「臣不敢愛死，無乃求去憂而滋長乎。臣是以懼，敢不聽命？」公曰：「子死亡有命，余不忍其詢。」冬，十月，公殺華向之質而攻之。戊辰，華、向奔陳，華登奔吴。向寧欲殺太子，華亥曰：「干君而出，又殺其子，其誰納我？且歸之有庸。」使少司寇牼以歸，曰：「子之齒長矣，不能事人，以三公子爲質，必免。」公子既入，華牼將自門行。公遽見之，執其手曰：「余知而無罪也，入，復而所。」

陳氏曰：「于是公子城、公孫忌奔鄭，華亥、向寧、華定奔陳，則其但書三子何？凡奔，罪也。衆不可以勝罪，則書其甚焉者爾。入南里以叛，乞師于楚，爲宋患之日久，是以甚三子也。城、忌，公之黨也。」

【經】十有一月，辛卯，蔡公廬卒。

【經】二十有一年，春，王三月，葬蔡平公。

蔡太子朱失位，位在卑，大夫送葬者歸，見昭子。昭子問蔡故，以告。昭子嘆曰：「蔡其亡乎。若不亡，是君也必不終。詩曰：『不解于位，民之攸塈。』今蔡侯始即位，而適卑，身將從之。」

【經】夏，晋侯使士鞅來聘。

晋士鞅來聘，叔孫爲政。季孫欲恶諸晋，使有司以齊鮑國歸費之禮爲士鞅。士鞅怒，曰：「鮑國位下，其國小，而使鞅從其牢禮，是卑敝邑也，將復諸寡君。」魯人恐，加四牢焉，爲十一牢。

許氏曰：「禮好不結，而財求無度，則聘義亡矣，蓋自是聘不復志。」

【經】宋華亥、向寧、華定自陳入于宋南里以叛。

宋華費遂生華貙、華多僚、華登。貙爲少司馬，多僚爲御士，與貙相恶，乃譖諸公曰：「貙將納亡人。」亟言之。公曰：「司馬以吾故，亡其良子。死亡有命，吾不可以再亡之。」對曰：「君若愛司馬，則如亡。死如可逃，何遠之有？」公懼。使侍人召司馬之侍人宜僚，飲之酒而使告司馬。司馬歎曰：「必多僚也。吾有讒子而弗能殺，吾又不死，抑君有命，可若何？」乃與公謀逐華貙，將使田孟諸而遣之。公飲之酒，厚酬之，賜及從者。司馬亦如之。張匄尤之，曰：「必有故。」使子皮承宜僚以劍而訊之。宜僚盡以告。張匄欲殺多僚，子皮曰：「司馬老矣，登之謂甚，吾又重之，不如亡也。」五月，丙申，子皮將見司馬而行，則遇多僚御司馬而朝。張匄不勝其怒，遂與子皮、臼任、鄭翩殺多僚，劫司馬以叛，而召亡人。壬寅，華、向入。樂大心、豐愆、華牼禦諸橫。華氏居盧門，以南里叛。六月，庚午，宋城舊鄘及桑林之門而守之。

穀梁氏曰：「自陳，陳有奉焉爾。入者，内弗受也。以者，不以者也。」

胡氏曰：「凡書叛，有入于戚者而不言衛，有入于朝歌者而不言晋，有入于蕭者而不言宋，此獨稱宋南里，何也？戚與朝歌及蕭，皆其所食私邑也。若南里，則宋國城内之里名也。傳稱華氏居盧門南里以叛，而宋城舊鄘及桑林門以守，是華氏與宋分國而居矣，故其入、其出，皆以南里繫之宋，此深罪叛臣逼脅其君已甚之辭也。」

謝氏曰：「三卿雖以大罪出奔，然華氏蟠踞要職者皆在。費遂爲大司馬，貙爲少司馬，多僚爲卿士[一]，皆華氏之内應也。華、向之奔也，上無討賊之師，下有援賊之黨，欲使奔者不復爲亂，難矣。此三卿所以鬥于腹心之地也。」

【經】秋，七月，壬午，朔，日有食之。

〔一〕「卿」，四庫本作「御」。

【經】八月，己亥，叔輒卒。

【經】冬，蔡侯朱出奔楚。

費無極取貨于東國，而謂蔡人曰：「朱不用命于楚，君王將立東國。若不先從王欲，楚必圍蔡。」蔡人懼，出朱而立東國。朱愬于楚，楚子將討蔡。無極曰：「平侯與楚有盟，故封。其子有二心，故廢之。靈王殺隱太子，其子與君同惡，德君必甚。又使立之，不亦可乎？且廢置在君，蔡無他矣。」

師氏曰：「甚矣，朱之無知也。自楚犯中國而蔡侯從之非一日。既而蔡侯般爲楚子所殺，其世子有又被其毒，蔡由是中滅。幸乘公子棄疾亂楚，蔡侯廬得歸，而蔡國復立。及蔡侯廬死而朱立，未幾又不容于其國，不得已而出奔，奔之他國猶可也，豈有奔于不共戴天之國乎？其無知甚矣。」

【經】公如晉，至河乃復。

公如晉，及河，鼓叛晉。晉將伐鮮虞，故辭公。

【經】二十有二年，春，齊侯伐莒。

春，王二月，甲子，齊北郭啟帥師伐莒。莒子將戰。苑羊牧之諫曰：「齊帥賤，其求不多，不如下之，大國不可怒也。」弗聽。敗齊師于壽餘，齊侯伐莒，莒子行成，司馬竈如莒莅盟。莒子如齊莅盟，盟于稷門之外。莒于是乎大恶其君。

【經】宋華亥、向寧、華定自宋南里出奔楚。

二十一年，冬，十月，華登以吴師救華氏。齊烏枝鳴戍宋。厨人濮曰：「軍志有之：『先人有奪人之心，後人有待其衰。』盍及其勞且未定也伐諸？若入而固，則華氏衆矣，悔無及也。」從之。丙寅，齊師、宋師敗吴師于鴻口，獲其二帥公子苦雂、偃州員。華登帥其餘以敗宋師。公欲出，厨人濮曰：「吾小人，可藉死而不能送亡，君請待之。」乃徇曰：「揚徽者，公徒也。」衆從之。公自揚門見之，下而巡之，曰：「國亡君死，二三子之恥也，豈專孤之罪也？」齊烏枝鳴曰：「用少莫如齊致死，齊致死莫如去備。彼多兵矣，請皆用劍。」從之。華氏北，復即之。厨人濮以裳裹首而荷以走，曰：「得華登矣。」遂敗華氏于新里。翟僂新居于新里，既戰，説甲于公而歸。華姓居于公里，亦如之。十一月，癸未，公子城以晋師至。曹翰胡會晋荀吴、齊苑何忌、衛公子朝救宋。丙戌，與華氏戰于赭丘，鄭翩願爲鸛，其御願爲鵝。子禄御公子城，莊堇爲右。于犨御吕封人華豹，張匄爲右。相遇，城還。華豹曰：「城也！」城怒而反之，將注，豹則關矣。曰：「平公之靈，尚輔相余。」豹射，出其間。將注，則又關矣。曰：「不狎，鄙。」抽矢，城射之，殪。張匄抽殳而下，射之，折股。扶伏而擊之，折軫。又射之，死。于犨請一矢，城曰：「余言女于君。」對曰：「不死伍乘，軍之大刑也。干刑而從子，君焉用之？子速諸。」乃射之，殪。大敗華氏，圍諸南里。華亥搏膺而呼，見華貙，曰：「吾爲欒氏矣。」貙曰：「子無我迂。不幸而後亡。」使華登如楚乞師，華貙復入。楚薳越帥師將逆華氏，太宰犯諫曰：「諸侯唯宋事其君。今又争國，釋君而臣是助，無乃不可乎？」王曰：「而告我也後，既許之矣。」

至是，楚薳越使告于宋曰：「寡君聞君有不令之臣爲君憂，無寧以爲宗羞？寡君請受而戮之。」對曰：「孤不佞，不能媚于父兄，以爲君憂。抑君臣日戰，君曰：『余必臣是助。』亦唯命。人有言曰：『唯亂門之無過。』君若惠保敝邑，無亢不衷，以獎亂人，孤之望也。唯君圖之。」楚人患之。諸侯之戍謀曰：「若華氏知困而致死，楚恥無功而疾戰，非吾利也。不如出之，以爲楚功，其亦無能爲也已。救宋而除其害，又何求？」乃固請出之，宋人從之。己巳，宋華亥、向寧、華定、華貙、華登、皇奄傷、省臧、士平出奔楚。宋公使公孫忌爲大司馬，邊卬爲大司徒，樂祁爲司城，仲幾爲左師，樂大心爲右師，樂輓爲大司寇，以靖國人。

胡氏曰：「華向誘殺群公子，又劫其君，取其太子、母弟爲質，又求助于吴、楚蠻夷[一]，入披其國都以叛，此必誅不赦之罪也。宋宜竭力必討之于內，諸侯宜竭心必救之于外，楚子宜執叛臣之使而戮之于境。今楚人釋君而臣是助，諸侯之戍，怠于救患，固請逸賊，而宋又從之，則皆罪也。故晋荀吴、齊苑何忌、衛公子朝、曹大夫皆略而不書，其曰『自宋南里者』，譏宋之縱釋有罪，不能致討出奔楚者，不待貶絶，而亢不衷、獎亂人之恶自見矣。」

【經】大蒐于昌間。

胡氏曰：「昭公之時，凡三書蒐，或以非其時，或以非其地，而大意在權臣專行，公不與也。三綱，軍政

〔一〕「蠻夷」，四庫本作「使之」。

之本。古者春蒐、夏苗、秋獮、冬狩，皆于農隙以講事，而所主者明貴賤，辨等列，順少長，習威儀，則皆納民于軌物，而非馳射擊刺之末矣。今魯君則設兩觀，乘大輅，其臣則八佾舞于庭，旅泰山，以雍徹，其宰則據大都，執國命，而軍政之本亡矣，何以蒐爲？此春秋所書，爲後戒之意也。」

【經】夏，四月，乙丑，天王崩。六月，叔鞅如京師，葬景王。

泰山孫氏曰：「以天子之尊，三月而葬，此諸侯之不若也。」

【經】王室亂。

十五年，六月，王太子壽卒。秋，八月，王穆后崩。十二月，晋荀躒如周，葬穆后，籍談爲介。既葬，除喪，以文伯宴，樽以魯壺。王曰：「伯氏，諸侯皆有以鎮撫王室，晋獨無有，何也？」文伯揖籍談，對曰：「諸侯之封也，皆受明器于王室，以鎮撫其社稷，故能薦彝器于王。晋居深山，戎狄之與鄰，而遠于王室。王靈不及，拜戎不暇，其何以獻器？」王曰：「叔氏，而忘諸乎？叔父唐叔，成王之母弟也，其反無分乎？密須之鼓，與其大路，文所以大蒐也。闕鞏之甲，武所以克商也。唐叔受之以處參虚，匡有戎狄。其後襄之二路，鏚鉞、秬鬯、彤弓、虎賁，文公受之，以有南陽之田，撫征東夏，非分而何？夫有勳而不廢，有績而載，奉之以土田，撫之以彝器，旌之以車服，明之以文章，子孫不忘所謂福也。福祚之不登，叔父焉在？且昔而高祖孫伯黶，司晋之典籍，以爲大政，故曰籍氏。及辛有之二子董之晋，于是乎有董史。女，司典之後也，何故忘之？」籍談不能對。賓出，王曰：「籍父其無後乎！數典而忘其祖。」

歸以告叔向，叔向曰：「王其不終乎！吾聞之：『所樂必卒焉。』今王樂憂，若卒以憂，不可謂終。王一歲而有三年之喪二焉，于是乎以喪賓宴，又求彝器，樂憂甚矣，且非禮也。彝器之來，嘉功之由，非由喪也。三年之喪，雖貴遂服，禮也。王雖弗遂，宴樂以早，亦非禮也。禮，王之大經也，一動而失二禮，無大經矣。言以考典，典以志經，忘經而多言，舉典將焉用之？」

至是，王子朝、賓起有寵于景王，王與賓孟説之，欲立之。劉獻公之庶子伯蚠事單穆公，恶賓孟之爲人也，願殺之。又恶王子朝之言，以爲亂，願去之。賓孟適郊，見雄雞自斷其尾。問之，侍者曰：「自憚其犧也。」遽歸告王，且曰：「雞其憚爲人用乎？人異于是。犧者，實用人，人犧實難，己犧何害？」王弗應。夏，四月，王田北山，使公卿皆從，將殺單子、劉子。王有心疾，乙丑，崩于榮錡氏。戊辰，劉子摯卒，無子。單子立劉蚠。五月，庚辰，見王，遂攻賓起，殺之，盟群王子于單氏。

丁巳，葬景王。王子朝因舊官、百工之喪職秩者，與靈、景之族以作亂。帥郊、要、餞之甲，以逐劉子。壬戌，劉子奔揚。單子逆悼王于莊宫以歸。王子還夜取王以如莊宫。癸亥，單子出，王子還與召莊公謀，曰：「不殺單旗，不捷。與之重盟，必來。背盟而克者多矣。」從之。樊頃子曰：「非言也，必不克。」遂奉王以追單子。及領，大盟而復，殺摯荒以説。劉子如劉，單子亡。乙丑，奔于平時，群王子追之，單子殺還、姑、發、弱、鬷、延、定、稠，子朝奔京。丙寅，伐之，京人奔山，劉子入于王城。辛未，鞏簡公敗績于京。乙亥，甘平公亦敗焉。叔鞅至自京師，言王室之亂也。閔馬父曰：「子朝必不克，其所與者，天所廢也。」

臨江劉氏曰：「何言乎王室亂？亂自内作者也。」

謝氏曰：「太子，天下之本也。建儲立嫡，所以正太子之位也。太子之位正，則嫡庶之分明，而争亂之源塞矣。古者朝委裘而天下不亂者，此道素明也。王子猛，王之嫡子也。王子朝，王之庶子也。猛以嫡當繼而王不正其位，朝以庶怙寵而王不制其失，以致儲宫不定，而姦臣異心，故景王之葬方畢，而王室争奪之亂作矣。劉、單以公義輔正而尊猛，尹氏以私心黨庶而尊朝。内外出入，戰鬥五年而後定。春秋書王室亂，以明亂自景王爲之也。」

胡氏曰：「其言王室亂，譏國本之不正也。春秋書子同生于前，而記王室亂于後，其爲來世法戒明矣。」

高氏曰：「春秋記事必指其實，下書王猛、子朝之事，自足以見王室之亂，而聖人乃于此不隱其辭直云爾，何哉？前此王室衰微，猶未至于亂也，故聖人每扶而尊之，言王則曰天王，不混稱于吴、楚也，言周則曰京師，不下同于列國也。王敗于鄭而書蔡人、衛人、陳人、從王伐鄭，以諸侯不可敵王故，明君臣之大義也。王與戎戰而書王師敗績于茅戎，以夷狄不可敵王，故以自敗爲文也。以至襄王出奔，而書天王出居于鄭；晉侯召王，而書天王狩于河陽；王臣雖微者，亦序于諸侯之上，則所以嚴其名分者至矣。故凡王室可譏、可貶者，皆遷就其辭而爲之隱避。今景王不能正其家，而致諸子之争立，于是尹氏、召伯、毛伯欲立子朝，而劉子、單子欲立王猛，二子相争，遂以干戈相向，迭勝、迭負，五年之間，國無定主，王室之亂，莫此爲甚，故特書之。然莊二十年，惠王有子頽之亂，僖二十四年，襄王有子帶之亂，春秋不書王室亂，何獨于此乎書？惠、襄二王，亂不在己。今景王之亂，乃自取之，是王室自亂，蓋有甚于惠、襄者。嗚呼！王室者，諸夏之本也。聖人于此，所以特書王室亂者，深悼周之不復興，且罪諸侯之不一救也，豈特識叔鞅之言而已哉？」

【經】劉子、單子以王猛居于皇。

單子欲告急于晉。秋，七月，戊寅，以王如平時，遂如圃車，次于皇。劉子如劉。單子使王子處守于王城，盟百工于平宮。辛卯，鄩肸伐皇，大敗，獲鄩肸。壬辰，焚諸王城之市。八月，辛酉，司徒醜以王師敗績于前城，百工叛。己巳，伐單氏之宮，敗焉。庚午，反伐之。辛未，伐東圉。

高氏曰：「皇畿内之邑不言出而言居者，猛所得有也。未踰年而稱王，示當立也。其名之，明雖有當立之義，未能自定也。君前臣名，劉、單不名而王名，不嫌于倒置乎？曰君前臣名，常禮也。禮當其變，臣有不名而名，其君不嫌者矣。惟可與權者，能變而不越乎中。」

許氏曰：「其稱王猛，未即位也。顧命，康王當喪，稱王，而猛以王繫之者，書志事，春秋書法也。」

胡氏曰：「凡稱以者，不以者也。師而曰以，能左右之也。地而曰以，能取與之也。人曰而以〔二〕，能死生之也。尊不以乎卑，貴不以乎賤，大不以乎小。劉蚠、單旗，臣也，曷爲能以王猛乎？猛無寵于景王，不能自定其位，制在劉單。其曰以者，能廢立之也。按景王太子壽，以昭十五年卒，至是八年矣，猛與丐皆其母弟，

〔二〕「人曰而以」，四庫本作「人而曰以」。

無疑于當立，然久而未立者，王愛庶子朝，欲立以爲嗣，未果而王崩，故諸大臣競立君，諸王子争欲立。以正則有猛，以寵則有朝。猛雖正而無寵，其威不足以懾群下。朝雖寵而不正，其分不足以服人心。二子廢立，皆恃大臣强弱而後定者也，故特書曰『以』。而景王之弱其後嗣，輕其宗社之罪亦著矣。」

【經】秋，劉子、單子以王猛入于王城。

冬，十月，丁巳，晋籍談、荀躒帥九州之戎及焦、瑕、温、原之師以納王于王城。庚申，單子、劉盆以王師敗績于郊，前城人敗陸渾于社。

高氏曰：「入者，難辭。子朝之黨在焉，故言『入』。」

愚按：再書「劉子、單子以王猛入于王城」，書之重，辭之複，所以責景王寵庶亂嫡，致使其子廢立之權在于臣下，身死國亂，幾亡社稷，爲後世戒也。夫王猛，嫡也。子朝，庶也。猛當立而朝不當立，無可議者。猛既入于王城，爲劉單者，所宜告之宗廟，號召諸侯，數子朝篡立之故，明尹氏爲亂之由，聲其罪而誅之，則王室定矣。今徒能挾王猛而與之争，不能明大義以致其討，斯則劉單之失計也。不曰「京師」而曰「王城」者，言京師則徒見其爲衆大之稱而已，未見其爲王者之居也，故曰「王室」，曰「王猛」，曰「王城」，皆所以明其當爲王也。然則言京師者，婉辭也。不敢斥言之也，言「王城」者，直辭也，所以尊言之也。

【經】冬，十月，王子猛卒。

敬王即位，館于子旅氏。十二月，庚戌，晋籍談、荀躒、賈辛、司馬督帥師軍于陰，于侯氏，于谿泉，次于社。王師軍于汜，于解，次于任人。閏月，晋箕遺、樂徵、右行詭濟師，取前城，軍其東南，王師軍于京楚。辛丑，伐京，毁其西南。

泰山孫氏曰：「其曰王子猛者，言『王』所以明當嗣之人也，言『子』所以見未踰年之君也，言『猛』所以别群王子也。不崩、不葬者，降成君也。」

蘇氏曰：「猛既稱『王猛』矣，于其卒也，稱『王子猛』，何也？春秋書名，嚴于卒、葬，于其卒，不得不正其本名也，所謂非葬、非薨，名有所不必盡也。」

陳氏曰：「王猛矣，則其曰『王子猛』何？于其卒，從其恒稱爾。春秋之義，苟廢立也，足以亂名實，則不可不辨，苟非廢立也，無亂于名實，則弗辨也。是故成之爲君，稱王猛，于其卒也，從其恒稱，爲王子猛。」

謝氏曰：「劉子、單子以立正爲心，可謂忠于王室矣。然下不能合師旅以除逆恶，上不能伸社稷大義以正王位，乃以王子乘間入于王城，終不得其志，而卒可見二子無定難之才也。」

【經】十有二月，癸酉，朔，日有食之。

春秋闕疑卷三十八（昭公二十三年—二十七年）

【經】二十有三年，春，叔孫婼如晉。

【經】癸丑，叔鞅卒。

【經】晉人執我行人叔孫婼。

邾人城翼，還，將自離姑。公孫鉏曰：「魯將御我。」欲自武城還，循山而南。徐鉏、丘弱、茅地曰：「道下，遇雨，將不出，是不歸也。」遂自離姑。武城人塞其前，斷其後之木而弗殊。邾師過之，乃推而蹷之，遂取邾師，獲鉏、弱、地。

邾人愬于晉，晉人來討。叔孫婼如晉，晉人執之。晉人使與邾大夫坐，叔孫曰：「列國之卿，當小國之君，固周制也。邾又夷也，寡君之命介子服回在，請使當之，不敢廢周制故也。」乃不果坐。

宣子使邾人聚其衆，將以叔孫與之。叔孫聞之，去衆與兵而朝。士彌牟謂韓宣子曰：「子弗良圖，而以叔孫與其讎，叔孫必死之。魯亡叔孫，必亡邾。邾君亡國，將焉歸？子雖悔之，何及？所謂盟主，討違命也。

若皆相執，焉用盟主？」乃弗與。使各居一館，士伯聽其辭而愬諸宣子，乃皆執之。士伯御叔孫，從者四人，過邾館以如吏。先歸邾子。士伯曰：「以芻蕘之難，從者之病，將館子于都。」叔孫旦而立，期焉。乃館諸箕。舍子服昭伯于他邑。

范獻子求貨于叔孫，使請冠焉。取其冠法，而與之兩冠，曰：「盡矣。」爲叔孫故，申豐以貨如晉。叔孫曰：「見我，吾告女所行貨。」見，而不出。吏人之與叔孫居于箕者，請其吠狗，弗與，及將歸，殺而與之食之。叔孫所館者，雖一日必葺其牆屋，去之如始至。

蘇氏曰：「執之稱行人，言非其罪也。」

【經】晋人圍郊。

正月，壬寅，朔，二師圍郊。癸卯，郊、鄩潰。丁未，晋師在平陰，王師在澤邑。王使告閒，庚戌，還。

胡氏曰：「既不書大夫之名氏，又不稱師，而曰晋人，微之也，所謂以其事而微之者也。當是時，天子蒙塵，晋爲方伯，不奔問官守，省視器具，徐遣大夫往焉，勤王尊主之義若是乎？書『晋人圍郊』，而罪自見矣。」

【經】夏，六月，蔡侯東國卒于楚。

【經】秋，七月，莒子庚輿來奔。

莒子庚輿虐而好劍，苟鑄劍，必試諸人。國人患之，又將叛。齊烏存帥國人以逐之。庚輿將出，聞烏存執殳而立于道左，懼將止死。苑羊牧之曰：「君過之，烏存以力聞可矣，何必以弑君成名？」遂來奔，齊人納郊公。

胡氏曰：「三代之得失天下也，仁與不仁而已矣，苟無仁心，甚則身弑國亡，不甚則身危國削。庚輿免死道左而出奔魯，幸爾！入國不書，而書其出奔，惡之也。郊公出入皆不書，微之也，所謂以其人而微之者，何也？微之爲義，或以位，或以人，或以事，春秋書法，達王事，名氏不登于史策，若此類亦衆矣。」

家氏曰：「奔庚輿，著其虐，略郊公，以其不能君而微之，皆所以垂法也。」

【經】戊辰，吴敗頓、胡、沈、蔡、陳、許之師于雞父，胡子髡、沈子逞滅，獲陳夏齧。

吴人伐州來，楚薳越帥師及諸侯之師奔命救州來。吴人禦諸鍾離。子瑕卒，楚師熸。吴公子光曰：「諸侯從于楚者衆，而皆小國也。畏楚不獲已，是以來。吾聞之曰：『作事威克其愛，雖小必濟。』胡、沈之君幼而狂，陳大夫齧壯而頑，頓與許、蔡疾楚政。楚令尹死，其師熸。帥賤、多寵，政令不一，七國同役而不同心，帥賤而不能整，無大威命，楚可敗也。若分師先以犯胡、沈與陳，必先奔。三國敗，諸侯之師乃摇心矣。諸侯乖亂，楚必大奔，請先者去備薄威，後者敦陳整旅。」吴子從之。戊辰晦，戰于雞父。吴人以罪人三千先犯胡、沈與陳，三國爭之，吳爲三軍以繫于後，中軍從王，光帥右，掩餘帥左。吳之罪人或奔、或止，三國亂，吳師擊之，三國敗，獲胡、沈之君及陳大夫。舍胡、沈之囚，使奔許與蔡、頓，曰：「吾君死矣。」師譟而從之。三國奔，楚師大奔。

公羊氏曰：「其言滅、獲何？別君臣也。君死于位曰滅，生得曰獲，大夫生死皆曰獲。」

泰山孫氏曰：「春秋之戰書敗者多矣，未有諸侯之師略而不序。此六國之師，略而不序者，皆貶責[一]之也。賤[二]其舍中國而與荊楚[三]，故皆貶責[四]之。」

家氏曰：「是役也，楚爲戎首。春秋略楚不書，不與楚以主中國之諸侯也。或曰『虔既主之于前，今不與棄疾主之，何也？』曰『虔求之于晉而晉許之，責在晉也。今棄疾未嘗求之于晉，而强驅諸侯以前，是故春秋恶之，略而不書，若六國之君自與吳戰，所以誅楚之專制諸侯也』。或曰『春秋前既進吳，書吳人矣，今而以號舉，何哉？』曰『爲中國患者，楚也。今未能翦楚之毫末，而先殺二小國之君，亦春秋之所恶也』」。

胡氏曰：「諸侯之師，曷爲略而不序？頓、胡、沈則其君自將，蔡、陳、許則大夫帥師，言戰則未陳也，

[一]「貶責」，四庫本作「深恶」。
[二]「賤」，四庫本作「爲」。
[三]「與荊楚」，四庫本作「楚是從」。
[四]「貶責」，四庫本作「深恶」。

言敗績則或滅、或獲，其事亦不同也，故總言吳人以詐取勝于前，而以君與大夫序六國于後。胡、沈書爵、書名、書滅者，二國之君幼而狂，不能以禮自守，役屬于楚，悉師以出，一敗而身與衆俱亡也。其曰『胡子髡、沈子逞滅』者，若曰非有能滅之者，咸其自取焉耳，亦猶梁亡，自亡也。君死曰滅，胡子髡、沈子逞是也。生得曰獲，秦、晋戰于韓原，獲晋侯是也。大夫生死皆曰獲，鄭獲宋華元，生也；吳獲陳夏齧，死也。書其敗不以國分而以君、大夫爲序，書其死不以事同而以君臣爲別，皆所以辨上下、定民志。雖顛沛，必于是也，其義行而亂自息矣。」

高氏曰：「六國之師，盡爲吳敗。二君見殺，一大夫見獲，皆昧義而失所守者〔一〕，其效如此，此萬世人君之戒也。」

【經】天王居于狄泉。尹氏立王子朝。

夏，四月，乙酉，單子取訾，劉子取牆人、直人。六月，壬午，王子朝入于尹。癸未，尹圉誘劉佗殺之。丙戌，單子從阪道，劉子從尹道，伐尹。單子先至而敗，劉子還。己丑，召伯奂、南宮極以成周人戍尹。庚寅，單子、劉子、樊齊以王如劉。甲午，王子朝入于王城，次于左巷。秋，七月，戊申，鄩羅納諸莊宮，尹辛敗劉師于唐。丙辰，又敗諸鄩。甲子，尹辛取西闈。丙寅，攻蒯，蒯潰。

〔一〕「昧義而失所守」，四庫本作「中國而即僭亂」。

八月，丁酉，南宫極震。萇弘謂劉文公曰：「君其勉之。先君之力可濟也。周之亡也，其三川震。今西王之大臣亦震，天棄之矣！東王必大克。」

穀梁氏曰：「天王居狄泉，始王也。尹氏立王子朝。立者，不宜立者也。」

許氏曰：「春秋之法，踰年書王，故敬王踰年即位而稱天王。」

陸氏纂例曰：「大夫稱氏者，唯尹氏、武氏、崔氏，皆譏世卿也。」

泰山孫氏曰：「立者，篡辭。嗣子有常位，故不言立。王猛，敬王是也。此言尹氏立王子朝，其恶可知也。」

陳氏曰：「曷爲但言尹氏？猶曰獨尹氏所欲立也。將以王天下，獨尹氏立之，則莫之與矣。」

高氏曰：「衛人立公子晋，祇稱晋而已，此稱王子朝，何也？不稱王子，則嫌若尹氏之朝，異乎衛之晋也。」

謝氏曰：「王子猛卒，母弟王子匄立敬王是也。敬王即位踰年，尹氏作亂未已，故敬王播越在外。尹氏擅立子朝，書天王居狄泉，以著天王之所存也。書尹氏立王子朝，以著尹氏之大逆也。」

大東萊吕氏曰：「既曰天王居于狄泉，尊無二上，斷可知矣。又曰尹氏立王子朝，則王子朝之不正而争立，罪亦明矣。屬辭比事，春秋教也。」

胡氏曰：「王猛當立而未能立，故稱大臣以之，而不言立。敬王當立，又能立矣，故直稱居于狄泉，而不言立。子朝庶孽奪正，以賤妨貴，甚亂周室，不當立者也，故特稱『立』而目尹氏。尹氏，天子之卿。王朝公卿書爵，而變文稱氏者，見世卿之擅權亂國，爲後戒也。」

家氏曰：「不書劉、單以王，所以釋劉單之權也。以者，獨任其事，不假他人之力也。前日王猛未立，劉、單獨任天下之重，外無諸侯之援，則劉、單之以王事之不獲已，而不得避者也。今王立踰年，晋師又興，則劉、單外假大國之援以成其功，不得言『以』，春秋所以釋劉、單之權也。後之爲大臣者，有挾定策功，久專國柄，以此致禍敗者，由不明此義也。敬王雖在狄泉，春秋正其名體曰『天王』，子朝雖得入王城、竊大號，春秋削其名體曰『尹氏立王子朝』。母弟之立爲正，則孽子之立爲邪。春秋于二者之居、之入、之立、之奔，書法詳而不厭，垂大公〔一〕以示後云耳。」

【經】八月，乙未，地震。

【經】冬，公如晋，至河，有疾，乃復。

公爲叔孫故如晋，及河，有疾而復。

胡氏曰：「昭公兩朝于晋，而一見止，五如晋，而四不得入焉。今此書『有疾，乃復』，殺耻也。以周公

〔一〕「公」，四庫本作「功」。

之胄，千乘之君，執玉〔一〕帛，修兩君之好，而不見納，斯可耻矣。有耻而後能知憤，知憤而後能自强，自强而後能爲善，爲善而後能立身，身立而後能行其政令，保其國家矣。昭公内則受制于權臣，外則見陵于方伯，此正憂患疢疾，有德慧知術，保生免死之時也，而安于屈辱，甘處微弱，無憤耻自强之心，其失國出奔，死于境外，自取之哉！」

【經】二十有四年，春，王二月，丙戌，仲孫貜卒。

【經】婼至自晋。

晋士彌牟逆叔孫于箕，叔孫使梁其踁待于門内，曰：「余左顧而欬，乃殺之。右顧而笑，乃止。」叔孫見士伯，士伯曰：「寡君以爲盟主之故，是以久子。不腆敝邑之禮，將致諸從者。使彌牟逆吾子。」叔孫受禮而歸。

家氏曰：「意如見執于晋，以莒故也。叔孫見執于晋，以邾故也。意如在晋，譖其君以免其身。叔孫在晋，抗節不撓，晋之諸大夫敬而憚之，旋亦歸之。其執雖同，所以得釋則異。是時，魯國猶有一叔孫，大節凛然，足爲社稷之衛，使昭公能舉國以聽之，必不至有乾侯之禍。」

【經】夏，五月，乙未，朔，日有食之。

〔一〕「玉」，四庫本作「王」。

【經】秋，八月，大雩。

【經】丁酉，杞伯郁釐卒。

【經】冬，吴滅巢。

楚子爲舟師以略吴疆。沈尹戌曰：「此行也，楚必亡邑。不撫民而勞之，吴不動而速之，吴踵楚，而疆埸無備，邑能無亡乎？」越大夫胥犴勞王于豫章之汭，越公子倉歸王乘舟，倉及壽夢帥師從王，及圉陽而還。吴人踵楚，而邊人不備，遂滅巢及鍾離而還。沈尹戌曰：「亡郢之始，于此在矣。王一動而亡二姓之帥，幾如是而不及郢？」

胡氏曰：「巢，楚之附庸，實邑之也。書吴入州來，著陵楚之漸。書吴滅巢，著入郢之漸。四隣封境之守，既不能制，則封境震矣。四境國都之守，既不能保，則國都危矣。故沈尹戌以此爲亡郢之始也。春秋内失地不書，明此爲有國之大罪，外取、滅皆書，見取、滅者之不能有其土地人民，則不君矣。故諸侯之寶三，土地爲首。」

【經】葬杞平公。

【經】二十有五年，春，叔孫婼如宋。

【經】夏，叔詣會晉趙鞅、宋樂大心、衛北宫喜、鄭游吉、曹人、邾人、滕人、薛人、小邾人于黄父。

二十四年，春，王正月，辛丑，召簡公、南宫嚚以甘桓公見王子朝。劉子謂萇弘曰：「甘氏又往矣。」對曰：「何害？同德度義，大誓曰：『紂有億兆夷人，亦有離德。余有亂臣十人，同心同德。』此周之所以興也，君其務德，無患無人。」戊午，王子朝入于鄔。三月，庚戌，晉侯使士景伯莅問周故，士伯立于乾祭而問于介衆。晉人乃辭王子朝，不納其使。

六月，壬申，王子朝之師攻瑕及杏，皆潰。鄭伯如晉，子太叔相。見范獻子。獻子曰：「若王室何？」對曰：「老夫其國家不能恤，敢及王室？抑人亦有言曰：『嫠不恤其緯而憂宗周之隕，爲將及焉。』今王室實蠢蠢焉，吾小國懼矣。然大國之憂也，吾儕何知焉？吾子其早圖之。詩曰：『缾之罄矣，惟罍之耻。』王室之不寧，晉之恥也。」獻子懼，與宣子圖之，乃徵會于諸侯，期以明年。至是，會于黄父，謀王室也。趙簡子令諸侯之大夫輸王粟，具戍人，曰：「明年將納王。」樂大心曰：「我不輸粟，我于周爲客，若之何使客？」晉士伯曰：「自踐土以來，宋何役之不會，而何盟之不同？曰：『同恤王室。』子焉得避之？子奉君命，以會大事，而宋背盟，無乃不可乎？」右師不敢對，受牒而退。〔一〕士伯告簡子曰：「宋右師必亡。奉君命以使，而欲背盟以干盟主，無不祥大焉。」

〔一〕「退」，四庫本作「還」。

胡氏曰：「夫以王猛之無寵，單旗、劉蚠之屢敗，敬王初立，子朝之衆，召伯奂、南宫嚚、甘桓公之黨，疑若多助之在朝也。然會于黄父凡十國，而諸侯之大夫無異議焉，是知邪不勝正久矣。猶有寵愛庶孽，配嫡奪正，至于滅亡而不寤者，不知幽王、晋獻之父子，亦何足效哉？」

高氏曰：「自二十二年，景王崩，王室亂，天王播越在外，諸侯皆莫奔救。四年之後，晋始爲此會而諸侯不至，但合諸大夫以謀之，令諸大夫具戍，曰：『明年將納王。』夫王室之急如此，豈可坐待明年哉？然則諸侯不臣，無安輔王室之心可知矣。然而此會諸侯，猶有善意也，故無貶辭，唯書諸國大夫，見諸侯之無霸也。叔孫昭子曰：『諸侯之無霸也，害哉。』季世之事，豈特諸侯以爲害，王室實下賴霸者，亦有害焉。且王室之亂，如此之急，有霸者作，苟能舉法以定之，如齊桓之盟首止，定王世子，晋文之誅叔帶、勤襄王，豈不美哉？」

家氏曰：「悼、敬之立，皆在危疑之秋，特以太子、母弟之故揆禮宜立，劉、單奉以爲君，主少國疑，外無諸侯之援，内有强族之争。後先五年，更勝迭負，使劉、單不能以宗社自任，中事歛却，則子朝之羽翼成，而敬王之位危矣。論者猶以挾天子、令諸侯少之，不亦過乎？」

【經】有鸜鵒來巢。

有鸜鵒來巢。師己曰：「異哉！吾聞文、武之世，童謡有之曰：『鸜之鵒之，公出辱之。鸜鵒之羽，公在外野，往饋之馬。鸜鵒跦跦，公在乾侯，徵褰與襦。鸜鵒之巢，遠哉遥遥。禂父喪勞，宋父以驕。鸜鵒鸜鵒，往歌來哭。』童謡有是，今鸜鵒來巢，其將及乎？」

謝氏曰：「鸜鵒，野鳥，其居避人。鸜鵒來巢國中，異之大也。方是時，魯國綱紀廢壞，公室政治荒蕪久矣。然則鸜鵒自野來巢，亦其有以召之也。昔無今有，故以有爲文。」

張氏曰：「愚聞之邵子曰：『天下將治，天地之氣自北而南。天下將亂，則天地之氣自南而北。禽鳥飛類，得氣之先者也。』春秋書六鷁退飛，鸜鵒來巢，氣使之也。當此之先，楚雖爲中國患，而齊、晉猶足以抑之。自此以後，晉霸不競，吴、楚、越皆以南夷迭主夏盟，諸侯斂衽事之，馴致大亂，則知鸜鵒來巢之祥，不特昭公出奔之兆也。」

【經】秋，七月，上辛，大雩。季辛，又雩。

謝氏曰：「祭祀尚敬，烝而又烝，雩而又雩，皆黷祭也。一月而兩雩，故于雩書，又著其非禮也。」

胡氏曰：「聖人書此者，以志禦灾之非道，而區區于禱祠之末也。」

【經】九月，己亥，公孫于齊，次于陽州。

季公若之姊爲小邾夫人，生宋元夫人，生子以妻季平子。昭子如宋聘，且逆之。公若從，謂曹氏勿與，魯將逐之。曹氏告公，公告樂祁。樂祁曰：「與之。如是，魯君必出。政在季氏三世矣。魯君喪政四公矣。無民而能逞其志者，未之有也。國君是以鎮撫其民。詩曰：『人之云亡，心之憂矣。』魯君失民矣，焉得逞其志？

請以待命猶可，動必憂。」

初，季公鳥娶妻于齊鮑文子，生申。公鳥死，季公亥與公思展與公鳥之臣申夜姑相其室。及季姒與饔人檀通，而懼，乃使其妾抶己，以示秦遄之妻，曰：「公若欲使余，余不可而抶余。」又訴于公甫，曰：「展與、夜姑將要余。」秦姬以告公之，公之與公甫告平子。平子拘展于卞，而執夜姑，將殺之。公若泣而哀之，曰：「殺是，是殺余也。」將爲之請。平子使豎勿納，日中不得請。有司逆命，公之使速殺之。故公若怨平子。季、郈之雞鬥，季氏介其雞，郈氏爲之金距。平子怒，益宫于郈氏，且讓之。故郈昭伯亦怨平子。臧昭伯之從弟會，爲讒于臧氏，而逃于季氏，臧氏執旃。平子怒，拘臧氏老，將禘于襄公，萬者二人，其衆萬于季氏。臧孫曰：「此之謂不能庸先君之廟。」大夫遂怨平子。公若獻弓于公爲，且與之出射于外，而謀去季氏。公爲告公果、公賁。公果、公賁使侍[一]人僚柤告公。公寢，將以戈擊之，乃走。公曰：「執之。」亦無命也。懼而不出，數月不見，公不怒。又使言，公執戈以懼之，乃走。又使言，公曰：「非小人之所及也。」公果自言，公以告臧孫，臧孫以難。告郈孫，郈孫以可，勸。告子家懿伯，懿伯曰：「讒人以君徼倖，事若不克，君受其名，不可爲也。舍民數世，以求克事，不可必也。且政在焉，其難圖也。」公退之。辭曰：「臣與聞命矣，言若洩，臣不獲死。」乃館于公。

[一]「侍」，四庫本作「寺」。

叔孫昭子如闞，公居于長府。九月，戊戌，伐季氏，殺公之于門，遂入之。平子登臺而請，曰：「君不察臣之罪，使有司討臣以干戈，臣請待于沂上以察罪。」弗許。請囚于費，弗許。請以五乘亡，弗許。子家子曰：「君其許之。政自之出久矣，隱民多取食焉。爲之徒者衆矣，日入慝作，弗可知也。衆怒不可蓄也，蓄而弗治，將薀。薀蓄，民將生心。生心，同求將合，君必悔之。」弗聽。郈孫曰：「必殺之。」公使郈孫逆孟懿子。叔孫氏之司馬鬷戾言于其衆曰：「若之何？」莫對。又曰：「我，家臣也，不敢知國。凡有季氏與無，于我孰利？」皆曰：「無季氏，是無叔孫氏也。」鬷戾曰：「然則救諸！」帥徒以往，陷西北隅以入。公徒釋甲執冰而踞。遂逐之。孟氏使登西北隅，以望季氏。見叔孫氏之旌，以告。孟氏執郈昭伯，殺之于南門之西，遂伐公徒。子家子曰：「諸臣僞劫君者，而負罪以出，君止。意如之事君也，不敢不改。」公曰：「余不忍也。」與臧孫如墓謀，遂行。己亥，公孫于齊，次于陽州。

穀梁氏曰：「孫之爲言，猶孫也。諱奔也，次止也。」

胡氏曰：「次于陽州，待齊命也。昭公以君伐臣，曷爲不勝？魯自東門遂殺嫡立庶。魯君于是乎失政祿，去公室，政在季氏，于此君也四公矣。作三軍盡征其一，舍中軍兼有其二，民賦入于其家半矣。受命救台也遂入鄆，帥師取卞也不以聞，軍政在其手專矣，行父片言而東門氏逐，南蒯一動而公子慭奔，魯之群臣亦無敢忠于公室而獻謀者，所謂屯難之時也。在易·屯之六五曰：『屯其膏，小貞吉，大貞凶。』象曰：『屯其膏，施未光也。』昭公不明乎消息盈虛之理，正身率德，擇任忠賢，待時馴致，不忍一朝之忿，求逞其私欲，以群小謀之，其及也宜矣。」

家氏曰：「意如内專魯國之兵柄，外交晋之强大夫，視篡弑猶反覆手耳。昭公討之，實有不容已者，徒以所任非人，是以致敗，若謂其無故啟釁，自取覆亡，則不然也。曰然則如何而可？曰顧所任何如耳？意如雖恣睢不道，而叔孫昭子剛毅挺特，不與季、孟同，魯國之望于是乎在，使昭公推誠而任之，舉國而聽之，則季氏之權可收也。權可收，則亦可討也。而公所與謀者，皆在左右親暱，與季氏素爲仇者，志在報復其私，慮不及遠，何以能濟？子家懿伯雖魯之賢公子，未嘗與聞國事。公將討季氏，驟以語之。子家以爲不可宜也。蓋季氏當討，而非郈孫、公若、公爲、侍人僚相所能討也。由昭公所任非人，所以取敗。若曰政在季氏久，遂付之無可奈何，而聽國事之日趨于下，則非忠臣之言也。」

【經】齊侯唁公于野井。

齊侯將唁公于平陰。公先至于野井，齊侯曰：「是寡人之罪也。使有司待于平陰，爲近故也。」齊侯曰：「自莒疆以西，請致千社，以待君命。寡人將帥敝賦以從執事，唯命是聽。君之憂，寡人之憂也。」公喜。子家子曰：「天禄不再，天若祚君，不過周公，以魯足矣。失魯，而以千社爲臣，誰與之立？且齊君無信，不如早之晋。」弗從。

泰山孫氏曰：「唁，慰安之辭。齊，大國也，不能討意如于魯國，徒能唁昭公于野井，齊侯之恶亦見矣。」

謝氏曰：「昭公以微弱失位，隣國所當救也。意如以背逆出君，隣國所當討也。救而討之，隣國之義也。

吾君哉？書次于陽州，唁于野井，責景公無鄰國之義也。」景公黨逆棄順，黨臣棄君，反使意如安處于內，而昭公野次于外。其相恤也，以惻隱之言慰之而已，亦何補于

乃不與盟。

【經】冬，十月，戊辰，叔孫婼卒。

臧昭伯率從者將盟，載書曰：「戮力壹心，好惡同之。信罪之有無，繾綣從公，無通外內。」以公命示子家子。子家子曰：「如此，吾不可以盟，羈也不佞，不能與二三子同心，而以爲皆有罪。或欲通外內，且欲去君。二三子好亡而惡定，焉可同也？陷君于難，罪孰大焉？通外內而去君，君將速入，弗通何爲？而何守焉？」

昭子自闞歸，見平子。平子稽顙，曰：「子若我何？」昭子曰：「人誰不死？子以逐君成名。子孫不忘，不亦傷乎？將若子何？」平子曰：「苟使意如得改事君，所謂生死而肉骨也。」昭子從公于齊，與公言。子家子命適公館者執之。公與昭子言于幄內，曰：「將安衆而納公。」公徒將殺昭子。左師展告公，公使昭子自鑄歸。

平子有異志。冬，十月，辛酉，昭子齊于其寢，使祝宗祈死。戊辰，卒。左師展將以公乘馬而歸，公徒執之。

劉氏意林曰：「民生于三，事之如一。報生以死，報賜以力，古之道也。婼不忍自同于季氏而謀納公，正也。不忍見欺于季氏而反自殺，忠也。然而君子以爲難，不以爲法者，昭公在外，婼可以無死。婼之死，畏也。

曾晳使曾參，過期而不反。人曰：『其畏乎？』曾晳曰：『彼雖可畏，我在，必不死也。』此曾子之所以稱善事父也。孔子畏于匡，顔淵後。子曰：『吾以汝爲死矣。』顔淵曰：『子在，回何敢死。』此顔子之所以稱善事師也。使婼早聞曾氏、顔子之風，則必不以死易生矣。此春秋所以不以死褒婼也。婼之死，雖不可以當褒，而其忠也不可忘矣。故因其可褒而褒之，傳曰苟志于仁，無惡也，此之謂也。在外而特書日以卒之，所以表也。」

家氏曰：「昭公之伐季氏也，昭子如闞。叔孫氏之司馬鬷戾帥徒以助季氏而禦公，孟氏繼之，公徒敗奔。鬷戾所爲，昭子必不與聞其議，而家教不行于司馬，致其所爲如是。昭子胡不戮司馬以明己志，更爲公思所以反國之計，而遽自祈死乎？嗟夫！使斯人而不死，與子家共謀納公，必不至遂殞于行，天實爲之，謂之何哉！春秋繼公孫而書婼卒，言婼之爲公死也。」

【經】十有一月，己亥，宋公佐卒于曲棘。

宋元公將爲公故如晉，夢太子欒即位于廟，已與平公服而相之。旦，召六卿，公曰：「寡人不佞，不能事父兄，以爲二三子憂，寡人之罪也。若以群子之靈，獲保首領以没，唯是楄柎所以藉幹者，請無及先君。」仲幾對曰：「君若以社稷之故，私降昵宴，群臣弗敢知。若夫宋國之法，死生之度，先君有命矣，群臣以死守之，弗敢失隊。臣之失職，常刑不赦。臣不忍其死，君命祇辱。」宋公遂行。己亥，卒于曲棘。

高氏曰：「出其國都，故書地。」

胡氏曰：「按左氏，宋元之夫人曹氏生子，妻意如，則宋元，意如之外舅也。不此之顧，而求欲納公，是以正倫恤患爲心，而不匿其私親之恶者也。其賢于當時諸侯遠矣，故雖卒于封内，而特書其地以别之。」

家氏曰：「齊、晋二大國，坐視季氏逐君，恬不加恤，而元公乃能爲魯昭特爲此行，將以其前日誅逐華向者而誅魯之强家。非天資明毅，視天下之恶猶己之恶，豈能及此？晋頃、齊景當有愧矣。」

【經】十有二月，齊侯取鄆。

十二月，庚辰，齊侯圍鄆。二十六年，春，王正月，庚申，齊侯取鄆。

穀梁氏曰：「取，易辭也。内不言取，以其爲公取之故，易言之也。」

胡氏曰：「昭公出奔，經書次于陽州，見公于魯未絶，而季氏逐君爲不臣。及書齊侯取鄆，則見公已絶于魯，而逐于季氏，爲不君。君者，有其土地、人民，以奉宗廟之典籍者也。己不能有，而他人是保，則不君矣。春秋之義，欲爲君盡君道，欲爲臣盡臣道，各守其職，而不渝也。昭公失君道，季氏爲亂臣。各渝其職而不守，其爲後世戒，深切著明矣。」

家氏曰：「是時，晋政已衰，霸權未有所屬。齊景有意修桓公之業，當請命天王，號召與國納公于魯，戮意如以示天下，而霸政舉矣。乃以取鄆爲首務，姑塞己責。前以此而誤燕，今復以是而紿魯，勇于義者不爾也，故稱齊侯，目其人而貶之。」

【經】二十有六年，春，王正月，葬宋元公。

【經】三月，公至自齊，居于鄆。

蘇氏曰：「凡公行，反而告廟，則書至。在外，雖不告而書至，所以存公也。」

胡氏曰：「居者，有其土地、人民之稱也。昭公失國出奔，而稱居于鄆者，存一國之防也。襄王已出，而稱居于鄭；敬王未入，而稱居于狄泉者，存天下之防也。天子之于天下，率土之濵，莫非王臣，非諸侯所敢擅也。諸侯之于封國，四境之内，莫非其土，非大夫所得專也。故諸侯避舍，以待巡狩，而大夫專邑，是謂叛君。曰『居于鄆』，其爲防也至矣。」

謝氏曰：「啮之矣，而不能爲之討賊；居之矣，而不能爲之復國，齊侯之罪也。」

【經】夏，公圍成。

齊侯將納公。命無受魯貨，申豐從女賈，以幣錦二兩，縛一如瑱，適齊師。謂子猶之人高齮：「能貨子猶，爲高氏後，粟五千庾。」高齮以錦示子猶，子猶欲之。齮曰：「魯人買之，百兩一布。以道之不通，先入幣財。」子猶受之，言于齊侯曰：「群臣不盡力于魯君者，非不能事君也。然據有異焉。宋元公爲魯君如晋，卒于曲棘。叔孫昭子求納其君，無疾而死。不知天之棄魯耶？抑魯君有罪于鬼神，故及此也？君若待于曲棘，使群臣從魯君以卜焉。若可，師有濟也，君而繼之，兹無敵矣。若其無成，君無辱焉。」齊侯從之。使公子鉏帥師從公。成大夫公孫朝謂平子曰：「有都，以衛國也，請我受師。」許之。請納質，弗許。曰：「信女，足矣。」告于齊師曰：「孟氏，魯之敝室也。用成已甚，弗能忍也，請息肩于齊。」齊師圍成。成人伐齊師之飲馬于淄者，曰：「將以厭衆。」魯成備而後告曰：「不勝衆。」師及齊師戰于炊鼻。齊子淵捷從洩聲子，射之。聲子射其馬，斬鞅，殪。改駕，人以爲鬷戾也而助之。子車曰：「齊人也。」將擊子車，子車射之，殪。其御曰：「又之。」子車曰：「衆可懼也，而不可怒也。」子囊帶從野洩，叱之洩曰：「軍無私怒，報乃私也，將亢子。」又叱之，亦叱之。冉豎射陳武子，中手，失弓而罵。以告平子曰：「有君子白皙，鬒鬚眉，甚口。」平子曰：「必子强也，無乃亢諸？」對曰：「謂之君子，何敢亢之？」林雍羞爲顔鳴右，下。苑何忌取其耳，顔鳴去之。苑子之御曰：「視下。」顧。苑子剕林雍，斷其足，鑋而乘于他車以歸。顔鳴三入齊師，呼曰：「林雍乘。」

泰山孫氏曰：「公圍成書者，見國内皆叛也。」

高氏曰：「春秋未有以兵自圍其國之邑者也，成乃吾孟氏之邑，而公自圍，若異國然，公之失政可知也。」

胡氏曰：「不書齊師者，景公怵于邪説，爲義不終，故微之也。書公圍成，則季氏之不臣，昭公之不君，齊侯之不能修方伯、連帥之職，其罪咸具矣。」

師氏曰：「彼成也，得之，亦二鄆耳，于魯爲如何哉？〔一〕得成，則凡屬于魯邑，公一一圍之，侯盡得魯邑

〔一〕「如何」，四庫本作「何如」。

而後復，將何時而可復也？」

家氏曰：「首禍者意如，與于亂者孟氏。爲昭公之計，當貸畔徒以離季氏之黨。今乃先以成爲討，所以堅二家附賊之意，而公無反國之日矣。」

【經】秋，公會齊侯、莒子、邾子、杞伯盟于鄟陵。

謀納公也。

師氏曰：「是會也，愈見其不振矣，何則？齊侯之無能爲，既有已試之效，而莒子、邾子、杞伯皆衰弱失勢之君，謀身且不暇，况欲望爲魯乎？書之者，譏其會非所會，謀非所謀也。」

家氏曰：「會辭曰以公故，亦藉是延引歲月。魯賄朝入，齊師夕旋。用心不剛，爲善不勇，故嬖倖之臣得以入，其邪説是行。合三小國會，且有盟，欲何爲哉？魯君所以棲遲于鄆，困躓于乾侯，齊景之聲音笑貌有以誤之也，春秋備書以譏之。」

陳氏曰：「此參盟也，自齊桓以來未之有也，于是再見。其再見何？晉不復主盟而後齊專盟矣。」

【經】公至自會，居于鄆。

【經】九月，庚申，楚子居卒。

十九年，楚子之在蔡也，郹陽封人之女奔之，生太子建。及即位，使伍奢爲之師。費無極爲少師，無寵焉，欲譖諸王，曰：「建可室矣。」王爲之聘于秦。無極與逆，勸王取之。正月，楚夫人嬴氏至自秦。夏，楚子爲舟師以伐濮。費無極言于楚子，曰：「晋之霸也，邇于諸侯〔一〕，而楚辟陋，故弗能與争。若大城城父而置太子焉，以通北方，王收南方，是得天下也。」王説，從之。故太子建居于城父。令尹子瑕聘于秦，拜夫人也。二十年春，費無極言于楚子曰：「建與伍奢將以方城之外叛。自以爲猶宋、鄭也，齊、晋又交輔之，將以害楚，其事集矣。」王信之，問伍奢。伍奢對曰：「君一過多矣，何信于讒？」王執伍奢，使城父司馬奮揚殺太子，未至，而使遣之。太子建奔宋。王召奮揚，奮揚使城父人執己以至。王曰：「言出于余口，入于爾耳，誰告建也？」對曰：「臣告之。君王命臣曰：『事建如事余。』臣不佞，不敢苟貳。奉初以還，不忍後命，故遣之。既而悔之，亦無及已。」王曰：「爾敢來，何也？」對曰：「使而失命，召而不來，是再奸也，逃無所入。」王曰：「歸。」從政如它日。無極曰：「奢之子材，若在吴，必憂楚國，盍以免其父召之。彼仁，必來。不然，將爲患。」王使召奢之子，曰：「來，吾免而父。」棠君尚謂其弟員曰：「爾適吴，我將歸死。吾知不逮，我能死，爾能報。聞免父之命，不可以莫之奔也。親戚爲戮，不可以莫之報也。奔死、免父，孝也。度功而行，仁也。擇任而往，知也。知死不避，勇也。父不可棄，名不可廢，爾其勉之，相從爲愈。」伍尚歸，奢聞員不來，曰：「楚君大夫其旰食乎。」楚人皆殺之。

〔一〕「侯」，四庫本作「夏」。

員如吳，言伐楚之利于州于。吳公子光曰：「是宗爲戮而欲反其讐，不可從也。」員曰：「彼將有他志，姑爲之求士，而鄙以待之。」乃見鱄設諸焉，而耕于鄙。至是，楚平王卒，令尹子常欲立子西，曰：「太子壬弱，其母非適也，王子建實聘之。子西長而好善，立長則順，建善則治，王順國治，可不務乎？」子西怒曰：「是亂國而惡君王也。國有外援，不可瀆也。王有適嗣，不可亂也。敗親、速讐、亂嗣，不祥，我受其名，賂吾以天下，吾滋不從也。楚國何爲？必殺令尹。」令尹懼，乃立昭王。

【經】冬，十月，天王入于成周。

四月，單子如晋告急。五月，戊午，劉人敗王城之師于尸氏。戊辰，王城人、劉人戰于施谷，劉師敗績。七月，己巳，劉子以王出。庚午，次于渠。王城人焚劉。丙子，王宿于褚氏。丁丑，王次于萑谷。庚辰，王入于胥靡。辛巳，王次于滑，晋知躒、趙鞅帥師納王，使女寬守闕塞。冬，十月，丙申，王乃起師于滑。辛丑，在郊，遂次于尸。十一月，辛酉，晋師克鞏，召伯盈逐王子朝。王子朝及召氏之族、毛伯得、尹氏固、南宫嚚奉周之典籍以奔楚。陰忌奔莒以叛。召伯逆王于尸，及劉子、單子盟。遂軍圉澤，次于隄上。癸酉，王入于成周。甲戌，盟于襄宫。晋師決〔一〕成公般戍周而還。十二月，癸未，王入于莊宫。定五年，王人殺子朝于楚。定六年，夏，周儋翩率王子朝之徒，因鄭人將以作亂，鄭于是乎伐馮、滑、胥靡、負黍、狐人、闕外。六月，晋

〔一〕「決」，四庫本作「使」。

閻没戍周，且城胥靡。冬，十二月，天王處于姑蕕，辟儋翩之亂也。七年春，二月，周儋翩入于儀栗以叛。夏，四月，單武公、劉桓公敗尹氏于窮谷。冬，十一月，戊午，單子、劉子逆王于慶氏。晋籍秦送王。己巳，王入于王城，館于公族黨氏，而後朝于莊宫。八年，春，二月，己丑，單子伐穀城，劉子伐儀栗。辛卯，單子伐簡城，劉子伐盂以定王室。

謝氏曰：「子朝猶據國在内，故復國以入言。」

陳氏曰：「于成周，猶未得王都也。」

大東萊吕氏曰：「河南即郟鄏，周武王遷九鼎，周公營以爲都，是爲王城。洛誥所謂『我乃卜澗水東，瀍水西，惟洛食』者也。洛陽，周公營下都以遷殷頑民，是爲成周。洛誥所謂『我又卜瀍水東，亦惟洛食』者也。平王東遷，定都于王城，王子朝之亂，其餘黨多在王城，敬王畏之，徙都成周。」

高氏曰：「是時，晋人實納王，曾無一言及之者？罪晋不臣，而哀周之微也。晋爲同姓大國，爵爲侯伯，嗣文之職，主盟諸侯，乃不能即逐子朝之黨，弭王室之亂而安定之以盡臣節。二十三年，一圍郊而亟還，坐視成敗，凡踰五年，然後興師納王，原情責實，蓋不忠不臣之甚者也。若以其終納王而褒之，則後世懷姦覬望者，得以藉口矣。」

【經】尹氏、召伯、毛伯以王子朝奔楚。

陸氏纂例曰：「子朝書尹氏以者，能制之也。」

泰山孫氏曰：「立子朝獨書尹氏奔楚，并舉召伯、毛伯者，明罪本在尹氏，先誅逆首，後治其從也。」

高氏曰：「二十三年，先書天王居于狄泉，而後書尹氏立王子朝。此年，先書天王入于成周，而後書子朝奔楚者，由嗣君不能立，故亂臣得以乘之，及能反正，然後罪人竄逆。今此書奔楚，見天王之令不行于天下，故逋逃罪戾之人，楚敢受之而不歸也。」

胡氏曰：「取國有五利，寵居一焉。子朝有寵于景王，爲之黨者衆矣。卒不能立，至于奔楚，何也？是非有出于人之本心者，不可以私愛是，亦不可以私恶非，卒歸于公而止矣。景王寵愛子朝，將蘄于見是，而天下卒不以爲是，疏薄子猛，將蘄于見非，而天下卒不以爲非，徒設此心，兩棄之也。庶孽憑寵爲群小之所宗，而人心不附，適子恃正爲人心之所向，而群小不從，故伯服雖殺而平王亦不能復宗周之盛，申生已死而奚齊、卓子亦不能勝里克之兵，是兩棄之也。景王不鑒覆車，王猛、子朝之際，危亦甚矣。」

家氏曰：「春秋二百四十二年，天王三出，莊二十年惠王以子頽之難出居于鄭，踰年而虢、鄭納王。其出其歸，春秋皆不書。僖二十四年，襄王以叔帶之難復出，春秋書天王出居于鄭。明年，晋侯納王，春秋不書王入。昭二十二年，王子朝作亂，王猛出，春秋書『葬景王，王室亂。劉子、單子以王猛居皇』。『以王猛入王城。』其冬，王猛卒，母弟敬王立，復以難出，春秋書天王居于狄泉。尹氏立王子朝，天王入成周，尹氏、召伯、毛伯以王子朝奔楚。觀天王三出，春秋書法，詳略各異，知聖人于成周之盛衰存亡，深注意焉。惠王之出之入，皆不書者，猶爲周諱也。王者無外，不可以出言也。至襄王，復不能自植以召狄難，春秋于是始書天王出居于鄭，不以狩書，而以出書，春秋不得爲襄王諱矣。然猶書出，不書入。至敬悼之出入，春秋始變例而書曰『葬景王，王室亂』。自是五六年間，悼、敬、子朝更出迭入，春秋記之不遺，閔周室之傾覆，内難仍作，將無以爲國，不得已而遂書也。定六年，敬王再出，春秋不復書，知其無可興復之望，非若初年之諱而不書矣。」

【經】二十有七年，春，公如齊。公至自齊，居于鄆。

高氏曰：「公至自齊，居于鄆者二。至自會，居于鄆者一。至自乾侯，居于鄆者一。書至、書歸，不外公也，我君故也。君播越于外，不得其所，而魯國臣子之義可絶乎？春秋之作，明君臣也，君臣之義明而天下安且治矣。」

【經】夏，四月，吴弑其君僚。

吴子欲因楚喪而伐之，使公子掩餘、公子燭庸帥師圍潛。使延州來季子聘于上國，遂聘于晉，以觀諸侯。楚莠尹然、工尹麇帥師救潛，左司馬沈尹戌帥都君子與王馬之屬以濟師，與吴師遇于窮。令尹子常以舟師及沙汭而還。左尹郤宛、工尹壽帥師至于潛。吴師不能退。吴公子光曰：「此時也，弗可失也。」告鱄設諸曰：「上國有言曰：『不索，何獲？』我，王嗣也，吾欲求之。事若克，季子雖至，不吾廢也。」鱄設諸曰：「王可弑也。母老子弱，是無若我何？」光曰：「我，爾身也。」

夏，四月，光伏甲于堀室而享王。王使甲坐于道，及其門。門階户席，皆王親也，夾之以鈹。羞者獻體改服于門外，執羞者坐行而入，執鈹者夾承之，及體以相授也。光僞足疾，入于堀室。鱄設諸置劍于魚中以進，抽劍刺王，鈹交于胷，遂弑王。闔廬以其子爲卿。

季子至，曰：「苟先君無廢祀，民人無廢主，社稷有奉，國家無傾，乃吾君也。吾誰敢怨？哀死事生，以待天命。非我生亂，立者從之，先人之道也。」復命哭墓，復位而待。吴公子掩餘奔徐。公子燭庸奔鍾吾。楚師聞吴亂而還。

愚按：唐虞禪，夏后殷周繼，春秋兼帝王之道：可以子則子，可以賢則賢。然與子者，必先于立嫡。與賢者，則在于得人。苟合其道，雖百世傳子，春秋不以爲私。苟有其德，雖受人之天下，春秋不以爲泰。貴于得宜而已。王僚之弑，由季札之讓也。初，吴子壽夢有子四：長曰諸樊，次曰餘祭，次曰夷昧〔一〕，次曰季札。壽夢賢季札，欲立以爲嗣，札辭不可，然後立諸樊。諸樊既除喪，則致國于季子，季子又辭而去之。諸樊乃舍其子而立弟，約以次傳，必及季子。故諸樊卒而餘祭立，餘祭卒而夷末立。夷末卒，季子終不受命，辭位以逃。夷末之子僚，僚既立，諸樊之子光曰：「先君所以不與子國而與弟者，凡爲季子爾。將從先君之命，則季子宜有國也。如不從先君之命，則我宜立。僚烏得爲君？」于是使鱄諸刺僚。季子始而父欲立之，于次爲幼，辭而

〔一〕「昧」，四庫本作「末」。

不立，是蓋以天倫爲重，未爲過也。及夷末卒而復欲立季子，則父兄之情亦至矣，群公子之賢不肖亦明矣。以季子之賢，嗣位君吴，以成父兄之志，以靖國家之難，乃爲合于時中爾。既不能取法季曆之興周以安吴，乃竊附子臧之末節以亂國，斯爲過矣。至于王僚見弑〔二〕，討賊之責，季子尤所當先，乃曰：「苟先君無廢祀，民人無廢主，社稷有奉，國家無傾，乃吾君也。吾誰敢怨？哀死事生，以待天命。非我生亂，立者從之。」此亂臣賊子無君無父之言也，豈可出于季子之口哉？觀光將弑，謂鱄諸曰：「事若克，季子雖歸，不吾廢也。」則季子不足爲國之輕重，亦可見矣。季子然問：「冉求、仲由可謂大臣歟？」子曰：「可謂具臣矣，弑父與君亦不從也。」今季子而曰：「立者從之。」曾由、求具臣之不若，又何敢望其如孔子之沐浴請討以正邦刑哉？然則變父兄相讓之風爲君臣相弑之禍，斯實季子之罪也。雖不與聞乎弑，實有以成其弑矣。原其初，不過守匹夫之末節，失君子之時中爾。先儒謂春秋書國以弑者，當國大臣之罪也。吴之大臣，舍季子將誰歸乎？夫子之意，蓋歸罪季子也，讀者不可不察。

【經】楚殺其大夫郤宛。

郤宛直而和，國人悦之。鄢將師爲右領，與費無極比而恶之。令尹子常賄而信讒，無極譖郤宛焉，謂子常曰：「子恶欲飲子酒。」又謂子恶：「令尹欲飲酒于子氏。」子恶曰：「我，賤人也，不足以辱令尹。令尹將必

〔二〕「弑」，四庫本作「殺」。

來辱，爲惠已甚。吾無以酬之，若何？」無極曰：「令尹好甲兵，子出之，吾擇焉。」取五甲五兵，曰：「置諸門，令尹至，必觀之，而從以酬之。」及饗日，帷諸門左。無極謂令尹曰：「吾幾禍子。子恶將爲子不利，甲在門矣，子必無往，且此役也，吴可以得志，子恶取賂焉而還，又誤群帥，使退其師，曰：『乘亂不祥。』吴乘我喪，我乘其亂，不亦可乎？」令尹使視郤氏，則有甲焉。不往，召鄢將師而告之，將師退，遂令攻郤氏，且爇之。子恶聞之，遂自殺也。國人弗爇，令曰：「不爇郤氏，與之同罪。」或取一編菅焉，或取一秉秆焉，國人投之，遂弗爇也。令尹炮之，盡滅郤氏之族黨，殺陽令終與其弟完及佗與晋陳及其子弟。晋陳之族呼于國曰：「鄢氏、費氏自以爲王，專禍楚國，弱寡王室，蒙王與令尹以自利也，令尹盡信之矣，國將何如？」令尹病之。

國言未已，進胙者莫不謗令尹。沈尹戌言于子常曰：「夫左尹與中厩尹莫知其罪，而子殺之，以興謗讟，至于今不已。戌也惑之，仁者殺人以掩謗，猶弗爲之〔二〕。今吾子殺人以興謗，而弗圖，不亦異乎？夫無極，楚之讒人也，民莫不知。去朝吴，出蔡侯朱，喪太子建，殺連尹奢，屏王耳目，使不聰明。不然，平王之温惠共儉，有過成、莊，無不及焉。所以不獲諸侯，邇無極也。今又殺三不辜，以興大謗，幾及子矣。子而不圖，將焉用之？夫鄢將師矯子之命，以滅三族，國之良也，而不愆位。吴新有君，疆埸日駭，楚國若有大事，子其危

〔二〕「之」，四庫本作「也」。

哉。知者除讒以自安也，今子愛讒以自危也，甚矣其惑也！」子常曰：「是瓦之罪，敢不良圖？」九月，己未，子常殺費無極與鄢將師，盡滅其族，以説于國，謗言乃止。

劉氏意林曰：「君不明，故臣得專其威，至于殺其大夫而莫之止也，不亦甚乎？然而郤宛則有以取之，有以取之者，避嫌不審也。避嫌不審，罪也。」

張氏曰：「恃國人之悦已而無見幾知人之明，以立于無道之朝，至于見殺，宜矣。」

家氏曰：「殺無罪之大夫，且夷其族，楚是以有入郢之禍。」

【經】秋，晋士鞅、宋樂祁犂、衛北宫喜、曹人、邾人、滕人會于扈。

會于扈，令戍周，且謀納公也。宋、衛皆利納公，固請之。范獻子取貨于季孫，謂司城子梁與北宫貞子曰：「季孫未知其罪而君伐之，請囚，請亡，于是乎不獲君，又弗克而自出也。夫豈無備而能出君乎？季氏之復，天救之也。休公徒之怒，而啓叔孫氏之心。不然，豈其伐人而説甲執冰以游？叔孫氏懼禍之濫，而自同于季氏，天之道也。魯君守齊，三年而無成，季氏甚得其民，淮夷與之。有十年之備，有齊、楚之援，有天之贊，有民之助，有堅守之心，有列國之權，而弗敢宣也，事君如在國。故鞅以爲難。二子皆圖國者也，而欲納魯君，鞅之願也，請從二子以圍魯。無成，死之。」二子懼，皆辭，乃辭小國而以難復。

孟懿子、陽虎伐鄆，鄆人將戰。子家子曰：「天命不慆久矣，使君亡者，必此衆也。天既禍之，而自福也，不亦難乎？猶有鬼神，此必敗也。嗚呼！爲無望也。夫其死于此乎。」公使子家子如晋，公徒敗于且知。

胡氏曰：「文十五年，諸侯會于扈，將爲魯討齊，齊侯賂之而不克討，故在會諸侯略而不序。今此謀納公，亦以賂故不克納，而諸國之大夫皆序，何也？曰利于納公者，宋、衛之大夫也。受賂而不欲納公者，獨范鞅主之耳，又況戍周之令行乎，所以列序而不略也。」

家氏曰：「齊景爲鄟陵之盟，而梁丘入季氏之錦。晋頃爲扈之會，而士鞅納季氏之貨。二君懵然無知，以爲魯之休戚，無關于我，孰知田恒韜禍于齊，六卿伏憂于晋，厝火積薪而不悟，抑亦愚矣。使二君能爲魯討賊，亦足以讋内盜之膽，而齊、晋之祚猶可延也。」

【經】冬，十月，曹伯午卒。

【經】邾快來奔。

高郵孫氏曰：「大夫以叛來奔，不以小國例，皆書名，疾其爲恶，特書之也。」

家氏曰：「邾庶其、畀我來奔，季孫宿始納之。今邾快又來奔，意如復納之。宿、意如世濟其凶，不君其君，又誘人之臣，使之疾其君，而己爲之逋逃主，罪可勝誅乎？」

【經】公如齊。公至自齊，居于鄆。

公如齊，齊侯請饗之。子家子曰：「朝夕立于其朝，又何饗焉？其飲酒也。」乃飲酒，使宰獻，而請安。子仲之子曰重，爲齊侯夫人，曰：「請使重見。」子家子乃以君出。十二月，晋籍秦致諸侯之戍于周，魯人辭以難。

春秋闕疑卷三十九（昭公二十八年—三十二年）

【經】二十有八年，春，王三月，葬曹悼公。

【經】公如晉，次于乾侯。

公如晉，將如乾侯。子家子曰：「有求于人，而即其安，人孰矜之？其造于境。」弗聽。使請逆于晉，晉人曰：「天禍魯國，君淹恤在外。君亦不使一个辱在寡人，而即安于甥舅，其亦使逆君？」使公復于境而後逆之。

高郵孫氏曰：「公久于鄆以事齊，求齊之納，已而齊竟不能，于是又如晉，將以求助焉。至于乾侯而晉辭，公不見納，徒次于乾侯焉。」

高氏曰：「公之奔也，不知先晉，而連年如齊，皆不見禮，乃始如晉，此晉所以不納公也。」

泰山孫氏曰：「公如齊者再，皆不見禮，故如晉。其言次于乾侯者，不得入于晉也。公既不見禮于齊，又不得入于晉，其窮辱若此。」

夫[一]東萊呂氏曰：「公如齊，不得入。如晉，又不得入。當世諸侯，如是然後知無霸之害也。」

【經】夏，四月，丙戌，鄭伯寧卒。六月，葬鄭定公。

【經】秋，七月，癸巳，滕子寧卒。冬，葬滕悼公。

【經】二十有九年，春，公至自乾侯，居于鄆。齊侯使高張來唁公。公如晉，次于乾侯。

公至自乾侯，處于鄆。齊侯使高張來唁公，稱主君。子家子曰：「齊卑君矣，君祇辱焉。」公如乾侯。平子每歲賈馬，具從者之衣屨，而歸之于乾侯。公執歸馬者，賣之，乃不歸馬。衛侯來獻其乘馬，曰啟服，塹而死，公將爲之櫝。子家子曰：「從者病矣，請以食之。」乃以幃裹之。公賜公衍羔裘，使獻龍輔于齊侯，遂入羔裘。齊侯喜，與之陽穀。公衍、公爲之生也，其母偕出。公衍先生，公爲之母曰：「相與偕出，請相與偕告。」三日，公爲生，其母先以告，公爲爲兄，公私喜于陽穀而思于魯，曰：「務人爲此禍也。且後生而爲兄，其誣也久矣。」乃黜之，而以公衍爲太子。

胡氏曰：「遣使來唁，淺事也，亦書于經者，罪齊侯不能修方伯、連率之職也。昔狄人迫逐黎侯，黎侯寓

[一] 「夫」，四庫本作「大」。

于衛，衛人弗恤，黎之臣子勸其君以歸，而賦式微。其一章曰『微君之故』者，以事求人，而人不有其事也。若昭公見逐、出奔，而齊莫之討。淹恤日久，而齊莫之納。微君之故矣。其二章曰『微君之躬』者，以身下人，而人不有其身也。若齊侯設醴以享，而使宰獻，遣使來唁，而稱主君，微君之躬矣。諸侯失國，託于諸侯，禮也。諸侯失國，諸侯納之，正也。齊之先世嘗主夏盟，而太公受先王五侯九伯之命矣。魯爲鄰境甥舅之國也，昭公朝夕立于其朝，曾不能陳師境上，討意如逐君之罪，而遣使唁公，豈得禮乎？」

謝氏曰：「晋辭之矣，又如晋，次于乾侯，窘迫之至也。」

許氏曰：「書次于乾侯，復不見受也。」

家氏曰：「晋之諸大夫，亦齊之梁丘據，晋頃之懦而無立，視齊景有過之，去齊而之晋，去晋而復適諸侯，必無有爲魯君討賊者矣。此春秋之叔世，降而愈下，桓、文之轍迹掃地無餘，豈惟魯之病之，天下之人皆病之矣。」

【經】夏，四月，庚子，叔詣卒。

穀梁傳曰：「叔倪卒，季孫意如曰：『叔倪無病而死，此皆無公也。是天命也，非我罪也。』」

愚按：亂臣賊子，其忍于爲恶如此，昭公雖欲反國，其可得乎？

【經】秋，七月。

【經】冬，十月，鄆潰。

穀梁氏曰：「潰之爲言，上下不相得也。上下不相得，則恶矣，亦譏公也。昭公出奔，民如釋重負。」

大東萊吕氏曰：「易·蹇之象曰：『君子以反身修德』，固處蹇之道也。盡處蹇之道，則有出蹇之期。昔大王去國，從者如歸市，昭公所至而民潰，其亦不知自反甚矣。」

胡氏曰：「民逃其上曰潰，自是昭公削迹于魯，尺地一民，皆非其有矣。公之出奔、處鄆四年，民不見德，亡無愛徵，至于潰散，豈非昏迷不返，自納于罟獲陷穽之中？其從者又皆艾殺其民，視如土芥，其下不堪，所以潰歟？然則去宗廟社稷，出奔而猶不愓然恐懼，蘄改過以補前行之愆也，自棄甚矣。欲不亡，得乎？故書以爲後世戒。」

【經】三十年，春，王正月，公在乾侯。

穀梁氏曰：「存公故也。」

臨江劉氏曰：「曷爲存公？公在外也。公在外久矣，曷爲于此乎存？公居于鄆，有魯也。在乾侯，無魯也。公雖無魯，魯不可無公也。」

劉氏意林曰：「向曰居，今曰在。向也魯，而今也晋。一民莫得使焉，尺地莫得有焉，人固曰乾侯之君耳，而春秋則以爲猶吾君也。故君雖不君，臣不可以不臣，父雖不父，子不可以不子，古今之大義。」

常山劉氏曰：「君失其居，在于乾侯，而不得歸，故因朝正之時，而書公所在，則存君父，罪臣子，譏諸侯之意具見。」

胡氏曰：「公去社稷于今五年，每歲首月不書公者，在魯四封之内，則無適而非其所也。至是鄆潰，客寄乾侯，非其所矣。歲首必書公之所在者，蓋以存君，不與季氏之專國也。」

師氏曰：「鄆之書居，乾侯書在，内外之别也。」

【經】夏，六月，庚辰，晋侯去疾卒。秋，八月，葬晋頃公。

鄭游吉吊，且送葬。魏獻子使士景伯詰之曰：「悼公之喪，子西吊，子蟜送葬。今吾子無貳，何故？」對曰：「諸侯所以歸晋君，禮也。禮也者，小事大，大字小之謂。事大在共其時命，字小在恤其所無。以敝邑居大國之間，共其職貢，與其備御不虞之患，豈忘共命？先王之制，諸侯之喪，士吊，大夫送葬。唯加好、聘饗、三軍之事，于是乎使卿。晋之喪事，敝邑之間，先君有所助執紼矣。若其不閒，雖士大夫有所不獲數矣。大國之惠，亦慶其加而不討其乏，明底其情，取備而已，以爲禮也。靈王之喪，我先君簡公在楚，我先大夫印段實往，敝邑之少卿也。王吏不討，恤所無也。今大夫曰，女盍從舊？舊有豐有省，不知所從。從其豐，則寡君幼弱，是以不共。從其省，則吉在此矣。唯大夫圖之。」晋人不能詰。

【經】冬，十有二月，吴滅徐。徐子章羽奔楚。

吴子使徐人執掩餘，使鍾吾人執燭庸，二公子奔楚，楚子大封，而定其徙。使監馬尹大心逆吴公子，使居養。莠尹然、左司馬沈尹戌城之，取于城父與胡田以與之。將以害吴也。子西諫曰：「吴光新得國，而親其民，視民如子，辛苦同之，將用之也。若好吴邊疆，使柔服焉，猶懼其至。吾又强其讐，以重怒之，無乃不可乎。吴，周之胄裔也，而棄在海濱，不與姬通。今而始大，比于諸華，光又甚文，將自同于先王，不知天將以爲虐乎，使翦丧吴國而封大異姓乎？其抑亦將卒以祚吴乎？其終不遠矣。我盍姑億吾鬼神，而寧吾族姓，以待其歸。將焉用自播揚焉？」王弗聽。吴子怒。冬，十二月，吴子執鍾吾子，遂伐徐。徐子章禹斷其髮，攜其夫人，以逆吴子。吴子唁而送之，使其邇臣從之，遂奔楚。楚沈尹戌帥師救徐，弗及，遂城夷。使徐子處之。

胡氏曰：「春秋國滅而君出奔者，皆存其爵而不名，謂無可滅之罪，特爲横逆所加耳。獨徐子章羽奔而書名者，章羽斷其髮，攜其夫人，以逆吴子，已無興復之志矣。以此見春秋大義雖在于抑强扶弱，又責弱者之必自强于爲善也。」

高氏曰：「徐本要荒〔一〕，自齊桓時自附于中國，而爵爲子。今背中國而即吴、楚，故楚人以爲貳于吴而執之，吴人以爲貳于楚而滅之。夫附中國，則與于中國之盟會。而附吴、楚，則遂至于執其君而滅其國，然則欲

〔一〕「要荒」，四庫本作「徐夷」。

有附者〔二〕，可不戒哉？」

【經】三十有一年，春，王正月，公在乾侯。

【經】季孫意如會晉荀躒于適曆。

晉侯將以師納公。范獻子曰：「若召季孫而不來，則信不臣矣，然後伐之，若何？」晉人召季孫，獻子使私焉，曰：「子必來，我受其無咎。」季孫意如會晉荀躒于適歷。荀躒曰：「寡君使躒謂吾子：『何故出君？有君不事，周有常刑。子其圖之。』」季孫練冠、麻衣跣行，伏而對曰：「事君，臣之所不得也，敢逃刑命？君若以臣爲有罪，請囚于費，以待君之察也，亦唯君。若以先臣之故，不絶季氏，而賜之死，若弗殺弗亡，君之惠也，死且不朽。若得從君而歸，則固臣之願也，敢有異心？」

陸氏微旨曰：「季孫，逐君之臣也。晉不罪之，而反與之爲會，書曰『意如會晉荀躒于適歷』，晉侯之爲盟主可見矣，荀躒之爲臣可知矣。此不待貶絶而惡見者也。」

胡氏曰：「或曰季孫事君如在國，未知其罪而君伐之，是昭公之過也，則非矣。行貨齊、晉，使不納公，禱于煬宮，求君不入。及其復也，猶欲絶其兆域，加之惡謚，安在乎事君如在國？猶曰未知其罪乎？齊、晉不能誅亂禁姦，悖君臣之義，不知其徒自及也。」

〔二〕「欲有附者」，四庫本作「背中國者」。

陳氏曰：「公如晉，次于乾侯；公在乾侯；季孫意如會晉荀躒于適曆；公薨于乾侯，皆罪晉之辭也。」

樸鄉呂氏曰：「齊，大國也。鄟陵之會，四國同之，伐季氏以納昭公，何不可之有？而所以不克納公者，則以梁丘據之受賂也。晉，盟主也。扈之會，六國同之，伐季氏以納公尤易爲力，而所以不克納者，則以士鞅之取貨也。自其爲義之心，不勝其貪利之心，而後其爲義者，始不勇矣。此齊、晉納公之謀，所以姑爲之名，而卒之悠緩不克歟！三軍在途，諸侯在會，是區區者乃能劫而奪之，衂而止之，此亂臣賊子所以接迹于後世歟！雖然，抑不但以其貨利之行而已也。觀晉侯欲以師納公，而士鞅使人私于意如，則其互爲脣齒，相爲囊槖久矣。當是時，晉之六卿，猶意如也。晉君，亦昭公也。其肯并心一意，以誅其臣，而納其君哉？宜晉侯之不得行其志也。」

【經】夏，四月，丁巳，薛伯穀卒。

【經】晉侯使荀躒唁公于乾侯。

夏，四月，季孫從知伯如乾侯。子家子曰：「君與之歸。一慚之不忍，而終身慚乎？」公曰：「諾。」衆曰：「在一言矣，君必逐之。」荀躒以晉侯之命唁公，且曰：「寡君使躒以君命討于意如，意如不敢逃死，君其入也。」公曰：「君惠顧先君之好，施及亡人，將使歸，糞除宗祧以事君，則不能見夫人。己所能見夫人者，有如河。」荀躒掩耳而走，曰：「寡君其罪之，恐敢與知魯國之難，臣請復于寡君。」退而謂季孫，君怒未怠，子姑歸祭。子家子曰：「君以一乘入于魯師，季孫必與君歸。」公欲從之，衆從者脅公，不得歸。

高氏曰：「荀躒既會季孫于適曆，復以晉侯之命，唁公于乾侯，必使荀躒，然後意如之意得通乎君。夫不恤見逐之君，而信不臣者之言，則晉侯之不明，陰交其臣，陽唁其君，空言無實，抑可知矣。」

謝氏曰：「賊臣不討而荀躒會之，危君不救而荀躒唁之，何以撥魯國之亂而反之正哉？」

大東萊吕氏曰：「齊侯唁公于野井，晉侯使荀躒唁公于乾侯，言大國盟主，皆不能討亂，無助順向正之意也。」

愚謂：國家之禍至此極，而不可解矣。君父之身至此危，而不可救矣。爲之臣子者，尚復何言哉？蓋責之于内，昭公既不能有所爲。責之于外，齊、晉又不能有所救。則内、外之望絶矣。昭公之死，將在旦夕。子家之言，豈不知以一乘從季孫之歸爲不可？亦不過欲昭公一見宗廟，卒于正寢，猶得謂之魯君而薨爾，豈更望其有所爲哉？從者不從，明年昭公遂死于乾侯，同于逆旅，然後知子家之言，爲不得已也。

【經】秋，葬薛獻公。

【經】冬，黑肱以濫來奔。

杜氏曰：「黑肱，邾大夫，不書邾，史闕文。」

許氏曰：「邾快黑肱相繼來奔，季孫當國以類至也。」

【經】十有二月，辛亥，朔，日有食之。

【經】三十有二年，春，王正月，公在乾侯。取闞。

謝氏曰：「公旅寄乾侯久矣，非有兵力可以得邑也，所以取闞者，魯人以闞與公，而公取之也。」

愚按：昭公失國，于今八年。一民皆非其有矣，以何兵力而取闞乎？謝氏雖謂魯人以闞與公，而公取之，然昔也齊侯取鄆，公即居于鄆，今魯人以闞與公，公何故不居于闞而猶在乾侯？經年始死乎？此疑季孫在國所取，不然則外取内邑，上有闕文耳。

【經】夏，吴伐越。

始用師于越也。史墨曰：「不及四十年，越其有吴乎。越得歲而吴伐之，必受其凶。」

高氏曰：「前此越與楚子伐吴，故吴始用師于越。」

家氏曰：「此著吴楚[一]之迭爲盛衰也，吴方抗衡荆楚，睥睨中夏，而越已議其後矣。自是吴、楚、越鼎立不相爲下，乃中國自治之時，而齊、晋二大國皆爲强臣所操，中國之患不在吴楚[二]，而在强臣矣。」

【經】秋，七月。

【經】冬，仲孫何忌會晋韓不信、齊高張、宋仲幾、衛世叔申、鄭國參、曹人、莒

[一]「吴楚」，四庫本作「南蠻」。
[二]「吴楚」，四庫本作「外域」。

人、薛人、杞人、小邾人城成周。

秋，八月，王使富辛與石張如晉，請城成周。天子曰：「天降禍于周，俾我兄弟並有亂心，以爲伯父憂。我一二親暱甥舅，不皇啟處，于今十年，勤戍五年。余一人無日忘之，閔閔焉如農夫之望歲，懼以待時。伯父若肆大惠，復二文之業，弛周室之憂，徼文、武之福，以固盟主，宣昭令名，則余一人有大願矣。昔成王合諸侯，城成周，以爲東都，崇文德焉。今我欲徼福假靈于成王，修成周之城，俾戍人無勤，諸侯用寧，蝥賊遠屏，晉之力也。其委諸伯父，使伯父實重圖之，俾我一人，無徵怨于百姓，而伯父有榮施，先王庸之。」范獻子謂魏獻子曰：「與其成周，不如城之。天子實云，雖有後事，晉勿與知可也。從王命以紓諸侯，晉國無憂，是之不務，而又焉從事？」魏獻子曰：「善。」使伯音對曰：「天子有命，敢不奉承，以奔告于諸侯。遲速衰序，于是焉在。」

冬，十一月，晉魏舒、韓不信如京師，合諸侯之大夫于狄泉，尋盟，且令城成周。魏子南面。衛彪傒曰：「魏子必有大咎。干位以令大事，非其任也。」己丑，士彌牟營成周，計丈數，揣高卑，度厚薄，仞溝洫，物土方，議遠邇，量事期，計徒庸，慮財用，輸餱糧，以令役于諸侯，屬役賦丈，書以授帥，而效諸劉子。韓簡子臨之，以爲成命。

穀梁氏曰：「天子微，諸侯不享覲。天子之在者，惟祭與號。故諸侯之大夫相帥以城之，此變之正也。」

胡氏曰：「天子有道，守在四夷。今至于城王都，可以不書乎？」

大東萊吕氏曰：「周室雖微，諸侯猶勤之如[一]此，先王之德澤，猶有存焉者也。」

高氏曰：「古人三月無君則吊。公之出也，今八年矣。公爲旅人而何忌不能從，季孫逐君而何忌不能去。雖受晋命城成周，然不告于公而自往會之，此實睹文知罪，不待貶絶而自見也。」

愚按：敬王避子朝之黨，居于成周。今因其地而城之，遂定都焉。使成周爲京師之舊，則不假乎再城矣。

【經】十有二月，己未，公薨于乾侯。

十二月，公疾，遍賜大夫，大夫不受。賜子家子雙琥、一環、一璧、輕服，受之，大夫皆受其賜。己未，公薨。子家子反賜于府人，曰：「吾不敢逆君命也。」大夫皆反其賜。

趙簡子問于史墨曰：「季氏出其君，而民服焉，諸侯與之，君死于外而莫之或罪也。」對曰：「物生有兩，有三，有五，有陪貳，故天有三辰，地有五行，體有左右，各有妃耦。王有公，諸侯有卿，皆有貳也。天生季氏，以貳魯侯，爲日久矣。民之服焉，不亦宜乎！魯君世從其失，季氏世修其勤，民忘君矣，雖死于外，其誰矜之？社稷無常奉，君臣無常位，自古以然，故詩曰：『高岸爲谷，深谷爲陵。』三后之姓，于今爲庶，主所知也。在易卦，雷乘乾曰大壯，天之道也。昔成季友，桓之季也，文姜之愛子也，始震而卜。卜人謁之曰：『生有嘉聞，其名曰友，爲公室輔。』及生，如卜人之言，有文在其手曰『友』，遂以名之。既而有大功于魯，

[一]「如」，四庫本作「若」。

受費以爲上卿。至于文子、武子，世增其業，不廢舊績。魯自文公薨，而東門遂殺適立庶，魯君于是乎失國，政在季氏，于此君也四公矣。民不知君，何以得國？是以爲君慎器與名，不可以假人。」

胡氏曰：「諸侯失國出奔者衆矣，鄭伯突爲祭仲所逐而出奔，入于櫟而復國，衛侯衎爲孫甯所逐而出奔，入于夷儀而復國，昭公在外八年，終以客死，爲天下笑，何也？祭仲雖專，而世權不重于季氏。衛侯失國，猶夫人也，而有推挽之者，所以雖失而復得也。魯自季友受費以爲上卿，至于意如專執國命，四世矣。其臣皆季氏之孚也，其民皆季氏之獲也，而昭公有一子家駒，言不見聽，計不行也，不能復國宜矣。故春秋詳録其所因，爲後世之戒。公雖失國，然每歲之首月，必書公在乾侯，誅意如也。書齊侯取鄆，公圍成，鄆潰，絶昭公也。爲人臣者，觀每歲必書公所在，必不敢萌跋扈不臣之心。爲人君者，觀春秋所書圍成、鄆潰，知社稷之無常奉也，亦必少警矣。嗚呼！可謂深切著明矣。」

春秋闕疑卷四十（定公元年—五年）

定公

公名宋，襄公之子，昭公之弟，敬王十一年即位。謚法：安民大惠曰定。

【經】元年，春，王。

大東萊呂氏曰：「元年不書正月，國無君，無稟天子之正朔者也。」

家氏曰：「昭公之喪未返，公子宋未立，魯無君也。魯無君而季氏自以爲君，頒朔于廟，如常禮，春秋黜之，是故書王不書正。書王，明王法，以治季氏也。不書正月，正朔非季氏所得頒也。前此公雖在外，而歲首必書公在，存公也。存公是故頒朔，今公已卒于外，嗣子爲賊臣所廢，魯國無君，是故不書正月，見魯國無正王朔在廟，非賊臣所得頒也，此春秋特立之變例，前所未有也。」

【經】三月，晉人執宋仲幾于京師。

春，王正月，辛巳，晉魏舒合諸侯之大夫于狄泉，將以城成周。魏子莅政。衛彪傒曰：「將建天子，而易位以令，非義也。大事奸義，必有大咎。晉不失諸侯，魏子其不免乎。」是行也，魏獻子屬役于韓簡子及原壽過，而田于大陸，焚焉，還，卒于甯。范獻子去其柏椁，以其未復命而田也。

孟懿子會城成周，庚寅，栽。宋仲幾不受功，曰：「滕、薛、郳，吾役也。」薛宰曰：「宋爲無道，絶我小國于周，以我適楚，故我常從宋。晉文公爲踐土之盟，曰：『凡我同盟，各復舊職。』」仲幾曰：「踐土固然。」薛宰曰：「薛之皇祖奚仲居薛，以爲夏車正。奚仲遷于邳，仲虺居薛，以爲湯左相。若復舊職，將承王官，何故以役諸侯？」仲幾曰：「三代各異物，薛焉得有舊？爲宋役，亦其職也。」士彌牟曰：「晉之從政者新，子姑受功。歸，吾視諸故府。」仲幾曰：「縱子忘之，山川鬼神其忘諸乎？」士伯怒，謂韓簡子曰：「薛徵于人，宋徵于鬼，宋罪大矣。且已無辭，而抑我以神，誣我也。啟寵納侮，其此之謂矣。必以仲幾爲戮。」乃執仲幾以歸。三月，歸諸京師。城三旬而畢，乃歸諸侯之戍。齊高張後，不從諸侯。

穀梁氏曰：「此其大夫，其曰人，何也？微之也。何爲微之？不正其執人于尊者之所也。」

胡氏曰：「周官司隸掌，凡囚執人之事，屬于司寇。凡諸侯之獄訟，定以邦典。凡卿大夫之獄訟，斷以邦法，則大司寇之職也，不告諸司寇，而執人于天子之側，故雖以王事，討有罪，猶貶。凡此類，皆簒弑之萌，履霜之漸。執而書其地，謹之也。每謹于初，而禍亂熄矣。」

家氏曰：「仲幾之不受功，無王也。晉大夫不以王命執仲幾，亦無王也。是故不以城爲王事，而略晉大夫之罪，此聖人之特筆，非因乎舊史者也。」

高氏曰：「天子所居，自諸侯言之，則稱京師，自周言之，則以地名爲别。景王以前都王城，因謂王城爲京師。至敬王始都成周，則謂成周爲京師，故諸侯之大夫奉王命而城王都，則亦自周而言城成周，及晋人不以王命執仲幾于成周，則自諸侯而言京師也。言京師，明天子之在是也。」

【經】夏，六月，癸亥，公之喪至自乾侯。

【經】戊辰，公即位。

叔孫成子逆公之喪于乾侯。季孫曰：「子家子亟言于我，未嘗不中吾志也。吾欲與之從政，子必止之，且聽命焉。」子家子不見叔孫，易幾而哭。叔孫請見子家子。子家子辭，曰：「羈未得見，而從君以出。君不命而薨，羈不敢見。」叔孫使告之曰：「公衍、公爲實使群臣不得事君。若公子宋主社稷，則群臣之願也。凡從君出而可以入者，將唯子是聽。子家氏未有後，季孫願與子從政。此皆季孫之願也，使不敢以告。」對曰：「若立君，則有卿、士、大夫與守龜在，羈弗敢知。若從君，則貌而出者，入可也。寇而出者，行可也。若羈也，則君知其出也，而未知其入也，羈將逃也。」喪及壞隤，公子宋先入，從公者皆自壞隤反。六月，癸亥，公之喪至自乾侯。戊辰，公即位。

高氏曰：「公薨迨今半歲餘矣，季氏不以國君喪禮迎之者，謀廢公衍、公爲，而立定公也。凡即位不日，此書日者，非正月朔旦故也。」

公羊氏曰：「曷爲以戊辰之日然後即位？正棺于兩楹之間，然後即位。」

蘇氏曰：「元年，定公之元年也，而書曰公之喪至自乾侯，可乎？昭公之喪未至，定公未即位，則猶昭公之年也。」

胡氏曰：「昭公之薨，已越葬期，猶未得返，至于六月癸亥，然後喪至，而定之即位，乃在是月之戊辰，蓋遲速進退爲意如所制，不得專也。以周書・顧命考之，成王之崩，在四月乙丑，宰臣大保即于是日命仲桓、南宫毛俾爰齊侯吕伋，以二干戈、虎賁百人逆王世子釗于南門之外。延入翼室，宅憂爲天下主，不待崇朝而後定也。昭公喪至，在葬期之後，公子宋自壞隤先入，猶未得立，是知爲意如所制，不得以時定也。」

家氏曰：「一年不二君者，常也。一年而二君者，變也。昭公之喪以是月税輤，定公即以是月即位，是一歲而二君也。故春秋書前公之喪至與後公之入立，以示其變，著魯國非常之禍，亦以見定之非所當立而立也。意如逐君，君既死于外，又廢君之子，而立其弟。廢其所惡，立其所善。廢立由己，罪大惡盈。中國無王，莫之討之。春秋書公即位于喪至六日之後，見予奪遲速，惟賊臣之意，所以誅之也。」

【經】秋，七月，癸巳，葬我君昭公。

季孫使役如闞公氏，將溝焉。榮駕鵞曰：「生不能事，死又離之，以自旌也。縱子忍之，後必或耻之。」乃止。季孫問于榮駕鵞曰：「吾欲爲君謚，使子孫知之。」對曰：「生不能事，死又惡之，以自信也，將焉用之？」乃止。秋，七月，癸巳，葬昭公于墓道南。孔子之爲司寇也，溝而合諸墓。

大東萊吕氏曰：「葬本國之君，稱葬某公足矣。必曰葬我君某公者，隆君臣之恩，盡忠愛之義，資于事父，有父之道焉，故必曰我君以明之也。此道也，常時無事，則不見此理，特于昭公爲大，有警動于其臣下者。」

【經】九月，大雩。

【經】立煬宫。

昭公出，故季平子禱于煬公。九月，立煬公宫。

公羊氏曰：「煬公之宫也，立者，不宜立也。」

高氏曰：「昔季孫行父嘗立武宫矣。煬公比武公尤遠，蓋伯禽之子，廟毁久矣。季孫意如之逐君也，懼而禱焉。昭公薨于外，因以爲應，遂爲之立宫。蓋季氏〔一〕用此欺人，若曰昭公之死者，神實贶之也。春秋誅其意而微其辭，但書立煬宫，而季氏行事之迹，自可見矣，此之謂世濟其恶也，而公從之，公之恶可知矣。」

【經】冬，十月，隕霜殺菽。

公羊氏曰：「何以書？記異也。」

穀梁氏曰：「未可以殺而殺，舉重。可殺而不殺，舉輕。其曰菽，舉重也。」

〔一〕「季氏」，四庫本作「季孫」。

杜氏曰：「周十月，今八月，隕霜殺菽，非常之灾。」

蘇氏曰：「于其不殺而言草，言其廣也。于其殺而言菽，言其所害也。」

謝氏曰：「十二月，霜不殺草，異之大者也。十月，霜殺菽，灾之大者也。」

【經】二年，春，王正月。

【經】夏，五月，壬辰，雉門及兩觀灾。

范氏曰：「雉門，公宫之南門。兩觀，闕也。」

何氏曰：「雉門、兩觀，皆天子之制，門爲其主，觀爲其飾。」

高郵孫氏曰：「自成王以天子禮樂賜周公，而魯之群公，相承僭之，國内制度，一同于天子。孔子非之，而欲著其僭于春秋久矣，于是雉門、兩觀灾，故孔子因其灾，以著其僭。曰『及』者，灾自雉門而及于兩觀，先後之次爾。」

謝氏曰：「宫室過制，天所不與，然則雉門及兩觀灾，乃天恶其僭，而灾之也。」

【經】秋，楚人伐吴。

昭三十年冬，吴子問于伍員曰：「初而言伐楚，余知其可也，而恐其使余往也，又恶人之有余之功也。今余將自有之矣，伐楚如何？」對曰：「楚執政衆而乖，莫適任患。若爲三師以肄焉，一師至，彼必皆出。彼出則歸，彼歸則出，楚必道敝。亟肄以罷之，多方以誤之。既罷而後，以三軍繼之，必大克之。」闔廬從之，楚于是乎始病。

三十一年秋，吴人侵楚，伐夷，侵潛、六。楚沈尹戌帥師救潛，吴師還。楚師遷潛于南岡而還。吴師圍弦。左司馬戌、右司馬稽帥師救弦，及豫章，吴師還。始用子胥之謀也。

至是，桐叛楚，吴子使舒鳩氏誘楚人曰：「以師臨我，我伐桐。爲我使之無忌。」秋，楚囊瓦伐吴，師于豫章。吴人見舟于豫章，而潛師于巢。冬十月，吴軍楚師于豫章，敗之。遂圍巢，克之，獲楚公子繁。

許氏曰：「自襄三年，書楚伐吴，終于人之，則楚力竭矣。于是有吴入郢。自昭三十二年，書吴伐越，終于越，再入吴，于是吴亡。楚介在南荒，夷蠻〔二〕相攻，不可殫録，故删取其要如此以爲伐國之戒。七書楚伐，僅能一克于朱方，他役皆敗，無功，書伐而不書敗者，積其陵暴首兵之咎，將微之于此，而後至于禍敗失國也。」

【經】冬，十月，新作雉門及兩觀。

穀梁氏曰：「言新，有舊也。作，爲也。」

劉氏意林曰：「習舊而不知以爲非，睹變而不知以爲戒，無怪于季氏之脅其主矣。此春秋之微辭致意也。」

〔二〕「夷蠻」，四庫本作「彼此」。

高氏曰：「聖人特書『新作』者，重僭竊之罪，自在定公，而不在先公也。」

胡氏曰：「書『新作』者，譏僭王制而不能革也。雉門，象魏之門，其外爲庫門，而臯門在庫門之外，其內爲應門，而路門在應門之內，是天子之五門也。僖公嘗修泮宮、復閟宮，非不用民力，而春秋不書『新作南門』，則獨書者，南非一門也，必有不當爲者。子家駒以設兩觀爲僭天子，是非諸侯之制明矣。夫撥亂反正者，必本諸身。身正者，物必正。春秋于僭君必書者，必正之意也。使定公遇災而懼，革其僭禮。三家陪臣雖欲僭諸侯，執國命，其敢乎？習舊而不知以爲非，何以禁季氏之脅其主哉？故特書『新作』以譏之。」

【經】三年，春，王正月，公如晉，至河乃復。

程子曰：「季孫意如上不請于天子，下不請于方伯，而立定公，故晉怒而公往朝焉。晉辭公而復，故明年因會而請盟于臯鼬。」

【經】二月，辛卯，邾子穿卒。

二年，邾莊公與夷射姑飲酒，私出。閽乞肉焉，奪之杖以敲之。至是，二月，辛卯，邾子在門臺，臨廷，閽以瓶水沃廷，邾子望見之，怒。閽曰：「夷射姑旋焉。」命執之，弗得，滋怒。自投于床，廢于鑪炭，爛，遂卒。先葬以車五乘，殉五人。莊公卞急而好潔，故及是。

【經】夏，四月。

【經】秋，葬邾莊公。

【經】冬，仲孫何忌及邾子盟于拔。

修邾好也。

許氏曰：「天下有禮，則邦國相下。春秋之季，大國日侵，兵力勝而禮敬亡，故志『公如晉，至河乃復』，著晉之輕魯也。志『仲孫何忌及邾子盟于拔』，著魯之輕邾也。」

高氏曰：「邾子居喪，而以吉禮與魯大夫盟，則微弱可知。」

家氏曰：「春秋書邾人之喪，繼以仲孫之盟，責魯也。」

【經】四月，春，王二月，癸巳，陳侯吴卒。

【經】三月，公會劉子、晉侯、宋公、蔡侯、衛侯、陳子、鄭伯、許男、曹伯、莒子、邾子、頓子、胡子、滕子、薛伯、杞伯、小邾子、齊國夏于召陵，侵楚。

三年，蔡昭侯爲兩佩與兩裘以如楚，獻一佩一裘于昭王，昭王服之，以享蔡侯。蔡侯亦服其一。子常欲之，弗與，三年止之。唐成公如楚，有兩肅爽馬。子常欲之，弗與，亦三年止之。唐人或相與謀，請代先從者，許之。飲先從者酒，醉之，竊馬而獻之子常。子常歸唐侯。自拘于司敗曰：「君以弄馬之故，隱君身，棄國家，群臣請相夫人以償馬，必如之。」唐侯曰：「寡人之過也，二三子無辱。」皆賞之。蔡人聞之，固請而獻佩于子常。子常朝，見蔡侯之徒，命有司曰：「蔡君之久也，官不共也。明日禮不畢，將死。」蔡侯歸，及漢，執玉而沈，曰：「余所有濟漢而南者，有若大川。」蔡侯如晉，以其子元與其大夫之子爲質焉，而請伐楚。

至是，劉文公合諸侯于召陵，謀伐楚也。晋荀寅求貨于蔡侯，弗得。言于范獻子曰：「國家方危，諸侯方貳，將以襲敵，不亦難乎？水潦方降，疾瘧方起，中山不服，棄盟取怨，無損于楚，而失中山，不如辭蔡侯。吾自方城以來，楚未可以得志，祇取勤焉。」乃辭蔡侯。晋人假羽旄于鄭。明日，或旆以會。晋于是乎失諸侯。

程子曰：「楚恃其强，侵凌諸侯。晋上請于天子，大合諸侯以伐之，而不能明暴其罪，以行天討，無功而還，故書『侵』以罪之。」

胡氏曰：「傳書伐而經書『侵楚』者，楚爲無道，憑陵諸夏，爲一裘一馬，拘唐、蔡二君，三年而後遣。蔡侯既歸而請師于晋，晋人請命于周，大合諸侯，天子之元老在焉，若能暴明其罪，恭行天討，庶幾哉！王者之師，齊桓、晋文之功，褊矣。有荀寅者，求貨于蔡侯，弗得，遂辭蔡人。晋由是失諸侯，無功而還。」

愚按：召陵之會，傳雖稱謀伐楚，而實未嘗加兵于楚。聖人以其雖加兵于楚，亦必不能聲其罪而服之，故特書曰「侵楚」以陋之。此乃特筆，與其他書侵、書伐者不同，以例求之，則失之矣。

【經】夏，四月，庚辰，蔡公孫姓帥師滅沈，以沈子嘉歸，殺之。

沈人不會于召陵，晋人使蔡伐之。夏，蔡滅沈。

胡氏曰：「書『滅沈』，罪公孫姓也。書『以歸』，罪沈子嘉也。書『殺之』，罪蔡侯也。奉辭致討，而覆其邦家，爲敵所執，不死于位，皆不仁矣。所恶于前，無以先後。出乎爾者，反乎爾者也。蔡侯視楚，猶沈視蔡也。昭公拘于楚三年而後反，非以國小而弱乎？沈雖不會召陵，未有大罪恶也，而恃强殺之，甚矣。能無公孫翩之及哉？」

大東萊吕氏曰：「蔡公孫姓不能正其君之失，而遂滅沈。至以沈子嘉歸，殺之，其罪極矣。春秋之世，諸侯、君臣失道至此者，皆由不知分義，苟力所能制，則爲之矣，此與禽獸奚辨？」

許氏曰：「沈不受令，而使蔡滅沈。許巳受盟，而不能禁鄭滅許。有以知晋政之失諸侯矣。」

【經】五月，公及諸侯盟于皐鼬。

將會，衛子行敬子言于靈公曰：「會同難，嘖有煩言，莫之治也。其使祝佗從。」公曰：「善。」乃使子魚。子魚辭，曰：「臣展四體，以率舊職，猶懼不給而煩刑書。若又共二，徼大罪也。且夫祝，社稷之常隷也。社稷不動，祝不出境，官之制也。君以軍行，祓社釁鼓，祝奉以從，于是乎出境。若嘉好之事，君行師從，卿行旅從，臣無事焉。」公曰：「行也。」及皐鼬。將長蔡于衛，衛侯使祝佗私于萇弘曰：「聞諸道路，不知信否。若聞蔡將先衛，信乎？」萇弘曰：「信。蔡叔，康叔之兄也。先衛，不亦可乎？」子魚曰：「以先王觀之，則尚德也。昔武王克商，成王定之，選建明德，以藩屏周。故周公相王室以尹天下，于周爲睦。分魯公以大路、大旂，夏后氏之璜，封父之繁弱，殷民六族，條氏、徐氏、蕭氏、索氏、長勺氏、尾勺氏，使帥其宗氏，輯其分族，將其類醜，以法則周公，用即命于周。是使之職事于魯，以昭周公之明德，分之土田陪敦、祝、宗、卜、史，備物、典策，官司、彝器。因商奄之民，命以伯禽而封于少皞之虚。分康叔以大路、少帛、綪茷、旃旃、大吕，殷民七族：陶氏、施氏、繁氏、錡氏、樊氏、饑氏、終葵氏，封畛土略，自武父以南，及圃田之北境，取于有閻之土以共王職。取于相土之東都，以會王之東蒐。聃季授土，陶叔授民，命以康誥，而封于殷虚。皆啟以商政，疆以周索。分唐叔以大路、密須之鼓、闕鞏、姑洗，懷姓九宗，職官五正。命以唐誥，而封于夏虚。啟以夏政，疆以戎索。三者皆叔也，而有令德，故昭之以分物。不然，文、武、成、康之伯猶多，而不獲是分也，唯不尚年也。管、蔡啟商，惎間王室。王于是乎殺管叔而蔡蔡叔，其子蔡仲改行率德，周公舉之，以爲已卿士，見諸王而命之以蔡。其命書云：『王曰：「胡！無若爾考之違王命也。」』若之何其使蔡先衛也？武王之母弟八人，周公爲太宰，康叔爲司寇，聃季爲司空，五叔無官，豈尚年哉？曹，文之昭也。晉，武之穆也。曹爲伯甸，非尚年也。今將尚之，是反先王也。晉文公爲踐土之盟，衛成公不在，夷叔，其母弟也，猶先蔡，其載書云：『王若曰：晉重、魯申、衛武、蔡甲午、鄭捷、齊潘、宋王臣、莒期。』藏在周府，可覆視也。吾子欲復文、武之略，而不正其德，將如之何？」萇弘説，告劉子，與范獻子，乃長衛侯于盟。

陸氏纂例曰：「重言諸侯，劉子不與盟也。」

程子曰：「公不獲見于晉，故因會而求盟焉，則此盟公意，故書『公及』。」

胡氏曰：「定公之立，上不請于天王，下不告于方伯，而受國于季孫意如，故三年朝晉，至河而復。今會諸侯，求爲此盟，書『公及』者，内爲志也。召陵之會，不序十有八國之諸侯，則無以見侵楚之陋。皐鼬之盟，序與不序，非義所繫，則以凡舉可也。」

劉氏意林曰：「楚人不義，晉以霸主之勢，憑王命之重而不能討，顧使吴乘其釁，中國不振旅，功近而禍遠矣，不亦病乎？孔子曰：『夷狄之有君，不如諸夏之亡。』是所以眷眷于皋鼬之盟者也。」

許氏曰：「齊桓、晉文之興，至于盟不言同者，過乎同之辭也。春秋之季，至于盟不言同者，不及乎同之辭也。皋鼬之盟，諸侯攜矣。齊梁丘據説幣錦，致昭公不復，楚子常志在佩、裘，使蔡侯自絶。晉士鞅以賂罷匽之會。荀寅求貨弗得，折召陵之謀。故政勝于明時，而賄流于衰世，君子是以察治忽也。」

家氏曰：「志劉子不與諸侯之盟，得王人與會之體也。」

樸鄉吕氏曰：「嘗考春秋二百四十二年之事，以爲北杏以前，是一時也，北杏以後，是一時也，召陵以前，是一時也，召陵以後，是一時也。北杏以前，諸侯無霸，故有特相盟者，有參盟參會者，有相攻伐者。北杏以後，則異是矣。召陵以後，諸侯亦無霸，故亦有特相盟者，有參盟參會者，有相攻伐者。召陵以前，則異是矣。天下之有霸，非美事也。天下之無霸，非細故也。夫霸者，王之反也，有霸則無王矣。名曰尊周，而實奪其權。北杏以前，天下未知有霸也，而猶知有王。北杏以後，天下惟知有霸矣，豈美事哉？雖然，有霸者在焉，則諸侯猶有所附，中國猶得以安吴、楚〔二〕，猶知所畏，是猶幸有霸也。霸衰而諸侯散，霸衰而中國擾，霸衰而吴、

〔二〕「吴、楚」，四庫本作「僭發」。

楚〔一〕横，天下益不幸矣，是故晋侯、吴子會于黄池而春秋終焉。」

【經】杞伯成卒于會。

【經】六月，葬陳惠公。

【經】許遷于容城。

謝氏曰：「許又自白羽遷容城，國無定處，民無定守，故自葉至容城，凡四遷。」

【經】秋，七月，公至自會。

【經】劉卷卒。

杜氏曰：「即劉蚠也。」

陸氏纂例曰：「畿内諸侯，不同列國，故不言劉子卷卒。亦譏來赴，故書。」

【經】葬杞悼公。

【經】楚人圍蔡。

【經】楚爲沈故，圍蔡。晋士鞅、衛孔圉帥師伐鮮虞。

〔一〕「吴、楚」，四庫本作「僭發」。

許氏曰：「謀楚而不能討，盟蔡而不能救，則惟中山是伐，書卿與師，著威勝不行于强暴，而行于寡弱也。」

【經】葬劉文公。

謝氏曰：「魯以外諸侯會葬，非禮也。」

【經】冬，十有一月，庚午，蔡侯以吴子及楚人戰于柏舉，楚師敗績。

【經】楚囊瓦出奔鄭。

伍員爲吴行人以謀楚。楚之殺郤宛也，伯氏之族出。伯州犁之孫嚭爲吴太宰以謀楚。楚自昭王即位，無歲不有吴師。蔡侯因之，以其子乾與其大夫之子爲質于吴。冬，蔡侯、吴子、唐侯伐楚，舍舟于淮汭，自豫章與楚夾漢。左司馬戍謂子常曰：「子沿漢而與之上下，我悉方城外，以毁其舟。還塞大隧、直轅、冥阨，子濟漢而伐之，我自後擊之，必大敗之。」既謀而行。武城黑謂子常曰：「吴用木也，我用革也，不可久也，不如速戰。」史皇謂子常：「楚人恶子而好司馬，若司馬毁吴舟于淮，塞城口而入，是獨克吴也。子必速戰，不然不免。」乃濟漢而陳，自小别至于大别。三戰，子常知不可，欲奔。史皇曰：「安求其事，難而逃之，將何所入？子必死之，初罪必盡説。」

十一月，庚午，二師陳于柏舉。闔廬之弟夫槩王晨請于闔廬曰：「楚瓦不仁，其臣莫有死志。先伐之，其卒必奔。而後大師繼之，必克。」弗許。夫槩王曰：「所謂『臣義而行，不待命』者，其此之謂也。今日我死，楚可入也。」以其屬五千，先擊子常之卒。子常之卒奔，楚師亂，吳師大敗之。子常奔鄭。史皇以其乘廣死。

胡氏曰：「吳何以稱子？善伐楚，解蔡圍也。荆楚暴横，盟主不能致其討，天王不得達其命。長恶不悛，復興師而圍蔡，王法所當討而不赦也。吳能自卑，聽蔡侯之義，以達天子之命，興師救蔡，戰于柏舉，大敗楚師，成霸討之功，善矣。晋主夏盟，中國所仰，若嘉穀之望雨也。有請于晋，如彼其難。吳國天下莫强焉，非諸侯所能以也。有請于吳，如此其易。故召陵之會，大合諸侯，而書侵楚。柏舉之戰，蔡用吳師，特書曰『以』者，深罪晋人保利棄義，難于救蔡也。然則何以不書救乎？救，大矣。闔廬、子胥、宰嚭皆懷謀楚之心，蔡人往請，會逢其適，非有救灾恤隣、從簡書、憂中國之實也。聖人道大德宏，樂與人爲善，故因其從蔡，特進而書爵。囊瓦貪以敗國，又不能死，可賤甚矣，故記其出奔，特貶而稱人，春秋之情見矣。」

高氏曰：「書『奔鄭』，罪鄭以中國而主荆蠻〔一〕奔亡之臣也。」

【經】庚辰，吳入郢。

吳從楚師，及清發，將擊之。夫槩王曰：「困獸猶鬬，况人乎？若知不免而致死，必敗我。若使先濟者知免，後者慕之，蔑有門心矣。半濟而後可擊也。」從之，又敗之。楚人爲食，吳人及之，奔。食而從之，敗諸雍

〔一〕「荆蠻」，四庫本作「隙楚」。

澨。五戰，及郢。己卯，楚子取其妹季芈畀我以出，涉睢。鍼尹固與王同舟，王使執燧象以奔吴師。庚辰，吴入郢，以班處宫。子山處令尹之宫，夫槩王欲攻之，懼而去之，夫槩王入之。左司馬戌及息而還，敗吴師于雍澨，傷。初，司馬臣闔廬，故耻爲禽焉，謂其臣曰：「誰能免吾首？」吴句卑曰：「臣賤，可乎？」司馬曰：「我實失子，可哉。」三戰皆傷，句卑布裳，剄而裹之，藏其身而以其首免。楚子涉睢，濟江，入于雲中。王寢，盗攻之，以戈擊王。王孫由于以背受之，中肩。王奔鄖，鍾建負季芈以從，由于徐蘇而從。鄖公辛之弟懷將弑王，曰：「平王殺吾父，我殺其子，不亦可乎？」辛曰：「君討臣，誰敢讎之？君命，天也，若死天命，將誰讎？詩曰：『柔亦不茹，剛亦不吐，不侮鰥寡，不畏强禦。』唯仁者能之。違强陵弱，非勇也。乘人之約，非仁也。動無令名，非知也。必犯是，余將殺女。」鬥辛與其弟巢以王奔隨。吴人從之，謂隨人曰：「周之子孫在漢川者，楚實盡之。天誘其衷，致罰于楚，而君又竄之，周室何罪？」楚子在公宫之北，吴人在其南。子期似王，逃王，而已爲王，曰：「以我與之，王必免。」隨人卜與之，不吉。乃辭吴曰：「以隨之辟小而密邇于楚，楚實存之，世有盟誓，至于今未改，若難而棄之，何以事君？執事之患，不唯一人，若鳩楚境，敢不聽命？」吴人乃退。鑪金初宦于子期氏，實與隨人要言。王使見，辭，曰：「不敢以約爲利。」王割子期之心以與隨人盟。

初，伍員與申包胥友。其亡也，謂申包胥曰：「我必復楚國。」申包胥曰：「勉之。子能復之，我必能興之。」及昭王在隨，申包胥如秦乞師，曰：「吴爲封豕、長蛇，以薦食上國，虐始于楚。寡君失守社稷，越在草莽，使下臣告急曰：『夷德無厭，若鄰于君，疆埸之患也。逮吳之未定，君其取分焉。若楚之遂亡，君之土也。若以君靈撫之，世以事君。』」秦伯使辭焉，曰：「寡人聞命矣。子姑就館，將圖而告。」對曰：「寡君越在草莽，未獲所伏，下臣何敢即安？」立于庭牆而哭，日夜不絶聲，勺飲不入口七日。秦哀公爲之賦無衣，九頓首而坐，秦師乃出。五年，申包胥以秦師至。秦子蒲、子虎帥車五百乘以救楚。子蒲曰：「吾未知吳道。」使楚人先與吳人戰，而自稷會之，大敗夫槩王于沂。吳人獲薳射于柏舉，其子帥奔徒以從子西，敗吳師于軍祥。秋七月，子期、子蒲滅唐。

九月，夫槩王歸，自立也，以與王戰而敗，奔楚，爲堂谿氏。吳師敗楚師于雍澨，秦師又敗吳師。吳師居麇，子期將焚之。子西曰：「父兄親暴骨焉，不能收，又焚之，不可。」子期曰：「國亡矣。死者若有知也，可以歆舊祀，豈憚焚之？」焚之，而又戰，吳師敗。又戰于公壻之谿，吳師大敗，吳子乃歸。

楚子入于郢。初，鬥辛聞吳人之爭宫也，曰：「吾聞之：『不讓則不和，不和不可以遠征。』吳爭于楚，必有亂。有亂，則必歸，焉能定？」楚王之奔隨也，將涉于成臼。藍尹亹涉其帑，不與王舟。及寧，王欲殺之。子西曰：「子常思舊怨以敗，君何效焉？」王曰：「善。使復其所，吾以志前惡。」王賞鬥辛、王孫由于、王孫圉、鍾建、鬥巢、申包胥、王孫賈、宋木、鬥懷。子西曰：「請舍懷也。」王曰：「大德滅小怨，道也。」申包胥曰：「吾爲君也，非爲身也。君既定矣，又何求？且吾尤子旗，其又爲諸？」遂逃賞。王將嫁季芊，季芊辭曰：「所以爲女子，遠丈夫也。鍾建負我矣。」以妻鍾建，以爲樂尹。

王之在隨也，子西爲王輿服以保路，國于脾洩。聞王所在，而後從王。王使由于城麇。復命。子西問高厚焉，弗知。子西曰：「不能，如辭。城不知高厚，小大[一]何知？」對曰：「固辭不能，子使余也。人各有能有不能。王遇盜于雲中，余受其戈，其所猶在。」袒而示之背，曰：「此余所能也。脾洩之事，余亦弗能也。」

胡氏曰：「及楚人戰，則稱爵；入郢，則舉其號，何也？君舍于君之室，大夫舍于大夫之室，亂道也[二]，聖人誰毀誰譽？救灾恤鄰，則進而書爵，非有心于與之，順天命也。乘約肆淫，則黜而舉號，非有心于貶之，奉天討也。伐國者，固將拯民于水火之中，而鳩集之耳。殺其父兄，係其子弟，毀其宗廟，遷其重器，而亂男女之配也，如水益深，如火益熱，則善小而惡大，功不足以掩之矣。聖人心無毀譽，如鏡之無妍醜也，因事物善惡而施襃貶焉，不期公而自公耳，明此義，然後可以司賞罰之權，得春秋之法矣。」

【經】五年，春，王三月，辛亥，朔，日有食之。

【經】夏，歸粟于蔡。

以周亟，矜無資。

穀梁氏曰：「諸侯無粟，諸侯相歸粟，正也。孰歸之？諸侯也。」

[一]「小大」，四庫本作「大小」。

[二]「隸道」，四庫本作「隸極」。

公羊氏曰：「曷爲不言諸侯歸之？離至，不可得而序，故言我也。」

家氏曰：「歸之爲言，出于人心之所同，不待勸勉而各以粟歸也。」

【經】于越入吴。

吴在楚也。

謝氏曰：「吴知郢之利在前，而不知越之患在後，故吴子涉千里之險入郢，于越乘一朝之釁入吴，空内務外，有國之大患也。」

高氏曰：「昭五年，楚子以諸侯伐吴，而越人已見于經。至此，及十四年，至哀十三年，皆書于越，何也？越人自名曰『于越』。君子名之曰『越』。治國有狀，能與中國通，則以君子之辭言之。治國無狀，不能與中國通，則以其俗之辭言之。越始稱人，以其慕中國之義也。改稱于越者，恶之也。吴之伐楚，有安中國之意，而越乃乘其士卒罷弊，掩入其國。至十四年，又敗吴于檇李。哀十二年，又入吴。若爲楚復讐者，是以君子恶之，以其本俗之辭謂之于越歟。」

【經】六月，丙申，季孫意如卒。

六月，季平子行東野，還，未至，丙申，卒于房。陽虎將以璵璠斂，仲梁懷弗與，曰：「改步改玉。」陽虎欲逐之，告公山不狃，不狃曰：「彼爲君也，子何怨焉？」既葬，桓子行東野，及費。子洩爲費宰，逆勞于郊。桓子敬之，勞仲梁懷。仲梁懷弗敬，子洩怒，謂陽虎：「子行之乎？」乙亥，陽虎囚季桓子及公父文伯而逐仲梁懷。

冬，十月，丁亥，殺公何藐。乙丑，盟桓子于稷門之内。庚寅，大詛，逐公父歜及秦遄，晋〔一〕奔齊。

胡氏曰：「内大夫有罪見討，則不書卒，公子翬是也。仲遂殺惡及視，罪與翬同，而書卒者，以事之變卒之也。意如何以書卒？見定公不討逐君之賊，以爲大夫全始終之禮也。定雖受國于季氏，苟有叔孫婼之見，不賞私勞，致辟意如，以明君臣之義，則三綱可正，公室强矣。今苟于利而忘其讐，三綱滅，公室益侵，陪臣執命宜矣。故意如書卒，主人習其讀，而問其傳，則未知已之有罪焉耳。」

【經】秋，七月，壬子，叔孫不敢卒。

【經】冬，晋士鞅帥師圍鮮虞。

三年，秋，九月，鮮虞人敗晋師于平中，獲晋觀虎，恃其勇也。至是，晋士鞅圍鮮虞，報觀虎之役也。

許氏曰：「晋始以土地之故，與鮮虞睽，咎不在鮮虞也，而晋不自反，縱兵横加，而不能服，則又圍之，兵益忿，義益不勝。君子是以恶晋也。」

〔一〕「晋」，四庫本作「皆」。

春秋闕疑卷四十一（定公六年—十年）

【經】六年，春，王正月，癸亥，鄭游速帥師滅許，以許男斯歸。

因楚敗也。

張氏曰：「按許自隱十一年，齊、鄭、魯之入，至今年，大抵困于與鄭爲隣。至成十五年遷葉之後，又畏鄭而屢遷。定四年，方自析遷容城以依楚。不數年，楚困于吳，鄭遂滅之。哀元年以後，許復見者，楚又存之也。」

高氏曰：「許人本恃楚以固其國。至于四遷而楚不能爲之强，而鄭游速以偏師一出，滅其國而俘其君。楚則弱矣，而鄭亦甚暴焉。許男不死于位，故名。」

【經】二月，公侵鄭。公至自侵鄭。

公侵鄭，取匡，爲晋討鄭之伐胥靡也。往不假道于衛。及還，陽虎使季、孟自南門入，出自東門，舍于豚澤。衛侯怒，使彌子瑕追之。公叔文子老矣，輦而如公，曰：「尤人而效之，非禮也。昭公之難，君將以文之舒鼎，成之昭兆，定之鞶鑑，苟可以納之，擇用一焉。公子與二三臣之子，諸侯苟憂之，將以爲之質，此群臣之所聞也。今將以小忿蒙舊德，無乃不可乎！大姒之子，唯周公、康叔爲相睦也，而效小人以棄之，不亦誣乎！天將多陽虎之罪以斃之，君姑待之，若何？」乃止。

張氏曰：「奉晉命以討鄭之黨恶人，正也。然陪臣方執國命，使衛侯不聽公叔文子之言，魯師危矣。」

家氏曰：「天王避儋翩之亂，不書，非諱也，蓋閔之甚，憂之甚，知其終不能以自振，于是爲之廢書。」

【經】夏，季孫斯、仲孫何忌如晉。

季桓子如晉，獻鄭俘也。陽虎强使孟懿子往報夫人之幣。晉人兼享之，孟孫立于房外，謂范獻子曰：「陽虎若不能居魯，而息肩于晉，所以不爲中軍司馬者，有如先君。」獻子曰：「寡人有官，將使其人，鞅何知焉？」獻子謂簡子曰：「魯人患陽虎矣。孟孫知其釁，以爲必適晉，故强爲之請，以取入焉。」

陽虎又盟公及三桓于周莊，盟國人于亳社，詛于五父之衢。

許氏曰：「魯國政在大夫，而家臣强使之，則家臣始擅國矣。」

高氏曰：「夫以二子之力，專國擅君，而陽虎乃能制之。進云則進，止云則止，猶僕隸也，而莫之戒者，方復爲之脅，請于霸國，此其無所忌，而必爲亂之效也。雖然，不介晉權，亂亦不得發。春秋彰往察來，而慎于幾微，故因事以宣其指，原指以見其變也。嗚呼！天子微，諸侯僭。諸侯微，大夫凌。大夫微，陪臣脅。理勢然耳！」

【經】秋，晉人執宋行人樂祁犂。

八月，宋樂祁言于景公曰：「諸侯唯我事晉，今使不往，晉其憾矣。」樂祁告其宰陳寅，陳寅曰：「必使子往。」他日，公謂樂祁曰：「唯寡人説子之言，子必往。」陳寅曰：「子立後而行，吾室亦不亡，唯君亦以我爲知難而行也。」見溷而行。趙簡子逆，而飲之酒于綿上。獻楊楯六十于簡子。陳寅曰：「昔吾主范氏，今子主趙氏，又有納焉。以楊楯賈禍，弗可爲也已。然子死晉國，子孫必得志于宋。」范獻子言于晉侯曰：「以君命越疆而使，未致使而私飲酒，不敬二君，不可以不討也。」乃執樂祁。

八年，趙鞅言于晉侯曰：「諸侯唯宋事晉，好逆其使，猶懼不至。今又執之，是絶諸侯也。」將歸樂祁。士鞅曰：「三年止之，無故而歸之，宋必叛晉。」獻子私謂子梁曰：「寡君懼不得事宋君，若是止子。子姑使溷代子。」子梁以告陳寅。陳寅曰：「宋將叛晉，是棄溷也。不如待之。」樂祁歸，卒于太行。士鞅曰：「宋必叛，不如止其尸，以來[一]成焉。」乃止諸州。

張氏曰：「諸侯惟宋事晉，懼討而遣使，善逆以懷之，猶懼不來，而大夫黷貨賄、爭權利，卒使來者見執，叛者得志。書此所以著晉之亂政亟行，霸統所由絶也。」

胡氏曰：「使范、趙方睦，皆有獻也，則弗執之矣。執異國行人，出于列卿私意，威福之柄移矣。三卿分

〔一〕「來」，四庫本作「求」。

晉，而靖公廢爲家人，豈一朝一夕之故哉？」

【經】冬，城中城。

穀梁氏曰：「城中城，三家張也。」

高氏曰：「成九年，城之矣。此復城者，三家張矣。公之所有者，中城而已。外又有齊、鄭之怨，故懼而城焉。」

家氏曰：「家臣内叛，蕭牆之患小哉，魯君欲收其威柄，在于任賢植本，布德凝民，城非所先也。」

【經】季孫斯、仲孫忌帥師圍鄆。

七年，齊人歸鄆、陽關，陽虎居之以爲政。

高氏曰：「鄆自昭二十五年，齊侯取之以居。昭公三十年，鄆潰，遂貳于齊。至是，二卿圍而欲復取之。」

家氏曰：「取鄆以居公，本齊景公之善意。鄆潰而取之以歸，則爲利也。齊取鄆固非，而仲、季圍之，亦非也。爲定公者，當以善辭告之，齊景公必將歸之，不應遽用師。明年，國夏伐西鄙，自是交兵連歲，季、仲實爲之也。」

大東萊吕氏曰：「不曰『仲孫何忌』，而曰『仲孫忌』，脱文無疑也，而公羊以爲譏二名。大抵三傳解經，皆據文生義，不論是非，無復闕疑，最學者大病，不可不詳。」

【經】七年，春，王正月。

【經】夏，四月。

秋，齊侯、鄭伯盟于鹹。

陳氏曰：「此特相盟也，自齊、桓以來未之有也。于是再見，諸侯無盟主矣，是故石門志諸侯之合也，鹹志諸侯之判也。」

許氏曰：「蓋自是中國無復殷會矣，齊、鄭之盟，叛晋也。」

【经】齊人執衛行人北宫結以侵衛。齊侯、衛侯盟于沙。

秋，齊侯、鄭伯盟于鹹，徵會于衛。衛侯欲叛晋，諸大夫不可，使北宫結如齊而私于齊侯，曰：「執結以侵我。」齊侯從之，乃盟于瑣。

許氏曰：「晋定之季，鄭獻、衛靈叛而從齊，齊可以霸，而景不足望也。」

劉氏意林曰：「善爲國者，親近而遠信之，附内而外歸之。衛侯欺其群臣以紿晋，殘其百姓以奉齊。齊之執結也，固非伯討矣，而衛之無良又甚焉。從此觀之，孟子曰：『今之諸侯，五霸之罪人也。』不亦信乎！」

【經】大雩。

【經】齊國夏帥師伐我西鄙。

齊國夏伐我。陽虎御季桓子，公斂處父御孟懿子，將軍〔一〕軍齊師。齊師聞之，墮，伏而待之。處父曰：「虎不圖禍，而必死。」苫夷曰：「虎陷二子于難，不待有司，余必殺女。」虎懼，乃還，不敗。

高氏曰：「齊叛晋與鄭盟，故爲鄭伐我，且報二卿之圍鄆也。」

許氏曰：「東夏諸侯，唯魯事晋，故齊伐之。景公乘晋之衰，不思惟德之務，以懷諸侯，而欲力征經營，以定霸統。是知時之或可，而不知己之不可者也。」

【經】九月，大雩。

【經】冬，十月。

【經】八年，春，王正月，公侵齊。公至自侵齊。

公侵齊，門于陽州。士皆坐列曰：「顏高之弓六鈞。」皆取而傳觀之。陽州人出，顏高奪人弱弓，籍丘子鉏擊之，與一人俱斃。偃且射子鉏，中頰，殪。顏息射人，中肩，退曰：「我無勇。吾志其目也。」師退。冉猛僞傷足而先，其兄會乃呼曰：「猛也殿。」

【經】二月，公侵齊。

〔一〕「軍」，四庫本作「宵」。

【經】三月，公至自侵齊。

公侵齊，攻廩丘之郛。主人焚衝，或濡馬褐以救之，遂毀之。主人出，師奔。陽虎僞不見冉猛者，曰：「猛在此，必敗。」猛逐之，顧而無繼，僞顛。虎曰：「盡客氣也。」

高氏曰：「公踰月之間，再出侵齊。雖三家者之所爲，然乍往乍來，見公之進退不自由矣。」

謝氏曰：「三月之間，再出侵齊，著其産禍也。」

【經】曹伯露卒。

【經】夏，齊國夏帥師伐我西鄙。

【經】公會晋師于瓦。

【經】公至自瓦。

夏，齊國夏、高張伐我西鄙。晋士鞅、趙鞅、荀寅救我。公會晋師于瓦。范獻子執羔，趙簡子、中行文子皆執鴈。魯于是始尚羔。

謝氏曰：「公再侵齊，故齊復來伐。」

陳氏曰：「不曰會士鞅，而曰會晋師，重師也。」

胡氏曰：「春秋大法，雖師次于君，而與大夫敵。至用大衆，則君與大夫皆以師爲重，而不敢輕也。故棐林之會，不言趙盾而言晉師，瓦之會，書晉師而不書士鞅，于以見人臣不可取民有衆專主兵權之意。陳氏厚施于齊，以移其國，季孫盡征于魯，以奪其民，皆王法所禁也。春秋之義行，則不得爾矣。」

家氏曰：「是役也，晉人興師救魯，春秋不書救，何哉？夫所謂救者，仗大義以拯人之急也。魯昭棲遲乾侯，困亦甚矣，晉之諸卿，惟賄是徇，黨臣而抑君。今齊師之來，初非存亡危急之會，而晉三卿亟以兵赴之，此亦納交于季氏，而非爲魯國宗社計也，春秋是故不與之以救。」

【經】秋，七月，戊辰，陳侯柳卒。

【經】晉士鞅帥師侵鄭，遂侵衛。

晉師將盟衛侯于鄟澤。趙簡子曰：「群臣誰敢盟衛君者？」涉佗、成何曰：「我能盟之。」衛人請執牛耳。成何曰：「衛，吾溫、原也，焉得視諸侯？」將歃，涉佗挼衛侯之手，及捥。衛侯怒。王孫賈趨進曰：「盟以信禮也。有如衛君，其敢不惟禮是事而受此盟也？」

衛侯欲叛晉而患諸大夫。王孫賈使次于郊。大夫問故，公以晉詬語之，且曰：「寡人辱社稷，其改卜嗣，寡人從焉。」大夫曰：「是衛之禍，豈君之過也？」公曰：「又有患焉。謂寡人：『必以而子厚與大夫之子爲質。』」大夫曰：「苟有益也，公子則往，群臣之子敢不皆負羈絏以從？」將行，王孫賈曰：「苟衛國有難，工商未嘗不爲患，使皆行而後可。」公以告。大夫乃皆將行之。行有日，公朝國人，使賈問焉，曰：「若衛叛晉，晉五伐我，病何如矣？」皆曰：「五伐我，猶可以能戰。」賈曰：「然則如叛之，病而後質焉，何遲之有？」乃叛晉。晉人請改盟，弗許。

秋，晉士鞅會成桓公，侵鄭，圍蟲牢，報伊闕[一]也。遂侵衛。

陳氏曰：「此其言『遂』何？晉始伐與國也。于襄之二十三年，齊始叛晉，取朝歌。去年，鄭始叛晉，盟齊于鹹。衛始叛晉，盟齊于沙。于是侵鄭、衛。又明年及齊平，雖魯亦叛晉矣。故悉書之也。」

【經】葬曹靖公。

【經】九月，葬陳懷公。

【經】季孫斯、仲孫何忌帥師侵衛。

晉故也。

【經】冬，衛侯、鄭伯盟于曲濮。

師氏曰：「晉士鞅侵鄭、衛，而魯亦侵衛，是鄭、衛不得不自爲謀，又且不得不合謀，以相救援，而備晉、魯也。曲濮之盟，其以此與！」

〔一〕「闕」，四庫本作「關」。

【經】從祀先公。

【經】盜竊寶玉、大弓。

季寤、公鉏極、公山不狃皆不得志于季氏，叔孫輒無寵于叔孫氏，叔仲志不得志于魯。故五人因陽虎。陽虎欲去三桓，以季寤更季氏，以叔孫輒更叔孫氏，己更孟氏。冬，十月，順祀先公而祈焉。辛卯，禘于僖公。壬辰，將享季氏于蒲圃而殺之。戒都車曰：「癸巳至。」成宰公斂處父告孟孫曰：「季孫戒都車，何故？」孟孫曰：「吾弗聞。」處父曰：「然則亂也，必及于子，先備諸？」與孟孫以壬辰爲期。

陽虎前驅，林楚御桓子，虞人以鈹盾夾之，陽越殿，將如蒲圃。桓子咋謂林楚曰：「而先皆季氏之良也，爾以是繼之。」對曰：「臣聞命後。陽虎爲政，魯國服焉，違之徵死，死無益于主。」桓子曰：「何後之有？而能以我適孟氏乎？」對曰：「不敢愛死，懼不免主。」桓子曰：「往也。」孟氏選圉人之壯者三百人，以爲公期，築室于門外。林楚怒馬及衢而騁，陽越射之，不中，築者闔門。有自門間射陽越，殺之。陽虎劫公與武叔，以伐孟氏。公斂處父帥成人自上東門入，與陽氏戰于南門之內，弗勝。又戰于棘下，陽氏敗。陽虎説甲，如公宮，取寶玉、大弓以出，舍于五父之衢，寢而爲食。其徒曰：「追其將至。」虎曰：「魯人聞余出，喜于徵死，何暇追余？」從者曰：「嘻！速駕！公斂陽在。」公斂陽請追之，孟孫弗許。陽欲殺桓子，孟孫懼而歸之。子言辨舍爵于季氏之廟而出。陽虎入于讙、陽關以叛。

胡氏曰：「蜀人馮山曰：『昭公至是得從祀于太廟。』其説是也。季氏逐君，而制其死生之命。公薨乾侯，不得終于正寢。既薨七月，又不得以時歸葬。既葬，絶其兆域，又不得同于先君，而在墓道之南。至孔子爲司寇，然後溝而合諸墓，則其主雖久未得從昭穆而祔祭宜矣。及意如已卒，陽虎專季氏，將殺季孫斯而亂魯國，託于正以售其不正，始以昭公之主從祀太廟。蓋欲著季氏之罪，以取媚于國人。然其事雖順，其情則逆。春秋原情制法，故不書禘事與日，特曰『從祀先公』于竊寶玉、大弓之上，見事出陽虎，而不可詳也，其亦深切著明矣。」

穀梁氏曰：「寶玉者，封圭也。大弓者，武王之戎弓也。」

蘇氏曰：「陽虎將殺季孫斯，不勝而出，取寶玉、大弓于公宫以行。其稱盜，陪臣也。寶玉、大弓，魯之分器，或謂夏后氏之璜，封父之繁弱也。是時，陽虎以鄆、讙、陽關、龜陰叛，奔齊。十年，侯犯以郈叛。昭十二年，南蒯以費叛。皆以賤不書，其書竊寶玉、大弓，何也？分器重于地者，賤貨而貴命也。」

常山劉氏曰：「寶玉、大弓，天子所錫也。君之分器，藏之于國，子孫世世保之，不可失墜，而爲盜所竊，國慢無政可知矣。故書『竊』以志不恭之大也。」

【經】九年，春，王正月。

【經】夏，四月，戊申，鄭伯蠆卒。

【經】得寶玉、大弓。

夏，陽虎歸寶玉、大弓。六月，伐陽關。陽虎使焚萊門。師驚，犯之而出，奔齊。請師以伐魯，曰：「三加必取之。」齊侯將許之。鮑文子諫曰：「臣嘗爲隸于施氏矣，魯未可取也。上下猶和，衆庶猶睦，能事大國，而無天菑，若之何取之？陽虎欲勤齊師也，齊師罷，大臣必多死亡，己于是乎奮其詐謀。夫陽虎有寵于季氏，而將殺季孫，以不利魯國，而求容焉。親富不親仁，君焉用之？君富于季氏，而大于魯國，兹陽虎所欲傾覆也。魯免其疾，而君又收之，無乃害乎？」齊侯執陽虎，將東之。陽虎願東，乃囚諸西鄙。盡借邑人之車，鍥其軸，麻約而歸之。載葱靈，寢于其中而逃。追而得之，囚于齊。又以葱靈逃，奔宋，遂奔晋，適趙氏。仲尼曰：「趙氏其世有亂乎。」

公羊氏曰：「得寶玉、大弓，何以書？國寶也，喪之書，得之書。」

高郵孫氏曰：「得者，對失之辭也。寶玉、大弓去年爲盗竊去，則是魯失之矣。于是復得之，故曰『得』爾。」

師氏曰：「去年盗竊寶玉、大弓，今此書『得寶玉、大弓』，蓋譏不能討賊，但得寶玉、大弓而已。不問其所從來，若無故而得之也。不得盗而得寶玉、大弓，禮與刑并失之。」

胡氏曰：「古者告終易代，弘璧、琬琰、天球、夷玉、兑之戈、和之弓、垂之竹矢，莫不陳列，非直爲觀美也，先王所寶，傳及其身，能全而歸之，則可以免矣。魯失其政，陪臣擅權，先公分器猶不能守，而盗得竊諸公宫，其能國乎？故失之書，得之書，所以譏公與執政之臣，見不恭之大也。此義行，則有天下國家者，各知所守之職，不敢忽矣。」

【經】六月，葬鄭獻公。

【經】秋，齊侯、衛侯次于五氏。

秋，齊侯伐夷儀。晉車千乘在中牟。衛侯將如五氏，卜過之，龜焦。衛侯曰：「可也。衛車當其半，寡人當其半，敵矣。」乃過中牟。中牟人欲伐之，衛褚師圃亡在中牟，曰：「衛雖小，其君在焉，未可勝也。齊師克城而驕，其帥又賤，遇必敗之，不如從齊。」乃伐齊師，敗之。齊侯致禚、媚、杏于衛。

家氏曰：「齊、衛伐晉，次于五氏。書『次』，不書『伐』，不與之以伐也。晉德既衰，中夏莫與主盟。春秋固幸齊桓子孫猶克自振，庶幾託以攘夷〔一〕之事。今焉後其所先，伐晉，次于五氏。又伐晉，次于垂葭。睨晉國之衰，而欲掩有其霸業，霸業在我而不在晉也，是故不書伐，而書次，非以衛侯不當叛晉即齊，而重于絶晉也。叛華即夷〔二〕是之謂叛，去晉即齊，奚其爲叛？晉自平公舉中國伯權而遜之夷〔三〕楚，春秋固已無望乎晉。今晉益不競，諸侯各擇所從，從齊不猶愈于從楚乎？使景公能修桓公之業，攘夷〔四〕尊周，救災恤患，惟義是與，

〔一〕「攘夷」，四庫本作「尊攘」。
〔二〕「叛華即夷」，四庫本作「叛晉即楚」。
〔三〕「夷」，四庫本作「郵」。
〔四〕「夷」，四庫本作「亂」。

則中國所賴，春秋方將與之，安得譏之？惟不能此，故皆『次』以譏之也。」

【經】秦伯卒。

【經】冬，葬秦哀公。

【經】十年春，王正月，及齊平。

謝氏曰：「前此魯數侵齊，齊數伐魯。至孔子爲相，與齊釋怨相平，而齊受之，故魯及齊平。曁齊平者，彼欲平，而與之平也。及齊平者，我欲平而彼從我平也。孔子之相魯也，以德親懷隣國，講信修睦，而二國于此平焉。能循其道，則雖天下之大，可得而平也，豈獨一齊國哉？」

【經】夏，公會齊侯于夾谷。

【經】公至自夾谷。

公會齊侯于祝其，實夾谷。孔丘相。犁彌言于齊侯曰：「孔丘知禮而無勇，若使萊人以兵劫魯侯，必得志焉。」齊侯從之。孔丘以公退，曰：「士，兵之！兩君合好，而裔夷之俘以兵亂之，非齊君所以命諸侯也。裔不謀夏，夷不亂華，俘不干盟，兵不偪好。于神爲不祥，于〔一〕德爲愆義，于人爲失禮，君必不然。」齊侯聞之，

〔一〕「于」，四庫本作「干」。

遽辟之。

將盟。齊人加于載書曰：「齊師出境，而不以甲車三百乘從我者，有如此盟。」孔丘使兹無還揖對，曰：「而不反我汶陽之田，吾以共命者，亦如之。」齊侯將享公。孔丘謂梁丘據曰：「齊、魯之故，吾子何不聞焉？事既成矣，而又享之，是勤執事也。且犧、象不出門，嘉樂不野合。享而既具，是棄禮也。若其不具，用秕、稗也。用秕、稗，君辱；棄禮，名惡。子盍圖之？夫享，所以昭德也。不昭，不如其已也。」乃不果享。齊人來歸鄆、讙、龜陰之田。

謝氏曰：「魯自昭公失位，魯君不會諸侯久矣。孔子之相魯也，數月之間，平兩國之争。定公出會諸侯，安國强君，撥亂反正，于是乎在矣。惜乎！聖人之不久用于魯也。」

高郵孫氏曰：「魯公之會，能使大國爲之詘，畏義而反其侵地，未有盛于夾谷之會者，然孔子書之，與異時會盟等爾，無異文焉。蓋孔子之意，以謂治國有道，而交隣有義。苟治道之不至，而奔走盟會，以徼幸于言語之間，亦不足尚也。故夾谷之會，爲魯至榮之舉，而春秋以例書之，猶有譏焉。孔子之道，如何也？」

胡氏曰：「仲尼一言，威重于三軍，亦順于理而已矣，故天下莫大于理，而强衆不與焉。」

【經】晋趙鞅帥師圍衛。

報夷儀也。初，衛侯伐邯鄲午于寒氏，城其西北而守之，宵熸。及晋圍衛，午以徒七十人門于衛西門，殺人于門中，曰：「請報寒氏之役。」涉佗曰：「夫子則勇矣，然我往，必不敢啟門。」亦以徒七十人，旦門焉，步左右，皆至而立，如植。日中不啟門，乃退。反役，晋人討衛之叛故，曰：「由涉佗、成何。」于是執涉佗以求成于衛。衛人不許。晋人遂殺涉佗，成何奔燕。

家氏曰：「七年，衛始叛晋，爲沙之盟。晋士鞅侵鄭，遂侵衛，衛侯復欲與晋爲盟。趙鞅不善撫納，乃使賤者盟，以辱之。衛侯怒，遂絶晋而即齊。九年，偕齊侯，爲五氏之次，伐晋夷儀，固晋耻也。晋不能治齊，而圍衛以報忿，貽誚于諸侯，而叛者自是益衆矣。」

許氏曰：「使晋有以報齊，則衛可無用兵而服也。今圍衛而不能服，則徒足以堅齊之從而已。」

【經】齊人來歸鄆、讙、龜陰田。

程子曰：「齊服義而來歸之，故書來歸。」

公羊氏曰：「齊人曷爲來歸鄆、讙、龜陰田？孔子行乎季孫，三月不違，齊人爲是來歸之。」

胡氏曰：「前此嘗歸濟西田矣，後此嘗歸讙及闡矣，而此獨書『來歸』，何也？曰『歸』者，魯請而得之也。曰『來歸』者，齊人心服而歸之也。桓公以義責楚，而楚人求盟，夫子以禮責齊，而齊人歸地，皆書曰『來』，序績也。春秋夫子之筆削，自序其績可乎？聖人會人物于一身，通古今于一息，曰：『天之將喪斯文也，後死者不得與于斯文也。天之未喪斯文也，匡人其如予何。』而亦何嫌之有？」

高氏曰：「孔子夾谷之事，人可能也，而使大國悔過效順，所不可能也。此修誠之至，崇德之素，感于其人之天，譬如干羽，格有苗，非任智者所能測也。揚子曰：『孔子用于魯，齊人章章，歸其侵疆。』惜乎魯不能終用之。」

家氏曰：「春秋書歸疆，見之書法者，前後每不同，齊人歸我濟西田也，取汶陽田也，取邾田自漷水也，齊人來歸鄆、讙、龜陰田也，齊人歸讙及闡也，經凡五見，取汶陽，取漷水，歸疆也，書取，不書歸，以其仗大國而得歸，是故書歸。取濟西，歸讙及闡，歸疆也，言歸不言來歸，以其請之而後得，非彼自以歸也。惟鄆、讙、龜陰之歸，書齊人來歸，言齊人自以故疆來歸，非假兵力、智計而得之，是之謂自歸，視其他歸疆有不得同也。嗚呼！聖人道化所感，强暴爲之格心，有莫知其然而然者。左傳所載，兹無還之對陋矣。雖然，聖人功用豈止若是而已哉？故必有堯、舜、湯、武之君而後能用皐、稷、伊、吕之佐，周室既衰，諸侯皆庸夫、妄人，復脅于强悍不軌之卿族，是豈聖人行道之時，而功化因事而見者？惟夾谷之會與魯疆之歸耳。學者讀春秋，至是可以信聖人之道不爲空言，儒者之學非無實用，特患乎充拓有所未至耳。夫豈申、韓、鞅、斯以刑名法術，刦制天下，强人以必從，而爲之治效者哉？」

劉氏意林曰：「天下之事，常服于順而違于逆，逆之必歸于敗也，猶順之必取于勝也。中賢猶足以自持，况聖人乎？不動而至，不言而信，不疾而速，此之謂也。故必先自勝也，而後可以勝人。必先自治也，而後可以治人。夫不自勝而務勝人，不自治而務治人，皆逆之類也。故齊雖强，以其逆而失，魯雖弱，以其順而得。得失非强弱也，在道而已。」

陳氏曰：「齊强于天下，于是願歸田，則以孔子相夾谷之會也。謂春秋之諸侯不足用爲善者，是不即人心者之論也，故曰『如有用我者，期月而已可也』。」

【經】叔孫州仇、仲孫何忌帥師圍郈。

【經】秋，叔孫州仇、仲孫何忌帥師圍郈。

初，叔孫成子欲立武叔，公若藐固諫曰：「不可。」成子立之而卒。公南使賊射之，不能殺。公南爲馬正，使公若爲郈宰。武叔既定，使郈馬正侯犯殺公若，弗能。其圉人曰：「吾以劍過朝，公若必曰：『誰之劍也？』吾稱子以告，必觀之。吾僞固，而授之末，則可殺也。」使如之。公若曰：「爾若吴王我乎？」遂殺公若。侯犯以郈叛。武叔、懿子圍郈，弗克。

秋，二子及齊師復圍郈，弗克。叔孫謂郈工師駟赤曰：「郈非惟叔孫氏之憂，社稷之患也。將若之何？」對曰：「臣之業，在揚水卒章之四言矣。」叔孫稽首。駟赤謂侯犯曰：「居齊、魯之際而無事，必不可矣。子盍求事于齊以臨民？不然，將叛。」侯犯從之。齊使至，駟赤與郈人爲之宣言于郈中，曰：「侯犯將以郈易于齊，齊人將遷郈民。」衆兇懼。駟赤謂侯犯曰：「衆言異矣，子不如易于齊。與其死也，猶是郈也，而得紓焉，何必此？齊人欲以此偪魯，必倍與子地。且盍多舍甲于子之門，以備不虞？」侯犯曰：「諾。」乃多舍甲焉。侯犯請易于齊，齊有司觀郈。將至，駟赤使周呼曰：「齊師至矣。」郈人大駭，介侯犯之門甲，以圖侯犯。駟赤將射之，侯犯止之曰：「謀免我。」侯犯請行，許之。駟赤先如宿，侯犯殿。每出一門，郈人閉之。及郭門，止之，曰：「子以叔孫氏之甲出，有司若誅之，群臣懼死。」駟赤曰：「叔孫氏之甲有物，吾未敢以出。」犯謂駟赤曰：「子止而與之數。」駟赤止而納魯人。侯犯奔齊，齊人乃致郈。

胡氏曰：「郈，叔孫氏邑也。侯犯以郈叛，不書于策，書『圍郈』，則叛可知矣。再書二卿帥師圍郈，則强亦可知矣。天子失道，征伐自諸侯出，而後大夫强。諸侯失道，征伐自大夫出，而後家臣强。其逆彌甚，則其失彌速。故自諸侯出，十世希不失矣，自大夫出，五世希不失矣，陪臣執國命，三世希不失矣。三家專魯，爲日既久。至是，家臣争叛，亦其理宜矣。春秋制法，本忠恕，施諸己而不願，亦勿施于人，故所恶于上，不以使下，所恶于下，不以事上。二三子知傾公室以自張，而不知家隸之擬其後也。」

師氏曰：「向使魯君上知有天子，而不敢蔑視周室，則三家無復叛魯公。向使三家知有國君，而不侵侮魯公，則其家臣亦何由叛叔孫？是所謂以身教者從，而出乎爾者，未有不反乎爾者也，可不戒哉？可不慎哉？」

【經】宋樂大心出奔曹。

九年，春，宋公使樂大心盟于晋，且逆樂祁之尸。辭，僞有疾。乃使向巢于晋盟，且逆子梁之尸。子明謂桐門右師出，曰：「吾猶衰經〔二〕，而子擊鐘，何也？」右師曰：「喪不在此故也。」既而告人曰：「己衰絰而生子，余何故舍鐘？」子明聞之，怒，言于公曰：「右師將不利戴氏，不肯適晋，將作亂也。不然無疾。」乃

〔二〕「經」，四庫本作「絰」。

逐桐門右師。

【經】宋公子地出奔陳。

宋公子地嬖蘧富獵，十一分其室，而以其五與之。公子地有白馬四。公嬖向魋，魋欲之，公取而朱其尾、鬣以與之。地怒，使其徒抶魋而奪之。魋懼，將走。公閉門而泣之，目盡腫。母弟辰曰：「子分室以與獵也，而獨卑魋，亦有頗焉。子爲君禮，不過出境，君必止子。」公子地出奔陳。公弗止。辰爲之請，弗聽。辰曰：「是吾迋吾兄也。吾以國人出，君誰與處？」冬，母弟辰暨仲佗、石彄出奔陳。

家氏曰：「春秋每于一國之事而再三書者，深致意焉耳。自此兩年間，書宋事凡五見，而大夫、公子、母弟奔者三，罪皆累于上，此春秋所以責景公也。樂大心，宋之舊臣，本無大罪，樂溷譖焉，宋景不察而遽逐之，以豎子之讒，而逐一大夫，罪累上一也。公子地有馬，公取之以與嬖臣向魋。地怒，抶魋。公怒，地奔。以嬖臣之故，翦其公族，罪累上二也。公弟辰，母弟也。爲地請留，而公不許。辰怒，率仲佗、石彄俱奔，其意亦欲君之留之，而公復不爲止。以嬖臣而奔母弟，罪累上三也。奔者，固皆有罪，而宋景所以待其大夫、公族、母弟者，抑亦少恩甚矣。君人者，人倫風化之所自出也，居其厚，猶恐其薄，居其薄，無所往而非薄。宋公以嬖臣、豎子之故，使其母弟、公族一朝俱奔。考其事，過皆在公，是故春秋始終備書之，不加貶斥，而義自見矣。至于辰與地之本罪，則以下文見之，皆以叛書。」

【經】冬，齊侯、衛侯、鄭游速會于安甫。

家氏曰：「前此齊與鄭、衛盟于鹹，盟于沙矣。今而三國復共爲此會，無所憚于晉矣。前此魯受命于晉，而以兵加衛。今而受盟夾谷，棄晉不復顧矣。然而諸侯雖散于晉，而不能翕然並合于齊，晉雖衰，而齊亦卒不能霸，無人焉耳。若其有人，率諸侯獎王室，救灾恤患，爲桓公之所爲，是亦桓公而已矣。惜哉！有其機而無其志也。」

【經】叔孫州仇如齊。

武叔聘于齊。齊侯享之，曰：「子叔孫！若使郈在君之他境，寡人何知焉？屬與敝邑際，故敢助君憂之。」對曰：「非寡君之望也。所以事君，封疆社稷是以。敢以家隸勤君之執事？夫不令之臣，天下之所恶也，君豈以爲寡君賜？」

【經】宋公之弟辰暨仲佗、石彄出奔陳。

胡氏曰：「其『弟』云者，罪累上，以嬖魋故而失二弟，無親親之恩。『暨』云者，罪辰以兄故，帥其大夫出奔，無尊君之義。夫暨者，不得已之辭，又以見仲佗、石彄見脅于辰，不能自立，無大臣之節也。」

春秋闕疑卷四十二（定公十一年—十五年）

【經】十有一年，春，宋公之弟辰及仲佗、石彄、公子地自陳入于蕭以叛。

【經】夏，四月。

【經】秋，宋樂大心自曹入于蕭。

宋公母弟辰暨仲佗、石彄、公子地入于蕭以叛。秋，樂大心從之，大爲宋患。寵向魋故也。

胡氏曰：「出奔陳，則稱『暨』。入于蕭以叛，則稱『及』。及非不得已之辭，得已而不已者也。夫事君者，可貧、可賤、可殺而不可使爲亂。今不得已而輕于去國，猶之可也。得已不已，而果于叛君，則無首從之別，其罪一施之，故不稱『暨』而稱『及』。四卿在蕭以叛，而大心自曹從之，其叛可知矣，故不書『叛』，而曰『入于蕭』。『入』，逆辭也。書『自陳』『自曹』者，結隣國以入叛，陳與曹之罪亦著矣。」

【經】冬，及鄭平。

【經】叔還如鄭莅盟。

始叛晉也。

家氏曰：「自文公之霸，魯事晉，惟其嘗中間雖即楚、即齊，而不敢顯然與晉絶。去年及齊平，今又及鄭平。既背晉，不得不樹黨以自固焉耳。」

許氏曰：「夫晉之爲晉，自若也定，亦未有他惡，而諸侯離心者，政在多門，貨賄譏慝，汩昏其間，則無以令天下，極于執樂祁也。」

【經】十有二年，春，薛伯定卒。

【經】夏，葬薛襄公。

【經】叔孫州仇帥師墮郈。

張氏曰：「墮，毁也。毁其所恃以爲固者，所以制陪臣，抑私家，而復强幹弱枝之勢也。仲由之舉此議，蓋因南蒯、侯犯之叛而爲三家忠，謀使强臣不敢恃强以叛君，陪臣不敢負固以跋扈，而上下皆順，然侯犯、南蒯皆以叛，爲季氏、叔氏之害，故費、郈皆墮，獨公斂處父方恃强以敗陽虎，而孟氏用之，故二邑雖墮，而成獨不服，雖定公圍之，而卒不克也。」

【經】衛公孟彄帥師伐曹。

克郊。

高氏曰：「諸侯同叛晋，而齊不能一之。衞之伐曹，亦自適已事而已。」

【經】季孫斯、仲孫何忌帥師墮費。

仲由爲季氏宰，將墮三都。于是叔孫氏墮郈，季氏將墮費，公山不狃、叔孫輒帥費人以襲魯。公與三子入于季氏之宫，登武子之臺，費人攻之，弗克。入及公側。仲尼命申句須、樂頎下，伐之，費人北。國人追之，敗諸姑蔑。二子奔齊，遂墮費。

家氏曰：「始城費、城郈，强族所以抗其君。今墮郈、墮費，强族所以自去其疾。蓋費、郈有叛者，故二氏以君命而墮之，而成之。守者猶事孟氏而不替，故孟氏猶不受命。」

劉氏意林曰：「諸侯僭天子而大夫强，大夫執國命而陪臣叛，事勢則然矣。不務以所望乎下者事上，則奚由順哉？譬之伐木，不自其根，必復滋。塞水不自其源，必復流。源與根無他，在已而已矣。故師行邦域之中，而書之若異國然，此孔子所謂『不在顓臾，而在蕭牆之内』之意也。」

【經】冬，大雩。

【經】冬，十月，癸亥，公會齊侯盟于黄。

【經】十有一月，丙辰，朔，日有食之。

【經】公至自黄。

【經】十有二月，公圍成。

【經】公至自圍成。

將墮成。公斂處父謂孟孫：「墮成，齊人必至于北門。且成，孟氏之保障也。無成，是無孟氏也。子僞不知，我將不墮。」冬，十二月，公圍成，弗克。

孫氏曰：「天子有天下，諸侯有一國。天下有逆命不服者，則天子命諸侯伐之。一國之邑有背叛不從，則諸侯命其臣伐之。故天子無伐其諸侯，諸侯無討于其邑。春秋之時，天下無王，而諸侯逆命者衆，故有王而伐鄭者。陪臣擅命而權在私家，諸侯不得爲政，故有公而圍成者。成，魯邑，而魯圍之，書公曰『圍成』〔一〕，以見諸侯之失道也。」

愚按：三都之墮，先儒多以爲夫子與聞其事，愚獨以爲不然。蓋夫子相定公，爲夾谷之會，以禮服齊。齊人憂孔子用于魯，王道將復行于天下，而齊之所爲，無所容于世矣。于是歸女樂，實欲沮孔子之爲政，而孔子遂行，所謂「行乎季孫，三月不違」者，夫子仕魯，得時行道，不及百日，其行事之可見者，夾谷一會而已。叔孫州仇、仲孫何忌帥師圍郈，至再而不克，此時孔子已不得用。十二年，仲由爲季氏宰，于是始墮三都，計孔子已不在魯矣。議者謂「傳稱費人攻之，弗克。入及公側，仲尼命申句須、樂頎下，伐之」。以爲證。愚疑仲尼本仲由

〔一〕「書公曰『圍成』」，四庫本作「書曰『公圍成』」。

字，傳寫之誤爾。蓋仲由將墮三都，故在公側，目擊其事，命申句須、樂頎下，伐之，非必仲尼也。按公山弗擾以費畔，召，子欲往。子路曰：「何必公山氏之之也？」子曰：「夫召我者，而豈徒哉？如有用我者，吾其爲東周乎！」詳味夫子是言，豈墮郈、墮費云乎哉？公親圍成云乎哉？聖人所爲，有大過人者，必如夾谷之會，齊人自服，侵疆自歸。何煩二氏之帥師？公之親圍乎？學者宜深考焉，不可拘于傳記之説，遂惑之而不辨也。

【經】十有三年，春，齊侯、衛侯次于垂葭。

齊侯、衛侯次于垂葭，實郥氏。使師伐晋，將濟河。諸大夫皆曰：「不可。」邴意茲曰：「可。鋭師伐河内，傳必數日而後及絳，絳不三月，不能出河，則我既濟水矣。」乃伐河内。

家氏曰：「齊侯次于五氏，次于垂葭，傳皆以爲伐晋，春秋惟書次而不書伐，不與其伐也，非謂晋不可伐也。晋既失霸，則凡中國諸侯能舉方伯、連帥之事者，皆可以修明霸業，號召天下，初不必求之于晋也。爲景公者，當請命于周，而遍告于諸侯之國，曰：『晋比歲多故，夏盟無主，諸侯强吞弱、小併大弗問。臣逐君、下陵上弗恤。夷狄滅同盟之國，視非己責，弗救。諸夏罔所依憑，吾承王命，將攘夷遏亂，以修方伯、連帥之職。』辭直而義壯，孰不我從？乃今日會某，明日盟某，又明日次于某，其末也，復悉力以救晋大夫之叛者，愈行而愈陋，欲以圖霸，豈不難哉？」

【經】夏，築蛇淵囿。

高氏曰：「魯政不修，而非時勤民築囿，志不及國矣。且圍成，弗克，歸而爲此，何振之有？又況魯國之囿，一而已矣。成築鹿囿，昭築郎囿，定築蛇淵囿，何囿之多也！」

【經】大蒐于比蒲。

【經】衛公孫彄帥師伐曹。

高氏曰：「衛比伐曹者，曹不叛晉故也。靈公志在軍旅之事，不知以禮爲國，故亟戰如此。」

【經】秋，晉趙鞅入于晉陽以叛。

晉趙鞅謂邯鄲午曰：「歸我衛貢五百家，吾舍諸晉陽。」午許諾。歸，告其父、兄。父、兄皆曰：「不可。衛是以爲邯鄲，而置諸晉陽，絶衛之道也。不如侵齊而謀之。」乃如之，而歸之于晉陽。趙孟怒，召午，而囚諸晉陽。使其從者説劍而入，涉賓不可。乃使告邯鄲人，曰：「吾私有討于午也，二三子唯所欲立。」遂殺午。趙稷、涉賓以邯鄲叛。夏，六月，上軍司馬籍秦圍邯鄲。邯鄲午，荀寅之甥也。荀寅，范吉射之姻也，而相與睦，故不與圍邯鄲，將作亂。董安于聞之，告趙孟曰：「先備諸？」趙孟曰：「晉國有命，始禍者死，爲後可也。」安于曰：「與其害于民，寧我獨死？請以我説。」趙孟不可。秋，七月，范氏、中行氏伐趙氏之宫。趙鞅奔晉陽，晉人圍之。

胡氏曰：「趙鞅之入拒范、中行也，而直書曰『叛』，何也？人臣專土，與君爲市，則是簒弑之，階堅冰之戒，豈無以有已之義乎？後世大臣有困于讒間，遷延居外，不敢釋兵卒以憂死者，亦未明人臣之義故爾，故直書『入于晉陽以叛』。入者，不順之辭。叛者，不赦之罪。」

【經】冬，晉荀寅、士吉射入于朝歌以叛。

范皋夷無寵于范吉射，而欲爲亂于范氏。梁嬰父嬖于知文子，文子欲以爲卿。韓簡子與中行文子相惡。魏襄子亦與范昭子相惡。故五子謀，將逐荀寅而以梁嬰父代之，逐范吉射而以范皋夷代之。荀躒言于晉侯曰：「君命大臣，始禍者死，載書在河。今三臣始禍，而獨逐鞅，刑已不鈞矣。請皆逐之。」冬，十一月，荀躒、韓不信、魏曼多奉公以伐范氏、中行氏，弗克。二子將伐公。齊高强曰：「三折肱知爲良醫。唯伐君爲不可，民弗與也。我以伐君在此矣，三家未睦，可盡克也。克之，君將誰與？若先伐君，是使睦也。」弗聽。遂伐公，國人助公，二子敗，從而伐之。丁未，荀寅、士吉射奔朝歌。

胡氏曰：「晉主夏盟，威服天下。及大夫專政，賄賂公行，内外離析。示威平丘而齊叛，辭請召陵而蔡叛，盟于沙、鹹而鄭叛，次于五氏而衞叛，莅于鄭、會于夾谷、歃于黄而魯叛。諸侯叛于外，大夫叛于内。故奔于晉陽而趙鞅叛，入于朝歌而荀寅、士吉射叛。以晉國之大，天下莫强焉，邦分崩而不能守也。春秋于晉事或略而不序，或賤而稱人，或書侵以陋之，責亦備矣。至是，三卿内叛，直書于策，見其效也。故臧哀伯曰：『國家之敗，由官邪也。官之失德，寵賂章也。』晉卿始禍，緣衞貢也。樂祁見執，獻楊楯也。蔡侯從吴，荀寅貨也。昭公弗納，范鞅賂也。而晉室自是不復能主盟矣。故爲國以義不以利，春秋之大法在焉，見諸行事，亦可謂深切著明矣。」

【經】晉趙鞅歸于晉。

韓、魏以趙氏爲請。十二月，辛未，趙鞅入于絳，盟于公宮。十四年，梁嬰父恶董安于，謂知文子曰：「不殺安于，使終爲政于趙氏。趙氏必得晉國，盍以其先發難也，討于趙氏？」文子使告于趙孟曰：「范、中行氏雖信爲亂，安于則發之，是安于與謀亂也。晉國有命，始禍者死。二子既伏其罪矣，敢以告。」趙孟患之，安于曰：「我死而晉國寧，趙氏定，將焉用之？人誰不死，吾死莫矣。」乃縊而死。趙孟尸諸市，而告于知氏，曰：「主命戮罪人安于，既伏其罪矣，敢以告。」知伯從趙孟盟，而後趙氏定，祀安于于廟。

蘇氏曰：「鞅、寅、吉射之叛，其罪均也。鞅以有助，故得復。寅、吉射以無援，故終叛。春秋無所與也。」

胡氏曰：「叛逆，人臣之大恶。始禍晉國之載書，既不能致辟于鞅，奉行天討以警亂臣，又亢不衷，徇韓、魏之請，而使之復無政刑矣。其能國乎？」

陳氏曰：「歸，易辭也，晉無人之辭也。此韓、趙、魏分晉之本也，叛臣至于書歸，則仗義不足録矣。」

家氏曰：「人臣不忌其君，未有不終于爲亂者也。晉大夫不忌其君，爲日久矣。衛孫林父逐君，晉大夫從而羽翼之。魯季氏逐君，晉大夫又從而羽翼之。羽翼他人之亂臣者，皆有欲爲亂者心也，而其君冥然無所悟，一聽其所爲。至是，而三卿俱叛，夫豈一朝一夕之故哉？趙鞅專殺，荀寅、士吉射之興兵，其罪不同，所以不忌其君，則同也。鞅挾晉陽之甲，將以内向，此叛也。寅、吉射據朝歌，外交齊、狄，以抗其君，亦叛也。鞅之交在内，故不旋踵而得入。寅、吉射之交在外，故事危而難成。春秋于入晉陽，入朝歌，皆書叛，惟其公也。知躒、韓不信、魏曼多黨趙鞅，爲之請，復恶寅、吉射攻而去之，各私其私也。春秋先書鞅叛，繼書鞅歸，言已叛之人，非所得歸而歸也，非謂鞅無罪而歸之于晉也。」

【經】薛弑其君比。

胡氏曰：「稱國以弑者，當國大臣之罪也。孫復以爲，舉國之衆皆可誅，非矣。三晉有國半，天下若皆可誅，刀鋸不亦濫乎？」

潁川常秩曰：「孫復之于春秋，動輒有罪，蓋商鞅之法耳。棄灰于道者，有誅。步過六尺者，有罰。其不即人心遠矣。」

愚按：稱國以弑，其義有二：晉弑其君州蒲，歸罪遭弑之君也。吴弑其君僚，歸罪當國大臣也。薛比之弑，三傳不載，其事莫詳，其故不敢妄爲之説，要之亦不出此二者之例，姑闕以俟知者。

【經】十有四年，春，衛公叔戍來奔。

【經】衛趙陽出奔宋。

十三年，春，衛公叔文子朝，而請享靈公。退，見史鰌而告之。史鰌曰：「子必禍矣。子富而君貪，罪其及子乎？」文子曰：「然。吾不先告子，是吾罪也。君既許我矣，其若之何？」史鰌曰：「無害。子臣，可以免。富而能臣，必免于難，上下同之。戍也驕，其亡乎。富而不驕者鮮，吾唯子之見。驕而不亡者，未之有也，戍必與焉。」及文子卒，衛侯始恶于公叔戍，以其富也。公叔戍又將去夫人之黨，夫人愬之曰：「戍將爲亂。」至是，衛侯逐公孫戍與其黨，故趙陽奔宋，戍來奔。

家氏曰：「靈公不君，南子不婦，比而爲恶，亦既稔矣。公叔戍以宗國之老，起而正之，乃戍之所得爲，非戍之所能爲也。人臣欲正其君者，必先自正其身，其身既正，而後可以格君心之非，而措之于善。今戍也恃富而驕，素無國中之譽，乃欲以正君自任，事不齊而速禍宜也。春秋書三大夫之奔，所以著衛亂之所從始。」

胡氏曰：「趙陽、北宮結，皆戍黨也，故以出奔。而靈公無道，不能正家，以丧其大臣之罪著矣。夫富者，怨之府也。使戍積而能散，以財發身，不貪人之所怨，于以保其爵位，倘庶幾乎。」

【經】二月，辛巳，楚公子結、陳公孫佗人帥師滅頓，以頓子牂歸。

頓子牂欲事晉背楚，而絶陳好。二月，楚滅頓。

家氏曰：「楚爲中國患，百有餘年。至是始戢，諸侯無從楚者。頓本楚之與國，嘗與夏盟。召陵之會，頓子在焉。去楚而即華〔一〕，正也。陳以盛德之後，當荆楚既衰，猶比而從之不釋，是亦楚而已矣〔二〕。春秋書楚結、陳佗連兵滅國，誅楚而罪陳也。」

啖氏曰：「凡書『滅之』，書『以歸』及名者，既責其不死位，又責其無興復之志也。」

【經】夏，衛北宫結來奔。

公叔戍之故也。

【經】五月，于越敗吴于檇李。

【經】吴子光卒。

吴伐越。越子句踐禦之，陳于檇李。句踐患吴之整也，使死士再禽焉，不動。使罪人三行，屬劍于頸，而辭曰：「二君有治，臣奸旗鼓，不敏于君之行前，不敢逃刑，敢歸死。」遂自剄也。師屬之目，越子因而伐之，大敗之。靈姑浮以戈擊闔廬，傷將指，取其一屨而還，卒于陘，去檇李七里。夫差使人立于庭，苟出入，必謂己曰：「夫差！而忘越王之殺而父乎？」則對曰：「唯不敢忘。」三年，乃報越。

哀元年，吴王夫差敗越于夫椒，報檇李也。遂入越。越子以甲楯五千，保于會稽，使大夫種因吴太宰嚭以

〔一〕「華」，四庫本作「晋」。

〔二〕「是亦楚而已矣」，四庫本作「是亦不知繩矣」。

行成。吴子將許之。伍員曰：「不可。臣聞之，『樹德莫如滋，去疾莫如盡。』昔者過澆殺斟灌以伐斟鄩，滅夏后相。后緡方娠，逃出自竇，歸于有仍，生少康焉，爲仍牧正。惎澆，能戒之。澆使椒求之，逃奔有虞，爲之庖正，以除其害。虞思于是妻之以二姚，而邑諸綸，有田一成，有衆一旅。能布其德而兆其謀，以收夏衆，撫其官職。使女艾諜澆，使季杼誘豷，遂滅過、戈，復禹之績。祀夏配天，不失舊物。今吴不如過，而越大于少康，或將豐之，不亦難乎？勾踐能親而務施，施不失人，親不棄勞。與我同壤，而世爲仇讐。于是乎克而弗取，將又存之，違天而長寇讐，後雖悔之，不可食已。姬之衰也，日可俟也。介在蠻夷，而長寇讐，以是求伯，必不行矣。」弗聽，退而告人曰：「越十年生聚，而十年教訓。二十年之外，吴其爲沼乎！」三月，越及吴平。

吴之入楚也，使召陳懷公。懷公朝國人而問焉，曰：「欲與楚者右，欲與吴者左。陳人從田，無田從黨。」逢滑當公而進曰：「臣聞國之興也以福，其亡也以禍。今吴未有福，楚未有禍。楚未可棄，吴未可從。而晉，盟主也，若以晉辭吴，若何？」公曰：「國勝君亡，非禍而何？」對曰：「國之有是多矣，何必不復？小國猶復，况大國乎？臣聞國之興也，視民如傷，是其福也。其亡也，以民爲土芥，是其禍也。楚雖無德，亦不艾殺其民。吴日敝于兵，暴骨如莽，未見德焉。天其或者正訓楚也，禍之適吴，其何日之有？」陳侯從之。及夫差克越，已修先君之怨。秋，八月，吴侵陳，修舊怨也。

吴師在陳，楚大夫皆懼，曰：「闔廬惟能用其民，以敗我于柏舉。今聞其嗣又甚焉，將若之何？」子西曰：「二三子恤不相睦，無患吴矣。昔闔廬食不二味，居不重席，室不崇壇，器不彤鏤，宫室不觀，舟車不飾，衣服財用，擇不取費。在國，天有灾癘，親巡其孤寡，而共其乏困。在軍，熟食者分，而後敢食，其所嘗者，卒乘與焉。勤恤其民，而與之勞逸，是以民不罷勞，死知不曠。吾先大夫子常易之，所以敗我也。今聞夫差，次有臺榭陂池焉，宿有妃嬙嬪御〔二〕焉。一日之行，所欲必成，玩好必從。珍異是聚，觀樂是務，視民如讎，而用之日新。夫先自敗也已，安能敗我？」

胡氏曰：「書敗者，詐戰也。定公五年，于越入吴。至是，敗吴于檇李。會黄池之歲，越又入吴。悉書于史，以其告也。哀之元年，吴子敗越，棲勾踐于會稽之上，豈獨不告而史册不書？疑仲尼削之也。然則夫差之戰，復父讎也，非報怨也，春秋削而不書，以爲常事，其旨微矣。」

【經】公會齊侯、衛侯于牽。

【經】公至自會。

晋人圍朝歌。公會齊侯、衛侯于脾、上梁之間，謀救范、中行氏。析成鮒、小王桃甲率狄師以襲晋，戰于絳中，不克而還。士鮒奔周，小王桃甲入于朝歌。

張氏曰：「齊景公欲求伯，誅晋之亂臣，以正其國可也。三國之君同爲范、中行而會，以助不衷，可乎？」

【經】秋，齊侯、宋公會于洮。

〔二〕「妃嬙嬪御」，四庫本作「妃嬪嬙御」。

范氏故也。冬，十二月，晋人敗范、中行氏之師于潞，獲籍秦、高强。又敗鄭師及范氏之師于百泉。

許氏曰：「齊、宋、魯、衛崇奬亂逆而謀動干戈，大義亡矣。」

愚按：晋國天下莫强焉，且世主夏盟，至其衰弱，諸侯猶所畏憚也，故齊景圖霸，睥睨逡巡而不敢進。今晋國内亂，三卿俱叛，使齊景能因其時，誅其叛逆，以正君臣之分，則晋猶且賴之，况他國之諸侯乎？一舉而霸業成矣。顧乃背其君，而助其臣，舍其順，而從其逆，此昧義從亂之行也〔一〕，豈可以主盟諸侯哉？宜其死之日，民無德而稱焉。

【經】天王使石尚來歸脤。

公羊氏曰：「脤者何？俎實也。腥曰脤，熟曰膰。」

杜氏曰：「石尚，天子之士。石，氏。尚，名。」

泰山孫氏曰：「天子祭社稷宗廟，有與諸侯共福之理。此謂助祭諸侯焉。魯未嘗助祭，天王使石尚來歸脤，非禮也。」

【經】衛世子蒯聵出奔宋，衛公孟彄出奔鄭。

衛侯爲夫人南子召宋朝，會于洮。大子蒯聵獻盂于齊，過宋野，野人歌之曰：「既定爾婁豬，盍歸吾艾

〔一〕「此昧義從亂之行也」，四庫本作「此雖謂禽獸之行也」。

猳？」大子羞之，謂戲陽速曰：「從我朝少君，少君見我，我顧乃殺之。」速曰：「諾。」乃朝夫人。夫人見太子。太子三顧，速不進。夫子〔二〕見其色，啼而走，曰：「蒯聵將殺余。」公執其手以登臺，太子奔宋，盡逐其黨，故孟彄出奔鄭，自鄭奔齊。太子告人曰：「戲陽速禍余。」戲陽速告人曰：「太子則禍余。太子無道，使余殺其母，余不許，將戕于余。若殺夫人，將以余說。余是故許而弗爲，以紓余死。」

劉氏權衡曰：「蒯聵雖不善謀，安有此事哉？且殺夫人，蒯聵獨得全乎？彼所羞者，以夫人名惡也，如殺其母，爲惡愈大，反不知可羞乎？蓋蒯聵聞野人之歌，其心慚焉，則朝而謂夫人。夫人惡其斥己之淫，則啼而走，言太子將殺余以誣之。靈公惑于南子所言，必聽從，故外則召宋朝，而内則逐公叔戍、趙陽，彼不耻召宋朝，固亦不難于逐蒯聵矣。此其真也，不當如左氏所記。又蒯聵出乃奔宋，宋，南子家也。蒯聵負殺南子之名，而又走入其家，使真有其事者敢乎哉？此亦一證也。」

常山劉氏曰：「蒯聵出奔，春秋不去其世子者，衞侯之罪也。南子之惡，亦已甚矣。其欲去世子之意，亦已明矣。如哀姜亂魯，驪姬亂晉，若此比者，不鮮矣。而靈公聽南子之譖，謂蒯聵欲弑其母，不能爲辨明，以致其出奔，豈非靈公之罪乎？」

張氏曰：「劉氏之説，發明蒯聵不敢殺其母，當合劉質夫解觀之。自古讒婦之誣其子多矣，故考二劉之言，

〔二〕「子」，四庫本作「人」。

足以知左氏所記，乃南子之讒言，而非當時之實録也。」

愚按：蒯聵無弑母之事，二劉辨之詳矣。或者猶有疑于戲陽速之言，謂此爲當時明證。殊不知讒諂面諛之人，苟欲阿附其上，則亦何所不至？速聞夫人之啼，知其欲歸罪于太子，即爲同謀之説，迎合夫人之意，誣太子以證其事之爲實，此姦人憸險之所爲，世常有之，而人不之覺也。太子告人曰：「戲陽速禍余。」正謂其誣己也。此等之言，何足信哉？

家氏曰：「自入春秋，衛國再亂，始以宣公納伋妻，終以靈公溺南氏。綱淪法斁，内憂外患，相乘而起。以是知一身、一家、一國，理亂脉絡，相爲流通，聖賢六經所以垂戒，殆非虚語。春秋先書三大夫之奔，至是，遂書太子逐衛，亂已成而靈公獨不悟。其後，子據國而拒其父，臣稱兵以伐其君，大亂幾亡，可不懼哉？可不戒哉？」

【經】宋公之弟辰自蕭來奔。

【經】大蒐于比蒲。

【經】邾子來會公。

高郵孫氏曰：「春秋田狩之事，公行之者，必書『公』，公觀魚于棠，公狩于郎是也。而蒐田見于經，皆不曰『公』。于是比蒲之蒐未還，而邾子來會公，足知蒐者，公也，然而不曰『公』者，政在三桓，非公自出也。棠魚、郎狩，遠地則譏，而隱、桓之時政猶自出，無三桓之專故也，故皆曰『公』。自昭之紅蒐，政在三桓久矣。蒐田之禮，雖公自行，而政之所出，實由三桓也，故皆曰『大蒐』而不曰『公』焉，所以見公之不得爲政，而大夫專國之罪也。」

【經】城莒父及霄。

謝氏曰：「郈與費，患其固而墮之。莒父及霄，患其不固而城之。苟惟弗擇忠良而畀之以邑，則二邑雖固，適足以爲叛人之資而已。」

杜氏曰：「此年無冬，史闕文。」

【經】十有五年，春，王正月，邾子來朝。

邾隱公來朝，子貢觀焉。邾子執玉高，其容仰。公受玉卑，其容俯。子貢曰：「以禮觀之，二君者，皆有死亡焉。夫禮，死生存亡之體也。將左右周旋，進退俯仰于是乎取之，朝祀喪戎于是乎觀之。今正月相朝，而皆不度，心已亡矣。嘉事不體，何以能久？高仰，驕也；卑俯，替也。驕近亂，替近疾，君爲主，其先亡乎？」

家氏曰：「邾、魯不相爲下，有自來矣。今中國無霸，諸侯擅兵，魯之强家且將不利于邾，故邾子以去年來會，爲未成禮，復此來朝，未幾奔魯之喪，其卑屈抑亦甚矣。而哀二年，季氏卒興師夷其國，春秋備書之，責魯也。」

【經】鼷鼠食郊牛，牛死，改卜牛。

公羊氏曰：「不言其所食，慢也。」

穀梁氏曰：「不敬莫大焉。」

【經】二月，辛丑，楚子滅胡，以胡子豹歸。

吳之入楚也，胡子盡俘楚邑之近胡者。楚既定，胡子豹又不事楚，曰：「存亡有命，事楚何爲？多取費焉。」二月，楚滅胡。

胡氏曰：「滅人之國，其罪大矣。然胡子豹乘楚之約，盡俘其邑之近胡者，所謂國必自滅，而後人滅之。非滅之者，獨有罪也。國君造命，不可委命者，既以爲有命，而貪生忍辱，不死于社稷，則是不知命矣。書以歸，罪豹之不能死于位也。」

【經】夏，五月，辛亥，郊。

謝氏曰：「著其失時也。」

【經】壬申，公薨于高寢。

五月，壬申，公薨。仲尼曰：「賜不幸而言中，是使賜多言者也。」

高氏曰：「定公立十五年，豈不欲政自己出？權不外奪乎？而卒不能者，以其愚蔽，故季氏立之爾。夫季氏，藉祖父之勢，僭有民柄，一旦制在陽虎，僅而脱禍，公不能乘其衰微，尊任聖賢以自固，則公之愚蔽可知矣。是時，季孫創艾禍難，勉用孔子，而齊人歸其侵疆，則公與季氏豈不知聖賢之可以安國而取榮耶？卒之齊人歸女樂，君臣共觀之，遂廢朝事，而孔子行。蓋公之愚蔽如此。」

【經】鄭罕達帥師伐宋。齊侯、衛侯次于渠蒢。

鄭罕達敗宋師于老丘。齊侯、衛侯次于蘧挐，謀救宋也。

師氏曰：「經凡書次，譏其緩不及事也。然雖有不及事，而尚可爲聲援者，如次于聶北、救邢之類。邢獨倚之，危而不亡，是以録其功書救。若夫名爲救，而勢力危弱，不足以爲聲援，徒勞民動衆，以次于無用之地，則今齊、衛二侯是也，欲救宋也，既無救宋之實，又無救宋之聲。在宋則不知其援，在鄭則不知所畏，徒見其次于渠蒢而已，書之者，譏其無謂而徒勞也。」

家氏曰：「齊桓伐楚，次陘。當伐而伐，當次而次，景不足知此。」

【經】邾子來奔喪。

公羊氏曰：「奔喪，非禮也。」

高郵孫氏曰：「禮，天王崩，諸侯近者奔喪，遠者會葬。魯，諸侯。邾、滕，列國而奔喪魯葬，如天王之禮，春秋一切書之，用見魯之强，而邾、滕之弱，其失禮、僭禮有如此者。」

常山劉氏曰：「當周之衰，天子崩葬，諸侯皆無奔喪、會葬之事，而邾、滕反行于强大之國，非禮明矣。」

【經】秋，七月，壬申，姒氏卒。

高郵孫氏曰：「姒氏，定公之妾，哀公之母。禮，妾母不稱夫人，不書卒葬，而春秋之時，稍稍僭之，故妾母稱夫人，書卒葬，同于小君，而孔子皆書之，以懲其僭。是時，哀公即位未逾年，而其母未敢僭夫人之號，故卒不稱夫人而書氏。」

【經】八月，庚辰，朔，日有食之。

【經】九月，滕子來會葬。

杜氏曰：「諸侯會葬，非禮也。」

大東萊吕氏曰：「邾子來奔喪，畏魯甚也。滕差遠而大于邾，故但來會葬，此專以强弱利害爲國者也。」

【經】丁巳，葬我君定公。雨，不克葬。戊午，日下昃，乃克葬。

葬定公。雨，不克襄事。

穀梁氏曰：「葬既有日，不爲雨止，禮也。雨，不克葬，喪不以制也。乃急辭也，不足乎日之辭也。」

謝氏曰：「古者日旦而葬，日中而虞。日旦而葬，敬之至也。日中而虞，哀之至也。」

高氏曰：「日下昃，則失虞之時甚矣。君子之于親，不忍一日而離也，故葬曰虞者，所以寧親也。乃者，難辭。乃克葬者，所以重孝弟之情也。」

【經】辛巳，葬定姒。

高氏曰：「春秋自成風後，妾母皆僭稱夫人，譏不正也。此不稱小君，以子未成君，故母亦未成夫人。」

家氏曰：「定姒得書卒葬，明其爲君母也。不書夫人、小君，著其爲妾母也。春秋于魯之妾母，著義甚精。雖不削其夫人之號，亦未嘗輕與之以夫人之名，特傳者，求之未精耳。」

【經】冬，城漆。

某氏曰：「漆非魯邑，邾庶其以之來奔者，魯受之于叛人，而又勞民以城之，所謂不待貶絶，而罪恶見者也。」

春秋闕疑卷四十三（哀公元年—五年）

哀公

公名蔣，定公之子。敬王二十八年即位。謚法：恭仁短折曰哀。

【經】元年，春，王正月，公即位。

【經】楚子、陳侯、許男圍蔡[一]。

報柏舉也。里而栽[二]，廣丈，高倍。夫屯晝夜九日，如子西之素。蔡人男女以辨，使疆于江、汝之間而還。蔡于是乎請遷于吴。

胡氏曰：「男女以辨，則是降也。疆于江、汝，則是遷其國也。而獨書圍蔡，何也？蔡嘗以吴師入郢，昭王奔

[一]「楚子、陳侯、許男圍蔡」，四庫本作「楚子、陳侯、隨侯、許男圍蔡」。

[二]「栽」，四庫本作「裁」。

隨，壞宗廟，撻平王之墓矣。至是，楚國復寧師師圍蔡，降其衆，遷其國，而春秋書之略者，見蔡宜得報，而楚子復讐之事可恕也。聖人本無怨，而怨出于不怨，故議讐之重輕，有至于不與共戴天者。今楚人禍及宗廟，辱逮父母，若包羞〔一〕忍耻而不能一洒之，則不可以有立，而天理滅矣。故特書『圍蔡』而稱爵，恕楚之罪辭也。」

【經】鼷鼠食郊牛，改卜牛。

【經】夏，四月，辛巳，郊。

胡氏曰：「鼷鼠食郊牛，改卜牛，志不敬也。夏，四月，郊，書不時也。四卜，非禮也。五卜，强也。全曰牲，傷曰牛。已牛矣，其尚卜免之，何也？嘗置之上帝矣，故卜而後免之，不敢專也。」

【經】秋，齊侯、衛侯伐晋。

夏，四月，齊侯、衛侯救邯鄲，圍五鹿。齊侯、衛侯會于乾侯，救范氏也，師及齊師、衛孔圉、鮮虞人伐晋，取棘蒲。冬，十一月，晋趙鞅伐朝歌。

許氏曰：「伯主奉王命以正天下，而諸侯至于合從以伐之。春秋書以著中國之無伯也。王道既盡，霸統復亡，春秋之變，至是窮矣。」

〔一〕「羞」，四庫本作「卑」。

【經】冬，仲孫何忌帥師伐邾。

謝氏曰：「邾子來會朝，來奔喪，猶不免難，以魯之所欲者，邾之土地也。書『伐邾』者，魯之不道也。」

薛氏曰：「邾子不自爲國，非禮以朝强大而不免于伐，實自輕之道也。」

【經】二年，春，王二月，季孫斯、叔孫州仇、仲孫何忌帥師伐邾，取漷東田及沂西田。

【經】癸巳，叔孫州仇、仲孫何忌及邾子盟于句繹。

春伐邾，將伐絞。邾人愛其土，故賂以漷、沂之田而受盟。

謝氏曰：「以邾微國，而三卿帥師伐之，以田故也。邾人入田，以求免難，故取漷東、沂西田。書『取』，罪其不義也。書漷東、沂西，謹邾之分地。取漷東猶未足，于是又取沂西。書『及沂西』，罪其無厭也。」

胡氏曰：「三人伐，則曷爲二人盟？盟者，各盟其所得也。莫强乎季孫，何獨無得？季氏四分公室有其二，昭公伐意如，叔孫救意如，而昭公孫陽虎、囚桓子，孟孫氏救桓子，而陽虎奔。今得邾田，蓋季孫氏以歸，二家而不取也。」

高氏曰：「三卿伐而二卿盟者，季氏臨之，叔仲歃之，是季氏之汰也，自謂猶君矣，其卑邾亦甚矣。」

家氏曰：「三家俱出，而二氏獨盟，見仲孫欲盟而罷兵，季氏怙强，終期滅邾乃已。春秋書之，所以誅也。

七年，入邾，大夫不欲，季氏違衆以行，于斯盟見之矣。」

愚按：必合三説觀之，方足以盡三人伐二人盟之義。蓋季氏志在滅邾而得其土地，二田不足以充其所欲，故以田與叔仲，已無所取。使二氏自與邾盟，己但臨之而已。季氏所以不與邾盟者，一則不屑與之盟以示其汰，二則包藏禍心，終欲遂其入邾之志，而未肯與之盟也。比事以觀，斯可見矣。

【經】夏，四月，丙子，衛侯元卒。

初，衛侯游于郊，子南僕。公曰：「余無子，將立女。」不對。他日，又謂之。對曰：「郢不足以辱社稷，君其改圖。君夫人在堂，三揖在下，君命祇辱。」夏，衛靈公卒。夫人曰：「命公子郢爲太子，君命也。」對曰：「郢異于他子。且君没于吾手，若有之，郢必聞之，且亡人之子輒在。」乃立輒。

【經】滕子來朝。

【經】晉趙鞅帥師納衛世子蒯聵于戚。

六月，乙酉，晉趙鞅納衛世子于戚。宵迷，陽虎，曰：「右河而南，必至焉。」使太子絻，八人衰絰，僞自衛逆者。告于門，哭而入，遂居之。

樸鄉吕氏曰：「使蒯聵欲殺夫人，則是以子而殺母也。以子而殺其母，則父子之義絶矣。出奔不復，乃理之宜。及其納于戚，聖人不應以衛世子書之。聖人書之以『衛世子』，則是蒯聵世子之位未絶也。蒯聵世子之位未絶，則知其必無欲殺母之事矣。按春秋書世子者三，鄭世子忽，蔡世子有，衛世子蒯聵，三者所書一同。突雖立，而忽之位終未絶也。楚雖滅其父，而有之位終未絶也。輒雖立，而蒯聵之位終未絶也。觀聖人所書之旨，則蒯聵之名不可掩。」

陳氏曰：「于戚，内弗受也，輒拒父也。後十二年，而蒯聵自戚入于衛，衛侯輒來奔，則是輒拒父也。世子，正也。屬辭比事，萬世不可掩矣。」

謝氏曰：「蒯聵以親，則父也。以位，則世子也。以義，則未絶于國也。爲衛國計者，使輒先以君命即位，次以父恩遜位。輒既受位而後辭，則上不違先君顧屬之命，下不傷父子先後之倫，衛之大事兩順而不逆矣。失此道，至使輒以子拒父，而趙鞅有納世子之師，故蒯聵納稱世子，以責衛之臣子也。」

愚按：夫子至此猶書蒯聵爲世子，蒯聵無弑母之事明矣。所謂世子者，以其承之于君父，而世有其國者也。豈有負弑母之罪，而可世有其國，得弑母之名，而可謂之子乎？今以論語考之，冉有謂夫子爲衛君，子貢問曰：「伯夷、叔齊，何人也？」子曰：「古之賢人也。」子貢謂冉有曰：「夫子不爲也。」蓋伯夷、叔齊以兄弟而讓國，衛輒、蒯聵以父子而争位，夫子既以夷、齊爲賢，則不爲衛輒矣。子路曰：「衛君待子而爲政，子將奚先？」子曰：「必也正名乎。」夫子于蒯聵，兩書世子，豈即所謂正名哉？夫輒以子拒父，故名不正，言不順，而事不成。使輒能用夫子，則夫子必使輒退居臣子之位，迎其父而立之，則名正、言順而事成矣。以此二節觀之，蒯聵未嘗見絶于衛，輒乃據衛以絶其父爾。向使靈公之死，有能明蒯聵之無罪，復其位而立之，則衛國之事定矣。而南子在內，終惡蒯聵，遂欲立公子郢，而郢又讓輒，遂致衛國大亂。然則無父、無君者，輒之罪也，非蒯聵之罪也，是不可不辨。

【經】秋，八月，甲戌，晉趙鞅帥師及鄭罕達帥師戰于鐵，鄭師敗績。

齊人輸范氏粟。鄭子姚、子般送之。士吉射逆之，趙鞅禦之，遇于戚。陽虎曰：「吾車少，以兵車之旆與罕、駟兵車先陳。罕、駟自後隨而從之，彼見吾貌，必有懼心。于是乎會之，必大敗之。」從之，卜戰，龜焦。樂丁曰：「詩曰：『爰始爰謀，爰契我龜。』謀協以故，兆詢可也。」簡子誓曰：「范氏、中行氏反易天明，斬艾百姓，欲擅晉國而滅其君，寡君恃鄭而保焉。今鄭爲不道，棄君逐臣，二三子順天明，從君命，經德義，除詬恥，在此行也。克敵者，上大夫受縣，下大夫受郡，士田十萬，庶人工商遂，人臣隸圉免。志父無罪，君實圖之。若其有罪，絞縊以戮，桐棺三寸，不設屬辟，素車樸馬，無入于兆，下卿之罰也。」甲戌，將戰。郵無恤御簡子，衛太子爲右。登鐵上，望見鄭師衆，太子懼，自投于車下。子良授太子綏而乘之，曰：「婦人也。」簡子巡列曰：「畢萬，匹夫也。七戰皆獲，有馬百乘，死于牖下。群子勉之，死不在寇。」繁羽御趙羅，宋勇爲右。羅無勇，麇之。吏詰之，御對曰：「痁作而伏。」衛太子禱曰：「曾孫蒯聵敢昭告皇祖文王、烈祖康叔、文祖襄公：鄭勝亂從，晉午在難，不能治亂，使鞅討之。蒯聵不敢自佚，備持矛焉。敢告無絶筋，無折骨，無面傷，以集大事，無作三祖羞。大命不敢請，佩玉不敢愛。」鄭人擊簡子中肩，斃于車中，獲其蠭旗，太子救之以戈。鄭師北，獲溫大夫趙羅。太子復伐之，鄭師大敗，獲齊粟千車。趙孟喜曰：「可矣。」傅傁曰：「雖克鄭，猶有知在，憂未艾也。」

初，周人與范氏田，公孫龍稅焉。趙氏得而獻之，吏請殺之。趙孟曰：「爲其主也，何罪？」止而與之田。及鐵之戰，以徒五百人宵攻鄭師，取蠭旗于子姚之幕下，獻曰：「請報主德。」

追鄭師。姚、般、公孫林殿而射，前列多死。趙孟曰：「國無小。」既戰，簡子曰：「吾伏弢嘔血，鼓音不衰，今日我上也。」太子曰：「吾救主于車，退敵于下，我，右之上也。」郵良曰：「我兩靷將絶，吾能止之，我，御之上也。」駕而乘材，兩靷皆絶。

三年，劉氏、范氏世爲婚姻，萇弘事劉文公，故周與范氏。趙鞅以爲討。六月，癸卯，周人殺萇弘。冬，十月，晋趙鞅圍朝歌，師于其南。荀寅伐其郛，使其徒自北門入，已犯師而出。癸丑，奔邯鄲。十一月，趙鞅殺士皐夷，恶范氏也。

四年，秋，七月，齊陳乞、弦施，衛甯跪救范氏。庚午，圍五鹿。九月，趙鞅圍邯鄲。冬，十一月，邯鄲降。荀寅奔鮮虞，趙稷奔臨。十二月，弦施逆之，遂墮臨。國夏伐晋，取邢、任、欒、鄗、逆畤、陰人、盂、壺口。會鮮虞，納荀寅于柏人。

五年春，晋圍柏人，荀寅、士吉射奔齊。初，范氏之臣王生恶張柳朔，言諸昭子，使爲柏人。昭子曰：「夫非而讐乎？」對曰：「私讐不及公，好不廢過，恶不去善，義之經也，臣敢違之？」及范氏出，張柳朔謂其子：「爾從主，勉之！我將止死，王生授我矣，吾不可以僭之。」遂死于柏人。

高氏曰：「齊人輸范氏粟，鄭罕達送之，晋趙鞅遇鄭于鐵，而與之戰，故書晋『及』而不書『伐』，特以兩國之卿自帥師共戰爲文。」

臨江劉氏曰：「戰而言及之者，有主之者也，猶曰趙鞅爲志乎此戰云耳。」

【經】冬，十月，葬衛靈公。

【經】十有一月，蔡遷于州來。

【經】蔡殺其大夫公子駟。

吴洩庸如蔡納聘，而稍納師。師畢入，衆知之。蔡侯告大夫，殺公子駟以説。哭而遷墓。冬，蔡遷于州來。

胡氏曰：「楚既降蔡，使疆于江、汝，蔡人聽命而還師矣。復倍楚，請遷于吴，而又自悔也。其謀之不臧甚矣。夫遷國，大事也。盤庚五遷，利害甚明，衆猶胥怨，不適有居，至于丁寧反復，播告之修而後定也。今蔡介于吴、楚二大國之間，倍楚誑吴，及其事急，又委罪于執政，其誰之咎也？故經以自遷爲文。而殺公子駟，則書『大夫』而稱國，言君與用事，大臣擅殺之也。」

【經】三年，春，齊國夏、衛石曼姑帥師圍戚。

齊、衛圍戚，求援于中山。

穀梁氏曰：「此衛事也，其先國夏，何也？子不圍父也。不繫戚于衛者，子不有父也。」

高郵孫氏曰：「欲圍戚者，衞也，而主兵以齊。蓋聖人之意，以蒯聵爲世子，而衞輒拒之，以子拒父，而又圍之，其罪不待誅絶而可見也。齊，大國，又世盟主，諸侯不道，父子争國，明大義以正之可也，乃助其子以圍其父，推之主兵，所以深罪之也。」

高氏曰：「先儒或以輒之拒父爲尊祖，以齊國夏、衞石曼姑之圍戚爲霸討。嗚呼！起後世亂人倫，賊父子之禍者，蓋此言也。且蒯聵不過以疑似之迹，奔逃于外，以待父之察耳，父子之恩未絶也。輒爲蒯聵之子，豈不知之？況人子之事親，當致之于無過之地。今見蒯聵出奔在外，而遂以其父爲罪人，則輒之爲人子，已不免乎罪矣，況又據國而拒其父乎？昔孟子論舜爲天子，皋陶爲士，瞽瞍殺人，則如之何？曰：『執之而已矣。』然則舜如之何？曰：『舜視棄天下猶棄敝屣也。竊負而逃，遵海濱而處，終身訢然，樂而忘天下。』輒之爲人子，能致其親于無過之地，若此可也。今反以已之大夫會外大夫，帥師以圍其父，則君臣之義，父子之恩，皆自此絶矣。夫曼姑以臣圍君，爲子圍父，逆亂人倫，莫甚于此，天下豈有無父之國哉？」

許氏曰：「觀乎蒯聵之亂，則齊景之不霸可知矣。晉以君臣稱兵，而齊爲臣伐君。衞以父子争國，而齊助子圍父。以是令于諸侯，君子是以知齊之將亂也。」

愚按：「蒯聵既無弑母之事，輒固當明其父之無罪，迎而立之。使蒯聵而實有弑母之事，輒亦只當致國于公子之賢者，以身從其父可也，豈有據國而拒其父者乎？」

【經】夏，四月，甲午，地震。

【經】五月，辛卯，桓宮、僖宮災。

五月，辛卯，司鐸火。火踰公宮，桓、僖災。救火者皆曰：「顧府。」南宮敬叔至，命周人出御書，俟于宮，曰：「庀女而不在，死。」子服景伯至，命宰人出禮書以待命：「命不共，有常刑。」校人乘馬，巾車脂轄。百官官備，府庫慎守，官人肅給。濟濡帷幕，鬱攸從之。蒙葺公屋，自太廟始，外内以悛。助所不給。有不用命，則有常刑，無赦。公父文伯至，命校人駕乘車。季桓子至，御公立于象魏之外，命救火者傷人則止，財可爲也。命藏象魏，曰：「舊章不可亡也。」富父槐至，曰：「無備而官辦者，猶拾瀋也。」于是乎去表之槀，道還公宮。孔子在陳，聞火，曰：「其桓、僖乎。」

公羊氏曰：「何以書？記災也。」

胡氏曰：「不言及，等也。」

高郵孫氏曰：「桓公者，哀公之十世祖也。僖公者，哀公之七世祖也。諸侯五廟，而十世之廟猶存，蓋非禮也。」

劉氏曰：「桓、僖久矣，其宮何以存不毀也？曷爲不毀？三家者出于桓，立于僖，以是爲悦者也。」

謝氏曰：「桓宮、僖宮當毀不毀，而天災及之，此天人之際，其應甚于影響者也，故逆則災生，順則福至，天人之常〔一〕理也。」

【經】季孫斯、叔孫州仇帥師城啟陽。

謝氏曰：「貪土田，以致寇；城邊邑，以備難；故此年凡四城。」

許氏曰：「所城非近地，故帥師焉。地震、廟災，變異弗圖，而取田城邑，兵役相繼，可謂不畏天命矣。此魯之季世也。」

【經】宋樂髡帥師伐曹。

高氏曰：「曹本屬宋，既而叛之，夫曹不量力而奸强國，不修德而圖大功，則適足以取亡而已矣。」

【經】秋，七月，丙子，季孫斯卒。

季孫有疾，命正常曰：「無死。南孺子之子，男也，則以告而立之。女也，則肥也可。」季孫卒，康子即位。既葬，康子在朝。南氏生男，正常載以如朝，告曰：「夫子有遺言，命其圉臣曰：『南氏生男，則以告于君與大夫而立之。』今生矣，男也。敢告。」遂奔衛。康子請退，公使共劉視之，則或殺之矣。乃討之。召正常，正常不反。

〔一〕「常」，四庫本作「當」。

【經】蔡人放其大夫公孫獵于吳。

杜氏曰：「獵，公子駟之黨。」

胡氏曰：「放公孫獵，書『大夫』而稱『人』，言國亂無政，衆人擅放之也。駟與獵，其以請遷于吳爲非者乎？而委之罪以説，誰敢復有盡忠而與謀其國者哉？」

【經】冬，十月，癸卯，秦伯卒。

【經】叔孫州仇、仲孫何忌帥師圍邾。

謝氏曰：「脅其地，盟其君，句繹之血未乾，而又帥師圍邾，魯國之罪也。來會、來朝、來奔喪，猶不免伐，取漷、沂田，受繹盟，猶不免，圍小國困于水火，甚矣。」

【經】四年，春，王二月，庚戌，盜殺蔡侯申。

蔡昭侯將如吳，諸大夫恐其又遷也，承。公孫翩逐而射之，入于家人而卒。以兩矢門之。衆莫敢進。文之鍇後至，曰：「如牆而進，多而殺二人。」鍇執弓而先，翩射之，中肘。鍇遂殺之。故逐公孫辰而殺公孫姓、公孫盱。

杜氏曰：「按宣十七年，蔡侯申卒，是文侯也。今昭侯，是其玄孫，不容與高祖同名，未詳何者誤。」

高郵孫氏曰：「春秋弑君有稱國者，有稱人者，有稱名者，未有書盜者。書盜，不知其來，且何國也？其君見弑，而不知弑者之名，是以曰『盜』耳。不曰蔡盜而但曰盜焉，是明不知其弑者之名也。」

師氏曰：「蔡侯爲一國之君，而一旦爲盜所殺，則蔡侯所爲固可知矣。爲蔡之臣，而立乎蔡之本朝者，莫能得盜之主名，則臣子之罪，可逃于筆削之間乎？國君被殺，不曰『弑』者，臣弑其君，子弑其父，然後謂之弑。今此既不知盜爲誰，則盜或出于異邦之人，未可必也，故不以弑歸之臣子焉。」

泰山孫氏曰：「盜者，微賤之稱。其曰『盜殺蔡侯申』，責蔡臣子不能拒難。」

陳氏曰：「弑稱國，則凡在官者，無人也。稱盜，則凡在宫者，無人也。」

謝氏曰：「以國君之尊，而盜得殺之，朝無屏衛，國無政刑，可知也。刑人與盜，皆人倫所不齒也。朝無屏衛，國無政刑，則盜與刑人出爲至尊仇敵，其可不戒耶？」

【經】蔡公孫辰出奔吴。

陳氏曰：「書公薨，夫人姜氏孫于邾，公子慶父出奔莒，則夫人、慶父與聞乎弑矣。書殺蔡侯申，蔡公孫辰出奔吴，則辰與聞乎弑矣。」

師氏曰：「蔡侯被殺之後，而公孫辰出奔，其迹良可疑也。非斯人弑君，則亦必弑君之黨耳。意其國人疑之，辰不自安，是以出奔而免討也。書辰之族而去其官，則辰之不臣，亦略見矣。」

愚按：春秋書辰奔于蔡侯被殺之下，非辰與聞乎弑，則必事有相連者，辰執則罪人可得矣。今辰出奔，而殺蔡侯者，遂不可得其主名矣。

【經】葬秦惠公。

【經】宋人執小邾子。

高氏曰：「天下無霸，强得凌弱，故宋得以執國君而無忌也。執非其罪，所以稱人。」

【經】蔡殺其大夫公孫姓、公孫霍。

愚按：蔡侯之死，傳稱公孫翩逐而射之，則是臣弑其君矣。宜書曰「蔡公孫翩弑其君申」，而經書曰「盜殺蔡侯申」，則殺蔡侯者非公孫翩也。又云文之鍇殺翩，則宜以討賊之辭書曰「蔡人殺公孫翩」，而經不書殺公孫翩，則翩非賊也。至謂殺翩，遂逐公孫辰，而殺公孫姓、公孫霍，既以辰、姓、霍皆爲翩之黨，而或逐、或殺，用刑不同，何也？兼傳謂逐辰而殺姓、霍，同在一時，共連一事，而經書辰之奔，在殺蔡侯之下，與殺蔡侯之事若有相連。而書姓、霍之殺，在葬秦惠公、宋人執小邾子之後，與殺蔡侯之事若無相涉，則是逐與殺各在一時，而非爲一事也。愚謂姓、霍之殺，自以別事，春秋書之，特著蔡擅殺大夫之罪耳。使因賊黨而誅之，安得復存其官而謂之大夫也哉？且殺君，大恶也，討賊，大刑也。聖人隱大恶之名，緩大刑之討，釋其首恶不坐，而獨歸獄于其黨與，吾知其無是事也，故曰春秋成而亂臣賊子懼。

【經】晉人執戎蠻子赤歸于楚。

楚人既克夷虎，乃謀北方。左司馬販、申公壽餘、葉公諸梁致蔡于負函，致方城之外于繒關，曰：「吴將泝江入郢，將奔命焉。」爲一昔之期，襲梁及霍。單浮餘圍蠻氏，蠻氏潰。蠻子赤奔晉陰地。司馬起豐、析與狄戎，以臨上雒。左師軍于菟和，右師軍于倉野，使謂陰地之命大夫士蔑曰：「晉、楚有盟，好恶同之。若將不廢，寡君之願也。不然，將通于少習以聽命。」士蔑請諸趙孟，趙孟曰：「晉國未寧，安能恶于楚？必速與之。」士蔑乃致九州之戎，將裂田以與蠻子而城之，且將爲之卜。蠻子聽卜，遂執之，與其五大夫，以畀楚師于三户。司馬致邑，立宗焉，以誘其遺民，而盡俘以歸。

公羊氏曰：「執戎曼子赤歸于楚，辟伯晉而京師楚也。」

家氏曰：「諸侯有罪，執而歸于王，書執某侯歸于京師，霸主不敢專其威福，是以歸之于王，所以尊京師也。戎蠻雖邇于楚，亦嘗服屬諸夏。昭十六年，楚乘其亂，誘其君而殺之，楚實無道，戎之叛之宜也。于是自拔歸晉，晉人倘畏楚之盛强，拒而弗納可也。聽其去而適他國，亦可也。乃詐而執之，以歸于楚。執人而歸之荆蠻〔一〕，是以事京師者而事荆蠻〔二〕，晉之罪大矣。」

謝氏曰：「不歸于京師而歸于楚，是以楚爲邦國主而歸之也。晉侯書人，貶之也。書歸于楚，罪其背王室而臣荆蠻〔三〕也。」

〔一〕「荆蠻」，四庫本作「于楚」。
〔二〕「荆蠻」，四庫本作「楚人」。
〔三〕「荆蠻」，四庫本作「强楚」。

胡氏曰：「晋主夏盟，爲日久矣，不競至此，春秋所恶。」

謝氏曰：「魯城西郛，取卑之道也。」

高氏曰：「城西之一面，以備晋也。」

【經】城西郛。

【經】六月，辛丑，亳社灾。

蘇氏曰：「亳社，商社也。周之滅商也，以其社賜諸侯，所謂亡國之社也。亡國之社必屋，故灾也。」

高氏曰：「周自克商之後，凡封建諸侯，皆使立亳社。」

顔師古曰：「存其社者，欲使人君常思慎敬、懼危亡也。」

董仲舒、劉向亦云：「亡國之社，所以示戒也。」

閔二年，傳曰：「間于二社，爲公室輔。」杜預謂：「二社者，周社、亳社之兩間，朝廷執政所在也。」

程子曰：「觀書亦須要知得隨文害義，如書曰：『湯既勝夏，欲遷其社，不可。』湯爲聖人，聖人不容有妄舉。若湯始欲遷社，衆議以爲不可而不遷，是湯先有妄舉也。不可者，湯不可之也。湯以爲國既亡，則社自當遷，以爲遷之不若不遷之爲愈，故但屋之，屋之則與遷之無以異，既爲亡國之社，則自王城至國都皆有之，使爲戒也，故春秋書『亳社灾』。」

家氏曰：「或曰此周之亳社，灾爲天下記異，義亦通。」

【經】秋，八月，甲寅，滕子結卒。

【經】冬，十有二月，葬蔡昭公。

【經】葬滕頃公。

【經】五年，春，城毗。

杜氏曰：「備晋也。」

【經】夏，齊侯伐宋。

高氏曰：「伐宋以求宋也。晋侯失霸，宋人窺之，齊人争之，是以伐而求之，得宋，則霸可圖矣。」

【經】晋趙鞅帥師伐衞。

范氏之故也。遂圍中牟。

【經】秋，九月，癸酉，齊侯杵臼卒。

齊燕姬生子，不成而死，諸子鬻姒之子荼嬖。諸大夫恐其爲太子也，言于公曰：「君之齒長矣，未有太子，若之何？」公曰：「二三子間于憂虞，則有疾疢。亦姑謀樂，何憂于無君？」公疾，使國惠子、高昭子立荼，置群公子于萊。秋，齊景公卒。冬，十月，公子嘉、公子駒、公子黔奔衞，公子鉏、公子陽生來奔。萊人歌之曰：「景公死乎不與埋，三軍之事乎不與謀。師乎師乎，何黨之乎？」

【經】冬，叔還如齊。

【經】閏月，葬齊景公。

穀梁氏曰：「閏月，葬齊公，不正其閏也。」

家氏曰：「三年之喪，不計閏月。今齊景之喪，以閏月書，豈當時計閏以爲喪，春秋書以譏之與。」

春秋闕疑卷四十四（哀公六年—十年）

【經】六年，春，城邾瑕。

許氏曰：「定、哀十六年間，凡八城邑，魯既不得事晉，諸侯方争，是以高城深池，務守其國，以捍禍亂，防虞至矣。雖然，使魯能修其政如治城者，則天下歸之，豈特堇堇自守而已？是以譏也。三年以來，歲書城邑，以著魯無德政，勞民如此，後雖城邑，不復志矣。」

愚按：邾瑕，公羊以爲邾邑，然魯人既無入瑕之事，又無取瑕之文，忽有城瑕之舉，且不帥師徒竟成，是役疑只魯邑而自城之，非强城邾邑也。

【經】晉趙鞅帥師伐鮮虞。

治范氏之亂也。

高氏曰：「鮮虞納荀寅于柏人，故趙鞅伐之。」

【經】吴伐陳。

復修舊怨也。楚子曰：「吾先君與陳有盟，不可以不救。」乃救陳。師于城父。

高氏曰：「陳，楚與也。吴之入楚，召陳侯不至，吴人怨之，今伐陳者，修先君之怨也。聖人恶吴人侵暴中國，故狄之。」

【經】夏，齊國夏及高張來奔。

齊陳乞僞事高、國者，每朝，必驂乘焉。所從，必言諸大夫曰：「彼皆偃蹇，將棄子之命。皆曰：『高、國得君，必偪我，盍去諸？』固將謀子，子早圖之。圖之，莫如盡滅之。需，事之下也。」及朝，則曰：「彼虎狼也，見我在子之側，殺我無日矣，請就之位。」又謂諸大夫曰：「二子者禍矣！恃得君而欲謀二三子，曰：『國之多難，貴寵之由，盡去之而後君定。』既成謀矣，盍及其未作也，先諸？作而後，悔亦無及也。」大夫從之。

夏，六月，戊辰，陳乞、鮑牧及諸大夫以甲入于公宫。昭子聞之，與惠子乘如公，戰于莊，敗。國人追之，國夏奔莒，遂及高張、晏圉、弦施來奔。

高氏曰：「二子從君之亂命，廢長立少，既又不能全其嗣君，而陳乞將立陽生，故先出奔。」

師氏曰：「國君將薨，必有受顧命之臣，而齊之所任，無出二子之右。二子既受命立君，不終所事，畏死奔于他國，則齊國之難，誰任其責以弭之？二子之罪，于此不可逃矣。」

許氏曰：「親臣去，則國體輕，國體輕，則君勢降，故必奔高、國而後陳乞弑君之謀得肆矣。」

家氏曰：「高、國從君于邪，又不能以死奉荼名，而奔之，所以誅也。然高、國百年之舊族，一旦爲疏遠賤臣所傾，高、國逐而孺子死，孺子死而陽生立，齊國之命，制于陳氏，自是三弑其君，國隨以亡。由辨之不早辨，以至此極。亡齊者，景公乎！」

【經】叔還會吴于柤。

許氏曰：「叔還以吴在柤，故往會之，始結吴好也。吴心叵測〔二〕，可以强大服，難以衰弱御，以魯政之不修，務與吴親，以資其力，君子志柤之會，于此知魯之將有吴患矣。」

【經】秋，七月，庚寅，楚子軫卒。

七月，楚子在城父，將救陳。卜戰，不吉；卜退，不吉。王曰：「然則死也。再敗楚師，不如死。棄盟，逃讎，亦不如死。死一也，其死讎乎。」命公子申爲王，不可；則命公子結，亦不可；則命公子啟，五辭而後許。將戰，王有疾。庚寅，昭王攻大冥，卒于城父。子閭退，曰：「君王舍其子而讓，群臣敢忘君乎？從君之命，順也。立君之子，亦順也。二順不可失也。」與子西、子期謀，潛師閉塗，逆越女之子章，立之而後還。是歲也，有雲如衆赤鳥，夾日以飛三日。楚子使問于周太史。周太史曰：「其當王身乎。若禜之，可移于令尹、司馬。」王曰：「除腹心之疾〔三〕，而置諸股肱，何益？不穀不有大過，天其夭諸？有罪受罰，又焉移

〔二〕「吴心叵測」，四庫本作「僭葬之國」。

〔三〕「疾」，四庫本作「病」。

之？」遂弗禜。

初，昭王有疾，卜曰：「河爲祟。」王弗祭。大夫請祭諸郊，王曰：「三代命祀，祭不越望。江、漢、睢、漳，楚之望也。禍福之至，不是過也。不穀雖不德，河非所獲罪也。」遂弗祭。

【經】齊陽生入于齊。

程子曰：「稱齊陽生，見景公廢長立少，以啟亂也。」

胡氏曰：「陽生曷爲不稱公子？非先君之子也。爲人子者，無以有已，則以父母之心爲心者，景公命荼世其國，已則篡荼而自立，是自絶于先君，豈復得爲先君之子也？不稱公子，誅不子也。陽生不子，則曷爲擊之齊？春秋端本之書，正其本，則事理。陽生之不子，其誰使之然也？不有廢長立少以啟亂者乎？故齊景問于孔子，孔子對曰：『君君臣臣，父父子子。』君不君，則臣不臣。父不父，則子不子。以陽生繫之齊，著亂之所由生也。」

愚按：繫陽生于齊，所以明國君與子之法。陽生不稱公子，所以明人子事親之道。使人君而知此，則豈有廢長立少以亂其國，如齊景公者乎？使人子而知此，則豈有弒君篡位以陷于逆，如陽生者乎？此春秋之所以爲教也。

【經】齊陳乞弑其君荼。

陳僖子使召公子陽生。陽生駕而見南郭且于，曰：「嘗獻馬于季孫，不入于上乘，故又獻此，請與子乘之。」出萊門而告之故。闞止知之，先待諸外。公子曰：「事未可知，反，與壬也處。」戒之，遂行。逮夜，至于齊，國人知之。僖子使子士之母養之，與饋者皆入。

冬，十月，丁卯，立之。將盟，鮑子醉而往。其臣差車鮑點曰：「此誰之命也？」陳子曰：「受命于鮑子。」遂誣鮑子曰：「子之命也。」鮑子曰：「女忘君之爲孺子牛而折其齒乎？而背之也？」悼公稽首，曰：「吾子奉義而行者也。若我可，不必亡一大夫。若我不可，不必亡一公子。義則進，否則退。敢不惟子是從？廢興無以亂，則所願也。」鮑子曰：「誰非君之子？」乃受盟。使胡姬以安孺子如賴。去鬻姒，殺王甲，拘江說，囚王豹于句竇之丘。

公使朱毛告于陳子，曰：「微子則不及此。然君異于器，不可以二。器二不匱，君二多難。敢布諸大夫。」僖子不對，而泣曰：「君舉不信群臣乎？以齊國之困，困又有憂，少君不可以訪，是以求長君，庶亦能容群臣乎！不然，夫孺子何罪？」毛復命，公悔之。毛曰：「君大訪于陳子，而圖其小可也。」使毛遷孺子于駘，不至，殺諸野幕之下，葬諸殳冒淳。

杜氏曰：「弒荼者，朱毛與陽生也，而書陳乞，所以明乞立陽生而荼見弒，則禍由乞始也。」

謝氏曰：「陽生之入，陳乞召之也。立陽生、遷孺子，陳乞之命也。由此上下易位，而齊君被難于姦凶之手矣。齊國廢立之權，皆出于乞，故荼之禍，以首惡歸陳乞。」

高郵孫氏曰：「陽生入齊，而陳乞弒君，則是陽生與聞乎弒也。不以陽生首惡者，陽生之入，陳乞召之。

荼之弑，陳乞爲之，加陽生以弑君之罪，則陳乞廢立之迹不明，書陽生之入，而陳乞弑君，則陳乞之惡著，而陽生與有罪也。」

高氏曰：「乞召陽生，固將君之矣。陽生爲君，則孺子、荼安所置哉？春秋别嫌明微，故誅陳乞，非天下之至公，孰能與于此？」

家氏曰：「桓公之入，書齊小白入于齊。陽生之入，亦書齊陽生入于齊。然桓公之入，齊無君也。陽生之入，齊有君也。陽生先荼之弑而入，既入而後，陳乞弑荼。荼弑雖在陽生既入之後，謀實定于陽生未入之前，不與小白同也。晋獻公戕其世子，而立嬖妾之子，其事與此略相似。荼則卓也，陽生則夷吾也，里克則陳乞也，然夷吾不與殺，而陽生實與于殺，則陽生又不得與夷吾同也，但弑荼立陽生，乃陳乞之本謀，陽生非陳乞不得入，故弑君之罪專在陳乞，此春秋書法，輕重之權衡也。」

【經】冬，仲孫何忌帥師伐邾。

【經】宋向巢帥師伐曹。

【經】七年，春，宋皇瑗帥師侵鄭。

鄭叛晋也。

家氏曰：「是時，諸侯無從晋者，宋之侵鄭，豈爲晋乎？宋人連歲有事于曹，諸侯無救之者。意鄭人與曹爲援，宋疾而侵之，故是歲冬，宋圍曹，鄭救之，自是宋、鄭交兵，互取師焉，于雍丘，于嵒是也。春秋書宋侵鄭，責宋也。」

【經】晉魏曼多帥師侵衛。

衛不服也。

愚按：衛輒以子拒父，于今六年。晉人不能明大義，聲其罪而伐之。曼多乃以衛不服之故，掠其境而侵之，亦可謂不知務矣。晉之失霸，不亦宜乎。

【經】夏，公會吴于鄫。

公會吴于鄫。吴來徵百牢，子服景伯對曰：「先王未之有也。」吴人曰：「宋百牢我，魯不可以後宋，且魯牢晉大夫過十，吴王百牢，不亦可乎？」景伯曰：「晉范鞅貪而棄禮，以大國懼敝邑，故敝邑十一牢之。君若以禮命于諸侯，則有數矣。若亦棄禮，則有淫者矣。周之王也，制禮，上物不過十二，以爲天之大數也。今棄周禮，而曰必百牢，亦唯執事。」吴人弗聽。景伯曰：「吴將亡矣，棄天而背本。不與，必棄疾于我。」乃與之。

太宰嚭召季康子，康子使子貢辭。太宰嚭曰：「國君道長而大夫不出門，此何禮也？」對曰：「豈以爲禮？畏大國也。大國不以禮命于諸侯，苟不以禮，豈可量也？寡君既共命焉，其老豈敢棄其國？大伯端委以治周禮，仲雍嗣之，斷髮文身，贏以爲飾，豈禮也哉？有由然也。」反自鄫，以吴爲無能爲也。

謝氏曰：「六年，會吴于柤。七年，會吴于鄫。魯之畏甚矣，非保國之道也。」

張氏曰：「比年書會吴，所以著哀公之失謀于始，而遺患于後日也。」

家氏曰：「吴徵百牢，魯人陳義以争，吴卒不從，甘于夷[一]也。」

【經】秋，公伐邾。

【經】八月，己酉，入邾，以邾子益來。

季康子欲伐邾，乃饗大夫以謀之。子服景伯曰：「小所以事大，信也。大所以保小，仁也。背大國，不信。伐小國，不仁。民保于城，城保于德，失二德者，危，將焉保？」孟孫曰：「二三子以爲何如？惡賢而逆之？」對曰：「禹合諸侯于塗山，執玉帛者萬國。今其存者，無數十焉。惟大不字小，小不事大也。知必危，何故不言？魯德如邾，而以衆加之，可乎？」不樂而出。

秋，伐邾，及范門，猶聞鐘聲。大夫諫，不聽，茅成子請告于吴，不許，曰：「魯擊柝，聞于邾，吴二千里，不三月不至，何及于我？且國内豈不足？」成子以茅叛，師遂入邾，處其公宫。衆師晝掠，邾衆保于繹。師宵掠，以邾子益來，獻于亳社，囚諸負瑕，負瑕故有繹。

邾茅夷鴻以束帛乘韋，自請救于吴，曰：「魯弱晋而遠吴，馮恃其衆而背君之盟，辟君之執事，以陵我小國。邾非敢自愛也，懼君威之不立。君威之不立，小國之憂也。若夏盟于鄫衍，秋而背之。成求而不違，四方

〔一〕「夷」，四庫本作「吴」。

諸侯其何以事君？且魯賦八百乘，君之貳也。邾賦六百乘，君之私也。以私奉貳，惟君圖之。」吴子從之。

穀梁氏曰：「以者，不以者也。」

臨江劉氏曰：「邾子益何以名？賤之也。賤之奈何？虜服也。」

蘇氏曰：「魯入邾，以邾子益來，而不書滅，何也？邾大夫茅夷鴻，保于茅，請救于吴。明年，吴爲之伐魯，魯復邾子，故不言滅也。在外曰『以歸』，在内曰『以來』，内外之别也。」

胡氏曰：「春秋隱君之惡，故滅國書取，婉以成章，而不失其實也。恃强凌弱，無故伐人而入其國，處其宫，晝夜掠，以其君來，獻于亳社，囚于負瑕，此天下之惡也。吴師爲是克東陽，齊人爲是取吾二邑，辱國亦甚矣，何以備書于策，而不諱乎？聖人道隆而德大，人之有惡，務去之而不積也，則不念其惡而進之矣。以邾子益來，惡也。歸邾子益于邾，是知其爲惡能去之而不積也，故書以邾子益來而不諱者，欲見後書歸邾子之爲能去其惡而與之也，聖人之情見矣。明此，然後可以操賞罰之權，不明乎此，以操賞罰之權，而能濟者，鮮矣。」

【經】宋人圍曹。

【經】冬，鄭駟弘帥師救曹。

宋人圍曹。鄭桓子思曰：「宋人有曹、鄭之患也，不可以不救。」冬，鄭師救曹，侵宋。

初，曹人或夢衆君子立于社宫，而謀亡曹，曹叔振鐸請待公孫彊，許之。旦而求之曹，無之。戒其子曰：「我死，爾聞公孫彊爲政，必去之。」及曹伯陽即位，好田弋。曹鄙人公孫彊好弋，獲白雁，獻之，且言田弋之說。說之。因訪政事，大說之。有寵，使爲司城以聽政。夢者之子乃行。彊言霸説于曹伯，曹伯從之。乃背晋而奸宋。宋人伐之，晋人不救。築五邑于其郊，曰黍丘、揖丘、大城、鍾、邘。

高氏曰：「宋之伐曹數矣，今又圍之，亦已甚矣，故貶而人之。」

謝氏曰：「樂髡帥師伐曹，向巢帥師伐曹，宋人圍曹，大國無一爲之援，而鄭能帥師救之，善之也。」

家氏曰：「春秋與鄭之能救，所以愧齊、晋諸大國之不能救也。」

【經】八年，春，王正月，宋公入曹，以曹伯陽歸。

宋公伐曹，將還，褚師子肥殿。曹人詬之，不行。師待之。公聞之，怒，命反之，遂滅曹，執曹伯及司城彊以歸，殺之。

愚按：宋公滅曹，而經書入，先儒以爲力能救之而不救，故不言滅，信爾，則救者之罪，何責乎曹之過也？或又謂：滅者，亡國之善辭，曹亡與虞同，故不書滅。曹之與虞，事既不同，書法亦異，難以例觀也。或又謂：曹亡春秋之終，興滅國，繼絶世，夫子蓋嘗有此言也。于是曹不言滅，其意蓋謂夫子至此不忍書滅也。義則深矣，而失之巧。聖人之心，公正平大，聖人之言明白洞達，未必如是之深且晦也。詳考其義，與公入邾，以邾子益來同文，然其後既殺曹伯，又無復曹之事，亦不應以内辭書外事也，入字疑誤。

【經】吴伐我。

吴爲邾故，將伐魯，問于叔孫輒。叔孫輒對曰：「魯有名而無情，伐之，必得志焉。」退而告公山不狃。公山不狃曰：「非禮也。君子違，不適讎國。未臣而有伐之，奔命焉，死之可也。所託也則隱。且夫人之行也，不以所恶廢鄉。今子以小恶而欲覆宗國，不亦難乎？若使子率，子必辭，王將使我。」子張病之。王問于子洩，對曰：「魯雖無與立，必有與斃，諸侯將救之，未可以得志焉。晋與齊、楚輔之，是四讎也。夫魯，齊、晋之唇，唇亡齒寒，君所知也，不救何爲？」

三月，吴伐我。子洩率，故道險，從武城。初，武城人或有因于吴境田焉，拘鄫人之漚菅者，曰：「何故使吾水滋？」及吴師至，拘者道之，以伐武城，克之。王犯嘗爲之宰，澹臺子羽之父好焉，國人懼，懿子謂景伯：「若之何？」對曰：「吴師來，斯與之戰，何患焉？且召之而至，又何求焉？」吴師克東陽而進，舍于五梧，明日，舍于蠶室。公賓庚、公甲叔子與戰于夷，獲叔子與析朱鉏，獻于王。王曰：「此同車，必使能，國未可望也。」明日，舍于庚宗，遂次于泗上。微虎欲宵攻王舍，私屬徒七百人，三踊于幕庭，卒三百人，有若與焉，及稷門之内。或謂季孫曰：「不足以害吴，而多殺國士，不如已也。」乃止之。吴子聞之，一夕三遷。

吴人行成，將盟。景伯曰：「楚人圍宋，易子而食，析骸以爨，猶無城下之盟。我未及虧，而有城下之盟，是棄國也。吴輕而遠，不能久，將歸矣，請少待之。」弗從。景伯負載，造于萊門。乃請釋子服何于吴，吴人許之。以王子姑曹當之，而後止。吴人盟而還。

蘇氏曰：「不言四鄙，直言伐我，兵加于國都也。」

胡氏曰：「吳爲邾故，興師伐魯，盟于城下，經不書盟，諱之也。楚人圍宋，易子而食，析骸而爨，亦云急矣，欲盟城下，則曰：『有以國斃，不能從也。』晋師從齊，齊侯致賂，晋人不可。國佐對曰：『子若不許，請合餘燼，背城借一，敝[一]邑之幸，亦云從也。』遂盟于爰婁，而春秋與之。今魯未及虧，不能少待，遂有城下之盟，是棄國也。夫棄國者，其能國乎？使有華元、國佐之臣，則不至此矣。故春秋不言與吳盟者，欲見其實而深諱之，以爲後世謀國之士，不能以禮自强，偷生惜死，至于侵削凌遲而不知耻者之戒也。」

【經】夏，齊人取讙及闡。

齊悼公之來也，季康子以其妹妻之，即位而逆之。季魴侯通焉，女言其情，弗敢與也，齊侯怒。夏，五月，齊鮑牧帥師伐我，取讙及闡。

程子曰：「内失邑不書，君辱當諱也。不能保其土地、人民，是不君也。已與之，彼以非義而受，則書取，此與濟西田是也。魯入邾而俘其君，能致齊怒吳伐，故賂齊以説之。」

家氏曰：「公羊、穀梁以齊人爲邾故，謀伐魯，故以地賂之。左氏則以爲，季康子嘗以女妻陽生，陽生既君齊，而女未以歸，故齊人來伐。今以經旨而觀齊之兵端，當從公、穀，非以女故。蓋齊取二邑，要魯以存邾，

[一]「敝」，四庫本作「卿」。

魯既歸邾于取邑之後，即繫之以存邾，魯既歸邾子，齊既歸侵疆，春秋與齊以存亡之義也。」

【經】歸邾子益于邾。

齊侯使如吴請師，將以伐我，乃歸邾子。邾又無道，吴子使太宰子餘討之，囚諸樓臺，栫之以棘。使諸大夫奉太子革以爲政。

愚按：不曰「邾子益歸于邾」，而曰「歸邾子益于邾」者，蓋言「邾子益歸于邾」，則是邾子能自歸，或藉諸侯之力以歸也。今曰「歸邾子益于邾」，則是魯見諸侯之伐，已悔前過，而自歸之也。聖人與魯之意明矣。許人改過遷善之義宏矣。此義苟行，天下後世，有不可爲善者乎？

家氏曰：「觀吴伐我，而春秋不與之以救邾，齊取二邑，而春秋繫之以存邾，而聖人之意可識矣。蓋齊之力自足以制魯，何必召吴而與之俱伐？存亡國，義也。召吴兵而伐與國，則不得謂之義矣。所以卒召外寇而有殞身喪師之悔也。」

【經】秋，七月。

【經】冬，十有二月，癸亥，杞伯過卒。

【經】齊人歸讙及闡。

秋，及齊平。九月，臧賓如如齊莅盟。齊閭丘明來莅盟，且逆季姬以歸，嬖。冬，十二月，齊人歸讙及闡，季姬嬖故也。九年，春，齊侯使公孟綽辭師于吴。吴子曰：「昔歲寡人聞命，今又革之，不知所從，將進受命于君。」

高氏曰：「公既歸邾子益于邾，故齊人歸讙及闡。前書取，逆辭，此書歸，順辭。」

張氏曰：「濟西田歸于十年之後，故書『我』，讙及闡歸于取之年，故不言『我』。」

泰山孫氏曰：「凡土地，諸侯取之、歸之皆書者，惡專恣也，取而不歸，則又甚矣。」

謝氏曰：「我兼邾，則齊取我邑，我棄邾，則齊歸我邑。不守天子分地，而輒以兵力争地、争城，王法皆在所誅者也。」

師氏曰：「齊欲救邾，緩頰修辭，開譬利害，使魯悟而自歸之可也。乃取魯田以爲脅致，若曰不歸邾子，則田不可復得。兹則因事肆貪，魯既失之，齊亦未爲得也。向使魯不歸邾子，則讙、闡遂不免爲齊所有，是豈救邾之道耶？」

胡氏曰：「魯以益來，則齊人取讙及闡，又如吴請師，而怒猶未怠也，以此見魯君造惡不悛，則四鄰謀取其國家，莫能保矣。歸益于邾，則齊人歸讙及闡，又辭師于吴，而德猶未泯也，以此見國君去惡而不積，則四鄰不侵其封境，而自安矣。去逆效順，息争休兵，齊無取地之罪，魯無失地之辱，以此見遷善之優，改過之大，而春秋不諱入邾、以邾子益來者，以明歸益于邾之能掩其前惡而美之也。」

【經】九年，春，王二月，葬杞僖公。

【經】宋皇瑗帥師取鄭，師于雍丘。

鄭武子賸之嬖許瑕求邑，無以與之。請外取之，故圍宋雍丘。宋皇瑗圍鄭師，每日遷舍，壘合，鄭師哭。子姚救之，大敗。二月，甲戌，宋取鄭師于雍丘，使有能者無死，以郟張與鄭羅歸。

穀梁氏曰：「取，易辭也。以師而易取，鄭病矣。」

趙氏曰：「凡悉俘之曰取某師。」

臨江劉氏曰：「此師也，其言取之何？覆之也。覆而敗之，不遺一人之辭也。」

許氏曰：「春秋之季，日尋干戈，詐力相傾，奇變滋起，于是始志取人之師，甚其譎，悪其盡也。鄭以不義，深入敵境，而圍其邑，此固喪師之道也。」

大東萊吕氏曰：「宋人、蔡人、衛人伐戴，鄭伯伐取之，不義也，猶有難也。此直言取之，易之甚也。」

【經】夏，楚人伐陳。

陳即吴故也。

【經】秋，宋公伐鄭。

晋趙鞅卜救鄭，遇水適火，占諸史趙、史墨、史龜。史龜曰：「是謂沈陽，可以興兵。利以伐姜，不利子商。伐齊則可，敵宋不吉。」史墨曰：「盈，水名也。子，水位也。名位敵，不可干也。炎帝爲火師，姜姓其後也。水勝火，伐姜則可。」史趙曰：「是謂如川之滿，不可游也。鄭方有罪，不可救也。救鄭則不吉，不知其他。」陽虎以周易筮之，遇泰之需，曰：「宋方吉，不可與也。微子啟，帝乙之元子也。宋、鄭，甥舅也。

祉，禄也。若帝乙之元子歸妹，而有吉禄，我安得吉焉？」乃止。

家氏曰：「宋既滅曹，又取鄭師于雍丘，怙其驕盈，親御戎以伐鄭。書宋公伐鄭，非爵也，貶也。何以知其爲貶？宋，滅曹者也。鄭，救曹者也。鄭自救曹以來與宋有隙，連歲交兵，雖更勝迭負，不能存曹人之傾覆，而鄭于義爲直，春秋與之。比事而觀，可以見矣。」

【經】冬，十月。

【經】十年，春，王二月，邾子益來奔。

齊甥也，故遂奔齊。

陳氏曰：「此吴人討邾，奉太子革爲政而後奔，則其但書奔何？以是爲自失國也。春秋之法，苟其道足以失國，雖有敵國，猶以自致之文書之。」

高氏曰：「先爲魯所獲，而又來奔，其不知耻甚矣。」

【經】公會吴伐齊。

九年，秋，吴城邗，溝通江、淮。冬，吴子使來儆師伐齊。至是，公會吴子、邾子、郯子伐齊南鄙，師于鄎。

泰山孫氏曰：「公會吳伐齊。齊，以邾子返国，辭吳師，今會吳伐齊，其恶可知也〔二〕。」

家氏曰：「甚矣，夫差之不仁也。齊請兵伐魯，爲邾故耳。邾子既得返國，齊人辭吳師。齊、魯無事，吳亦得息其民，夫豈不善？乃以是爲怒，移伐魯之兵以伐齊，于此知夫差之將亡。夫以太伯之後，已起而圖霸，使之率循于義，亦無不可，而負才矜力，日尋干戈，聞伐國則喜而勇往，聞止師則怒而移伐，是故春秋恶之，書會吳伐齊，公與吳皆有貶也。」

【經】三月，戊戌，齊侯陽生卒。

齊人弑悼公，赴于師。吳子三日哭于軍門之外。徐承帥舟師，將自海入齊，齊人敗之，吳師乃還。

愚按：經書齊侯陽生卒，而傳稱齊人弑悼公，以赴于師。蓋是時，夫差怒齊之止吳師也，率四國之師，以臨乎齊，兵威甚盛。齊人方恐懼，無以爲解，而悼公適斃，乃僞赴于〔三〕師。若曰：「齊君得罪于吳，國人已討之矣，無辱諸侯之師。」吳師乃還。史因其赴，遂以「弑」書，經考其弑，乃書卒也。

【經】夏，宋人伐鄭。

許氏曰：「春取其師，秋又伐之，明年夏又伐之，恶其修怨不已也。」

〔二〕「齊，以邾子返国，辭吳師，今會吳伐齊，其恶可知也」，四庫本作「齊，中國也。吳，夷狄也。會夷狄，伐中國，其恶可知也」。

〔三〕「于」，四庫本作「乎」。

【經】晉趙鞅帥師侵齊。

趙鞅帥師伐齊，大夫請卜之。趙孟曰：「吾卜于此起兵，事不再令，卜不襲吉，行也。」于是取犁及轅，毁高唐之郭，侵及賴而還。

許氏曰：「助吴亂華，伐齊之喪，具文以見其罪。」

【經】五月，公至自伐齊。

【經】葬齊悼公。

【經】衛公孟彄自齊歸于衛。

謝氏曰：「公孟彄以世子之禍出奔，今以齊力還國，書『歸』，明其無大罪也。」

【經】薛伯夷卒。

【經】秋，葬薛惠公。

【經】冬，楚公子結帥師伐陳。

【經】吴救陳。

楚子期伐陳。吴延州來季子救陳，謂子期曰：「二君不務德，而力争諸侯，民何罪焉？我請退，以爲子名，務德而安民。」乃還。

胡氏曰：「凡書救者，未有不善之者也。吴雖蠻夷〔二〕之國，來會于戚，則進而書人矣。使季札來聘，則又進而書子矣。救而果善，曷爲獨以號舉，而不進之也？其以號舉而不進之者，深著楚罪，而傷中國之衰也。陳者，有虞之後，嘗爲楚滅而僅存耳。今又無故興師，肆行侵伐，而列國諸侯縱其暴横，不能修方伯連帥之職，而吴能救之，故獨以號舉，深著楚罪而傷中國之衰。子欲居九夷，乘桴浮于海，而曰『夷狄之有君，不如諸夏之亡也』，其書『吴救陳』之意乎！」

〔二〕「蠻夷」，四庫本作「南蠻」。

春秋闕疑卷四十五（哀公十一年—十四年）

【經】十有一年，春，齊國書帥師伐我。

齊爲鄎故，國書、高無平帥師伐我，及清。季孫謂其宰冉求曰：「齊師及清，必魯故也，若之何？」求曰：「一子守，二子從公禦諸境。」季孫曰：「不能。」求曰：「居封疆之間。」季孫告二子，二子不可。求曰：「若不可，則君無出。一子帥師，背城而戰，不屬者，非魯人也。魯之群室，衆于齊之兵車。一室敵車，優矣。子何患焉？二子之不欲戰也宜，政在季氏。當子之身，齊人伐魯而不能戰，子之耻也，大不列于諸侯矣。」季孫使從于朝，俟于黨氏之溝。武叔呼而問戰焉，對曰：「君子有遠慮，小人何知？」懿子强問之，對曰：「小人慮材而言，量力而共者也。」武叔曰：「是謂我不成丈夫也。」退而蒐乘。孟孺子洩帥右師，顏羽御，邴洩爲右。冉求帥左師，管周父御，樊遲爲右。季孫曰：「須也弱。」有子曰：「就用命焉。」季氏之甲七千，冉有以武城人三百爲己徒卒。老幼守宫，次于雩門之外。五日，右師從之。公叔務人見保者而泣，曰：「事充政重，上不能謀，士不能死，何以治民？吾既言之矣，敢不勉乎？」

師及齊師戰于郊，齊師自稷曲，師不踰溝。樊遲曰：「非不能也。不信子也，請三刻而踰之。」如之，衆從之。師入齊師。右師奔，齊人從之。陳瓘、陳莊涉泗。孟之側後入以爲殿，抽矢策馬，曰：「馬不進也。」林不狃之伍曰：「走乎？」不狃曰：「誰不如？」曰：「然則止乎？」不狃曰：「恶賢？」徐步而死。師獲甲首八十，齊人不能師。宵，諜曰：「齊人遁。」冉有請從之三，季孫不許。孟孺子語人曰：「我不如顔羽而賢于邴洩。子羽鋭敏，我不欲戰而能默。洩曰：『驅之。』」公爲與其嬖僮汪錡乘，皆死，皆殯。孔子曰：「能執干戈以衛社稷，可無殤也。」冉有用矛于齊師，故能入其軍。孔子曰：「義也。」

謝氏曰：「凡諸侯來伐，不至國都則書某鄙，至國都則書伐我，皆婉其辭，以父母國故也。」

愚按：郊之戰，論語稱：「孟之反不伐，奔而殿，將入門，策其馬，曰：『非敢後也，馬不進也。』」所謂門者，必魯之城門也。則齊師逐魯師，已至魯之城下矣，故云伐我也。是戰也，魯得不亡者，賴有孔門諸弟子耳。」

許氏曰：「以魯之微，搆怨大國。郊之戰，非其風俗禮義正，勝則國幾于亡，此仲尼之徒也，以是知君子居人之國，雖曰其道不行，猶蒙其福焉。」

【經】夏，陳轅頗出奔晉。

初，轅頗出爲司徒，賦封田以嫁公女。有餘，爲己大器。國人逐之，故出。道渴，其族轅咺進稻醴、粱糗、腶脯焉，喜曰：「何其給也？」對曰：「器成而具。」曰：「何不吾諫？」對曰：「懼先行。」

許氏曰：「春秋書陳轅頗之奔，若曰爲人臣而刻下以附上，託公而營以私者，其亡乎。」

家氏曰：「聚斂媚上，固當有討，然國不能自討，致衆怒而逐之，是衆爲政也，而可哉？」

【經】五月，公會吳，伐齊。

【經】甲戌，齊國書帥師及吳戰于艾陵，齊師敗績，獲齊國書。

十年，冬，吳子使來復儆師。至是，爲郊戰，故公會吳子伐齊。五月，克博。壬申，至于嬴。中軍從王，胥門巢將上軍，王子姑曹將下軍，展如將右軍。齊國書將中軍，高無平將上軍，宗樓將下軍。陳僖子謂其弟書：「爾死，我必得志。」宗子陽與閭丘明相厲也。桑掩胥御國子。公孫夏曰：「二子必死。」將戰，公孫夏命其徒歌虞殯。陳子行命其徒具含玉。公孫揮命其徒曰：「人尋約，吳髮短。」東郭書曰：「三戰必死，于此三矣。」使問弦多以琴，曰：「吾不復見子矣。」陳書曰：「此行也，吾聞鼓而已，不聞金矣。」

甲戌，戰于艾陵。展如敗高子，國子敗胥門巢。王卒助之，大敗齊師。獲國書、公孫夏、閭丘明、陳書、東郭書，革車八百乘，甲首三千，以獻于公。

將戰，吳子呼叔孫曰：「而事何也？」對曰：「從司馬。」王賜之甲劍鈹，曰：「奉爾君事，敬無廢命。」叔孫未能對。衛賜進，曰：「州仇奉甲從君。」而拜。

公使太史固歸國子之元，置之新篋，褽之以玄纁，加組帶焉。置書于其上，曰：「天若不識不衷，何以使下國？」

秋，季孫命修守備，曰：「小勝大，禍也。齊至無日矣。」

愚按：何休註公羊傳謂：「魯與伐而不與戰。」然則魯師雖在行，是日未出戰，故經止書「及吴戰」也。

家氏曰：「兩年之間，書公會吴伐齊者再，責魯深矣。當闔廬之世，春秋嘗進吴書子。自夫差之立迨今十有三年，春秋皆以號舉之，爲其用兵不戢而夷之也。或曰吴伐齊，國書禦之，敗而書獲，何也？曰責國書不能討内賊，以伐魯而召吴師也。國書，齊之世卿，爲中軍元帥，國之存亡係于掌握，而坐視陳氏弑君專國，而不能討，又從而受令焉，其亦可鄙甚矣。及乎艾陵歌虞殯，具含玉，未戰而魄先褫。兵敗于外，賊乘于内，簡公之弑，齊國之亡，自兹以始，不責而誰責歟？」

【經】秋，七月，辛酉，滕子虞母卒。

【經】冬，十有一月，葬滕隱公。

【經】衛世叔齊出奔宋。

冬，衛大叔疾出奔宋。初，疾娶于宋子朝，其娣嬖。子朝出。孔文子使疾出其妻而妻之。疾使侍人誘其初妻之娣，置于犂，而爲之一宫，如二妻。文子怒，欲攻之，仲尼止之。遂奪其妻。或淫于外州，外州人奪之軒以獻。耻是二者，故出。衛人立遺，使室孔姞。

文子之將攻大叔也，訪于仲尼。仲尼曰：「胡簋之事則嘗學之矣，甲兵之事未之聞也。」退，命駕而行，曰：「鳥則擇木，木豈能擇鳥？」文子遽止之，曰：「圉豈敢度其私？訪衛國之難也。」將止，魯人以幣召之，乃歸。

家氏曰：「世叔齊之奔，不足紀也，春秋所以書，譏在孔文子。春秋之義，每責備賢者。孔文子，衛之賢大夫，論語所謂『敏而好學，不耻下問』者也，而于世叔有二大過焉，既使之出其妻而妻之，又以其通于初妻之娣，奪其妻而逐之，復使世叔之弟遺烝于嫂，瀆倫亂教，至于再三，夫子爲是而去衛。書齊出奔，齊不足多責，責在文子。」

【經】十有二年，春，用田賦。

【經】十一年，季孫欲以田賦，使冉有訪諸仲尼。仲尼曰：「丘不識也。」三發，卒曰：「子爲國老，待子而行，若之何子之不言也？」仲尼不對，而私于冉有曰：「君子之行也，度于禮，施取于厚，事舉其中，歛從其薄，如是則以丘亦足矣。若不度于禮，而貪冒無厭，則雖以田賦，將又不足。且子季孫若欲行而法，則周公之典在。若欲苟而行，又何訪焉？」弗聽。

胡氏曰：「哀公問于有若曰：『年饑，用不足，如之何？』有若對曰：『盍徹乎？』曰：『二吾猶不足，如之何其徹也？』曰：『百姓足，君孰與不足？百姓不足，君孰與足？』古者公田什一，助而不税。魯自宣公初稅畝，後世遂以爲常而不復矣。至是，二猶不足，故又以田賦也。夫先王制土，藉田以力而底其遠邇，賦里以入而量其有無。今用田賦，軍旅之征非矣。田以出粟爲主而足食，賦以出軍爲主而足兵。周制：宅不毛者，有里布。無職事者，征夫家。漆林之稅，二十而五。則弛力薄征，當以農民爲急。而增賦竭作，不使末業者獨幸而免也。今二猶不足而用田賦，是重困農民，而削其本，何以爲國？書曰『用田賦』，用者，不宜用也。近世議弛商賈之征達于時政者，欲先省國用，首寬農民，後及商賈，知春秋譏田賦之意矣。」

【經】夏，五月，甲辰，孟子卒。

五月，昭夫人孟子卒。

公羊氏曰：「孟子者，昭公之夫人，其稱孟子何？諱娶同姓。蓋吴女也。」

愚按：論語：陳司敗問昭公知禮乎？孔子曰：「知禮。」孔子退。揖巫馬期而告之曰：「吾聞君子不黨，君子亦黨乎？君娶于吴，爲同姓，謂之吴孟子。君而知禮，孰不知禮？」巫馬期以告。子曰：「丘也幸，苟有過，人必知之。」春秋常法，凡書夫人薨葬，必著其氏。若著其氏，則知其同姓，而不可諱矣。此孟子所以不書薨葬，而深諱之也。然魯事多因諱而後顯，聖人對陳司敗以昭公爲知禮，而司敗因言昭公同姓之爲不知禮。春秋書孟子卒而不稱其氏，讀者因知孟子歸昭公之爲同姓。觀知禮之對，既足以見聖人尊君親上、忠厚之心。觀「苟有過，人必知之」之語，又可以見聖人無欺天下後世之意，然則對司敗之言，即作春秋之旨也。凡人所爲，一違于道，雖以聖人爲之掩覆回互，而終不可諱也。越禮亂倫者，當知所以爲戒云。

【經】公會吳于橐皐。

吳子使太宰嚭請尋盟。公不欲，使子貢對曰：「盟所以周信也，故心以制之，玉帛以奉之，言以結之，神明以要之。寡君以爲苟有盟焉，弗可改也已。若猶可改，日盟何益？今吾子曰：『必尋盟。』若可尋也，亦可寒也。」乃不尋盟。

【經】秋，公會衛侯、宋皇瑗于鄖。

吳徵會于衛。初，衛殺吳行人且姚而懼，謀于行人子羽。子羽曰：「吳方無道，無乃辱吾君，不如止也。」子木曰：「吳方無道，國無道，必棄疾于人。吳雖無道，猶足以患衛。往也。長木之斃，無不摽也。國狗之瘈，無不噬也。而況大國乎？」

秋，衛侯會吳于鄖。公及衛侯、宋皇瑗盟，而卒辭吳盟。吳人藩衛侯之舍。子服景伯謂子貢曰：「夫諸侯之會，事既畢矣，侯伯致禮，地主歸餼，以相辭也。今吳不行禮于衛，而藩其君舍以難之，子盍見太宰？」乃請束錦以行。語及衛故，太宰嚭曰：「寡君願事衛君，衛君之來也緩，寡君懼，故將止之。」子貢曰：「衛君之來，必謀于其衆。其衆或欲或否，是以緩來。其欲來者，子之黨也。其不欲來者，子之讎也。若執衛君，是墮黨而崇讎也。夫墮子者得其志矣！且合諸侯而執衛君，誰敢不懼？墮黨崇讎而懼諸侯，或者難以霸乎？」太宰嚭說，乃舍衛侯。

【經】宋向巢帥師伐鄭。

宋、鄭之間有隙地焉，曰彌作、頃丘、玉暢、嵒、戈、錫。子産與宋人爲成，曰：「勿有是。」及宋平、元之族自蕭奔鄭，鄭人爲之城嵒、戈、錫。九月，宋向巢伐鄭，取錫，殺元公之孫，遂圍嵒。十二月，鄭罕達救嵒。丙申，圍宋師。

【經】冬，十有二月，螽。

【經】十有三年，春，鄭罕達帥師取宋師于嵒。

宋向魋救其師，鄭子賸使徇曰：「得桓魋者有賞。」魋也逃歸，遂取宋師于嵒，獲成讙、郜延。以六邑爲虚。

謝氏曰：「宋師伐鄭，屯于嵒。鄭罕達扼其師而陷之。書『宋師』，著其禍之大也。鄭師不戒，入宋雍丘，而宋皇瑗取之。宋師不戒，入鄭嵒邑，而鄭罕達取之。用兵寡謀，則有至全師覆没而不反者，可不畏耶？」

高氏曰：「師出而不設備者，皆棄師之道，故春秋著之，以爲伐國者之戒。」

家氏曰：「春秋書取師，誅取者之不仁，以多殺爲功也。先書宋取鄭師于雍丘，責宋也。今書鄭取宋師于嵒，責鄭也。責在取師，則兵端有不論也。」

【經】夏，許男成卒。

【經】公會晉侯及吴子于黄池。

夏，公會單平公、晉定公、吴夫差于黄池。秋，七月，辛丑，盟，吴、晉争先。吴人曰：「于周室，我爲長。」晉人曰：「于姬姓，我爲伯。」趙鞅呼司馬寅曰：「日旰矣，大事未成，二臣之罪也。建鼓整列，二臣死之，長幼必可知也。」對曰：「請姑視之。」反，曰：「肉食者無墨。今吴王有墨，國勝乎？大子死乎？且夷德輕，不忍久，請少待之。」乃先晉人。

吴人將以公見晉侯，子服景伯對使者曰：「王合諸侯，則伯帥侯牧以見于王。伯合諸侯，則侯帥子、男以見于伯。自王以下，朝聘玉帛不同，故敝邑之職貢于吴，有豐于晉，無不及焉，以爲伯也。今諸侯會，而君將以寡君見晉君，則晉成爲伯矣，敝邑將改職貢。魯賦于吴八百乘，若爲子、男，則將半邾以屬于吴，而如邾以事晉，且執事以伯召諸侯，而以侯終之，何利之有焉？」吴人乃止。既而悔之，將囚景伯。景伯曰：「何也立後于魯矣，將以二乘與六人從，遲速惟命。」遂囚以還。及户牖，謂太宰曰：「魯將以十月上辛，有事于上帝先王，季辛而畢。何世有職焉，自襄以來，未之改也。若不會，祝宗將曰：『吴實然。』且謂魯不共，而執其賤者七人，何損焉？」太宰嚭言于王曰：「無損于魯而祇爲名，不如歸之。」乃歸景伯。

公羊氏曰：「吴何以稱子？主會也。」

高氏曰：「黄池之會，不主晉侯，而主吴子者，晉侯不能主諸侯故也。吴自柏舉之戰，勢横中國，諸侯大小震慄，皆宗于吴。晉侯不見者二十四年，此不能主諸侯可知也。元年書齊侯、衛侯伐晉，見霸統之絶，已受諸侯之伐，故黄池之會，吴子主焉。不言公會吴子、晉侯者，不與勾吴〔一〕主中國也。不與勾吴〔二〕主中國者，存中國也。故以晉侯及吴子爲文，稱吴之爵，所以見中國之衰。書晉之及，所以抑勾吴〔三〕之横。春秋謹嚴，其義甚微，故首止先及而后會，所以尊王世子。黄池先會而後及，所以外吴子也。」

謝氏曰：「鍾離、柤、向之會，皆殊會吴者，以中國主會也，以中國主會，故殊會勾吴而外之〔四〕。黄池之會，以晉及吴者，以勾吴〔五〕主會也。以勾吴〔六〕主會，故先晉後吴而抑之，此主會則外之，彼主會則抑之，聖人尊中國、賤吴、楚〔七〕，其心見于此矣。」

胡氏曰：「定公以來，晉失霸業，不主夏盟。夫差暴横，勢傾上國，自稱周室于己爲長。蓋大伯之後，以族屬言之，則伯父也，而黄池之會，聖人書法如此，訓後世治中國、御四夷之道也。明此義，則知漢宣帝待單

〔一〕「勾吴」，四庫本作「夷狄」。
〔二〕「勾吴」，四庫本作「夷狄」。
〔三〕「勾吴」，四庫本作「夷狄」。
〔四〕「故殊會勾吴而外之」，四庫本作「是以殊會吴而外之」。
〔五〕「勾吴」，四庫本作「吴人」。
〔六〕「勾吴」，四庫本作「吴人」。
〔七〕「吴楚」，四庫本作「僭亂」。

于，位在諸王上，蕭傅之議非矣。唐高祖稱臣于突厥，倚以爲助，劉文靖之策失矣。況于以父事之，如石晋者？將欲保國而免其侵暴，可乎？或曰苟不爲此，至于亡國，則如之何？曰存亡者，天也。得失者，人也。不可逆者，理也。以人勝天，則事有在我者矣，必若顛倒冠履而得天下，其能一朝居乎？故春秋撥亂反正之書，不可以廢焉者也。」

愚謂：春秋之初，隱、桓之世，周室雖衰，天下猶知有王也。北杏之會，齊桓倡伯，天下之事，諸侯專之，不復知有王矣。至于會温，晋侯遂以諸侯召天王矣。春秋之中，晋霸奕世以攘夷狄〔二〕爲事天下，猶知有中國也。宋之會，楚人如晋，分主夏盟，楚人争先，不知有中國矣。至于黄池，吴子主之，晋、魯皆聽命矣。然則天下之壞，齊、晋、吴、楚壞之也。三代盛時，禮樂征伐自天子出，未聞有霸主之權也。中國、四夷各安其分，未聞有夷狄之横也。自齊、晋既霸而王者之澤竭，吴、楚强盛而中國之勢微。孔子爲是而作春秋，專以尊王而賤霸，内夏而外夷〔三〕，然齊、晋猶假尊周之名以行攘夷〔三〕之事，聖人以其雖有無王之罪，終有攘夷〔四〕之功，故始也抑之，中也進之，終也與之矣。然非聖人之得已也，與之者，所以救一時之亂；

〔二〕「夷狄」，四庫本作「僭亂」。

〔三〕「内夏而外夷」，四庫本作「尊内而賤外」。

〔三〕「攘夷」，四庫本作「攘亂」。

〔四〕「攘夷」，四庫本作「攘亂」。

抑之者，所以杜萬世之亂也。至于吳、楚既有僭王之罪，又有猾夏〔二〕之惡，聖人所以終絶之，而莫之與也。此黄池之會，所以序晋吳上，而書及以終春秋之盟會也歟。革霸從王，正春秋之所以望于後世。攘夷安夏〔三〕，又春秋之所以望于後王也。知此，則知春秋所作，雖終于獲麟，實終于黄池之會也。

【經】楚公子申帥師伐陳。

【經】于越入吳。

十一年，吳將伐齊，越子率其衆以朝焉，王及列士皆有饋賂，吳人皆喜，惟子胥懼，曰：「是豢吳也夫。」諫曰：「越在我，心腹之疾也。壤地同，而有欲于我。夫其柔服，求濟其欲也，不如早從事焉。得志于齊，猶獲石田也，無所用之。越不爲沼，吳其泯矣。使醫除疾而曰：『必遺類焉』，未之有也。盤庚之誥曰：『其有顛越不共，則劓殄無遺育，無俾易種于兹邑。』是商所以興也。今君易之，將以求大，不亦難乎？」弗聽。使于齊，屬其子于鮑氏，爲王孫氏。反役，王聞之，使賜之屬鏤以死，將死，曰：「樹吾墓檟，檟可材也，吳其亡乎。三年，其始弱矣。盈必毁，天之道也。」

至是，越子伐吳，爲二隧。疇無餘、謳陽自南方，先及郊。吳大子友、王子地、王孫彌庸、壽于姚自泓上

〔二〕「猾夏」，四庫本作「荐食」。

〔三〕「攘夷安夏」，四庫本作「居中葬外」。

「戰而不克，將亡國。請待觀之。」彌庸見姑蔑之旗，曰：「吾父之旗也。不可以見讐而弗殺也。」太子曰：「戰而不克，將亡國。請待之。」彌庸不可，屬徒三千，王子地助之。乙酉，戰，彌庸獲疇無餘，地獲謳陽。越子至，王子地守。丙戌，復戰，大敗吴師，獲太子友、王孫彌庸、壽于姚。丁亥，入吴。吴人告敗于王，王恶其聞也，自剄七人于幕下。

冬，吴及越平。

高氏曰：「吴方爲黄池之會，争權上國，而于越又乘其無備而入之，自是吴不復振，而越亦僭號稱王，遂入于中國，而天下日尋夫干戈〔一〕，不復知有周室矣。原周之衰，自幽、厲失道，三綱紊亂，而禮樂征伐猶自出于天子，諸侯尚不敢肆也。及平王東遷，王室不競，諸侯國自爲政，周道凌遲，夷于列國。迨隱之世，習以成俗，而楚遂潛竊王號，無所忌憚。然而文、武、成、康之德猶在，民未忘周也，故齊桓、晉文相繼而起，莫不秉大義以攘夷狄〔二〕而尊王室。其盟會征伐，必以王命爲首。諸侯順之者存，逆之者亡。世雖無王，而法猶立，故春秋推王法，以绳之以天下，猶知有周也。及定、哀以來，齊、晉既衰，政出于大夫，吴、楚横行于中國，以勢相吞滅。自于越入吴之後，吴、楚又衰，于越復盛〔三〕，禮義無所復施，政刑無所復加，諸侯習于凶亂，不可告語，靡然入于戰國，不復知有周，而皆稱王矣。」

〔一〕「而天下日却夫干戈」，四庫本作「而天下相安于僭亂」。
〔二〕「夷狄」，四庫本作「僭竊」。
〔三〕「于越復盛」，四庫本作「天下愈際」。

胡氏曰：「夫以力勝人者，人亦以力勝之矣。吳嘗破越，遂有輕楚之心。及其破楚，又有驕齊之志。既勝齊師，復與晉人争長。自謂莫之敵也，而越已入其國都矣。吳侵中國而越滅之，越又不鑒而楚滅之，楚又不鑒而秦滅之，秦又不鑒而漢滅之。春秋初書于越入吳，在柏舉之後，再書于越入吳，在黄池之後，皆因事屬辭，垂戒後世，不待貶絶而見深切著明之義也，而可廢乎？」

【經】秋，公至自會。

【經】晉魏曼多帥師侵衛。

家氏曰：「此春秋霸國侵伐之終事也。晉之盛，威令行于天下，不待加兵而人知服。從今其衰也，趙鞅、魏曼多更迭用兵，侵伐小國，數修怨于衛，衛卒不服，豈其力之不足耶？鞅、多志不在于求諸侯、霸中國，志于怙權自私而已矣。春秋書黄池之會，繼以楚伐陳，于越入吳，閔夏盟之無主，中國凌遲〔一〕，周室日微，桓、文之功遂熄，天下日趨于亂，是故于鞅、多之用師，深注意焉。」

【經】葬許元公。

【經】九月，螽。

〔一〕「中國凌遲」，四庫本作「僭亂迭興」。

【經】冬，十有一月，有星孛于東方。

公羊氏曰：「其言『于東方』何？見于旦也。何以書？記異也。」

家氏曰：「平旦，衆星皆没，孛乃見。孛，彗也，邪恶之氣鍾而爲彗。彗者，掃故置新之象。前此入于北斗，孛于大辰，見以夜也。今書孛于東方，天欲旦，太陽將升，而孛見焉。太陽升于東，孛見于東，妖星干太陽，駭常之變也。春秋降而戰國，世道至此大變。始無王，終無霸，七國並興，皆以號僭，舉天下不可問矣，哀哉！〔一〕」

【經】盜殺陳夏區夫。

高氏曰：「凡書盜者，以人皆可得而執之也。盜殺蔡侯申，盜殺陳夏區夫，當春秋之季，世變之甚，至于盜興而專殺國君、卿大夫，則亂已極矣。」

【經】十有二月，螽。

許氏曰：「自用田賦，而比年三書螽，貪殘無已之應也。」

【經】十有四年，春，西狩獲麟。

〔一〕「始無王，終無霸，七國並興，皆以號僭，舉天下不可問矣，哀哉！」四庫本作「七國並興，而天下遂爲秦矣。」

西狩于大野，叔孫氏之車子鉏商獲麟，以爲不祥，以賜虞人。仲尼觀之，曰：「麟也。」然後取之。

公羊氏曰：「麟，仁獸也。有王者則至，無王者則不至。」

程子曰：「始隱，周之衰也。終麟，感之始也。世衰，道不行，有述作之意舊矣，但因麟而發耳。麟不出，春秋亦須作也。」

愚謂：因獲麟而作春秋，故春秋止于獲麟。麟爲聖人出也，世有聖人而麟出，理之常也。麟出而見獲，聖人不得位之象，理之變也。聖人因麟出而見獲，知其道之終不行也，于是取其欲爲治于當世者，垂之萬世，此春秋所由作也。雖然，「鳳鳥不至，河不出圖，吾已矣夫」之嘆，夫子固已知其道之不行，未欲恝然忘于斯世，故爲之兆也。至于麟出而見獲，則知其道之决不可行也，于是無復有望于斯世矣，此聖人可以行則行，可以止則止，所以爲聖之時也。嗚呼！聖人之出處，關世運之盛衰，天不欲用聖人于一時者，乃所以用于萬世也歟！

中外哲學典籍大全・中國哲學典籍卷
已出版書目

《讀禮疑圖》，〔明〕季本著，胡雨章點校。

《王制通論》《王制義按》，程大璋著，吕明烜點校。

《關氏易傳》《易數鉤隱圖》《删定易圖》，劉严點校。

《易説》，〔清〕惠士奇著，陳峴點校。

《易漢學新校注（附易例）》，〔清〕惠棟著，谷繼明校注。

《春秋尊王發微》，〔宋〕孫復著，趙金剛整理。

《春秋師説》，〔元〕黄澤著，〔元〕趙汸編，張立恩點校。

《宋元孝經學五種》，曾海軍點校。

《孝經集傳》，〔明〕黄道周撰，許卉、蔡傑、翟奎鳳點校。

《孝經鄭注疏》《孝經講義》，常達點校。

《孝經鄭氏注箋釋》，曹元弼著，宫志翀點校。

《孝經學》，曹元弼著，宫志翀點校。

《四書辨疑》，〔元〕陳天祥著，光潔點校。

《小心齋劄記》，〔明〕顧憲成著，李可心點校。

《太史公書義法》，孫德謙著，吴天宇點校。

《肇論新疏》，〔元〕文才著，夏德美點校。

《張九成集》，〔宋〕張九成著，李春穎點校。

《周易口義》，〔宋〕胡瑗著，白輝洪、于文博、［韓］徐尚賢點校。

《周易外傳校注》,〔清〕王夫之著，谷繼明校注。

《周易内傳校注》,〔清〕王夫之著，谷繼明校注。

《春秋集注》,〔宋〕張洽著，蔣軍志點校。

《春秋集傳》,〔宋〕張洽著，陳峴點校。

《錢時著作三種》,〔宋〕錢時著，張高博點校。

《涇皋藏稿》,〔明〕顧憲成著，李可心點校。

《周易玩辭》,〔宋〕項安世著，杜兵點校。

《高子遺書》,〔明〕高攀龍著，李卓點校。

《周易學》，曹元弼著，周小龍點校。

《春秋屬辭》,〔元〕趙汸著，張立恩整理。

《春秋釋例》,〔晉〕杜預著，徐淵整理。

《春秋闕疑》,〔元〕鄭玉著，張立恩點校。

《周易内傳校注》,〔清〕王夫之著，谷繼明、孟澤宇校注。

更多典籍敬請期待……